● 新 譯

通 鑑

조수익 譯解

弘新文化社

머리말

이 《통감절요(通鑑節要)》는 송(宋)나라 휘종(徽宗) 때의 학자인 소미선생(小微先生) 강지(江贄)가 사마광(司馬光)의 《자치통감(資治通鑑)》 294권을 50권으로 절요(節要)한 책이다.

저자 강지에 대한 자세한 사실은 알려져 있지 않으나 숭안현(崇安縣) 사람으로 자(字)는 숙규(叔圭)이며, 정화(政和 : 휘종의 연호) 연간에 유일(遺逸)로 천거되었다 한다. 그때 소미성(小微星)이 나타난 것으로 인해 피천(被薦)되었으나 소명에 응하지 않자, 휘종이 소미선생이라는 호를 하사하였다 하여 이 책을 일명 '소미통감(小微通鑑)'이라 부르기도 한다.

주지하는 바와 같이 《자치통감》은 송 영종(宋英宗)·신종(神宗)·철종(哲宗) 연간의 명신(名臣)이자 학자인 온공(溫公) 사마광의 불후의 역저로, 주 위열왕(周威烈王) 23년(기원전 403)부터 주 세종(周世宗) 현덕(顯德) 6년(959)까지 1362년간의 사실(史實)을 망라한 중국 역대 왕조의 편년체 통사(通史)이다. 그러나 권질이 너무 방대하여 누구나 쉽게 통독할 수 없는 아쉬움이 있어서, 강지는 번거로운 것을 줄이고 요점만 취하여[節繁取要] 역사를 읽는 사람들에게 편의를 주고자 이 책을 편찬한 것이라 하였다.

이런 의욕에도 불구하고 《통감절요》는 당대에 그다지 인정을 받지 못했던 듯싶다. 그러다가 그의 후손 강묵(江默)이 주자(朱子)의 문하에 드나들면서 주자에게 이 책의 가치를 인정받으면서부터 학자들 사이에 전사(傳寫)되어, 송 이종(宋理宗) 가희(嘉熙) 원년(1237)에야 비로소 출간되게 되었다. 그래서 정통(正統)과 비정통(非正統)을 구별하는 법이 주자의 《통감강목(通鑑綱目)》에 영향을 받게 되어, 조위(曹魏) 대신 촉한(蜀漢)을 정통으로 삼는 등 다소의 손질이 가해지게 되었다.

우리나라에 《통감절요》가 전해진 시기는 정확히 알려져 있지 않으나 고려 말에 전래된 주자학(朱子學)과 무관하지 않을 것으로 생각되며, 조선 초기에는 많이 보급되었던 것으로 생각된다. 즉 태종(太宗) 17년에는 태종이 《통감》 등 여러 사서(史書)에 나타난 환관(宦官)의 폐해를 말한 기사가 있는 것으로도 미루어 알 수 있으며, 세종 18년(1436)에는 본서를 갑인자(甲寅字)로 간행하기도 하였다.

이후 《통감절요》는 《통감강목》과 함께 조선시대 선비들의 필독서가 되었고 사가(史家)들의 역사 기술의 방법에도 절대적인 영향을 끼치게 되었다. 또 과거(科擧)를 보려는 사람들은 반드시 이 책을 열심히 읽었음은 여러 야사(野史)의 일화에서도 알 수 있는 바이다. 이런 관계로 여러 차례 간행되어 많은 판본(板本)이 전해오고 있으며 언해본(諺解本)도 간행되었다.

본 역본은 기묘신간(己卯新刊) 춘방장판(春坊藏版)을 대본으로 하였으며, 김도련(金都鍊) 교수의 주석을 참고하고 많은 가르침을 받았다.

번역문은 될 수 있는 대로 쉽게 풀어 읽기에 편하도록 했으며, 제도나 용어 등에는 간결한 주를 달았다. 우선은 사정에 의해 광무제기(光武帝紀)까지만 한 권으로 묶었으나, 기회가 주어진다면 50권을 완역할 계획임을 밝혀둔다.

1989. 3.
역자 씀

□ 通鑑節要 · 차례

머리말 3

제 1 권 주기 (周紀)

위열왕(威烈王)＊

23년(무인) 처음으로 진(晉)나라의 대부(大夫)인 위사(魏斯)·조적(趙籍)·한건(韓虔)을 명하여 제후(諸侯)로 삼았다.

원문 戊寅二十三年이라 初에 命晉大夫魏斯 趙籍 韓虔하여 爲諸侯하다

주 ＊위열왕(威烈王) 이름은 오(午). 고왕(考王)의 아들이며 재위 기간은 24년임. 초(初) 본 《통감(通鑑)》에서는 유래를 소급하여 기술하거나, 처음 있는 일을 적을 때 '초(初)'자를 사용하였음.

온공(溫公)은 논평한다.

"천자의 직책에는 예(禮)보다 더 큰 것이 없고, 예 중에는 분수보다 더 큰 것이 없으며, 분수에는 명(名)보다 더 큰 것이 없다. 무엇을 예라고 하는가. 기강이 바로 그것이다. 무엇을 분수라 하는가. 군신(君臣)이 바로 그것이다. 무엇을 명이라 하는가. 공(公)과 후(侯)와 경(卿), 그리고 대부(大夫)가 그것이다. 무릇 넓은 사해(四海)와 모든 백성들은 한 사람의 통제를 받게 되어 있어서, 비록 절륜(絶倫)한 힘과 당대에 뛰어난 지혜를 가진 이라 할지라도 모두 분주하게 복역(服役)하는 것은 어찌 예로써 기강을 잡았기 때문이 아니겠는가? 그럼으로써 천자는 삼공(三公)을 통솔하게 되고, 삼공은 제후(諸侯)를 통솔하게 되고, 제후는 경(卿)과 대부(大夫)를 통솔할 수 있게 되고, 경과 대부는 사(士)와 서인(庶人)을 다스릴

수 있는 것이다. 고귀한 사람은 낮고 천한 사람에게 대하고, 천한 사람은 귀한 사람을 받들고 윗사람이 아랫사람을 부리는 것은 마치 심복(心腹)이 수족(手足)을 움직이고 줄기나 뿌리가 지엽(枝葉)을 통제하는 것과 같으며, 아랫사람이 윗사람을 섬기는 것은 마치 수족이 심복을 호위하고 지엽이 줄기나 뿌리를 감싸듯이 비호해야 하는 것이다. 그런 뒤에야 상하가 서로 보존되고 국가가 편히 다스려진다. 그러므로 천자의 직책에는 예보다 더 큰 것이 없다고 한 것이다. 문왕(文王)은 《주역(周易)》을 서(序)하면서 건·곤(乾坤)을 첫머리로 삼았는데, 공자(孔子)가 계사(繫辭)하기를 '하늘은 높고 땅은 낮아서 건곤의 위치가 정해지고, 낮은 것과 높은 것이 베풀어져 고귀한 사람과 낮고 천한 사람이 각기 그 자리에 있다.'라고 하였으니, 이는 군신(君臣)의 자리란 마치 천지가 바뀔 수 없음과 같다고 말한 것이다. 《춘추(春秋)》에서 제후를 억제하고 주(周)의 왕실을 높여서, 왕인(王人)이 비록 쇠미하였더라도 그 자리를 제후 위에 두었으니, 이를 보면 성인(聖人)께서 군신 사이를 구분할 때에 매우 조심하였음을 알 수 있다. 걸·주(桀紂) 같은 포악함을 물리친 탕·무(湯武) 같은 인(仁)이 아니더라도 사람들이 귀부(歸附)하는 것은 천명(天命)이다. 그렇지 않다면 군신의 분수로는 마땅히 절의(節義)를 지켜 엎드려 죽을 때까지 신하의 분수를 지킬 뿐이다. 그렇기 때문에 예는 분수보다 더한 것이 없다고 한 것이다.

무릇 예란 귀천을 구분하고, 친소(親疎)의 차례를 지어 주고 만물을 헤아리며, 여러 가지 일을 통제하는 것이니, 명(名)이 없으면 드러나지 않고, 기(器)가 아니면 형상이 이루어지지 않는다. 명으로써 명(命)하고 기(器)로써 구별한 다음에 상하 사이에는 찬란히 빛나는 질서가 있게 되는 것이니, 이는 예(禮)에서 마땅히 지켜야 할 대원칙이다. 명기(名器)가 이미 없다면 예가 어떻게 홀로 있게 되겠는가? 옛날 중숙우해(仲叔于奚)가 위(衛)나라에 큰 공로가 있어서 고을을 주려고 하니 이를 사양하고 반영(繁纓)을 청한 일이 있었는데, 공자께서는 '더 많은 고을을 주는 것만 같지 못하다.'고 하였으니, 오직 기(器)와 명(名)만은 남에게 빌려줄 수 없는 임금이 관장하고 지켜야 하는 책임이라고 생각했기 때문이다. 이는 정치가 어지러워지면 국가도 따라서 망한다는 뜻이다. 위군(衛君)이 공자를 우대하여 정사를 맡겼을 때, 공자는 먼저 명(名)을 바로잡고자 하였고, 명이 바로 서지 않으면 백성들이 손발을 어떻게 움직여야 할지 알 수 없다고 하였다. 그 반영은 매우 하찮은 장식 물건인데도 공자는 아꼈고, 또한 명을 바로잡는 것은 작은 일이나 가장 먼저 하였으니, 이는 참으로 명기(名器)가 어지러워지게 되면 상하가 서로 있을 수 없게 되기 때문이다. 그러므로 분수에는 명(名)보다 더 큰 것이 없다고 한 것이다."

원문 溫公曰 天子之職은 莫大於禮하고 禮莫大於分하고 分莫大於名이라 何謂禮오 紀綱是也라 何謂分이오 君臣是也라 何謂名이오 公侯卿大夫是也라 夫以四海之廣과 兆民之衆으로 受制於一人하여 雖有絶倫之力과 高世之智로도 莫不奔走而服役者는 豈非以禮爲之紀綱哉아 是故로 天子는 統三公하고 三公은 率諸侯하고 諸侯는 制卿大夫하고 卿大夫는 治士庶人이라 貴以臨賤하고 賤以承貴하여 上之使下가 猶心腹之運手足하고 根本之制枝葉하고 下之事上이 猶手足之衛心腹하고 枝葉之庇本根 然後에 能上下相保而國家治安이라 故曰 天子之職은 莫大於禮也라 文王序易하여 以乾坤爲首하니 孔子繫之曰 天尊地卑하여 乾坤定矣요 卑高以陳하여 貴賤位矣라 하니 言君臣之位는 猶天地之不可易也라 春秋에 抑諸侯하고 尊周室하여 王人이 雖微나 序於諸侯之上하니 以是로 見聖人於君臣之際에 未嘗不惓惓也라 非有桀紂之暴과 湯武之仁이라도 人歸之는 天命之니 君臣之分은 當守節伏死而已矣라 故曰 禮莫大於分也라 夫禮는 辨貴賤하고 序親疎하고 裁羣物하고 制庶事하니 非名不著요 非器不形이라 名以命之하고 器以

別之 然後에 上下粲然有倫하니 此는 禮之大經也라 名器旣亡 則
禮安得獨存哉아 昔에 仲叔于奚 有功於衛러니 辭邑而請繁纓이어
늘 孔子以爲不如多與之邑이라 하니 惟器與名은 不可以假人이니
君之所司也라 政亡 則國家從之라 衛君待孔子而爲政에 孔子欲
先正名하여 以爲名不正 則民無所措手足이라 하니 夫繁纓은 小
物也 而孔子惜之하고 正名은 細務也 而孔子先之하니 誠以名器
旣亂 則上下無以相有故也라 故曰 分莫大於名也라

㈜ **온공(溫公)** 본 《자치통감(資治通鑑)》을 지은 송(宋)의 학자로 사마광
(司馬光)을 가리킨다. 사후에 온국공(溫國公)에 봉해졌기 때문에 온공
이라 하며, 본서에는 중요한 역사적 사건이 있을 때마다 그의 찬(贊)
이 실려 있음. **계(繫)** 계는 계사(繫辭), 곧 문왕(文王)과 주공(周公)이
지었다는 《주역(周易)》의 괘(卦) 밑에 덧붙인 설명의 글을 말함. **탕
무(湯武)** 탕은 은나라를 세운 덕망있는 임금이며, 무는 주(周)나라를
세운 주 무왕(周武王)을 가리킴. **명기(名器)** 작위(爵位)와 거복(車服).
거복이란 신분에 맞는 수레와 복장. **중숙우해(仲叔于奚)** 위(衛)나라
신축(新築) 땅 사람으로 제(齊)나라의 침공 때 대부(大夫)인 손환자(孫
桓子)를 싸움터에서 구하였다. 나라에서 그 공로에 보답하기 위해 읍
(邑)을 주었으나 사양하고 반영(繁纓)을 청하므로 주었는데, 그 뒤 공
자(孔子)가 이를 잘못이라고 하였음[《좌전》 성공(成公) 2년]. 반영이란
제후가 타는 말의 장식을 말함. **위군(衛君)** 이 말은 《논어(論語)》의
'자로편(子路篇)'에 있는 말임.

"아, 유·려(幽厲)가 덕을 잃어 주(周)의 법도가 날로 쇠퇴해
지고, 기강이 무너져 아랫사람이 윗사람을 능멸해 윗사람의
권위가 떨어지고 제후가 정벌을 전담하고, 대부가 정사를 휘
둘러 예법의 큰 체계가 10 중 7, 8은 없어져 버렸다. 그런데도
문왕(文王)과 무왕(武王)의 제사만은 오직 끊어지지 않고 면면
히 이어져 온 것은 대체로 주나라 자손들이 그 명분을 지켰
기 때문이다. 왜 그렇다고 말할 수 있는가? 옛날 진 문공(晉
文公)이 주(周) 왕실에 큰 공이 있어 양왕(襄王)에게 수(隧)를
청하였는데, 양왕이 허락하지 않으며 말하기를 '그것은 왕의
법도요, 아직 나를 대신할 덕 있는 왕도 없고, 두 왕이 있다

는 것은 숙부(叔父)도 싫어하는 일이요, 그렇지 않다면 숙부
도 땅이 있으니 수(隧)를 하면 그만이지 나에게 청할 것이 무
엇이오?' 하니, 문공이 이에 두려워하여 감히 법도를 어기지
못하였다. 그렇게 하였기 때문에 주나라의 땅은 조(曹)나 등
(滕)나라보다 크지 못하였고 주나라 백성은 주(邾)나라, 거(莒)
나라보다 적었지만 수백 년을 거쳐 오면서 천하의 종주국(宗
主國)이 되어, 비록 진(晉)·초(楚)·제(齊)·진(秦)나라의 강성
한 힘으로도 감히 군사를 일으켜 치지 못하였으니 이는 무엇
때문인가. 한갓 아직 명분이 있었기 때문이다.

　노(魯)나라 계씨(季氏)와 제(齊)나라 전상(田常), 초(楚)나라
의 백공(白公), 진(晉)나라의 지백(智伯)에 이르러서는 그 세력
이 충분히 임금(제후)을 내쫓고 스스로 임금(제후)이 될 수 있
었는데도 끝내 감히 하지 못한 것은, 어찌 그 힘이 부족하고
차마 하지 못하는 마음이 있어서 그랬겠는가? 명분을 범하면
천하의 모든 나라가 함께 주륙(誅戮)할까 두려워서였다.

　그런데 이제 진(晉)나라의 대부(大夫)가 그 임금을 능멸해
진나라를 분할해 차지했는데도 천자가 이미 정토(征討)하지
못하고, 또 높은 관위(官位)를 주어 제후의 열에 설 수 있게
하였으니, 이는 구구한 명분을 다시는 지킬 수 없었고 아울
러 포기해 버린 것이다. 그래서 선왕(先王)의 예(禮)가 이에서
다 없어지게 되었다.

　혹자는 말하기를 '그때에 이르러서는 주나라 왕실은 쇠약
해지고, 3진(三晉)은 강성해서 비록 허락하지 않으려고 했던
들 그렇게 될 수 있었겠는가?'라고 한다. 그러나 이는 전혀
그렇지 않다. 무릇 3진이 비록 강성하다 하더라도, 참으로 천
하의 모든 나라가 주토(誅討)하게 될 것임을 돌아보지 않고
의(義)를 범하고 예를 침해하려 했다면, 천자에게 청하지 않
고 스스로 제후가 되었을 것이다. 천자에게 청하지 않고 스
스로 제후가 되었다면 패역(悖逆)의 신하가 되었을 것이니,
천하에 적어도 제 환공(齊桓公)과 진 문공(晉文公) 같은 임금

14

이 있었다면 반드시 예와 의를 받들어 이들을 정벌했을 것이
다. 이제 천자에게 청하여 천자가 허락하였으니, 이는 천자의
명을 받들어 제후가 된 것이므로 누가 토벌하겠는가? 그러므
로 3진이 제후의 열에 서게 된 것은 3진이 예를 깨뜨린 것이
아니라 천자가 스스로가 깨뜨린 것이다."

원문 嗚呼라 幽厲失德하여 周道日衰하고 綱紀散壞하여 下陵上
替하고 諸侯專征하고 大夫擅政하여 禮之大體 什喪七八矣로되 文
武之祀 猶綿綿相屬者는 蓋以周之子孫이 尙能守其名分故也라
何以言之오 昔에 晉에 晉文公有大功於王室이러니 請隧於襄王하
니 襄王不許曰 王章也라 未有代德하고 而有二王은 亦叔父之所
惡也라 不然이면 叔父有地而隧요 又何請焉이리요 하니 文公於是
乎懼而不敢違라 是故로 以周之地 則不大於曹滕이요 以周之民
則不衆於邾莒로되 然이나 歷數百年에 宗主天下하여 雖以晉楚齊
秦之彊으로도 不敢加兵者는 何哉오 徒以名分尙存故也라 至於季
氏之於魯와 田常之於齊와 白公之於楚와 智伯之於晉은 其勢皆
足以逐君而自爲나 然而卒不敢者는 豈其力不足而心不忍哉아 乃
畏奸名犯分 而天下共誅之也라 今晉大夫 暴蔑其君하여 剖分晉
國하되 天子旣不能討하고 又寵秩之하여 使列於諸侯하니 是는 區
區之名分을 復不能守而幷棄之也라 先王之禮於斯盡矣라 或者는
以爲當是之時하여 周室微弱하고 三晉彊盛이라 雖欲勿許로되 其
可得乎아 하나 是大不然이라 夫三晉雖彊이나 苟不顧天下之誅
而犯義侵禮 則不請於天子而自立矣라 不請於天子而自立 則爲
悖逆之臣이나 天下에 苟有桓文之君이면 必奉禮義而征之리라 今
請於天子 而天子許之하니 是는 受天子之命 而爲諸侯也니 誰得
而討之리요 故로 三晉之列於諸侯는 非三晉之壞禮요 乃天子自
壞之也라

주 유려(幽厲) 유왕(幽王)과 여왕(厲王)은 모두 주(周)나라의 못난 임금
으로, 여왕 때는 백성들이 체(彘) 땅으로 유랑하였고, 유왕은 여산(驪
山) 밑에서 신후(申侯)에게 피살되었음. 진 문공(晉文公) 태숙대(太叔

帶)의 난리 때 사(氾)로 도망한 주나라 양왕을 구원하였는데, 그 공
으로 천자만이 할 수 있는 수(隧)를 청했음(《춘추좌씨전》희공 25년).
수(隧) 지상에서 무덤으로 통하는 비스듬한 길인데, 오직 천자의 관
만이 이 길을 통하여 옮길 수 있는 장례 제도임. 숙부(叔父) 천자가
동성(同姓)의 제후를 부르던 말. 계씨(季氏) 노나라 환공(桓公)의 아
들 계우(季友). 그는 희공(喜公)을 세운 공로가 있었는데 후에 계손씨
(季孫氏)가 되어 대대로 국정을 잡고 흔들었다. 계평자(季平子)는 소
공(昭公)을 내쫓고, 계강자(季康子)는 애공(哀公)을 내쫓았으나 자신들
이 왕위에 오르지는 않았음(《사기》노세가). 전상(田常) 전씨(田氏)는
본래 진씨(陳氏)였다. 진 공자(陳公子) 완(完)이 제(齊)로 도망하였는데
제 환공(齊桓公)이 우대하였다. 그의 7세(世)가 바로 전상으로 제 간
공(齊簡公)을 시해하였으나 제후가 되지 않았는데, 전화(田和)의 대에
이르러 강성(姜姓)을 대신해 제나라의 제후가 되었음(《사기》전경준완
세가). 백공(白公) 초 평왕(楚平王)의 태자 건(建)의 아들. 난을 일으
켜 영윤(令尹) 자서(子西) 및 사마자기(司馬子期)를 죽였으나 실패하여
자살했음(《사기》초세가). 지백(智伯) 지양자(智襄子)를 말한다. 춘추
시대에 진(晉)나라에는 범씨(范氏)·중행씨(仲行氏)·지씨(智氏) 및 조
씨(趙氏)·한씨(韓氏)·위씨(衞氏)가 있어 이를 육경(六卿)이라 하였는
데, 후에 범씨와 중행씨를 정벌하여 그의 땅을 나누어 넷이 차지하
였다. 지백은 출공(出公)이 죽자 소공(昭公)의 손자를 진의 임금으로
삼았음(《사기》진세가). 삼진(三晉) 진(晉)에서 갈라진 한(韓)·조(趙)·
위(魏)나라를 말함.

처음에 조 간자(趙簡子)가 윤탁(尹鐸)을 시켜 진양(晉陽)을
다스리게 하니, 윤탁이 청하기를 "견사(繭絲)를 해야 할까요,
아니면 보장(保障)을 할까요?" 하였다. 간자가 말하기를 "보
장을 해야 한다." 하였으므로 윤탁이 그 호수(戶數)를 줄여서
보고하였다.

간자가 무휼(無恤)에게 말하기를 "진(晉)나라에 어려운 일
이 있거든 너는 윤탁이 다스리는 진양이 작다고 가볍게 보아
서는 안 되며, 진양을 멀게 여기지 말고 반드시 그곳으로 가
야 한다." 하였다.

지선자(智宣子)가 죽고 지양자(智襄子)가 정사를 하기에 이
르러 한 강자(韓康子)에게 땅을 나눠주기를 청하였다. 강자가
1만 가호(家戶)의 고을을 주니, 지백(智伯)이 기뻐하면서 또

위 환자(魏桓子)에게도 땅 나눠주기를 청하니, 환자(桓子)가 다시 1만 가호의 고을을 주었다. 지백이 또 조 양자(趙襄子)에게 채(蔡)에 있는 고랑(皐狼)의 땅을 달라고 하였으나 양자가 주지 않았다.

지백이 노하여 한(韓)·위(魏)의 군사까지 거느리고 조씨(趙氏)를 공격하니, 양자가 달아나려고 하면서 말하기를 "내가 어디로 도망해야 하는가?" 하니, 따르던 자가 말하기를 "장자(長子 : 지명)가 가깝고 또 성(城)도 튼튼하게 완성되어 있습니다." 하였다. 양자가 말하기를 "백성들의 힘을 피폐시키면서 완성했는데 또 죽음으로써 지키게 한다면 그 누가 나와 함께 하겠는가?" 하니, 따르던 자가 말하기를 "한단(邯鄲)의 창고가 실합니다." 하였다. 양자가 말하기를 "백성들의 고혈(膏血)을 빼앗아 채운 것인데 또 그 때문에 죽인다면 그 누가 나와 함께 하겠는가? 그 진양으로 가야겠다. 진양은 선주(先主)가 당부한 곳이며 윤탁이 너그러운 정사를 하였으니, 백성들이 반드시 화합할 것이다." 하고는 이내 진양으로 도망하였다. 3가(三家)가 나라 사람들로 진양을 포위하고 물길을 끌어서 들이대니 잠기지 않은 부분은 성(城) 위에서 3판(版)뿐이어서, 부엌은 물에 잠겨 개구리가 알을 낳을 정도였지만 백성들은 지백에게 배반할 뜻이 없었다.

조 양자는 장맹담(張孟談)에게 몰래 성을 빠져나가 한 강자·위 환자 두 사람을 만나 말하게 하기를 "신은 듣건대 입술이 없으면 이가 시리다고 하였습니다. 이제 지백(智伯)이 한(韓)·위(魏)를 거느리고 조(趙)를 공격하고 있는데, 조가 망하면 한·위는 그 다음 차례가 될 것입니다."라고 하였다. 이에 그 두 사람은 은밀히 장맹담과 약속하고 기일을 정해 보냈다. 양자가 밤에 사람을 시켜 둑을 지키는 관리를 죽이고 물꼬를 터 지백의 군사에게로 물을 돌려 대니, 지백의 군사들이 물에서 빠져나오려고 큰 혼란이 일어났다. 한·위가 양쪽에서 공격하고 양자가 군졸을 거느리고 정면을 공격하여,

지백의 군사를 크게 무찌르고 마침내 지백을 죽이고, 지씨(智氏) 집안을 멸족시켰다.

원문 初에 趙簡子 使尹鐸으로 爲晉陽하니 請曰 以爲繭絲乎이까 抑爲保障乎이까 簡子曰 保障哉인저 尹鐸이 損其戶數하다 簡子 謂無恤曰 晉國에 有難이어든 而無以尹鐸爲少하고 無以晉陽爲遠하고 必以爲歸하라 하더니 及智宣子卒하고 智襄子爲政에 請地於韓康子하니 康子 致萬家之邑하니 智伯이 悅하여 又求地於魏桓子하니 桓子 復與之萬家之邑하니 智伯이 又求蔡皐狼之地於趙襄子하니 襄子 弗與하다 智伯이 怒하여 帥韓魏之甲하고 以攻趙氏하니 襄子 將出曰 吾何走乎오 從者曰 長子近하고 且城厚完하니이다 襄者曰 民罷力以完之하고 又斃死以守之하면 其誰與我리요 從者曰 邯鄲之倉庫實하니이다 襄子曰 浚民之膏澤하여 以實之하고 又因而殺之하면 其誰與我리요 其晉陽乎인저 先主之所屬也요 尹鐸之所寬也니 民必和矣라 하고 乃走晉陽하다 三家 以國人으로 圍而灌之하니 城不浸者 三版이요 沈竈産鼃하되 民無叛意하다 趙襄子 使張孟談으로 潛出見二子曰 臣은 聞唇亡則齒寒이라 하니 今智伯이 帥韓魏而攻趙하니 趙亡則韓魏爲之次矣리라 二子乃陰與張孟談으로 約하고 爲之期日而遣之하니 襄子 夜使人으로 殺守隄之吏 而決水灌智伯軍하니 智伯軍이 救水而亂이어늘 韓魏翼而擊之하고 襄子將卒犯其前하여 大敗智伯之衆하고 遂殺智伯하고 盡滅智氏之族하다

주 견사(繭絲) 견사는 누에고치를 말하는데, 고치에서 명주실을 뽑아내듯 그치지 않고 백성들에게서 세금을 많이 거두어들이는 것을 뜻함. 보장(保障) 본래는 국가를 지킨다는 뜻. 여기서는 세금을 가볍게 매겨 백성들을 편안하게 하는 정사를 뜻함. 삼가(三家) 한 강자(韓康子)·위 환자(魏桓子)와 지백(智伯). 3판(三版) 옛날 성을 쌓을 때 판(版)으로써 쌓았는데 1판의 높이는 2척이었다. 즉 3판은 6척 높이.

은공(溫公)은 논평한다.

"지백(智伯)이 망한 것은 덕보다 재주가 뛰어나서이다. 무

릇 재주와 덕은 다른 것인데도 세속에서 구별하지 못하고 통틀어 현명하다 하는데, 이 점이 사람을 잃게 되는 까닭이다.

　대체로 총명하게 살피고 강의(强毅)한 것을 재주라 하고 정직하고 중화(中和)한 것을 덕이라 하는데, 재주란 덕의 밑천이요 덕은 재주의 장수이다. 그러므로 재주와 덕을 모두 갖춘 이를 성인(聖人)이라 하고 재주와 덕이 없는 이를 우인(愚人)이라 하며, 덕이 재주보다 뛰어난 이를 군자(君子)라 하고 재주가 덕보다 뛰어난 이를 소인(小人)이라 한다. 대체로 인재를 골라 쓰는 기술은 적어도 성인과 군자를 얻어 쓸 수 없는 경우라면 소인을 쓰는 편이 우인을 쓰는 것만 못하다. 왜냐하면 군자는 재주를 지니고 선(善)을 행하려 하고 소인은 재주를 지니고 악을 행하려 하기 때문이다. 재주를 지니고 선을 행하려는 자는 선행이 이르지 않는 곳이 없고, 재주를 지니고 악을 행하려는 자는 악 역시 이르지 않는 곳이 없다. 어리석은 자는 비록 불선(不善)을 행하고자 해도 지혜가 두루 미치지 못하고 힘으로도 이겨내지 못한다. 비유컨대 강아지가 사람을 물려고 덤비면 사람이 충분히 제지할 수가 있지만, 소인은 지혜가 그 간교함을 이루기에 족하고 용기가 그 사나움을 결단하기에 족해서, 이는 호랑이에게 날개를 다는 것과 같으니, 그 해됨이 어찌 많지 않겠는가?

　예로부터 지금까지 나라를 어지럽힌 신하나 집안을 망친 자식은 재주는 넉넉하나 덕이 부족해서 국가나 집안을 뒤집어 엎은 자가 많았으니, 어찌 다만 지백뿐이겠는가?"

[원문] 溫公曰 智伯之亡也는 才勝德也라 夫才與德異 而世俗莫之能辨하고 通謂之賢이라 하니 此其所以失人也라 夫聰察彊毅之謂才요 正直中和之謂德이니 才者는 德之資也요 德者는 才之帥也라 是故로 才德兼全을 謂之聖人이요 才德兼亡을 謂之愚人이라 德勝才를 謂之君子요 才勝德을 謂之小人이라 凡取人之術은 苟不得聖人君子而與之로는 與其得小人이 不若得愚人이라 何則

君子挾才以爲善하고 小人挾才以爲惡하니 挾才以爲善者는 善無
不至矣요 挾才以爲惡者는 惡亦無不至矣라 愚者는 雖欲爲不善
이라도 智不能周하고 力不能勝이라 譬之하면 乳狗搏人이면 人得
而制之나 小人은 智足以逐其姦하고 勇足以決其暴하니 是는 虎
而翼者也라 其爲害가 豈不多哉아 自古昔以來로 國之亂臣과 家
之敗子는 才有餘 而德不足하여 以至於顚覆者多矣니 豈特智伯
哉아

　조 양자가 지백의 두개골에 칠(漆)을 하여 음기(飮器 : 술잔)
를 만들었다. 지백의 신하 예양(豫讓)이 지백을 위하여 원수
를 갚고자 하여 형인(刑人)으로 위장하여 비수(匕首)를 지니고
조 양자의 궁(宮)에 들어가 변소를 칠하고 있는데, 양자가 변
소에 왔다가 마음이 섬뜩하여 수색하여 예양을 붙잡았다. 신
하들이 죽이려고 하니, 양자가 말하기를 “그는 의사(義士)이
다. 내가 조심하여 피하면 그만이다.” 하고는 예양을 놓아주
었다.
　예양이 또 온몸에 칠을 하여 온갖 부스럼이 난 사람이 되
고 뜨거운 숯불을 삼켜 벙어리가 되어 저자를 돌아다니며 구
걸을 하니, 그의 아내는 알아보지 못하였으나 그의 벗이 알
아보고는 울면서 말하기를 “자네의 재주로 조맹(趙孟)의 신하
가 되어 섬기면 가까이 하여 특별한 사랑을 받을 것이니, 그
리되면 자네가 하고자 하는 일을 쉽게 할 수 있지 않겠는가?
무엇 때문에 이처럼 스스로 고생을 하는가!” 하였다.
　예양이 말하기를 “그럴 수는 없다. 이미 내 자신을 볼모로
하여 조 양자의 신하가 되었는데 또 죽이려고 한다면 이는
두 마음을 품는 것이다. 무릇 내가 하고자 하는 것은 매우 어
렵지만, 그러나 이 일을 하고자 하는 까닭은 장차 천하 후세
에 남의 신하 된 자로 두 마음을 품은 사람들을 부끄럽게 하
려는 것이다.” 하였다.
　양자가 외출을 할 때에 예양이 다리 밑에 엎드려 숨어 있

었다. 양자가 다리 밑에 이르자 말이 놀라는지라 수색하여 예양을 붙잡아 드디어 그를 죽였다.

원문 趙襄子 漆智伯之頭하여 以爲飮器러니 智伯之臣豫讓이 欲爲之報仇하여 乃詐爲刑人하여 挾匕首하고 入襄子宮中하여 塗廁이러니 襄子如廁이라가 心動索之하여 獲豫讓하니 左右欲殺之어늘 襄子曰 義士也라 吾謹避之耳라 하고 乃舍之하다 豫讓이 又漆身爲癩하고 呑炭爲啞하여 行乞於市하니 其妻는 不識也로되 其友識之하고 爲之泣曰 以子之才로 臣事趙孟이면 必得近幸하리니 子乃爲所欲爲 顧不易耶아 何乃自苦如此오 豫讓이 曰 不可하다 旣已委質爲臣이요 而又求殺之면 是는 二心也라 凡吾所爲者는 極難耳나 然이나 所以爲此者는 將以愧天下後世之爲人臣하여 懷二心者也로라 襄子出할새 豫讓이 伏於橋下러니 襄子至橋에 馬驚이어늘 索之得豫讓하여 遂殺之하다

○ 위사(魏斯)라는 사람은 환자(桓子)의 손자로 바로 이 분이 문후(文侯)가 되었다. 문후가 복자하(卜子夏)와 전자방(田子方)을 스승으로 삼고, 매양 단간목(段干木)의 집 앞을 지나갈 때는 반드시 식(式)을 하니, 사방의 어진 선비들이 그에게 돌아오는 자가 많았다.

문후가 여러 신하들과 더불어 술을 마시고 즐기는데 비가 내리므로, 수레를 준비하라 명하여 들판으로 나가려고 하였다. 신하들이 말하기를 "오늘은 술을 마시어 즐겁고 또 비조차 내리는데 임금께서는 어디를 가시렵니까?" 하니, 문후가 말하기를 "내가 우인(虞人)과 사냥을 하기로 약속하였다. 비록 즐겁기는 하지만 어찌 한번 한 약속을 무시하고 가서 만나지 않을 수 있겠는가?" 하고는 몸소 가서 자신이 약속을 취소하자고 하였다.

문후가 악양(樂羊)을 시켜 중산(中山)을 정벌하게 하여 이기자 자격[子擊 : 자(子)는 존칭]을 봉(封)하였다. 문후가 여러 신하에게 묻기를 "나는 어떤 임금인가?" 하니 모두 말하기를

"어진 임금이십니다." 하였다. 임좌(任座)가 말하기를 "임금
께서 중산을 차지하여 임금의 아우를 봉하지 않고 임금의 아
들을 봉하였으니, 어찌 어진 임금이라 말할 수 있겠습니까?"
하였다. 문후가 노하니 임좌가 재빨리 나가버렸다. 다음에는
적황(翟璜)에게 물으니 대답하기를 "어진 임금이십니다." 하
니, 문후가 말하기를 "어떻게 아는가?" 하였다. 대답하기를
"임금이 어질면 신하가 바른말을 한다고 합니다. 아까 임좌
의 말이 곧았으므로 그 때문에 알았습니다." 하니, 문후가 기
뻐하여 적황을 시켜서 임좌를 불러 돌아오게 하고 친히 당하
(堂下)에서 맞아 상객(上客)으로 삼았다.

[원문] 魏斯子는 桓子之孫也니 是爲文侯라 文侯가 以卜子夏 田
子方으로 爲師하고 每過段干木之廬할새 必式하니 四方賢士 多歸
之러라 文侯與群臣으로 飮酒樂而天雨어늘 命駕將適野한대 左右
曰 今日에 飮酒樂하고 天又雨한대 君將安之이까 文侯曰 吾與虞
人으로 期獵하니 雖樂이나 豈可無一會期哉아 乃往하여 身自罷之
하다 文侯 使樂羊으로 伐中山克之하여 以封其子擊하고 文侯 問
於群臣曰 我는 何如主오 皆曰 仁君이니이다 任座曰 君이 得中
山하사 不以封君之弟하시고 而以封君之子하시니 何謂仁君이리이
까 文侯怒하니 任座趨出이어늘 次問翟璜한대 對曰 仁君也이니이
다 文侯曰 何以知之오 對曰 君仁則臣直이라 하니 嚮者에 任座
之言이 直어라 是以知之하나이다 文侯悅하여 使翟璜으로 召任座
而反之하고 親下堂迎之하여 以爲上客하다

　[주] 식(式) 수레 앞에 가로질러 놓은 나무를 말하는데, 여기서는 고개를
　숙이어 경의를 표하는 것을 말함. 우인(虞人) 산림(山林)과 호택(湖
　澤)을 지키는 사람.

○자격(子擊)이 외출했다가 길에서 전자방을 만나자 수레에
서 내려 엎드려 뵈었는데, 자방은 예로 대하지 않았다. 자격
이 화가 나서 자방에게 말하기를 "부귀한 자가 남에게 교만
하겠습니까, 빈천한 자가 남에게 교만하겠습니까?" 하니, 자

방이 말하기를 "역시 빈천한 자가 남에게 교만할 수 있지, 부귀한 자가 어찌 감히 남에게 교만할 수 있겠습니까? 나라의 임금이 남에게 교만을 부리면 그 나라를 잃고, 대부가 남에게 교만을 부리면 그 가[家:채지(采地)]를 잃습니다. 그 나라를 잃은 자에게 그 나라를 가지고 기다려 준다는 말은 듣지 못하였고, 그 가를 잃은 자를 그 가를 가지고 기다려 줄 사람이 있다는 말은 듣지 못하였습니다. 대체로 선비란 빈천한 자여서 말이 받아들여지지 않고 행동이 부합하지 않으면 신을 신고 떠나면 됩니다. 어디로 간들 빈천이야 얻지 못하겠습니까?" 하니, 자격이 사과하였다.

[원문] 子擊이 出할새 遭田子方於道하여 下車伏謁이어늘 子方이 不爲禮하니 子擊이 怒하여 謂子方曰 富貴者 驕人乎아 貧賤者 驕人乎아 子方曰 亦貧賤者 驕人耳니 富貴者 安敢驕人이리요 國君而驕人則失其國하고 大夫而驕人則失其家하나니 失其國者는 未聞有以國待之者也요 失其家者는 未聞有以家待之者也로라 夫士는 貧賤者라 言不用하며 行不合 則納履而去耳니 安往而不得 貧賤哉리요 子擊이 乃謝之하다

○ 문후가 이극(李克)에게 말하기를 "선생께서는 일찍이 말씀하시기를 '집안이 가난하면 어진 아내를 생각하게 되고 나라가 어지러우면 어진 재상을 생각하게 된다.'고 하셨습니다. 지금 재상으로 삼을 자는 위성(魏成)이 아니면 적황(翟璜)인데, 이 두 사람은 어떻습니까?" 하니, 대답하기를 "평소에는 그가 친한 바를 보고, 부유할 때는 그가 베푸는 바를 보고, 현달했을 때는 그가 천거한 바를 보고, 궁색할 때는 그가 하지 않는 바를 보고, 빈한할 때는 그가 취하지 않는 바를 보아야 합니다. 이 다섯 가지로써 충분히 정할 수 있을 것입니다." 하니, 문후가 말하기를 "선생께서는 집으로 가십시오, 우리의 재상감은 결정되었습니다." 하였다. 이극이 나오자 적황이 말하기를 "임금께서 불러 복상(卜相: 새로 정승을 가려

/ша

뽑는 일)하였다는데 과연 누구로 하셨습니까?" 하니, 이극이 말하기를 "위성이네." 하였다. 적황이 화를 내며 말하기를 "서하수(西河守) 오기(吳起)는 제가 천거하였으며, 임금께서 안으로 업(鄴 : 지명) 때문에 근심하시므로 제가 서문표(西門豹)를 천거하였고, 임금께서 중산을 정벌하고자 하시므로 제가 낙양(樂羊)을 천거하였으며, 중산을 이미 빼앗은 후에는 지키게 할 만한 사람이 없으므로 제가 선생을 천거하였고, 임금의 아들에게 스승이 없자 제가 굴후부(屈侯鮒)를 천거하였습니다. 귀와 눈으로 보고 듣는 바로도 제가 위성보다 못한 것이 무엇입니까?" 하였다. 이극이 말하기를 "위성은 식록(食祿)이 1000종〔千鍾 : 곡식을 되는 단위. 1종은 6곡(斛) 4두〕인데도 10분의 9는 대외적인 일에 쓰고 10분의 1만 집안일에 쓰고 있소. 그렇기 때문에 동쪽에서 복자하·전자방·단간목을 얻은 것인데, 이 세 사람은 임금이 스승으로 섬겼고 자네가 천거한 다섯 사람은 임금이 신하로 삼았으니, 자네가 어찌 위성과 비교할 수 있단 말인가?" 하니, 적황이 재배하면서 말하기를 "저 적황은 변변치 못한 사람이어서 대답을 잘못하였습니다. 원하옵건대 끝까지 제자로 삼아 주십시오." 하였다.

원문 文侯 謂李克曰 先生이 嘗有言曰 家貧에 思賢妻하고 國亂에 思良相이라 하니 今所置는 非成則璜이니 二子 何如오 對曰 居視其所親하며 富視其所與하며 達視其所擧하며 窮視其所不爲하며 貧視其所不取니 五者에 足以定之矣니이다 文侯曰 先生은 就舍하라 吾之相을 定矣로라 李克이 出에 翟璜曰 君召卜相하시니 果誰爲之오 克이 曰 魏成이니라 璜이 忿然曰 西河守吳起도 臣所進也요 君이 內以鄴으로 爲憂어시늘 臣이 進西門豹하고 君이 欲伐中山이시어늘 臣이 進樂羊하고 中山을 已拔에 無使守之어늘 臣이 進先生하고 君之子 無傅어늘 臣이 進屈侯鮒하니 以耳目之所睹記로 臣이 何負於魏成이리요 克曰 魏成은 食祿千鍾에 什九는 在外하고 什一은 在內라 是以로 東得卜子夏田子方段干木하니

此三人者는 君皆師之하시고 子所進五人은 君皆臣之하시니 子惡
得與魏成으로 比也리요 璜이 再拜曰 璜은 鄙人也라 失對하니 願
卒爲弟子하노라

○ 오기(吳起)는 위(衛)나라 사람인데 노(魯)나라에서 벼슬하였
다. 제(齊)나라 사람이 노나라를 침범하자 노나라 사람들이
장수로 삼고자 하였으나, 오기가 제나라 여자를 아내로 삼았
기 때문에 노나라 사람들이 의심하니, 오기는 아내를 죽이고
장수가 되기를 청하여, 장수가 되어 제나라 군사를 크게 격
파하였다.

어떤 사람이 노나라 임금에게 참소하기를 "오기가 처음에
증삼(曾參)을 스승으로 섬겼는데, 어미의 상(喪)에 분상(奔喪)
을 하지 않자 증삼이 절교했었습니다. 이제 또 아내를 죽여
임금의 장수가 되기를 청했으니, 오기는 잔인하고 행실이 야
박한 사람입니다. 또한 작은 노나라가 적을 이겼다는 이름을
얻게 되었으니 제후들이 노나라를 도모하려고 할 것입니다."
하니, 오기는 죄를 받을까 두려워하다가 위 문후(魏文侯)가
어질다는 말을 듣고는 마침내 그에게 가서 귀순하였다. 문후
가 이극에게 물으니, 이극이 말하기를 "오기는 탐욕스럽고
색(色)을 좋아하지만 용병(用兵)에 있어서는 사마양저(司馬穰
苴)도 그보다 못할 것입니다." 하였다. 그래서 문후가 장수를
삼아 진(秦)나라를 공격하여 다섯 성을 빼앗았다.

오기는 장수가 되어서는 가장 낮은 군사들과 의식(衣食)을
함께 하고, 누울 때는 자리도 펴지 않고, 다닐 때에는 말이나
수레를 타지 않았으며, 친히 양식을 짊어지고 다니며 군사들
의 노고를 줄여 주었다. 군사 가운데 종기를 앓는 자가 있자
오기는 직접 입으로 그 종기를 빨아주었는데, 그 군사의 어
미가 그 말을 듣고는 울었다.

어떤 사람이 말하기를 "아들은 졸병인데도 장군이 스스로
종기를 빨아주었는데 왜 운단 말이오?" 하니, 어미가 말하기

를 "지나간 해에는 오공(吳公)이 그 아이 아비의 종기를 빨아 주어, 그 아비가 뒤돌아설 줄도 모르고 싸우다가 마침내 적에게 죽었소. 오공이 이제 또 그 아들의 종기를 빨아주었으니, 나는 아들이 어디에서 죽을지 모르겠소. 그래서 우는 것이오." 하였다.

[원문] 吳起者는 衛人이라 仕於魯러니 齊人이 伐魯어늘 魯人이 欲以爲將하되 起取齊女하여 爲妻라 魯人이 疑之하니 起殺妻以求將하여 大破齊師하다 或이 譖之魯侯曰 起始事曾參이라가 母死에 不奔喪이어늘 曾參絶之러니 今에 又殺妻以求爲君將하니 起는 殘忍薄行人也라 且以魯國區區 而有勝敵之名 則諸侯圖魯矣리이다 하니 起恐得罪하여 聞魏文侯賢하고 乃往歸之하다 文侯 問諸李克하니 克이 曰 起는 貪而好色이나 然이나 用兵은 司馬穰苴라도 弗能過也리이다 於是에 文侯 以爲將하여 擊秦拔五城하다 起之爲將에 與士卒最下者로 同衣食하고 臥不設席하며 行不騎乘하고 親裹贏糧하여 與士卒로 分勞苦러라 卒에 有病疽者어늘 起爲吮之하니 卒母 聞而哭之하니 人曰 子는 卒也而將軍이 自吮其疽하니 何哭爲오 母曰 往年에 吳公이 吮其父하니 其父戰不旋踵하여 遂死於敵이러니 吳公이 今又吮其子하니 妾은 不知其死所矣라 是以哭之하노라

[주] 오기(吳起) 중국 전국시대의 병법가. 오자(吳子)로 통칭된다. 손무(孫武)의 《손자(孫子)》와 더불어 그의 병법서인 《오자(吳子)》가 유명함. 분상(奔喪) 객지에서 부모의 상(喪)을 듣고 급히 집으로 달려가는 것. 증삼(曾參) 증자(曾子)를 말함. 사마양저(司馬穰苴) 제(齊)나라 사람으로 용병술(用兵術)에 뛰어났음.

24년(기묘) 왕이 죽고 그의 아들인 안왕(安王) 교(驕)가 즉위하였다.

[원문] 己卯二十四年이라 王이 崩하고 子安王驕立하다

안왕(安王)*

11년(경인) 전화(田和)가 제 강공(齊康公)을 바닷가로 옮기고, 한 성(城)을 식읍(食邑)으로 주어 조상의 제사를 받들게 하였다.

원문 庚寅十一年이라 田和 遷齊康公 於海上하고 使食一城하여 奉先祀하다

　죔 *안왕(安王) 이름은 교(驕)로 위열왕(威烈王)의 아들이다. 재위 26년.

13년(임진) 제(齊)나라 전화가 제후(諸侯) 되기를 구하거늘, 위 문후(魏文侯)가 그를 위하여 왕과 제후들에게 청하니, 왕이 허락하였다.

원문 壬辰十三年이라 齊田和 求爲諸侯어늘 魏文侯 爲之請於王 及諸侯하니 王이 許之하다

15년(갑오) 위 문후가 죽고 태자 격(擊)이 즉위하니, 이 분이 무후(武侯)이다. 무후가 서하(西河)에서 배를 타고 내려가다 중류에 이르러 오기를 돌아보며 말하기를 "아름답다, 험고(險固)한 산하(山河)여! 이는 위나라의 보배이다." 하니, 대답하기를 "덕에 있는 것이지 험함에 있는 게 아닙니다. 옛날 삼묘씨(三苗氏)는 왼쪽에 동정호(洞庭湖)가 있고 오른쪽에는 팽려호(彭蠡湖)가 있었으나, 덕의(德義)를 닦지 않아 우왕(禹王)이 멸망시켰습니다. 하(夏)나라의 걸왕의 거처는 왼쪽에 하수(河水)와 제수(濟水)가 있고 오른쪽에는 태화산(泰華山)이 있었으며, 이궐산(伊闕山)이 그 남쪽에 있고 양장산(羊腸山)이 그 북쪽에 있었으나, 정사가 어질지 못하여 탕왕(湯王)이 내쳤습니다. 상(商)나라 주왕(紂王)은 왼쪽에 맹문산(孟門山)이 있고 오른쪽에는 태항산(太行山)이 있었으며, 상산(常山)이 그 북쪽에 있었고 대하(大河)가 그 남쪽을 지나갔으나, 정사가 부덕(不德)하여 무왕(武王)이 죽였습니다. 이로써 보건대 덕에

달려 있는 것이지 험함에 있는 것이 아닙니다. 왕께서 덕을 닦지 않으시면 이 배에 있는 사람이 모두 적국(敵國)이 됩니다."하니, 무후가 "옳은 말이다."라고 하였다.

원문 甲午十五年이라 魏文侯 薨하고 太子擊이 立하니 是爲武侯라 武侯浮西河而下 中流할새 顧謂吳起曰 美哉라 山河之固여 此는 魏國之寶也로다 對曰 在德이요 不在險이니이다 昔에 三苗氏는 左洞庭이요 右彭蠡로되 德義不修어늘 禹滅之하시고 夏桀之居는 左河濟요 右泰華요 伊闕이 在其南하고 羊腸이 在其北하되 修政不仁이어늘 湯이 放之하시고 商紂之國은 左孟門이요 右太行이요 常山이 在其北하고 大河가 經其南하되 修政不德이어늘 武王이 殺之하시니 由此觀之건대 在德이요 不在險이니 若君不修德이면 舟中之人이 皆敵國也니이다 武侯曰 善하다

주 삼묘씨(三苗氏) 고대 중국의 황제(黃帝) 때 하관(夏官) 진운씨(縉雲氏)의 후예로 강포하여 순(舜)임금과 우(禹)임금이 정벌하였음.

○ 위(魏)나라가 재상을 두면서 전문(田文)을 재상으로 삼았다. 오기가 기꺼워하지 않으면서 전문에게 말하기를 "청컨대 그대와 공을 따져보아도 되겠는가?"하니, 전문이 "좋소." 하였다. 오기가 말하기를 "삼군(三軍)을 거느리고 군사들에게 기꺼이 목숨을 걸고 싸우게 하여, 적국이 감히 도모하지 못하게 하는 것은 그대와 나 가운데 누구겠소?"하니, 전문이 말하기를 "자네만 못하네." 하니, 오기가 말하기를 "백관(百官)을 다스리고 백성들과 친하고 창고를 가득 차게 하는 것은 그대와 나 가운데 누가 나은가?"하니, 전문이 "자네만 못하네." 하였다. 오기가 말하기를 "서하(西河)를 지켜 진(秦)나라 군사가 감히 동쪽으로 우리를 향하여 오지 못하게 하고, 한(韓)나라와 조(趙)나라가 복종하여 따르게 하는 것은 그대와 나 가운데 누가 나은가?"하니, 전문이 "자네만 못하네." 하였다. 오기가 말하기를 "이 세 가지가 모두 나보다 못한데도

지위는 나의 위에 있는 것은 무엇 때문인가?"하니, 전문이 대답하기를 "임금이 어리어 나라 사람들이 의심하여 대신들이 따르지 않고 백성들은 믿지 않는 이럴 때에 자네에게 위임하겠는가, 나에게 위임하겠는가?"하였다. 오기가 묵묵히 한참 있더니 말하기를 "자네에게 위임할 것이네."하였다. 오랜 후에 위 무후(魏武侯)가 의심하자 오기는 죽게 될까봐 두려워 마침내 초(楚)나라로 도망하였다. 초 도왕(楚悼王)은 일찍이 그가 현명하다는 말을 듣고 있어 오기가 오자마자 재상에 임명하였다. 오기는 법령을 밝게 살피고 급히 필요하지 않은 관원을 줄이며, 먼 친척인 공족(公族)을 폐하고, 전투병을 위로하고 기르는 등 강병(强兵)에 힘쓰고, 종횡설(縱橫說)로 유세하는 자들을 쫓아냈다. 그래서 남쪽으로는 백월(百越)을 평정하고 북쪽으로는 삼진(三晉 : 한·위·조)을 물리치고, 서쪽으로는 진(秦)나라를 치니 제후들이 모두 초나라가 강해짐을 두려워하고, 초나라의 귀족과 대신들 가운데도 오기를 원망하는 자가 많게 되었다.

원문 魏置相할새 相田文하니 吳起不悅하여 謂田文曰 請與子論功이 可乎아 田文이 曰 可하다 起曰 將三軍하여 使士卒로 樂死하고 敵國이 不敢謀는 子孰與起오 文이 曰 不如子로다 起曰 治百官하며 親萬民하며 實府庫는 子孰與起오 文이 曰 不如子로다 起曰 守西河而秦兵이 不敢東鄕하고 韓趙賓從은 子孰與起오 文이 曰 不如子로다 起曰 此三者는 子 皆出吾下而位加吾上은 何也오 文이 曰 主少國疑에 大臣이 未附하고 百姓이 不信하니 方是之時하여 屬之子乎아 屬之我乎아 起默然良久에 曰 屬之子矣리라 久之요 魏武侯 疑之어늘 起懼誅하여 遂奔楚하니 楚悼王이 素聞其賢이라 至則任之爲相하니 起明法審令하고 捐不急之官하고 廢公族疏遠者하고 以撫養戰鬪之士하니 要在强兵이라 破遊說之言從橫者하다 於是에 南平百越하고 北却三晉하고 西伐秦하니 諸侯 皆患楚之强 而楚之貴戚大臣이 多怨吳起者러라

㊟ **종횡설(從橫說)** 남북의 한·위·조·연·제·초의 여섯 나라의 제후들이 연합하여 진(秦)나라에 대항하자는 주장인 합종설(合從說)과, 이에 맞서서 여섯 나라가 횡으로 연합하여 진나라를 존대하자는 주장인 연횡설(連橫說)을 말함.

16년(을미) 처음으로 제(齊)나라의 대부(大夫) 전화(田和)를 명하여 제후로 삼았다.

원문 乙未十六年이라 初命齊大夫田和하여 爲諸侯하다

21년(경자) 초 도왕(楚悼王)이 죽으니, 귀족과 대신들이 난을 일으켜 오기를 공격하여 죽였다.

원문 庚子二十一年이라 楚悼王이 薨하거늘 貴戚大臣이 作亂하여 攻殺起하다

23년(임인) 제 강공(齊康公)이 죽었는데, 아들이 없어 전씨(田氏)가 마침내 제나라를 아울러 소유하게 되었다.

원문 壬寅二十三年이라 齊康公이 薨하니 無子라 田氏 遂幷齊而有之하다

25년(갑진) 자사(子思)가 위후(衛侯)에게 구변(苟變)에 대해 말하기를 "그 재목이 500승(乘)을 거느릴 수 있습니다." 하니, 위후가 말하기를 "나도 그가 장수가 될 수 있음은 알지만, 그러나 구변은 일찍이 서리(胥吏)가 되어 백성들에게 세금을 물리면서 남의 계란 두 개를 먹었기 때문에 쓰지 않는 것이오." 하였다. 자사가 말하기를 "무릇 성인께서 사람을 관직에 임명하는 것은 마치 장인(匠人)이 나무를 쓰는 것과 같아서, 장점은 취하고 단점은 버리는 것입니다. 그래서 훌륭한 장인은 기(杞)와 재(梓) 같은 아름드리 나무가 몇 자 썩었다 하여서 버리지 않습니다. 이제 임금께서는 전국(戰國)의 세상에 처하여 조아(爪牙 : 국가를 보필하는 신하)인 사(士)를 고르면서 달걀 두 개 때문에 간성(干城) 같은 장수를 버리시니,

이러한 일이 이웃 나라에 알려지게 해서는 안 됩니다."하니,
공이 재배하고 말하기를 "삼가 가르침을 받아들이겠습니다."
하였다.

원문 甲辰二十五年이라 子思 言苟變於衛侯曰 其材가 可將五百
乘이니이다 公曰 吾知其可將이나 然이나 變也嘗爲吏하여 賦於民
而食人二鷄子故로 弗用也하노라 子思曰 夫聖人之官人이 猶匠
之用木也하여 取其所長하고 棄其所短이라 故로 杞梓連抱而有數
尺之朽라도 良工은 不棄하나니 今君이 處戰國之世하여 選爪牙之
士 而以二卵으로 棄干城之將하시니 此는 不可使聞於隣國也로소
이다 公이 再拜曰 謹受敎矣리이다

○ 위후(衛侯)가 옳지 않은 계책을 말하는데도 여러 신하들의
화답하는 말이 한 입에서 나온 것과 같았다. 자사가 말하기
를 "내가 위나라를 살펴보건대 이른바 '임금은 임금답지 아
니하고 신하는 신하답지 아니하다.'는 말과 같소. 일의 시비
를 살피지 않은 채 사람들이 자기를 기리는 것을 기뻐하니
어리석기 짝이 없고, 이치의 소재(所在)를 헤아리지 않고 알
랑거리며 구차스럽게 행동하니 아첨함이 막심하다. 임금은
어리석고 신하는 아첨하면서 백성들의 위에 있으면 백성들이
함께 하지 않을 것이며, 만약 이러한 일이 그치지 않으면 나
라에 사람이 없어 망하게 될 것이오." 하였다. 자사가 위후에
게 말하기를 "앞으로 임금의 국사(國事)는 날로 잘못될 것입
니다. 임금은 말을 해놓고 스스로 옳다고 여기는데도 경대부
(卿大夫)들이 감히 그 잘못을 바로잡지 못하며, 경대부들이
말을 해놓고는 스스로 옳다고 여기는데도 사서인(士庶人)이
감히 그 잘못을 바로잡지 못합니다. 임금과 신하들이 이미
스스로 현명하다고 여기면 여러 아랫사람들이 이구동성으로
이를 현명하다고 여기어 순종하면 복을 받고, 바로잡으면 거
슬리어 화(禍)를 입으니, 이렇게 되면 선(善)이 어디를 좇아
생기겠습니까? 시(詩)에 이르기를 '모두가 나는 성인이라고

하니, 누가 까마귀의 암·수를 알겠는가?'라고 하였으니, 역시 임금님 조정의 군신과 같다고 하겠습니다." 하였다.

원문 衞侯 言計非是하되 而群臣和者 如出一口하니 子思曰 以吾觀衞하건대 所謂君不君 臣不臣者也로다 夫不察事之是非 而悅人讚己하니 闇莫甚焉이요 不度理之所在 而阿諛苟容하니 諂莫甚焉이라 君闇臣諂하여 以居百姓之上이면 民不與也니 若此不已면 國無類矣리이다 子思 言於衞侯曰 君之國事 將日非矣로소이다 君이 出言에 自以爲是 而卿大夫 莫敢矯其非하고 卿大夫 出言에 自以爲是 而士庶人이 莫敢矯其非하니 君臣이 旣自賢矣어늘 而群下同聲賢之하니 賢之 則順而有福하고 矯之 則逆而有禍하니 如此 則善安從生이리이까 詩曰 具曰予聖이어니 誰知烏之雌雄고하니 抑亦似君之君臣乎인저

　　26년(을사) 왕이 죽고 그의 아들인 열왕(烈王) 희(喜)가 즉위하였다.

원문 乙巳二十六年이라 王이 崩하고 子烈王喜立하다

○ 한(韓)·위(魏)·조(趙)가 함께 진 정공(晉靖公)을 폐하여 평민으로 삼고, 그 땅을 나누었다.

원문 韓魏趙 共廢晉靖公하여 爲家人而分其地하다

열왕(烈王)

　　6년(신해) 제 위왕(齊威王)이 와서 조회(朝會)하였다. 이때 주(周) 왕실이 미약하여 제후들이 조회하지 않았는데, 오직 제나라만 조회하니, 천하가 이 때문에 위왕을 더욱 현명하게 여겼다.

원문 辛亥六年이라 齊威王이 來朝하다 是時에 周室이 微弱하여

32

諸侯莫朝 而齊獨朝之하니 天下以此로 益賢威王하더라

○ 위왕(威王)이 즉묵대부(卽墨大夫)를 불러 말하기를 "그대가 즉묵에 가 있으면서부터 헐뜯는 말들이 매일같이 이르기에 내가 사람을 시켜 즉묵을 살펴보게 했더니, 논밭과 들이 개간되고 백성들이 넉넉하며 관리들은 무사하여 동쪽 지방이 그 때문에 평안하였다. 이는 그대가 내 좌우의 근신(近臣)을 섬기면서 도움을 구하지 않은 때문이다." 하고는 만가(萬家)를 봉하였다. 아대부(阿大夫)를 불러 말하기를 "그대가 아(阿)를 맡으면서부터 기리는 말이 매일같이 이르기에 사람을 시켜 아를 살펴보게 했더니, 논밭과 들이 개간되지 않고 백성들이 가난에 굶주려 있었소. 지난날 조(趙)나라가 견(甄)을 공격할 때는 그대가 구하지 않았고, 위(衛)나라가 설릉(薛陵)을 빼앗을 때 그대는 알지도 못했다. 이는 그대가 나의 좌우에 있는 근신에게 폐백을 후하게 하여 기림을 구한 것이다." 하고는 그날로 아대부 및 일찍이 좌우에서 기린 자들을 팽〔烹: 삶아 죽이는 형(刑)의 하나〕하니, 이에 여러 신하들이 두려워하여 감히 잘못을 꾸미지 못하고 실정(實情)에 힘쓰게 되어, 제나라는 크게 잘 다스려져 천하의 강자가 되었다.

원문 威王이 召卽墨大夫하여 語之曰 自子之居卽墨也로 毀言이 日至어늘 吾使人視卽墨하니 田野闢하고 人民이 給하고 官無事하여 東方이 以寧하니 是는 子不事吾左右하여 以求助也라 하고 封之萬家하고 召阿大夫하여 語之曰 自子守阿로 譽言이 日至어늘 吾使人視阿하니 田野不闢하고 人民이 貧餒하고 昔日에 趙攻甄하되 子不救하고 衛取薛陵하되 子不知하니 是는 子厚幣事吾左右하여 以求譽也라 하고 是日에 烹阿大夫 及左右嘗譽者하니 於是에 群臣이 悚懼하여 莫敢飾非하고 務盡其情하니 齊國이 大治하여 彊於天下러라

  7년(임자) 왕이 죽고 그의 동생인 현왕(顯王) 편(扁)이 즉위

하였다.

원문 壬子七年이라 王이 崩하고 弟顯王扁이 立하다

현왕(顯王)*

7년(기미) 진 효공(秦孝公)이 즉위하였다. 이때 하산(河山)의 동쪽에 강국이 여섯 있고 회사(淮泗) 사이에 작은 나라가 10여 개국이 있었는데, 초(楚)·위(魏)는 진(秦)과 경계를 접하고 있었다. 모두 진나라를 이적(夷狄)으로 대우하여 배척하였으므로 중국의 회맹(會盟)에도 참여하지 못하게 되었다. 이에 효공이 분발하여 덕(德)을 펴고 정사를 바로잡아 진나라를 강성하게 하고자 하였다.

원문 己未七年이라 秦孝公이 立하다 是時에 河山以東에 彊國이 六이요 淮泗之間에 小國이 十餘라 楚魏 與秦接界하여 皆以夷狄으로 遇秦擯斥之하여 不得與中國之會盟하니 於是에 孝公이 發憤하여 布德修政하여 欲以彊秦이러라

㊟ *현왕(顯王) 이름은 편(扁)이며 열왕(烈王)의 동생이다. 재위 기간은 48년. 회맹(會盟) 제후들이 일이 있어 모이는 것을 회, 불협(不協)하여 만나 동맹을 맺는 것을 맹이라 함.

8년(경신) 진 효공이 나라 안에 영을 내리기를 "손님과 여러 신하 가운데 기발한 계책으로 진나라를 강하게 할 수 있는 자가 있다면 내가 벼슬을 높이고 땅도 나누어 주겠다." 하였다. 이에 위(衛)의 공손앙(公孫鞅)이 그 영을 듣고 서쪽에서 진나라에 들어와 폐신(嬖臣)인 경감(景監)을 통해서 효공 뵙기를 청하여 부국강병의 술책을 유세하니, 효공이 크게 기뻐하여 그와 더불어 국사를 의논하였다.

원문 庚申八年이라 孝公이 令國中曰 賓客群臣에 有能出奇計彊秦者면 吾且尊官하고 與之分土하리라 於是에 衛公孫鞅이 聞令하

고 乃西入秦하여 因嬖臣景監하여 以求見孝公하고 說以富國彊兵
之術하니 公이 大悅하여 與議國事하다

　10년(임술) 위앙(衛鞅)이 법을 고치고자 하였으나, 진나라
사람들이 좋아하지 않았다. 위앙이 진 효공에게 말하기를
"무릇 백성이란 처음 일을 시작할 때에는 함께 꾀할 수 없으
나 일을 이룬 뒤에는 그 성공을 함께 즐길 수는 있습니다. 덕
이 지극한 이는 어떤 사람인가를 논한다면 세속(世俗)과 화합
하지 않고, 큰 공을 이루는 이는 대중과 모의하지 않는 법입
니다. 그러므로 성인은 참으로 나라를 강하게 하려면 옛것을
본받지 않는 것입니다." 하였다. 감룡(甘龍)이 말하기를 "그
렇지 않습니다. 법에 따라 다스리는 것은 관리들이 익숙하고
백성들도 이를 편안히 여깁니다." 하니, 위앙이 말하기를 "보
통 사람은 옛 풍속을 편안히 여기나, 학자는 자기가 들은 바
에 빠지니, 이 양자를 관리 자리에 앉히면 법을 지키게 할 수
는 있어도 이들과 더불어 법 밖의 일은 의논할 바가 아닙니
다. 지혜 있는 이가 법을 만들면 어리석은 자는 제재를 가하
며, 어진 이가 예(禮)를 고치면 변변치 못한 자는 이 예에 구
속을 받게 하는 것입니다." 하니, 효공이 "좋다." 하고는 위
앙을 좌서장(左庶長)으로 삼아 마침내 법을 고치는 영을 확정
지었다. 백성들에게 십오(什伍)를 편성하여 서로 책임지고 살
피게 해 연좌(連坐)시키되, 간사(姦邪)한 자를 고한 사람에게
는 적의 머리를 벤 것과 같은 상을 주고, 간사한 자를 고하지
않은 자에게는 적에게 항복한 것과 같은 벌을 주고, 군공(軍
功)이 있는 자에게는 각자의 공훈에 따라 벼슬을 높여 주었
으며, 사사로이 싸우는 자에게는 각기 경중에 따라 형을 받
게 하고, 상하가 서로 힘을 합해 본업에 힘써서 농사짓고
베를 짜 곡식과 비단을 많이 생산하는 자는 세금과 부역을
면제하고, 상공업으로 눈앞의 이익을 추구하거나 게을러 가
난한 자는 모두 수노(收孥)하고, 공이 있는 자는 현영(顯榮)하

고 공이 없는 자는 비록 부자라도 뽐내고 자랑함이 없게 하였다.

법령을 이미 갖추어놓고도 반포(頒布)하지 않고 있는데, 백성들이 법을 믿지 않을까 걱정이 되어서였다. 이에 세 길 되는 나무를 국도(國都)의 저자 남문에 세우고 백성 가운데 그 나무를 북문으로 옮기는 자가 있으면 10금(金)을 주겠다고 하였다. 백성들이 괴이하게 여겨 감히 아무도 옮기지 못하니, 다시 이르기를 "옮기는 자에게는 50금을 준다."고 하니, 어떤 한 사람이 옮기자 곧바로 50금을 주고는 법령을 공표하였다. 법령을 행한 지 1년이 지나자, 진나라 백성들이 국도에 와 보고는 새 법령이 불편하다고 말하는 자가 수천 명이나 되었다. 이때 태자가 법을 어기니 위앙이 말하기를 "법이 제대로 시행되지 않는 것은 위에서부터 범하기 때문입니다. 그런데 태자는 임금의 사자(嗣子)이니 형벌을 시행할 수는 없습니다." 하고, 그의 부(傅) 공자 건(公子虔)을 형벌하고 사(師) 공손가(公孫賈)를 경〔黥 : 몸에 문신을 새기는 형벌의 하나)하니, 이튿날로 진나라 사람들이 모두 법령을 따랐다. 행한 지 10년이 되자, 진나라는 길에 떨어진 물건을 줍는 자가 없게 되고 산에는 도적이 없고, 백성들이 공전(公戰)에는 용감하고 사사로운 싸움은 겁내어 향읍(鄕邑)이 크게 잘 다스려졌다. 그러자 진나라 백성 가운데 처음에 법령이 불편하다고 했던 자가 와서는 법령의 편함을 말하자, 위앙이 말하기를 "이들은 모두 법을 어지럽히는 백성이다." 하고는 다 변경(邊境)으로 옮기게 하니, 그후에는 백성들이 감히 법령에 관해 논평하지 못했다.

원문 壬戌十年이라 衛鞅이 欲變法하니 秦人이 不悅이어늘 衛鞅이 言於秦孝公曰 夫民은 不可與慮始요 而可與樂成이라 論至德者는 不和於俗하고 成大功者는 不謀於衆하나니 是以로 聖人이 苟可以彊國인대 不法其故이니이다 甘龍이 曰 不然하다 緣法而治

者는 吏習而民安之니라 衞鞅이 曰 常人은 安於故俗하고 學者는
溺於所聞하나니 以此兩者로 居官守法은 可也어니와 非所與論於
法之外也라 智者作法에 愚者制焉하고 賢者更禮에 不肖者拘焉이
니이다 公曰 善이라 하고 以衞鞅으로 爲左庶長하여 卒定變法之令
하다 令民으로 爲什伍 而相收司連坐하되 告姦者는 與斬敵首로
同賞하고 不告姦者는 與降敵으로 同罰하고 有軍功者는 各以率受
上爵하고 爲私鬪者는 各以輕重으로 被刑하고 大小僇力本業하여
耕織 致粟帛多者는 復其身하고 事末利하며 及怠而貧者는 擧以
爲收孥하고 有功者는 顯榮하고 無功者는 雖富나 無所芬華러라
令을 旣具未布에 恐民之不信하여 乃立三丈之木於國都市南門하
고 募民하되 有能徙置北門者면 予十金하리라 民이 怪之하여 莫
敢徙어늘 復曰 能徙者면 予五十金하리라 有一人이 徙之어늘 輒
予五十金하고 乃下令하다 令行朞年에 秦民이 之國都하여 言新令
之不便者 以千數라 於是에 太子 犯法이어늘 衞鞅이 曰 法之不
行은 自上犯之니 太子는 君嗣也라 不可施刑이라 하고 刑其傅公
子虔하고 黥其師公孫賈하니 明日에 秦人이 皆趨令하여 行之十年
에 秦國이 道不拾遺하고 山無盜賊하고 民이 勇於公戰하고 怯於
私鬪하니 鄕邑이 大治하더라 秦民이 初言令不便者 有來言令便
者어늘 衞鞅曰 此는 皆亂法之民也라 하고 盡遷之於邊하니 其後
에 民莫敢議令이러라

㊅ 십오(什伍) 5인(人)을 오(伍)라 하고, 2오를 십이라 함. 연좌(連坐)
  열 집 가운데 한 집이 죄를 범하면 아홉 집에서 고발하게 하고, 만
  약 고발하지 않으면 아홉 집 모두 그 죄를 받는 것. 복(復) 부세(賦
  稅)와 요역(徭役)을 면제시키는 것. 수노(收孥) 죄인의 아내와 아들
  을 함께 잡아 가두는 것.

온공(溫公)은 논평한다.

"무릇 믿음이란 임금의 큰 보배이다. 나라는 백성에 의해
보위되고 백성은 믿음에 의해 보위되는 것이니, 믿음이 아니
면 백성을 부릴 수 없고 백성이 아니면 나라를 지킬 수 없다.
그러므로 옛날의 왕자(王者)는 천하의 모든 사람들을 속이지

않았고, 패자는 사방 이웃 나라를 속이지 않았으며, 나라를 잘 다스린 자는 그 백성을 속이지 않았고, 집안을 잘 다스린 자는 그 집안 사람들을 속이지 않았다. 착하지 않은 자는 이와 반대로 그 이웃 나라를 속이고 그 백성을 속이며, 심한 자는 그의 형제를 속이고 그 아비와 자식을 속였다. 윗사람은 아랫사람을, 아랫사람은 윗사람을 믿지 못하게 되면 상하의 마음이 벌어져 패하기에 이르렀다. 그래서 그 이익된 것으로써 그 손상됨을 치료하지 못하고, 얻은 것으로써 그 망함을 돕지 못했으니 어찌 슬프지 않은가? 옛날 제 환공(齊桓公)은 조말(曹沫)과의 맹세를 저버리지 않았고, 진 문공(晉文公)은 원(原)을 치는 이익을 탐내지 않았으며, 위 문후(魏文侯)는 우인(虞人)과의 약속을 어기지 않았고, 진 효공(秦孝公)은 나무를 옮기면 상을 주겠다는 약속을 어기지 않았는데, 이 네 임금의 도는 순백(純白)하지는 못하였고, 상군(商君)은 더욱 각박하다고 일컬어졌다. 또 전쟁으로 공격하는 세상에 살아 천하가 사기와 폭력으로 갔는데도 오히려 믿음을 잊지 않고 그 백성을 길렀는데, 하물며 천하를 평안히 다스리는 정사이겠는가?"

원문 溫公曰 夫信者는 人君之大寶也라 國保於民하고 民保於信하니 非信이면 無以使民이요 非民이면 無以守國이라 是故로 古之王者는 不欺四海하고 霸者는 不欺四鄰하고 善爲國者는 不欺其民하고 善爲家者는 不欺其親하며 不善者는 反之하여 欺其鄰國하고 欺其百姓하여 甚者는 欺其兄弟하고 欺其父子하여 上不信下하고 下不信上하고 上下離心하여 以至於敗하여 所利不能藥其所傷하고 所獲不能補其所亡하니 豈不哀哉아 昔齊桓公은 不背曹沫之盟하고 晉文公은 不貪伐原之利하고 魏文侯는 不棄虞人之期하고 秦孝公은 不廢徙木之賞하니 此四君者는 道非粹白하고 而商君은 尤稱刻薄이라 又處戰攻之世하여 天下趨於詐力이로되 猶且不忘信하여 以畜其民하니 況爲四海治平之政者哉아

㈜ **제 환공**(齊桓公) 제 환공이 노(魯)나라를 침략하여 많은 땅을 빼앗았는데, 노나라 장수 조말(曹沫)이 그의 임금과 회맹하고 있는 자리에서 비수를 들이대고는 빼앗은 땅을 돌려달라고 위협하자, 제 환공은 엉겁결에 승낙하고 말았다. 그러나 후회가 되어 망설이는데, 관중(管仲)이 한번 약속했으면 주어야 한다고 하여 반환하였다는 고사. **진 문공**(晉文公) 진 문공이 원(原)을 침략하면서 군사들과 약속하기를 "3일 안에 공략하지 못하면 돌아가겠다." 하였는데, 기일이 되어도 함락하지 못하자 군사를 돌렸다. 첩자(諜者)가 "곧 항복할 터이니 기다리자."고 하였으나, 원의 이익을 위해 신의를 저버릴 수 없다면서 군사를 돌렸는데, 30리를 오자 원이 항복하였음. **위 문후**(魏文侯) 위문후가 신하들과 잔치를 벌이다가 산림지기와의 사냥 약속이 생각나 비가 오는데도 불구하고 직접 가서 파한 고사는 앞서 나왔음. **진 효공**(秦孝公) 진 효공과 상군(商君)이 새 법령을 반포하기 전에 백성들을 믿게 하기 위해 저잣거리에 나무를 세워놓고 그걸 옮기는 자에게는 10금(50)을 주겠다고 하였는데, 과연 옮기는 자가 있자 10금(50)을 주었음.

14년(병인) 제 위왕(齊威王)과 위 혜왕(魏惠王)이 교외에서 사냥을 하였다. 혜왕이 말하기를 "제에도 보물이 있습니까?" 하니, 위왕이 말하기를 "없습니다." 하였다. 혜왕이 말하기를 "과인의 나라가 비록 작으나 수레 12대의 전후를 각기 비출 수 있는 직경 1촌(寸) 되는 구슬이 10개가 있는데, 어찌 대국인 제에 보물이 없겠습니까?" 하니, 위왕이 말하기를 "과인이 보배로 삼는 것은 왕과는 다릅니다. 내 신하 중에 단자(檀子)란 자가 있어 그에게 남성(南城)을 지키게 하였더니, 초(楚)나라 사람이 감히 노략질을 못하고, 사상(泗上)의 열두 제후가 모두 와서 조회합니다. 내 신하 중에 반자(盼子)라는 자가 있어 그에게 고당(高唐)을 지키게 하였더니, 조(趙)나라 사람이 감히 동쪽으로 와서 황하(黃河)의 고기를 잡지 못하며, 내 관리 중에 검부(黔夫)란 자가 있어 그에게 서주(徐州)를 지키게 하였더니, 연(燕)나라 사람들은 북문에서 제사를 올리고 조나라 사람들은 두려워하여 서문에서 제사를 올리고, 이사하여 따라온 자가 70여 집이나 됩니다. 내 신하 중에 종수(種首)란 자가 있어 그에게 도적을 방비하게 하였더니, 길에 떨어진 물건을 주워가는 사람이 없어졌으니, 이 네 신하는 앞으로 1000리를 비출 것이니 어찌 다만 12대뿐이겠습니까?" 하니, 혜왕이 부끄러운 기색이 있었다.

원문 丙寅十四年이라 齊威王魏惠王이 會하여 田於郊할새 惠王이 曰 齊亦有寶乎아 威王이 曰 無有로다 惠王曰 寡人은 國이 雖小나 向有徑寸之珠하여 照車前後各十二乘者 十枚로니 豈以齊大國而無寶乎리요 威王曰 寡人之所以爲寶者는 與王으로 異하니 吾臣에 有檀子者하니 使守南城 則楚人이 不敢爲寇하고 泗上十二諸侯 皆來朝하고 吾臣에 有盼子者하니 使守高唐 則趙人이 不敢東漁於河하고 吾吏에 有黔夫者하니 使守徐州 則燕人은 祭北門하고 趙人은 祭西門하고 徙而從者 七十餘家요 吾臣에 有種首者하니 使備盜賊 則道不拾遺하나니 此四臣者는 將照千里니 豈特十二乘哉리요 惠王이 有慚色이러라

18년(경오) 한 소후(韓昭侯)가 신불해(申不害)를 재상으로 삼았다. 신불해는 정(鄭)나라의 미천한 신하였는데, 황로학(黃老學)과 형명학(刑名學)을 배워 소후에게 와서 벼슬을 구하니, 소후가 재상으로 삼았다. 안으로는 정교(政敎)를 닦고 밖으로는 제후들에게 잘 대응하니, 15년 동안 신불해가 죽을 때까지는 나라가 잘 다스려지고 군대가 강하게 되었다. 한 소후에게 떨어진 헌 바지가 있었는데 잘 간직하라고 명하니, 모시는 자가 말하기를 "임금께서도 역시 어질지 못하십니다. 좌우에게 하사하지 않으시고 간직하라고 하십니까?" 하니, 소후가 말하기를 "나는 듣건대 훌륭한 임금은 한 번 찡그리고 한 번 웃는 것도 아낀다고 하였다. 이제 이 바지가 어찌 다만 한 번 찡그리고 웃는 것에 비교되겠느냐. 나는 반드시 공이 있는 사람을 기다리겠다." 하였다.

원문 庚午十八年이라 韓昭侯 以申不害로 爲相하다 申不害者는 鄭之賤臣也라 學黃老刑名하여 以干昭侯하니 昭侯 用爲相하여

內修政敎하고 外應諸侯하니 十五年에 終申子之身토록 國治兵强
하더라 韓昭侯 有弊袴러니 命藏之하니 侍者曰 君亦不仁者矣로다
不賜左右而藏之오녀 昭侯曰 吾聞明主는 愛一嚬一咲라 하니 今
袴 豈特嚬咲哉리요 吾 必待有功者하노라

> ㊟ **황로학**(黃老學) 황(黃)은 황제(黃帝), 노(老)는 노자(老子), 즉 도교(道
> 敎)를 가리킴. 현문(玄門). **형명학**(刑名學) 형법(刑法)과 명실(名實)을
> 숭상하는 학문. 중국 전국시대에 한비자(韓非子)·상앙(商鞅)·신불해
> 등이 주창하였음.

19년(신미) 진(秦)나라의 상앙(商鞅)이 기궐(冀闕)의 궁정(宮
庭)을 함양(咸陽)에다 짓고 도읍을 옮겼다. 여러 작은 향취(鄕
聚)를 합하여 한 현(縣)을 삼고, 현에는 영승(令丞)을 두었는
데 무릇 31현이 되었으며, 정전(井田)을 폐지하고 천맥(阡陌)
을 개척하였다.

원문 辛未十九年이라 秦商鞅이 築冀闕宮庭於咸陽하여 徙都之하
고 幷諸小鄕聚하여 集爲一縣하고 縣置令丞하니 凡三十一縣이라
廢井田하고 開阡陌하다

> ㊟ **기궐**(冀闕) 궁궐 제도의 하나. 옛날 궁궐을 지을 때, 문 밖 양쪽에
> 두 개의 대(臺)를 세우고 그 대 위에 다시 누관(樓觀)을 지어 그 아래
> 를 문으로 삼고, 두 누관 사이를 비워 통로로 삼았다. 그리고 벽 사
> 이에 교령(敎令)을 적어 놓았다. 그래서 기궐이라 하였는데, 여기서
> 기(冀)는 기(記)와 같은 뜻임. **향취**(鄕聚) 진(秦)나라 제도에 큰 마을
> 을 향, 작은 마을을 취라 하였음.

28년(경진) 위(魏)의 방연(龐涓)이 한(韓)나라를 침범하였다.
한나라가 제(齊)나라에 구원을 청하니, 제 위왕(威王)이 군사
를 일으켜 전기(田忌)와 전영(田嬰)과 전반(田盼)에게 군사를
거느리게 하고 손빈[孫臏 : 손자(孫子)]을 군사(軍師)로 삼아 한
나라를 구원하게 하였다. 곧바로 위나라의 도읍으로 달려가
니, 방연이 이를 듣고는 한나라를 버리고 위로 돌아갔다. 위
나라가 대군을 일으켜 태자(太子) 신(申)을 장수로 삼아 제나

라 군사를 막게 하였다. 손빈이 전기에게 말하기를 "저 삼진(三晉)의 군사는 평소 사납고 용감하여 제나라의 군사를 가볍게 보아 제나라를 겁쟁이라고 부릅니다. 싸움을 잘하는 자는 그 형세를 따라 이롭게 이끄는 법인데, 병법에 '100리에서 이익만 얻으려 달려가는 자는 상장(上將)을 잃고, 50리에서 이익을 얻으려 달려가는 자는 군사가 절반으로 준다.'고 하였습니다." 하고는, 이에 제나라 군사들에게 위(魏)의 땅에 들어가서는 10만 개의 아궁이를 만들게 하고, 이튿날에는 5만 개의 아궁이를 만들게 하고, 또 그 다음날에는 2만 개의 아궁이를 만들게 하였다. 방연이 행군한 3일 만에 크게 기뻐하면서 말하기를 "내가 본디 제나라 군사가 겁이 많은 것을 알고 있었다. 우리 땅에 들어온 지 3일 만에 도망한 군사가 절반을 넘는다." 하고는 보군(步軍)을 내버려 두고 날랜 정예군사와 함께 이틀 길을 하루에 달려 뒤쫓았다. 손자가 그들의 행군 속도를 헤아려보니 저녁때에는 틀림없이 마릉(馬陵)에 이를 것 같았다. 마릉은 길이 좁은데다가 옆에는 막힌 곳이 많아 복병(伏兵)을 할 만하였다. 이에 큰 나무를 깎아 희게 만들어 그 위에 '방연이 이 나무 밑에서 죽을 것이다.'라는 글을 써 놓았다. 그리고는 활을 잘 쏘는 제나라 군사 1만 명을 길 양쪽에 매복하게 하고 해가 저물어 횃불을 들면 일제히 일어나 활을 쏘기로 기약하였다. 방연이 과연 밤에, 깎아놓은 나무 아래에 이르러서 백서(白書)를 보고는 불을 밝히고 읽기를 채 마치기도 전에 1만 개의 활(쇠뇌)을 일제히 쏘니, 위나라 군사가 크게 어지러워져 서로 대오를 잃었다. 방연은 자신의 지혜가 모자라서 군사가 패한 것을 알고는 스스로 목을 찔러 죽으니, 제나라는 승승장구하여 위나라 군사를 크게 파하였다.

원문 庚辰二十八年이라 魏龐涓이 伐韓하니 韓이 請救於齊어늘 齊威王이 因起兵하여 使田忌田嬰田盼으로 將之하고 孫臏으로 爲

師하여 以救韓할새 直走魏都하니 龐涓이 聞之하고 去韓而歸魏하다 魏 大發兵하여 以太子申으로 爲將하여 以禦齊師어늘 孫子 謂田忌曰 彼三晉之兵이 素悍勇而輕齊하여 齊를 號爲怯이라 하니 善戰者는 因其勢而利導之하나니 兵法에 百里而趣利者는 蹶上將하고 五十里趣利者는 軍半至라 하고 乃使齊軍으로 入魏地하여 爲十萬竈하고 明日에 爲五萬竈하고 又明日에 爲二萬竈하니 龐涓이 行三日에 大喜曰 我固知齊軍怯이라 入吾地三日에 士卒亡者 過半矣라 하고 乃棄其步軍하고 與其輕銳로 倍日幷行逐之하다 孫子 度其行하니 暮當至馬陵이라 馬陵은 道陜而旁多阻隘하니 可伏兵이라 하고 乃斫大樹하여 白而書之曰 龐涓이 死此樹下하리라 하고 於是에 令齊師善射者로 萬弩夾道而伏하고 期日暮하여 見火擧而俱發이러니 龐涓이 果夜至斫木下하여 見白書하고 以火燭之어늘 讀未畢에 萬弩俱發하니 魏師가 大亂相失이라 龐涓이 自知智窮兵敗하고 乃自剄하니 齊因乘勝하여 大破魏師하다

29년(신사) 진(秦)이 위앙(衛鞅)을 상오(商於) 15읍(邑)에 봉하고 상군(商君)이라 불렀다.

원문 辛巳二十九年이라 秦이 封衛鞅商於十五邑하고 號曰 商君이라 하다

31년(계미) 진 효공(秦孝公)이 죽고 그의 아들 혜문왕(惠文王)이 즉위하였다. 공자(公子) 건(虔)의 무리가 고하기를 “상군(商君)이 반란을 일으키려고 합니다.” 하니, 관리를 보내 잡게 하였다. 상군이 위나라로 도망하였는데, 위나라 사람들이 받아들이지 않고 다시 진(秦)으로 들여보내니, 상군이 그 무리와 함께 상오(商於)로 갔다. 진나라 사람들이 공격해 죽이어 거열(車裂)하여 조리돌리고 그 가족을 다 멸하였다. 처음 상군이 진나라의 재상이 되었을 때는 법 집행이 엄혹하여, 일찍이 위(渭) 지방에 임하여 죄수를 재판할 때는 위수(渭水)가 다 붉게 될 정도였으므로 재상 10년에 원망하는 사람들이

많았다.

원문 癸未三十一年이라 秦孝公이 薨하고 子惠文王이 立하니 公子虔之徒 告하기를 商君이 欲反이라 하거늘 發吏捕之하니 商君이 亡之魏어늘 魏人이 不受하고 復內之秦한대 商君이 與其徒로 之商於러니 秦人이 攻殺之하여 車裂하고 以徇盡滅其家하다 初에 商君이 相秦에 用法嚴酷하여 嘗臨渭論囚에 渭水盡赤하니 爲相十年에 人民多怨之러라

　㈜ 거열(車裂) 죄인의 다리를 두 수레에 묶고 수레를 끌어 찢어 죽이는 형벌.

○ 조양(趙良)이 상군을 보니, 상군이 묻기를 "그대가 보기에는 내가 진나라를 다스리는 것이 오고대부(五羖大夫)의 현명함과 누가 나은가." 하니, 조양이 말하기를 "천 사람이 옳다고 '네네.' 하는 것은 한 선비가 기탄없이 바른 말을 하는 것만 못합니다. 제가 청컨대 종일 바른말을 해도 죽이지 않겠습니까?" 하니, 상군이 "그러겠다."고 하였다. 조양이 말하기를 "오고대부는 형(荊 : 초나라의 다른 이름)의 천한 시골 사람입니다. 진 목공(秦穆公)이 소 먹이는 그를 천거하여 백성의 위에 앉혔으나 진나라 사람이 감히 나무라지 못하였습니다. 진나라에서 6, 7년 동안 재상으로 있으면서 동쪽으로 정(鄭)을 치고 세 번 진군(晉君)을 세웠으며, 한 번은 형(荊)의 화(禍)를 구해 주었습니다. 그가 재상으로 있으면서는 피로해도 앉는 수레를 타지 않았고 더워도 일산(日傘)을 펴지 않았습니다. 오고대부가 죽자 진나라에서는 남녀 모두가 눈물을 흘렸고 아이들은 노래를 부르지 않았으며, 방아 찧는 자는 장단을 맞추지 않았습니다. 이제 그대가 정사를 하면서는 공족(公族)을 능멸하고 백성을 해쳐서, 공자(公子) 건(虔)이 문을 닫고 나오지 않은 지가 이미 8년이나 되었습니다. 그대는 또 축환(祝懽)을 죽이고 공손가(公孫賈)에게 경형(黥刑 : 이마에 먹줄로

죄명을 새기는 형벌)을 내렸는데, 시(詩)에 이르기를 '사람을 얻는 자는 흥하고 사람을 잃은 자는 망한다.'고 하였으니, 이 몇 가지 일은 사람을 얻은 것이 아닙니다. 그대의 위태로움이 아침 이슬과 같은데도 오히려 상오(商於)의 부(富)를 탐내고, 진나라의 정사를 독차지하려고 하여 백성의 원망이 쌓여가고 있습니다. 진왕(秦王)이 하루아침에 빈객(賓客)을 내버리고 조정에도 서지 못하게 된다면(임금의 죽음을 완곡하게 이른 말), 진나라에서 그대를 잡아 징치(懲治)할 자가 어찌 적다고 하겠습니까?"하였으나, 상군이 이 말을 따르지 않다 5개월 만에 난이 일어났다.

원문 趙良이 見商君한대 商君이 問曰 子觀我治秦컨대 孰與五羖大夫賢고 趙良이 曰 千人之諾諾이 不如一士之諤諤이라 하니 僕이 請終日正言 而無誅可乎아 商君이 曰 諾다 趙良이 曰 五羖大夫는 荊之鄙人也라 穆公이 擧之牛口之下하여 而加之百姓之上하니 秦國이 莫敢望焉이라 相秦六七年而 東伐鄭하고 三置晉君하고 一救荊禍하고 其爲相也에 勞不坐乘하고 暑不張蓋하고 五羖大夫死에 秦國의 男女 流涕하고 童子 不歌謠하고 春者 不相杵러니 今君之從政也에 陵轢公族하고 殘傷百姓하니 公子虔이 杜門不出已八年矣요 君이 又殺祝驩而 黥公孫賈하니 詩에 曰 得人者는 興하고 失人者는 崩이라 하니 此數者는 非所以得人也라 君之危若朝露어늘 而向貪商於之富하고 寵秦國之政하여 畜百姓之怨하니 秦王이 一旦에 捐賓客而不立朝면 秦國之所以收君者 豈其微哉아 商君이 弗從이러니 居五月而難作하다

주 오고대부(五羖大夫) 진(秦)의 현 대부 백리해(百里奚)의 별칭. 진 목공(秦穆公)이 초(楚)에 잡혀 있는 그를 염소 가죽 다섯 장을 주고 속(贖)하여 대부(大夫)로 삼았기 때문에 오고대부라 불렀음.

33년(을유) 추(鄒)나라 사람 맹가(孟軻 : 맹자)가 위 혜왕(魏惠王)을 뵈었다. 왕이 말하기를 "어른께서 천리를 멀다 않고 찾아 오셨으니 또한 우리나라를 이롭게 하시려는 것이겠지

요?" 하니, 맹자가 말하기를 "임금께서는 하필이면 이(利)를 말하십니까. 인의(仁義)일 뿐입니다." 하였다. 원래 맹자는 자사(子思)를 스승으로 섬겼는데, 일찍이 백성을 다스리는 도리 가운데 무엇을 먼저 해야 하는가를 물었다. 자사가 말하기를 "먼저 이롭게 해야 한다."라고 하니, 맹자가 말하기를 "군자(君子)가 백성을 교화(敎化)하는 까닭은 역시 인의일 뿐이지 어째서 꼭 이(利)이겠습니까?" 하였다. 자사가 말하기를 "인의는 사람을 진실로 이롭게 하는 것이다. 윗사람이 어질지 못하면 아랫사람이 제자리를 얻지 못하고, 윗사람이 의(義)롭지 못하면 아랫사람이 속이기를 좋아하니, 이는 크게 이롭지 못한 일이다. 그러므로 《주역(周易)》에 이르기를 '이(利)는 의(義)의 화(和)이다.' 하였고, 또 이르기를 '이(利)로써 몸을 편안하게 하여 덕(德)을 높인다.'라고 하였으니 모두 이의 큰 것이다."라고 하였다.

원문 乙酉三十三年이라 鄒人孟軻 見魏惠王하신대 王曰 叟不遠千里而來하시니 亦有以利吾國乎이가 孟子曰 君은 何必曰利이니까 仁義而已矣니이다 初에 孟子 師子思할새 嘗問牧民之道는 何先이니이까 子思曰 先利之니라 孟子曰 君子 所以敎民이 亦仁義而已矣니 何必利이니까 子思曰 仁義는 固所以利之也라 上不仁則下不得其所하고 上不義則下樂爲詐也니 此爲不利大矣라 故로 易에 曰 利者는 義之和也라 하고 又曰 利用安身하여 以崇德也라 하니 此皆利之大者也니라

온공(溫公)은 논평한다.

"자사와 맹자의 말은 한가지이다. 오직 어진 자라야만 인의(仁義)의 이로움을 알고 어질지 못한 자는 모르는 것이다. 그러므로 맹자가 양왕(梁王)에게 곧바로 인의를 말하고 이(利)에 대하여 말하지 않은 것은 더불어 말하는 사람이 달랐기 때문이다."

46

원문 溫公曰 子思孟子之言一也라 夫唯仁者라야 爲知仁義之利
하고 不仁者는 不知也라 故로 孟子之對梁王이 直以仁義 而不及
利者는 所與言之人異故也라

　36년(무자) 초에 낙양(洛陽) 사람 소진(蘇秦)이 진왕(秦王)에
게 천하를 병탄(倂呑)하는 술책을 유세하였는데, 진왕이 그
말을 채용하지 않았다. 소진은 이에 진나라를 떠나 연 문공
(燕文公)에게 말하기를 "연나라가 적의 침범을 받지 않고 전
쟁의 해를 입지 않는 까닭은 조(趙)나라가 가려 주고 있기 때
문입니다. 원하옵건대 대왕께서는 조나라와 더불어 합종(合
從)하여 친밀하면 천하가 하나가 되어도 연나라는 틀림없이
걱정이 없을 것입니다." 하니, 문공이 그 말대로 따라 소진에
게 거마(車馬)를 주어 조 숙후(趙肅侯)에게 유세하도록 했다.
소진이 말하기를 "현재 산동(山東)의 나라 중 조나라가 막강
하여 진나라에 해를 끼치는 나라 중에도 역시 조나라만한 나
라가 없습니다. 그러나 진나라가 감히 조나라를 치지 못하는
것은 한(韓)·위(魏)가 그 후면을 도모할까 두려워서입니다.
진나라가 한나라와 위나라를 공격하여도 명산대천(名山大川)
의 한계가 없으므로, 차츰차츰 잠식하게 되면 한·위는 지탱
하지 못하고 반드시 진나라의 신하 노릇을 할 것이니, 진나
라에 한·위의 규획(規劃)이 없으면 화가 조나라에 미칠 것입
니다. 무릇 연횡책(連衡策)을 말하는 사람은 모두 제후의 땅
을 쪼개어 진나라에 주자고 하는데, 진나라는 그 목표가 이
루어지면 진나라 자체는 부귀영화를 누리게 되어, 제후 나라
가 화를 입어도 근심을 함께 하지 않을 것입니다. 가만히 생
각하옵건대 대왕을 위한 계책으로는 한(韓)·위(魏)·제(齊)·초
(楚)·연(燕)·조(趙)가 하나로 합종(合從)하여 진나라를 물리치
는 것만한 것이 없습니다. 천하의 장수와 재상들에게 원수(洹
水) 위에 모이게 하여 약속하기를 '진나라가 어느 한 나라를
공격하면 다섯 나라가 각기 정예 군사를 내어 혹은 진나라를

어지럽히거나 혹은 구원하되, 만약 맹약과 같게 하지 않는 나라가 있으면 다섯 나라가 함께 치자.'고 한다면, 틀림없이 진나라 군사가 감히 함곡관(函谷關)을 나와 산동을 해치지 못할 것입니다." 하였다. 숙후가 크게 기뻐하며 소진을 후대하여 존총(尊寵)하고 상을 내려 제후와 맹약하게 하였다.

원문 戊子三十六年이라 初에 洛陽人蘇秦이 說秦王하여 以兼天下之術하니 秦王이 不用其言이어늘 蘇秦이 乃去하여 說燕文公曰 燕之所以不犯寇被兵者는 以趙爲之蔽也니 願大王은 與趙從親하여 天下爲一 則燕國이 必無患矣리이다 文公이 從之하여 資蘇秦車馬하여 以說趙肅侯曰 當今에 山東之國은 莫强於趙요 秦之所害도 亦莫如趙나 然而秦不敢伐趙者는 畏韓魏之議其後也라 秦之攻韓魏也에 無有名山大川之限하니 稍蠶食之면 韓魏不能支하여 必入臣於秦하리니 秦無韓魏之規면 則禍中於趙矣리이다 夫衡人者는 皆欲割諸侯之地하여 以與秦하나니 秦成則其身이 富榮하고 國被秦患이라도 而不與其憂하리다 竊爲大王計하건대 莫若一韓魏齊楚燕趙하여 爲從親以擯秦이니 令天下之將相으로 會於洹水之上하되 約曰 秦이 攻一國이어든 五國이 各出銳師하여 或撓秦하며 或救之하되 有不如約者어든 五國이 共伐之라 하면 則秦甲이 必不敢出函谷하여 以害山東矣리이다 肅侯大悅하여 厚待蘇秦하고 尊寵賜賚之하여 以約於諸侯하다

이에 소진이 한왕(韓王)에게 유세하기를 "한나라 땅은 사방이 900여 리이고 갑병(甲兵)이 수십만이며, 천하의 강궁(强弓) · 경노(勁弩 : 강한 쇠뇌) · 이검(利劍)이 모두 한나라에서 산출됩니다. 이제 대왕께서 진나라를 섬기면 진나라가 반드시 의양(宜陽)과 성고(成皐)의 땅을 달라고 할 것인데, 이제 이를 주면 내년에 또다시 땅을 떼어주기를 요구할 것입니다. 땅에는 한정이 있고, 진나라의 요구는 끝이 없을 것입니다. 속담에 이르기를 '차라리 닭의 부리는 될지언정 소의 꼬리는 되지 말라.'고 하였는데, 대왕의 어짊으로 한나라의 강한 군사

를 거느리고도 소의 꼬리라는 이름을 듣게 된다면 대왕을 위하여 부끄럽게 생각합니다." 하니, 한왕이 그의 말을 따랐다.

소진이 위왕(魏王)에게 유세하기를 "대왕의 땅은 사방이 1000리이고 무사(武士)가 20만이며 창두(蒼頭 : 병졸)가 20만이요, 분격(奮擊)이 20만이며 시도(廝徒)가 10만이요, 수레가 600승이며 기마(騎馬)가 5000필입니다. 그런데 신하들의 말을 듣고 진의 신하가 되어 섬기고자 하시니, 원하옵건대 대왕께서는 이를 깊이 살피소서." 하니, 위왕이 그 말을 들었다.

소진이 제왕(齊王)에게 유세하기를 "제나라는 요새처럼 사방이 막힌 나라로, 땅은 사방이 2000여 리이고 갑병(甲兵)이 수십만이며, 곡식이 산처럼 쌓였고 임치(臨淄)의 거리에는 수레가 많이 다녀 바퀴가 서로 부딪치고 사람들도 많이 다녀 어깨가 서로 맞닿으며, 옷자락이 이어져 장막을 이루고 흐르는 땀을 뿌리면 비오듯 합니다. 무릇 한나라와 위나라가 진나라를 매우 두려워하는 까닭은 진과 서로 경계를 접하고 있어서입니다. 이제 진나라가 제나라를 공격할 때는 그렇지 못합니다. 비록 깊숙이 들어오고자 해도 한나라와 위나라가 후방을 도모할까 두려워 제나라를 해치지 못할 것이 분명합니다. 무릇 진나라가 제나라를 어찌 할 수 없음을 헤아리지 않고 서쪽으로 향하여 섬기고자 하시니, 이는 신하들의 계책이 잘못된 것입니다." 하니, 제왕이 이를 허락하였다.

원문 於是에 蘇秦이 說韓王曰 韓은 地方이 九百餘里요 帶甲이 數十萬이요 天下之强弓勁弩利劍이 皆從韓出한대 今大王이 事秦하시면 秦이 必求宜陽成皐하리니 今玆效之면 明年에 又復求割地니 地有盡而秦之求는 無已리이다 鄙諺에 曰 寧爲雞口언정 無爲牛後라 하니 以大王之賢으로 挾彊韓之兵하되 而有牛後之名하니 竊爲大王羞之하나이다 韓王이 從其言이어늘 蘇秦이 說魏王曰 大王之地方이 千里요 武士 二十萬이요 蒼頭 二十萬이요 奮擊이 二十萬이요 廝徒 十萬이요 車 六百乘이요 騎 五千匹이어늘 乃聽

群臣之說하여 而欲臣事秦하시니 願大王은 熟察之하소서 魏王이
聽之하다 蘇秦이 說齊王曰 齊는 四塞之國이라 地方이 二千餘里
요 帶甲이 數十萬이요 粟如丘山하고 臨淄之塗에 車轂이 擊하고
人肩이 摩하고 連袵成帷하고 揮汗成雨하니 夫韓魏之所以重畏秦
者는 爲與秦接境也어니와 今에 秦之攻齊 則不然하여 雖欲深入이
나 則恐韓魏之議其後니 秦之不能害齊 亦明矣라 夫不料秦之無
奈齊에 何하고 而欲西面而事之하시니 是는 群臣之計過也로소이
다 齊王이 許之하다

　이에 남쪽으로 가서 초왕(楚王)에게 유세하기를 "초나라는
천하의 강국입니다. 땅은 사방이 6000여 리이고 갑병이 100
만이며 곡식이 10년을 지탱할 수 있으니, 이는 패왕(霸王)이
될 만한 밑천입니다. 초나라가 강해지면 진나라가 약해지고
진나라가 강해지면 초나라가 약해지기 때문에 그 형세는 양
립(兩立)할 수 없습니다. 그러므로 대왕을 위한 계책으로는
합종(合從)하여 진나라를 고립시키는 것이 제일입니다. 그러
므로 합종하면 제후들이 땅을 떼어 초나라를 섬기게 될 것이
요, 연횡(連衡)하면 초나라는 땅을 떼어 진나라를 섬겨야 하
니, 이 두 가지 계책은 그 거리가 멉니다. 대왕은 어느 편을
택하시겠습니까?"하니, 초왕 역시 허락하였다.
　이에 소진이 합종하는 종약장(從約長)이 되어 여섯 나라의
재상을 겸하고는 북으로 조나라에 보고하고 가는데, 그 수레
와 짐바리가 왕자(王者)와 비슷했다.

원문 乃南說楚王曰 楚는 天下之彊國也라 地方이 六千餘里요
帶甲이 百萬이요 粟支十年하니 此는 霸王之資也라 楚强則秦弱하
고 秦强則楚弱이니 其勢가 不兩立이라 故로 爲大王計하건대 莫
如從親하여 以孤秦이니 故로 從親則諸侯가 割地以事楚요 衡合
則楚가 割地以事秦이니 此兩策者는 相去遠矣라 大王은 何居焉
이시니이까 楚王이 亦許之어늘 於是에 蘇秦이 爲從約長하여 幷相
六國하고 北報趙하니 車騎輜重이 擬於王者러라

　37년(기축)　진 혜왕(秦惠王)이 서수(犀首)를 시켜서 제나라와 위나라를 속여 함께 조나라를 쳐 종약(從約 : 합종의 맹약)을 깨뜨리자, 조 숙후(趙肅侯)가 소진을 꾸짖었다. 소진이 두려워하여 연(燕)나라에 사신으로 가서 반드시 제나라에 보복하게 해 달라고 청하였는데, 소진이 조나라를 떠나자 종약은 모두 와해되고 말았다.

　원문 己丑三十七年이라 秦惠王이 使犀首로 欺齊魏하여 與共伐趙하여 以敗從約이어늘 趙肅侯가 讓蘇秦하니 秦이 恐하여 請使燕必報齊라 하다 蘇秦이 去趙하니 而從約이 皆解하다

　44년(병신)　여름 4월에 진(秦)나라가 처음으로 왕이라 일컬었다.

　원문 丙申四十四年이라 夏四月에 秦이 初稱王하다

　45년(정유)　소진이 연 역왕(燕易王)에게 유세하기를 "신이 연나라에 있으면 연나라를 중(重)하게 위할 수 없으나 제나라에 있으면 연나라를 중하게 위할 수 있습니다." 하니, 역왕이 허락하였다. 이에 거짓으로 연나라에서 죄를 지은 것처럼 하고 제나라로 도망하니, 제 선왕(齊宣王)이 객경(客卿)으로 삼았다. 소진이 제왕에게 유세하여 궁실을 높게 짓고 원유(苑囿)를 크게 넓히어 득의(得意)하였음을 밝히게 해, 제나라를 피폐시킴으로써 연나라를 위하고자 하였다.

　원문 丁酉四十五年이라 蘇秦이 說燕易王曰 臣이 居燕하여는 不能使燕重이요 而在齊則燕重이리이다 易王이 許之어늘 乃僞得罪於燕而奔齊하니 齊宣王이 以爲客卿이어늘 蘇秦이 說齊王하여 高宮室하며 大苑囿하여 以明得意하니 欲以敝齊而爲燕이러라

　47년(기해)　진(秦)나라의 장의(張儀)가 재상을 면직(免職)하고 위(魏)의 재상이 되어, 위나라가 먼저 진나라를 섬기게 한 다음, 다른 제후들이 이를 본받게 하려고 하였으나 위왕이

듣지 않았다. 진왕(秦王)은 다시 몰래 장의를 대접하기를 더욱 후하게 하였다.

원문 己亥四十七年이라 秦張儀가 免相하고 相魏하여 欲使魏로 先事秦而諸侯로 效之하니 魏王이 不聽이어늘 秦王이 復陰厚張儀益甚이러라

   48년(경자) 왕이 죽고 그의 아들인 신정왕(愼靚王)이 즉위하였다. 제(齊)의 전문(田文)이 설공(薛公)의 자리를 이어받았는데 호를 맹상군(孟嘗君)이라 불렀다. 제후들의 유사(遊士) 및 죄를 짓고 도망친 사람을 불러들여 모두 후대하므로 식객이 항상 수천 명이었는데, 각자 맹상군이 자기만을 사랑하는 것으로 여겼기 때문에 맹상군의 이름이 천하에 알려졌다.

원문 庚子四十八年이라 王이 崩하고 子愼靚王이 立하다 齊田文이 嗣爲薛公하니 號曰孟嘗君이라 招致諸侯遊士 及有罪亡人하여 皆厚遇之하니 食客이 嘗數千人이라 各自以爲孟嘗君이 親己라 하니 由是로 孟嘗君之名이 重天下러라

   온공(溫公)은 논평한다.

   "군자(君子)가 선비를 기르는 것은 백성들을 위한 것이다. 《주역》에 이르기를 '성인(聖人)은 어진 이를 길러 만민에게 미치게 한다.'고 하였다. 무릇 어진 이는 그 덕이 돈독하게 교화하여 풍속을 바로잡기에 족하고, 그 재능은 기강을 정돈하여 떨치는 데에 족하고, 그 밝은 지혜는 미세한 것도 밝혀 먼 곳의 일도 염려할 수 있기에 족하고, 그 강함은 인의를 굳게 맺기에 족해야 한다. 그래서 크게는 천하를 이롭게 하고 작게는 한 나라를 이롭게 할 것이다. 그렇기 때문에 군자는 풍부한 녹봉으로써 부유하게 하고 높은 벼슬로써 받드는 것이니, 한 사람을 길러 만민에게 미치게 하는 것이 어진 이를 기르는 도리이다.

   지금 맹상군이 선비를 기르는 데는 슬기로움과 어리석음을

고려하지 않고, 그 사람의 선악을 가리지 않고, 그 임금의 녹봉을 훔쳐 사당(私黨)을 만들어 실속없는 빈 명예만 떠벌리어, 위로는 그의 임금을 모욕하고 아래로는 그 백성을 좀먹었으니, 이는 간웅(奸雄)이라, 어찌 그를 숭상하겠는가? 《서경(書經)》에 이르기를 '수(受)는 천하에 죄짓고 도망치는 자들의 임금이 되어, 못에 물고기가 모이듯 숲에 새들이 모이듯 하였다.'고 하였으니, 이를 두고 한 말이다."

원문 溫公曰 君子之養士는 以爲民也라 易曰 聖人이 養賢하여 以及萬民이라 하니 夫賢者는 其德足以敦化正俗하고 其才足以頓綱振紀하고 其明足以燭微慮遠하고 其强足以結仁固義하여 大則利天下하고 小則利一國이라 是以로 君子가 豊祿以富之하고 隆爵以尊之하니 養一人而及萬人者 養賢之道也라 今孟嘗君之養士也에 不恤智愚하고 不擇臧否하여 盜其君之祿하여 以立私黨하여 張虛譽하고 上以侮其君하고 下以蠹其民하니 是奸人之雄也니 烏足尙哉아 書曰 受爲天下逋逃主하여 萃淵藪라 하니 此之謂也인저

주 수(受)은 은(殷)나라의 마지막 임금인 폭군 주왕(紂王)의 이름. 이 말은 《서경》〈위무성편(僞武成篇)〉에 보임. 연수(淵藪) 못에 물고기가 모여 들고 숲에 새들이 모여 드는 것과 같이, 여러 가지 물건이 모여 드는 곳. 연총(淵叢).

신정왕(愼靚王)*

3년(계묘) 초(楚)·조(趙)·위(魏)·한(韓)·연(燕)나라가 함께 진(秦)나라를 쳐 함곡관(函谷關)을 공격하니, 진나라 사람들이 군사를 출병시켜 맞서 싸우니, 다섯 나라 군사가 모두 패해 달아났다.

원문 癸卯三年이라 楚趙魏韓燕이 同伐秦하여 攻函谷關이어늘 秦人이 出兵逆之하니 五國之師가 皆敗走하다

주 *신정왕(愼靚王) 이름은 정(定). 현왕(顯王)의 아들인데, 재위 기간은

7년임.

　　4년(갑진) 제(齊)나라 대부가 소진(蘇秦)과 왕의 총애를 받으려고 다투다가 소진을 찔러 죽였다. 장의(張儀)가 위 양왕(魏襄王)에게 유세하기를 "양(梁)나라는 사방이 평평하여 명산대천으로 뚜렷한 경계가 된 곳이 없고, 병졸이 초·한·제·조나라와의 국경에 수자리를 서면서 정·장(亭障)을 지키는 자가 10만 명에 지나지 않으니, 양나라의 형세는 정말 전쟁터입니다. 무릇 제후들이 종약(從約)하기로 원수(洹水) 위에서 맹세하여 의형제를 맺은 것은 서로를 견고하게 하려는 것인데, 이제 친형제와 같은 부모라도 오히려 돈이나 재물을 가지고 다투며 서로 살상을 합니다. 그런데도 반복하여 소진의 꾀를 믿고자 하니 성공하지 못할 것이 또한 분명합니다." 하니, 위왕이 이에 종약(합종의 맹약)을 배반하고 장의에게 부탁하여 진나라에 강화(講和)를 요청하니, 장의가 돌아와 다시 진나라의 재상이 되었다.

[원문] 甲辰四年이라 齊大夫 與蘇秦으로 爭寵하여 刺秦殺之하다 張儀가 說魏襄王曰 梁地는 四平하여 無名山大川之限하고 卒戍 楚韓齊趙之境하여 守亭障者 不下十萬하니 梁之地勢는 固戰場也라 夫諸侯之約從에 盟洹水之上하여 結爲兄弟는 以相堅也어니와 今親兄弟同父母라도 尙有爭錢財相殺傷이어든 而欲恃反覆蘇秦之餘謀하니 其不可成이 亦明矣니이다 魏王이 乃倍從約하고 而因儀하여 以請成于秦하니 張儀가 歸復相秦하다

　　㊀ **정장**(亭障) 정은 요로(要路)에 설치하여 나그네의 숙소로 삼는 것과 변경의 초소 두 가지가 있으며, 장이란 변경의 작은 성으로 정보다 규모가 약간 큰 것을 말함.

　　5년(을사) 소진의 아우 소대(蘇代)와 소려(蘇厲) 역시 유세(遊說)로써 제후들에게 알려졌다. 연(燕)나라의 재상 자지(子之)와 소대가 혼인 관계를 맺어 연나라의 권세를 얻고자 하

54

였는데, 소대가 제나라에 사신으로 갔다가 돌아오니 연왕 쾌
(噲)가 묻기를 "제나라 왕이 제패하겠는가?" 하였다. 대답하
기를 "할 수 없습니다." 하니, 왕이 말하기를 "무슨 까닭인
가?" 하니, 대답하기를 "제왕은 신하들을 믿지 못합니다." 하
였다. 이에 연왕이 나라 일을 자지에게 일임하니, 자지가 남
면(南面)하고 왕의 일을 행하였으나, 쾌는 늙어서 정사를 보
지 못하므로 도리어 신하가 된 셈이어서, 국사를 모두 자지
가 결정하였다.

원문 乙巳五年이라 蘇秦의 弟代厲가 亦以遊說로 顯於諸侯라 燕
相子之가 與蘇代로 婚하여 欲得燕權이러니 蘇代가 使於齊而還이
어늘 燕王噲가 問曰 齊王이 其霸乎아 對曰 不能이러이다 王曰
何故오 對曰 不信其臣이러이다 於是에 燕王이 屬國於子之하니
子之가 南面行王事나 而噲는 老不聽政하여 顧爲臣하고 國事를
皆決於子之하다

6년(병오) 왕이 죽고 아들인 난왕(赧王) 연(延)이 즉위하였다.

원문 丙午六年이라 王이 崩하고 子赧王延이 立하다

난왕(赧王)* 상

원년(정미) 연나라 자지가 재상이 된 지 3년 만에 나라가
크게 어지러워지자 제왕(齊王)이 연나라를 쳐서 자지를 잡아
해(醢 : 죽여서 그 살로 젓갈을 담는 형벌)하고, 마침내 연왕 쾌
를 죽였다.

원문 丁未元年이라 燕子之가 爲相三年에 國內大亂이어늘 齊王이
伐燕取子之하여 醢之하고 遂殺燕王噲하다

주 *난왕(赧王) 이름은 연(延). 신정왕(愼靚王)의 아들임. 재위 기간 59년.

3년(기유) 연나라 사람들이 함께 태자 평(平)을 왕으로 세

우니, 이 분이 소왕(昭王)이다. 소왕은 연나라가 무너진 후에
즉위하여, 죽은 사람들을 조문하고 고아를 위문하며 백성들
과 더불어 동고동락(同苦同樂)하였다. 자신을 낮추고 후한 폐
물(幣物)로 어진 이를 초빙하면서 곽외(郭隗)에게 말하기를
"제(齊)나라는 우리 연나라가 어지러운 틈을 타서 습격하여
격파하였소. 나는 우리 연나라가 작고 힘이 약하여 보복하기
에는 부족하다는 것을 잘 알고 있으나, 참으로 어진 선비를
얻어 이들과 함께 나라를 다스려 선왕(先王)의 수치를 설욕하
는 것이 소원이니, 선생께서는 그럴 만한 사람을 살펴보시오.
나 자신이 그를 섬기겠소." 하였다.

곽외가 말하기를 "옛날 임금 가운데 1000금(金)으로써 연인
(涓人 : 궁에서 청소나 심부름하는 사람)을 시켜 천리마를 구한
일이 있었는데, 가서 보니 말이 이미 죽었는지라 그 뼈를 500
금을 주고 사가지고 돌아왔습니다. 임금이 크게 노하자 연인
이 말하기를 '죽은 말도 사들이는데 하물며 살아 있는 말이
야 더 말하겠습니까? 말이 금방 올 것입니다.' 하였는데, 1년
이 못 되어 천리마가 세 필이나 이르렀습니다. 이제 왕께서
반드시 어진 선비를 오게 하시려거든 먼저 이 곽외부터 쓰십
시오. 그리하면 곽외보다 더 현명한 이가 어찌 천릿길을 멀
다 하겠습니까?" 하였다. 이에 소왕은 곽외를 위하여 궁을
고쳐 짓고 스승으로 섬기었다. 그러자 선비들이 앞을 다투어
연나라로 몰려들었는데, 악의(樂毅)는 위(魏)로부터 오고, 극
신(劇辛)은 조(趙)로부터 왔다. 소왕이 악의를 아경(亞卿)으로
삼아 국정을 맡겼다.

원문 己酉三年이라 燕人이 共立太子平하니 是爲昭王이라 昭王이
於破燕之後에 卽位하여 吊死問孤하고 與百姓으로 同甘苦하고 卑
身厚幣하여 以招賢者할새 謂郭隗曰 齊가 因孤之國亂하여 而襲
破燕하니 孤가 極知燕小力少하여 不足以報나 然이나 誠得賢士與
共國하여 以雪先王之恥가 孤之願也니 先生은 視可者하라 得身

56

事之하리라 郭隗曰 古之人君이 有以千金으로 使涓人하여 求千里
馬者러니 馬已死라 買其骨五百金而返이어늘 君이 大怒하니 涓人
이 曰 死馬도 且買之은 況生者乎이까 馬今至矣리이다 不期年에
千里馬之至者三이라 하니 今王이 必欲致士인대 先從隗始하시면
況賢於隗者가 豈遠千里哉이리이까 於是에 昭王이 爲隗하여 改築
宮而師事之하니 於是에 士爭趣燕이라 樂毅는 自魏往하고 劇辛은
自趙往하니 昭王이 以樂毅로 爲亞卿하여 任以國政하다

　　4년(경술) 장의가 초왕(楚王)에게 유세하기를 "무릇 합종(合
從)이란 양떼를 몰아서 사나운 호랑이를 공격하는 것과 다름
이 없어서, 대적할 수 없음이 분명합니다. 이제 왕께서 진나
라를 섬기지 않으면 진나라가 한(韓)나라를 위협하고, 양(梁)
나라로 군사를 몰아서 초(楚)나라를 공격하게 되면 초나라는
위태로울 것입니다." 하니, 초왕이 허락하였다.
　　장의가 드디어 한나라로 가서 한왕(韓王)에게 유세하기를
"무릇 싸움에 맹분(孟賁)·오획(烏獲) 같은 군사로써 복종하지
않는 약한 나라를 치는 것은 천균(千匀)의 무게로 계란 위를
누르는 것과 다름이 없으니, 꼭 요행으로 보전되는 일은 없
을 것입니다. 대왕께서 진(秦)나라를 섬기지 않아서 진나라가
군사를 내어 의양(宜陽)을 근거지로 하여 성고(成皐)를 요새로
만든다면, 왕의 나라는 둘로 나누어질 것입니다. 대왕을 위한
계책으로 진나라를 섬기면서 초나라를 공격하는 것보다 더
좋은 것은 없습니다." 하니, 한왕이 이를 허락하였다.
　　장의가 돌아와 진왕(秦王)에게 보고하고는 다시 동쪽으로
사신을 가서 제왕(齊王)에게 유세하기를 "합종을 주장하는 사
람으로 대왕에게 유세하는 자는 으레 '제나라는 3진(晉)에 가
리어 막혀 있고 땅이 넓고 군사가 강하니, 비록 100개의 진
(秦)이 있다 하더라도 제나라를 어떻게 하지 못할 것입니다.'
라고 하였을 것입니다. 이제 진나라와 초나라가 딸을 시집보
내고 며느리를 맞음으로써 형제의 나라가 되었으며, 한(韓)나

라는 의양(宜陽)을 바치고 양(梁)나라는 하외(河外)를 바쳤으며, 조왕(趙王)은 입조(入朝)하여 하간(河間)를 떼주어 진나라를 섬기고 있습니다. 대왕께서 진나라를 섬기지 않는다면 진나라에서는 한·양·조나라를 시켜서 제나라를 공격할 것이고, 그렇게 되면 비록 진을 섬기고자 하더라도 할 수 없게 될 것입니다."하니, 제왕이 허락하였다.

장의가 서쪽으로 가서 조왕(趙王)에게 유세하기를 "대왕께서 천하를 모아서 거두고 잘 통솔하여 진나라를 물리치고 있으시니, 진나라 군사가 감히 함곡관(函谷關)을 나오지 못한 지 15년이나 되어서 대왕의 위엄이 산동(山東)에 떨치고 있습니다. 이제 초나라가 진나라와 더불어 형제의 나라가 되었고, 한(韓)·양(梁)나라가 동번(東藩)의 신하로 일컬어지고 있으며, 제나라는 어염(魚鹽)의 땅을 바쳤으니, 이는 조나라의 오른쪽 어깨를 자른 것입니다. 무릇 오른쪽 어깨를 잘리고도 남과 더불어 싸우고, 그 무리를 잃고 외롭게 있으면서도 위태로움이 없기를 바란다면 되겠습니까? 대왕을 위한 계책으로는 진왕(秦王)과 더불어 얼굴을 맞대고 약속하여 항상 형제의 나라로 지내는 것입니다." 하니, 조왕이 허락하였다.

장의가 이에 북쪽으로 가서 연왕(燕王)에게 유세하기를 "대왕께서 진나라를 섬기지 않으면 진이 운중(雲中)·구원(九原)으로 출병하여 조나라를 시켜서 연나라를 칠 것이니, 그렇게 되면 역수(易水)와 장성(長城)은 대왕의 소유가 안 될 것입니다." 하니, 연왕이 상산의 끝 다섯 성(城)을 바쳐 강화할 것을 청하였다.

장의가 돌아가 보고하려 하는데 함양(咸陽)에 이르기 전에 진 혜왕(秦惠王)이 죽고 아들 무왕(武王)이 즉위하였다. 무왕은 태자로 있을 때부터 장의를 좋아하지 않았는데, 즉위하자 여러 신하들이 그를 헐뜯어 비난하는 자가 많았다. 제후들이 장의와 진왕 사이에 틈이 났다는 말을 듣고는 모두 연횡(連衡)을 배반하고 다시 합종하였다.

[원문] 庚戌四年이라 張儀가 說楚王曰 夫爲從者는 無以異於驅群羊而攻猛虎니 不格이 明矣라 今王이 不事秦이면 秦이 劫韓驅梁而攻楚則楚危矣리이다 楚王이 許之하다 張儀遂之韓하여 說韓王曰 夫戰에 孟賁烏獲之士로 以攻不服之弱國이 無異垂千鈞之重於鳥卵之上이니 必無幸矣라 大王이 不事秦이면 秦이 下甲하여 據宜陽하고 塞成皐則王之國이 分矣리니 爲大王計컨대 莫如事秦而攻楚니이다 韓王이 許之어늘 張儀歸報秦王하고 復使東說 齊王曰 從人說大王者는 必曰齊蔽於三晉하고 地廣兵彊하니 雖有百秦이라도 將無奈齊에 何라 하나 今에 秦楚嫁女娶婦하여 爲昆弟之國하고 韓이 獻宜陽하고 梁이 效河外하고 趙王이 入朝하여 割河間以事秦하니 大王이 不事秦이면 秦이 驅韓梁趙하여 攻之면 雖欲事秦이나 不可得也리이다 齊王이 許之하다 張儀가 去西하여 說趙王曰 大王이 收率天下하여 以擯秦하시니 秦兵이 不敢出函谷關이 十五年이라 大王之威가 行於山東이어니와 今에 楚與秦으로 爲昆弟之國하고 而韓梁이 稱東藩之臣하고 齊獻魚鹽之地하니 此는 斷趙之右肩也라 夫斷右肩而與之鬪하며 失其黨而孤居하여 求欲無危나 得乎아 爲大王計컨대 莫如與秦王으로 面約하여 常爲兄弟之國이니이다 趙王이 許之하다 張儀가 乃北說燕王曰 大王이 不事秦이면 秦이 下甲雲中九原하여 驅趙而攻燕 則易水長城은 非大王之有也리이다 燕王이 請獻常山之尾五城하여 以和어늘 張儀歸報할새 未至咸陽하여 秦惠王이 薨하고 子武王이 立하니 武王이 自爲太子時로 不說張儀러니 及卽位에 群臣이 多毁短之어늘 諸侯가 聞儀與秦王으로 有隙하고 皆畔衡하고 復合從하다

㈜ 맹분(孟賁)·오획(烏獲) 모두 전국시대의 용맹한 장사임. 천균(千鈞) 균은 무게의 단위로, 1균은 30근(斤)이라 하니, 천균은 3만 근에 해당됨.

5년(신해) 장의가 위(魏)나라의 재상이 된 지 1년 만에 죽었다. 장의와 소진이 모두 합종(合從)·연횡(連衡)의 술책으로 제후에게 유세하여 부귀의 지위에 오르니, 천하가 다투어 흠모

하여 본받으려 하였다. 또 위나라 사람 가운데 공손연(公孫衍)이란 사람이 있어 호를 서수(犀首)라 불렀는데 역시 유세로 이름이 났고, 그 나머지 소대(蘇代)·소려(蘇厲)·주최(周最)·누완(樓緩)의 무리가 분분하게 천하를 돌며 변사(辯詐)로 서로 잘난 체하며 뽐냈는데, 다 기록할 수는 없으나 장의·소진·공손연이 가장 이름이 드러났다.

[원문] 辛亥五年이라 張儀가 相魏一歲에 卒하다 儀與蘇秦이 皆以縱橫之術로 遊諸侯하여 致位富貴하니 天下가 爭慕效之러라 又有魏人公孫衍者하니 號曰犀首라 亦以談說로 顯名하고 其餘蘇代蘇厲周最樓緩之徒가 紛紜徧於天下하여 務以辯詐로 相高하니 不可勝紀로되 而儀秦衍이 最著러라

   16년(임술) 진왕(秦王)이 초왕(楚王)과 약속하여 무관(武關)에서 회맹(會盟)하기로 하였는데, 초왕이 진나라로 들어가자 진이 잡아두었다.

[원문] 壬戌十六年이라 秦王이 約楚王하여 會盟於武關할새 楚王이 入秦하니 秦人이 留之하다

   17년(계해) 진왕이 맹상군(孟嘗君)이 현명하다는 말을 듣고는 경양군(涇陽君)을 제나라에 볼모로 보내어 맹상군을 청하니, 맹상군이 진나라로 들어오자 진왕이 승상(丞相)으로 삼았다. 어떤 사람이 진왕에게 말하기를 "맹상군을 진나라 재상으로 삼으면 반드시 제나라의 이익을 먼저 생각하고 진나라를 나중에 생각할 것이니, 진나라가 위험해질 것입니다." 하니, 진왕이 이에 누완(樓緩)을 재상으로 삼고는 맹상군을 가두어 죽이고자 하였다. 맹상군이 사람을 시켜 진왕의 애첩에게 풀려날 수 있도록 도움을 청하니, 애첩이 말하기를 "그대의 호백구(狐白裘 : 흰 여우털로 만든 겉옷)를 얻고자 합니다." 하였다.

  맹상군에게 호백구가 있었으나 이미 진왕에게 바친 뒤라

애첩의 요구를 들어줄 수가 없었다. 식객 중에 좀도둑질을 잘
하는 자가 있어, 진나라 창고에 들어가 호백구를 훔쳐서 애
첩에게 바쳤다. 애첩이 이에 왕에게 말해 내보내 주었는데,
왕은 곧 후회하여 사람을 시켜 뒤쫓아가 잡아오게 하였다.
맹상군이 관(關)에 이르렀는데, 관법에 닭이 울어야만 문을
열고 객들을 내보내게 되어 있었는데, 때가 아직 일렀고 뒤
쫓는 자도 곧 이를 것 같았다. 마침 식객 중에 닭 울음소리를
잘 내는 자가 있어 닭 울음소리를 내니, 들닭들이 그 소리를
듣고 모두 울어서 맹상군이 그곳을 벗어나 돌아올 수 있었다.

원문 癸亥十七年이라 秦王이 聞孟嘗君之賢하고 使涇陽君으로
爲質於齊하고 以請하니 孟嘗君이 來入秦이어늘 秦王이 以爲丞相
한대 或이 謂秦王曰 孟嘗君이 相秦이면 必先齊而後秦하리니 秦
其危哉리다 秦王이 乃以樓緩으로 爲相하고 囚孟嘗君하여 欲殺
之어늘 孟嘗君이 使人으로 求解於秦王幸姬하니 姬曰 願得君狐
白裘하노라 孟嘗君이 有狐白裘라가 已獻之秦王하여 無以應姬求
러니 客에 有善爲狗盜者하여 入秦藏中하여 盜狐白裘하여 以獻姬
한대 姬가 乃爲之言於王而遣之러니 王이 後悔하여 使追之하다
孟嘗君이 至關하니 關法에 鷄鳴이라야 而出客이라 時尙早하고 追
者將至러니 客에 有善爲鷄鳴者하여 野鷄聞之하고 皆鳴이어늘 孟
嘗君이 乃得脫歸하다

○조왕(趙王)이 그 아우 승(勝)을 봉(封)하여 평원군(平原君)으
로 삼았다. 평원군은 선비를 좋아하여 식객이 항상 수천 명
이었다.

원문 趙王이 封其弟勝하여 爲平原君하니 平原君이 好士하여 食
客이 常數千人이러라

19년(을축) 초 회왕(楚懷王)이 병이 나서 진(秦)에서 죽으니,
초나라 사람들이 모두 불쌍하게 생각하여 마치 친척이 죽은
것처럼 슬퍼하였다. 제후들이 이로 말미암아 진(秦)을 옳지

않게 보았다.

원문 乙丑十九年이라 楚懷王이 發病하여 薨於秦하니 楚人이 皆
憐之를 如悲親戚이라 諸侯由是로 不直秦이러라

　　30년(병자) 제 민왕(齊湣王)이 송(宋)나라를 멸망시키고는
교만해져서 남쪽으로 초나라를 침략하고, 서쪽으로 3진을 침
략하고 2주(周)를 합병하여 천자가 되고자 하였다. 연 소왕(燕
昭王)은 밤낮으로 그 백성들을 어루만져 따르게 하고, 악의
(樂毅)와 더불어 제(齊)나라 칠 것을 도모하고, 왕이 모든 군
사를 일으켜 악의를 상장군(上將軍)으로 삼아, 진(秦)·위(魏)·
한(韓)·조(趙)의 군사를 거느리고 가서 제나라를 쳤다. 제 민
왕이 나라 안의 모든 군사를 내어 항거하였으나 제서(濟西)
싸움에서 크게 패하였다. 드디어 진군하니 제나라 사람들은
크게 어지러워져 어쩔 줄을 모르고, 제 민왕도 도망하였다.
악의가 임치(臨淄)에 들어가 보물과 제기(祭器)를 빼앗아 연나
라로 가져가니, 연왕이 악의를 봉하여 창국군(昌國君)으로 삼
고는 그를 그대로 그곳에 머물게 하여 항복하지 않은 제나라
성을 순행하도록 하였다. 제왕이 거(莒)로 달아나니, 초나라
는 요치(淖齒)로 하여금 군사를 거느리고 제나라를 구원하게
하였는데, 이 일로 제나라 재상이 되었다. 요치가 연나라와
더불어 제나라 땅을 나누어 갖고 싶어서, 마침내 고리(鼓里)
에서 제왕을 시해하였다.

원문 丙子三十年이라 齊湣王이 旣滅宋而驕하여 乃南侵楚하고
西侵三晉하고 欲幷二周하여 爲天子어늘 燕昭王이 日夜로 撫循其
人하여 乃與樂毅로 謀伐齊할새 王이 悉起兵하여 以樂毅로 爲上
將軍하고 幷將秦魏韓趙之兵하여 以伐齊하니 齊湣王이 悉國中之
衆하여 以拒之라가 戰于濟西하여 齊師大敗어늘 遂進軍한대 齊人
이 大亂失度라 湣王이 出走어늘 樂毅가 入臨淄하여 取寶物祭器
하여 輸之於燕하니 燕王이 封樂毅하여 爲昌國君하고 遂使留徇

齊城之未下者하다 齊王이 走莒어늘 楚가 使淖齒로 將兵救齊하고
因爲齊相한대 淖齒가 欲與燕으로 分齊地하여 乃遂弑王於鼓里하다

○ 악의가 화읍(畫邑) 사람 왕촉(王蠋)이 현명하다는 말을 듣
고 군중에 영을 내려, 화읍 주위 30리를 에워싸고 그 안에는
들어가지 못하게 하고 사람을 시켜 왕촉을 청하였다. 왕촉이
사양하고 오지 않으니, 연나라 사람이 말하기를 "오지 않으
면 우리가 읍을 도륙(屠戮)하겠소." 하니, 왕촉이 말하기를
"충신은 두 임금을 섬기지 않고 열녀(烈女)는 두 남편을 섬기
지 않소. 제왕이 내 간하는 말을 듣지 않았기 때문에 물러나
들에서 농사를 지었는데, 나라는 망하고 임금이 죽었으니 나
도 살 수가 없소. 그런데 또 군사로써 겁을 주니, 나는 의롭
지 못하게 사는 것이 죽는 것보다 못하오." 하고는 드디어
목을 매어 죽고 말았다.

원문 毅가 聞畫邑人王蠋賢하고 令軍中하여 環畫邑三十里無入하
고 使人으로 請蠋한대 蠋이 謝不往이어늘 燕人이 曰 不來면 吾且
屠邑하리라 蠋이 曰 忠臣은 不事二君이요 烈女는 不更二夫하나니
齊王이 不用吾諫이라 故로 退而耕於野러니 國破君亡에 吾不能
存 而又欲劫之以兵하니 吾與其不義而生으론 不若死라 하고 遂
經其頸而死하다

○ 연나라 군사가 승승장구하니, 제나라 성은 그 기세를 바라
보기만 해도 모두 패해 도망하였다. 악의가 연나라 군사를
정돈하여 약탈을 금지시키고, 제의 일민(逸民 : 학문과 덕행이
있으면서도 세상에 나서지 않고 묻혀 지내는 사람)을 찾아서 드
러내 예우하고, 부렴(賦斂)을 너그럽게 하고 나쁜 법령을 없
애 옛 정사를 닦으니, 제나라 백성들이 기뻐하였다. 환공(桓
公)과 관중(管仲)의 제사를 교(郊)에서 지내고 어진 사람을 정
려(旌閭)하고 왕촉의 묘를 봉해 주었다. 6개월 동안에 제나라
의 70여 성을 항복시켜 모두 군현(郡縣)으로 삼았다.

원문 燕師乘勝長驅하니 齊城이 皆望風奔潰러라 樂毅 修整燕軍
하여 禁止侵掠하고 求齊之逸民하여 顯而禮之하고 寬其賦斂하며
除其暴令하고 修其舊政하니 齊民이 喜悅이러라 祀桓公管仲於郊
하고 表賢者之閭하고 封王蠋之墓하고 六月之間에 下齊七十餘城
하여 皆爲郡縣하다

32년(무인) 제(齊)나라 요치의 난리 때 왕손가(王孫賈)는 민
왕(湣王)을 따라가다가 왕이 간 곳을 잃어버렸다. 그의 어미
가 말하기를 "네가 아침에 나가 늦게 돌아오면 문(門: 집의
문)에 의지하여 기다리고, 네가 밤에 나가 돌아오지 않으면
여[閭: 마을의 문. 주(周)나라의 제도에, 25가구를 이(里)라 하고,
이에는 반드시 문이 있는데 이를 여라 하였음]에 기대어 기다렸
다. 네가 이제 왕을 섬기면서 왕이 도망하였는데도 너는 그
간 곳을 모르거늘 어찌 돌아왔느냐?" 하니, 왕손가가 이에
사람을 모아 요치를 공격하여 죽였다. 그러자 제나라의 망신
(亡臣)들이 함께 나서서 왕자(王子) 법장(法章)을 찾아 제왕으
로 삼고, 거성(莒城)을 지키며 연나라에 항거했다.

원문 戊寅三十二年이라 齊淖齒之亂에 王孫賈가 從湣王이라가
失王之處어늘 其母曰 汝朝出而晩來하면 則吾倚門而望하고 汝暮
出而不還 則吾倚閭而望이러니 汝今事王이라가 王이 走어시늘 汝
不知其處하니 汝尙何歸焉고 王孫賈가 乃攻淖齒하여 殺之하니 於
是에 齊亡臣이 相與求湣王子法章하여 立以爲齊王하고 保莒城하
여 以拒燕이라

○조왕(趙王)이 초(楚)의 화씨벽(和氏璧)을 얻었는데, 진 소왕
(秦昭王)이 욕심을 내어 15개 성과 바꾸기를 청하였다. 조왕
이 인상여(藺相如)에게 물으니 대답하기를 "진나라가 성으로
써 화씨벽을 구하는데 왕께서 주지 않으면 잘못이 우리에게
있고, 우리가 화씨벽을 주었는데도 진나라가 우리에게 성을
주지 않으면 잘못이 진나라에 있게 됩니다. 원하옵건대 신이

화씨벽을 받들고 가서, 진나라가 성을 주지 않으면 신이 벽
(璧)을 온전히 가지고 되돌아오겠습니다." 하고 청하였다. 인
상여가 진나라에 이르렀는데, 진왕은 조나라에 성을 줄 뜻이
없었다. 인상여가 이에 진왕을 속여서 다시 화씨벽을 받아가
지고, 사자(使者)에게 주어 품속에 품고 조나라로 돌아가게
하고 자신은 진나라에서 명을 기다리니, 진왕은 그를 현명하
게 여겨 죽이지 않고는 예우하여 돌려보냈다. 조왕이 인상여
를 상대부(上大夫)로 삼았다.

원문 趙王이 得楚和氏璧이러니 秦昭王이 欲之하여 請易以十五
城이어늘 趙王이 以問藺相如하니 對曰 秦이 以城求璧이로되 而
王不許면 曲在我矣요 我與之璧이나 而秦不與我城이면 則曲在秦
이니 臣은 願奉璧而往하여 使秦城不入이어든 臣이 請完璧而歸하
리이다 相如至秦하니 秦王이 無意償趙城이라 相如乃紿秦王하여
復取璧하여 遣使者懷歸趙 而以身으로 待命於秦하니 秦王이 賢
而弗誅하고 禮而歸之어늘 趙王이 以相如로 爲上大夫하다

주 화씨벽(和氏璧) 초(楚)나라 사람 변화(卞和)가 형산(荊山)에서 얻었다
는 구슬. 변화는 이 구슬을 여왕(厲王)에게 바쳤으나 거짓이라고 하
여 왼발꿈치를 잘렸고, 후에 무왕(武王)에게 바쳤으나 또 거짓말을
한다고 하여 오른발꿈치를 잘렸다. 그래서 통곡을 하였는데, 이 사실
을 들은 문왕(文王)이 옥공(玉工)에게 깎게 하니, 과연 그 안에서 보
옥이 나와 비로소 그 가치가 알려져 대대로 보물로 전해졌음.

36년(임오) 진왕이 조왕을 청하여 하외(河外 : 황하 밖) 면지
(澠池)에서 만났다. 진왕이 조왕과 술을 마시는데, 술이 거나
해지자 진왕이 조왕에게 비파 타기를 청하여 조왕이 탔다.
인상여가 다시 진왕에게 부(缶) 칠 것을 청하니, 진왕이 기꺼
이 하려고 하지 않자 인상여가 말하기를 "왕과 저 사이는 다
섯 걸음 이내입니다. 청컨대 신이 제 목을 찔러 그 피를 대왕
에게 뿌리겠습니다." 하였다. 신하들이 인상여에게 칼을 들이
대자 인상여가 눈을 부릅뜨고 꾸짖으니, 신하들이 모두 흩어

졌다. 진왕이 내키지는 않았지만 한 번 부를 치고는 술자리를 끝냈다. 진나라가 끝내 조나라를 해치지 못하였고, 조나라도 만반의 방비를 하니, 진나라가 감히 군사를 출동하지 못하였다.

조왕이 귀국하여 인상여를 상경(上卿)으로 삼으니, 지위가 염파(廉頗)보다 높게 되었다. 염파가 말하기를 "내가 인상여를 만나면 반드시 욕을 보이겠다." 하였다. 인상여가 그 말을 듣고는 매일 조회(朝會) 때면 항상 병을 핑계하여 반열을 다투지 않고, 밖에 나와서도 멀리서 그가 보이면 갑자기 수레를 이끌고 피해 숨으니, 그의 사인(舍人)들이 모두 부끄럽게 여겼다. 인상여가 말하기를 "자네들이 보기에 염장군(廉將軍)과 진왕(秦王) 중 누가 더 났다고 생각하는가?" 하니, 말하기를 "염파가 진왕만은 못합니다." 하였다. 인상여가 말하기를 "무릇 진왕의 위엄에도 나 인상여는 조정에서 그를 꾸짖고 그의 여러 신하들을 욕보였는데, 나 인상여가 비록 노둔하기는 하지만 유독 염장군만을 두려워하겠는가? 나는 생각해 보건대 강한 진나라가 우리 조나라에 감히 싸움을 걸지 못하는 것은 오로지 우리 두 사람이 있기 때문이다. 지금 두 호랑이가 서로 싸우면 그 형세는 둘 다 살지 못한다. 내가 이렇게 하는 까닭은 국가의 급함을 우선 생각하고, 개인적인 원수는 뒤로 하기 때문이다." 하였다. 염파가 이 말을 듣고는 육단(肉袒)하고 회초리를 짊어지고는 문앞에 가서 사죄하고, 드디어 문경지교(刎頸之交)를 맺었다.

[원문] 壬午三十六年이라 秦王이 會趙王於河外澠池러니 王이 與趙王으로 飮酒酣에 秦王이 請趙王鼓瑟한대 趙王이 鼓之어늘 藺相如 復請秦王擊缶한대 秦王이 不肯이어늘 相如曰 五步之內에 臣이 請得以頸血로 濺大王矣리이다 左右 欲刃相如어늘 相如 張目叱之하니 左右皆靡라 王이 不豫하여 爲一擊缶하고 罷酒하다 秦이 終不能有加於趙하고 趙人亦盛爲之備하니 秦不敢動이러라

趙王이 歸國하여 以藺相如로 爲上卿하니 位在廉頗之右라 廉頗
曰 我見相如면 必辱之리라 相如聞之하고 每朝에 常稱病하고 不
欲爭列이러라 出而望見하고 輒引車避匿하니 其舍人이 皆以爲恥
어늘 相如曰 子視廉將軍이 孰與秦王고 曰 不若이니이다 相如曰
夫以秦王之威로도 而相如 廷叱之하고 辱其群臣하니 相如 雖駑
나 獨畏廉將軍哉리요 顧吾念之컨대 彊秦之所以不敢加兵於趙者
는 徒以吾兩人이 在也라 今兩虎 共鬪에 其勢 不俱生이니 吾所
以爲此者는 先國家之急 而後私讎也로라 廉頗聞之하고 肉袒負
荊하여 至門謝罪하고 遂爲刎頸之交하다

> 䢒 부(缶) 질장구. 본래는 술을 담는 질그릇. 진(秦)나라 사람은 연회
> 때 이것을 두들기며 장단을 맞추었다. 질그릇 장구. 장목질지(張目
> 叱之) 눈을 부릅뜨고 꾸짖음. 불예(不豫) 기뻐하지 않음. 육단부형
> (肉袒負荊) 육단은 사죄의 뜻으로 윗옷의 한쪽을 벗어 등의 맨살을
> 드러내는 것. 부형은 때려 달라고 가시나무 회초리를 짊어짐. 문경
> 지교(刎頸之交) 서로 죽음을 함께 할 정도의 사귐.

○이때 제(齊)나라 땅이 모두 연나라에 속하였으나 오직 거
(莒)와 즉묵(卽墨)만이 항복하지 않았다. 악의가 즉묵을 포위
하자 즉묵의 대부(大夫)가 나와 싸우다 죽으니, 즉묵 사람들
이 말하기를 "안평(安平) 싸움에서 전단(田單)과 종인(宗人)이
철롱(鐵籠)으로써 온전히 살아 남았으니, 이는 군사 훈련의
지식이 많고 전투에 익숙해서이다." 하고는 함께 그를 장수로
세워 연나라에 항거하였다.

원문 是時에 齊地 皆屬燕하되 獨莒卽墨이 未下라 樂毅 圍卽墨
하니 卽墨大夫 出戰而死어늘 卽墨人이 曰 安平之戰에 田單宗人
이 以鐵籠으로 得全하니 是는 多智習兵이라 하고 因共立以爲將하
여 以拒燕하다

> 䢒 전단(田單) 제나라의 먼 종친으로 안평 싸움에 공이 있었음. 종인
> (宗人) 관직명으로 예와 의복 및 궁실(宮室)의 수레와 기(旗)를 담당
> 하였음. 철롱(鐵籠) 쇠로 만든 우리.

○ 악의가 두 읍(邑)을 포위하여 3년이 되도록 항복시키지 못
하니, 어떤 사람이 연 소왕(燕昭王)에게 참소하기를 "악의는
지혜와 꾀가 남보다 뛰어나 제나라를 쳐 단숨에 70여 성을
빼앗았습니다. 지금 항복하지 않은 성이 둘인데, 이는 항복시
킬 힘이 없어서가 아니라 오랫동안 군사의 위엄을 보임으로
써 제나라 사람을 복종시켜, 남면(南面)하여 왕 노릇을 하기
위해서입니다." 하였다. 소왕이 이 말에 술을 장만하고 대회
를 열어 사람을 모아 참소한 사람을 끌어다 참(斬)하고, 국상
(國相)을 보내어 악의를 세워 제왕(齊王)으로 삼으니, 악의가
두려워하여 받지 못하고 배서(拜書 : 절하고 편지를 올림)하였
는데, 죽음으로써 맹세하였다. 이로 말미암아 제나라 사람들
은 그의 의로움에 감복하고, 제후들은 그의 신의를 두려워하
여 다시는 감히 모반하는 자가 없었다. 얼마 후 소왕이 죽고
혜왕(惠王)이 즉위하였다.

혜왕은 태자(太子) 때부터 일찍이 악의를 불쾌하게 생각해
왔는데, 전단(田單)이 그런 소식을 듣고는 반간(反間)놓기를
"악의가 연나라 새 왕과 틈이 벌어져 있어 죽일까 두려워하
여 감히 돌아가지 못하고 제나라를 치는 것으로 명분을 삼고
있는 것입니다. 그래서 제나라 사람들이 다른 장수가 오면
즉묵(卽墨)이 격파될까 두려워하고 있습니다."고 하였다. 연
왕이 벌써부터 의심하던 터라 제나라의 반간을 듣고는 기겁
(騎劫)으로 대신 장수를 삼고 악의를 소환하니, 악의가 조(趙)
나라로 도망하였다. 연나라 장사(將士)가 이 때문에 몹시 분
개하여 불화하게 되었다.

전단(田單)이 이에 자신이 직접 판삽(版鍤)을 잡고 군사들과
함께 일을 하고, 처첩(妻妾)을 항오(行伍) 사이에 편성하여 먹
을 것을 모두 나누어 주어 군사를 먹였으며, 갑졸(甲卒)들을
모두 매복하게 하고 노약자와 여자들만 성에 올라가 지키며
항복을 약속하게 하니, 연나라 군대는 더욱 게을러졌다. 전단
이 이에 성안을 수색해 소 1000여 마리를 모아 붉은 비단옷

을 입혀 그 위에 오색(五色)으로 용무늬를 그린 다음 소의 뿔에다가 칼을 묶고, 꼬리에다가는 기름칠한 갈대를 묶어서 그 끝에 불을 붙였다. 그리고는 성에다 수십 개의 구멍을 뚫어서 밤에 소를 내몰아 보내고 장사 5000명이 그 뒤를 따르니, 꼬리가 뜨거워진 소들이 성이 나서 연나라 군사를 향해 돌진하였다. 연나라 군사가 깜짝 놀라 소들을 보니 모두가 용의 무늬인데, 이와 부딪치면 모조리 죽거나 상처가 나고, 성안 사람들이 북을 치고 소리를 질러대며 이를 뒤따르고 노약자들이 모두 놋그릇들을 두들겨 소리를 내니, 그 소리가 천지를 진동하였다. 연나라 군사가 크게 놀라서 패주하자 제나라 사람들이 기겁(騎劫)을 잡아 죽이고 도망한 자를 뒤쫓고 패배자를 쫓아버리니, 지나가는 성과 고을이 모두 연나라에 반기를 들고 다시 제나라 것이 되어 제의 70여 성이 모두 회복되었다. 이에 거(莒)에서 양왕(襄王)을 맞아다가 임치(臨淄)로 들어오고, 전단을 봉하여 안평군(安平君)으로 삼았다.

원문 樂毅 圍二邑三年에 未下러니 或이 讒之於燕昭王曰 樂毅는 智謀過人하여 伐齊呼吸之間에 剋七十餘城하고 今不下者 兩城爾니 非其力不能拔이요 欲久仗兵威하여 以服齊人하여 南面而王爾라 한대 昭王이 於是에 置酒大會하고 引言者하여 斬之하고 遣國相하여 立樂毅爲齊王하니 毅 惶恐하여 不受하고 拜書하니 以死自誓라 由是로 齊人이 服其義하고 諸侯 畏其信하여 莫敢復有謀者러니 頃之요 昭王이 薨하고 惠王立이라 惠王이 自爲太子時로 嘗不快於樂毅러니 田單이 聞之하고 乃縱反間曰 樂毅 與燕新王으로 有隙하여 畏誅而不敢歸하고 以伐齊爲名하니 齊人이 唯恐他將이 來면 卽墨이 殘矣라 한대 燕王이 已疑러니 得齊反間하고 乃使騎劫으로 代將 而召樂毅어늘 毅遂犇趙하니 燕將士 由是로 憤惋不和러라 田單이 乃身操版鍤하여 與士卒로 分功하고 妻妾을 編於行伍之間하고 盡散飮食하여 饗士하고 令甲卒로 皆伏하고 使老弱女子로 乘城約降하니 燕軍이 益懈어늘 田單이 乃收城中하여

得牛千餘하여 爲絳繒衣하되 畫以五采龍文하고 束兵刃於其角하고 而灌脂束葦於其尾하여 燒其端하고 鑿城數十穴하여 夜縱牛하고 壯士五千人이 隨其後하니 牛尾熱하여 怒而犇燕軍한대 燕軍大驚하여 視牛하니 皆龍文이요 所觸에 盡死傷하고 而城中이 鼓譟從之하고 老弱이 皆擊銅器爲聲하니 聲動天地라 燕軍이 大敗走어늘 齊人이 殺騎劫하고 追亡逐北하니 所過城邑이 皆叛燕하고 復爲齊하여 齊七十餘城이 皆復焉이라 乃迎襄王於莒하여 入臨淄하니 封田單하여 爲安平君하다

㊅ 지모과인(智謀過人) 지혜와 꾀가 남보다 뛰어남. 반간(反間) 이간(離間). 이중 첩자, 간첩(間諜). 또는 적의 간첩을 잡아서 역이용하는 일. 남면이왕(南面而王) 왕 노릇을 한다는 뜻. 제왕은 항상 남쪽을 향하여 앉으므로 남면이라 함. 판삽(版鍤) 흙일을 하는 도구. 판대기나 삽. 항오(行伍) 25인을 항, 5인을 오라 하는데, 군대를 편성한 행렬.

○전단이 장차 적(狄)을 공격하고자 하여 노중련(魯仲連)을 찾아가 만났다. 노중련이 말하기를 "장군이 적(狄)을 공격해도 항복시키지 못할 것입니다." 하니, 전단이 말하기를 "신(臣)이 즉묵(卽墨)의 패망하고 남은 군사로서 만승(萬乘)의 나라인 연(燕)을 격파, 제나라의 옛 성을 회복하였는데, 지금 적을 공격하여 항복시키지 못한다니 무슨 말이오." 하고는 수레에 올라 인사도 하지 않고 떠나갔다. 마침내 적을 공격했으나 3개월이 되도록 이기지 못하니, 전단이 두려워서 노중련에게 물었다. 노중련이 말하기를 "장군께서 즉묵에 있을 때는 앉으면 삼태기를 짜고 서면 삽을 들었으며, 군사들을 위해 노래를 불렀습니다. 그때는 장군에게는 죽을 각오가 있었고 사졸에게는 살아 남고자 하는 마음이 없었기 때문에 연나라를 깨뜨릴 수 있었습니다. 지금 장군에게는 동쪽에 액읍(夜邑)의 봉(奉)이 있고 서쪽에는 치상(淄上)의 즐거움이 있으며, 황금띠를 두르고 치수(淄水)와 승수(澠水) 사이를 달립니다. 그래서 사는 즐거움만 있고 죽을 마음이 없기 때문에 이

기지 못하는 것입니다." 하였다. 전단이 말하기를 "이 전단의 마음을 선생께서 잘 아셨습니다." 하고는 이튿날 기세를 북돋우어 성을 순시하고 화살과 돌이 떨어져 맞을 만한 곳에 서서 몸소 북채를 쥐고 북을 울리니, 적인(狄人)이 드디어 항복하였다.

원문 田單이 將攻狄할새 往見魯仲連하니 仲連이 曰 將軍이 攻狄에 不能下也리라 田單이 曰 臣이 以卽墨破亡餘卒로 破萬乘之燕하고 復齊之墟어늘 今攻狄而不下는 何也오 하고 上車弗謝而去하다 遂攻狄三月에 不克하니 田單이 乃懼하여 問魯仲連한대 仲連이 曰 將軍之在卽墨엔 坐則織蕢하고 立則杖鍤하고 爲士卒倡하니 當此之時하여 將軍은 有死之心하고 士卒은 無生之氣하니 以所破燕也어니와 今엔 將軍이 東有夜邑之奉하고 西有淄上之娛하고 黃金橫帶 而騁乎淄澠之間하여 有生之樂하고 無死之心하니 所以不勝也니라 田單이 曰 單之有心을 先生이 志之矣로다 하고 明日에 乃厲氣循城하여 立於矢石之所하여 援枹皷之하니 狄人이 乃下하다

45년(신묘) 위(魏)나라 사람 범저(范雎)가 도망하여 진(秦)나라로 들어가 진왕에게 유세하기를 "진나라는 크고 사졸은 용감하니, 이로써 제후를 다스리는 것은 비유컨대 한로(韓盧)가 달려가 다리를 저는 토끼를 잡는 것과 같습니다. 그런데도 관(關)을 닫은 지 15년 동안 감히 산동(山東)으로는 군사를 쓰지 못한 것은, 양후(穰侯)의 진나라를 위한 모책(謀策)이 불충(不忠)하였고 대왕의 계책 역시 잘못된 바가 있어서입니다." 하니, 왕이 꿇어앉은 채 말하기를 "원컨대 잘못된 계책을 듣고자 하오." 하였다. 범저가 말하기를 "무릇 양후가 한(韓)·위(魏)나라를 뛰어넘어서 제(齊)나라를 공격한 것은 계책이 아닙니다. 이제 왕께서는 먼 나라는 사귀고 가까운 나라를 공격하는 것만 같지 못하니, 그렇게 하면 한 치의 땅을 얻어도 바로 왕의 땅이 되고 한 자의 땅을 얻어도 왕의 땅이 됩

니다. 이제 한나라와 위나라는 중국의 중심에 놓여 있어 천하의 중추국입니다. 왕께서 만약 패권(霸權)을 장악하고자 하시면 반드시 중국 중심의 나라와 친하여 천하의 중추가 되어, 초나라와 조나라를 위협하여 초나라와 조나라가 다 붙좇으면 제나라도 반드시 두려워할 것이요, 제나라가 붙좇으면 한나라와 위나라를 포로로 할 수 있습니다." 하였다. 왕이 말하기를 "좋은 계책이다." 하고는 이에 범저를 객경(客卿)으로 삼아 함께 나라 일을 도모하였다.

원문 辛卯四十五年이라 魏人范雎 亡入秦하여 說秦王曰 以秦國之大와 士卒之勇으로 以治諸侯 譬如走韓盧而搏蹇兔也어늘 而閉關十五年에 不敢窺兵於山東者는 是는 穰侯 爲秦謀不忠 而大王之計 亦有所失也로소이다 王이 跽曰 願聞失計하노라 雎曰 夫穰侯 越韓魏而攻齊 非計也라 今王이 不如遠交而近攻이니 得寸이라도 則王之寸也요 得尺이라도 則王之尺也라 今夫韓魏는 中國之處 而天下之樞也니 王若欲霸인댄 必親中國하여 以爲天下樞하여 以威楚趙이니 楚趙皆附면 齊必懼矣리니 齊附則韓魏를 因可虜也리이다 王曰 善이라 하고 乃以范雎로 爲客卿하여 與謀國事하다

주 한로(韓盧) 한나라에서 생산되는 날랜 개. 건토(蹇兔) 다리를 저는 토끼. 관(關) 함곡관을 가리킴. 추(樞) 문의 축(軸).

55년(신축) 진(秦)나라 좌서장(左庶長) 왕흘(王齕)이 한(韓)나라를 쳐 상당(上黨)을 공격해 빼앗았다. 상당 백성들이 조나라로 도망하니, 조의 염파(廉頗)가 장평(長平)에 주둔하면서 상당 백성들을 안무(按撫)하였다. 왕흘이 이 때문에 조나라를 쳤는데 조나라 군사와 수차 싸웠으나 이기지 못하였다. 염파가 성벽을 굳건히 하고 나오지 않으니, 조왕(趙王)은 '염파가 잃어버린 군사가 많고 게다가 겁이 나서 싸우지 않는 것이다.'라고 여겨 화가 나서 여러 번 꾸짖으니, 응후(應侯)가 사람을 시켜 반간하기를 "진(秦)나라가 두려워하는 바는 오직

마복군(馬服君)의 아들 조괄(趙括)이 장수가 되는 것입니다. 염파는 대하기가 쉽고 장차 항복할 것입니다."라고 하니, 조왕이 드디어 조괄을 염파 대신 장수로 삼았다. 인상여(藺相如)가 말하기를 "왕이 명성만으로 조괄을 임명하셨으니, 교주고슬(膠柱鼓瑟)하는 것과 같습니다. 조괄은 한갓 그의 아비의 서전(書傳)이나 읽었을 뿐 임기응변을 모릅니다." 하였으나 왕이 이 말을 듣지 않았다.

원문 辛丑五十五年이라 秦左庶長王齕이 伐韓하여 攻上黨拔之하니 上黨民이 走趙어늘 趙廉頗 軍於長平하여 以按據上黨民하니 王齕이 因伐趙한대 趙軍이 戰數不勝이라 廉頗 堅壁不出이어늘 趙王이 以頗로 失亡이 多而更怯不戰이라 하여 怒數讓之한대 應侯 使人으로 反間曰 秦之所畏는 獨畏馬服君之子趙括이 爲將爾니 廉頗는 易與요 且降矣리라 한대 趙王이 遂以趙括로 代頗將하니 藺相如曰 王이 以名使括하시니 若膠柱鼓瑟이로소이다 括은 徒能讀其父書傳이요 不知合變也니이다 王이 不聽하다

주 교주고슬(膠柱鼓瑟) 변통할 줄을 모르는 것의 비유. 합변(合變) 임기응변(臨機應變).

○ 원래 조괄은 어려서부터 병법을 배웠는데 천하에 당할 자가 없다고 여겼다. 일찍이 그의 아버지 조사(趙奢)와 함께 병사(兵事)에 관한 이야기를 하였는데, 아버지 조사가 논박하기가 어려울 정도였지만, 그렇다고 잘 안다고 말하지도 않았다. 조괄의 어머니가 그 까닭을 물으니 조사가 말하기를 "병사는 사지(死地)에 관한 것인데도 괄이 너무 쉽게 말을 한다. 조나라가 만약 괄을 장수로 삼는다면 조나라 군사를 깨뜨릴 자는 틀림없이 괄일 것이다."라고 하였다. 조괄이 막 행군하려고 하는데 그의 어머니가 왕에게 글을 올려 말하기를 "괄을 시켜서는 안 됩니다." 하니, 왕이 말하기를 "내가 이미 결정하였다." 하였다. 어머니가 말하기를 "만약 직임에 맞지 않더라

도 첩(妾)은 청컨대 수좌(隨坐)하지 마소서." 하니, 왕이 이를
허락하였다.

원문 初에 趙括이 自少時로 學兵法하여 以天下 莫能當이라 하여
嘗與其父奢로 言兵事에 奢不能難이나 然이나 不謂善이어늘 括母
問其故한대 奢曰 兵은 死地也어늘 而括이 易言之하니 趙若將括
이면 破趙軍者는 必括也리라 하더니 及括이 將行에 其母 上書言
括을 不可使라 한대 王曰 吾已決矣로라 母曰 卽有不稱이라도 妾
은 請無隨坐하소서 王이 許之하다

주 불능난(不能難) 능히 논박하지 못함.　수좌(隨坐) 연좌시키는 것.

○진왕은 조괄이 조나라의 장수가 되었다는 말을 듣고는, 마
침내 은밀히 무안군(武安君)으로 상장(上將)을 삼고 왕흘을 비
장(裨將)으로 삼아서 군중(軍中)에 영을 내리기를, 감히 무안
군이 장수가 되었다는 것을 누설하는 자는 참(斬)하겠다고 하
였다.

원문 秦王이 聞括爲趙將하고 乃陰使武安君으로 爲上將하고 而
王齕로 爲裨將하고 令軍中하되 有敢泄武安君將者면 斬하리라

○조괄이 주둔지에 이르러 약속을 모두 고치고 군의 간부를
바꾸어 배치하고 군사를 내어 진나라를 공격하였다. 무안군
이 거짓 패하여 달아나면서 두 기병(奇兵)을 배치해두고 겁을
주니, 조괄이 이긴 형세를 타고 추격하여 진나라 성벽까지
다다랐으나 굳게 항거하여 들어갈 수가 없었다. 기병이 조나
라 군사의 후방을 차단하니, 조나라 군사는 식량이 끊어진
지 46일에 모두 안에서 몰래 서로를 죽여 먹었다. 조괄이 몸
소 정예의 군졸을 내보내 박격(搏擊)하니, 진나라 군사가 활
을 쏘아서 죽였다. 조나라 군사는 크게 패하여 40만 명이 모
두 항복하거늘, 무안군이 이에 속임수를 써서 다 땅에 묻어
죽이고 어린 군사 240명만 남겨 조나라로 돌려보냈다.

원문 趙括이 至軍하여 悉更約束하고 易置軍吏하고 出兵擊秦이어늘 武安君이 佯敗而走하고 張二奇兵하여 以劫之러니 趙括이 乘勝하여 追造秦壁하니 堅拒不得入하고 奇兵이 絶趙軍之後하니 趙軍이 食絶四十六日에 皆內陰相殺食이라 趙括이 自出銳卒하여 搏戰하니 秦人이 射殺之한대 趙師 大敗하여 卒四十萬人이 皆降이어늘 武安君이 內挾詐而盡坑殺之하고 遺其小者二百四十人하여 歸趙하다

주 실경약속(悉更約束) 약속을 모두 변경시키다. 염파의 작전명령을 모두 변경했다는 뜻. 기병(奇兵) 적이 모르도록 갑자기 꾀를 써서 기습하는 군사.

56년(임인) 진(秦)나라가 처음 조나라를 칠 때, 위왕(魏王)이 대부들에게 물으니 모두 "진나라가 조나라를 치는 것이 위나라에 좋다."고 하자, 공빈(孔斌)이 말하기를 "그렇지 않소. 진나라는 탐욕이 많고 포악한 나라이다. 조나라를 이기고 나면 틀림없이 다시 다른 나라를 탐하려 할 것이니, 나는 그때 우리 위나라가 그들의 침략을 받을까 두렵소. 선인이 말하기를 '연작(燕雀)이 둥지에 살면서 새끼와 어미가 서로 먹이를 먹여주고 구구 하며 즐거워하여 스스로 편안하다고 여기는데, 굴뚝에서 불길이 올라와 둥지가 장차 불에 타려고 하는데도 연작은 얼굴빛도 변치 않고, 그 화가 곧 자기에게 미치게 될 것을 모른다.'고 하였소. 이제 그대들은 조나라가 깨어지면 화가 곧 우리에게 미친다는 것을 깨닫지 못하고 있으니, 사람으로서 연작과 같아서야 되겠는가? 바로 지금은 산동(山東)의 나라들은 쇠약해서 떨치지 못하고, 3진(晉)은 땅을 떼어주어 편안함을 구하고, 2주(周)는 끊어져서 진나라로 들어갔으며, 연(燕)·제(齊)·초(楚)나라는 이미 굴복하고 말았소. 이로써 보건대 20년이 못 되어 천하는 다 진나라 것이 될 것이오." 하였다.

원문 壬寅五十六年이라 秦之始伐趙也에 魏王이 問諸大夫한대

皆以爲秦伐趙는 於魏에 便이라 하거늘 孔斌이 曰 不然하다 秦은 貪暴之國也라 勝趙면 必復他求이니 吾恐於時에 魏受其師也일까 하노라 先人이 有言하되 燕雀이 處堂하여 子母 相哺呴呴焉相樂 也하여 自以爲安이러니 竈突炎上하여 棟宇 將焚하되 燕雀이 顔 不變하고 不知禍知將及己也라 하니 今子 不悟趙破에 患將及己 하니 可以人而同於燕雀乎아 當今山東之國이 敝而不振하고 三晉 이 割地以求安하고 二周 折而入秦하고 燕齊楚 已屈服矣니 以此 觀之컨대 不出二十年하여 天下 其盡爲秦乎인저

㊟ **구구**(呴呴) 새가 내는 소리. **조돌**(竈突) 연돌, 굴뚝. **동우**(棟宇) 집 의 마룻대와 추녀 끝이란 뜻으로, 집을 통틀어 이르는 말.

57년(계묘) 진나라가 왕릉(王陵)에게 한단(邯鄲)을 공격하게 하였는데, 이에 대하여 무안군이 말하기를 "한단은 실하여 공격하기가 쉽지 않고 또 제후들의 구원병이 날로 이르러, 반드시 진나라 군사를 깨뜨릴 것입니다." 하고는 병을 핑계 삼아 사양하고 나가지 않자 왕홀로써 왕릉을 대신하게 하였다. 조왕이 평원군(平原君)에게 초나라의 구원을 청하게 하니, 평원군이 그 문하(門下) 식객 중에서 문무를 겸비한 자 20명과 함께 가기로 약속하였는데, 19명은 얻었으나 나머지는 뽑을 만한 사람이 없었다. 모수(毛遂)가 평원군에게 스스로 자기 자신을 천거하니, 평원군이 말하기를 "무릇 어진 선비가 처세하는 것은 비유컨대 송곳이 주머니 속에 든 것과 같아 그 끝이 밖으로 나타나 보이거늘, 이제 선생은 나 조승(趙勝 : 평원군의 이름)의 문하에 3년이나 있었으나 선생에 관하여 아직 들은 바가 없으니, 이는 선생이 가진 재주가 없는 것이오." 하였다.

모수가 말하기를 "신이 오늘에 이르러서야 주머니 속에 넣어 주시기를 청하는 것입니다. 저 모수에게 일찍이 주머니 속에 있게 해주셨더라면 그 송곳 끝이 밖으로 비어져 나왔을 것이지, 겨우 그 끝만 드러나지는 않았을 것입니다." 하기에,

평원군이 함께 가기로 하자 19인이 서로 눈짓을 하며 웃었다.

평원군이 초(楚)나라에 이르러 초왕과 함께 합종(合從)의 이해(利害)를 말하는데, 해가 뜰 때 말하기 시작하여 해가 중천에 이르도록 결말이 나지 않았다. 모수가 칼자루를 만지며 계단을 성큼성큼 올라가 평원군에게 말하기를 "합종의 이해는 두 마디면 되는데, 현재 해가 뜰 때 말하기 시작하여 해가 중천이 되도록 결말이 나지 못함은 무엇 때문입니까?" 하니, 초왕이 노하여 꾸짖기를 "왜 내려가지 않느냐, 내가 너희 임금과 말하는데 너는 웬 놈이냐?" 하였다.

모수가 칼자루를 만지며 앞으로 다가서서 말하기를 "왕께서 이 모수를 꾸짖는 것은 초나라 군사가 많음을 믿어서인데, 지금은 열 발짝 안에 있으니 왕께서는 많은 군사는 믿을 것이 못 되므로, 왕의 목숨은 이 모수의 손에 달려 있습니다. 우리 임금을 앞에 두고 꾸짖다니 무슨 말씀입니까? 지금 초나라가 강대하여 천하도 능히 당해내지 못한다고 하지만, 백기(白起)는 하찮은 어린아이인데도 한 번 싸워 언영(鄢郢)을 빼앗았고, 두 번 싸워 이릉(夷陵)을 불태웠으며, 세 번 싸워 왕의 선인(先人)들을 욕보였으니, 이는 백세의 원수이고 조(趙)나라 조차도 부끄러워하는 바입니다. 그런데도 왕께서는 부끄러워할 줄을 모르는데, 합종책은 초나라를 위함이요 조나라를 위하는 것이 아닙니다." 하니, 초왕이 말하기를 "그렇소, 참으로 선생의 말씀과 같소. 사직을 걸고 따르겠소." 하였다.

모수가 초왕(楚王)의 좌우 신하들에게 말하기를 "닭·개·말의 피를 가져오시오." 하였다. 모수가 구리쟁반을 받들고 꿇어앉아 초왕에게 바치면서 말하기를 "왕께서는 마땅히 삽혈(歃血)하시고 합종책을 정하소서. 다음은 우리 임금이요, 그 다음은 저 모수 차례입니다." 하였다. 드디어 전상(殿上)에서 합종의 맹약이 결정되었는데, 모수가 왼손으로 피 담은 쟁반을 들고는 오른손으로 19인을 불러 당(堂) 아래에서 삽혈하게 하며 말하기를 "공(公)들은 줏대없이 그냥 따라왔지만 이른바 '남의 힘으로 일을 이룬[因人成事]' 사람들입니다." 하였다. 평원군이 이미 합종책을 정하고 돌아와 조나라에 이르러 말하기를 "저 승(勝)은 감히 다시는 천하의 선비를 상(相)보지 못하겠습니다." 하고는 드디어 모수를 상객(上客)으로 삼았다. 이에 초왕은 춘신군(春申君)에게 군사를 거느리고 조나라를 구하도록 하였다.

원문 癸卯五十七年이라 秦이 以王陵으로 攻邯鄲하니 武安君이 曰 邯鄲은 實하니 未易攻也요 且諸侯之救 日至니 破秦軍이 必矣라 하니 辭疾不行한대 乃以王齕로 代王陵이어늘 趙王이 使平原君으로 求救於楚한대 平原君이 約其門下食客文武備具者二十人하여 與之俱할새 得十九人하고 餘無可取者러니 毛遂 自薦於平原君이어늘 平原君이 曰 夫賢士之處世也 譬若錐之處囊中하여 其末이 立見이어늘 今先生은 處勝之門下 三年於此矣로되 勝이 未有所聞하니 是는 先生이 無所有也로다 毛遂曰 臣이 乃今日에 請處囊中爾니 使遂로 蚤得處囊中이면 乃穎脫而出이요 非特其末見而已라 하거늘 平原君이 乃與之俱하니 十九人이 相與目笑之러라 平原君이 至楚하여 與楚王으로 言合從之利害할새 日出而言之하여 日中不決이어늘 毛遂 按劒歷階而上하여 謂平原君曰 從之利害는 兩言而決爾어늘 今에 日出而言하여 日中不決은 何也이까 楚王이 怒叱曰 胡不下오 吾乃與而君言이어늘 汝는 何爲者也오 遂 按劒而前曰 王之所以叱遂者는 以楚國之衆이어니와 今十步之內에 不得恃衆也리이다 王之命이 懸於遂手하니 吾君이 在前에 叱者는 何也오 今에 以楚之彊으로 天下弗能當이라 하나 白起는 小豎子爾로되 一戰而擧鄢郢하고 再戰而燒夷陵하고 三戰而辱王之先人하니 此는 百世之怨而趙之所羞어늘 而王이 弗知惡焉하니 合從者는 爲楚요 非爲趙也니이다 楚王이 曰 唯唯라 誠若先生之言인댄 謹奉社稷以從하리이다 毛遂 謂楚王之左右曰 取鷄狗馬之血來하라 毛遂奉 銅盤而跪進之楚王曰 王은 當歃血定從하소서

次者는 吾君이요 次者는 遂라 하고 遂定從於殿上하고 毛遂 左手
로 持盤血而右手로 招十九人하여 歃血於堂下曰 公等은 碌碌하
니 所謂因人成事者也로다 平原君이 已定從而歸하여 至於趙曰
勝이 不敢復相天下士矣라 하고 遂以毛遂로 爲上客하니 於是에
楚王이 使春申君으로 將兵救趙하다

㊟ **사질불행**(辭疾不行) 질병을 핑계삼아 가지 않음. **자천**(自薦) 스스로
자신을 천거하는 것. **추지처낭중**(錐之處囊中) 주머니 속에 든 송곳.
낭중지추(囊中之錐)와 같은 말. **무소유**(無所有) 가진 것이 없음. **일
출이언지**(日出而言之) 해가 뜰 때부터 말을 시작하는 것. **일중불결**
(日中不決) 해가 중천에 뜰 때까지 결정짓지 못함. **소수자**(小豎子)
어린아이. **유유**(唯唯) 그렇다고 승낙하는 말. **삽혈**(歃血) 옛날 맹세
할 때에 짐승의 피를 내어 함께 마심으로써 변치 않을 것을 약속하
였음. **녹록**(碌碌) 무능하고 변변치 못한 것. 또는 소신없이 남을 그
대로 따르는 모양.

제 2 권   주기 (周紀)

난왕(赧王) 하

58년(갑진) 위왕(魏王)이 진비(晉鄙)에게 조나라를 구하게
하니, 진왕(秦王)의 사신이 위나라에 말하기를 "우리가 조나
라를 공격하여 조만간 항복시킬 것인데, 감히 구원하려는 제
후가 있으면 반드시 군사를 이동시켜 먼저 공격할 것이오."
하였다.

위왕이 두려워하여 진비에게 중지하도록 하고 업(鄴)에 보
루를 쌓게 하는 한편, 또 장군 신원연(新垣衍)을 시켜 조왕에
게 유세하기를, 함께 진나라를 존숭하여 제(帝)를 삼아 그 군
사가 물러가게 하자고 하였다. 노중련(魯仲連)이 이 말을 듣
고는 가서 신원연을 보고 말하기를 "저 진나라는 예의를 버
리고 수공(首功)을 제일로 삼는 나라입니다. 저들이 함부로
제(帝)가 된다면 이 노중련은 동해(東海)에 뛰어들어 죽고 말
지언정 그들의 백성이 되고 싶지 않습니다. 이제 진나라도
만승(萬乘)의 나라요, 양(梁:魏)나라도 역시 만승의 나라입니
다. 그런데도 이에 따라 제를 삼는다면 진나라가 장차 천자
(天子)의 예를 행하면서 천하를 호령하고 제후의 대신을 비위
에 맞는 사람으로 쉽게 바꿀 것입니다. 그래서 저들이 장차
불초(不肖)하다고 여기는 자의 것을 빼앗아 그들이 현명하다
고 여기는 자에게 주고, 그들이 미워하는 자의 것을 빼앗아
그들이 사랑하는 자에게 줄 것이니, 그렇게 되면 양왕(梁王)
인들 어찌 편안하겠습니까?" 하니, 신원연이 일어나 두 번

절하고 말하기를 "제가 이제야 선생께서 천하의 선비임을 알
았으니, 감히 다시는 진나라 왕을 황제(皇帝)로 삼자는 말을
하지 않겠소."라고 하였다.

원문 甲辰五十八年이라 魏王이 使晉鄙로 救趙할새 秦王使謂魏
曰 吾 攻趙하여 旦暮에 且下니 諸侯 敢救者면 必移兵先擊之하
리라 魏王이 恐하여 止晉鄙壁鄴하고 又使將軍新垣衍으로 說趙王
하여 欲共尊秦爲帝하여 以卻其兵이어늘 魯仲連이 聞之하고 往見
衍曰 彼秦者는 棄禮義而上首功之國也라 彼卽肆然而爲帝 則連
은 有蹈東海而死耳언정 不願爲之民也하노라 今秦도 萬乘之國也
요 梁亦萬乘之國也라 從而帝之면 秦이 將行天子之禮하여 以號
令於天下하고 變易諸侯之大臣하리니 彼將奪其所不肖而與其所
賢하며 奪其所憎而與其所愛하면 梁王은 安得晏然而已乎아 衍이
起再拜曰 吾乃今에 知先生은 天下之士也로니 不敢復言帝秦矣
리이다

　　주 상수공(上首功) 전쟁에서 적의 머리를 베는 것을 제일 큰 공으로
　　삼는 것. 불초(不肖) 변변치 못한 사람.

○ 처음에 위(魏)의 공자(公子) 무기(無忌)가 사람들을 사랑하
고 선비를 예우하니, 식객으로 온 이가 3000명이나 되었다.
위(魏)에 후영(侯嬴)이라는 은사(隱士)가 있었는데, 나이 70에
집이 가난하여 이문(夷門)지기가 되었다. 공자가 술을 장만하
여 큰 연회를 열고 빈객(賓客)을 청해 좌정을 하자, 공자는
따르는 수레의 왼쪽 자리를 비워두고는 몸소 후생을 맞았다.
후생이 도착하자 이끌다시피 하여 윗자리에 앉히니, 빈객들
이 모두 놀랐다.
　진나라가 조나라를 포위하기에 이르렀다. 조나라의 평원군
의 부인은 공자 무기의 누님이어서, 평원군의 사자(使者)들의
관개(冠蓋)가 위나라에 잇달아 오가는데, 와서는 공자 무기를
꾸짖기를 "나 승(勝)이 혼인하여 인척이 된 사람에게 의탁하

려는 것은 공자의 높은 의리가 능히 남의 어려움을 구할 수 있다고 생각해서였습니다. 지금 한단(邯鄲)이 조만간에 진나라에 항복하게 되었는데도 위나라의 구원병이 이르지 않고 있습니다." 하였다.

공자 무기가 여러 차례 위왕에게 청하기를, 진비에게 조서를 내려 조나라를 구하게 하라 하고, 빈객(賓客)·변사(辯士)가 갖가지로 유세하였으나 위왕은 끝내 그 말을 듣지 않았다. 공자 무기는 빈객에게 부탁하여 수레 100여 승을 마련하고 전쟁터로 달려가 조나라에서 죽으려고 하였다. 지나다가 후생을 찾아보니 후생이 말하기를 "공자께서는 다른 좋은 계책도 없이 진나라 진지로 달려가려 하시는데, 이는 굶주린 호랑이에게 고기를 던져주는 것과 같으니, 무슨 공로가 있겠습니까?" 하였다.

공자가 두 번 절하고 계책을 물으니, 후생이 말하기를 "내가 듣건대 진비의 병부(兵符)가 왕의 침소 안에 있고 여희(如姬)를 가장 사랑한다고 하니, 힘쓰면 능히 훔칠 수가 있는데다 또 공자께서 일찍이 그 아비의 원수를 갚아주었으니, 여희가 공자를 위하여 죽더라도 할말이 없을 것입니다. 참으로 한번 입만 여시면 호부(虎符)를 얻어 진비의 군사를 빼앗을 것이며, 북쪽으로 조나라를 구하고 서쪽으로 진나라를 물리칠 것이니, 이는 5패(霸)의 공로가 될 것입니다." 하였다.

공자가 그 말대로 하여 병부를 얻으니, 후생이 말하기를 "장수가 밖에 있을 때는 임금의 명을 받지 않는 법이니, 만일 진비가 의심하여 다시 청한다면 일이 위태롭게 됩니다. 신의 문객 주해(朱亥)는 힘이 장사이니, 함께 데리고 가서 진비가 듣지 않거든 치게 하소서." 하였다.

공자 무기가 업에 이르니, 진비가 부절(符節)을 합쳐보고는 과연 의심하여 손을 들어 공자를 보면서 말하기를 "내가 10만 명의 군사를 거느리고 국경에 진을 치고 있으니 나라의 중임(重任)인데, 이제 수레 한 대를 타고 와서 교대하려는 것은 무엇 때문이오?"하니, 주해가 소매 속에 있던 40근 되는 철퇴로 진비를 때려죽였다.

공자 무기가 명령하기를 "부자(父子)가 함께 군중에 있는 자는 아비가 집으로 돌아가고, 형제가 함께 군중에 있는 자는 형이 돌아가며, 외아들로 형제가 없는 자는 집으로 돌아가 부모를 봉양하라."하고는 정병(精兵) 8만 명을 선발하여 거느리고 진군하였다.

왕흘(王齕)은 한단을 오랫동안 포위하고 있었지만 빼앗지 못하고, 제후들이 와서 구원해 자주 싸웠으나 불리하였다. 무안군(武安君)이 그 말을 듣고는 말하기를 "왕이 내 계책을 들어주지 않더니, 이제 와서 어떻게 해야 되겠는가?"하였다. 진왕이 이 말을 듣고는 노하여 무안군을 파면시켜 사졸로 삼아 음밀(陰密)로 옮겼는데, 두우(杜郵)에 이르자 사자(使者)를 시켜 칼을 하사하였다. 무안군이 드디어 자살하자 진나라 사람들이 불쌍하게 여겼다.

위(魏)의 공자 무기가 한단 아래에서 진나라 군사를 크게 파하니, 왕흘이 한단의 포위를 풀고 도망하였다. 공자 무기가 조나라를 구하고는 위나라로 끝내 돌아가지 못하고 장수들에게 그 군사를 거느리고 돌아가게 하였다.

원문 初魏公子無忌 愛人下士하여 致食客이 三千人이라 魏有隱士하지 曰侯嬴이라 年七十에 家貧하여 爲夷門監者러니 公子 置酒하고 大會賓客하여 坐定에 公子 從車騎虛左하고 自迎侯生하다가 侯生至에 引坐上坐하니 賓客이 皆驚하더라 及秦이 圍趙하얀 趙平原君之夫人은 公子無忌之姊也라 平原君의 使者冠蓋相屬於魏하여 讓公子曰 勝이 所以自附於婚姻者는 以公子之高義로 能急人之困也라 今邯鄲이 旦暮에 降秦이어늘 而魏救不至라 한대 公子數請魏王하여 勅晉鄙救趙하고 及賓客辯士가 遊說萬端하되 王이 終不聽이어늘 公子 乃屬賓客하여 約車騎百餘乘하여 欲赴鬪以死於趙라가 過見侯生하니 生이 曰 公子 無他端而欲赴秦軍하

니 如以肉으로 投餒虎니 何功之有리요 公子再拜問計한대 生이
曰 吾聞晉鄙兵符 在王臥內하고 而如姬最幸이라 하니 力能竊之
요 且公子 嘗爲報其父仇하니 如姬 欲爲公子하여 死無所辭라 誠
一開口 則得虎符하여 奪鄙兵하리니 北救趙하고 西卻秦이면 此는
五伯之功也니이다 公子 如其言하여 得兵符하니 侯生이 曰 將이
在外하면 君令을 有所不受라 有如鄙 疑而復請之 則事危矣리니
臣의 客朱亥는 力士라 可與俱라가 鄙 不聽이어든 使擊之하소서
公子 至鄴하니 晉鄙合符하고 果疑之하여 擧手視公子曰 吾 擧十
萬之衆하여 屯於境上하니 國之重任이어늘 今單車來代之는 何如
哉오 亥 袖四十斤鐵椎라가 椎殺鄙하다 公子 下令曰 父子 俱在
軍中者는 父歸하고 兄弟 俱在軍中者는 兄歸하고 獨子無兄弟者
는 歸養하라 하고 得選兵八萬人하여 將之而進하다 王齕이 久圍
邯鄲하되 不拔하고 諸侯 來救하여 數戰不利어늘 武安君이 聞之
하고 曰 王이 不聽吾計러니 今何如矣오 秦王이 聞之하고 怒하여
免武安君하여 爲士伍하고 遷之陰密할새 至杜郵하여 使使者로 賜
之劒한대 武安君이 遂自殺하니 秦人이 憐之러라 魏公子無忌 大
破秦師於邯鄲下니 王齕이 解邯鄲圍走라 公子無忌 旣存趙하얀
遂不敢歸魏하고 使將으로 將其軍以還하다

㈜ 하사(下士) 어진 선비와 사귀다. '하'는 예우(禮遇)의 뜻. 허좌(虛左)
   상석(上席)인 왼쪽 자리를 비워두는 것. 관개상속(冠蓋相屬) 사신이
   잇달아 오가다. 관개는 사신의 관과 수레의 가리개. 즉 높은 이가 타
   는 수레. 단거(單車) 수레 한 대. 귀양(歸養) 돌아가 부모를 봉양하
   는 것. 사오(士伍) 사졸에 편입시키는 것.

○ 진 태자(秦太子)의 아들 이인(異人)이 조나라로부터 도망하
여 진나라로 돌아왔다. 태자의 비(妃)는 화양부인(華陽夫人)이
라 불렸는데, 아들이 없었고 하희(夏姬)가 아들 이인을 낳았
는데, 조나라에 볼모로 보냈던 것이다. 진나라가 자주 조나라
를 치니, 조나라에서 그를 예우하지 않아 곤궁하게 지내면서
뜻을 얻지 못하였다.

  양적(陽翟)에 사는 큰 상인(商人) 여불위(呂不韋)가 한단에

가서 그를 보고는 '이 사람은 기화(奇貨)이니 사 둘 만하다.' 고 생각하고는 그에게 말하기를 "진왕은 늙었고 태자는 화양부인을 사랑하나 아들이 없습니다. 그대의 형제 20여 명 중에 그대가 중간이라 두터운 사랑을 받지 못하니, 태자가 즉위하더라도 그대는 사위(嗣位)를 다툴 수가 없습니다." 하였다. 이인이 말하기를 "어떻게 해야 합니까?" 하니, 여불위가 말하기를 "적사(適嗣)를 세울 수 있는 사람은 화양부인뿐이니, 나 여불위가 비록 가난하지만 청컨대 1000금(千金)을 가지고 그대를 위하여 서쪽으로 가 그대를 후사로 세우겠소." 하였다. 이인이 말하기를 "반드시 그대의 계책대로 된다면 진나라를 그대와 함께 하겠소." 하였다.

여불위가 이에 500금을 이인에게 주어 빈객들과 사귀게 하고, 다시 500금으로 기이한 물건과 노리개를 사서 자신이 고이 가지고 서쪽으로 가 화양부인의 언니를 만나서 부인에게 바치게 하고는, 이 기회를 이용하여 이인의 현명함을 칭찬하기를 "그의 빈객이 천하에 두루 있으며 밤낮으로 눈물을 흘리며 태자와 화양부인을 생각하며 '저 이인은 부인을 하늘로 여긴다.'"고 하니, 화양부인이 기뻐하였다. 여불위가 그 언니에게 시켜 말하기를 "부인은 사랑을 받되 아들이 없으니, 한창때 일찍이 스스로 여러 아들 가운데서 어질고 효성스러운 사람을 결연(結緣)하여 적자(適子)로 삼으려 하지 않고 있다가 미색이 쇠하면 사랑도 바로 식어버리는데, 이 때 비록 한마디 말을 하고자 한들 되겠습니까? 이제 이인은 현명하지만 중자(中子)여서 적자가 될 수 없음을 스스로 잘 알고 있습니다. 참으로 이런 때 그를 뽑으면 이는 이인에게는 없는 나라가 생기는 것이요, 부인에게는 없던 아들이 생기는 것입니다. 그렇게 되면 평생 동안 진나라의 총애를 받게 될 것입니다." 하였다. 화양부인도 그렇게 여겨 기회를 보아 말하니, 태자가 부인과 함께 옥부(玉符)에 새겨서 사자(嗣子)로 삼기를 약속하고는 여불위를 초청해 사부로 삼았다.

여불위가 한단의 절세미인을 아내로 맞아 함께 살았는데, 그녀가 임신한 것을 알게 되었다. 그런데 이인이 그 부인을 보고는 자기에게 달라고 청하니, 여불위가 짐짓 노한 체하다가 얼마 후 바쳤다. 1년이 되어 아들 정(政)을 낳으니 이인이 마침내 부인으로 삼았다.

한단이 포위될 때 조나라 사람이 이인을 죽이려고 하니, 여불위가 지키는 사람에게 뇌물을 써 벗어나게 하여 진나라 군중으로 도망해 마침내 돌아왔다.

이인이 초(楚)나라 옷을 입고 화양부인을 뵈니, 부인이 말하기를 "나는 초나라 사람이니 마땅히 내가 아들로 삼겠다." 하고는 이름을 초(楚)라고 고쳤다.

원문 秦太子之子異人이 自趙로 逃歸秦하다 太子妃는 曰 華陽夫人이라 無子하고 夏姬 生子異人하여 質於趙러니 秦이 數伐趙하여 趙不禮之하니 困不得意라 陽翟大賈呂不韋 適邯鄲하여 見之하고 曰 此는 奇貨니 可居라 하고 乃說之曰 秦王이 老矣요 太子 愛華陽夫人而無子하고 子之兄弟二十餘人에 子居中하니 不甚見幸이라 太子卽位라도 子不得爭爲嗣矣리라 異人曰 奈何오 不韋曰 能立適嗣者는 獨華陽夫人耳니 不韋雖貧이나 請以千金으로 爲子 西遊하여 立子爲嗣하리라 異人이 曰 必如君策인대 秦國을 與子 共之하리라 不韋 乃與五百金하여 令結賓客하고 復以五百金으로 買奇物玩好하여 自奉而西하여 見夫人姊而以獻於夫人하고 因譽異人之賢하되 賓客이 遍天下하여 日夜에 泣思太子及夫人曰 異人也以夫人으로 爲天이라 한대 夫人이 喜라 不韋 因使其姊로 說曰 夫人이 愛而無子하니 不以繁華時로 蚤自結於諸子中賢孝者하여 擧以爲適이라가 卽色衰愛弛면 雖欲開一言이나 尙可得乎아 今異人이 賢而自知中子 不得爲適하니 誠以此時로 拔之면 是는 異人이 無國而有國이요 夫人이 無子而有子也면 則終身有寵於秦矣리이다 夫人이 以爲然하여 乘間言之러니 太子 與夫人으로 又刻玉符하여 約以爲嗣하고 因請不韋하여 傳之하다 不韋 娶邯鄲

姬絶美者하여 與居라가 知其有娠이러니 異人이 見而請之어늘 不韋 佯怒라가 旣而오 獻之하여 期年而生子政하니 異人이 遂以爲夫人하다 邯鄲之圍에 趙人이 欲殺之어늘 不韋 賂守者하여 得脫이라 亡赴秦軍하여 遂歸하다 異人이 楚服而見夫人하니 夫人曰 吾는 楚人也니 當自子之라 하고 更名曰楚라 하다

> ㊉ **기화가거(奇貨可居)** 기화는 진기한 재물, 보배. '거'는 쌓아두다는 뜻. 진기한 보배이니 쌓아둘 만하다. 즉 진기한 보배니 사둘 만하다는 뜻. 그 뒤 바뀌어, '진기한 재물을 사두었다가 훗날 이득을 얻게 된다.' 또는 '좋은 기회를 놓치지 말라.'는 뜻으로 쓰임. **적사(適嗣)** 정실(正室)이 낳은 장남. 바른 후사(後嗣). **세(說)** 남을 설득시키는 것. **승간(乘間)** 기회를 틈타는 것. **옥부(玉符)** 옥으로 만든 부절(符節). 옥을 둘로 쪼개서 신표(信標)로 서로 하나씩 갖는 것. **유신(有娠)** 임신. **초복(楚服)** 초나라의 복장. 화양부인(華陽夫人)이 초나라 출생이므로 그를 기쁘게 하기 위해 초나라 옷을 입었음.

59년(을사) 진(秦)나라가 한(韓)나라를 쳐서 양성(陽城)과 부서(負黍)를 빼앗아 4만 명을 참수(斬首)하고, 또 조(趙)나라를 쳐서 20여 개의 현(縣)을 빼앗아 9만 명을 참수하였다. 난왕(赧王)이 두려워하여 진나라와의 약속을 어기고는 제후들과 더불어 합종하기를 약속하여 진나라를 치고자 하였다. 진나라가 장군 규(摎)에게 서주(西周)를 치게 하니, 난왕이 진나라에 들어가 머리를 숙이고 죄를 받아 그의 36개 읍과 인구 3만을 다 바치니, 진이 그 헌납을 받고는 난왕을 주(周)로 돌려보냈는데, 이 해에 난왕이 죽었다.

[원문] 乙巳五十九年이라 秦이 伐韓하여 取陽城負黍하니 斬首四萬이요 伐趙하여 取二十餘縣하니 斬首九萬이라 赧王이 恐하여 倍秦하고 與諸侯로 約從하여 欲伐秦이어늘 秦이 使將軍摎로 攻西周하니 赧王이 入秦하여 頓首受罪하고 盡獻其邑三十六과 口三萬이어늘 秦이 受其獻하고 而歸赧王於周러니 是歲에 赧王이 崩하다

○ 이보다 앞서 동주(東周)와 서주(西周)로 나뉘어 다스렸는데,

난왕은 도읍을 서주로 옮겼으니, 이는 대개 미약하여 맹주(盟主)가 되지 못하였기 때문으로, 무공〔武功 : 서주(西周)의 임금〕과 회담하여 의지하였다.

원문 先是에 東西周 分治하여 赧王은 徙都西周하니 蓋以微弱으로 不能主盟이라 會武公依焉하니라

동주군(東周君)*

원년(병오) 주(周)나라 백성들이 동쪽으로 도망하니, 진나라가 보기(寶器)를 빼앗고, 서주공(西周公)을 탄호취(憚狐聚)로 옮겨서 살게 했다. 진(秦)나라 승상(丞相) 범저(范雎)가 면직되었다.

원문 丙午元年이라 周民이 東亡이어늘 秦이 取其寶器하고 遷西周公於憚狐聚하다 秦丞相范雎가 免하다

주 *동주군(東周君) 고왕(考王)이 그의 동생을 하남(河南)에 봉하여 동주(東周)가 시작되었는데, 이 이가 환공(桓公)으로 주공(周公)의 관직을 잇게 했다. 환공이 죽자 그의 아들 위공(威公)이 즉위하였고, 위공이 죽자 그의 아들 혜공(惠公)이 즉위하였다. 혜공이 그의 작은아들을 공(鞏)에 봉하고 왕(王 : 동주군)을 받들게 하여, 동주 혜공(東周惠公)이라 하였다. 그러므로 동주군은 동주공(東周公)이라고 해야 타당할 것임.

2년(정미) 진나라가 위나라를 쳐서 오성(吳城)을 빼앗았다. 한왕(韓王)이 진나라에 들어가 조회(朝會)하였다.

원문 丁未二年이라 秦이 伐魏하여 取吳城하다 韓王이 入朝於秦하다

5년(경술) 가을에 진 소양왕(秦昭襄王)이 죽고 아들 효문왕(孝文王) 주(柱)가 즉위하였다. 조나라 공자(公子) 승(勝)이 죽었다.

[원문] 庚戌五年이라 秋에 秦昭襄王이 薨하고 子孝文王柱立하다 趙公子勝이 卒하다

6년(신해) 10월에 진왕(秦王) 주(柱)가 즉위하여 3일만에 죽고 아들 초(楚)가 즉위하니, 이 이가 장양왕(莊襄王)이다.

[원문] 辛亥六年이라 十月에 秦王柱 卽位三日에 薨하고 子楚立하니 是爲莊襄王이러라

○ 연(燕)나라 장수가 제나라 요성(聊城)을 공격하여 빼앗았는데, 어떤 사람이 연왕에게 참소하기를 "연나라 장수가 요성을 지키면서 감히 돌아오려고 하지 않는다."고 하였다. 제나라 전단(田單)이 공격하였으나 해가 지나도록 항복받지 못하니, 노중련(魯仲連)이 마침내 편지를 써서 화살 끝에 매달아 성안으로 쏘았다. 그 편지에 연나라 장수에게 이해(利害)를 설명하니, 연나라 장수가 그 글을 보고는 3일 동안 울다가 마침내 자살하자 요성 안이 혼란스러워졌다.
전단이 요성을 정벌하고는 돌아와 제왕에게 노중련에 관한 보고를 올려 그에게 벼슬을 주게 하려고 하니, 노중련이 바닷가로 도망하면서 말하기를 "내가 부귀 때문에 남에게 굽히느니, 차라리 빈천하게 살면서 세상을 가볍게 보며 내 뜻을 펴겠다."하였다.

[원문] 燕將이 攻齊聊城하여 拔之하니 或이 譖之燕王한대 燕將이 保聊城하고 不敢歸라 齊田單이 攻之歲餘에 不下어늘 魯仲連이 乃爲書 約之矢하여 以射城中하여 遺燕將하여 陳利害러니 燕將이 見書하고 泣三日에 遂自殺하니 聊城이 亂이라 田單이 克聊城하고 歸言魯仲連於齊王하여 欲爵之어늘 仲連이 逃之海上曰 吾與富貴而詘於人으론 寧貧賤而輕世肆志焉이라 하더라

○ 위(魏)나라 안희왕(安釐王)이 자순(子順)에게 천하의 고사(高士)가 누구냐고 물으니, 자순이 말하기를 "세상에 그런 사

람이 없지만 굳이 그 버금가는 사람을 말한다면 노중련인가
합니다." 하니, 왕이 말하기를 "노중련은 억지로 그렇게 만들
어진 자이지 자연히 그렇게 된 이는 아니다." 하였다. 자순이
말하기를 "사람은 누구나 다 일부러 노력하여 만들어지는 것
이어서 노력하기를 그치지 않으면 마침내 군자가 되고, 노력
하여 변하지 않으면 습관이 되어 몸에 배게 되면 자연스럽게
되는 것입니다."라고 하였다.

원문 魏安釐王이 問天下之高士於子順한대 子順이 曰 世無其人
也어니와 抑可以爲次는 其魯仲連乎인저 王曰 魯仲連은 彊作之
者이니 非體自然也이니라 子順이 曰 人皆作之하니 作之不止면
乃成君子요 作之不變하여 習與體成則自然也이니이다

　7년(임자) 진나라가 여불위(呂不韋)를 상국(相國)으로 삼아
문신후(文信侯)를 봉하였다.

원문 任子七年이라 秦이 以呂不韋로 爲相國하여 封文信侯하다

○ 동주군(東周君)이 제후들과 진나라 칠 것을 모의하니, 진왕
이 상국 여불위에게 군사를 거느리고 가 멸망시키게 하고,
동주군을 양인취(陽人聚)로 옮기자 주나라가 드디어 망하였는
데, 주나라가 망할 때 모두 7읍(邑)이 있었다.

원문 東周君이 與諸侯로 謀伐秦이어늘 秦王이 使相國呂不韋로
帥師滅之하고 遷東周君於陽人聚하니 周遂不祀하다 周比亡에 凡
有七邑이러라

　㈜ 주수불사(周遂不祀) 마침내 주나라의 제사를 지내지 못하게 된 것으
　　로, 주나라가 망한 것을 뜻함.

진기 (秦紀)

장양왕(莊襄王)*

계축년 일식(日食)이 있었다.

원문 癸丑日食하다.

㈜ *장양왕(莊襄王) 이름은 초(楚)이며 효문왕(孝文王)의 아들. 처음 조
(趙)나라에 볼모로 갔는데 여불위의 계책으로 돌아와 후사가 되었음.

○진나라가 조나라를 쳐서 태원(太原)을 평정해 37성을 차지
하였다.

원문 秦이 伐趙하여 定太原하고 取三十七城하다

갑인년 몽오(蒙驁)가 군사를 거느리고 위나라를 치는데, 위
나라 군사가 여러 번 패하자, 위왕이 걱정이 되어 마침내 사
람을 시켜 조나라에 있는 신릉군(信陵君)을 청하니, 신릉군이
득죄(得罪)할까 두려워하여 돌아오려고 하지 않았다. 모공(毛
公)과 설공(薛公)이 신릉군을 보고 말하기를 "공자가 제후들
에게 소중하게 된 것은 오직 위나라가 있기 때문입니다. 이
제 위나라가 위급한데도 공자께서 돌보지 않다가 하루아침에
진나라 사람들이 대량[大梁:위(魏)나라]을 이기고 선왕(先王)
의 종묘를 부수면 공자께서는 무슨 면목으로 천하에 서겠습
니까?"하니, 말이 채 끝나기도 전에 신릉군은 안색이 변하
더니 수레를 재촉해 위나라로 돌아갔다. 위왕이 신릉군을 붙
잡고 눈물을 흘리며 상장군으로 삼으니, 신릉군이 사람을 시
켜 제후들에게 구원을 청하였다. 제후들은 신릉군이 다시 위
나라의 장수가 되었다는 말을 듣고는 모두 군사를 보내 위나

라를 구하니, 신릉군이 다섯 나라의 군사를 이끌고는 하외(河外)에서 몽오를 패배시켰다.

원문 甲寅 蒙驁 帥師伐魏하니 魏師數敗라 魏王이 患之하여 乃使人으로 請信陵君於趙한대 信陵君이 畏得罪하여 不肯還이어늘 毛公薛公이 見信陵君曰 公子 所重於諸侯者는 徒以有魏也라 今魏急 而公子 不恤이라가 一旦에 秦人이 克大梁하고 夷先王之宗廟면 公子 何面目으로 立天下乎리요 語未畢에 信陵君이 色變하여 趣駕還魏하니 魏王이 持信陵君而泣하고 以爲上將軍이어늘 信陵君이 使人으로 求援於諸侯하니 諸侯 聞信陵君이 復爲魏將하고 皆遺兵救魏하니 信陵君이 率五國之師하여 敗蒙驁於河外하다

○5월에 진왕(秦王)이 죽었는데, 즉위한 지 3년이었다. 그의 아들 정(政)이 즉위하여 상국(相國) 여불위를 봉하여 문신후로 삼고, 중부(仲父)라 칭하였다.

원문 五月에 秦王이 薨하니 立三年이라 其子政이 立하여 封相國呂不韋하여 爲文信侯하여 號稱仲父라 하다

후진기 (後秦紀)

시황제(始皇帝)* 상

정사년 조왕(趙王)이 이목(李牧)을 장수로 삼아 연나라를 쳐서 무수(武遂)와 방성(方城)을 차지하였다. 이목은 조나라 북쪽 변경의 훌륭한 장수인데, 일찍이 대(代)와 안문(鴈門)에서 살면서 흉노(匈奴)를 방비하고, 편리할 대로 관리를 두고 시조(市租)를 모두 막부(幕府)로 수송시켜 사졸들의 비용으로 삼았다. 그리고 날마다 소 몇 마리씩을 잡아 군사를 먹이었다.

말타기와 활쏘기를 연습시키고 봉화(烽火)를 삼가며 첩자를 많이 두고는 약속하기를 "흉노가 들어와 도둑질을 하거든 급히 가축을 몰고 성안으로 들어와 지키고, 감히 포로를 잡는 자가 있으면 참하겠다."라고 하였다. 흉노가 들어올 때마다 봉화를 삼가고 재빠르게 들어와 지키면서 싸우지 않았는데, 이렇게 몇 해를 해도 잃은 것이 없었다. 그러자 흉노가 모두 이들을 겁쟁이라 생각하고, 변방 군사들이 날마다 상사(賞賜)를 받고도 쓰이지 못하자 모두들 한 번 싸우기를 원하게 되었는데, 이때 쳐들어온 적을 크게 격파하여 흉노 10만여 기(騎)를 죽이고 담람(襜襤)을 멸망시키고 동호(東胡)를 깨뜨리니, 선우(單于)가 급히 도망하여 10년 동안 감히 조나라 변경 가까이 오지 못했다.

원문 丁巳 趙王이 以李牧으로 爲將하여 伐燕取武遂方城하다 李牧者는 趙之北邊良將也라 嘗居代鴈門하여 備匈奴할새 以便宜로 置吏하고 市租를 皆輸入莫府하여 爲士卒費하고 日擊數牛하여 饗士하고 習騎射하고 謹烽火하며 多間諜하고 爲約曰 匈奴 卽入盜어든 急入收保하고 有敢捕虜者면 斬하리라 하니 匈奴 每入에 烽火를 謹하고 輒入保不戰하니 如是數歲에 亦不亡失이라 匈奴 皆以爲怯하고 邊士 日得賞賜而不用하여 皆願一戰이어늘 於是에 大破殺匈奴十餘萬騎하고 滅襜襤破東胡하니 單于犇走하여 十餘歲를 不敢近趙邊하더라

㈜ *시황제(始皇帝) 이름은 정(政), 실제 성은 여씨(呂氏)이다. 재위 25년인데 천하를 통일한 후 제위(帝位) 12년이며, 수는 50세. 시조(市租) 군중(軍中)에 시장을 설치하여 조세를 받는 것. 수보(收保) 거두어 보호하다. 급히 들어가 짐승을 몰아들이고 보호한다는 뜻.

○ 이때 천하에는 예의(禮義)바른 나라가 7개국이 있었는데, 3개국이 오랑캐와 국경을 접하고 있었다. 진나라가 의거(義渠)를 멸하고 농서(隴西) 북지군(北地郡)과 상군(上郡)에서 시작하여 장성(長城)을 쌓아 호(胡)를 막고, 조 무령왕(趙武靈王)은

북쪽으로 임호(林胡)와 누번(樓煩)을 격파하고 장성을 쌓되, 대(代)로부터 음산(陰山)을 아울러서 아래로는 고궐(高闕)에 이르기까지 요새를 삼았다. 그후에 연나라가 동호(東胡)를 격파하여 천여 리까지 내쫓고 역시 장성을 쌓아 호를 막았는데, 전국시대 말기에 이르러 흉노가 비로소 강대해졌다.

⬛원문 是時에 天下冠帶之國이 七而三國이 邊於戎狄이라 秦은 滅義渠하고 始於隴西北地上郡하여 築長城以拒胡하고 趙武靈王은 北破林胡樓煩하고 築長城하되 自代並陰山하여 下至高闕하여 爲塞하고 其後에 燕이 破東胡卻千餘里하고 亦築長城하여 以拒胡러니 及戰國之末 而匈奴始大하다

　　㊈ 관대지국(冠帶之國) 예의와 교화(敎化)가 있는 문명국.

　　경신년 초(楚)·조(趙)·위(魏)·한(韓)·연(燕)나라가 합종(合從)하여 진나라를 쳤다. 초왕이 합종의 장(長)이 되고 춘신군(春申君)이 권한을 잡아 수릉(壽陵)을 차지하고 함곡관에 이르렀다. 그러나 진나라가 출병하자 다섯 나라 군사가 모두 패하여 도망하였는데, 초왕은 춘신군의 탓으로 여기었고 춘신군은 이 때문에 초왕과 더욱 소원해졌다.

⬛원문 庚申 楚趙魏韓燕이 合從以伐秦할새 楚王이 爲從長而春申君이 用事하여 取壽陵하고 至函谷이러니 秦師出에 五國之師 皆敗走하니 楚王이 以咎春申君이라 春申이 以此益疏러라

　　㊈ **합종**(合從) 각 나라들이 남북으로 연합하는 것. 전국시대에 소진(蘇秦)이 진(秦)에 대항하는데 남북의 연(燕)·조(趙)·한(韓)·위(魏)·제(齊)·초(楚)가 동맹하여야 한다고 주장한 외교 이론. **종장**(從長) 합종 맹약의 수장(首長).

　　갑자년 종실(宗室) 대신이 간하기를 "제후(諸侯)의 사람으로 진나라에 들어와 벼슬하는 자는 모두 그들의 임금을 위하여 유세하며 첩자 노릇을 할 뿐이니, 청컨대 이들을 모조리

94

쫓아내소서." 하였다.

그래서 널리 수색하여 객(客)을 내쫓았는데, 객경(客卿)인 초나라 사람 이사(李斯) 역시 쫓겨나는 사람 가운데 있었다. 가면서 또 글을 올려 이르기를 "옛날 목공(穆公)이 선비를 구할 때 서쪽으로는 융(戎)에서 유여(由余)를 얻었고, 동쪽으로는 완(宛)에서 백리해(百里奚)를 얻었으며, 건숙(蹇叔)을 송(宋)에서 맞이하였고, 비표(丕豹)와 공손지(公孫支)를 진(晉)에서 찾아내어 20개 나라를 합병하여 드디어 서융(西戎)의 패자(霸者)가 되었습니다. 효공(孝公)은 상앙(商鞅)의 법을 써서 제후들이 스스로 복종하게 하였으며 지금까지 잘 다스려 강하게 되었고, 혜왕(惠王)은 장의(張儀)의 계책을 써서 여섯 나라의 합종책을 깨뜨리어 그들에게 진나라를 섬기게 하였으며, 소왕(昭王)은 범저(范雎)를 얻어 공실(公室)을 강하게 하고 사문(私門)을 막았으니, 이 네 임금 공업은 모두 객(客)의 공이었습니다. 이로써 보건대 객이 진나라에 어찌하여 손해가 된다는 것입니까. 신이 들으니 태산(太山)은 흙 받아들이기를 거절하지 않기 때문에 그렇게 큰 산이 된 것이고, 하해(河海)는 작은 물줄기를 가리지 않고 받아들이기 때문에 그렇게 깊어질 수가 있는 것이며, 왕자(王者)는 대중을 물리치지 않기 때문에 그 덕(德)을 밝힐 수가 있는 것이라 하니, 이것이 삼왕오제(三王五帝)에게 대적하려는 적이 없게 된 까닭입니다. 이제 검수(黔首)를 버려 적국에게 도움을 주고 빈객(賓客)을 물리쳐 제후의 공업을 이루게 하니, 이는 이른바 '적에게 무기를 빌려주어 양식을 도적질하게 한다.'는 것입니다." 하였다. 이에 왕이 이사를 불러 그 벼슬을 다시 주고 객을 내쫓는 명령을 거두었으며, 마침내 이사의 모책(謀策)을 써서 천하를 통일하였다.

원문 甲子 宗室大臣이 諫曰 諸侯人來仕者 皆爲其主遊間耳니 請一切逐之하소서 於是에 大索逐客하니 客卿楚人李斯 亦在逐中

하여 行且上書曰 昔에 穆公은 求士하여 西取由余於戎하고 東得
百里奚於宛하고 迎蹇叔於宋하고 求丕豹 公孫支於晉하여 幷國二
十하여 遂霸西戎하고 孝公은 用商鞅之法하여 諸侯 親服에 至今
治彊하고 惠王은 用張儀之計하여 散六國之從하여 使之事秦하고
昭王은 得范雎하여 彊公室杜私門하니 此四君者는 皆以客之功이
니 由此觀之컨대 客何負於秦哉잇고 臣은 聞太山이 不讓土壤故로
能成其大하고 河海 不擇細流故로 能就其深하고 王者 不卻衆庶
故로 能明其德이라 하니 此는 五帝三王之所以無敵也라 今에 乃
棄黔首하여 以資敵國하고 卻賓客하여 以業諸侯하니 所謂藉寇兵
而齎盜糧者也로소이다 王이 乃召李斯하여 復其官하고 除逐客之
令하고 卒用李斯之謀하여 兼天下하다

㊀ 객경(客卿) 다른 나라 사람으로 경상(卿相)이 된 자. 유여(由余) 그
선조는 본래 진(晉)나라 사람으로, 융(戎)으로 망명하여 진(秦)에 사
신으로 갔다가 진 목공(秦穆公)에게 발탁되었음. 백리해(百里奚) 우
(虞)에 벼슬하여 대부(大夫)가 되었는데, 진 헌공(秦獻公)이 우를 멸하
자 포로가 되었다가 초(楚)의 완(宛)으로 도망했다. 진 목공이 그의
현명함을 듣고 그를 속(贖)하기 위해 염소가죽 다섯 장을 주고 재상
으로 삼아 패자(霸者)가 되었음(p. 44 참조). 건숙(蹇叔) 기주(岐州) 사
람으로 송(宋)나라에 떠돌고 있었다. 백리해가 진 목공에게 국정을
맡기자 백리해가 사양하면서 "저는 제 친구 건숙만 못합니다." 하여
목공이 후한 패물을 주어 맞아다가 상대부(上大夫)로 삼았음. 비표
(丕豹)·공손지(公孫支) 모두 진(晉)나라 사람이다. 비표는 그의 아버
지 정(鄭)이 진 혜공(晉惠公)에게 살해되자 진(秦)나라로 도망하였음.
검수(黔首) 옛날 중국에서, 서민은 머리에 아무것도 쓰지 않고 검은
맨머리로 있었던 데서 유래하여, 백성·서민을 이름.

무진년 한왕(韓王)이 땅을 바치고 번신(藩臣) 되기를 청하
고, 한비(韓非)를 사신으로 삼아 빙문(聘問)하게 하였다. 한비
란 자는 한나라의 여러 공자 가운데 한 사람이다. 형명학(刑
名學)과 법률학(法律學)을 잘하였는데, 한나라가 침략을 받아
약해지는 것을 보고는 자주 글로써 한왕에게 건의하였으나
한왕은 채용하지 않았다. 이에 한비가 세난(說難)·고분(孤憤)·

오두(五蠹)·설림(說林) 등 56편을 지었는데 10여 만 마디였다.

원문 戊辰 韓王이 納地하여 請爲藩臣하고 使韓非로 來聘하니 韓非者는 韓之諸公子也라 善刑名法律之學하여 見韓之削弱하고 數以書로 干韓王하되 韓王이 不能用하니 於是에 韓非 作說難 孤憤 五蠹 說林 五十六篇十餘萬言이라

기사년 원래 연나라 태자(太子) 단(丹)은 일찍이 조나라에 볼모로 가 있었는데, 왕[이인(異人). 뒤에 장양왕이 됨]과 친하게 지냈었다. 왕이 즉위하자 단은 진(秦)나라의 볼모가 되었는데, 왕이 예우하지 않았으므로 단이 노하여 도망쳐 자국으로 돌아갔다.

원문 己巳 初에 燕太子丹이 嘗質於趙하여 與王으로 善이러니 王이 卽位에 丹이 爲質於秦하니 王이 不禮焉이어늘 丹이 怒亡歸하다

신미년 내사(內史)인 승(勝)이 한나라를 멸망시키고 한왕(韓王) 안(安)을 사로잡고는, 그 땅에다 영천군(潁川君)을 설치하였다.

원문 辛未 內史勝이 滅韓하여 虜韓王安하고 以其地로 置潁川郡하다

계유년 왕전(王翦)이 조나라 군대를 공격하여 크게 깨뜨리고, 드디어 한단을 함락시키고 조왕 천(遷)을 사로잡았다.

원문 癸酉 王翦이 擊趙軍하여 大破之하고 遂克邯鄲하여 虜趙王遷하다

○연나라 태자 단이 진왕(秦王)을 원망하여 보복하려고 하는데 진나라 장군 번오기(樊於期)가 죄를 짓고 연나라로 도망오니, 태자가 받아들여 집을 주었다. 태자가 위(衛)나라 사람 형가(荊軻)가 현명하다는 말을 듣고는 비사후례(卑辭厚禮)로 만나기를 청하였다. 그를 사신으로 보내 진왕을 위협하여 침략

한 제후의 땅을 돌려주게 하고, 그것이 불가능하면 찔러 죽이려고 한 것이다. 형가가 말하기를 "이번 걸음에 믿게 할 증거가 없다면 진나라와 친할 수가 없습니다. 진짜 번오기 장군의 머리와 연나라 독항(督亢)의 지도를 함께 받들고 가 진왕에게 바치면, 진왕이 반드시 기뻐하며 신을 만나줄 것입니다. 그러면 신이 이에 보복할 수가 있습니다." 하고는, 사사로이 번오기를 만나 말하기를 "듣자 하니 진나라에서 장군의 목을 금 1000근과 1만 호의 고을로 산다고 합니다. 원컨대 장군의 목을 얻어 진왕에게 바치면은 진왕은 반드시 기뻐하며 신을 만나줄 것입니다. 그러면 신이 왼손으로는 그의 옷소매를 붙잡고 오른손으로 그의 가슴을 찌른다면, 장군의 원수도 갚고 연나라가 당한 모욕의 부끄러움도 씻을 수가 있습니다." 하였다.

번오기가 말하기를 "이는 내가 밤낮으로 이를 갈고 마음을 썩이고 있는 바입니다." 하고는 스스로 목을 베어 자결하였다. 그래서 함에다 그 목을 담았다. 태자가 미리 천하에서 가장 날카로운 비수를 구하여, 공장(工匠)에게 약에다 담금질하게 하여 그것으로 사람에게 시험해 보니, 피가 가늘게 뿜어나와 즉사하지 않는 사람이 없자 마침내 사자로 진나라에 들어가게 했다.

원문 燕太子丹이 怨王欲報之러니 將軍樊於期 得罪하여 亡之燕한대 太子受而舍之하다 太子 聞衛人荊軻之賢하고 卑辭厚禮而請見之하여 欲使劫秦王하여 反諸侯侵地라가 不可어든 因刺殺之러니 軻曰 今行而無信 則秦을 未可親也니 誠得樊將軍首와 與燕督亢之地圖하여 奉獻秦王이면 秦王이 必說見臣하리니 臣이 乃有以報라 하고 乃私見樊於期曰 聞購將軍首를 金千斤邑萬家라 하니 願得將軍之首하여 以獻秦王이면 秦王이 必喜而見臣하리니 臣이 左手로 把其袖하고 右手로 揕期胸則將軍之仇를 報而燕見陵之愧를 除矣리이다 樊於期曰 此는 臣之日夜에 切齒腐心也라 하

고 遂自刎이어늘 以函盛其首하고 太子 豫求天下之利匕首하여 使
工으로 以藥焠之하여 以試人하니 血濡縷에 人無不立死者어늘 乃
遣入秦하다

> 㴭 비사후례(卑辭厚禮) 말을 정중히 겸손하게 하고 예물을 후하게 한다
> 는 뜻. 어진 이를 초빙하거나 그 나라를 섬기는 예의를 이름. **절치
> 부심**(切齒腐心) 원한이 맺혀 이를 갈고 마음을 썩이는 것. **자문**(自
> 刎) 스스로 목을 베어 죽는 것. **쉬지**(焠之) 칼이나 연장을 만들 때의
> 담금질. **유루**(濡縷) 피가 실처럼 가느다랗게 나오는 것.

갑술년 형가가 함양(咸陽)에 도착하니, 진왕(秦王)이 크게
기뻐하여 조복(朝服)을 입고 구빈(九賓)을 베풀고는 만났다.
형가가 지도를 받들어 왕에게 진상하는데, 지도가 다 나오자
그 끝에 비수가 드러나 보였다. 이에 왕의 소매를 붙잡고 찔
렀으나 몸에 닿기 전에 왕이 놀라 일어나버리니, 소맷자락만
잘려 나갔다. 형가가 왕을 뒤쫓으니, 왕이 기둥을 돌아 도망
쳐 버렸다.

진나라 법에 여러 신하들이 전상(殿上)에서 왕을 모실 때는
작은 무기라도 지니지 못하게 되어 있었으므로, 신하들은 맨
손으로 그를 붙잡으려고 일제히 공격하면서 또 말하기를 "대
왕님! 칼이 등에 있습니다! 칼이 등에 있습니다!"하니 왕이
드디어 칼을 뽑아 형가를 쳤는데, 그의 왼쪽 다리가 잘리고
드디어 그 몸뚱이를 도막내어 조리를 돌렸다. 그리고는 더
많은 군사를 내어 연나라를 쳐 역수(易水) 서쪽 싸움에서 크
게 격파하였다. 연왕이 단(丹)을 참하여 왕에게 바쳤으나, 왕
은 다시 진군하여 공격했다.

[원문] 甲戌 荊軻 至咸陽하니 王이 大喜하여 朝服說九賓而見之어
늘 荊軻 奉圖하여 以進於王이러니 圖窮而匕首見이어늘 因把王袖
而揕之라가 未至身하여 王이 驚起袖絶하니 荊軻 逐王한대 王이
環柱而走하다 秦法에 群臣侍殿上者 不得操尺寸之兵이라 左右
以手로 共搏之하고 且曰 王은 負劒負劒하소서 王이 遂拔劒하여

以擊荊軻하여 斷其左股하고 遂體解以徇하고 於是에 益發兵伐燕
하여 戰於易水之西하여 大破之하니 燕王이 斬丹獻王이어늘 王이
復進兵攻之하다

> ㉢ **구빈**(九賓) 여러 가지 설이 있으나 여기서는 의물(儀物)을 크게 갖추
> 어 놓고 성대한 잔치를 베푼다는 뜻. **척촌지병**(尺寸之兵) 아주 작은
> 무기. **부검**(負劍) 칼을 빼기 쉽게 등에 지는 것.

○ 왕이 장군 이신(李信)에게 묻기를 "내가 형(荊 : 초나라)을
차지하고자 하는데 장군이 헤아리기에는 몇 사람이나 써야
충분하겠는가?" 하니, 이신이 말하기를 "다만 20만 명 정도
만 쓰면 됩니다." 하였다. 왕전(王翦)에게 물으니, 왕전이 말
하기를 "60만 명이 아니면 안 됩니다." 하니, 왕이 말하기를
"장군은 이제 늙었구료. 어찌 겁을 내오?" 하고는 드디어 이
신과 몽염(蒙恬)을 시켜서 20만 명을 거느리고 초나라를 치게
하였다.

원문 王이 問於將軍李信曰 吾欲取荊하노니 於將軍度에 用幾何
人而足고 李信이 曰 不過用二十萬이니이다 問王翦한대 王翦이
曰 非六十萬人이면 不可라 하니 王曰 將軍이 老矣로다 何怯也오
하고 遂使李信蒙恬으로 將二十萬人하여 伐楚하다

　22년(병자) 왕분(王賁)이 위(魏)나라를 치니, 위왕 가(假)가
항복하자 죽이고 드디어 위나라를 멸망시켰다. 초나라 사람
들이 이신을 (뒤따라와) 크게 패배시키니, 이신이 급히 도망
하여 돌아왔다. 왕전이 말하기를 "부득이하여 신(臣)을 꼭 쓰
려거든 60만 명이 아니면 안 됩니다." 하여, 이에 60만 명을
거느리고 초나라를 쳤다.

원문 丙子 王賁이 伐魏하니 魏王假降이어늘 殺之하고 遂滅魏하
다 楚人大敗李信하니 李信이 犇還이어늘 王翦이 曰 必不得已用
臣인댄 非六十萬人이면 不可라 한대 於是에 將六十萬人하여 伐
楚하다

무인 왕전이 초왕(楚王) 부추(負芻)를 사로잡고, 그 땅에다 초군(楚郡)을 설치하였다.

[원문] 戊寅 王翦이 虜楚王負芻하고 以其地로 置楚郡하다

25년(기묘) 왕분(王賁)이 요동(遼東)을 공격하여 연왕(燕王) 희(喜)를 사로잡았다.

[원문] 己卯 王賁이 攻遼東하여 虜燕王喜하다

온공(溫公)은 논평한다.

"연단(燕丹)이 하루아침의 분노를 이기지 못하여 호랑(虎狼) 같은 진(秦)나라를 침범했으니, 생각이 경솔하고 모책이 깊지 못하여, 원한으로 도전하여 화(禍)를 재촉하고 소공(召公)의 사당에 갑자기 제사가 끊어지게 했으니, 어떤 죄보다 크다. 그런데도 이 일을 논하는 자들이 혹 말하기를 현명한 처사라고 하니, 어찌 지나치지 않은가?

무릇 나라를 다스리는 자는 재능을 보아서 벼슬에 임명하고, 예(禮)로써 정사를 펴고, 인(仁)으로써 백성들을 품어주고, 신(信)으로써 이웃 나라와 사귀어야 하는 것이다. 그럼으로써 관직에는 그에 맞는 사람을 얻게 되고, 정사도 절도 있고, 백성들은 그 덕을 생각하게 되고, 사방 이웃 나라는 그 의(義)를 생각하게 된다. 이렇게 되면 국가가 반석처럼 튼튼해지고 불꽃처럼 치열하여서, 부딪히는 자는 부서지고 범하는 자는 타버리니, 비록 강포한 나라가 있더라도 오히려 무엇을 두려워하겠는가? 연나라의 단은 이것을 알고도 시행하지 않고, 도리어 만승의 나라로 필부의 노여움을 풀고자 하여 도적 같은 꾀를 시행하다가, 공은 타락되고 몸은 죽고 사직(社稷)은 폐허가 되었으니, 비참하지 않은가. 무릇 그가 무릎으로 기고 포복(蒲伏)한 것은 공손함이 아니고, 중언부언(重言復言)한 약속은 믿음이 아니며, 금(金)을 허비하고 옥(玉)을 흩어 나누어 주는 것은 은혜가 아니며, 스스로 목을 베고 배를 가른 것은

용기가 아니다. 요컨대 모책이 멀리까지 미치지 못하였고 행동이 의롭지 못했으니, 그는 초(楚)나라 백공승(白公勝)같은 부류였던가? 형가가 자신을 환양(豢養)한 사사로운 은혜를 생각하고는, 7족(族)이 멸하게 되는 것을 돌보지 않고, 1자 8치 되는 비수로 연(燕)나라를 강하게 하고, 진(秦)나라를 약하게 하려 했으니, 이 또한 어리석지 않은가?”

원문 溫公曰 燕丹이 不勝一朝之忿하여 以犯虎狼之秦하여 輕慮淺謀하여 挑怨速禍하여 使召公之廟로 不祀忽諸하니 罪孰大焉고 而論者或謂之賢하니 豈不過哉아 夫爲國家者는 任官以才하고 立政以禮하고 懷民以仁하고 交鄰以信하니 是以官得其人하고 政得其節하고 百姓懷其德하고 四鄰親其義라 夫如是則國家安如磐石하여 熾如焱火하여 觸之者碎하고 犯之者焦하리니 雖有彊暴之國이라도 尙何足畏哉아 丹釋此不爲하고 顧以萬乘之國으로 決匹夫之怒하여 逞盜賊之謀하여 攻墮身僇하여 社稷爲墟하니 不亦悲哉아 夫其膝行蒲伏은 非恭也요 復言重諾은 非信也요 麋金散玉은 非惠也요 刎頸決服은 非勇也라 要之컨대 謀不遠而動不義하니 其楚白公勝之流乎아 荊軻懷其豢養之私하여 不顧七族하고 欲以尺八匕首로 彊燕而弱秦하니 不亦愚乎아

㊅ 홀저(忽諸) 갑자기 망하는 것. 염화(焱火) 불꽃. 슬행포복(膝行蒲伏) 무릎으로 기고 땅에 엎드리는 것. 부언중약(復言重諾) 거듭 신의를 말하고 약속을 하는 것. 백공승(白公勝) 초 평왕(楚平王)의 손자이며 태자(太子) 건(建)의 아들. 태자 건이 평왕에게 죄를 지어 죽자, 그는 분노를 참지 못하다가 아버지의 원수를 갚으려고 오(吳)나라로 도망하여, 오나라 군사를 이끌고 초를 공격해 숙부인 자서(子西)·자기(子期)를 죽여 원수를 갚았으나, 초나라 역시 망하게 되었음.

처음에 제(齊)나라는 진나라를 삼가면서 섬기고 제후들과도 믿음이 있었다. 제나라 역시 동으로 바닷가를 국경으로 하고 있었지만, 진나라가 밤낮으로 3진(晉)과 연(燕)·초(楚)를 공격하자 다섯 나라가 각자 구원하였다. 이 때문에 제왕(齊王) 건

102

(建)이 즉위한 지 40여 년이 되도록 공격을 받지 않았는데, 후에 제나라의 재상과 빈객들이 진나라의 간금(間金)을 많이 받고서 왕에게 진나라에 조회할 것을 권하고 공격하여 싸울 준비를 하지 않았으며, 다섯 나라가 진나라를 공격할 때에도 돕지 않았다. 진나라는 이 때문에 다섯 나라를 멸망시킬 수 있었다.

원문 初에 齊事秦謹하고 與諸侯信이러니 齊亦東邊海上이라 秦이 日夜에 攻三晉이어늘 燕楚五國이 各自以救하니 以故로 齊王建이 立四十餘年에 不受兵이러니 後에 齊相及賓客이 多受秦間金하여 勸王朝秦하고 不修攻戰之備하고 不助五國攻秦하니 秦이 以故로 得滅五國하다

㈜ 간금(間金) 그 나라 군신(君臣)을 이간시키기 위하여 반간(反間 : 첩자)들이 적에게 뇌물로 주는 금(金).

제3권   후진기(後秦紀)

시황제(始皇帝) 하

26년(경진) 진나라의 왕분(王賁)이 연나라에서 남으로 제
(齊)나라를 공격하여 갑자기 임치(臨淄)로 들어가니, 감히 대
적하는 백성이 없었다. 진나라는 사람을 시켜 제왕을 꾀어
500리의 땅을 봉해 준다고 약속하니 제왕이 드디어 항복하였
는데, 진나라는 그를 공(共)으로 옮겨 송백(松栢) 사이에서 살
게 하니 굶어서 죽었다.

원문 庚辰 二十六年이라 王賁이 自燕으로 南功齊할새 猝入臨淄
하니 民莫敢格者러라 秦이 使人으로 誘齊王하여 約封以五百里之
地한대 齊王이 遂降이어늘 秦이 遷之共하여 處之松栢之間하여 餓
而死하다

온공은 논평한다.
"종횡설(從橫說)을 비록 백 가지로 반복(反覆)되었지만, 그
러나 대체적인 요지는 합종(合從)이 육국(六國)에 이롭다는 것
이다.
옛날 선왕(先王)이 만국(萬國)을 세워 제후들과 친하게 지내
고, 그들에게 조빙(朝聘)하며 서로 사귀게 하고, 향연을 베풀
어 서로 즐겁게 지내게 하고, 회맹(會盟)하여 서로 결속을 다
지게 한 것은, 다름이 아니라 한마음으로 온 힘을 다해 집안
과 국가를 보위하려는 것이었다. 지난번 여섯 나라가 신의로
써 서로 친하게 지냈더라면 진나라가 비록 강포하더라도 어

찌 멸망시킬 수 있었겠는가?

　무릇 3진(三晉)은 제(齊)·초(楚)의 울타리가 되어 막아주고 제·초는 3진의 뿌리가 되었으니, 이러한 형세는 서로 도와주게 되어 있고 안과 바깥이 서로 의지하도록 되어 있었다. 그렇기 때문에 3진이 제·초를 공격한다는 것은 스스로 그 뿌리를 자르는 셈이 되고, 제·초가 3진을 공격한다는 것은 그 울타리를 스스로 철거하는 것이다. 울타리를 철거하여 도적에게 잘 보이기를 바라면서 말하기를 '도적은 장차 우리를 사랑할 것이니 공격하지 않을 것이다.'라고 하였으니, 어찌 사리에 어그러진 일이 아니겠는가?"

[원문] 溫公曰 從衡之說이 雖反覆百端이나 然大要合從者는 六國之利也라 昔先王建萬國하여 親諸侯하여 使之朝聘以相交하고 饗宴以相樂하고 會盟以相結者는 無他라 欲其同心戮力하여 以保家國也라 鄉使六國으로 能以信義相親 則秦雖彊暴이나 安得而亡之哉아 夫三晉者는 齊楚之藩蔽요 齊楚者는 三晉之根柢니 形勢相資하고 表裏相依라 故로 以三晉而攻齊楚면 自絶其根柢也하고 以齊楚而攻三晉이면 自撤其藩蔽也니 安有撤其藩蔽하여 以媚盜曰 盜將愛我而不攻이라 하니 豈不悖哉아

　왕이 처음 천하를 병합하자 스스로 덕(德)은 삼황(三皇)을 겸하고 공(功)은 오제(五帝)를 능가하였다 하여, 이에 호를 황제(皇帝)라 고치고, 명(命)을 제(制)라 하고, 영(令)은 조(詔)라 하였으며, 이후부터는 시법(諡法)을 없애고 짐(朕)이 시황제(始皇帝)가 되니, 후세에는 그 수효를 계산하여 2세, 3세 하여 만세(萬世)에 이르기까지 무궁하게 전하라 하였다.

[원문] 王이 初幷天下에 自以爲德兼三皇하고 功過五帝라 하여 乃更號曰 皇帝라 하고 命爲制라 하고 令爲詔라 하고 自今以來로 除諡法하고 朕이 爲始皇帝하노니 後世以計數하여 二世三世로 至于萬世하여 傳之無窮이라 하다

㈜ 삼황(三皇)·오제(五帝) 여러 설이 있으나 천황(天皇)·지황(地皇)·인황(人皇)을 삼황, 황제(黃帝)·전욱(顓項)·제곡(帝嚳)·요(堯)·순(舜)을 오제라 하는 것이 통설임. **시법**(諡法) 시호를 주는 법. 시호는 죽은 후에 그 사람의 평생 미악(美惡)을 참작하여 지음.

○ 처음 제나라 위왕(威王)·선왕(宣王) 때에 추연(鄒衍)이 종시오덕(終始五德)의 운(運)을 논저(論著)하였는데, 시황이 천하를 합병하기에 이르러 제나라 사람이 이를 아뢰었다. 시황이 그 설을 채용해 "주(周)나라는 화덕(火德)을 얻었는데 진나라가 주나라를 대신하였으므로 이기지 못할 바를 따른다."고 하여 수덕(水德)으로 하고, 비로소 연(年)을 고쳐서 조하(朝賀 : 조정에서의 신년 하례)를 모두 10월 초하루부터 하도록 하였으며, 의복과 정모(旌旄)·절기(節旗)는 모두 흑색으로 하여 숭상하고, 숫자를 6으로써 기록하였다.

원문 初에 齊威宣之時에 鄒衍이 論著終始五德之運이러니 及始皇이 幷天下에 齊人이 秦之어늘 始皇이 采用其說하여 以爲周得火德하니 秦이 代周에 從所不勝이라 하니 爲水德하고 始改年하여 朝賀를 皆自十月朔하고 衣服旌旄節旗를 皆尙黑하고 數를 以六으로 爲紀하다

㈜ 오덕(五德) 오덕은 금(金)·목(木)·수(水)·화(火)·토(土). 추연(鄒衍)이 오덕에 대한 설을 지었는데, 상생설(相生說)에 따라 삼황오제를 논하고, 하(夏)는 금덕왕(金德王), 은(殷)은 수덕왕(水德王), 주(周)는 목덕왕(木德王)이 되어 오덕의 종시(終始)가 시작된다 하였는데, 진시황은 이를 채용하여 주(周)는 목덕왕이므로 '목생화(木生火)'에서 화덕을 얻게 되는데, 진나라는 주나라를 대신하였으므로 상극설(相克說)에 따라 '물이 불을 이긴다.' 하여 스스로 '수덕'으로 하였음. 상극설은 토는 수를 이기고 목은 토를 이기며, 금은 목을 이기고 화는 금을 이기며, 수는 화를 이긴다는 뜻. **개년**(改年) 세수(歲首)를 고치는 것. 진나라에서는 10월을 세수로 삼았음.

○ 승상(丞相) 관(綰) 등이 말하길 "연(燕)·제(齊)·초(楚 : 荆)는 먼 곳이므로 왕(王)을 두지 않으면 진수(鎭戍)할 수가 없습

니다. 청컨대 여러 아들 중에서 뽑아 왕을 세우소서." 하니, 시황제가 밑에 내려 의논하게 하였다. 정위(廷尉) 사(斯)가 말하기를 "주(周)나라 문왕(文王)·무왕(武王)이 봉한 자제와 동성(同姓)이 매우 많았으나, 후예들이 소원해져 서로 공격하기를 마치 원수처럼 하였는데도, 주나라 천자가 금지시킬 수 없었습니다. 이제 해내(海內)가 폐하의 신령하심에 힘입어 하나로 통일되었으니 모두 군현(郡縣)으로 만들고, 여러 아들과 공신(功臣)은 공적인 부세(賦稅)로써 후하게 상을 내려 주면, 매우 만족하여 쉽게 다스려지고 천하가 다른 뜻이 없게 될 것이며, 이것이 곧 안녕을 유지하는 술책이니, 제후를 두는 것은 편치 못합니다." 하였다.

시황제가 말하기를 "천하가 함께 고생하며 전투를 그치지 않음은 후(侯)·왕(王)이 있어서이다. 종묘에 힘입어 천하가 처음 안정되었는데 또다시 제후국을 세우면, 이는 병란(兵亂)을 키우는 것이어서 편안하게 쉬기를 구함이 어찌 어렵지 않겠는가? 정위의 의견이 옳다." 하고는, 이에 천하를 36개 군으로 나누어 군에는 수(守)·위(尉)·감(監)을 두고, 천하의 병기를 거두어 함양(咸陽)에 모아다가 녹여서 종거(鍾鐻)와 금인(金人) 12개를 만들었는데, 무게가 각기 1000석(石)이었으며 궁궐 뜰 가운데에다 두었다.

원문 丞相綰等이 言燕齊荊이 地遠하니 不爲置王이면 無以鎭之니 請立諸子하소서 始皇이 下其議한대 廷尉斯曰 周文武의 所封子弟同姓이 甚衆이나 然이나 後屬이 疏遠하여 相攻擊을 如仇讎하되 周天子 弗能禁止라 今海內賴陛下神靈하여 一統 皆爲郡縣하니 諸子功臣을 以公賦稅로 重賞賜之면 甚足易制요 天下無異意 則安寧之術也니 置諸侯 不便하니이다 始皇이 曰 天下共苦하여 戰鬪不休는 以有侯王이러니 賴宗廟하여 天下初定이어늘 又復立國이면 是는 樹兵也니 而求其寧息이 豈不難哉아 廷尉議是라 하고 於是에 分天下爲三十六郡하여 郡置守尉監하고 收天下兵하

여 聚咸陽하여 銷以爲鍾鐻金人十二하니 重이 各千石이라 置宮庭
中하다

> ㊀ 수병(樹兵) 전쟁의 소지를 두는 것. 종거(鍾鐻) 악기 이름. 금인(金
> 人) 동상(銅像)을 말함.

28년(임오) 시황제가 동쪽으로 군현(郡縣)을 순행하다 추역
산(鄒嶧山)에 올라 공업(功業)을 기리는 비석을 세우고, 태산
(太山)의 남쪽 기슭으로 꼭대기에 올라 송덕비(頌德碑)를 세웠
으며, 산 북쪽 길로 내려와 양보(梁父)에서 선(禪)의 의식을
거행하였다. 드디어 동쪽으로 바닷가에 가 유람하니, 방사(方
士) 서시(徐市) 등이 글을 올리기를 "청컨대 동남동녀(童男童
女)와 함께 바다로 들어가 삼신산(三神山)의 불사약(不死藥)을
구하소서" 하였다. 강으로 배를 타고 상산사(湘山祠)에 이르
렀는데, 큰 바람을 만나 거의 건널 수가 없었다. 상(上 : 임금)
이 묻기를 "상군(湘君)이란 어떤 신(神)인가?" 하니, 대답하기
를 "요(堯)임금의 딸이며 순(舜)임금의 처입니다." 하였다. 시
황이 크게 노하여 상산의 나무를 모두 베어 그 산을 민둥산
으로 만들었다.

[원문] 壬午二十八年이라 始皇이 東行郡縣할새 上鄒嶧山하여 立
石頌功業하고 上太山陽至顚하여 立石頌德하고 從陰道下하여 禪
於梁父하고 遂東遊海上이러니 方士徐市等이 上書하되 請得與童
男女로 入海하여 求三神山不死藥이라 하고 浮江至湘山祠하여 逢
大風하여 幾不能渡라 上이 問湘君은 何神고 對曰 堯女요 舜妻니
이다 始皇이 大怒하여 使伐湘山樹하여 赭其山하다

> ㊀ 양(陽) 산의 남쪽 기슭. 전(顚) 산꼭대기. 음(陰) 산의 북쪽 기슭.
> 음지. 선(禪) 땅을 넓게 닦아 지신(地神)에게 제사지내는 것. 단(壇)
> 을 높이 쌓아 하늘에 제사지내는 것은 봉(封)이라 함. 상산사(湘山
> 祠) 요(堯)임금의 딸인 아황(娥皇)과 여영(女英)을 제사지내는 사당.
> 이들은 순임금의 비(妃)가 되었는데, 순임금이 죽자, 상강(湘江)에서
> 빠져 죽어 그곳의 신이 되었다 하여 상군(湘君)이라 함.

○ 처음에 한(韓)나라 사람 장량(張良)은 부조(父祖)를 비롯하여 그 위로 5세에 걸쳐서 한나라의 재상이었다. 나라가 망하자 장량이 한나라를 위해 원수를 갚고자 하였는데, 시황제가 동쪽으로 유람하는 중 양무(陽武) 박랑사(博浪沙) 가운데 이르자, 장량이 역사(力士)를 시켜서 철퇴를 휘둘러 시황제를 저격하였으나 잘못하여 뒤따르는 수레를 맞혔다. 시황이 놀라서 찾았으나 잡지 못하자, 천하에 영을 내려 10일 동안 널리 수색하였다.

원문 初에 韓人張良이 父祖以上으로 五世相韓이라 韓亡에 良이 欲爲韓報仇러니 始皇이 東遊하여 至陽武博良沙中이어늘 張良이 令力士로 操鐵椎하여 狙擊始皇이라가 誤中副車하니 始皇이 驚求弗得하고 令天下하여 大索十日하다

32년(병술) 시황이 북쪽 변방을 순시하는데, 노생(盧生)이 바다에 들어갔다가 돌아와 진의 녹도서(錄圖書)에 의거하여 아뢰기를 "진나라를 망하게 할 자는 호(胡)입니다."라고 하니, 시황은 마침내 몽염(蒙恬)을 보내 30만 명의 군사를 출병시켜 북의 흉노를 치고, 하남(河南)의 땅을 거두어 44현(縣)으로 삼았다. 장성(長城)을 쌓되 지형에 따라 험한 요새를 만들어 적을 제압하게 하였는데, 임조(臨洮)를 기점으로 하여 요동(遼東)에 이르니, 뻗은 길이가 1만여 리나 되어 위엄이 흉노에 떨쳤다.

원문 丙戌三十二年이라 始皇이 巡北邊할새 盧生이 入海還하여 因秦錄圖書曰 亡秦者는 胡也라 하거늘 始皇이 乃遣蒙恬하여 發兵三十萬人하여 北伐匈奴하고 收河南地하여 爲四十四縣하고 築長城하되 因地形하여 用制險塞하여 起臨洮至遼東하니 延袤萬餘里라 威振匈奴러라

주 녹도서(錄圖書) 비결(祕訣)을 적은 책. 호(胡) 호는 오랑캐족인 흉노(匈奴)의 뜻으로, 오랑캐의 침입을 방지하기 위해 만리장성을 쌓았으

나 진나라가 망한 것은 진시황의 아들 호해(胡亥) 때문이므로, 호해
를 지칭함.

34년(무자) 승상(丞相) 이사(李斯)가 상서(上書)하기를 "이전
에는 제후들이 서로 다투었기 때문에 유학(遊學)을 후하게
대우하여 불러모았으나, 이제 천하가 이미 안정됨에 법령이
한 곳에서 나오게 되었습니다. 백성들은 집에 있으면서 농공
(農工)에 힘쓰고, 선비는 법령을 학습하여 익혀야 하는데도,
이제 여러 유생(儒生)들이 지금 것은 배우지 않고 옛것만을
배워서, 지금 세상을 비난하여 백성들을 현혹시키고 어지럽
히면서 서로 법(法)이 아닌 것을 사람들에게 가르칩니다. 그
래서 영(令)이 내렸다는 말을 들으면 각기 자기가 배운 것으
로써 논의하고, 집에 가서는 마음속으로 비난하고, 나와서는
거리에 모여 의논하여 임금에게 주장하여 버티는 것을 명예
로 삼고, 법령의 내용과 주장이 같지 않은 것을 고명하다고
여기며, 대중을 이끌어 비방하는 여론을 만듭니다. 그래서 만
약 이를 금하지 않는다면 임금의 세력은 위에서 떨어지고 당
여(黨與 : 당파)가 아래에서 만들어질 것이니, 금지시키는 것이
편합니다.

신은 청컨대, 사관(史官)의 기록 가운데서 진(秦)에 대한 기
록이 아니면 모두 소각시키게 하고, 박사관(博士官)이 관장하
고 있는 책이 아닌 천하에 소장된 시(詩)·서(書)·백가(百家)
의 학설에 관한 것은 모두 수위(守尉 : 군수·군위)에게 가져오
게 하여 불태우고, 마주하여 시·서를 논하는 자가 있으면 기
시(棄市)하고, 옛것으로써 지금의 것을 비방하는 자는 멸족(滅
族)하여야 합니다. 없애지 말아야 할 것으로는 의약(醫藥)·복
서(卜筮)·종수(種樹)에 관한 책이며, 만약 법령을 배우고자 하
는 자가 있거든 관리를 스승으로 삼도록 해야 합니다." 하니,
"좋다."고 제(制)하였다.

원문 戊子三十四年이라 丞相李斯 上書曰 異時에 諸侯並爭하여

110

厚招遊學이러니 今天下已定에 法令이 出一하니 百姓이 當家則力
農工하고 士則學習法令이어늘 今諸生이 不師今而學古하여 以非
當世하고 惑亂黔首하며 相與非法으로 敎人하여 聞令下 則各以其
學으로 議之하고 入則心非하며 出則巷議하여 誇主以爲名하고 異
趣以爲高하여 率群下以造謗하니 如此弗禁則主勢降乎上하고 黨
與 成乎下니 禁之便하니이다 臣은 請史官의 非秦記어든 皆燒之
하고 非博士官의 所職이요 天下에 有藏詩書百家語者어든 皆詣守
尉하여 雜燒之하고 有偶語詩書者어든 棄市하고 以古非今者는 族
하고 所不去者는 醫藥卜筮種樹之書요 若欲有學法令이어든 以吏
爲師라 한대 制曰 可라 하다

> 주 검수(黔首) 백성. 심비(心非) 겉으로는 순종하지만, 마음속으로는
> 비난하는 것. 항의(巷議) 거리에 모여서 의논하는 것. 조방(造謗)
> 비방. 우어(偶語) 대화하는 것. 기시(棄市) 저자에서 죄인을 처형하
> 는 것. 제(制) 황제가 신하의 건의에 대해서 내리는 명령.

35년(기축) 몽염(蒙恬)을 시켜 '직도(直道)'를 닦아 개통시켰
는데, 구원(九原)을 거쳐 운양(雲陽)에 이르러서는 산을 깎고
골짜기를 메워서 1800리나 되어, 몇 년이 되도록 완성하지
못하였다.

원문 己丑三十五年이라 使蒙恬으로 除直道하되 道九原하여 抵雲
陽하여 塹山堙谷하니 千八百里라 數年不就하다

○ 시황이 함양(咸陽)에는 사람이 많고 선왕(先王)의 궁정(宮
廷)이 좁다고 여겨서, 마침내 대궐을 위수(渭水) 남쪽 상림원
(上林苑) 가운데다 영건하면서 먼저 전전(前殿) 아방궁(阿房宮)
을 지었는데, 동서의 길이가 500보(步)요 남북의 길이가 50장
(丈)인데, 그 위에는 1만 명이 앉을 수 있고 아래에는 다섯
길 되는 기(旗)를 세울 수 있었다.

주위에는 수레가 달릴 수 있는 각도(閣道)를 만들었는데,
전(殿)의 아래에서 곧장 남산(南山)까지 닿게 하고 남산 꼭대

기를 경계로 하여 궁궐 문을 만들고 복도(複道)를 만들되, 아
방궁에서 위수(渭水)를 건너 함양까지 이어지게 하였는데, 이
는 북극성(천극)과 각도성이 은하(銀河)를 가로질러 영실(營
室 : 별 이름. 28수의 하나)에 이른 모양을 본받은 것이다.

　궁형(宮刑)과 도형(徒刑 : 노역형)을 받은 자 70여 만 명을
나누어 아방궁을 짓거나 혹은 여산(驪山)을 만들게 하였다.
이를 위하여 북산(北山)의 돌을 캐내고 촉(蜀)·형(荊) 지방의
재목을 운반하여 다 나르니, 관중(關中)의 궁궐을 헤아려보니
300이요 관외에 400여 채였다. 이에 동해(東海) 위 구(朐) 지
방 경계에다 돌을 세워 진나라의 동문(東門)을 삼고, 3만 가
호를 여읍(驪邑)으로 이주시키고 5만 가호를 운양(雲陽)으로
이주시켜, 모두 부역을 면제해주고 10년 동안 군대 일을 하
지 않게 하였다.

原文 始皇이 以爲咸陽에 人多하고 先王之宮廷이 小라 하여 乃營
作朝宮渭南上林苑中할새 先作前殿阿房하니 東西 五百步요 南
北이 五十丈이라 上可以坐萬人이요 下可以建五丈旗러라 周馳爲
閣道하되 自殿下로 直抵南山하고 表南山之顚하여 以爲闕하고 爲
複道하되 自阿房으로 渡渭하여 屬之咸陽하니 以象天極閣道 絶漢
抵營室也러라 隱宮徒刑者 七十餘萬人이라 乃分作阿房宮하며 或
作驪山할새 發北山石槨하고 寫蜀荊地材하여 皆至하니 關中에 計
宮이 三百이요 關外에 四百餘라 於是에 立石東海上朐界中하여
以爲秦東門하고 因徙三萬家驪邑하고 五萬家雲陽하여 皆復하고
不事十歲하다

　注 각도(閣道) 나무로 각(閣)을 만들어 그 위로 수레가 달릴 수 있는 고
　가(高架)의 큰 길. 복도(複道) 나무로 각을 만들어 위아래 모두 사람
　이 통행할 수 있게 한 길. 영실(營室) 별 이름. 복(復) 부역(賦役)을
　면제하는 것.

○후생(侯生)과 노생(盧生)이 서로 시황을 비난하고 이 때문
에 도망하였다. 시황이 그 말을 듣고 크게 노하여 말하기를

"노생 등은 짐이 매우 존경하고 후히 대접하였는데 이제 와서는 나를 비방하다니! 함양에 있는 여러 유생(儒生)들을 내가 사람을 시켜 조사해 보니, 어떤 자는 요사스런 말로 백성들을 어지럽히고 있었다."하고는 어사(御史)를 시켜서 모든 유생을 자세히 조사하게 하였다. 그러자 유생들이 발뺌하려고 서로 남을 일러바치고 서로를 끌어들여서 그들 스스로 제거하니 범법(犯法)한 자가 460여 명이었는데, 모두 함양에 묻어 버리고 말았다.

시황의 장자(長子) 부소(扶蘇)가 간하기를 "제생이 모두 공자(孔子)를 외우면서 본받고 있는데 이제 상(上)께서 모조리 무거운 법으로써 다스리시니, 저는 천하가 불안해 할까 두렵습니다."하였다. 시황이 노하여 부소에게 북쪽 상군(上郡)에 있는 몽염의 군대를 감독하라고 하였다.

[원문] 侯生盧生이 相與譏議始皇하고 因亡去하니 始皇이 聞之하고 大怒曰 盧生等을 朕이 尊賜之甚厚어늘 今乃誹謗我로다 諸生 在咸陽者를 吾使人廉問하니 或爲妖言하여 以亂黔首라 하고 於是에 使御史로 悉按問諸生하니 諸生이 傳相告引乃自除하니 犯禁者四百六十餘人이라 皆坑之咸陽하다 始皇의 長子扶蘇 諫曰 諸生이 皆誦法孔子어늘 今上이 皆重法繩之하시니 臣은 恐天下不安일까 하노이다 始皇이 怒하여 使扶蘇로 北監蒙恬軍於上郡하다

37년(신묘) 겨울 10월, 시황이 순수(巡狩)를 나갔는데 좌승상 이사(李斯)가 따르고, 작은아들 호해(胡亥)를 가장 사랑하는 터라 따라가기를 청하니, 황제가 허락하였다. 서쪽으로 평원진(平原津)에 이르러 병이 나서 가을 7월 병인일(丙寅日)에 시황이 사구평대(沙丘平臺)에서 죽었다. 승상 이사는 황제가 밖에서 죽었는지라 여러 공자(公子)들이 천하와 더불어 변란을 일으킬까 두려워하여 비밀에 부치고 국상을 알리지 않아, 호해·조고(趙高) 및 총애를 받는 환관(宦官) 5, 6인만이 알고 있었다. 조고가 이에 승상 이사와 더불어 모의하여 거짓으로

시황의 조서(詔書)를 받았다고 하면서 호해를 세워 태자로 삼고, 다시 글을 부소에게 내려서 땅을 개척하여 공을 세우지 못한데다 상서(上書)로써 비방한 죄를 따지고, 장군 몽염은 그러한 것들을 바로잡지 못하였고 그 모의한 것을 모두 알았다고 하여 모두 사사(賜死)하니, 부소는 자살하고 말았다. 호해가 함양에 이르러 국상을 발표하고 황제의 자리를 이어받고, 9월에 시황을 여산(驪山) 아래에 장사지냈다.

<u>원문</u> 辛卯三十七年이라 冬十月에 始皇이 出遊할새 左丞相斯 從하고 少子胡亥 最愛라 請從이어늘 上이 許之하다 西至平原津而病하여 秋七月丙寅에 始皇이 崩於沙丘平臺어늘 丞相斯 爲上崩이 在外라 恐諸公子及天下有變일까 하여 乃祕之不發喪하고 獨胡亥趙高及幸宦者五六人이 知之러라 趙高 乃與丞相斯로 謀하고 詐爲受始皇詔라 하여 立胡亥爲太子하고 更爲書賜扶蘇하여 數以不能闢地立功하며 上書誹謗이라 하고 將軍恬은 不矯正하니 知其謀라 하여 皆賜死한대 扶蘇自殺이어늘 胡亥 至咸陽하여 發喪襲位하고 九月에 葬始皇於驪山下하다

이세 황제(二世皇帝)*

원년(임진) 봄에 이세(二世)가 동쪽의 군현(郡縣)을 순행하여 여름에 함양에 이르러 조고(趙高)에게 말하기를 "사람이 세상을 살아가는 것은 비유컨대 여섯 필의 준마(駿馬)가 이끄는 수레를 달려 갈라진 틈 사이를 지나는 것과 같다. 나는 귀와 눈이 좋아하는 것을 다 해보고 싶고, 마음이 즐거워하는 바를 다 하면서 내 생을 마치고자 하는데, 그렇게 되겠는가?" 하니, 조고가 말하기를 "폐하께서 법을 엄격히 하시고 형벌을 혹독하게 하시어, 선제(先帝)의 옛 신하를 다 제거하시고 폐하께서 친애하고 믿는 신하들만을 두신다면, 베개를 높이 베고 뜻대로 하시며 마음껏 즐기실 수 있을 것입니다."

하니, 이세가 그렇게 여겼다. 그래서 다시 법률을 고쳐 더욱 혹독하게 하기를 힘써서, 대신이나 여러 공자(公子)라도 죄만 있으면 갑자기 죽이었다.

[원문] 壬辰元年이라 春에 二世 東行郡縣할새 夏至咸陽하여 謂趙高曰 人生世間이 譬猶騁六驥過決隙也라 吾欲悉耳目之所好하고 窮心志之所樂하여 以終吾年壽하노니 可乎아 趙高曰 陛下 嚴法而刻刑하사 盡除先帝之故臣하시고 更置陛下之所親信하시면 則高枕肆志寵樂矣리이다 二世然之하여 乃更爲法律하여 務益刻深하니 大臣諸公子라도 有罪면 輒僇死러라

> **㈜** *이세 황제(二世皇帝) 이름은 호해(胡亥). 재위 3년, 수(壽)는 24세임.
> 육기(六驥) 여섯 필의 준마.

○ 아방궁을 다시 지으면서 재사(材士 : 재주와 힘이 있는 사내) 5만 명을 모조리 징발하여 함양에 주둔하여 지키게 하였다.

[원문] 復作阿房宮할새 盡徵材士五萬人하여 屯衞咸陽하다

○ 가을에 양성(陽城) 사람 진승(陳勝)과 양하(陽夏) 사람 오광(吳廣)이 기(蘄)에서 군사를 일으켰다. 이때 여좌(閭左)의 사람을 징발하여 어양(漁陽)을 지키게 하였는데, 900명이 대택향(大澤鄕)에 진을 치고 진승과 오광이 모두 둔장(屯長)이 되었다. 때마침 큰비가 내려서 길이 막히자, 이미 기한이 어긋날 것을 헤아리고는 무리들을 불러 말하기를 "공들은 모두 기한을 어기게 되었으니 참형을 당하게 되었소. 또한 장사(壯士)란 죽지 않으면 그만이지만 죽는다면 큰 이름을 날릴 뿐인데, 왕후장상(王侯將相)이 어찌 씨가 있단 말인가!"하니 모두 따르게 되었다.

이에 공자(公子) 부소(扶蘇)와 항연(項燕)을 사칭(詐稱)하여 단(壇)을 쌓아 맹약한 다음 나라 이름을 대초(大楚)라 불렀다. 진승이 스스로 장군이 되고 오광은 도위(都尉)가 되어 진(陳)

에 들어가 웅거하니, 진에 있던 부로(父老)들이 진섭[陳涉: 진승의 자(字)]에게 초왕(楚王)으로 즉위하기를 청하였다.

장이(張耳)와 진여(陳餘)가 말하기를 "진(秦)나라가 무도(無道)하여 백성에게 포학하게 하니 장군께서 만 번 죽을 계책을 내어 천하의 잔학함을 제거하려 하시는데, 이제 처음부터 진(陳)에 이르러 왕이 되신다면 천하에 사사로움을 보이는 것이 됩니다. 원하옵건대 장군께서는 왕이 되지 말고 급히 군사를 이끌고 서쪽으로 가, 사람을 보내 6국(國)의 후예를 세워 스스로 당(黨)을 만들어 진나라의 적을 더욱 많게 하소서. 적이 더욱 많아지면 힘이 분산되고, 대중과 함께 하면 군사가 강해집니다. 그래서 포학한 진나라를 멸망시키고 함양에 웅거하여 제후들에게 명령을 내리면 황제의 대업을 이룰 수 있습니다." 하였으나 진섭이 듣지 않고 스스로 왕이 되었다. 여러 군현(郡縣)이 진나라 법을 괴롭게 여겨 앞을 다투어 관장(官長)을 죽이고 진섭에게 호응하였다.

원문 秋에 陽城人陳勝과 陽夏人吳廣이 起兵於蘄하다 是時에 發閭左하여 戍漁陽할새 九百人이 屯大澤鄕하고 勝廣이 皆爲屯長이러니 會에 天이 大雨하여 道不通이라 度已失期하고 乃召令徒屬曰 公等은 皆失期하니 當斬이라 且壯士 不死則已어니와 死則擧大名耳니 王侯將相이 寧有種乎아 衆이 皆從之하다 乃詐稱公子扶蘇項燕이라 하고 爲壇而盟하여 稱大楚하고 勝이 自立爲將軍하고 廣이 爲都尉하여 入據陳하니 陳中父老 請立涉爲楚王하라 하다 張耳陳餘曰 秦爲無道하여 暴虐百姓하니 將軍이 出萬死之計하여 爲天下除殘이어늘 今始至陳而王之면 示天下私니 願將軍은 毋王하고 急引兵而西하여 遣人立六國後하여 自爲樹黨하여 爲秦益敵하라 敵多則力分이요 與衆則兵强이니 誅暴秦據咸陽하여 以令諸侯 則帝業을 成矣리라 涉에 不聽하고 自立爲王하니 諸郡縣이 苦秦法하여 爭殺長吏하고 以應涉이러라

㊒ 여좌(閭左) 이문(里門) 왼쪽에 사는 가난한 백성. 수(戍) 변방을 지

116

키는 것 **실기**(失期) 기한을 어기는 것 **왕후장상**(王侯將相) 왕후는 왕과 제후(諸侯), 장상은 장수.

○ 파견했던 알자(謁者 : 벼슬 이름)가 동쪽에서 와서 반역자가 있다고 아뢰니, 이세가 노하여 옥리(獄吏)에게 영을 내렸다. 후에 사자가 오자 상(上)이 물으니 대답하기를 "여러 도적은 훔치는 쥐나 개와 같아 근심할 것이 못 됩니다." 하니, 상이 기뻐하였다.

[원문] 謁者使 從東方來하여 以反者로 聞이어늘 二世怒하여 下之 吏러니 後使者至에 上이 問之한대 對曰 群盜는 鼠竊狗偷라 不足 憂也니이다 하니 上이 悅하다

○ 진왕(陳王 : 陳涉)이 진(陳) 사람 무신(武臣)을 장군으로 삼고, 장이와 진여를 좌교위(左校尉)·우교위(右校尉)로 삼아 군졸 2000명을 주어 조(趙)를 복종시키고, 주문(周文)에게 서쪽으로 진(秦)을 치게 하였다. 무신 등이 행군하면서 수만 명의 군사를 모았으므로 무신에게 무신군(武信君)이란 호를 주었으며, 조(趙)의 30여 성을 항복시켰다. 8월에 무신군이 스스로 조왕(趙王)이 되었다.

[원문] 陳王이 以陳人武臣으로 爲將軍하고 以張耳陳餘로 爲左右 校尉하여 予卒二千人하여 徇趙하고 使周文으로 西擊秦하니 武臣 等이 行收兵하여 得數萬人이라 號武臣하여 爲武信君이라 하고 下 趙三十餘城하고 八月에 武信君自立爲趙王하다

○ 9월 패(沛) 사람 유방(劉邦)이 패에서 군사를 일으키고, 하상(下相) 사람 항량(項梁)은 오(吳)에서 군사를 일으켰으며, 적(狄) 사람 전담(田儋)은 제(齊)에서 군사를 일으켰다.

[원문] 九月에 沛人劉邦은 起兵於沛하고 下相人項梁은 起兵於吳 하고 狄人田儋은 起兵於齊하다

○ 유방의 자(字)는 계(季)이다. 사람됨이 코가 오뚝하고 용안(龍顔)이었으며 왼쪽 넓적다리에 72개의 검은 사마귀가 있었다. 사람들을 사랑하고 베풀기를 좋아하며 마음이 탁 트이고, 항상 큰 도량이 있어 집안 사람의 생산 작업을 간섭하지 않았다. 《사기(史記)》본기(本紀)에 이르기를 "일찍이 함양에서 요역(繇役)하다가 진 황제(秦皇帝)의 행렬을 구경하였는데, 크게 한숨을 쉬면서 말하기를 '옳아! 대장부란 마땅히 저러해야 한다.'고 탄식하였다."고 하였다.

원문 劉邦의 字는 季니 爲人이 隆準龍顔이요 左股에 有七十二黑子하고 愛人喜施하여 意豁如也하고 常有大度하여 不事家人生産作業하더라 史記本紀에 曰 常繇咸陽할새 縱觀秦皇帝하고 喟然太息曰 嗟乎라 大丈夫는 當如此矣라 하더라

○ 선보(單父) 사람 여공(呂公)이 사람들의 관상을 잘 보았는데, 유방의 모습을 보고는 존경을 표하면서 말하기를 "제가 관상을 본 사람이 많으나 계(季 : 劉邦)의 상과 같은 분은 없었습니다. 원컨대 계는 자애(自愛)하십시오. 저에게 딸이 있는데 그대의 아내로 삼기를 원합니다." 하고는 마침내 유계에게 주었으니, 이 이가 여후(呂后)이다.

원문 單父人呂公이 好相人이러니 見季狀貌하고 因重敬之曰 臣의 相人이 多矣로되 無如季相하니 願季는 自愛하라 臣이 有息女하니 願爲箕帚妾이라 하고 卒與劉季하니 乃呂后也러라

○ 진 시황제가 일찍이 말하기를 "동남쪽에 천자(天子)의 기운이 있다." 하고는 마침내 동쪽으로 순시하여 그 기운을 눌렀는데, 유계(유방)가 스스로 의심하여 도망해서 망탕(芒碭 : 망산·탕산)의 산과 못 사이에 숨었으나, 여후(呂后)가 사람들과 함께 항상 찾아내므로 유계가 이상하게 여겨 물었다. 여후가 말하기를 "당신이 있는 곳 위에는 항상 구름 기운이 있기 때문에 그걸 따라가면 당신을 찾을 수 있었습니다." 하였

는데, 패(沛)의 자제들이 그런 말을 듣고는 따르려는 자가 많았다.

처음에 사상 정장(泗上亭長)이 되어 현(縣)을 위해 도형(徒刑)받은 자들을 여산(驪山)으로 호송하는데, 도형자들이 도중에 도망한 자가 많았다. 자신이 생각해 보니, 도착할 때쯤이면 모두 다 도망갈 것임을 알고는 마침내 호송하던 도형자를 놓아주며 말하기를 "그대들은 모두 가시오. 나 역시 여기에서 떠나가겠소." 하니, 도형자 중에 따르기를 원하는 장사들이 10여 명이었다.

[원문] 秦始皇帝 常曰 東南에 有天子氣라 하여 於是에 因東遊以厭之어늘 季卽自疑亡匿하여 隱於芒碭山澤間이러니 呂后 與人으로 俱求常得之어늘 季怪問之한대 呂后曰 季所居上에 常有雲氣故로 從往常得季라 하니 沛中子弟 聞之하고 多欲附者러라 初에 爲泗上亭長하여 爲縣送徒驪山이러니 徒多道亡이어늘 自度比至에 皆亡之하고 乃解縱所送徒曰 公等은 皆去하라 吾亦從此逝矣리라 하니 徒中壯士願從者 十餘人이러라

○ 유계(劉季)가 술에 취하여 밤중에 샛길로 늪지를 질러가는데, 큰 뱀이 길을 막으므로 유계가 칼을 빼어 뱀을 베었다. 후에 사람이 와서 뱀이 있던 곳에 이르니, 어떤 늙은 할미가 밤에 곡하며 말하기를 "내 아들은 백제(白帝)의 아들로서 뱀이 되어 길에 있었는데, 이제 적제(赤帝)의 아들이 죽였다." 하고는 홀연히 사라져 보이지가 않았다. 뒤에 온 그 사람이 유계에게 알리자, 유계는 이에 속으로 기뻐 자부하게 되고 따르던 모든 사람들은 날로 더욱 두려워하였다.

[원문] 劉季 被酒하고 夜徑澤中할새 有大蛇 當徑이어늘 季拔劒斬蛇러니 後人이 來至蛇所하니 有老嫗 夜哭曰 吾子는 白帝子也라 化爲蛇當道러니 今赤帝子斬之라 하고 嫗因忽不見이어늘 後人이 告劉季한대 季乃心獨喜自負하고 諸從者 日益畏之하더라

○진섭(陳涉)이 군사를 일으키게 되자 패령(沛令)이 패현(沛縣)을 가지고 호응하려 하니, 연주리(掾主吏) 소하(蕭何)와 조참(曹參)이 말하기를 "그대는 진(秦)나라의 관리가 되어 이제 배반하여 패의 자제를 통솔하려고 하지만, 그들이 말을 듣지 않을까 두렵습니다. 원컨대 그대는 밖에 있는 도망온 사람들을 불러 모으면 수백 명은 얻을 수 있으니, 그들로써 대중을 겁주면 대중이 듣지 않을 수 없을 것입니다." 하였다. 이에 번쾌(樊噲)를 시켜서 유계를 불러오게 하였는데, 이때 유계의 무리는 이미 수십 백 명이었다.

　패령이 후회하니, 부로들이 이에 자제들을 거느리고 함께 패령을 죽인 후 문을 열고 유계를 맞아들여 패공(沛公)을 삼고 깃발을 모두 적색(赤色)으로 하였는데, 이는 뱀을 죽였을 때 적제(赤帝)의 아들이라고 하였기 때문이다. 소하와 조참 등이 패현의 자제들을 모아 모두 3000명을 얻어서 제후들에게 호응하였다.

원문 及陳涉이 起에 沛令이 欲以沛로 應之어늘 掾主吏蕭何曹參이 曰 君爲秦吏하여 今欲背之하고 率沛子弟나 恐不聽이니 願君은 召諸亡在外者면 可得數百人이니 因劫衆이면 衆不敢不聽이리라 乃令樊噲로 召劉季하니 時에 劉季之衆이 已數十百人矣러라 沛令이 後悔어늘 父老 乃率子弟하여 共殺沛令하고 開門迎劉季하여 立以爲沛公하고 旗幟를 皆赤하니 由所殺蛇者 赤帝子故也라 蕭曹等이 爲收沛子弟하여 得三千人하여 以應諸侯하다

　주 **연주리(掾主吏)** 연은 연리(掾吏), 즉 서리(胥吏)를 말하며, 주리(主吏)는 공조(功曹)를 담당하는 관원. 주리는 소하, 연리는 조참을 가리킴.

○항량(項梁)이란 자는 초(楚)의 장수 항연(項燕)의 아들인데, 일찍이 사람을 죽이고는 형의 아들 항적(項籍)과 함께 원수를 피해 오(吳)에서 살았다. 항적이 어려서 글을 배웠으나 이루지 못하고는 떠나서 칼쓰기도 배웠지만 또 성공하지 못하자

항량이 화를 내었다. 그러자 항적이 말하기를 "글이란 성명(姓名)이나 적으면 족하고, 칼이란 한 사람을 대적할 뿐이어서 배울 것이 못 되니, 만인을 대적하는 것을 배우고자 합니다." 하였다. 항량이 이에 항적에게 병법을 가르쳤다.

항적은 키가 8척 남짓 되고 힘은 정(鼎)을 들 수 있었으며, 재기(才氣)가 남보다 뛰어났다.

회계수(會稽守) 은통(殷通)이 진섭(陳涉)이 군사를 일으켰다는 말을 듣고는, 군사를 내어 진섭에게 호응하고자 하여 항량을 장수로 삼았다. 항량이 이에 항적에게 칼을 뽑아 회계수의 머리를 베게 하고 그 인수(印綬)를 차니 문하(門下)가 크게 놀라 소란하였는데, 항적이 쳐죽인 자가 수십 백 명이어서 온 부중(府中) 사람이 모두 숨을 죽이고 엎드려 감히 일어나지 못하였다.

항량이 이에 오(吳)의 군사를 거느리고 사람들을 시켜서 소속된 현(縣)에서 정병(精兵) 8000명을 얻어 항량이 회계수가 되고 항적은 비장(裨將)이 되어 소속된 현을 순시하였는데, 항적은 이때 나이 24세였다.

[원문] 項梁者는 楚將項燕의 子也라 嘗殺人하고 與兄子籍으로 避仇吳中이러니 籍이 少時에 學書不成하고 去學劍又不成이어늘 項梁이 怒之한대 籍이 曰 書는 足以記名姓而已요 劍은 一人敵이라 不足學이니 學萬人敵하노이다 於是에 項梁이 乃敎籍兵法하다 籍의 長이 八尺餘요 力能扛鼎하고 才氣過人이러라 會稽守殷通이 聞陳涉이 起하고 欲發兵以應涉하여 使項梁으로 將이어늘 梁이 乃使籍으로 拔劍斬守頭하고 佩其印綬하니 門下 大驚擾亂이러니 籍의 所擊殺이 數十百人이라 一府中이 皆慴伏하여 莫敢起러라 梁이 乃擧吳中兵하고 使人收下縣하여 得精兵八千人하여 梁이 爲會稽守하고 籍이 爲裨將하여 徇下縣하니 籍이 是時에 年이 二十四러라

○ 전담(田儋)이란 자는 옛 제(齊)의 왕족(王族)인데, 스스로

제왕(齊王)이 되어 군사를 이끌고 동쪽으로 가 제나라 지역을 평정하였다.

원문 田儋者는 故齊王族也라 自立爲齊王하고 率兵東하여 略定齊地하다

○ 한광(韓廣)이 스스로 연왕(燕王)이 되었다.

원문 韓廣이 自立爲燕王하다

○ 주시(周市)가 위(魏)의 공자(公子) 구(咎)를 위왕(魏王)으로 세웠다.

원문 周市 立魏公子咎하여 爲魏王하다

 2년(계사) 이세가 자주 이사(李斯)를 꾸짖어 책망하기를 "삼공(三公)의 자리에 있으면서 어찌 도적이 이처럼 일어나게 하는가." 하였다. 이사가 두려워하여 마침내 이세의 뜻에 아첨하는 글로써 아뢰기를 "현명한 임금께서는 반드시 독책(督責)하는 술책을 시행하여 위에서 독단하시면, 여러 신하와 백성들은 허물을 고치기에도 겨를이 없을 터이니 어찌 변란을 도모하겠습니까?" 하니, 이세가 기뻐하며 이에 독책함을 더욱 엄하게 하여 백성에게 세금 거두기를 혹독하게 하는 자를 밝은 관리라 하고, 사람을 많이 죽이는 자를 충신이라 하였다. 이렇게 되니 형(刑)을 받는 자들이 길 가는 사람의 거의 절반을 차지하고, 죽은 사람의 시체가 날로 저자에 쌓여 진나라 백성들은 더욱 놀라고 두려워하여 난리를 생각하게 되었다.

원문 癸巳二年이라 二世 數誚讓李斯하되 居三公位하여 如何令盜로 如此오 李斯 恐懼하여 乃阿二世意하여 以書對曰 賢主 必能行督責之術하여 以獨斷於上이면 群臣百姓이 求過不給이니 何變之敢圖리이까 二世悅하여 於是에 行督責益嚴하여 稅民深者를

爲明吏라 하고 殺人衆者를 爲忠臣이라 하니 刑者 相半於道하고 而死人이 日成積於市라 秦民이 益駭懼思亂이러라

○조(趙)의 장수 이양(李良)이 조왕(趙王)을 습격해 죽이니, 장이와 진여가 흩어진 군사를 모아 이양을 치고, 이에 조의 후손을 구하여 조알(趙歇)을 조왕으로 세웠다.

원문 趙將李良이 襲殺趙王이어늘 張耳陳餘 收散兵擊良하고 乃求趙後하여 立趙歇爲趙王하다

○이세가 사마흔(司馬欣)과 동예(董翳)를 더 보내어 장감(章邯)을 도와 도적을 치게 하니, 진왕(陳王)이 패해 달아나자 그의 마부 장가(莊賈)가 진왕을 죽이고 항복하였다.

원문 二世 益遣司馬欣董翳하여 佐章邯擊盜하니 陳王이 敗走어늘 其御莊賈 殺陳王以降하다

○진(陳) 사람 진가(秦嘉)가 담(郯) 땅에서 군사를 일으켰는데, 진왕의 군사가 패했다는 말을 듣고는 경구(景駒)를 세워 초왕(楚王)으로 삼았다. 경구가 유(留) 지방에 있자 패공(沛公)이 가서 따랐는데, 장량(張良) 역시 젊은 사람 100여 명을 모아 길에서 패공을 만나자 드디어 그에게 소속되었다. 장량이 자주 태공(太公)의 병법을 패공에게 설명하니, 패공이 좋게 여겨 항상 그의 계책을 채용했다. 장량이 다른 사람에게도 설명했으나 모두 깨닫지 못하니, 장량이 말하기를 "패공은 거의 하늘이 준 사람과 같다." 하고는 이 때문에 드디어 그를 따르면서 떠나지 않았다.

원문 陳人秦嘉 起兵於郯이러니 聞陳王軍이 敗하고 乃立景駒하여 爲楚王하다 景駒 在留에 沛公이 往從之러니 張良이 亦聚少年百餘人하여 道遇沛公하여 遂屬焉하다 良이 數以太公兵法으로 說沛公하니 沛公이 善之하여 常用其策이러라 良이 爲他人言에 皆不省하니 良이 曰 沛公은 殆天授라 하고 故로 遂從不去하더라

○ 항량(項梁)이 8000명을 이끌고 강을 건너 서쪽으로 갔다.

[원문] 項梁이 以八千人으로 渡江而西하다

○ 경포(黥布)란 사람은 육(六) 지방 사람인데, 성은 영씨(英氏)이다. 강중(江中)으로 도망하여 군도(群盜)가 되었다가 항량이 회수(淮水)를 건넜다는 말을 듣고는 군사를 이끌고 가 그에게 소속되었다.

[원문] 黥布者는 六人也니 姓은 英氏라 亡之江中하여 爲群盜러니 聞項梁이 渡淮하고 引兵屬焉하다

○ 항량의 무리가 6, 7만 명에 이르자 하비(下邳)에 주둔하고, 진격해서 진가와 경구를 죽였다.

[원문] 項梁의 衆至六七萬人이라 軍下邳하고 進擊하여 秦嘉景駒殺之하다

○ 패공(沛公)이 가서 항량을 만나니, 항량이 패공에게 군사 5000명을 주었다.

[원문] 沛公이 往見梁한대 梁이 予沛公卒五千人하다

○ 항량이 항우(項羽 : 項籍)에게 별도로 양성(襄城)을 공격하게 하였으나, 양성이 굳게 지켜 함락되지 않았다. 얼마 후 빼앗고 나서 모두 묻어버렸다.

[원문] 項梁이 使項羽로 別攻襄城하니 襄城이 堅守不下라 已拔에 皆坑之하다

○ 항량이, 진왕이 확실히 죽었다는 말을 듣고는 여러 별장(別將)을 불러서 설(薛) 지방에 모여 일을 계획하였는데, 패공 역시 그곳에 갔다.
　거소(居鄛) 사람 범증(范增)은 나이 70이다. 평소 집에 있을 때 기계(奇計 : 기이한 계획)를 좋아했는데, 항량에게 가서 말

하기를 "진승(陳勝)은 제일 먼저 군사를 일으켰으나 초(楚)나라의 후예를 세우지 않고 스스로 즉위했기 때문에 그 세력이 커지지 못하였습니다. 이제 그대가 강동(江東)에서 일어나니, 초에서 벌떼처럼 일어난 장수들이 모두 다투어 그대를 붙좇는 것은, 그대 집안이 대대로 초나라의 장수를 지냈으므로 다시 초나라의 후예를 초왕으로 세울 수 있기 때문입니다." 하였다.

그러자 항량이 그 말을 그렇겠다고 여겨 마침내 초 회황(楚懷王)의 손자 심(心)을 찾아 초 회왕으로 세웠으니, 이는 백성의 바람을 따른 것이다.

항량이 스스로 칭호를 무신군(武信君)이라 하였다.

원문 梁이 聞陳王이 定死하고 召諸別將하여 會薛計事할새 沛公이 亦往焉하다 居鄹人范增이 年七十이라 素居家하여 好奇計러니 往說項梁曰 陳勝이 首事에 不立楚後而自立하니 其勢不長이라 今君이 起江東에 楚蠭起之將이 皆爭附君者는 以君이 世世楚將으로 能復立楚之後也라 한대 於是에 項梁이 然其言하여 乃求得楚懷王孫心하여 立以爲楚懷王하니 從民望也러라 項梁이 自號武信君하다

> 종 정사(定死) 확실히 죽음. 수사(首事) 가장 먼저 군사를 일으켰다는 뜻. 봉(蠭) 봉(蜂)의 고자(古字).

○ 장량(張良)이 항량(項梁)에게 유세하기를 "그대가 이미 초나라 후예를 세웠으니, 한(韓)의 여러 공자 가운데 횡양군(橫陽君) 성(成)이 가장 현명하므로 왕으로 세워 우리 당(黨)을 더 많이 만드십시오." 하니, 항량이 장량에게 한성(韓成)을 되찾게 해서 한왕을 삼았다.

원문 張良이 說項梁曰 君이 已立楚後而韓諸公子에 橫陽君成이 最賢하니 可立爲王하여 益樹黨이라 한대 梁이 使良으로 求韓成하여 立以爲韓王하다

○ 장감(章邯)이 위(魏)를 공격하니, 제(齊)의 왕 전담(田儋) 및 초(楚)의 장수 항타(項它)가 모두 군사를 이끌고 위를 구하였다. 그러나 장감이 제·초의 군사를 크게 격파하고 제왕 전담을 죽이니, 위왕 구(咎)는 분신자살하고 그의 동생 표(豹)는 초로 도망하였다. 초 회왕(楚懷王)이 군사 수천 명을 주어 다시 위의 땅을 순시하고 위왕으로 세웠다.

　전영(田榮)이 형인 담(儋)의 남은 군사를 거두어 동쪽 동아(東阿)로 도망하였는데, 장감이 추격하여 포위하니 무신군(武信君 : 황량)이 군사를 이끌고 가 동아 아래에서 장감을 격파하고, 추격하여 복양(濮陽)에 이르러 또 격파하였다.

원문 章邯이 擊魏하니 齊王儋과 及楚將項它 皆將兵救魏러니 章邯이 大破齊楚軍하고 殺齊王儋하니 魏王咎는 自燒死하고 其弟豹는 亡之楚어늘 楚懷王이 予兵數千人하여 復徇魏地하고 立爲魏王하다 田榮이 收兄儋餘兵하여 東走東阿하니 章邯이 追圍之어늘 武信君이 引兵擊破章邯軍於東阿下하고 追至濮陽하여 又破之하다

○ 낭중령(郎中令) 조고(趙高)가 황제의 은총을 믿고 마음대로 전횡(專橫)하여 사사로운 원한으로 사람을 죽인 일이 많았다. 그래서 대신들이 조정에 들어가 일을 아뢸 때 그 사실을 말할까 두려워서, 이에 이세(二世)에게 유세하기를 "천자(天子)가 귀한 까닭은 다만 소리만 듣고 여러 신하들이 그 얼굴을 볼 수가 없기 때문입니다. 폐하께서는 깊은 궁궐 안에서 공수(拱手)하고 계시면서, 신(臣)과 법을 잘 아는 시중(侍中)에게 일을 기다리고 있다가 아뢰는 일이 오면 헤아려서 아뢰도록 하십시오. 이렇게 하면 대신들이 감히 의심스러운 일을 아뢰지 못할 것이고 천하에서는 성주(聖主)라고 일컬을 것입니다." 하였다. 이세가 그 계책을 채용하여 마침내 조정에 앉아 대신들을 보지 않고 항상 궁궐 안에 있게 되어, 모든 일을 조고가 결정하였다.

　조고는 이사(李斯)가 이 일을 비판했다는 말을 듣고는 말하

기를 "승상의 장남(長男) 이유(李由)는 삼천수(三川守)가 되어 도적과 내통하였고, 또 승상이 밖에 있어 폐하보다 권세가 더 대단합니다." 하였다.

이세가 그렇게 여겨 마침내 사람을 시켜 삼천수가 도적과 내통한 죄상을 조사하여 이사를 옥리(獄吏)에게 내려보내니, 이사가 옥에 갇혔다. 이세가 조고에게 맡겨 다스리도록 하니, 5형(五刑)의 형구를 갖추어 놓고 이사를 논죄하여 함양 저자에서 요참(腰斬)하고 조리돌림하게 되니, 마침내 부자(父子)가 서로 곡하고 그 3족(族)이 주멸되었다. 이세가 조고를 승상으로 삼아 크고 작은 일을 모두 결정하게 하였다.

원문 郎中令趙高 恃恩專恣하여 以私怨으로 誅殺人이 衆多라 恐大臣이 入朝奏事에 言之하여 乃說二世曰 天子 所以貴者는 但以聞聲이요 群臣이 莫得見其面也라 陛下 不如深拱禁中하여 與臣及侍中習法者로 待事라가 事來어든 有以揆之니 如此則大臣이 不敢奏疑事요 天下 稱聖主矣리이다 二世 用其計하여 乃不坐朝廷見大臣하고 常居禁中하여 事皆決於趙高하다 高 聞李斯以爲言하고 乃曰 丞相長男李由 爲三川守하여 與盜通하고 且丞相이 居外하여 權重於陛下이니이다 二世 以爲然하여 乃使人으로 按驗三川守 與盜通狀하고 下斯吏하니 斯就獄이어늘 二世 以屬趙高治之한대 具斯五刑하여 論腰斬咸陽市하니 遂父子 相哭而夷三族하다 二世 以趙高로 爲丞相하여 事無大小히 皆決焉하다

> ㈜ 심공금중(深拱禁中) 궁궐 깊숙이 있는 것. 안험(按驗) 죄상을 조사함. 취옥(就獄) 옥에 갇힘. 오형(五刑) 다섯 가지의 형벌. 살갗에 먹물로 글자를 새기는 묵형(墨刑), 코를 베는 의형(劓刑), 발꿈치를 베는 비형(剕刑), 거세(去勢)하는 궁형(宮刑), 그리고 목을 베는 사형인데 여러 설이 있음. 삼족(三族) 부모·형제·처자(妻子), 혹은 부족(父族)·모족(母族)·처족(妻族).

○ 항량이 이미 장감을 격파하고 군사를 이끌고 정도(定陶)에 이르러 다시 진나라 군사를 깨뜨렸다. 항우(項羽)와 패공(沛

公)이 또 진나라 군사와 함께 옹구(雍丘)에서 싸워 크게 무찌르고 이유(李由)를 참하니, 항량은 더욱 진나라를 가볍게 보고 교만한 기색이 있었다. 이를 본 송의(宋義)가 간하기를 "전쟁에서 이겼다고 하여 장수가 교만하고 병졸이 게을러지면 패하게 되니, 저는 그대를 생각하면 두렵습니다." 하였으나 항량은 듣지 않았다. 이세가 모든 군사를 일으켜 장감을 도와서 초군(楚軍)을 공격하게 하여 정도(定陶)에서 크게 깨뜨리니, 항량은 죽었다.

원문 項梁이 已破章邯하고 引兵至定陶하여 再破秦軍하고 項羽 沛公이 又與秦軍으로 戰於雍丘하여 大破之하고 斬李由하니 梁이 益輕秦하여 有驕色이어늘 宋義諫曰 戰勝而將驕卒惰者는 敗하니 臣이 爲君畏之하노라 梁이 弗聽이러니 二世 悉起兵하여 益章邯 擊楚軍하여 大破之定陶하니 項梁이 死하다

○ 장감이 이미 항량을 깨뜨리고 하수(何水)를 건너 북쪽으로 조(趙)를 공격하니, 조가 자주 초(楚)에 구원을 청하였다. 초왕이 송의(宋義)를 상장군(上將軍)으로 삼고, 항우를 차장(次將)으로 삼아 조를 구원하게 하였는데, 여러 별장을 모두 송의에게 소속시켜 경자관군(卿子冠軍)이라 불렀다.

원문 章邯이 已破項梁하고 乃渡河하여 北擊趙하니 趙數請救於 楚어늘 楚王이 以宋義로 爲上將軍하고 項羽로 爲次將하여 以救 趙할새 諸別將을 皆屬宋義하고 號爲卿子冠軍이라 하다

○ 처음에 초 회왕이 여러 장수들과 약속하기를 "먼저 들어가 관중(關中)을 평정하는 자를 왕으로 삼겠다."고 하였다. 이때만 해도 진나라 군사가 강성하여 항상 승승장구 하는 승세를 몰아 패배시키니, 여러 장수들이 관중으로 먼저 들어가는 것을 불리하게 여겼는데, 오직 항우만이 진나라가 항량을 죽인 것을 원통하게 생각하고 분연히 패공과 함께 서쪽으로 진격하여 관중에 들어가기를 원하였다.

초 회왕의 여러 노장(老將)들이 모두 말하기를 "항우는 사람됨이 날렵하고 용감하지만 교활하고 잔인하게 해치므로, 일찍이 양성(襄城)을 공격하였을 때도 모조리 죽여서 양성에 살아남은 사람이 없었고, 지나가는 곳 모두를 잔인하게 전멸시켰습니다. 그러니 덕망이 후한 사람을 다시 보내 의리를 떠받들며 서쪽으로 나아가, 진나라 부형(父兄)들이 깨닫도록 일깨워 주는 것만 못합니다. 진나라 부형들은 그들 임금에게 고통을 받은 지 오래여서, 이제 참으로 덕망이 후한 사람을 찾아내서 가게 하여 침략함이나 포악함이 없도록 한다면 의당 항복할 것입니다. 그러니 항우를 보내는 것을 불가하고 패공만은 평소 관대하고 덕망이 후한 사람이어서 보낼 만합니다." 하였다. 회왕은 이에 항우가 가는 것을 허락하지 않고 패공을 보내 서쪽으로 땅을 공략하게 하였다.

원문 初에 楚懷王이 與諸將으로 約하되 先入定關中者를 王之라 하더라 當是時하여 秦兵이 彊하여 常乘勝逐北라 諸將이 莫利先入關하되 獨項羽 怨秦之殺項梁하여 奮身하여 願與沛公으로 西入關이어늘 懷王의 諸老將이 皆曰 項羽는 爲人이 慓悍猾賊하여 嘗攻襄城에 襄城이 無遺類하고 諸所過에 無不殘滅하니 不如更遣長者하여 扶義而西하여 告諭秦父兄이니 秦父兄이 苦其主久矣라 今에 誠得長者하여 往無侵暴면 宜可下니 羽는 不可遣이요 獨沛公이 素寬大長者니 可遣이니이다 懷王이 乃不許羽 而遣沛公하여 西略地하다

3년(갑오) 겨울 10월에 송의는 행군하여 안양(安陽)에 이르러 46일간을 진군하지 못하고 머물고 있었다. 이에 항우가 말하기를 "나라 군대가 또 새로이 격파되어 왕이 좌불안석(坐不安席)하시어 경내를 다 쓸어 모아 장군에게 소속시켰으니, 국가의 안위(安危)가 이 한 번의 거사에 달려 있습니다. 그런데도 이제 사졸을 돌보지 않고 사사로움을 따르니, 나라를 지키는 신하가 아닙니다." 하였다. 11월에 항우는 그의 장

막 안으로 나아가 송의를 베고 군사를 모두 이끌고 하수를 건넌 다음, 배를 모두 침몰시키고 가마솥과 시루를 다 깨뜨리고 막사도 불태워 버리고 3일간 먹을 양식만 지니게 함으로써 사졸들에게 반드시 죽기로 싸울 것임을 보여주었다. 그리고 진나라 군사를 만나 아홉 번 싸워 크게 격파하고 왕이(王離)를 사로잡았다.

원문 甲午三年이라 冬十月에 宋義 行至安陽하여 留四十六日不進하니 羽曰 國兵이 新破에 王이 坐不安席하사 掃境內하여 以屬將軍하시니 國家安危 在此一擧어늘 今에 不恤士卒 而徇其私하니 非社稷之臣也라 하고 十一月에 項羽 卽其帳中하여 斬宋義하고 乃悉引兵渡河하여 皆沈船破釜甑하고 燒廬舍하고 持三日粮하여 以示士卒必死하고 於是에 與秦軍으로 遇하여 九戰大破之하고 虜王離하다

○이때 초병(楚兵)이 제후의 군사들 중에서 으뜸이었다. 그래서 처음으로 제후 상장군(諸侯上將軍)이 되니, 제후들이 모두 소속되었다.

원문 當是時하여 楚兵이 冠諸侯라 於是에 始爲諸侯上將軍하니 諸侯 皆屬焉이러라

○봄 2월에 패공은 북쪽으로 창읍(昌邑)을 공격하면서 팽월(彭越)을 만났는데, 팽월은 그 군사를 데리고 패공을 따랐다. 패공이 팽월을 위(魏)의 재상으로 삼고 장병들을 시켜서 위의 땅을 평정하게 하였다.

원문 春二月에 沛公이 北擊昌邑할새 過彭越하니 越이 以其兵으로 從沛公이어늘 沛公이 拜越爲魏相하고 使將兵하여 略定魏地하다

○패공이 군사를 이끌고 서쪽으로 가 고양(高陽)을 지날 때, 고양 사람 역이기(酈食其)가 이감문(里監門 : 마을 문을 지키는 관리)이었는데, 패공 휘하의 기사(騎士) 한 사람이 마침 역이

기가 사는 마을 사람이었다. 역이기가 그를 보고는 묻기를 "내가 듣건대 패공은 거만하여 남을 만만히 보고 업신여기지만 계모(計謀)가 많다고 하니, 이는 참으로 내가 따르기를 소원하던 사람이다." 하였다. 기사가 말하기를 "패공은 유생(儒生)을 좋아하지 않아서 빈객 중에 유관(儒冠)을 쓰고 오는 사람에게는 패공이 갑자가 그 유관을 벗기어 그 안에다 오줌을 싸버리니, 아직 유생에 관해서는 말할 수 없습니다." 하였다. 역이기가 말하기를 "그렇지만 말해 다오." 하니, 기사가 그에 관해 차분히 말씀드리니, 고양 전사(傳舍)에 이르러 사람을 시켜 역생(역이기)을 불렀다.

역생이 그곳에 이르러 들어가 뵈니, 패공이 바야흐로 의자에 걸터앉아 두 여자에게 발을 씻게 하고 있다가 역생을 보았다. 역생이 길게 읍(揖)만 하고 절은 하지 않고 말하기를 "족하(足下)께서 반드시 무도한 진나라를 주벌(誅伐)하고자 하신다면 걸터앉아서 장자(長者)를 보아서는 안 될 것입니다." 하니, 이에 패공이 발 씻기를 그만두고 일어나 옷깃을 여미면서 역생을 상좌로 맞아들여 사과하였다.

역생은 이에 육국(六國)이 합종(合從)·연횡(連橫)할 당시의 이야기를 하니, 패공이 기뻐하며 묻기를 "장차 어떤 계책을 내야 합니까?" 하였다.

역생이 말하기를 "족하께서는 규합한 무리로 일으킨 군사와 흩어져 어지러운 군사를 수습하여도 만 명도 되지 않는데 곧바로 강한 진나라로 들어가려 하니, 이는 이른바 호구(虎口)로 들어간다는 것입니다. 무릇 진류(陳留)는 천하의 요충지로서 사통오달(四通五達)의 교외입니다. 지금 그 성안에는 또 곡식이 많이 쌓였고, 제가 그곳 수령과 잘 지내니, 청컨대 저를 그 수령에게 사신으로 보내어 그를 족하에게 항복하게 하시기 바랍니다. 만일 말을 듣지 않거든 족하께서 군사를 일으켜 공격하면 저는 안에서 호응하겠습니다." 하였다.

그래서 역생을 보내어 시행하게 하고, 패공은 군사를 이끌

고 뒤따라 가서 드디어 진류를 항복시켰다. 역이기를 광야군
(廣野君)이라 불렀는데, 역생은 항상 세객(說客)으로 사신이
되어 제후에게 다녔다.

원문 沛公이 引兵西하여 過高陽할새 高陽人酈食其爲里監門이러
라 沛公의 麾下騎士 適食其里中人이라 食其見謂曰 吾聞沛公은
慢而易人하고 多大略이라 하니 此는 眞吾所願從遊로다 騎士曰
沛公은 不好儒하여 諸客이 冠儒冠來者면 沛公이 輒解其冠하여
溲溺其中하니 未可以儒生으로 說也니라 酈生이 曰 第言之하라
騎士 從容言이러니 至高陽傳舍하여 使人召酈生하다 酈生이 至하
여 入謁이어늘 沛公이 方倨牀하여 使兩女子로 洗足而見酈生한대
生이 長揖不拜曰 足下必欲誅無道秦인대 不宜倨見長者니라 於
是에 沛公이 輟洗起攝衣하고 延生上坐謝之하다 酈生이 因言六
國從橫時한대 沛公이 喜問曰 計將安出고 酈生이 曰 足下 起糾
合之衆하고 收散亂之兵이 不滿萬人이어늘 欲以徑入彊秦하니 此
는 所謂探虎口者也라 夫陳留는 天下之衝이요 四通五達之郊也라
今其城中에 又多積粟하고 臣이 善其令하니 請得使之하여 令下足
下하리니 卽不聽이어든 足下 擧兵攻之면 臣이 爲內應하리이다 於
是에 遣酈生行하고 沛公이 引兵隨之하여 遂下陳留하고 號酈食其
하여 爲廣野君하니 酈生이 常爲說客하여 使諸侯하다

　주 만이이인(慢而易人) 거만하여 남을 만만히 보고 업신여김. 수뇨(溲
　溺) 오줌을 눔. 거상(倨牀) 의자에 다리를 뻗고 걸터앉는 것. 족하
　(足下) 상대방에 대한 존칭. 세객(說客) 유세하는 사람.

○ 여름 4월에 패공이 남쪽으로 영천(潁川)을 공격하여 도륙
하고 장량(張良)은 이로 인하여 드디어 한(韓) 땅을 공략하게
되었다.

　장량이 군사를 이끌고 패공을 따라 남양군(南陽郡)을 공략
하니, 남양수(南陽守) 기(齮)가 항복하였다. 군사를 이끌고 서
쪽으로 가니 항복하지 않는 자가 없었고, 지나는 곳마다 노
략질을 하지 못하게 하니 진나라 백성들이 모두 기뻐하였다.

[원문] 夏四月에 沛公이 南攻穎川屠之하고 因張良하여 遂略韓地
하다 良이 引兵從沛公하여 略南陽郡하니 南陽守齮降이어늘 引兵
西하니 無不下者요 所過에 亡得鹵掠하니 秦民이 皆喜러라

○ 왕이(王離)의 군대가 이미 멸망된 후에 장감의 군대는 극
원(棘原)에 주둔하고 항우의 군대는 장남(漳南)에 주둔하였는
데, 진나라 군사가 자주 퇴각하니, 이세는 사람을 시켜 장감
을 꾸짖었다. 장감이 두려워하여 장사 흔(長史欣)을 시켜서
함양의 일을 청하였는데, 사마문(司馬門)에서 3일간을 기다려
도 조고가 만나주지 않자 믿지 않는 마음이 들었다.

흔이 군중에 돌아와 보고하기를 "조고가 궁중의 요로에 있
으면서 정권을 전단하고 있어, 아랫사람으로서는 더는 해볼
사람이 없습니다. 이번 싸움에서 이기더라도 조고가 반드시
우리 공을 질투할 것이요, 이기지 못하게 되면 죽음을 면치
못할 것입니다."하니, 장감이 이에 항우와 더불어 원수(洹水)
위에서 맹약하였다. 맹약을 하고 나서 장감이 항우를 만나
눈물을 흘리며 조고에 대한 말을 하니, 항우가 마침내 장감
을 옹왕(雍王)으로 세워 초의 군중에 머물게 하고, 장사 흔(長
史欣)을 상장군(上將軍)으로 삼아 진나라 군사를 거느리고 앞
서 행군하게 하였다.

[원문] 王離軍이 旣沒에 章邯은 軍棘原하고 項羽는 軍漳南하니 秦
兵이 數卻이라 二世 使人으로 讓章邯한대 邯이 恐하여 使長史欣
으로 請事咸陽이러니 留司馬門三日하되 趙高不見하고 有不信之
心이어늘 欣이 至軍報曰 高用事于中하니 下無可爲者라 今에 戰
하여 勝이라도 高必嫉吾功이요 不勝이면 不免於死라 한대 邯이
乃與羽로 約盟洹水之上하고 已盟에 邯이 見羽流涕하고 爲言趙
高하니 羽乃立章邯爲雍王하여 置楚軍中하고 使長史欣으로 爲上
將軍하여 將秦軍爲前行하다

○ 처음 조고가 진나라의 권력을 전단하려고 하였으나 여러

신하들이 말을 듣지 않을까 걱정이 되어, 이에 먼저 시험해 보려고 사슴을 가져와 이세에게 바치면서 "말(馬)입니다."라고 하였다. 이세가 웃으며 "승상이 잘못 알았소. 사슴을 말이라고 하지 않는가?" 하고 좌우의 신하에게 물으니, 어떤 사람은 말을 하지 않고 어떤 사람은 말이라고 하였다. 조고가 사슴이라고 말한 여러 사람을 몰래 법으로써 해치니, 이후로는 여러 신하들이 모두 조고를 무서워해 감히 그 허물을 말하지 못하였다.

원문 初에 趙高 欲專秦權하되 恐群臣이 不聽하여 乃先設驗하여 持鹿獻於 二世曰 馬也라 한대 二世笑曰 丞相이 誤耶아 謂鹿爲馬오너 問左右한대 或默或言馬어늘 高因陰中諸言鹿者以法하니 後에 群臣이 皆畏高하여 莫敢言其過러라

○ 조고가 전에 여러 차례 관동(關東)의 도적은 아무 일도 할 수 없을 것이라고 하였다. 항우가 왕이 등을 사로잡고, 장감 등의 군사가 자주 패하여 관동이 모두 배반하기에 이르자, 조고는 이세가 노하여 주살이 자기 몸에까지 미칠까 두려워하여 마침내 병을 핑계하여 조회에 나오지 않고, 몰래 그의 사위 함양령(咸陽令) 염락(閻樂)과 함께 임금을 바꾸어 다시 자영(子嬰)을 세울 모의를 하였다.

염락이 이졸(吏卒)을 거느리고 망이궁(望夷宮)에 들어가 이세에게 말하기를 "승상의 명을 받아 족하를 주살하겠습니다." 하고는 그의 군사를 지휘하여 나아가니, 이세가 자살하였다. 조고가 이에 자영을 세워 진왕(秦王)을 삼고, 자영에게 재계(齋戒)하고 마땅히 종묘에 참배하고 옥새를 받으라 하였다.

자영은 그의 두 아들과 함께 모의하기를 "승상 조고가 이세를 죽이고는, 여러 신하들이 그를 주살할까 두려워하여 마침내 거짓으로 짐짓 의(義)를 내세워 나를 세우고, 나에게 재계하고 종묘에 참배하라 한다. 내가 병을 핑계하여 가지 않

으면 승상이 틀림없이 몸소 올 것이니, 오면 죽여야겠다." 하였다. 조고가 과연 몸소 오니, 자영이 드디어 재궁(齋宮)에서 조고를 찔러 죽이고, 조고의 집안 3족(族)을 멸하였다.

원문 高가 前에 數言關東盜는 無能爲也라 하더니 及項羽 虜王離等而章邯等軍이 數敗에 關東皆畔이라 高恐二世怒하여 誅及其身하여 乃謝病不朝하고 陰與其婿咸陽令閻樂으로 謀易置上하고 更立子嬰이러니 樂이 將吏卒하고 入望夷宮하여 與二世曰 受命於丞相하여 誅足下라 하고 麾其兵進하니 二世自殺이어늘 趙高 乃立子嬰하여 爲秦王하고 令子嬰으로 齋當廟見하여 受玉璽라 한대 子嬰이 與其子二人으로 謀曰 丞相高 殺二世하고 恐群臣이 誅之하여 乃佯以義立我하고 使我로 齋見廟하니 我稱病不行이면 丞相이 必自來하리니 來則殺之라 하더니 高果自往이어늘 子嬰이 遂刺殺高於齋宮하고 三族高家하다

○ 자영이 장수를 보내어 군사를 거느리고 요관(嶢關)을 막게 하니, 패공이 공격하려고 하였다. 장량(張良)이 말하기를 "진나라 군사가 아직도 강성하니, 가볍게 볼 수는 없습니다. 원컨대 먼저 사람을 보내 산 위에다 더 많은 깃발을 세워 의병(疑兵)을 삼고, 역이기와 육가(陸賈)에게 진나라에 가서 진나라 장수들을 설득하여 이익을 주고 속아넘어가게 하소서." 하였다.

진나라 장수들이 과연 평화의 맹약을 맺고자 하니, 패공이 허락하려고 하였다. 장량이 말하기를 "이는 다만 그 장수들은 모반하고자 하지만 그 사졸들이 따르지 않을까 염려스러우니, 그들이 태만해지기를 기다려 공격하는 것만 못합니다." 하였다. 패공이 군사를 이끌고 요관을 둘러싸고 궤산(蕢山)을 넘어 진나라 군사를 공격하여 크게 깨뜨렸으며, 드디어 남전(藍田)에 이르러 다시 북쪽으로 가서 싸우니, 진나라 군사가 크게 패하였다.

원문 子嬰이 遣將將兵하여 距嶢關이어늘 沛公이 欲擊之러니 張良이 曰 秦兵이 尙彊하니 未可輕이라 願先遣人하여 益張旗幟於山上하여 爲疑兵하고 使酈食其陸賈로 往說秦將하여 啗以利하소서 한대 秦將이 果欲連和어늘 沛公이 欲許之러니 張良이 曰 此는 獨其將이 欲叛이나 恐其士卒이 不從이니 不如因其懈怠하여 擊之니이다 沛公이 引兵繞嶢關하여 踰蕢山하여 擊秦軍大破之하고 遂至藍田하여 又戰其北하니 秦兵이 大敗하다

주 의병(疑兵) 거짓으로 진(陳)을 설치하여 적을 속이는 것. 연화(連和) 휴전하고 평화의 맹약을 맺는 것.

제 4 권   한기 (漢紀)

태조 고황제(太祖高皇帝)* 상

원년(을미) 겨울 10월에 패공(沛公)이 패상(霸上)에 이르니, 진왕(秦王) 자영(子嬰)이 흰 수레에 흰 말로 목에 조(組)를 걸고 황제의 옥새와 부절(符節)을 봉(封)하고는 지도(軹道) 거리에서 항복했다. 여러 장수들이 혹은 진왕을 죽이자고 말하니, 패공이 말하기를 "처음에 초 회왕(楚懷王)이 나를 보낸 것은 참으로 관용(寬容)하다 해서였고, 또 이미 항복한 사람을 죽이는 것은 상서롭지 못하다." 하고는 마침내 관리에게 맡겼다.

원문 乙未冬十月에 沛公이 至霸上하니 秦王子嬰이 素車白馬로 係頸以組하고 封皇帝璽符節하고 降軹道旁이어늘 諸將이 或言誅秦王한대 沛公이 曰 始懷王이 遣我는 固以能寬容이요 且人이 已服降이어늘 殺之不祥이라 하고 乃以屬吏하다

주 *태조 고황제(太祖高皇帝) 성은 유씨(劉氏), 이름은 방(邦), 자(字)는 계(季)이다. 재위 12년, 수는 53세. 소거백마(素車白馬) 흰 수레에 흰 말. 계경이조(係頸以組) 인수(印綬)를 매단 끈을 목에 건다는 뜻인데 이는 항복을 의미함. 부절(符節) 금속이나 옥(玉)으로 만든 신표. 절반으로 쪼개어 하나는 제왕이 갖고 하나는 명을 받은 신하에게 주어 군사를 동원하거나 명령을 전했음.

○패공이 서쪽으로 함양에 들어가니, 여러 장수들이 앞다투어 황금·비단·재물 창고로 달려가 나누어 가졌는데, 소하(蕭何)는 혼자서 먼저 들어가 진나라 승상부(丞相府)의 도적(圖

籍)을 거두어 보관하니, 이로써 패공은 천하의 요새지와 호구
(戶口)의 많고 적음, 취약한 곳을 모두 알게 되었다.

원문 沛公이 西入咸陽하니 諸將이 皆爭走金帛財物之府하여 分
之하되 蕭何는 獨先入하여 收秦丞相府圖籍하여 藏之하니 以此로
沛公이 得具知天下阨塞와 戶口多少와 彊弱之處하다

○ 패공은 진나라 궁실(宮室)의 휘장·개·말, 값진 보배들과
천여 명이나 되는 부녀자들이 있는 것을 보고는 이대로 지내
며 머물자고 하였다. 그러자 번쾌(樊噲)가 간(諫)하기를 "패공
께서는 천하를 갖고자 하십니까, 아니면 부잣집 영감님이 되
고자 하십니까? 이 사치스럽고 화려하게 꾸민 물건들은 모두
진나라를 망하게 한 것들인데, 패공께서 어디에다 쓰시려고
하십니까? 원컨대 급히 패상(霸上)으로 돌아가시어 궁중에 머
물지 마소서." 하였다.

　패공이 그 말을 듣지 않으니, 장량(張良)이 말하기를 "진나
라가 무도했기 때문에 패공께서 여기에 올 수가 있었습니다.
무릇 천하를 위하여 잔적(殘賊)을 없애려면 마땅히 검소함을
바탕으로 삼아야 하는데, 이제 처음으로 진나라에 들어와서
곧바로 그 즐거움에 빠지시면 이는 이른바 걸(桀)을 도와 포
학함을 더하게 하는 것입니다. 또 충성스런 말은 귀에 거슬
리지만 행실에 이롭고, 독약은 입에 쓰지만 병에는 이롭습니
다. 원컨대 패공께서는 번쾌의 말을 들으소서." 하니 패공은
그 말을 듣고 패상으로 환군(還軍)하였다.

원문 沛公이 見秦宮室帷帳과 狗馬重寶와 婦女以千數하고 意欲
留居之어늘 樊噲諫曰 沛公이 欲有天下耶와 將爲富家翁耶아 凡
此奢麗之物은 皆秦所以亡也니 沛公이 何用焉이리요 願急還霸上
하고 無留宮中하소서 沛公이 不聽이어늘 張良이 曰 秦爲無道故로
沛公이 得至此하니 夫爲天下除殘賊인댄 宜縞素爲資어늘 今始入
秦하여 卽安其樂하면 此는 所謂助桀爲虐이요 且忠言이 逆耳나

利於行이요 毒藥이 苦口나 利於病이니 願沛公은 聽曾言하소서
沛公이 乃還軍霸上하다

> ㈜ 부가옹(富家翁) 부잣집 늙은이.　호소(縞素) 흰옷, 상복(喪服). 검소함
> 의 비유.　걸(桀) 하(夏)나라 마지막 왕으로 아주 포학하였음.　역이
> (逆耳) 귀에 거슬리는 것.

○ 11월에 패공이 모든 현(縣)의 부로(父老)와 호걸(豪傑)을 다
불러놓고 이르기를 "부로들께서 진나라의 가혹한 법(法)에 시
달린 지 오래였소. 비방한 자는 멸족하고, 함께 이야기한 자
는 기시(棄市)하였는데, 나는 관중(關中)의 왕이 되면서 부로
들과 법3장(法三章)만을 약속하노니, 살인자는 죽이고, 남을
살상하는 자 및 도둑질한 자는 경중에 따라 그에 상당한 벌
을 주겠지만, 그 이외의 진나라 법은 모두 없애겠소. 그러니
모든 관리와 백성들은 예전과 같이 안심하고 생활하시오. 무
릇 내가 온 것은 부로들을 위하여 해(害)를 제거하려는 것이
지 포학하게 침탈하려는 것이 아니니, 두려워하지 마시오. 또
내가 패상으로 환군시킨 것은 제후들이 오기를 기다려 약속
을 확정하기 위함이오." 하였다. 그리고는 사람을 시켜 진나
라 관리와 함께 현(縣)·향(鄉)·읍(邑)을 순행하면서 이를 알
리게 하였다. 진나라 백성들은 크게 기뻐하며 앞다투어 소·
양과 주식(酒食)을 가져와 군사를 먹이게 하니, 패공이 또 사
양하고 받지 않으며 말하기를 "창고의 곡식이 많아 부족하지
않으니, 백성들의 것을 쓰지 않고자 합니다." 하니, 백성들이
더욱 기뻐하며 오직 패공이 진왕이 되지 못할까 걱정을 하
였다.

원문 十一月에 沛公이 悉召諸縣父老豪傑하여 謂曰 父老苦秦苛
法이 久矣라 誹謗者를 族하고 偶語者를 棄市러니 吾當王關中하
여 與父老 約法三章耳로니 殺人者는 死하고 傷人及盜는 抵罪하
고 餘悉除去秦法하노니 諸吏民은 皆案堵如故하라 凡吾所以來는
爲父老除害요 非有所侵暴니 無恐하라 且吾所以還軍霸上은 待

諸侯至而定約束耳라 하고 乃使人與秦吏로 行縣鄕邑하여 告諭之하니 秦民이 大喜하여 爭持牛羊酒食하고 獻饗軍士어늘 沛公이 又讓不受曰 食粟이 多하여 非乏하니 不欲費民이라 한대 民又益喜하여 唯恐沛公이 不爲秦王이러라

○ 항우가 이미 하북(河北)을 평정하고 제후들의 군사를 거느리고 서쪽으로 관(關)에 들어가고자 하니, 항복한 진나라 군사들이 원망하는 말을 많이 하였다. 항우가 마침내 밤중에 습격하여 진나라 군사 20여 만 명을 신안성(新安城) 남쪽에다 묻어버렸다.

원문 項羽 旣定河北하고 率諸侯兵하여 欲西入關이러니 秦降卒이 多怨言이어늘 羽乃夜擊하여 坑秦卒二十餘萬人新安城南하다

○ 어떤 사람이 패공에게 유세하기를 "진나라의 부(富)는 천하의 10배가 되고, 지형이 강합니다. 들으니, 항우가 진나라의 항복한 장수 장감(章邯)을 옹왕(雍王)이라 칭하고 관중의 왕이 되게 한다고 합니다. 지금 즉시 온다면 패공이 이곳을 차지하지 못하게 될까 염려되오니, 급히 군대를 시켜서 함곡관(函谷關)을 지키게 하여 제후의 군사를 들이지 말고, 관중의 군사를 조금씩 징발하여 저절로 늘어나게 하여 막으소서." 하니, 패공이 그 계책을 그럴듯하게 여겨 따랐다.

얼마 안 있어 항우가 관에 이르니 관문이 닫혀 있었다. 패공이 이미 관중을 평정하였다는 말을 듣고는 크게 노하여 경포(黥布) 등을 시켜서 함곡관을 공격하여 쳐부수게 하였다. 12월에 항우가 진격하여 희수(戲水)에 이르니, 패공의 좌사마(左司馬) 조무상(曹無傷)이 사람을 보내 항우에게 말하기를 "패공이 관중의 왕이 되고자 하여 보물을 다 차지하고 봉(封)해 주기를 바라고 있습니다." 하였다.

항우가 크게 노하여 군사를 먹이고 다음날 이른 아침을 기하여 패공의 군사를 공격하기로 하였다. 이때 항우의 군사는

40만이었는데 일컫기를 100만 명이라 하여 신풍(新豊)의 홍문
(鴻門)에 있었고, 패공의 군사는 10만 명이었는데 일컫기를
20만이라 하여 패상(霸上)에 있었다.

원문 或이 說沛公曰 秦富는 十倍天下하고 地形이 彊이라 聞項
羽 號秦降將章邯하여 爲雍王하여 王關中이라 하니 今卽來면 沛
公이 恐不得有此니 可急使兵으로 守函谷關하여 無內諸侯軍하고
稍徵關中兵하여 以自益距之하라 沛公이 然其計하여 從之하다 已
而요 項羽至關하니 關門이 閉라 聞沛公이 已定關中하고 大怒하
여 使黥布等으로 攻破函谷關하고 十二月에 項羽進至戲러니 沛公
의 左司馬曹無傷이 使人으로 言羽曰 沛公이 欲王關中하여 珍寶
를 盡有之하고 欲以求封이라 한대 羽大怒하여 饗士卒하고 期旦日
에 擊沛公軍하니 當是時하여 羽兵은 四十萬이니 號를 百萬이라
하여 在新豊鴻門하고 沛公兵은 十萬이니 號를 二十萬이라 하여
在霸上하다

범증(范增)이 항우에게 말하기를 "패공이 산동(山東)에 있
었을 때 재물을 탐내고 여자를 좋아하였는데, 이제 관(關)에
들어와서는 재물을 취하는 바가 없고 부녀자를 사랑함이 없
으니, 그 뜻이 작지 않습니다. 제가 사람을 시켜 그 기상을
엿보라고 하였는데 용(龍)이 다섯 가지 색깔을 띤 것과 같다
니, 이는 천자(天子)의 기상입니다. 빨리 공격하여 좋은 기회
를 놓치지 마소서." 하였다.

원문 范增이 說羽曰 沛公이 居山東時에 貪財好色이러니 今入關
에 財物을 無所取하고 婦女를 無所幸하니 此는 其志不小라 吾令
人으로 望其氣컨대 皆爲龍成五采하니 此는 天子氣也라 急擊勿失
하소서

항백(項伯)은 항우의 작은아버지이다. 평소 장량과 사이가
좋았는데, 밤에 달려와 장량을 만나서 그런 일들을 다 말하
고는 불러내서 함께 떠나자고 하였다. 장량이 말하기를 "신

은 한왕(韓王)이 보내서 패공에게 왔는데, 패공이 이제 위급하게 되었는데 도망간다는 것은 의(義)가 아니니, 말하지 않을 수 없습니다." 하고는 장량이 들어가 패공에게 모두 고하고, 들어가지 않으려는 항백을 굳이 말려서 패공을 만나보게 하였다. 패공이 술잔을 들어 축수(祝壽)하고 혼인 맺기를 약속하며 말하기를 "내가 관에 들어가서 털끝만큼도 가까이한 바가 없고, 이민(吏民)을 적(籍)에 기록하고 부고(府庫)를 봉하여 놓고 장군을 기다렸습니다. 장수를 파견하여 관을 지키게 한 것은 다른 도적을 막기 위해서이지 어찌 감히 배반하겠습니까? 원컨대 백(伯)께서는 내가 감히 배신하지 않았다고 분명히 말해 주십시오." 하였다.

원문 項伯者는 項羽의 季父也라 素善張良이러니 夜馳見良하여 具告以事하고 欲呼與俱去한대 張良이 曰 臣이 爲韓王 送沛公하니 沛公이 今有急이어늘 亡去는 不義라 不可不語라 하고 良이 乃入하여 具告沛公하고 固要項伯하여 入見沛公한대 沛公이 奉巵酒爲壽하고 約爲婚姻曰 吾入關하여 秋毫를 不敢有所近하고 籍吏民封府庫하여 而待將軍하니 所以遣將守關者는 備他盜也라 豈敢反乎이리요 願伯은 明言不敢倍德하라

항백이 허락하고 패공에게 말하기를 "내일 아침 일찍 몸소 오셔서 사과하지 않으면 안 되겠소." 하니, 패공이 말하기를 "그렇게 하겠습니다." 하였다. 이에 항백이 다시 밤에 가서 패공이 한 말을 모두 항우에게 보고하고, 그에 따라 말하기를 "패공이 먼저 관중을 깨뜨리지 않았다면 공이 어찌 감히 들어갈 수 있었겠소. 이제 큰 공이 있는 사람을 공격하는 것은 의(義)가 아니니, 잘 대우해 주는 것만 같지 못하오." 하니, 항우가 허락하였다.

패공이 이른 아침에 100여 기(騎)를 거느리고 와서 홍문(鴻門)에서 항우를 만나 사과하기를 "신이 장군과 함께 서로 온 힘을 합하여 진나라를 공격함에 장군은 하북에서 싸우고 신

142

은 하남(河南)에서 싸웠는데, 먼저 관에 들어와 진나라를 격파하고 다시 장군을 이곳에서 만날 줄은 미처 몰랐습니다. 이번에 소인배의 말이 있어 장군과 저 신 사이에 틈이 생기게 되었습니다." 하였다.

항우가 말하기를 "이는 패공의 좌사마(左司馬) 조무상(曹無傷)이 말한 것이오. 그렇지 않으면 나 적(籍: 항우)이 어찌 여기에 이르렀겠소?" 하였다. 항우가 이로써 패공을 머물게 하고 술을 마시는데, 범증이 자주 항우에게 눈짓을 하고 차고 있는 옥결(玉玦)을 들어 보이기를 세 번 하였으나, 항우는 응하지 않았다.

원문 項伯이 許諾하고 謂沛公曰 旦日에 不可不蚤自來謝니라 沛公이 曰 諾이라 於是에 項伯이 復夜去하여 俱以沛公言으로 報羽하고 因言曰 沛公이 不先破關中이면 公이 豈敢入乎리요 今人이 有大功而擊之는 不義也니 不如因善遇之니라 項羽 許諾하다 沛公이 旦日에 從百餘騎하여 來見羽鴻門하고 謝曰 臣이 與將軍으로 戮力而攻秦할새 將軍은 戰河北하고 臣은 戰河南이러니 不自意先入關하여 能破秦하고 得復見將軍於此로다 今者에 有小人之言하여 令將軍與臣으로 有隙이로다 項羽曰 此는 沛公의 左司馬曹無傷이 言之라 不然이면 籍이 何以至此리요 羽因留沛公飮할새 范增이 數目羽하고 擧所佩玉玦하여 以示之者 三이로되 羽不應하다

㈜ 육력(戮力) 서로 힘을 합함. 유극(有隙) 틈이 생기는 것. 삭목우(數目羽) 자주 항우에게 눈짓을 함. 옥결(玉玦) 옥으로 만든 고리 같은 패물.

범증이 일어나 나가서 항장(項莊)을 불러 말하기를 "군왕(君王)의 사람됨으로는 차마 하지 못할 터이니, 네가 앞에 나아가 축수하고, 축수가 끝나면 검무(劍舞) 추기를 청하여 패공이 앉은 그 자리에서 쳐 죽여라. 그렇지 않으면 앞으로 너희들 모두가 포로가 될 것이다." 하였다.

항장이 들어가서 축수하고, 축수가 끝나자 말하기를 "군중

(軍中)에 즐거움이 없을 수 없으니, 검무 추기를 청합니다."
하니, 항우가 말하기를 "그렇게 하라." 하였다. 항장이 칼을
뽑아들고 일어나 춤을 추자 항백 역시 칼을 뽑아들고 일어나
춤을 추면서 항상 자신의 몸으로 패공을 감싸니, 항장이 공
격하지 못하였다.

이에 장량(張良)이 군문(軍門)에 이르러 번쾌(樊噲)를 보고
말하기를 "지금 항장이 칼을 뽑아들고 춤을 추는데, 그 뜻은
항상 패공에게 있는 것이다." 하니, 번쾌가 말하기를 "아주
다급합니다." 하고는 즉시 칼을 차고 방패를 안고 군문으로
들어가 휘장을 걷고 서서 부릅뜬 눈으로 항우를 쏘아보았는
데, 머리칼이 꼿꼿이 서고 눈초리가 다 찢어지는 듯하였다.

원문 增이 起出하여 召項莊하여 謂曰 君王의 爲人이 不忍하니
若이 入前爲壽하고 壽畢에 請以劍舞하여 因擊沛公於坐하여 殺之
하라 不者면 若屬이 皆且爲所虜리라 莊이 入爲壽하고 壽畢에 曰
軍中에 無以爲樂하니 請以劍舞하노이다 羽曰 諾이라 項莊이 拔
劍起舞어늘 項伯이 亦拔劍起舞하여 常以身으로 翼蔽沛公하니 莊
이 不得擊이라 於是에 張良이 至軍門하여 見樊噲曰 今項莊이 拔
劍舞하니 其意 常在沛公也러라 噲曰 此迫矣라 하고 卽帶劍擁盾
하고 入軍門하여 披帷立하여 瞋目視項羽하니 頭髮上指하고 目眦
盡裂이라

항우가 말하기를 "장사(壯士)로다. 치주(卮酒)를 주라." 하
니 두치주(斗卮酒)를 주었다. 번쾌가 이를 다 마시자 항우가
말하기를 "돼지 어깻죽지 살을 주라." 하므로 생돼지 어깻죽
지 살을 주니, 번쾌가 칼을 뽑아 베어 썰어 먹었다. 항우가
"장사구나. 더 먹을 수 있겠느냐?" 하니, 번쾌가 말하기를
"신은 죽음도 피하지 않거늘 치주를 어찌 사양할 수 있겠습
니까? 무릇 진나라가 호랑이와 이리 같은 마음이 있어, 사람
죽이기를 다 죽이지 못함을 안타까이 여기듯이 하였고, 사람
형벌하기를 모두 다 형벌하지 못함을 염려하듯 하니, 천하가

모두 배반하였습니다. 초 회왕(楚懷王)이 여러 장수들과 약속하기를 '먼저 진나라를 깨뜨리고 함양(咸陽)에 들어간 자를 왕으로 삼는다.'고 하였는데, 이제 패공이 먼저 진나라를 깨뜨리고 함양에 들어가서 털끝 하나 가까이한 바가 없고 패상(霸上)으로 환군하여 장군을 기다렸으니, 수고하고 높은 공이 이와 같습니다. 그런데도 봉작(封爵)하는 상은 없고 세인(細人)의 말을 듣고 공이 있는 사람을 죽이려 하니, 이는 망한 진나라의 뒤를 따르는 것일 뿐입니다. 장군을 위해 바람직한 일이 아닙니다." 하였다. 잠깐 후에 패공이 일어나 변소에 갔다가는 번쾌를 불러 나오게 해 샛길로 서둘러 패상으로 가고, 장량을 머물러 두어 항우에게 사과하게 하였다.

원문 羽曰 壯士라 賜之卮酒하라 則與斗卮酒한대 噲飮之어늘 羽曰 賜之彘肩하라 則與一生彘肩한대 噲拔劒切而啗之어늘 羽曰 壯士라 復能飮乎아 噲曰 臣이 死且不避어든 卮酒를 安足辭리요 夫秦이 有虎狼之心하여 殺人을 如不能擧하고 刑人을 如恐不勝하니 天下 皆叛之라 懷王이 與諸將으로 約曰 先破秦入咸陽者를 王之라 하니 今에 沛公이 先破秦入咸陽하여 毫毛를 不敢有所近하고 還軍霸上하여 以待將軍하니 勞苦而功高如此어늘 未有封爵之賞而聽細人之說하고 欲誅有功之人하니 此는 亡秦之續耳라 竊爲將軍不取也하노라 須臾에 沛公이 起如厠이라가 因招噲出하여 間行趣霸上하고 留張良하여 使謝羽하다

> 두치주(斗卮酒) 말들이 술그릇. 호랑지심(虎狼之心) 마음이 이리나 호랑이처럼 잔혹하고 욕심이 많음. 수유(須臾) 잠깐 사이.

○며칠 있다 항우가 군사를 이끌고 서쪽으로 가 함양을 도륙하고, 항복한 진나라의 왕 자영(子嬰)을 죽였으며, 진나라 궁실을 불사르니, 불길이 3개월 동안이나 꺼지지 않았다. 그곳의 보화(寶貨)·부녀자들을 거두어 동쪽으로 오니, 진나라 백성들이 크게 실망하였다.

원문 居數日에 項羽 引兵西屠咸陽하여 殺秦降王子嬰하고 燒秦宮室하니 火三月不滅이라 收其貨寶婦女而東하니 秦民이 大失望이러라

○ 한생(韓生)이 항우에게 말하기를 "관중은 산에 막히고 강이 두르고 있어 사방이 천연의 요새인데다가 땅이 기름지니, 도읍을 삼으면 패자(霸者)가 될 수 있습니다." 하였다. 항우는 진나라 궁실이 이미 모두 불에 타 파괴된 것을 보고 다시 동쪽으로 돌아갈 마음이 생겨 말하기를 "부귀하여 고향에 돌아가지 않는다면 이는 마치 비단옷을 입고 밤길을 가는 것과 같으니 누가 알아주겠는가?" 하였다. 한생이 물러나와 말하기를 "사람들이 초나라 사람은 원숭이에게 관(冠)을 씌운 것 같다고 하더니 과연 그렇구나." 하니, 항우가 그 말을 듣고는 한생을 팽형(烹刑: 삶아 죽이는 형벌)하였다.

원문 韓生이 說項羽曰 關中은 阻山帶河하니 四塞之地요 地肥饒하니 可都以霸라 한대 羽 見秦宮室이 皆已燒殘破하고 又心思東歸하여 曰 富貴不歸故鄕이면 如衣繡夜行이니 誰知之者리요 韓生이 退曰 人言楚人은 沐猴而冠耳라 하더니 果然이로다 羽 聞之하고 烹韓生하다

　　㊟ 의수야행(衣繡夜行) 비단옷을 입고 밤에 다님. 즉 아무 보람 없음을 비유하는 말. 목후이관(沐猴而冠) 성질이 급한 것을 비유하는 말. 원숭이에게 관을 씌워주어도 오래 참지 못하는 데서 연유한 말임. 또는 의관은 훌륭하나 마음은 사람답지 못함을 비유하여 이름

○ 항우가 사람을 시켜 회왕(懷王)에게 복명하니, 회왕이 말하기를 "약속대로 하겠다." 하였다. 항우가 말하기를 "회왕이란 자는 우리 집안에서 세워 공적이 있지도 않는데 어찌 약속을 마음대로 주관할 수 있는가?" 하였다. 봄 정월에 항우가 겉으로는 회왕을 높이는 체하여 의제(義帝)로 삼았으나, 실제로는 그 명을 듣지 않았다.

원문 羽 使人으로 致命懷王한대 懷王이 曰 如約하리라 羽曰 懷
王者는 吾家所立爾라 非有功伐하지 何以得專主約이리요 春正月
에 羽 陽尊懷王하여 爲義帝하고 實不用其命이러라

○ 2월에 항우가 천하를 나누어 여러 장수를 왕으로 삼고, 항
우는 스스로 서초패왕(西楚霸王)이 되어 양(梁)·초(楚)의 땅 9
군(郡)의 왕이 되어 팽성(彭城)에 도읍하였다.

　항우가 범증과 더불어 패공을 의심하였지만 이미 강화(講
和)하여 화해하였고, 또 약속을 어기어 말듣는 것이 싫어서
음모(陰謀)하기를 "파촉(巴蜀)은 길이 험하고 진나라에서 쫓
겨간 모든 죄수가 그곳에 살고 있다." 하여, 말하기를 "파촉
역시 관중의 땅이다." 하고는 짐짓 패공을 한왕(漢王)으로 세
워 파촉과 한중(漢中)의 왕을 삼아 남정(南鄭)에 도읍하게 하
되, 관중을 셋으로 나누어 진나라의 항복한 장수 장감(章邯)·
사마흔(司馬欣)·동예(董翳)를 왕으로 삼아 한(漢)의 길목을 막
게 하였다.

원문 二月에 羽 分天下여 王諸將하고 羽 自立爲西楚霸王하여
王梁楚地九郡하고 都彭城하다 羽 與范增으로 疑沛公而業已講解
요 又惡負約하여 乃陰謀曰 巴蜀은 道險하고 秦之遷人이 皆居之
라 하여 乃曰 巴蜀도 亦關中地也라 하고 故立沛公爲漢王하여 王
巴蜀漢中하여 都南鄭하고 而三分關中하여 王秦降將章邯司馬欣
董翳하여 以距塞漢路하다

○ 한왕(漢王 : 劉邦)이 노하여 항우를 공격하고자 하니, 주발
(周勃)·관영(灌嬰)·번쾌가 모두 권하였다. 소하(蕭何)가 간하
기를 "비록 한중(漢中)의 왕이 좋지 않기는 하지만 그래도 죽
는 것보다는 낫지 않겠습니까? 한 사람 아래 굽혀서 만승(萬
乘)의 위에 오른 이(천자)가 바로 탕왕(湯王)과 무왕(武王)입니
다. 신은 원하건대 대왕께서는 한중의 왕이 되어 그곳 백성
을 길러서 어진 사람을 불러 오게 하고, 파촉을 수용(收用)하

여 다시 삼진(三秦)을 평정하시면 천하를 도모할 수 있습니다.”하니, 한왕이 좋다고 하고는 드디어 나라로 가서 소하를 승상으로 삼았다.

원문 漢王이 怒하여 欲攻項羽어늘 周勃灌嬰樊噲 皆勸之러니 蕭何 諫曰 雖王漢中之惡이나 不猶愈於死乎아 能詘於一人之下而信於萬乘之上者는 湯武是也라 臣願컨대 大王은 王漢中하사 養其民以致賢人하시고 收用巴蜀하사 還定三秦하시면 天下를 可圖也이리이다 漢王曰 善이라 하고 乃遂就國하여 以何로 爲丞相하다

○ 여름 4월, 제후(諸侯)들이 휘하의 군사를 해산하고 각기 자기 나라로 가니, 항왕(項王 : 항우)이 군졸 3만 명에게 영을 내려 한왕(漢王)을 따라서 한나라에 가게 하였다.

　장량이 전송차 포중(襃中 : 한중의 현 이름)에 이르자 한왕이 장량을 파견하여 한(韓)으로 돌아가게 하니, 장량이 이로 인하여 한왕에게 유세하여 지나온 곳의 잔도(棧道)를 끊어 몰래 들어오는 제후의 도병(盜兵)을 방비하라 하고, 또 항우에게 동쪽으로 나아갈 뜻이 없음도 보이라고 하였다.

원문 夏四月에 諸侯 罷戲下兵하고 各就國할새 項王이 使卒三萬人으로 從漢王之國하니 張良이 送至襃中이어늘 漢王이 遣良歸韓한대 良이 因說漢王하여 燒絶所過棧道하여 以備諸侯盜兵하고 且示項羽無東意하다

○ 처음에 회음(淮陰) 사람 한신(韓信)은 집이 가난하여 성 아래에서 낚시질을 하며 지냈다. 표모(漂母)가 한신이 굶는 것을 보고는 한신에게 밥을 주자, 한신이 기뻐하며 표모에게 말하기를 “내가 반드시 후하게 할머니에게 보답하겠습니다.”하니, 표모가 노하여 말하기를 “대장부가 스스로 먹지 못하기에 내가 왕손(王孫)을 불쌍히 여겨 밥을 준 것이지 어찌 보답을 바라겠는가?”하였다.

　회음 도중(屠中)의 소년 가운데에 한신을 모욕한 한 소년이

148

있었는데, 여러 사람들 앞에서 욕하기를 "한신아. 죽고 싶거든 나를 찌르고, 살려거든 내 바짓가랑이 밑으로 지나가거라." 하니, 한신이 고개를 숙이고 땅에 엎드려 바짓가랑이 밑으로 기어나오니, 온 저자 안 사람들이 모두 한신을 겁쟁이라며 비웃었다.

항량(項梁)이 회수(淮水)를 건널 적에 한신이 칼 하나를 차고 따라와 휘하에 있었으나 이름이 알려지지 않았다. 항량이 패하자 다시 항우에게 소속되니 항우가 낭중(郎中)을 삼았는데, 자주 계책을 바쳐 항우가 써 주기를 바랐으나 항우는 쓰지 않았다.

한왕이 촉(蜀)에 들어오자 한신이 초(楚)에서 도망쳐 나와 한으로 귀순하니, 한왕이 치속도위(治粟都尉)를 삼았지만 역시 기특하게 여기지 않았으나, 자주 소하(蕭河)와 함께 의논하였는데 소하가 기특하게 여겼다.

원문 初에 淮陰人韓信이 家貧하여 釣於城下러니 有漂母 見信飢하고 飯信이어늘 信이 喜하여 謂漂母曰 吾必有以重報母하리라 母怒曰 大丈夫 不能自食일새 吾哀王孫而進食하지 豈望報乎리요 淮陰屠中少年이 有侮信者하여 因衆辱之曰 信아 能死어든 刺我하고 不能死어든 出我袴下하라 於是에 信이 俛出袴下하여 蒲伏하니 一市人이 皆笑信以爲怯이러라 及項梁이 渡淮에 信이 杖劍從之하여 居麾下하니 無所知名이러니 項梁이 敗에 又屬項羽하니 羽以爲郎中이어늘 數以策으로 干羽하되 羽 不用이러라 漢王之入蜀에 信이 亡楚歸漢한대 王이 以爲治粟都尉나 亦未之奇也러니 信이 數與蕭何로 語에 何奇之러라

㉾ 표모(漂母) 빨래하는 노파. 왕손(王孫) 공자(公子)와 같은 말로, 상대방에 대한 존칭. 도중(屠中) 도살장(屠殺場). 일시인(一市人) 온 시장 사람.

한왕이 남정(南鄭)에 이르니, 여러 장수들과 사졸(士卒)이 모두 동쪽으로 돌아가기를 노래하며 중도에서 도망치는 자가

많았다. 한신이 도망하자 소하는 한신이 도망쳤다는 말을 듣고는 왕에게 미처 아뢰지 못하고 몸소 그를 뒤쫓으니, 어떤 사람이 왕에게 말하기를 "승상 소하가 도망하였습니다." 하였다. 왕이 크게 노하여 마치 왼손·오른손을 다 잃은 것처럼 있는데, 하루 이틀이 지나 소하가 돌아와 왕을 뵈었다. 왕은 한편으로는 화을 내고 한편으로는 기뻐하면서 소하를 꾸짖기를 "도망한 여러 장수가 십여 명인데도 공은 좇아가지 않았는데, 한신을 뒤따라갔다는 말은 거짓이다." 하였다.

소하가 말하기를 "여러 장수야 얻기가 쉽지만 한신과 같은 이에 이른다면 국사(國士 : 온 나라에서 높이 받드는 선비)로 견줄 만한 이가 다시 없습니다. 왕께서 반드시 오랫동안 한중(漢中)의 왕으로 계시고자 한다면 한신을 쓰지 않아도 되지만, 반드시 천하(天下)를 다투고자 하신다면 한신이 아니면 더불어 일을 계획할 만한 이가 없습니다. 왕께서는 어느 계책으로 결정하시겠습니까?" 하니, 왕이 말하기를 "나 역시 동쪽으로 돌아가고 싶지, 어찌 울적하게 이곳에 오래 있겠는가?" 하고는 한신을 불러 대장에 임명하였다. 소하가 말하기를 "왕께서 평소 거만하고 무례하였는데 이제 대장을 임명하면서도 마치 아이를 부르듯 하시니, 이것이 바로 한신이 도망한 까닭입니다. 왕께서 꼭 임명하고자 하신다면 좋은 날을 택일하여 재계(齋戒)하고, 단장(壇場)을 설치해 예를 갖추셔야 합니다." 하였다.

왕이 허락하자 여러 장수들이 모두 기뻐하여 저마다 자신이 대장을 얻게 되었다고 여겼는데, 대장으로 임명된 이를 보니 한신이므로 온 군대가 모두 놀랐다.

원문 漢王이 至南鄭하니 諸將及士卒이 皆歌謳思東歸하여 多道亡者라 信이 亡去어늘 何聞信亡하고 不及以聞하고 自追之러니 人이 有言王曰 丞相何亡이라 한대 王이 大怒하여 如失左右手러니 居一二日에 何來謁王이어늘 王이 且怒且喜하여 罵何曰 諸將

亡者 以十數로되 公이 無所追러니 追信은 詐也로다 何曰 諸將은
易得耳이어니와 至如信者하여는 國士라 無雙이니 王이 必欲長王
漢中인댄 無所事信이어니와 必欲爭天下인댄 非信이면 無可與計
事者인 顧王策安決耳니이까 王曰 吾亦欲東耳니 安能鬱鬱久居
此乎리요 乃召信하여 拜大將한대 何曰 王이 素慢無禮하사 今拜
大將을 如呼小兒하시니 此는 乃信所以去也니이다 王이 必欲拜之
인댄 擇良日齋戒하시고 設壇場하여 具禮라야 乃可耳니이다 王이
許之하니 諸將이 皆喜하여 人人이 各自以爲得大將이러니 至拜大
將하여는 乃韓信也라 一軍이 皆驚이러라

㉟ 가구(歌謳) 일제히 노래함. 도망(道亡) 중도에서 도망함. 재계(齋
戒) 몸과 마음을 깨끗이하고 부정한 일을 하지 않는 것.

　　한신이 배례(拜禮)를 마치고 자리에 오르자 왕이 말하기를
"승상이 자주 장군에 관한 말을 하였는데, 장군은 어떻게 과
인에게 계책을 가르쳐 줄 것인가?" 하였다. 한신이 공손히
사양하고는 이 일로써 왕에게 묻기를 "지금 동쪽으로 향해서
천하의 패권을 다투는 이는 어찌 항왕(項王)이 아니겠습니
까?" 하니, 한왕이 "그렇다."고 하였다. 한신이 말하기를 "대
왕께서 스스로 생각하시기에 용(勇)·한(悍)·인(仁)·강(強)이
항왕과 비교해 누가 더 낫다고 생각하십니까?" 하니, 한왕이
한참 생각하다가 "내가 못하다." 하니 한신이 말하였다. "저
역시 대왕께서 못하다고 생각됩니다. 그러나 신(臣)이 일찍이
항우를 섬겨 보았으니, 청컨대 항왕의 사람됨에 대해 말하겠
습니다.
　　항왕이 화를 내어 꾸짖으면 천 명이 숨을 죽이고 꼼짝 못
하지만 어진 장수를 임명하여 맡기지 못하니, 이는 다만 필
부(匹夫)의 용맹에 지나지 않습니다. 항왕이 사람을 보면 공
경·자애스럽고 말이 따뜻하며, 질병에 걸린 사람이 있으면
눈물을 흘리며 음식을 나누어 먹습니다. 그러나 사람에게 공
(功)이 있어 마땅히 봉작(封爵)해야 할 자가 있게 되면 그 인

(印)의 모서리가 닳아질 정도로 만지며 아까워서 주지 못하
니, 이는 이른바 아녀자의 인(仁)이라는 것입니다. 항왕이 비
록 천하의 패자(霸者)가 되어 제후를 신하로 삼았지만 관중
(關中)에 있지 않고 팽성(彭城)에 도읍하여 의제(義帝)를 내쫓
고 지나는 곳마다 모두 잔인하게 멸했으니, 이름은 비록 패
자이지만 실제로는 천하의 인심을 잃었기 때문에 강함이 약
함으로 바뀌게 되었습니다. 이제 대왕께서 참으로 그와 반대
되는 도(道)로써 하시어 천하의 무용(武勇)을 임명하시면 누
군들 주벌(誅罰)하지 못하겠으며, 천하의 성읍(城邑)에 공신
(功臣)을 봉하신다면 어느 곳이 복종하지 않겠으며, 의병(義
兵)에다 동쪽으로 돌아가기를 바라는 군사를 따르게 한다면
어느 군대가 흩어지지 않겠습니까? 또 삼진왕(三秦王)이 장수
가 되어 진나라 자제를 거느린 지 여러 해인데 그 대중을 속
이고 제후에게 항복하더니, 신안(新安)에 이르러 항왕이 속임
수로 진나라의 항복한 군사 20여 만 명을 묻어 죽였는데, 오
직 장감·사마흔·동예만이 벗어났습니다. 진나라 부형들은
이 세 사람을 원망하여 원통함이 골수에 사무쳤습니다. 이제
초(楚)나라가 강하여 위엄으로 이 세 사람을 왕으로 삼으니,
진나라 백성이 좋아하지 않습니다. 그러나 대왕께서 관중에
들어가서는 털끝만큼도 해침이 없고 진의 가혹한 법을 없애
니, 진나라 백성들이 모두 대왕께서 진의 왕이 되기를 바라
고 있습니다. 이제 대왕께서 군사를 일으켜 동으로 가시면
삼진은 격문(檄文)만 돌려도 평정할 수가 있습니다." 이에 한
왕이 크게 기뻐하며 자신이 한신을 늦게 만났다고 여기며 마
침내 한신의 계책을 따랐다.

원문 信이 拜禮畢에 上坐하니 王曰 丞相이 數言將軍하니 將軍
何以敎寡人計策고 信이 辭謝하고 因問王曰 今에 東鄕하여 爭權
天下 豈非項王邪이까 漢王曰 然하다 曰 大王이 自料勇悍仁强이
孰與項王이니이까 漢王이 良久에 曰 不如也로라 信이 曰 信亦以

爲大王이 不如也라 하노이다 然이나 臣이 嘗事之하니 請言項王之
爲人也하리이다 項王이 喑噁叱咤에 千人이 自廢나 然이나 不能
任屬賢將하니 此特匹夫之勇耳요 項王이 見人에 恭敬慈愛하여
言語嘔嘔하며 人有疾病에 涕泣分食飮하되 至使人有功하여 當封
爵者하여는 印刓敝하되 忍不能予하니 此所謂婦人之仁也라 項王
이 雖霸天下而臣諸侯나 不居關中而都彭城하고 放逐義帝하고 所
過에 無不殘滅하니 名雖爲霸나 實失天下心이라 故로 其彊이 易
弱이니 今大王이 誠能反其道하사 任天下武勇하시면 何所不誅며
以天下城邑으로 封功臣하시면 何所不服이며 以義兵으로 從思東
歸之士하시면 何所不散이리이까 且三秦王이 爲將하여 將秦子弟
數歲矣라 欺其衆降諸侯러니 至新安하여 項王이 詐坑秦降卒二十
餘萬하고 唯獨邯欣翳 得脫하니 秦父兄이 怨此三人하여 痛入骨
髓라 今楚彊하여 以威로 王此三人하되 秦民이 莫愛也요 大王이
入關하여 秋毫를 無所害하시고 除秦苛法하시니 秦民이 無不欲得
大王王秦者라 今大王이 擧而東하시면 三秦을 可傳檄而定也리이
다 於是에 漢王이 大喜하여 自以爲得信晚이라 하고 遂聽信計하다

㋬ 음오질타(喑噁叱咤) 노여움을 품어 큰 소리로 꾸짖는 것. 자폐(自
廢) 저절로 두려워 항복하는 것. 필부지용(匹夫之勇) 혈기에 날뛰는
하찮은 용기. 필부는 고립하여 도움이 없는 한 남자. 구구(嘔嘔) 온
화한 모습. 인완폐(印刓敝) 새긴 도장이 마모되다. 제후를 봉하려고
도장을 새겨두었으나 주기가 아까워서 머뭇거리느라 그 도장 모서리
가 닳았다는 뜻. 부인지인(婦人之仁) 원대하지 못한 아녀자의 어짊.
삼진왕(三秦王) 항왕(항우)이 관중을 2분하여 세운 삼진의 옹왕(雍王)
인 장감(章邯), 새왕(塞王)인 사마흔(司馬欣), 적왕(翟王)인 동예(董翳)
를 말함.

○8월에 군사를 이끌고 고도(故道)로 나와 옹(雍)을 습격하니,
옹왕(雍王) 장감(章邯)은 싸우다 패해 도망하고, 새왕(塞王) 사
마흔(司馬欣)과 적왕(翟王) 동예(董翳)는 모두 항복하였다.

원문 八月에 引兵從故道出하여 襲雍하니 雍王邯은 戰敗走하고
塞王欣과 翟王翳는 皆降하다

○ 왕릉(王陵)은 패(沛)의 사람인데, 앞서 무리 수천 명을 모아 남양(南陽)에 있다가 이때 이르러 비로소 군사를 한(漢)에 소속시켰다. 항왕(項王)이 왕릉의 어미를 데려다가 군중(軍中)에 두고는 왕릉의 사자(使者)가 이르자, 왕릉의 어미를 윗자리에 앉히고는 왕릉을 부르려고 하였다. 왕릉의 어미가 사사로이 심부름꾼을 보내면서 눈물을 흘리며 말하기를 "원컨대 첩을 위해 내 말을 왕릉에게 전해 한왕(漢王)을 잘 섬기라고 하시오. 한왕은 덕망이 있는 훌륭한 사람이니, 늙은 어미 때문에 두 마음을 품어서는 안 된다고 하시오. 내가 죽음으로써 심부름꾼을 보내는 것이오." 하고는 마침내 스스로 칼로 목을 찔러 죽고 말았다.

원문 王陵者는 沛人也라 先聚黨數千人하여 居南陽이러니 至是에 始以兵으로 屬漢하니 項王이 取陵母하여 置軍中하고 陵使至 則 東鄕坐陵母하고 欲以招陵이어늘 陵母 私送使者할새 泣曰 願爲 妾語陵하되 善事漢王하라 漢王은 長者니 毋以老妾故로 持二心하 라 妾이 以死로 送使者라 하고 遂伏劍而死하다

　주 동향(東鄕) 향(鄕)은 향(嚮)과 같은 뜻으로, 동쪽을 향해 앉는다 함은 상석(上席)을 가리킴. 첩(妾) 여자의 자칭. 복검(伏劍) 칼로 스스로 목을 찔러 죽는 것.

○ 장량이 항왕에게 보낸 글에 이르기를 "한왕이 직(職)을 잃어 관중(關中)을 얻고자 하니, 약속대로 하시면 즉시 중지하여 감히 동쪽으로 가지 않을 것이오." 하고, 또 제(齊)와 양(梁)의 반서(反書 : 반란하였다는 글)를 항왕에게 보내 이르기를 "제(齊)가 조(趙)와 함께 초(楚)를 치고자 합니다." 하니, 항왕이 이 때문에 서쪽으로 갈 뜻이 없어 북쪽으로 제를 공격하였다.

원문 張良이 遺項王書曰 漢王이 失職하여 欲得關中하니 如約이 면 卽止하여 不敢東이라 하고 又以齊梁反書로 遺項王曰 齊欲與

趙로 幷滅楚라 하니 項王이 以此故로 無西意而北擊齊러라

2년(병신) 겨울 10월, 항왕이 구강왕(九江王) 경포(黥布) 등을 은밀히 시켜 의제(義帝)를 공격하여 강중(江中)에서 시해하였다.

원문 丙申冬十月 項王이 密使九江王布等으로 擊義帝하여 殺之江中하다

○ 진여(陳餘)가 상산(常山)을 습격하여 깨뜨리니, 장이(張耳)가 패해 한나라로 도망하였다. 진여가 조왕(趙王)을 대(代)에서 맞이하여 다시 조왕으로 삼았다.

원문 陳餘 襲破常山하니 張耳敗走漢이어늘 陳餘 迎趙王於代하여 復爲趙王하다

○ 한왕(漢王)이 한 양왕(韓襄王)의 손자 신(信)을 세워 한왕(韓王)으로 삼으니, 항상 한(韓)의 군사를 이끌고 한왕(漢王)을 따랐다.

원문 漢王이 立韓襄王孫信하여 爲韓王하니 常將韓兵하여 從漢王이러라

○ 원래 양무(陽武) 사람 진평(陳平)은 집이 가난하였으나 책 읽기를 좋아하였다. 이중사(里中社)에 진평이 재(宰)가 되어 고기 나누는 것이 매우 공평하니, 부로들이 말하기를 "훌륭하다. 진유자(陳孺子)가 재(宰) 노릇을 잘하는구나." 하였다. 진평이 말하기를 "아아! 이 진평에게 천하의 재상을 맡기더라도 역시 이 고기 나누는 것처럼 공평할 것이다." 하였다. 제후들이 진(秦)나라에 반기를 들 때 진평은 위왕(魏王) 구(咎)를 임제(臨濟)에서 섬기어 태복(太僕)이 되었는데, 위왕에게 유세하였으나 위왕이 듣지 않았다. 어떤 사람이 참소하니, 진평이 도망하였다.

후에 항우를 섬겨 도위(都尉)에 임명되었는데, 그후에 다시 칼만 짚고 한(漢)에 귀순하여 위무지(魏無知)를 통해서 한왕 (漢王) 만나뵙기를 청하였다. 한왕은 그와 함께 말을 나누어 보고는 기뻐하면서 묻기를 "그대가 초나라에 있을 때 무슨 벼슬을 하였는가?" 하니, "도위였습니다." 하자 그날 즉시 진평을 도위에 임명하여 참승(參乘)하게 하고 호군(護軍)을 맡게 하였다. 여러 장수들이 다 떠들며 말하기를 "대왕께서 하루 아침에 초나라에서 도망한 졸병을 얻어 그 고하(高下)도 모른 채 함께 수레를 타고, 도리어 그에게 장자(長者)를 감호(監護) 하게 한다." 하니, 한왕이 듣고는 더욱 진평을 사랑하였다.

원문 初에 陽武人陳平이 家貧好讀書러니 里中社에 平이 爲宰하 여 分肉食甚均이어늘 父老曰 善하다 陳孺子之爲宰여 平이 曰 嗟 乎라 使平으로 得宰天下라도 亦如是肉矣리라 하더니 及諸侯 叛 秦에 平이 事魏王咎於臨濟하여 爲太僕하여 說魏王하되 不聽하고 人或讒之어늘 平이 亡去하다 後事項羽하니 拜爲都尉러라 後에 復杖劍歸漢하여 因魏無知하여 求見漢王한대 王이 與語而悅之하 여 問曰 子之居楚에 何官고 曰 爲都尉러이다 是日에 卽拜平爲 都尉하여 使爲參乘하고 典護軍하니 諸將盡護曰 大王이 一日에 得楚之亡卒하여 未知其高下 而卽與同載하고 反使監護長者오니 漢王이 聞之하고 愈益幸平이러라

㊟ 이중사(里中社) 마을에서 지내는 제사. 옛날 대부가 단독으로 사(社) 를 두어 제사를 지내지 못하면 동네 사람, 일가 등 100가호 이상과 함께 사를 세워 제사를 지냈음. 재(宰) 고기를 나누어 주는 일을 맡 은 사람. 참승(參乘) 높은 이를 모시고 수레를 함께 탐. 수레 왼쪽에 는 높은 사람이, 가운데는 모는 사람이 타고, 오른쪽에 한 사람이 더 타 균형을 잡는데, 이 자리에 타는 것을 말함.

○ 한왕(漢王)이 남쪽으로 평음진(平陰津)을 건너 낙양(洛陽) 신성(新城)에 이르니, 삼로(三老) 동공(董公)이 길을 막고는 왕 에게 말하기를 "신(臣)이 듣건대 덕(德)을 따르는 이는 번창

하고, 덕을 거역하는 이는 망한다고 하였습니다. 명분없는 군사를 내면 일이 원래 이루어지지 않습니다. 그렇기 때문에 '적(賊)이 됨을 밝혀야만 적이 이에 복종한다.'고 하는 것입니다. 항우는 무도하여 그 임금을 내쫓았다가 시해하였으니, 천하의 적입니다. 무릇 인(仁)은 용맹으로 하는 것이 아니며, 의(義)는 힘으로 하는 것이 아닙니다. 대왕께서는 마땅히 삼군(三軍)의 군사를 거느리고 의제(義帝)를 위하여 소복(素服)하고 제후들에게 고하여 정벌하소서." 하였다.

이에 한왕은 의제를 위하여 발상(發喪)하고 제후들에게 고하기를 "천하가 함께 의제를 세웠는데, 이제 항우가 내쫓아 시해하였소. 군사들에게 모두 흰옷을 입혀 과인이 친히 발상하고, 관중의 군사를 다 징발하고 삼하(三河)의 군사를 거두어, 남쪽 강한(江漢)으로 배를 타고 내려가 원컨대 제후왕(諸侯王)을 따라서 의제를 시해한 초나라 사람을 공격하려고 하오." 하였다.

원문 漢王이 南渡平陰津하여 至洛陽新城한대 三老董公이 遮設王曰 臣聞은 順德者는 昌하고 逆德者는 亡이라 하니 兵出無名이면 事故不成이라 故로 曰 明其爲賊이라야 敵乃可服이라 하니이다 項羽 爲無道하여 放殺其主하니 天下之賊也라 夫仁不以勇이요 義不以力이니 大王은 宜率三軍之衆하사 爲之素服하고 以告諸侯而伐之하소서 於是에 漢王이 爲義帝發喪하고 告諸侯曰 天下 共立義帝어늘 今에 項羽 放殺之하니 寡人이 親爲發喪하여 兵皆縞素하고 悉發關中兵하고 收三河士하여 南浮江漢以下하여 願從諸侯王하여 擊楚之殺義帝者하리라

주 삼로(三老) 향(鄕)에서 교화(敎化)를 맡은 직책. 10리에 정(亭)을 두어 정장(亭長)이 있고, 10정을 1향으로 하였는데 향에는 삼로가 있었음.

○ 항왕(項王)은 비록 한(漢)나라가 동쪽으로 쳐들어온다는 말은 들었으나, 제(齊)나라를 깨뜨린 후에 한나라를 치고자 하

였다. 그렇기 때문에 한왕은 제후들의 군사 56만 명을 거느리고 초(楚)나라를 쳤다. 팽월(彭越)이 군사를 거느리고 한나라에 귀순하니, 한나라가 드디어 팽성(彭城)으로 들어가 그곳 보화와 미인을 거두어들이고 날마다 큰 잔치를 벌였다. 항왕이 그 말을 듣고는 몸소 정병(精兵) 3만 명을 거느리고 팽성에 이르러 수수(睢水)에서 한군을 크게 격파하였다. 한군이 초군에게 공격을 당해 병졸 10여 만 명이 모두 수수에 빠져 죽으니, 수수가 이 때문에 흐르지 못하였다.

한왕을 세 겹으로 포위하였는데, 마침 큰 바람이 서북쪽으로부터 일어나 나무를 부러뜨리고 집을 날리고, 모래와 돌을 날려 사방이 낮인데도 그믐날처럼 어두컴컴해지니, 초군(楚軍)이 크게 어지러워지며 흩어져서 한왕이 수십 기(騎)를 얻어 도망칠 수 있었다. 심이기(審食其)가 태공(太公 : 유방의 아버지)과 여후(呂后 : 유방의 아내)를 따라 샛길로 가 한왕을 구하려다가 도리어 초군을 만나니, 항왕이 항상 군중에 두어 볼모로 삼았다.

원문 項王이 雖聞漢東이나 欲遂破齊而後에 擊漢하니 漢王이 以故로 得率諸侯兵凡五十六萬人하여 伐楚할새 彭越이 將兵歸漢이어늘 漢이 遂入彭城하여 收其貨寶美人하고 日置酒高會러니 項王이 聞之하고 自以精兵三萬人으로 至彭城하여 大破漢軍於睢水하니 漢軍이 爲楚所擠하여 卒十餘萬人이 皆入睢水하니 睢水 爲之不流러라 圍漢王三匝이러니 會에 大風이 從西北起하여 折木發屋하고 揚沙石하여 窈冥晝晦하니 楚軍이 大亂壞散이어늘 漢王이 乃得與數十騎로 遁去하다 審食其 從太公呂后하여 間行求漢王이라가 反遇楚軍하니 項王이 常置軍中하여 爲質이러라

㈜ 치주고회(置酒高會) 술을 베풀고 크게 잔치를 여는 것. 간행(間行) 샛길로 가는 것. 질(質) 볼모.

○ 한왕이 묻기를 "내가 관(關)의 동쪽을 떼어서 내버리듯이

주고자 하는데 누가 공(功)을 함께 할 만한가?"하니, 장량이
말하기를 "구강왕(九江王) 포(布)가 초나라의 용장(勇將)인데
항왕과 틈이 나 있고, 팽월은 제(齊)와 더불어 양(梁) 땅에서
반란했으니, 이 두 사람을 급히 부려야 하며, 한왕의 장수 중
에는 오직 한신만이 큰일을 맡기면 한 방면을 감당할 수가
있습니다. 즉시 떼어서 주고자 하시면 이 세 사람에게 주어
야 초나라를 격파할 수 있습니다."하였다.

원문 漢王이 問吾欲捐關以東하여 等棄之하노니 誰可與共功者오
張良이 曰 九江王布는 楚梟將으로 與項王有隙하고 彭越이 與齊
로 反梁地하니 此兩人을 可急使요 而漢王之將엔 獨韓信이 可屬
大事하여 當一面이니 卽欲捐之인댄 捐之此三人 則楚를 可破也리
이다

　　㈜ **연관이동**(捐關以東) 관은 함곡관. 함곡관 이동 지방을 조건없이 준
　　다는 뜻.　**효장**(梟將) 용감한 장수.

○ 한왕이 좌우(左右)에게 묻기를 "족히 함께 천하 일을 계획
할 자가 없구나." 하니, 알자(謁者)인 수하(隨何)가 나서며 말
하기를 "폐하께서 하신 말씀을 모르겠습니다."하였다. 한왕
이 말하기를 "누가 나를 위하여 구강에 사신으로 가서 군사
를 내어 초나라를 배반하게 하겠는가. 항왕을 몇 달만 머물
게 한다면 내가 천하를 차지하는 데 만전을 기할 수 있겠다."
하니, 수하가 말하기를 "청컨대 신이 사신으로 가겠습니다."
하니, 한왕이 20명과 함께 가게 하였다.

원문 漢王이 謂左右하되 無足與計天下事로다 謁者隨何 進曰 不
審陛下所謂니이다 漢王曰 孰能爲我使九江하여 令之發兵倍楚오
留項王數月이면 我之取天下 可以萬全이리라 隨何曰 臣이 請使
之하리이다 漢王이 使與二十人俱하다

　　㈜ **좌우**(左右) 가까이 있는 신하.　**알자**(謁者) 벼슬 이름.　**배초**(倍楚)
　　초나라를 배반하게 하다. 배(倍)는 배(背)와 같은 뜻.

○5월에 한왕(漢王)이 형양(滎陽)에 이르니 모든 패군(敗軍)들이 다 모이고, 소하(蕭何) 역시 관중의 노약자로서 적(籍)에 들어 있지 않은 자를 내어 모두 형양으로 오게 하니, 한군이 다시 크게 떨치게 되었다.

초나라와 한나라가 형양 남쪽 경성(京城)과 색(索) 사이에서 싸웠는데, 한왕이 초나라 기병(騎兵)을 형양 동쪽에서 쳐 크게 깨뜨렸다. 초나라가 이 때문에 형양을 지나 서쪽으로 가지 못하니, 한나라가 형양에 군사를 주둔시키고 용도(甬道)를 쌓아 하수(河水)에 닿게 해 오창(敖倉)의 곡식을 차지하였다.

원문 五月에 漢王이 至滎陽하니 諸敗軍이 皆會하고 蕭何 亦發關中老弱 未傅者하여 悉詣滎陽하니 漢軍이 復大振이러라 楚與漢으로 戰滎陽南京索間할새 漢王이 擊楚騎於滎陽東하여 大破之하니 楚 以故로 不能過滎陽而西라 漢이 軍滎陽하여 築甬道屬之河하여 以取敖倉粟하다

주 **노약미부자**(老弱未傅者) 노약자로 군적(軍籍)에 들지 않은 자. 나이 23세 이하를 약(弱), 56세 이상을 노(老)라 하였음. 용도(甬道) 양쪽에 장벽을 쌓고 그 사이로 길을 내어 짐수레가 지나가게 한 길.

○주발(周勃) 등이 한왕에게 말하기를 "진평(陳平)이 비록 아름다우나 관옥(冠玉)과 같아서, 그 속에는 아무것도 없습니다. 신이 듣건대 진평이 집에 있을 때 그 형수를 사탈(私奪)하고 개가시켰으며, 위(魏)를 섬겼으나 용납받지 못하고 도망해 초나라에 귀순했는데, 뜻대로 되지 않자 다시 도망해 한나라에 귀순한 것입니다. 금일에 대왕이 호군(護軍)을 삼자 여러 장수에게 금(金)을 받았으니, 원컨대 왕께서는 이를 살피소서." 하였다.

한왕(漢王)이 진평을 천거한 위무지(魏無知)를 불러 꾸짖으니, 위무지가 말하기를 "신이 말한 바는 능력이요, 폐하께서 물으심은 행실입니다. 이제 미생(尾生)이나 효기(孝己) 같은 행실이 있더라도 승부를 겨루는 데는 아무런 이익이 없을 것

160

이니, 폐하께서 어느 겨를에 이를 쓰시겠습니까? 초나라와
한나라가 서로 대항하고 있으므로 신이 기모(奇謀)가 있는 선
비를 천거하였으니, 그 계책이 참으로 국사(國事)에 이로운가
를 살필 뿐이지 형수를 사탈하고 개가시킨 일과 금(金) 받은
것으로써 의심하셔야 되겠습니까?”하였다.

원문 周勃等이 言於漢王曰 陳平이 雖美나 如冠玉하여 其中은
未必有也라 臣이 聞平이 居家時에 盜其嫂하고 事魏不容하여 亡
歸楚라가 不中하고 又亡歸漢이라 今日에 大王이 令護軍이어시늘
受諸將金하니 願王은 察之하소서 漢王이 召讓魏無知한대 無知曰
臣所言者는 能也요 陛下所問者는 行也라 今有尾生孝己之行이라
도 而無益勝負之數하니 陛下 何暇에 用之乎리요 楚漢이 相距에
臣이 進奇謀之士하니 顧其計 誠足以利國家事耳라 盜嫂受金을
何足疑乎리이까

　　주 관옥(冠玉) 관을 장식하는 구슬로 겉은 아름답지만 속은 비어 있음.
　　도기수(盜其嫂) 도는 사(私)와 같은 뜻. 그 형수의 뜻을 무시하고 개
　　가(改嫁)시킨 것을 말함. 미생(尾生)·효기(孝己) 신의와 효행이 있던
　　사람. 미생은 제나라 사람으로, 여인과 다리 밑에서 만날 약속을 했
　　는데, 비가 와 물이 불어나는데도 자리를 뜨지 않다 죽었으며, 효기
　　는 은 고종(殷高宗)의 아들인데 효성이 지극하였으며, 고종이 후궁의
　　말만 믿고 내쫓아 죽였음.

○8월에 한왕이 형양에 가서 소하에게 명하여 관중을 지키게
하니, 소하가 관중의 호구(戶口)를 헤아려 조운(漕運)하고 군
사를 징발하여 군대에 공급해 일찍이 부족함이 없게 하였다.
　한왕이 역이기를 시켜 위왕(魏王) 표(豹)에게 가서 비유로
써 설득하게 하고, 또 불렀으나 표가 말을 듣지 않았다. 이에
한왕은 한신(韓信)·관영(灌嬰)·조참(曹參)에게 함께 위를 치
게 하면서 역이기에게 묻기를 “위의 대장은 누구인가?”하였
다. 대답하기를 “백직(柏直)입니다.”하니, 왕이 말하기를 “그
사람은 아직 하는 짓이나 말이 어리니 어찌 한신을 당하겠는

가? 기장(騎將)은 누구인가?"하니, 말하기를 "풍경(馮敬)입니다."하였다. 왕이 말하기를 "그 사람은 진나라 장수 풍무택(馮無擇)의 아들인데 비록 어질기는 하나 관영을 감당하지 못할 것이다. 보졸장(步卒將)은 누구인가?"하니, "항타(項它)입니다."하였다. 왕이 말하기를 "조참을 당하지 못할 것이니, 나는 걱정하지 않겠다."하였다.

원문 八月에 漢王이 如滎陽하여 命蕭何守關中한대 計關中戶口하여 轉漕調兵하여 以給軍하여 未嘗乏絶이러라 漢王이 使酈食其로 緩頰往說魏王豹하고 且召之하되 豹不聽이어늘 於是에 漢王이 以韓信灌嬰曹參으로 俱擊魏할새 漢王이 問食其하되 魏大將은 誰也오 對曰 柏直이러이다 王曰 是는 口尙乳臭니 安能當韓信이리요 騎將은 誰也오 曰 馮敬이러이다 曰 是는 秦將馮無擇의 子也니 雖賢이나 不能當灌嬰이리라 步卒將은 誰也오 曰 項它러이다 曰 不能當曹參이니 吾無患矣라 하더라

　　주 완협(緩頰) 비유로써 천천히 남을 설득하는 것. 또는 안색을 부드럽게 하여 완곡하게 말함. 구상유취(口尙乳臭) 입에서 젖비린내가 난다는 뜻으로 말과 하는 짓이 아직 어림.

○마침내 진군(進軍)하니, 위왕(魏王)이 포판(蒲坂)에서 대규모의 군사로써 임진(臨晉)을 막았다. 한신은 이에 의병(疑兵)을 더 많이 만들어 배를 줄지어 대놓고 임진을 건너려고 하면서 복병(伏兵)해 놓고, 하양(夏陽)에서 목영(木罌)으로 군사를 건너게 하여 안읍(安邑)을 습격하였다. 그러자 위왕 표가 놀라 군사를 이끌고 한신을 맞아들였는데, 9월에 한신이 쳐서 표를 사로잡아 역마(驛馬)로 형양으로 보내 놓고는 위 땅을 다 평정하였다.

원문 遂進兵한대 魏王이 盛兵蒲坂하여 以塞臨晉이어늘 信이 乃益爲疑兵하여 陳船欲渡臨晉 而伏兵하고 從夏陽하여 以木罌으로 渡軍하여 襲安邑한대 魏王豹驚하여 引兵迎信이어늘 九月에 信이

擊虜豹하여 傳詣滎陽하고 悉定魏地하다

> 주 성병(盛兵) 군사를 크게 일으키는 것. 의병(疑兵) 거짓으로 진(陣)을 설치하여 적을 속이는 것. 목앵(木罌) 통나무를 엮어 만든 부교(浮橋). 군사가 강을 건널 때 사용함.

○ 한신은 이미 위를 평정하고는 사람을 시켜 3만 명의 군사를 청하면서 "그 군사로써 북쪽으로 연·조를 치고 동쪽으로 제를 치고 남쪽으로 초의 양도(粮道)를 끊으며 서쪽으로 한왕과 형양에서 만나겠다."고 하니, 한왕이 이를 허락하고는 장이(張耳)를 보내 함께 가도록 하였다.

원문 韓信이 旣定魏하고 使人으로 請兵三萬하여 願以北擧燕趙하고 東擊齊하고 南絶楚粮道하고 西與漢王으로 會於滎陽이라 하거늘 漢王이 許之하고 乃遣張耳하여 與俱하다

3년(정유) 겨울 10월에 한신과 장이가 수만 명의 군사로 동쪽 조를 공격하니, 조왕(趙王) 및 성안군(成安君) 진여(陣餘)가 이를 듣고는 정형(井陘) 어귀에서 군사를 모으고 이르기를, 20만 명이라고 하였다.

광무군(廣武君) 이좌거(李左車)가 성안군을 설득하기를 "한신과 장이가 승승장구하며 멀리서 싸우니, 그 예봉(銳鋒)을 당할 수가 없습니다. 저는 듣건대 천리나 되는 먼 곳에서 군량을 옮겨다 먹이면 군사가 굶주리는 기색이 있게 되고, 나무를 해다가 밥을 지으면 군사들이 포식을 하지 못한다고 합니다. 이제 정형의 길은 수레가 나란히 갈 수 없고 기마(騎馬)가 열을 지어 가지 못하는데 수백 리 길을 가야 하니, 형세상 양식이 반드시 그 뒤에 있을 것입니다. 원하옵건대 족하(足下)께서 저에게 기병(奇兵) 3만 명을 빌려주어 샛길을 따라 그 군수 물자 수레를 끊게 하고, 족하께서는 도랑을 깊이 파고 보루를 높게 쌓아 더불어 싸우지 않는다면 10일이 못 되어 두 장수의 머리를 휘하에 바치겠습니다. 그렇지 않는다

면 반드시 두 사람에게 잡히고 말 것입니다." 하였다.

원문 丁酉冬十月에 韓信張耳 以兵數萬으로 東擊趙하니 趙王及
成安君陳餘 聞之하고 聚兵井陘口하여 號를 二十萬이라 하다 廣
武君李左車 說成安君曰 韓信張耳 乘勝遠鬪하니 其鋒을 不可當
이라 臣은 聞千里餽粮이면 士有飢色하고 樵蘇後爨이면 師不宿飽
라 하니 今井陘之道 車不得方軌하고 騎不得成列하여 行數百里하
니 其勢粮食이 必在其後라 願足下는 假臣奇兵三萬人하여 從間
路하여 絶其輜重하고 足下는 深溝高壘하여 勿與戰하면 不十日
而兩將之頭를 可致於麾下요 否則必爲二子의 所擒矣리라

주 승승(乘勝) 이긴 틈을 타 파죽지세(破竹之勢)가 됨. 승승장구(乘勝長
驅). 봉(鋒) 날카로운 형세. 예봉(銳鋒). 초소후찬(樵蘇後爨) 나무를
해다가 밥을 짓다. 초는 장작, 소는 풀. 간로(間路) 작은 샛길. 치
중(輜重) 군수 물자를 실은 수레.

성안군(成安君)은 항상 스스로 의병(義兵)이라고 일컬으며
사모(詐謀)와 기계(奇計)를 쓰지 않았다. 한신이 사람을 시켜
몰래 엿보게 하여 그가 광무군의 계책을 쓰지 않음을 알고는
매우 기뻐하였다. 그래서 과감히 군사를 이끌고 마침내 내려
가 정형(井陘) 어귀 30리도 못 미치는 곳에 멈추어 쉬게 하
고, 밤중에 전령(傳令)을 보내 경기(輕騎) 2000명을 뽑아 사람
마다 붉은 깃발 하나를 들고 샛길을 따라 늘어서서 조군(趙
軍)을 향해 바라다보게 하면서 경계하기를 "조군이 우리가
도망하는 것을 보면 반드시 보루를 비우고 우리를 쫓아올 것
이다. 그렇게 되면 너희들은 재빨리 조군의 보루로 들어가
조의 깃발을 뽑고 한나라의 붉은 기를 세우라." 하였다.
　비장(裨將)에게 전찬(傳餐)을 주게 하고서 말하기를 "오늘
조군을 깨뜨리고 회식을 하자." 하니, 모든 장수가 믿지 않으
며 건성으로 "예."라고 응답하였다. 이에 1만 명을 먼저 내보
내 배수진(背水陣)을 치니, 조군이 보고 크게 웃었다.
　동이 틀 때 한신이 대장기와 북을 세우고 북을 울리며 행

군하여 정형의 어귀로 나오니, 조군이 보루를 열고 공격하여 크게 싸웠다. 얼마 후에 한신과 장이는 짐짓 북과 기를 버리고 재빨리 물가의 군사에게로 달아나니, 조군은 과연 보루를 비우고 한나라의 기와 북을 다투고 한신을 쫓아갔다. 한신이 이미 물가 군대로 들어가자 군사들은 모두 죽음을 무릅쓰고 싸우니 깨뜨릴 수 없었다. 한신이 출동시킨 기병 2000명이 마침내 달려가 조(趙)의 보루로 들어가 조나라 깃발을 모두 뽑고 한나라의 붉은 깃발을 세웠다. 조군이 한신 등을 잡지 못하고 보루로 돌아오니, 모든 보루에는 한나라 깃발이 나부끼는지라 깜짝 놀라 군사들이 어지럽게 도망하므로 한군이 협격(夾擊)하여 조군을 크게 격파하고, 성안군을 저수(泜水)에서 참하고, 조왕(趙王) 헐(歇)을 사로잡았다.

원문 成安君이 常自稱義兵하여 不用詐謀奇計라 韓信이 使人間視하여 知其不用廣武君策하고 大喜하여 乃敢引兵遂下할새 未至井陘口三十里하여 止舍하고 夜半에 傳發하여 選輕騎二千人하여 人이 持一赤幟하고 從間道하여 望趙軍하고 誡曰 趙見我走면 必空壁逐我하리니 若이 疾入趙壁하여 拔趙幟하고 立漢赤幟하라 令裨將傳餐曰 今日에 破趙會食하리라 諸將이 皆莫信하되 佯應曰 諾하다 乃使萬人으로 先行出背水陣하니 趙軍이 望見大笑하더라 平朝에 信이 建大將旗고 鼓하고 鼓行出井陘口하니 趙開壁擊之어늘 大戰良久에 信이 與張耳로 佯棄鼓旗하고 走水上軍한대 趙果空壁하고 爭漢旗鼓하여 逐信耳어늘 已入水上軍하여 軍皆殊死戰하니 不可敗요 信의 所出奇兵二千이 遂馳入趙壁하여 皆拔趙旗하고 立漢赤幟하니 趙軍이 已不能得信等하고 還歸壁하니 壁皆漢幟라 見而大驚하여 兵亂遁走어늘 漢兵이 夾擊하여 大破趙軍하고 斬成安君泜水上하고 擒趙王歇하다

㈜ 사모기계(詐謀奇計) 속이는 꾀와 기이한 계책. 간시(間視) 몰래 살펴보도록 하는 것. 지사(止舍) 행군을 멈추고 쉬는 것. 전발(傳發) 군중에 전령(傳令)을 내어 출발 준비를 시키는 것. 경기(輕騎) 날쌘

기병. **공벽**(空壁) 벽은 군의 보루. 보루 안의 군사가 다 나와 방수함
이 없게 하는 것. **약**(若) 너희들, 그대. **전찬**(傳餐) 모여서 밥을 먹
지 않고 선 자리에서 식사를 하는 것. **배수진**(背水陣) 물을 등지고
진을 치는 것. **고행**(鼓行) 북을 치며 행진하는 것. **수사전**(殊死戰)
결사적으로 싸우는 것.

○여러 장수들이 한신에게 묻기를 "병법(兵法)에 오른쪽으로
는 산릉(山陵)을 등지고 앞으로는 왼쪽에 수택(水澤)을 끼라고
하였습니다. 이번에 장군께서 저희들에게는 반대로 배수진을
치게 하여 이긴 것은 어찌된 까닭입니까?" 하니, 한신이 말
하기를 "이것도 병법에 있는 것인데 그대들이 잘 살피지 못
했을 뿐이다. 병법에 '죽을 땅에 빠진 후에야 살고, 망할 자
리에 놓인 후에야 산다.'고 하지 않았던가? 또 나 한신은 본
디 위무(慰撫)된 사대부를 군사로 얻어 싸운 것이 아니라, 이
는 이른바 저자 사람을 몰아다 싸운 것이니, 살아날 곳을 주
면 다 도망할 터인데, 어떻게 그런 병법을 쓰겠는가?" 하니
여러 장수가 모두 탄복하였다.

한신이 광무군을 사로잡은 자에게는 천금(千金)을 주겠다고
하였다. 그러자 휘하로 묶어 데려온 자가 있었는데, 한신이
묶인 것을 풀어주고 상석에 앉히고 스승의 예로써 대접하며
묻기를 "제가 북으로 연(燕)을 치고 동으로 제(齊)를 정벌하
고자 하는데, 어떻게 해야 성공하겠습니까?" 하였다. 광무군
이 말하기를 "망한 나라의 대부는 살아남기를 바라서는 안
되고, 패군지장(敗軍之將)은 용기에 대해 말해서는 안 됩니
다." 하니, 한신이 말하기를 "백리해(百里奚)는 우(虞)에 살았
는데, 우가 망하자 진(秦)나라로 감으로써 진나라가 패자(霸者)
가 되었습니다. 이는 우에서는 어리석었고 진나라에서는 지
혜로워 그런 것이 아닙니다. 쓰느냐 쓰지 않느냐와, 들어주느
냐 들어주지 않느냐에 달려 있는 것입니다. 지난번에 만일
성안군이 선생의 계책을 들었더라면 저 역시 생포되고 말았
을 것입니다." 하였다. 광무군이 말하기를 "지혜로운 이가 천

번을 생각해도 반드시 한 번의 실수는 있는 것이며, 어리석
은 이도 천 번 생각하면 한 번은 맞을 수 있는 법입니다. 그
러므로 이르기를 '미친 사람의 말도 성인(聖人)이 택한다.'고
하였습니다. 장군께서 위왕 표를 사로잡고 성안군을 죽여 천
하에 위엄을 떨쳤으나, 피로해진 군사를 일으켜 연의 굳건한
성(城) 아래 주둔시켜 싸우고자 하여도 할 수가 없고, 공격한
다 해도 빼앗지 못할 것입니다. 이제 장군을 위한 계책으로
는 진격을 멈추고 군사를 휴식시키면서 조(趙)의 민심을 진정
시켜 위무하고, 변사(辯士)를 보내어 지척(咫尺)의 글을 받들
게 하면 연이 반드시 따를 것입니다. 연이 이미 따르고 나서
동쪽으로 제(齊)에 이른다면 비록 지혜 있는 자가 있더라도
제를 위한 계책을 알지 못할 것입니다." 하였다. 한신이 그
계책에 따라 사신을 연에 보내니, 연이 바람에 쏠리듯 순순
히 따랐다.

원문 諸將이 問信曰 兵法에 右倍山陵이요 前左水澤이어늘 今者
에 將軍이 令臣等으로 反背水陣하여 以勝은 何也오 信이 曰 此
在兵法이어늘 顧諸君이 不察耳로다 兵法에 不曰 陷之死地而後에
生하고 置之亡地而後에 存乎아 且信이 非得素拊循士大夫也라
此所謂驅市人而戰이니 予之生地면 皆走리니 寧得而用之乎아 諸
將이 皆服이러라 信이 募生得廣武君者면 予千金하리라 有縛致麾
下者어늘 信이 解其縛하고 東鄕坐하고 師事之하고 問曰 僕이 欲
北攻燕하고 東伐齊하노니 若何而有功고 廣武君이 曰 亡國之大
夫는 不可以圖存이요 敗軍之將은 不可以語勇이니라 信이 曰 百
里奚 居虞而한대 虞亡하고 之秦而秦霸하니 非遇虞於而智於秦也
라 用與不用과 聽與不聽爾니 向使成安君으로 聽子計런들 僕亦
禽矣러니라 廣武君이 曰 智者千慮에 必有一失이요 愚者千慮에
必有一得이라 故로 曰 狂夫之言도 聖人이 擇焉이라 하니 將軍이
虜魏王豹하고 誅成安君하여 威振天下나 然이나 欲擧倦敝之兵하
여 頓之燕堅城之下면 欲戰不得이요 攻之不拔이니 今爲將軍計컨

대 莫如按甲休兵하여 鎭撫趙民하고 遣辯士하여 奉咫尺之書면 燕
必聽從하리니 燕已從而東臨齊면 雖有智者라도 亦不知爲齊計矣
리라 韓信이 從其策하여 發使使燕하니 燕이 從風而靡러라

> 㴱 부순(拊循) 위로하고 어루만져 주는 것. 동향좌(東郷坐) 상석에 앉
> 도록 하는 것. 백리해(百里奚) 우(虞)의 대부(大夫)였으나 크게 쓰이
> 지 못하고 진 목공(秦穆公)에게 발탁되어 진나라를 패자(霸者)로 만들
> 었음. 지척서(咫尺書) 간단한 글.

○수하(隨何)가 구강(九江)에 이르니, 구강왕 포(布 : 黥布)가
명을 받들고 한(漢)나라에 이르렀다. 한왕(漢王)이 상(牀)에 걸
터앉아 발을 씻다가 포를 불러들여 만나니, 포가 크게 노하
여 온 것을 후회하고는 자살하려고 하였는데, 관사로 나가니
장막과 음식, 딸린 관원 등 모든 것이 한왕의 거처와 같았다.
포가 또 크게 기뻐하며 생각했던 것보다 지나치다고 하였다.
한나라는 구강왕 포의 군사를 더 보내 함께 성고(成皐)에 주
둔하게 하였다.

원문 隨何 至九江하니 九江王布 奉命至漢이어늘 漢王이 方踞牀
洗足이러니 召布入見한대 布 大怒하여 悔來欲自殺이러니 及出就
舍에 帳御飮食從官이 皆如漢王居라 布 又大喜하여 過望이라 하
더라 漢이 益九江王兵하여 與俱屯成皐하다

○초(楚)나라가 자주 한나라의 용도(甬道)를 침탈(侵奪)하니,
한군의 군량이 모자라게 되었다. 그래서 한왕이 역이기(酈食
其)와 더불어 초나라의 권세를 약화시키는 계책을 모의하는
데, 역이기가 말하기를 "폐하께서 능히 6국(六國)의 후예를
다시 잘 세워 덕의(德義)가 행하여지면 틀림없이 초나라가 옷
깃을 여미고 조회(朝會)할 것입니다." 하였다. 한왕이 말하기
를 "좋소. 빨리 인(印 : 국새)을 새겨 선생께서 차고 다니시
오." 하였다. 역이기가 떠나기 전에 장량(張良)이 밖으로부터
들어와 뵈니, 한왕이 이제 막 식사를 하다가 말하기를 "객

(客) 가운데 나를 위하여 초나라의 권세를 약화시킬 계책을 낸 자가 있었소." 하고는 역생이 한 말을 자세히 장량에게 전하였다.

장량이 말하기를 "그런 계책을 쓰면 폐하의 일은 어긋나고 말 것이니, 청컨대 앞에 있는 젓가락을 빌려주시면 대왕을 위하여 계획해 보이겠습니다. 그 계책이 불가함이 여덟 가지 인데, 천하의 유사(游士)들이 친척과 헤어지고 조상의 분묘와 친구를 버리고 폐하를 따라다니는 것은 오로지 밤낮으로 조그마한 땅덩이라도 떼어주기를 바라서입니다. 그런데 이제 다시 여섯 나라의 후예를 세운다면 천하의 유사들이 각자 되돌아가 그의 임금을 섬길 터이니, 폐하께서는 누구와 더불어 천하를 차지하겠습니까? 참으로 객(客)의 꾀를 쓰면 폐하의 일은 다 어그러지고 말 것입니다." 하니, 한왕이 먹던 밥을 뱉고 꾸짖기를 "어린 유생(儒生) 녀석이 거의 내 일을 그르칠 뻔하였다." 하고는 빨리 인(印)을 녹여버리게 했다.

원문 楚 數侵奪漢甬道하니 漢軍이 乏食이라 漢王이 與酈食其로 謀撓楚權할새 食其曰 陛下 能復立六國之後하여 德義已行이면 楚 必斂衽而朝하리이다 漢王曰 善타 趣刻印하여 先生이 因行佩之하라 食其未行에 張良이 從外來謁이어늘 漢王이 方食이러니 曰 客有爲我計撓楚權者라 하고 具以酈生語로 告良한대 良이 曰 畫此計면 陛下事去矣리이다 請借前箸하소서 爲大王籌之하리이다 其不可者 八이니 天下游士 離親戚棄墳墓去故舊하고 從陛下游者는 徒欲日夜로 望咫尺之地어늘 今復立六國之後면 天下游士 各歸事其主하리니 陛下 誰與取天下乎이리까 誠用客謀면 陛下事去矣리이다 漢王이 輟食吐哺하고 罵曰 豎儒 幾敗迺公事로다 하고 令趣銷印하다

주 용도(甬道) 양쪽에 장벽을 쌓고 그 사이로 짐수레가 갈 수 있도록 만든 길. 요초권(撓楚權) 초나라의 힘을 약화시키는 것. 염임(斂衽) 옷깃을 여미는 것. 지척지지(咫尺之地) 조그마한 땅. 철식토포(輟食

吐哺) 밥 먹던 것을 중지하고 입에 든 음식을 뱉음. 내공(迺公) 본래 아들에 대한 아버지의 자칭인데 남을 업신여길 때 쓴다. 여기서는 고조(高祖) 자신.

○ 한왕(漢王)이 진평(陳平)에게 이르기를 "천하가 시끄러운데 어느 때나 평정되겠는가?" 하니, 진평이 말하기를 "항왕(項王)의 강직한 신하는 아보[亞父 : 범증(范增)]·종리매(鍾離昧)·용저(龍且)·주은(周殷) 등 몇 사람에 불과합니다. 대왕께서 참으로 수만 근(斤)의 금(金)을 출연(出捐)하여 반간책(反間策)을 행하여 그들 군신 사이를 이간함으로써 그 마음을 의심하게 해야 합니다. 그렇게 하면 항왕의 사람됨으로 보아 의심하고 꺼리며 참소를 믿어 반드시 안에서 서로 죽일 것이니, 한나라가 그것을 핑계 삼아 군사를 일으켜 공격하면 초나라를 반드시 깨뜨릴 수 있을 것입니다." 하였다.

한왕이 "좋다." 하고는 이에 황금 4만 근을 내어 진평에게 주어 반간하는 데 쓰는 자금을 삼게 하고 그 돈의 출납에 대해서는 묻지 않았다. 진평이 많은 금으로써 반간을 초나라에 풀어놓아 선언(宣言 : 말을 널리 퍼뜨림)하기를 "종리매 등이 항왕의 장수가 되어 공이 많지만, 그러나 끝내 땅을 떼어 왕을 삼지 않자 한나라와 하나가 되어 항씨(項氏)를 멸망시키고 그 땅을 나누어 왕이 되고자 한다." 하니, 항우가 과연 종리매 등을 믿지 않게 되었다.

원문 漢王이 謂陳平曰 天下 紛紛하니 何時定乎아 陳平이 曰 項王의 骨鯁之臣은 亞父 鍾離昧 龍且 周殷之屬으로 不過數人耳니 大王이 誠能出捐數萬斤金하여 行反間하여 間其君臣하여 以疑其心이면 項王의 爲人이 意忌信讒하여 必內相誅하리니 漢이 因擧兵而攻之면 破楚必矣리이다 漢王曰 善타 하고 乃出黃金四萬斤하여 與平資所爲하고 不問其出入한대 平이 多以金으로 縱反間於楚하여 宣言鍾離昧等이 爲項王將하여 功多矣나 然이나 終不得裂地而王이라 欲與漢爲一하여 以滅項氏 而分王其地라 한대 項羽 果

不信鍾離昧等이러라

　㊀　**골경지신**(骨鯁之臣) 강직한 신하.　**반간**(反間) 이간책을 쓰는 것. 간첩.

○ 여름에 초나라가 형양(滎陽)에서 한왕(漢王)을 포위하여 위급하게 되었다. 한왕이 강화(講和)를 청해 형양을 쪼개어 서쪽만을 한(漢)의 것으로 하자, 아보(亞父)가 항우에게 권하여 급히 형양을 공격하라고 권하니, 한왕이 이를 걱정하였다.

원문 夏에 楚 圍漢王於滎陽急이어늘 漢王이 請和하여 割滎陽以西者爲漢이러니 亞父 勸羽하여 急攻滎陽하니 漢王이 患之러라

○ 항왕이 사신을 보내어 한나라에 이르자, 진평이 태뢰(太牢)를 차리게 하여 받들고 나아가 초나라 사신을 보고는 놀라는 척하며 말하기를 "나는 아보의 사신인 줄 알았더니 항왕의 사신이구려." 하고는 다시 가지고 나가 거칠고 맛없는 음식으로 바꾸어 차려서 올렸다. 초나라 사신이 돌아가 모든 사실을 항왕에게 보고하니, 왕이 과연 아보를 크게 의심하였다.
　아보가 급히 형양성을 공격하여 항복시키자고 하였으나 항왕이 듣지 않았다. 아보가 항왕이 의심한다는 말을 듣고는 노하여 말하기를 "천하의 일이 크게 정해졌으니 군왕(君王)께서 직접 하소서. 해골을 청하여 돌아가기를 원합니다." 하였는데, 팽성에 못 미처 등에 종기가 나 죽고 말았다.

원문 項王이 使使至漢이어늘 陳平이 使爲太牢具하여 擧進이라가 見楚使하고 卽佯驚曰 吾以爲亞父使러니 乃項王使라 하고 復持去하여 更以惡草具로 進하니 楚使歸하여 具以報項王한대 王이 果大疑亞父러라 亞父 欲急攻下滎陽城하되 項王이 不聽이어늘 亞父 聞項王이 疑之하고 乃怒曰 天下事 大定矣로소니 君王은 自爲之하소서 願請骸骨歸하노이다 未至彭城하여 疽發背而死하다

　㊀　**시사**(使使) 사신을 보내는 것.　**태뢰**(太牢) 잔치나 제사 때 소를 잡아 쓰는 것. 그 규모에 따라 양, 돼지, 소를 썼는데 이를 삼생(三牲)

이라 함. **경이악초구**(更以惡草具) 거칠고 맛없는 음식으로 바꾸어
차림. **청해골**(請骸骨) 늙은 재상이 벼슬을 그만두고 물러가기를 임
금께 청원함.

○ 장군(將軍) 기신(紀信)이 한왕에게 말하기를 "일이 급하게
되었습니다. 신이 청컨대 초나라를 속일 터이니, 왕께서는 몰
래 빠져나가소서." 하였다. 이에 진평이 밤에 여자 2000여 명
을 동문(東門)으로 내보내니, 이로써 초나라가 공격하였다. 기
신이 이에 왕의 황옥좌독(黃屋左纛)을 타고 말하기를 "먹을
것이 떨어져 한왕이 초나라에 항복한다." 하니, 초나라 군사
가 모두 만세를 부르며 성 동쪽으로 가서 구경하였다. 그래
서 한왕이 수십 기(騎)를 얻어 서문(西門)으로 빠져나가 도망
할 수 있었다.

원문 將軍紀信이 言於漢王曰 事急矣라 臣請誑楚하리니 王은 可
以間出하소서 於是에 陳平이 夜出女子東門二千餘人하니 楚 因
擊之어늘 紀信이 乃乘王車黃屋左纛하고 曰 食盡하여 漢王이 降
楚라 한대 楚 皆呼萬歲하고 之城東觀하니 以故로 漢王이 得與數
十騎로 出西門遁去하다

㈜ **황옥좌독**(黃屋左纛) 황옥은 누런 비단 덮개를 씌운 천자의 수레. 독
은 천자의 거가(車駕)에 세우는 의장기인데, 왼쪽에다 세우므로 좌독
이라 함.

○ 한왕이 형양에서 빠져나와 성고(成皐)에 이르러 관(關)에
들어가 군사를 거두어 다시 동쪽으로 가고자 하니, 원생(轅
生)이 한왕에게 참호를 깊게 하여 성벽을 굳게 지키며 싸우
지 말고, 형양과 성고 사이의 군사는 또 휴식시켜야 한다고
설득하니, 한왕이 그 계책에 따라서 군사를 완(宛)과 섭(葉)
사이로 내보내 경포(黥布)와 함께 행군하면서 군사를 모았다.
항우가 한왕이 완에 있다는 말을 듣고는 과연 군사를 이끌고
왔으나, 한왕이 참호를 깊이 파 성벽을 굳게 지키고는 상대
하여 싸우지 않았다.

원문 漢王이 出滎陽至成皐하여 入關收兵하여 欲復東이어늘 轅生
이 說漢王하되 深壁勿戰하여 令滎陽成皐間으로 且得休息이라 한
대 漢王이 從其計하여 出軍宛葉間하여 與黥布로 行收兵이러니
羽가 聞漢王이 在宛하고 果引兵來어늘 漢王이 堅壁不與戰하다

○ 팽월(彭越)이 한나라 장수가 되어 유격병으로 초나라를 공
격하니, 항우가 이에 종공(終公)에게 성고(成皐)를 지키게 하
고 몸소 동쪽으로 가서 팽월을 쳤다. 한왕이 종공군을 격파
하고 다시 성고에 주둔하였는데, 항우가 이미 팽월을 깨뜨려
패주시키고는 군사를 서쪽으로 향해 형양성을 함락시키고 마
침내 성고를 포위하였다. 한왕은 도망하여 홀로 등공(滕公:
夏後嬰)과 함께 수레를 타고는 성고의 옥문(玉門)을 탈출하
였다.

원문 彭越이 爲漢將하여 游兵擊楚한대 羽가 乃使終公으로 守成
皐而自東擊彭越이어늘 漢王이 破終公하고 復軍成皐러니 羽가 已
破走彭越하고 乃引兵西하여 拔滎陽城하고 遂圍成皐하니 漢王이
逃하여 獨與滕公으로 共車出成皐玉門하다

○ 북으로 하수(河水)를 건너 소수무(小脩武) 전사(傳舍 : 역관)
에서 자고, 새벽에 한나라 사신이라 자칭하고 달려 조(趙)의
벽(壁 : 참호)으로 들어갔다. 장이(張耳)와 한신(韓信)이 아직
일어나지 않았으므로 곧바로 그들이 누워 있는 곳으로 들어
가 그들의 인부(印符)를 빼앗고 휘(麾 : 지휘하는 기)로 모든 장
수를 불러 장수를 다시 임명하니, 한신과 장이가 그제야 일
어나서는 한왕이 온 것을 알고 크게 놀랐다. 한왕이 이미 두
사람의 군사를 빼앗고 즉시 장이에게 순행하여 조 땅을 지키
게 하고, 한신을 상국(相國)에 임명하여 조군(趙軍) 가운데 아
직 징발되지 않은 자를 거두어 제(齊)를 공격하게 했다.

원문 北渡河하여 宿小脩武傳舍하고 晨에 自稱漢使라 하고 馳入
趙壁하니 張耳韓信이 未起어늘 卽其臥內하여 奪其印符하고 以麾

로 召諸將하여 易置之한대 信耳起하여 乃知漢王來하고 大驚하더라 漢王이 旣奪兩人軍하고 卽令張耳로 循行하여 備守趙地하고 拜韓信爲相國하여 收趙兵未發者하여 擊齊하다

○여러 장수들이 차츰 성고를 빠져나와 한왕을 따르니, 드디어 초나라가 성고를 함락시키고 서쪽으로 향하고자 하였는데, 한나라가 군사를 시켜 공(鞏) 땅에서 막아 그들이 서쪽으로 가지 못하게 하였다.

원문 諸將이 稍稍得出成皐하여 從漢王하니 楚 遂拔成皐하고 欲西어늘 漢이 使兵距之鞏하여 令其不得西하다

○한왕이 성고 이동(以東)을 버리고 공(鞏)·낙(洛)에 진을 쳐 초나라를 막으려고 하니, 역생(酈生)이 말하기를 "천리(天理)의 자연을 아는 자는 왕업을 이룰 수 있습니다. 왕자(王者)는 백성을 하늘로 여기고 백성들은 먹을 것을 하늘로 삼는데, 무릇 오창(敖倉)은 천하의 곡식을 전수(轉輸)해온 지 오래여서 저장된 곡식이 매우 많습니다. 그런데 초나라 사람이 형양을 함락시키고도 오창을 굳게 지키지 않고서 군사를 이끌고 동쪽으로 향하니, 이는 하늘이 한나라의 밑천으로 주는 것입니다. 원하건대 족하께서는 급히 군사를 진격시켜 형양을 탈취하여 오창의 곡식에 의거하고, 성고를 요새로 하여 막고 태항(太行)의 길을 막고 비호(蜚狐) 입구를 막고 백마진(白馬津)을 지켜, 제후들에게 방비하기 좋은 땅을 점거하게 하여 지형의 형세로써 적을 막는다는 것을 보이면 천하가 귀순할 곳을 알게 될 것입니다." 하니, 왕이 그 말에 따라 이에 다시 오창을 차지할 모의를 하였다.

원문 漢王이 欲捐成皐以東하여 屯鞏洛以拒楚러니 酈生이 曰 知天之天者는 王事를 可成이라 王者는 以民爲天하고 民은 以食爲天하나니 夫敖倉은 天下轉輸久矣라 藏粟이 甚多어늘 楚人이 拔榮陽하여 不堅守敖倉하고 乃引而東하니 此는 天所以資漢也라 願

足下는 急進兵하여 收取滎陽하여 據敖倉之粟하고 塞成皐之險하고 杜太行之路하고 距蜚狐之口하고 守白馬之津하여 以示諸侯形制之勢 則天下知 所歸矣리이다 王이 從之하여 乃復謀取敖倉하다

○ 역이기가 또 왕을 설득하기를 "방금 연(燕)·조(趙)를 이미 평정하였으나 오직 제(齊)만은 항복시키지 못하여, 여러 전씨(田氏)의 종족이 강대해져 해대(海垈)를 등지고 있는데 하수(河水)와 제수(濟水)로 길이 막혀, 비록 수만의 군사를 보낸다 하더라도 몇 달이나 1년 안에는 격파할 수가 없습니다. 신은 청컨대 성명(聖明)의 조서(詔書)를 받들고 가 제왕(齊王)을 설득하여, 한나라를 위하여 동쪽의 번국(藩國 : 제후의 나라)이 되도록 하겠습니다." 하니, 상(上 : 왕)이 "좋다."고 말하고는 역생에게 제왕을 설득하게 하기를 "천하의 대세가 한(漢)나라로 돌아올 것은 앉아서도 헤아려 알 수가 있을 것입니다. 왕께서 빨리 먼저 항복하면 제나라가 보존될 수 있을 것이나, 그렇지 않으면 위망(危亡)을 서서 기다려야 할 것입니다." 하였다.

이보다 앞서 제(齊)는 한신이 또다시 군사를 이끌고 동쪽으로 온다는 말을 듣고는, 화무상(華無傷)과 전해(田解)에게 많은 군사를 거느리고 역하(歷下)에 진을 치게 하여 한나라를 막았는데, 역생의 말을 받아들이고는 사신을 보내 한나라와 화친하고는 역하를 지키는 전비(戰備)를 파하였다.

원문 食其 又說王曰 方今燕趙已定하되 唯齊未下라 諸田宗이 彊하여 負海垈阻河濟하니 雖遣數萬師라도 未可以歲月로 破也라 臣이 請得奉明詔說齊王하여 使爲漢而稱東藩하리이다 上이 曰 善타 하고 乃使酈生으로 說齊王曰 天下之事歸漢을 可坐而策也라 王이 疾先下하면 齊國을 可得而保어니와 不然이면 危亡을 可立而待리이다 先是에 齊聞韓信이 且東兵하고 使華無傷田解로 將重兵屯歷下하여 以距漢이러니 及納酈生之言하여 遣使與漢平하고 乃罷歷下守戰備하다

○ 한신이 군사를 이끌고 동쪽으로 가다가 아직 평원(平原)을 지나지 못했을 때, 역이기가 이미 설득하여 제(齊)의 항복을 받았다는 말을 듣고는 중지하려고 했다. 그러자 변사(辯士) 괴철(蒯徹)이 한신에게 유세하기를 "장군이 조서를 받아 제를 공격하는데 한나라가 따로 간사(間使)를 보내어 제를 항복시켰으니, 어찌 조서가 있어 장군을 중지시켰습니까? 또 역생은 일개 선비로서 수레를 타고 가 세 치 혀를 놀려 제의 70여 성을 항복시켰는데 장군은 수만 명의 군사로써 1년 남짓에 조(趙)의 50여 성만을 항복시켰으니, 몇 년 동안에 도리어 일개 어린 유생(儒生)의 공만 못합니다." 하니, 한신이 그렇게 여겼다.

<u>원문</u> 韓信이 引兵東이라가 未度平原하여 聞酈食其 已說下齊하고 欲止러니 辯士蒯徹이 說信曰 將軍이 受詔擊齊 而漢이 獨發間使하여 下齊하니 寧有詔止將軍乎아 且酈生은 一士로 伏軾掉三寸之舌하여 下齊七十餘城이어늘 將軍은 以數萬衆으로 歲餘에 乃下趙五十餘城하니 爲將數歲에 反不如一豎儒之功乎아 信이 然之러라

> 주 하제(下齊) 제를 항복시킴. 간사(間使) 상대국의 내정을 살피는 사신. 복식(伏軾) 식은 수레 앞에 가로지른 나무. 수레를 타고 사신으로 갔다는 뜻. 도삼촌지설(掉三寸之舌) 세 치 혀를 움직인다는 뜻으로, 변설(辯說).

4년(무술) 한신(韓信)이 제(齊)나라의 역하(歷下) 군대를 습격하여 깨뜨리고 마침내 임치(臨淄)에 이르렀다. 이에 제왕(齊王)은 역생이 자기를 속였다고 해서 팽(烹)하고, 군사를 이끌고는 동쪽 고밀(高密)로 달아났다.

<u>원문</u> 戊戌 信이 襲破齊歷下軍하고 遂至臨淄하니 齊王이 以酈生으로 爲賣己라 하여 乃烹之하고 引兵東走高密하다

○ 초(楚)의 대사마(大司馬) 구(咎)가 성고를 지키는데, 항왕(項

王)이 조심해 지키기만 하고 싸우지 말라고 명령하였다. 한나라가 자주 도전해 보았지만 초군(楚軍)이 나오지 않으니, 사람들을 시켜 며칠 동안 욕을 퍼부었다. 그러자 구가 화를 내며 군사에게 사수(汜水)를 건너라 하였는데, 사졸이 반쯤 건널 무렵 한군이 공격해 와 초군을 크게 격파하고 초나라의 보화를 모조리 차지하자, 구와 사마흔(司馬欣)은 스스로 목을 찔러 죽었다. 한왕이 군사를 이끌고 하수를 건너 다시 성고를 빼앗고 광무(廣武)에 군사를 주둔시켜 오창(敖倉)의 식량을 가져다 먹었다. 항우는 성고가 격파되었다는 말을 듣고는 군사를 이끌고 광무에 주둔하여 한나라와 서로 지켰다.

원문 楚大司馬咎 守成皐할새 項王이 令謹守勿戰이러니 漢이 數挑戰하되 楚軍이 不出이어늘 使人辱之數日에 咎怒하여 渡兵汜水러니 士卒이 半渡에 漢이 擊之하여 大破楚軍하고 盡得楚國寶貨하니 咎及司馬欣이 自刭이어늘 漢王이 引兵渡河하여 復取成皐하고 軍廣武하여 就敖倉食한대 項羽 聞成皐破하고 引兵軍廣武하여 與漢相守하다

○ 초군의 먹을 것이 줄어들자 항왕은 걱정이 되어 높다란 조(俎)를 만들어 그 위에다 태공(太公)을 올려놓고 한왕에게 고하기를 "지금 빨리 항복하지 않으면 내가 태공을 팽하겠다."고 하였다. 한왕이 말하기를 "내가 너 항우와 더불어 함께 북면(北面 : 신하가 됨)하여 회왕(懷王)을 섬길 때 형제가 되기로 약속했으니, 나의 아버지가 바로 네 아버지이다. 네가 꼭 아버지를 팽하고 싶거든 나에게도 그 국 한 그릇을 나누어 주면 좋겠다."하니, 항왕이 노하여 죽이려고 하였다. 항백(項伯)이 말하기를 "천하를 위하는 자는 집안을 돌보지 않는 법이니, 비록 죽이더라도 도움이 되지 않을 것입니다." 하였다.

원문 楚軍이 食少라 項王이 患之하여 爲高俎하여 置太公其上하고 告漢王曰 今不急下면 吾烹太公하리라 漢王曰 吾與羽로 俱北

面受命懷王하여 約爲兄弟하니 吾翁이 卽若翁이라 必欲烹而翁인
대 幸分我一杯羹하라 項王이 怒하여 欲殺之어늘 項伯이 曰 爲天
下者는 不顧家하나니 雖殺之라도 無益也니다

　주 **고조**(高祖) 높다란 조. 조는 나무로 만든 굽이 높은 그릇. 제향 때
　　그 위에 고기를 담음.

○ 항왕이 한왕에게 이르기를 "원컨대 왕과 더불어 도전하여
자웅(雌雄)을 겨루어 천하 백성들의 부자(父子)를 괴롭히지 않
고자 하오." 하니, 한왕이 말하기를 "나는 차라리 지혜 싸움
은 할지언정 힘 싸움은 하지 않겠소." 하였다. 그리고는 서로
광무(廣武) 사이에 대치하였는데, 한왕이 항우의 열 가지 죄
를 들어 꾸짖으니, 항우가 크게 노하여 쇠뇌 가진 군사를 매
복시켜 한왕을 쏘아 맞히게 하였다. 한왕이 가슴을 다쳤는데
발을 문지르면서 말하기를 "오랑캐가 내 발가락을 맞혔다."
고 하였다.
　한왕이 창상(創傷)을 입고 누워 있자 장량이 한왕에게 간곡
히 청하기를 "일어나 순행하며 군사를 위로하여 사졸을 안심
시키고, 초나라로 하여금 이긴 틈을 타지 못하게 하소서." 하
였다. 한왕이 나와 군대를 순행하다가 병이 심해져서 성고로
달려 들어갔다.

　원문 項王이 謂漢王曰 願與王으로 挑戰 決雌雄하여 毋徒苦天下
之民父子爲也하노라 漢王曰 吾寧鬪智언정 不鬪力이라 하고 相與
臨廣武間하여 漢王이 數羽十罪한대 羽大怒하여 伏弩射中漢王하
니 漢王이 傷胸이라 乃捫足曰 虜中吾指라 하더라 漢王이 病創臥
어늘 張良이 彊請漢王하여 起行勞軍하여 以安士卒하고 毋令楚乘
勝이라 한대 漢王이 出行軍이라가 疾甚하여 因馳入成皐하다

　주 **자웅**(雌雄) 암수. 승부를 겨루는 것. **수우십죄**(數羽十罪) 항우의 열
　　가지 죄를 헤아림. 그 열 가지 죄란 다음과 같다. ① 회왕(懷王)과의
　　약속을 어긴 죄. ② 경자관군(卿子冠軍)을 속여 죽인 죄. ③ 조(趙)를
　　구하고 보고하지 않은 채 제후를 겁주어 관(關)에 들어간 죄. ④ 진

나라 궁궐을 불태우고 진시황의 무덤을 파 그 재물을 차지한 죄. ⑤ 항복한 진나라 왕 자영(子嬰)을 죽인 죄. ⑥ 진나라 자제(子弟) 20만 명을 속여 신안(新安)에 묻은 죄. ⑦ 제장(諸將)을 좋은 곳의 왕으로 삼고 고주(故主)를 축출한 죄. ⑧ 의제(義帝)를 내쫓고 스스로 팽성(彭城)에 도읍하여 한(韓)·양(梁)의 땅을 빼앗은 죄. ⑨ 사람을 시켜 의제를 강남에서 죽인 죄. ⑩ 정사를 공평히 하지 못하고 약속에 믿음이 없는, 천하에 용납하지 못할 대역무도(大逆無道)한 죄.

○ 한신이 이미 임치를 평정하고 마침내 동쪽으로 제왕(齊王)을 추격해 가는데, 항왕이 용저(龍且)를 시켜서 군사를 이끌고 제군을 구하게 하였다. 용저가 말하기를 "내가 평생에 한신의 사람됨이 상대하기 쉬운 줄을 안다. 표모(漂母)에게 밥을 얻어먹었으니 자신을 스스로 돌볼 계책이 없을 것이요, 바짓가랑이 밑을 지나가 모욕을 당하였으니 남을 당해낼 용기가 없을 터이므로 두려워할 것이 없다." 하였다.

제와 초나라가 한과 더불어 유수(濰水)를 끼고 진을 쳤는데, 한신이 밤에 사람을 시켜 모래를 채운 1만여 개의 자루를 만들어 강 상류를 막고는, 군사를 이끌고 반쯤 건너 용저를 공격하다가 이기지 못하여 도망하는 척 되돌아왔다. 용저가 과연 기뻐하면서 말하기를 "본디 한신이 겁쟁이인 줄을 알았다." 하고는 마침내 한신을 추격하였다. 한신이 사람을 시켜 막았던 자루를 트니, 갑자기 큰물이 흘러 용저의 군사 태반이 건너지 못하고 있으므로, 급히 공격하여 용저를 죽이고 제왕(齊王)을 사로잡아 제의 땅을 모두 평정하였다.

[원문] 韓信이 已定臨淄하고 遂東追齊王한대 項王이 使龍且로 將兵救齊러니 龍且曰 吾平生에 知韓信爲人이 易與耳로라 寄食於漂母하니 無資身之策이요 受辱於袴下니 無兼人之勇이라 不足畏也라 하더라 齊楚 與漢으로 夾濰水而陣이러니 韓信이 夜令人으로 爲萬餘囊하여 盛沙하여 壅水上流하고 引軍半渡하여 擊龍且라가 佯不勝還走한대 龍且 果喜曰 固知信怯也라 하고 遂追信이어늘 信이 使人으로 決壅囊한대 水大至하여 龍且軍이 太半不得渡라

卽急擊하여 殺龍且하고 虜齊王하고 盡定齊地하다

○ 장이(張耳)를 세워 조왕(趙王)으로 삼았다.

[원문] 立張耳하여 爲趙王하다

○ 한신이 사람을 시켜 한왕에게 말하기를 "제(齊)는 속임수가 많고 변덕이 심하여 믿을 수 없는 나라이고 남쪽으로 초(楚)나라와 가까이 있으니, 청컨대 가왕(假王)이 되어 이를 진압하고자 합니다." 하였다. 한왕이 크게 노하니, 장량과 진평(陳平)이 한왕의 발을 밟고는 귀에 대고 속삭이기를 "우리 한나라가 지금 불리한데 어찌 한신이 스스로 왕이 되는 것을 금지하겠습니까. 그대로 세워서 스스로 지키게 하는 것만 같지 못합니다." 하니, 한왕 역시 깨닫고 이로써 다시 꾸짖기를 "대장부가 제후(諸侯)를 정하려면 바로 진왕(眞王)으로 하지 어찌 가왕(假王)으로 하겠는가?" 하고는 장량을 보내어 인(印)을 가지고 가 한신을 제왕으로 삼고, 그 군사를 징발하여 초나라를 공격하였다.

[원문] 韓信이 使人言漢王曰 齊는 僞詐多變하니 反覆之國也요 南邊楚하니 請爲假王하여 以鎭之하노이다 漢王이 大怒어늘 張良陳平이 躡漢王足하고 因附耳語曰 漢方不利하니 寧能禁信之自王乎이까 不如因而立之하여 使自爲守이니이다 漢王이 亦悟하고 因復罵曰 大丈夫 定諸侯에 卽爲眞王耳니 何以假爲리요 하고 遣張良하여 操印立信하여 爲齊王하고 徵其兵하여 擊楚하다

　㈜ 반복(反覆) 변하기를 잘하는 것. 가왕(假王) 임시로 세운 왕. 부이(附耳) 귀에다 대고 속삭이는 것.

○ 항왕은 용저가 죽었다는 말을 듣고 크게 두려워하여, 우태(盱台) 사람 무섭(武涉)에게 제나라에 가서 제왕 한신을 설득하게 하기를 "지금 두 왕(王 : 유방과 항우를 말함)의 일에 대한 승세가 족하께 달려 있어 족하께서 오른쪽으로 붙으면 한

왕이 이기고, 왼쪽으로 붙으면 항왕이 이깁니다. 항왕이 오늘 망하면 다음엔 족하를 취할 것입니다. 족하와 항왕은 친분이 있는데 어찌 한나라를 배반하고 초나라와 연화(連和)하여 천하를 셋으로 나누어 왕 노릇을 하지 않으십니까?"하였다.

한신이 사양하기를 "제가 항왕을 섬겼으나 벼슬이 낭중(郎中)에 불과하였고 지위는 집극(執戟)에 불과했으며, 말은 받아들여지지 않고 계책은 쓰이지 않았기 때문에 초나라를 등지고 한나라에 귀순하였습니다. 한왕이 나에게 상장군(上將軍) 인(印)을 내리고 나에게 수만의 군사를 주었으며, 옷을 벗어 나에게 입혀주고 먹을거리를 남겨 주어 나를 먹였으며, 말을 들어주고 계책을 써주었기 때문에 내가 이에 이르게 되었습니다. 무릇 남이 나에게 매우 친신(親信)하고 있는데, 내가 배반하는 것은 상서롭지 못합니다. 나 한신을 위해 항왕에게 사과해 주면 다행이겠습니다." 하였다.

무섭이 이미 떠나자 괴철(蒯徹)이 상보는 관상술로 한신을 설득하기를 "제가 그대 얼굴의 상을 보니 봉후(封侯)되는 데 불과하고, 그대의 등을 보니 귀하게 됨을 말로 할 수 없습니다." 하였다. 한신이 "무엇을 말하는 것입니까?"하니, 괴철이 말하기를 "초나라와 한나라가 분쟁하는 데 지혜와 용기가 모두 모자랍니다. 지금 두 임금의 운명이 족하에게 달려 있어 한나라를 위하면 한나라가 이기고, 초나라와 함께 하면 초나라가 이길 것입니다. 참으로 제 계책을 받아들이신다면 두 가지를 이롭게 하여 다 갖는 것만 같지 못합니다. 천하를 셋으로 나누어 정족(鼎足)처럼 차지하면 그 형세가 감히 먼저 움직이지 못할 것입니다. 제(齊)의 옛 땅에 의거하여 교수(膠水)·사수(泗水)의 땅을 차지하고, 깊은 궁중(宮中)에서 공(拱)하고 읍양(揖讓)하면 천하의 군왕(君王)이 서로 이끌어 제(齊)나라에 조회할 것입니다. 하늘이 주는 것을 취하지 않으면 도리어 그 허물을 받는다고 하였으며, 때가 이르렀는데도 행하지 않으면 도리어 그 재앙을 받는다고 하였으니, 원하옵건대 족하께서는 잘 생각하소서." 하였다.

원문 項王이 聞龍且死하고 大懼하여 使盱台人武涉으로 往說齊王信曰 當今二王之事 權在足下라 足下 右投則漢王이 勝하고 左投則項王이 勝이어니와 項王이 今日亡 則次取足下리니 足下 與項王으로 有故하니 何不反漢하고 與楚連和하여 三分天下王之오 信이 謝曰 臣이 事項王에 官不過郎中이요 位不過執戟이요 言不聽畫不用故로 倍楚而歸漢이러니 漢王이 授我上將軍印하고 予我數萬衆하고 解衣衣我하고 推食食我하고 言聽計用故로 吾得以至於此하니 夫人이 深親信我어늘 我倍之不祥이니 幸爲信謝項王하라 武涉이 已去에 蒯徹이 以相人之術로 說信曰 僕이 相君之面하니 不過封侯요 相君之背하니 貴不可言이로다 韓信이 曰 何謂也오 蒯徹이 曰 楚漢이 分爭에 智勇이 俱困이라 當今兩主之命이 縣於足下하니 爲漢則漢勝이요 與楚則楚勝이니 誠能聽臣之計인댄 莫若兩利而俱存之니 參分天下여 鼎足而居하면 其勢 莫敢先動이라 案齊之故하여 有膠泗之地하고 深拱揖讓 則天下之君王이 相率而朝於齊矣리이다 天與弗取면 反受其咎하고 時至不行이면 反受其殃이니 願足下는 熟慮之하소서

㊂ 해의의아(解衣衣我) 옷을 벗어 나에게 입혀주는 것. 추식사아(推食食我) 밥을 남겨 나를 먹여주는 것. 막약(莫若) ~와 같지 못한 것. 정족(鼎足) 발이 셋 달린 솥. 심공읍양(深拱揖讓) 깊은 궁궐에 높이 앉아 있으면서 예교(禮敎)로 천하를 다스리는 것.

한신이 말하기를 "한왕이 나를 매우 우대하였는데, 내가 어찌 이익을 위해 의리를 배반하겠는가?" 하니, 괴철이 말하기를 "용기와 지략(智略)이 임금을 위협하는 이는 몸이 위태롭고, 공(功)이 천하를 덮는 자는 상을 주지 않는다고 하였습니다. 이제 족하께서는 임금을 두렵게 하는 위엄을 지녔고 상을 주지 못할 큰 공을 가져서, 초나라로 돌아가면 초나라 사람이 믿지 않고 한나라로 돌아가면 한나라 사람이 두려워할 것이니, 족하께서는 어디로 돌아가시렵니까?" 하였다. 한

신이 말하기를 "선생은 그만두십시오." 하니, 괴철이 다시 설득하기를 "무릇 공이란 이루기는 어렵고 무너뜨리기는 쉬우며, 때는 얻기는 어렵지만 잃기는 쉬워서 기회란 다시 오지 않는 법입니다." 하였으나, 한신이 미루고는 차마 한나라를 배반하지 못하여 드디어 괴철에게 사과하였다.

원문 信이 曰 漢王이 遇我甚厚하니 吾豈可以鄕利 而倍義乎리요 蒯生이 曰 勇略震主者는 身危하고 功蓋天下者는 不賞하나니 今足下 載震主之威하고 挾不賞之功하여 歸楚면 楚人이 不信하고 歸漢이면 漢人이 震恐이리니 足下는 安歸乎오 信이 曰 先生은 且休矣어다 蒯徹이 復說曰 夫功者는 難成而易敗요 時者는 難得而易失也니 時乎時乎여 不再來니이다 信이 猶豫하여 不忍倍漢하고 遂謝蒯徹하다

> 주 진주지위(震主之威) 임금까지 두렵게 하는 위엄. 불상지공(不賞之功) 지나치게 커서 상(賞)을 줄 수 없는 공. 유예(猶豫) 망설여 미루는 것.

○ 가을에 경포(黥布)를 세워 회남왕(淮南王)을 삼았다.

원문 秋에 立黥布하여 爲淮南王하다

○ 항우가 스스로 도움이 적고 먹을 것이 다 되었음을 알고, 또 한신이 다시 진군시켜 초나라를 공격하니, 항우가 걱정하였다. 한나라가 후공(侯公)을 보내 항우에게 설득하여 태공을 보내주기를 청하니, 항우가 이에 한나라와 더불어 천하를 둘로 나누어 홍구(鴻溝)를 경계로 서쪽은 한나라가 갖고, 동쪽은 초나라가 차지하자고 약속하였다. 9월에 초나라가 태공과 여후(呂后)를 돌려보내고는 군사를 이끌고 포위를 풀어 동쪽으로 돌아갔다. 한왕이 서쪽으로 돌아가고자 하니, 장량과 진평이 설득하기를 "한나라가 천하의 태반을 차지하여 제후들이 다 귀부(歸附)하였고, 초나라 군사가 피로한데다 먹을 것이 다 되었으니, 이는 하늘이 망하게 하는 때입니다. 이제 놓

아주고 치지 않는다면 이른바 양호자유환(養虎自遺患 : 호랑이를 길러 스스로 근심거리를 남긴다)인 것입니다." 하니, 한왕이 이를 따랐다.

원문 項羽 自知少助食盡하고 韓信이 又進兵擊楚하니 羽患之어늘 漢이 遣侯公하여 說羽請太公한대 羽乃與漢으로 約中分天下하여 割鴻溝하여 以西爲漢하고 以東爲楚하고 九月에 楚歸太公呂后하고 引兵解而東歸어늘 漢王이 欲西歸러니 張良陳平이 說曰 漢有天下太半 而諸侯皆附하고 楚는 兵疲食盡하니 此는 天亡之時也라 今釋弗擊이면 所謂養虎自遺患也니이다 漢王이 從之하다

제 5 권 한기 (漢紀)

태조 고황제(太祖高皇帝) 하

　5년(기해) 겨울 10월에 한왕(漢王)이 항우를 추격하여 고릉(固陵)에 이르러 제왕(齊王) 한신(韓信)과 위 상국(魏相國) 팽월(彭越)과 만나 초를 격파하기로 기약하였는데, 한신과 팽월이 도착하지 않았다. 초나라가 한군을 공격하여 크게 깨뜨리니, 한왕은 참호를 굳게 하여 스스로 지키면서 장량(張良)에게 이르기를 "제후들이 따르지 않으니 어떻게 해야 하는가?" 하였다.

　대답하기를 "초나라 군사를 또 깨뜨렸는데도 아직 두 사람이 땅을 나누어 받지 못하였으니, 그들이 오지 않은 것은 당연합니다. 군왕(君王)께서 그들과 더불어 천하를 공유(共有)하면 불러들일 수 있을 것입니다. 이제 수양(睢陽)의 이북을 빼앗고 곡성(穀城)에 이르면 모두 팽월에게 왕 노릇을 하게 하고, 진(陳) 동쪽을 따라 바다에 이르기까지는 제왕 한신에게 주소서. 이 땅을 덜어서 두 사람에게 주어 각자가 각기 싸우게 하면 초나라는 쉽게 깨뜨릴 수 있습니다." 하니, 한왕이 따랐다. 그러자 한신과 팽월이 모두 군사를 이끌고 왔다.

[원문] 己亥五年이라 冬十月에 漢王이 追項羽至固陵하여 與齊王信과 魏相國越로 期會擊楚러니 信越이 不至라 楚擊漢軍大破之하니 漢王이 堅壁自守하고 謂張良曰 諸侯不從하니 奈何오 對曰 楚兵을 且破에 二人이 未有分地하니 其不至固宜라 君王이 能與共天下면 可立致也니 今能取睢陽以北至穀城은 皆以王彭越하고

從陳以東傅海는 與齊王信하소서 能出捐此地하여 以許兩人하여
使各自爲戰 則楚를 易破也리이다 漢王이 從之하니 於是에 韓信
彭越이 皆引兵來하다

㊟ 부해(傅海) 부(傅)는 부(附)와 같음. 바다에 이르도록.

12월에 항왕(項王)이 해하(垓下)에 이르렀는데, 군사는 적고
먹을 것도 바닥나 한나라와 싸웠으나 이기지 못하고 보루로
들어갔다. 한군과 제후의 군사가 몇 겹으로 포위하였는데, 항
우는 밤에 한나라 군중의 사방에서 모두 초나라 노래가 들리
자 크게 놀라 말하기를 "한나라가 이미 초나라를 다 차지하
였는가? 어찌 이처럼 초나라 사람이 많은가?" 하고는 밤중에
일어나 장막 안에서 술을 마시며 울자, 좌우에 있는 사람들
도 모두 눈물을 흘리며 감히 바라보지를 못했다.
　이에 항왕이 그의 준마(駿馬)를 타니, 휘하 장사(壯士)들 중
에 말을 타고 따르는 자가 800여 명이었다. 그날 밤에 포위
망을 뚫고 남쪽으로 나와 도망하니, 날이 샐 무렵 한군은 그
제야 깨닫고는 기장(騎將) 관영(灌嬰)에게 5000기(騎)로 추격
하게 하니, 항왕이 회수(淮水)를 건널 때에는 따라온 기병은
겨우 100여 명이었다.
　음릉(陰陵)에 이르러 길을 잃어 한 농부에게 물으니, 농부
가 속여 말하기를 "왼쪽으로 가시오." 하였는데, 왼쪽으로 가
다가 큰 못에 빠졌기 때문에 한군의 추격을 받게 되었다. 항
왕이 이에 다시 군사를 이끌고 동성(東城)에 이르자 겨우 28
기가 남아 있었다. 항왕은 스스로 탈출할 수 없음을 알아차
리고는 그 기병들에게 이르기를 "내가 군사를 일으킨 지 지
금까지 8년이었다. 몸소 70여 번 싸웠지만 일찍이 패배한 적
이 없었는데, 이제 갑자기 이처럼 곤궁에 처하게 되었다. 이
는 하늘이 나를 망하게 하는 것이지, 잘 싸우지 못한 죄는 아
니다. 오늘 죽음으로써 싸워서 적장을 베고 기(旗)를 베고 세
번 이겨 제군으로 하여금 하늘이 나를 망하게 하는 것이지,

싸움을 잘하지 못한 죄가 아님을 알게 하고자 한다." 하고는 한나라 장수와 도위(都尉) 한 명을 각각 베고 100여 명을 죽이자 모든 기병들이 승복했다.

원문 十二月에 項王이 至垓下하니 兵少食盡이라 與漢戰不勝하여 入壁이어늘 漢軍及諸侯兵이 圍之數重이러니 項羽 夜聞漢軍四面이 皆楚歌하고 乃大驚曰 漢이 皆已得楚乎아 是何楚人之多也오 乃夜에 起飮帳中하고 因泣下하니 左右皆泣하여 莫能仰視러라 於是에 項王이 乘其駿馬하니 麾下壯士騎從者 八百餘人이라 直夜에 潰圍南出하여 馳走러니 平明에 漢軍이 乃覺之하고 令騎將灌嬰으로 以五千騎追之하니 項王이 渡淮할새 騎能屬者纔百餘人이러라 至陰陵迷失道하여 問一田父한대 田父 紿曰 左하라 左라가 乃陷大澤中하니 以故로 漢追及之하다 項王이 乃復引兵至東城하니 乃有二十八騎라 項王 自度不得脫하고 謂其騎曰 吾起兵至今 八歲矣라 身七十餘戰에 未嘗敗北러니 今卒困이 如此하니 此는 天之亡我요 非戰之罪也라 今日에 固決死로니 願斬將刈旗三勝之하여 令諸君으로 知天亡我요 非戰之罪리라 하고 斬漢一將一都尉하고 殺數十百人하니 諸騎皆伏이러라

> 초가(楚歌) 초나라의 노래. 항우는 사방에서 초나라 노래가 들리므로 초군이 모두 한나라에 투항한 줄 알았다. 사면초가(四面楚歌). 기종(騎從) 말을 타고 따르는 사람. 자탁(自度) 스스로 헤아림.

그리고는 항왕이 동으로 오강(烏江)을 건너고자 하니, 오강의 정장(亭長)이 배를 대놓고 기다리다가 항왕에게 말하기를 "강동(江東) 지방이 비록 좁지만 면적이 1000리이니, 역시 왕노릇을 하기에 족합니다. 원컨대 대왕께서는 급히 건너소서." 하였다.

항왕이 웃으며 말하기를 "하늘이 나를 망하게 하는데 내가 어찌 건너가겠는가? 또 나 적(籍 : 항우)이 강동의 자제(子弟) 8000명과 함께 강을 건너 서쪽으로 왔는데, 이제 한 사람도 돌아오지 못하였다. 설령 강동의 부형들이 불쌍하게 여겨 나

를 왕으로 삼을지 모르지만 내가 무슨 면목으로 보겠으며, 설령 그들이 말을 하지 않는다 하더라도 마음에 부끄럽지 않으랴?” 하였다. 이에 기병을 모두 말에서 내리게 하여 걸어가며 짧은 무기를 들고 접전하게 하였다. 항적 혼자 죽인 한군이 수백 명이었으며 자신도 수십 군데 창을 맞고는 말하기를 “내가 들으니 한나라가 내 머리를 천금(千金)과 만호(萬戶)의 고을로 산다고 하니, 내가 너에게 덕이나 베풀겠다.” 하고는 스스로 목을 찔러 죽고 말았다.

원문 於是에 項王이 欲東渡烏江이러니 烏江亭長이 檥船待라가 謂項王曰 江東이 雖小나 地方이 千里라 亦足王也니 願大王은 急渡하소서 項王이 笑曰 天之亡我어늘 我何渡爲리요 且籍이 與江東子弟八千人으로 渡江而西러니 今無一人還하니 縱江東父兄이 憐而王我나 我何面目으로 見之며 縱彼不言이나 籍이 獨不愧於心乎아 하고 乃令騎로 皆下馬步行하여 持短兵接戰하니 獨籍의 所殺漢軍이 數百人이요 身亦數十餘創이라 乃曰 吾聞漢이 購我頭를 千金邑萬戶라 하니 吾爲若德이라 하고 乃自刎而死하다

　　㈜ 정장(亭長) 진한(秦漢)시대에 10리마다 정 하나를 설치하고 정장을 두었는데, 주로 도적을 잡는 일을 관장했음. 의선(檥船) 배를 강가에 대는 것. 종(縱) 설령. 가령. 비록. 단병접전(短兵接戰) 단병은 짧은 무기. 근접전(近接戰)을 벌이는 것. 구(購) 사들이다. 현상(懸賞)하는 것. 오위약덕(吾爲若德) 약(若)은 여(汝). 내가 너에게 덕을 보이겠다의 뜻.

○초나라 땅을 다 평정하였으나 오직 노(魯)만 항복하지 않으니, 한왕이 도륙하고자 하여 그 성 아래에 이르렀다. 그런데 어디서 현(絃)을 뜯고 글읽는 소리가 들리니, ‘이곳은 예의를 지키는 나라여서 그들 임금을 위해 죽음으로써 절의를 지킬 것이다.’ 생각하고는, 항왕의 머리를 가져다 보이자 노가 그제야 항복하였다. 한나라가 노공(魯公)의 예(禮)로써 항왕을 장사지내고 항백(項伯)을 봉하여 열후(列侯)로 삼았다.

원문 楚地 悉定하되 獨魯 不下라 漢王이 欲屠之러니 至其城下하니 猶聞絃誦之聲이어늘 謂其守禮義之國이 爲主死節이라 하고 乃持項王頭示之하니 魯乃降한대 漢이 以魯公禮로 葬項王하고 封項伯하여 爲列侯하다

　　주 실정(悉定) 모두 평정(平定)됨. 불하(不下) 항복하지 않음. 함락되지 않음. 도지(屠之) 도륙하다. 죽이는 것. 위주사절(爲主死節) 그 임금을 위해 절사(節死)하는 것. 열후(列侯) 왕자(王子)로 후(侯)가 된 이를 제후(諸侯), 군신(群臣)이 후가 된 이를 열후라 함.

○ 한왕이 돌아오다가 정도(定陶)에 이르러 달려서 제왕(齊王) 한신의 보루로 들어가 그 군사를 빼앗고, 봄 정월에 다시 제왕 한신을 세워 초왕(楚王)을 삼아 회수(淮水) 북쪽에서 왕 노릇을 하되 하비(下邳)에 도읍하게 하고, 위의 상국(相國) 팽월(彭越)을 봉하여 양왕(梁王)으로 삼아 위의 옛 땅에서 왕 노릇하되 정도를 도읍으로 삼게 하였다.

원문 漢王이 還至定陶하여 馳入齊王信壁하여 奪其軍하고 春正月에 更立齊王信하여 爲楚王하고 王淮北하되 都下邳하고 封魏相國彭越하여 爲梁王하고 王魏故地하여 都定陶하다

　　주 왕회북(王淮北) 회수(淮水) 이북에서 왕 노릇을 함. 왕(王)은 동사.

○ 한신은 초(楚)나라에 이르러 표모(漂母)를 불러 천금을 주고, 자기를 욕보이던 소년을 불러 중위(中尉)를 삼고는 모든 장상에게 말하기를 "이 사람은 장사이다. 바야흐로 나를 욕보였을 때 어찌 죽일 수 없었겠는가? 다만 죽일 명분이 없었기 때문에 참아서 오늘 성공한 것이다." 하였다.

원문 韓信이 至楚하여 召漂母賜千金하고 召辱已少年하여 以爲中尉하고 告諸將相曰 此는 壯士也라 方辱我時에 寧不能殺之耶마는 殺之無名故로 忍而就此로라

　　주 표모(漂母) '냇가에서 빨래하는 여인'의 뜻으로, 한신이 가난하여 낚

시질하고 있을 때, 그가 굶는 것을 알아차린 이 여인이 밥을 준 일이 있어서, 이에 보답한 것임. 욕이소년(辱已小年) '자기를 욕보인 소년'의 뜻으로, 한신이 미천(微賤)할 때, 그를 모욕하여 바짓가랑이 사이로 기어가게 했던 소년.

○제후왕(諸侯王)이 모두 상소(上疏)하여 한왕(漢王)이 황제되기를 청하니, 2월 갑오(甲午)에 사수(汜水) 남쪽에서 왕이 황제에 즉위하였다.

[원문] 諸侯王이 皆上疏하여 請漢王爲皇帝어늘 二月甲午에 王이 卽皇帝位于汜水之陽하다

[주] 양(陽) 산의 남쪽, 물의 북쪽을 뜻함.

○여름 5월에 제(帝)가 낙양(洛陽) 남궁(南宮)에 술자리를 베풀었다. 상이 이르기를 "철후(徹侯)와 모든 장수들은 과감히 짐(朕)에게 숨기지 말고 모두 자기 뜻을 말하라. 내가 천하를 갖게 된 것은 무엇 때문이며, 항씨(項氏)가 천하를 잃은 것은 무엇 때문인가?"하였다.

고기(高起)와 왕릉(王陵)이 대답하기를 "폐하께서는 거만하게 남을 모욕했고, 항우는 인자하게 사람을 사랑하였습니다. 그러나 폐하께서는 성을 공격하여 땅을 빼앗으면 그걸 주어 천하와 그 이익을 같이하시었고, 항우는 현능(賢能)한 사람을 질투하여 공(功)있는 사람을 해쳤으며 어진 이를 의심하였으니, 이것이 그가 천하를 잃은 까닭입니다."하였다.

상이 이르기를 "공은 그 하나만을 알고 둘은 모르오. 무릇 장막 안에서 계책을 궁리하고 방책을 세워 1000리 밖에서 승리를 굳히는 것은 내가 자방(子房 : 장량)만 못하고, 국가를 진압하고 백성을 어루만지며 군량을 공급하고 양도(糧道)를 끊어지지 않게 하는 것은 내가 소하(蕭何)만 못하며, 100만 명의 군사를 연대하여 싸우면 반드시 이기고 공격하면 반드시 취하는 것은 내가 한신(韓信)만 못하다. 이 세 사람은 모두

인걸(人傑)인데 내가 부릴 수 있었으니, 이것이 천하를 갖게 된 까닭이다. 항우에게 범증(范增) 한 사람이 있었으나 잘 쓰지 못하였으니, 이것이 우리에게 사로잡힌 까닭이다." 하니, 여러 신하들이 모두 기꺼이 복종하였다.

원문 夏五月에 帝置酒洛陽南宮하고 上이 曰 徹侯諸將은 毋敢隱朕하고 皆言其情하라 吾所以有天下者는 何며 項氏之所以失天下者는 何오 高起王陵이 對曰 陛下는 嫚而侮人하시고 項羽는 仁而愛人이나 然이나 陛下는 使人攻城略地에 因以與之하사 與天下同其利하시고 項羽는 妬賢嫉能하여 有功者를 害之하고 賢者를 疑之하니 此其所以失天下也니이다 上이 曰 公은 知其一이요 未知其二로다 夫運籌帷幄之中하여 決勝千里之外는 吾不如子房이요 鎭國家撫百姓하고 給餉饋不絶糧道는 吾不如蕭何요 連百萬之衆하여 戰必勝攻必取는 吾不如韓信이니 三者는 皆人傑이라 吾能用之하니 此所以取天下者也요 項羽는 有一范增 而不能用하니 此所以爲我禽也니라 群臣이 悅服이러라

주 철후(徹侯) 작위명. 진시대에 작(爵)이 20급이었는데, 공상(功賞)으로 가장 높이 주는 것이 철후였다. 한대에도 그대로 하였는데 후에 무제(武帝)의 이름을 피하고 통후(通侯)라 하였음. 항씨(項氏) 항우(項羽)를 말함. 고기(高起) 성명(姓名)이라는 설과, 동작을 나타내는 동사라는 설이 있음. 운주(運籌) 계책을 세우는 것. 방책을 짬. 유악(帷幄) 군막(軍幕). 향궤(餉饋) 군량(軍糧)을 말함. 열복(悅服) 기꺼이 복종하는 것.

○ 항우가 이미 멸망하자 전횡(田橫)이 죽임을 당할까 두려워하여 그 무리 500여 명과 함께 해도(海島) 안에 들어가 살았다. 제(帝)는 그들이 난을 일으킬까 염려하여 사람을 시켜 전횡의 죄를 사(赦)하고 부르기를 "전횡아, 오너라. 크게는 왕을 삼을 것이요 작아도 후(侯)는 삼을 것이로되, 오지 않으면 군사를 내어 죽이겠다." 하였다. 전횡이 이에 그 객(客) 두 사람과 더불어 전〔傳 : 역의 거마(車馬)〕을 타고 낙양에 왔는데,

30리를 못 미처 자살하고 말았다. 제(帝)가 그 두 객을 도위(都尉)에 임명하고 왕의 예로써 장사지내 주었다.

전횡을 장사지내자 두 객이 그 무덤 옆을 파고는 모두 스스로 목을 찔러 뒤따르니 제가 듣고는 크게 놀랐는데, 그 나머지가 아직 500명이나 바다 가운데 있다는 말을 듣고는 사신을 보내어 불렀다. 사신이 이르러 전횡이 죽었다는 말을 듣고는 역시 모두 자살하고 말았다.

[원문] 項羽 已滅에 田橫이 懼誅하여 與其徒五百餘人으로 入居海島中이러니 帝恐其爲亂하여 乃使人으로 赦橫罪而召之曰 橫아 來하라 大者면 王이요 小者면 侯어니와 不來면 且擧兵加誅하리라 橫이 乃與其客二人으로 乘傳詣洛陽이러니 未至三十里하여 自殺이어늘 帝拜其二客하여 爲都尉하고 以王禮로 葬之하다 橫을 旣葬에 二客이 穿其冢旁하고 皆自剄下從之어늘 帝聞之大驚하여 聞其餘尙五百人이 在海中하고 使使召之러니 至則聞橫死하고 亦皆自殺하더라

> 㴖 승전(乘傳) 전(傳)은 역참(驛站)에 비치된 수레로 역거(驛車)라고도 한다. 역에 이를 때마다 수레를 바꾸어 탔는데, 이를 이름.

○ 계포(季布)가 항적(項籍)의 장수가 되어 자주 제(帝)를 군색하게 욕보였었다. 항적이 멸망한 후 제가 계포에게 천금(千金)을 현상(懸賞)하면서 "감히 숨기면 삼족(三族)을 죄준다."고 하였다. 계포가 이에 곤겸(髡鉗)하고 노예가 되어 스스로 노(魯)의 주가(朱家)에 팔렸다. 주가에서 마음속으로 그가 계포임을 알아보고는 전사(田舍)를 사서 있게 하고, 몸소 낙양에 가서 등공(滕公 : 夏侯嬰)을 보고 말하기를 "계포에게 무슨 죄가 있습니까? 신하들은 각기 그 주인을 위해 직분을 다하는 것입니다. 이제 상께서 비로소 천하를 얻었는데, 사적인 원한 때문에 한 사람을 찾으시어 어찌 도량이 넓지 못함을 보이십니까? 또 계포같이 어진 사람을 한(漢)나라에서 급히

찾으니, 그가 북쪽 호(胡)로 도망가지 않으면 남쪽 월(越)로 도망하고 말 것입니다. 그대는 어찌 조용히 상을 위하여 말씀드리지 않습니까?"하였다.

등공이 기회를 보아서 상께 아뢰기를 주가가 가르쳐 준 대로 하니, 상이 이에 계포를 사면하고 낭중(郎中)으로 임명하였다.

원문 季布 爲項籍將하여 數窘辱帝러니 項籍이 滅에 帝購求布千金하되 敢舍匿이면 罪三族하리라 布 乃髡鉗爲奴하여 自賣於魯朱家러니 朱家 心知其季布也하고 買置田舍하고 身之洛陽하여 見滕公하고 說曰 季布는 何罪오 臣各爲其主用職耳라 今上이 始得天下 而以私怨으로 求一人하시어 何示不廣也오 且以季布之賢으로 漢이 求之急하니 此 不北走胡면 南走越耳라 君은 何不從容爲上言之오 滕公이 待間言於上하되 如朱家指한대 上이 乃赦布하고 召拜郎中하다

> 주 죄삼족(罪三族) 삼족을 죄주는 것. 삼족은 부모·형제·처자 혹은 부족(父族)·처족(妻族)·외족(外族). 곤겸(髡鉗) 형벌의 한 가지. 머리를 깎고 목에 칼을 씌우는 것. 자매(自賣) 스스로 몸을 파는 것. 신지낙양(身之洛陽) 자신이 몸소 낙양으로 가다의 뜻.

○계포의 동모제(同母弟) 정공(丁公) 역시 항우의 장수가 되어 제(帝)를 팽성(彭城) 서쪽으로 쫓아 군색하게 하고 단검(短劍)으로 대들자, 제가 급하여 정공을 돌아보며 말하기를 "두 어진 이가 어찌 서로 곤궁에 처하게 하는가?"하니, 정공이 군사를 이끌고 돌아갔다. 항왕이 멸망함에 이르러 정공이 알현하니, 제가 정공을 군중(軍中)에 조리돌리며 말하기를 "항왕의 신하가 되어 불충하여 항왕이 천하를 잃게 하였다."하고, 마침내 참하고는 말하기를 "이후 남의 신하된 사람으로 정공을 본받음이 없도록 하노라."하였다.

원문 布의 母弟丁公이 亦爲項羽將하여 逐窘帝彭城西하여 短兵

接이어늘 帝急하여 顧謂丁公曰 兩賢이 豈相厄哉아 丁公이 引兵
而還이러니 及項王이 滅에 丁公이 謁見이어늘 帝以丁公으로 徇軍
中曰 丁公이 爲項王臣不忠하여 使項王으로 失天下라 하고 遂斬
之曰 使後爲人臣으로 無傚丁公也하노라

㊛ 모제(母弟) 아버지는 다르고 어머니는 같은 동생. 동복(同腹) 아우. 동
모제(同母弟). 순군중(徇軍中) 군중에 조리돌리는 것

온공(溫公)은 논평한다.

"고조(高祖)가 풍패(豐沛)에서 일어난 이래 호걸들을 모조
리 불러들이고 도망자와 배반자를 불러모은 일이 많았는데,
황제로 즉위하여 오직 정공(丁公)만 불충하다 하여 죽임을 당
한 것은 무엇 때문인가?

무릇 진취(進取 : 용감히 나아가 공명을 취함)와 수성(守成)은
그 형세가 같지 않다. 군웅(群雄)이 각축할 때는 백성들은 임
금을 정하지 못하여 오는 자를 받아들이는 것은 본디 마땅한
것이다. 그러나 귀한 천자(天子)가 되어서는 사해(四海) 안이
모두 신하가 되니, 참으로 예의(禮義)를 밝혀 보이지 않는다
면 신하된 사람마다 두 마음을 품게 하여, 큰 이익을 구하게
한다면 국가가 어찌 오래 편안을 누릴 수 있겠는가?

그렇기 때문에 대의로써 결단하여 온 천하가 분명하게 모
두 남의 신하로서 불충한 자는 용납될 수 없음을 알도록 하
고, 사사로운 마음을 품고 은혜를 맺는 자는 비록 자기를 살
려준 자라 하더라도 오히려 의(義)로써 허여하지 않음을 알게
한 것이다. 한 사람을 죽여 천만인을 두렵게 했으니, 그가 일
을 생각함이 어찌 심원(深遠)하지 않은가? 자손들이 400여 년
동안 천록(天祿)을 누린 것은 마땅하다."

원문 溫公曰 高祖起豐沛以來로 罔羅豪傑하여 招亡納叛이 亦已
多矣라 及卽帝位하여 而丁公獨以不忠受戮은 何哉오 夫進取之
與守成은 其勢不同이라 當群雄角逐之際엔 民無定主하여 來者受

之는 固其宜也라 及貴爲天子하여는 四海之內가 無不爲臣이니 苟
不明禮義以示之면 使爲臣者로 人懷貳心하여 以徼大利 則國家
其能久安乎아 是故로 斷以大義하여 使天下로 曉然皆知爲臣不
忠者는 無所自容 而懷私結恩者 雖至於活己라도 猶以義不與也
라 戮一人而千萬人懼하니 其慮事가 豈不深且遠哉아 子孫享有
天祿四百餘年이 宜矣라

㈜ 풍패(豊沛) 한 고조의 고향. 수성(守成) 창업(創業)한 나라를 잘 지
켜나가는 것. 각축(角逐) 서로 승리를 다투는 것. 교(徼) 요행(僥倖).

　제(齊)나라 사람 누경(婁敬)이 농서(隴西)에 수자리를 살러
가는 길에 낙양을 지날 때, 만로(輓輅)에서 벗어나 양가죽옷
을 입고는 우장군(虞將軍)을 통해서 상을 뵙고 아뢰기를 "폐
하께서 낙양에 도읍하시니, 어찌 주(周)나라 왕실과 융성함을
견주려는 것이 아니겠습니까?"하였다. 상이 그렇다고 하니,
누경이 말하기를 "낙양은 천하의 한가운데여서 덕이 있으면
왕 노릇하기가 쉽고, 덕이 없으면 망하기가 쉽습니다. 무릇
진(秦)나라 땅은 산으로 덮이고 하수(河水)가 둘러 있어 사방
이 막혀 험고(險固)하고, 갑자기 위급한 일이 있더라도 100만
군사를 갖출 수 있으니, 이는 역시 천하의 인후(咽喉)를 제압
하고 그 등을 어루만질 수가 있습니다."하였다.
　제가 여러 신하들에게 물으니, 신하들은 모두 산동(山東)
사람이라 다투어 말하였다. "주(周)나라는 수백 년 동안 왕
노릇을 하였고 진나라는 2세(世)에서 망하였습니다. 낙양은
동쪽에 성고(成皐)가 있고 서쪽에는 효면(殽澠)이 있으며, 하
수를 등지고 낙수(洛水)를 향하고 있어 그 험고함을 믿을 수
있습니다."
　상이 장량에게 물으니, 장량이 말하기를 "비록 그런 험고
함은 있으나 사면에서 적(敵)을 받으니, 무(武)를 쓸 수 있는
나라가 아닙니다. 관중(關中)은 왼쪽에 효함(殽函 : 효산·함곡
관)이 있고 오른쪽에는 농촉(隴蜀)이 있으며, 기름진 들판이

1000리요 3면이 막히어 굳게 지킬 수 있습니다. 오직 동쪽한 면만으로 제후를 제압하니, 이는 이른바 금성천리(金城千里)요 천부지국(天府之國)이어서 누경의 말이 옳습니다.”하였다. 상이 그날로 거가(車駕)를 서로 향해 장안(長安)에 도읍하고, 누경을 불러 봉춘군(奉春君)을 삼고 유씨(劉氏)를 사성(賜姓)하였다.

장량이 평소 병이 많았는데, 상을 따라 관(關)에 들어가서는 바로 도인(導引)하고 곡식을 먹지 않으면서 말하기를 “집안이 대대로 한(韓)나라의 재상이었는데, 한나라가 멸망하기에 이르러 만금의 재물을 아끼지 않고 한나라를 위해 강한진(秦)나라에 복수하니 천하가 진동하였다. 이제 세 치 혀로써 제왕(帝王)의 사(師)가 되어 만호후(萬戶侯)에 봉해졌다. 이는 포의(布衣)로서 극에 이른 것이다. 나 양(良)은 만족하니, 인간의 일을 버리고 적송자(赤松子)를 따라 놀고자 할 뿐이다.”하였다.

원문 齊人婁敬이 戌隴西할새 過洛陽이라가 脫輓輅衣羊裘하고 因虞將軍하여 見上曰 陛下 都洛陽하시니 豈欲與周室로 比隆哉이까 上曰 然하다 婁敬이 曰 洛邑은 天下之中이라 有德則易以王이요 無德則易以亡이어니와 夫秦地被山帶河하여 四塞以爲固하니 卒然有急이라도 百萬之衆을 可具니 此亦扼天下之吭 而拊其背也니이다 帝問群臣한대 群臣이 皆山東人이라 爭言 周는 王數百年하고 秦은 二世卽亡이어니와 洛陽은 東有成皐하고 西有殽澠하고 倍河向洛하니 其固를 足恃也니이다 上이 問張良한대 良이 曰 洛陽이 雖有此固나 四面受敵하니 非用武之國也요 關中은 左殽函이요 右隴蜀이요 沃野千里라 阻三面而固守하고 獨以一面으로 東制諸侯하니 此는 所謂金城千里요 天府之國이니 婁敬說이 是也니이다 上이 卽日에 車駕 西都長安하여 號婁敬爲奉春君하고 賜姓劉氏하다 張良이 素多病이러니 從上入關하여 卽道引하고 不食穀曰 家世相韓이라가 及韓滅에 不愛萬金之資하고 爲韓報讐彊秦하니

天下振動이라 今以三寸舌로 爲帝者師하여 封萬戶侯하니 此는 布
衣之極이라 於良에 足矣니 願棄人間事하고 欲從赤松子遊耳라 하
더라

> ㊟ 만로(輓輅) 수레를 끄는 것. 만은 이끄는 것. 노(輅)는 수레의 앞에
> 가로지른 나무. 두 사람이 앞에서 끌고 한 사람이 뒤에서 미는 것.
> 금성천리(金城千里) 성이 튼튼하고 1000리나 된다는 뜻. 진시황이 진
> 나라의 견고함을 자랑한 말. 금성탕지(金城湯池). 천부지국(天府之國)
> 땅이 기름지고 물산(物産)이 풍부한 하늘이 준 곳. 도인(道引) 도가
> (道家)에서의 호흡과 굴신. 동작・정좌(靜座)・마찰 등 운동으로 온몸의
> 관절을 조절하여 건강을 지키는 양생법(養生法)의 하나. 도인(導引).
> 포의(布衣) 벼슬이 없는 선비. 적송자(赤松子) 고대에 있었다는 신선
> (神仙).

은공은 논평한다.

"무릇 인생의 죽음은 비유컨대 아침과 저녁처럼 필연이어
서, 예로부터 지금에 이르기까지 아직 초연(超然)하여 홀로
살아 있는 자가 없다. 자방(子房) 같은 명변달리(明辨達理)한
사람은 신선이 허위임을 알고도 남았을 것이다. 그런데도 적
송자를 따라 놀고자 하였으니, 그의 지혜를 알 수가 있는 것
이다.

무릇 공명(功名)을 얻게 될 즈음에 신하된 사람은 처신하기
어려운 것인데, 고제(高帝)가 일컬은 자는 세 호걸뿐이었다.
그런데 회음후(淮陰侯 : 한신)는 주륙을 당하고 소하(蕭何)는
옥에 갇혔으니, 이는 공명을 가득 채우고도 그치지 않아서
그런 것이 아니겠는가? 그러므로 자방은 신선을 핑계삼아 인
간사를 버리어 공명을 신외지물(身外之物)과 같게 보고 영리
(榮利)를 돌보지 않았으니, 이른바 명철보신(明哲保身)한 자는
자방이었다."

원문 溫公曰 夫生之有死는 譬猶夜旦之必然이라 自古及今에 固
未嘗有超然而獨存者也라 以子房之明辨達理로 足以知神仙之爲
虛僞矣라 然이나 其欲從赤松子游者하니 其智可知也라 夫功名之

際에 人臣之所難處라 如高帝所稱者 三傑而已라 淮陰誅夷하고
蕭何繫獄은 非以履盛滿而不止耶아 故로 子房託於神仙하여 遺
棄人間하여 等功名於外物하고 置榮利而不顧하니 所謂明哲保身
者는 子房有焉이라

　6년(경자) 초왕(楚王) 한신이 처음 그 나라에 가서 현읍(縣
邑)을 순행하면서 군사를 거느리고 드나드니, 한신이 배반하
려 한다고 고한 사람이 있었다. 제(帝)가 진평(陳平)에게 물으
니, 진평이 말하기를 "옛날에는 천자가 순수(巡狩)하여 제후
를 모았으니, 폐하께서는 우선 나가시어 거짓으로 운몽(雲夢)
에 순수한다고 하면서 제후들을 진(陳)에 모으십시오. 그렇게
하면 한신이 천자의 출유(出游)를 듣고 그 형세상 반드시 교
외에서 맞아 뵐 것이니, 그때 사로잡으시면 이는 다만 한 역
사(力士)로도 될 수 있는 일입니다." 하였다. 제가 그렇다고
여겨 제후들을 진으로 모으게 하니 한신이 상을 뵙거늘, 상
이 무사를 시켜서 한신을 묶어 뒷수레에 실었다. 한신이 말
하기를 "과연 사람들 말과 같구나. 교활한 토끼가 죽으니 사
냥개를 삶아먹고, 높이 나는 새가 없어지면 양궁(良弓)을 보
관하고, 적국(敵國)이 깨뜨려지면 모신(謀臣)이 죽는다 했다.
천하가 이미 정해졌으니 나는 틀림없이 팽(烹)을 당할 것이구
나." 하였다. 상이 말하기를 "공이 반하려 한다고 말하는 사
람이 있었다." 하고는, 마침내 한신을 수갑을 채우고 끈으로
묶어 수레에 싣고 돌아왔다.

원문 庚子六年이라 楚王信이 初之國하여 行縣邑할새 陳兵出入하
니 人有告信反者어늘 帝問陳平한대 平이 曰 古者에 天子巡狩하
여 會諸侯하니 陛下第出하여 僞游雲夢하여 會諸侯於陳이면 信이
聞天子 出游하고 其勢必郊迎謁하리니 而陛下 因禽之하시면 此特
一力士之事耳니이다 帝 以爲然하여 乃會諸侯於陳하니 信이 謁上
이어늘 上이 令武士로 縛信載後車한대 信이 曰 果若人言이로다
狡兔死에 走狗烹하고 高鳥盡에 良弓이 藏하고 敵國破에 謀臣이

198

亡이라 하더니 天子已定에 我固當烹이로다 上이 曰 人告公反이라
하고 遂械繫信以歸하다

㈜ 순수(巡狩) 천자가 제후의 나라를 순시하여 직사(職事)를 살피는 것.
교토(狡兔) 교활한 토끼. 주구(走狗) 사냥개. 계계(械繫) 수갑을 채
우고 묶는 것.

○ 전긍(田肯)이 상에게 경하하기를 "폐하께서 한신을 잡으시
고 또 진중(秦中)에 도읍하시니, 진은 지세가 좋은 나라입니
다. 산하(山河)가 험고하여 군사 100만이 쳐들어와도 진은 그
100분의 2만 가지고도 막을 수 있습니다. 지세가 편리하여
제후에게 군사를 내려주면 비유컨대 높은 옥상에서 영(瓴 : 양
옆에 귀가 달린 동이)의 물을 쏟는 것처럼 쉽습니다. 무릇 제
(齊)에는 동쪽으로 낭야(瑯琊)와 즉묵(卽墨)의 풍요로움이 있
고 남으로는 큰 산의 험고함이 있으며, 서쪽으로 탁하(濁下)
의 한계가 있고 북쪽으로는 발해(勃海)의 이익이 있으니, 군
사 100만이 쳐들어와도 제는 그 10분의 2만 가지고도 됩니다.
그래서 이것은 동서(東西)의 진(秦)과 같으니, 친자제(親子弟)
가 아니면 제의 왕을 삼아서는 안 됩니다." 하니, 제(帝)가
"좋다."고 하였다.

원문 田肯이 賀上曰 陛下 得韓信하시고 又治秦中하시니 秦은 形
勝之國이라 帶山河之險하니 持戟百萬에 秦得百二焉이라 地勢便
利하여 以其下兵於諸侯가 譬猶居高屋之上하여 建瓴水也요 夫齊
는 東有瑯琊卽墨之饒하고 南有大山之固하고 西有濁河之限하고
北有勃海之利하니 持戟百萬에 齊得十二焉이라 故로 此東西秦也
니 非親子弟면 莫可使王齊矣니이다 帝曰 善타 하다

㈜ 치진중(治秦中) 치는 도읍. 도읍을 진의 관중(關中)에 세웠다는 뜻.
지극(持戟) 무기를 지닌 병졸. 백이(百二) 100분의 2. 지세가 험하여
2만 명의 군사로 100만 명의 제후군을 당한다는 뜻.

○ 상이 돌아오다 낙양에 이르러 한신을 사면하여 회음후로

봉하였다. 한신은 한왕(漢王)이 그의 능력을 두려워하여 싫어함을 알고는 병을 핑계하여 조회하지 않음이 많고, 강관(絳灌) 등과 같은 반열에 있는 것을 부끄럽게 여겼다.

상이 일찍이 조용히 한신과 함께 여러 장수가 거느릴 수 있는 군사의 다소에 대해 말하였는데, 상이 묻기를 "나 같은 사람은 군사를 몇 명이나 거느릴 수 있겠는가?" 하니, 한신이 말하기를 "폐하께서는 불과 10만의 군사를 거느릴 수 있을 뿐입니다." 하였다. 상이 이르기를 "그럼 그대는 몇 명이나 거느릴 수 있는가?" 하니, 대답하기를 "다다익선(多多益善 : 많을수록 더욱 좋음)입니다." 하였다. 상이 웃으며 이르기를 "많을수록 더욱 좋다는 사람이 어찌 나에게 붙잡혔는가?" 하였다. 한신이 말하기를 "폐하께서는 군졸은 거느리지 못하지만 장수를 잘 거느리시니, 이것이 신이 폐하에게 붙잡힌 까닭입니다. 또한 폐하의 능력은 하늘에서 내리신 바요, 인력(人力)이 아니십니다." 하였다.

원문 上이 還至洛陽하여 赦韓信하여 封爲淮陰侯하니 信이 知漢王이 畏惡其能하고 多稱病不朝하고 羞與絳灌等列이러라 上이 嘗從容與信으로 言諸將의 能將兵多少러니 上이 問曰 如我는 能將幾何오 信이 曰 陛下는 不過能將十萬이니이다 上이 曰 於君엔 何如오 曰 臣은 多多益善耳니이다 上이 笑曰 多多益善이면 何爲爲我禽고 信이 曰 陛下는 不能將兵 而善將將하시니 此信所以爲陛下禽也요 且陛下는 所謂天授요 非人力也니이다

㈜ 선장장(善將將) 장수를 잘 거느림. 천수(天授) 하늘이 준 것.

○ 처음으로 부절(符節)을 쪼개어 여러 공신(功臣)을 봉해 철후(徹侯)를 삼았는데, 소하(蕭何)를 찬후(酇侯)로 봉하여 받은 식읍이 유독 많았다. 공신들이 모두 말하기를 "신들은 모두 갑옷을 입고 무기를 들어 많은 자는 100여 차례 싸우고 적은 자는 수십 합(合)이었습니다. 소하는 일찍이 말을 달리며 싸

운 노고가 없었고 한갓 붓을 들고 의론하였을 뿐인데, 도리어 신들의 윗자리에 있는 것은 무엇 때문입니까?"하니, 제가 말하기를 "그대들은 사냥을 아는가? 쫓아가 짐승과 토끼를 죽이는 것은 사냥개이고, 개를 풀어놓으며 짐승이 있는 곳을 가르쳐 주는 것은 사람이다. 이제 그대들은 한갓 짐승을 향해 달려가는 데 능하니 공(功)을 개에게 비할 수 있고, 소하로 말하자면 풀어놓아 지시해 주었으니 공을 사람에게 비할 수 있는 것이다."하니, 여러 신하들이 모두 감히 말을 하지 못하였다.

원문 始剖符하여 封諸功臣하여 爲徹侯할새 蕭何 封酇侯하여 所食邑이 獨多어늘 功臣이 皆曰 臣等은 身被堅執銳하여 多者는 百餘戰이요 少者는 數十合이어늘 蕭何는 未嘗有汗馬之勞하고 徒持文墨議論이어늘 反居臣等上은 何也이까 帝曰 諸君은 知獵乎아 追殺獸兔者는 狗也요 而發縱指示獸處者는 人也라 今諸君은 徒能得走獸耳니 功이 狗也요 至如蕭何하여는 發縱指示하니 功이 人也라 한대 群臣이 皆莫敢言이러라

> 주 부부(剖符) 부절(符節)을 쪼개어 주는 것. 집예(執銳) 무기를 집어드는 것. 한마지로(汗馬之勞) 말을 달려 싸운 수고로움. 한마는 말이 땀을 흘린다는 뜻.

○ 장량(張良)이 모신(謀臣)이 되어 역시 전투의 공(功)이 없었는데, 제(帝)가 장량에게 제(齊)에서 3만 호(戶)를 고르게 하였다. 장량이 말하기를 "신이 처음에 하비(下邳)에서 일어나 상과 더불어 유(留)에서 만났으니, 이는 하늘이 신을 폐하께 주신 것입니다. 폐하께서 신의 계책을 쓰시어 다행히 그 때 사정에 맞았습니다. 신은 원컨대 유후(留侯)에 봉해지면 만족합니다. 3만 호는 감당할 수가 없습니다."하니, 장량을 유후(留侯)로 봉하였다.

원문 張良이 爲謀臣하여 亦無戰鬪功이러니 帝 使自擇齊三萬戶

어늘 良이 曰 臣이 始起下邳하여 與上會留하니 此는 天이 以臣으
로 授陛下라 陛下 用臣計하사 幸而時中하시니 臣은 願封留足矣
요 不敢當三萬戶로소이다 乃封張良하여 爲留侯하다

○진평을 봉하여 호유후(戶牖侯)를 삼으니, 진평이 사양하며
말하기를 "이는 신의 공이 아닙니다." 하였다. 상이 이르기를
"내가 선생의 모계(謀計)를 써서 싸우면 이기고 적을 사로잡
으니 공이 아니고 무엇인가?" 하니, 진평이 말하기를 "위무
지(魏無知)가 아니면 신이 어찌 천거되었겠습니까?" 하였다.
상이 이르기를 "그대는 근본을 잊지 않는다고 할 수 있다."
하고는 다시 위무지에게 상을 주었다.

원문 封陳平하여 爲戶牖侯하니 平이 辭曰 此는 非臣之功也니이
다 上이 曰 吾用先生謀計하여 戰勝克敵하니 非功而何오 平이 曰
非魏無知면 臣이 安得進이리이까 上이 曰 若子는 可謂不背本矣
라 하고 乃復賞魏無知하다

○제(帝)는 천하가 비로소 평정되었으나 아들이 어리고 형제
가 적은데다 진(秦)나라가 고립되어 망한 것을 경계하여, 동
성(同姓)을 크게 봉하여 천하를 진무(鎭撫)하려고 하였다. 봄
에 종형(從兄) 가(賈)를 봉하여 형왕(荊王)으로 삼고, 동생 교
(交)를 초왕(楚王)으로 삼고, 형 희(喜)를 대왕(代王)으로 삼았
으며, 잠저(潛邸) 때의 외부(外婦)의 아들 비(肥)를 제왕(齊王)
으로 삼았다.

원문 帝以天下 初定에 子幼昆弟少하고 懲秦孤立而亡하여 欲大
封同姓하여 以鎭撫天下할새 春에 立從兄賈하여 爲荊王하고 弟交
로 爲楚王하고 兄喜로 爲代王하고 微時外婦之子肥로 爲齊王하다

　　주 곤제(昆弟) 형제. 외부(外婦) 정부(情婦).

○상(上)이 이미 공이 큰 신하 20여 명을 봉하였으나 그 나
머지는 밤낮으로 서로 공을 다투어 결정하지 못하였다. 상이

낙양 남궁(南宮)에 있으면서 여러 장수들을 바라보니, 이따금 서로 모래밭에 모여앉아 대화하는 것이 보였다. 상이 이르기를 "무슨 말들을 나누는 것인가?" 하니, 유후(留侯)가 아뢰기를 "폐하께서는 포의(布衣)에서 일어나 이 무리들과 더불어 천하를 차지하셨습니다. 그런데 지금 천자가 되셔서 봉한 바는 모두 친구이고, 죽이는 자는 모두 원한이 있는 자들이기 때문에 서로 모여서 모반(謀反)하려는 것입니다." 하였다. 상이 걱정하여 이르기를 "어떻게 하면 되겠는가?" 하니, 유후가 아뢰기를 "상께서 평생 미워하는 사람으로 여러 신하들이 다 아는 자 가운데 가장 심한 사람이 누구입니까?" 하니, 상이 이르기를 "옹치(雍齒)와 나는 묵은 원한이 있는데, 자주 나를 군색하게 하고 욕을 보여 죽이려고 하였으나 그의 공이 많기 때문에 차마 죽이지 못하였다." 하였다.

유후가 아뢰기를 "이제 급히 옹치를 먼저 봉하소서. 그러면 여러 신하들이 모두 든든하게 여길 것입니다." 하였다. 그래서 술자리를 베풀고 옹치를 십방후(什方侯)에 봉하고 급히 승상(丞相)과 어사(御史)를 재촉하여 공을 정하여 봉함을 행하였다. 여러 신하들이 술자리가 끝나자 모두 기뻐하면서 말하기를 "옹치도 오히려 후(侯)에 봉해졌으니, 우리들은 염려할 것이 없다." 하였다.

원문 上이 已封大功臣二十餘人하고 其餘는 日夜爭功不決이러니 上이 在洛陽南宮하여 望見諸將하니 往往相與坐沙中偶語이라 上이 曰 此는 何語오 留侯曰 陛下起布衣하사 以此屬으로 取天下어시늘 今爲天子而所封은 皆故人이요 所誅는 皆仇怨故로 相聚謀反耳니이다 上이 憂之曰 爲之奈何오 留侯曰 上의 平生所憎으로 群臣이 所共知는 誰最甚者이까 上이 曰 雍齒 與我로 有故怨하여 數窘辱我하니 欲殺之로되 爲其功多故로 不忍이로라 留侯曰 今에 急先封雍齒 則群臣人人이 自堅矣리이다 於是에 上이 乃置酒하고 封雍齒爲什方侯 而急趣丞相御史하여 定功行封하니 群臣이 罷

酒에 皆喜曰 雍齒도 尙爲侯하니 我屬은 無患矣라 하더라

㈜ 우어(偶語) 대화를 나누는 것. 고인(故人) 친구. 고원(故怨) 묵은 원한. 옹치가 일찍이 유방(劉邦)의 명을 받들고 풍(豊)을 지키다가 위(魏)에 항복한 일이 있었음.

온공은 논평한다.

"장량은 고제(高帝)의 모신(謀臣)이 되어 심복(心腹)으로 위임되었으니 마땅히 그가 아는 바를 말하지 않음이 없을 터인데, 어찌 여러 장수들이 모반한다는 말을 듣고도 반드시 고제 자신이 직접 대화하는 것을 보고 난 후에야 말했는가? 대개 고제가 처음으로 천하를 얻고 나서 자주 애증(愛憎)으로써 죽이거나 상을 주어 혹 때로는 지공(至公)을 해쳐, 여러 신하들이 왕왕 원망하고 스스로 위태로워하는 마음이 있었으므로, 장량이 이 일 때문에 충성을 바쳐 제의 뜻을 바꾸게 하여, 상에게 편벽되게 사사로이 사랑하는 잘못이 없게 하고 아래에서 시기하는 모의를 없게 하였다. 그래서 나라에는 걱정이 없고 이익이 후세에까지 미치게 했으니, 장량 같은 사람은 간(諫)을 잘하였다고 할 수 있다."

[원문] 溫公曰 張良爲高帝謀臣하여 委以心腹하니 宜其知無不言이요 安有聞諸將謀反하고 必待高帝自見偶語하고 然後乃言之邪아 蓋以高帝初得天下에 數用愛憎行誅賞하여 或時害至公하여 群臣往往有觖望 自危之心이라 故로 良因事納忠하여 以變移帝意하여 使上無阿私之失하고 下無猜忌之謀하여 國家無虞하고 利及後世하니 若良者는 可謂善諫矣로다

○ 열후(列侯)가 모두 이미 봉(封)을 받자, 조서(詔書)를 내려 원공(元功 : 제일가는 공신) 18인의 지위 서열을 정하게 하니, 모두 말하기를 "평양후(平陽侯) 조참(曹參)은 창을 70군데나 맞았고 성을 공격하여 땅을 빼앗은 공이 가장 많으니 마땅히 제일입니다." 하였다. 악천추(鄂千秋)가 나서며 아뢰기를 "여

204

러 신하들의 의논이 모두 틀렸습니다. 무릇 조참은 비록 야
전(野戰)하여 땅을 빼앗은 공은 있지만, 이는 다만 한때의 일
입니다. 상이 초(楚)와 서로 겨룬 지 5년 동안에 군사를 잃고
몸을 날려 도망한 것이 여러 번이었는데, 소하가 일찍이 관
중(關中)으로부터 군사를 보내 그곳에 보탰고, 또 군중에 양
식이 떨어지자 소하가 관중에서 전조(轉漕)하여 양식이 부족
하지 않았습니다. 폐하께서 비록 자주 산동(山東)으로 도망했
지만 소하가 일찍이 관중을 온전히 하여 폐하를 기다렸으니,
이는 만세의 공입니다. 이제 비록 조참 등의 100명이 없더라
도 우리 한나라에 부족한 것이 하나도 없는데, 어찌하여 하
루아침의 공을 가지고 만세의 공 위에 두려 하십니까? 소하
가 제일이요 조참은 그 다음입니다.”하였다.

　상이 이르기를 “옳다.”하고는 소하에게 대검(帶劍)과 신을
하사하며 전(殿)에 오르게 하고, 조회에 들어올 때 추(趨)하지
않아도 된다고 하였다. 상이 이르기를 “내가 들으니 어진 이
를 추천하면 큰 상을 받는다고 하는데, 소하의 공이 비록 높
으나 악군(鄂君)이 있어 더욱 빛났다.”하고는 악천추를 봉하
여 안평후(安平侯)를 삼았다.

원문 列侯 畢已受封에 詔定元功十八人位次한대 皆曰 平陽侯曹
參이 身被七十創하고 攻城略地에 功最多하니 宜第一이니이다 鄂
千秋進曰 群臣議 皆誤로소이다 夫曹參이 雖有野戰略地之功이나
此特一時之事어니와 上이 與楚相距五歲에 失軍亡衆하여 跳身遁
者 數矣어늘 蕭何 嘗從關中하여 遣軍補其處하고 又軍無見糧이어
늘 蕭何 轉漕關中하여 給食不乏하고 陛下 雖數亡山東이나 何
常全關中하여 以待陛下하니 此는 萬世之功也라 今雖亡參等百數
나 何缺於漢이거늘 奈何로 欲以一旦之功 而加萬世之功哉이리까
蕭何 第一이요 曹參이 次之니이다 上이 曰 善타 於是에 乃賜蕭
何帶劍履上殿하고 入朝不趨하고 上이 曰 吾聞進賢에 受上賞이라
하니 蕭何 功雖高나 得鄂君하여 乃益明이라 하고 於是에 封鄂千

秋하여 爲安平侯하다

　㈜ **열후**(列侯) 왕자가 아닌 자로 제후에 봉(封)함을 받은 자. **십팔위차**
　(十八位次) 원공신(元功臣) 18명의 지위 서열. 소하(蕭何)·조참(曹參)·
　장오(張敖)·주발(周勃)·번쾌(樊噲)·역상(酈商)·해연(奚涓)·하후영(夏侯
　嬰)·관영(灌嬰)·부관(傅寬)·기흡(靳歙)·왕릉(王陵)·진무(陳武)·왕흡(王
　吸)·설구(薛歐)·주창(周昌)·정복(丁復)·충달(蟲達). **전조**(轉漕) 수레
　로 실어 나르거나 배로 실어 나름. **입조불추**(入朝不趨) 조정에 들어
　와 임금 앞에서 신하는 반드시 종종걸음으로 재빨리 걸어야 하는데,
　그렇게 걷지 않아도 되는 예우를 하였다는 뜻.

○ 처음에 흉노(匈奴)가 진(秦)나라를 두려워하여 북쪽으로 옮
긴 지 10여 년이었는데, 진나라가 멸망하기에 이르러 흉노가
다시 점차 남쪽으로 건너오기 시작했다. 선우(單于 : 흉노족 왕
의 호칭) 두만(頭曼)에게 태자(太子)가 있어 묵돌(冒頓)이라 하
였는데, 자립하여 선우가 되었다. 마침내 동호(東胡)를 멸망시
키고 월지(月氏)를 내쫓고 연대(燕代)를 침범하였는데, 이때
한나라와 초나라가 서로 항거하고 있어 중국이 전쟁 때문에
피폐해 있었다. 그 때문에 묵돌이 스스로 강해져서 활을 쏠
수 있는 군사가 30여 만 명이었다. 한왕(韓王) 신(信)을 마읍
(馬邑)에서 포위하자 신이 마읍을 가지고 항복하니, 흉노 묵
돌이 군사를 이끌고 남으로 내려와 구주산(句注山)을 넘어 태
원(太原)을 공격하고 진양(晉陽)에 이르렀다.

原文 初에 匈奴畏秦하여 北徙十餘年이러니 及秦滅에 匈奴 復稍
南渡러라 單于頭曼이 有太子하니 曰 冒頓이라 自立爲單于하여
遂滅東胡하고 走月氏하고 侵燕代러니 是時에 韓楚相距하여 中國
이 罷於兵革이라 以故로 冒頓이 得自强하여 控弦之士 三十餘萬
이라 圍韓王信於馬邑한대 信이 以馬邑으로 降하니 匈奴冒頓이
因引兵南하여 踰句注攻太原하여 至晉陽하다

○ 황제(皇帝)가 진나라의 가혹한 의법(儀法)을 없애고 간이(簡
易)하게 하니, 여러 신하들이 술을 마시고는 공을 다투어 취

하면 혹 망령되이 외치고 칼을 뽑아 기둥을 치므로, 황제가 더욱 싫어하였다. 숙손통(叔孫通)이 상께 말하기를 "유자(儒者)는 더불어 진취(進取)하기는 어렵고 함께 수성(守成)할 수는 있습니다. 신은 원하옵건대 노(魯)의 제생(諸生)을 불러서 신의 제자들과 함께 조의(朝儀)를 제정하겠습니다." 하였다.

황제가 이르기를 "어려움이 없겠는가?" 하니, 숙손통이 아뢰기를 "오제(五帝)는 악(樂)이 다르고 삼왕(三王)은 예(禮)가 같지 않았습니다. 두 가지는 당시 세상의 인정(人情)으로써 절문(節文)한 것이니, 신은 원컨대 고례(古禮)와 진나라 의례(儀禮)를 뽑아 섞어 만들겠습니다." 하였다. 상이 이르기를 "좋다. 시험삼아 해보되 알기 쉽게 하여 내가 능히 행할 수 있도록 헤아려서 만들라." 하였다.

노(魯)에 두 유생이 있었는데 오기를 응낙하지 않으면서 말하기를 "이제 천하가 처음으로 평정되어 죽은 사람을 장사지내지 못하였고 다친 사람들이 일어나지 못했는데, 또 예악(禮樂)을 제정하려 합니다. 예악을 제정하는 일은 덕을 쌓은 지 100년 이후에야 일으킬 수 있는 것이니, 나는 차마 공께서 하고자 하는 바를 하지 못하겠소. 공께서는 그냥 가십시오." 하였다.

숙손통이 웃으며 말하기를 "비루한 유생이 시대가 변하는 것을 모른다." 하고는 드디어 뽑은 30명과 함께 서쪽으로 가서, 상의 좌우에서 모시는 학자(學者)와 그의 제자 100여 명과 함께 면촬(綿蕝)하고 야외에서 익혔다.

원문 帝 悉去秦苛儀法하여 爲簡易하니 群臣이 飮酒爭功하여 醉或妄呼하고 拔劍擊柱어늘 帝 益厭之러니 叔孫通이 說上曰 儒者는 難與進取요 可與守成이니 臣은 願徵魯諸生하여 與臣弟子로 共起朝儀하리이다 帝曰 得無難乎아 通曰 五帝는 異樂하고 三王은 不同禮하니 二者는 因時世人情하여 爲之節文者也라 臣은 願采古禮與秦儀하여 雜就之하리이다 上이 曰 可하다 試爲之하되 令

易知하여 度吾所能行爲之하라 魯有兩生이 不肯行曰 今天下 初
定에 死者 未葬하고 傷者未起어늘 又欲起禮樂하니 禮樂所由起는
積德百年而後에 可興也라 吾不忍爲公所爲니 公은 往矣어다 叔
孫通이 笑曰 鄙儒 不知時變이라 하고 遂與所徵三十人으로 西하
여 及上左右爲學者와 與其弟子百餘人으로 爲綿蕞하여 野外習之
하다

　　주 기조의(起朝儀) 조정의 의례(儀禮)를 제정하는 것. 절문(節文) 예절
　　　의 규정으로 꾸미는 것. 시변(時變) 시속(時俗)의 변천. 면찰(綿蕞)
　　　새끼줄로 영(營)을 쳐 조정의 모임에서 관작의 위차(位次)를 나타내
　　　거나 띠풀을 묶어 존비(尊卑)의 차례를 나타내는 것.

　7년(신축) 겨울 10월에 장락궁(長樂宮)이 완성되었다. 제후
와 여러 신하들이 모두 조하(朝賀)하였는데, 제후왕(諸侯王)
이하 이육백석(吏六百石 : 관리 품계의 하나)에 이르기까지 모
두 떨면서 두려워하고 조심하고 엄숙하지 않음이 없었다. 예
를 마치고 다시 법주(法酒 : 조정의 정식 연회)를 베풀었는데,
전상(殿上)에 여러 모시는 이가 다 엎드려 머리를 숙이고는
높고 낮음에 따라 일어나 축수(祝壽)하고 감히 떠들면서 예를
잃는 자는 없었다. 그러자 제(帝)가 이르기를 "내가 오늘에야
황제(皇帝)의 귀함을 알겠다." 하고는 숙손통을 태상(太常)에
임명하였다.

원문 辛丑七年이라 冬十月에 長樂宮이 成하다 諸侯群臣이 皆朝
賀할새 諸侯王以下至吏六百石이 莫不震恐肅敬이라 禮畢에 復置
法酒하니 諸侍坐殿上이 皆伏抑首하여 以尊卑次로 起上壽하고 無
敢讙譁失禮者러라 於是에 帝曰 吾乃今日에 知爲皇帝之貴也라
하고 乃拜叔孫通하여 爲太常하다

○ 처음에 진(秦)나라가 천하를 소유할 때 육국(六國)의 예의
를 다 받아들여 그 가운데서 임금을 높이고 신하를 누르는
것만 가려서 남겨 두었는데, 숙손통이 예를 제정함에 이르러

대개 모두 진나라의 옛것을 답습하였다.

원문 初에 秦有天下에 悉內六國禮儀하여 采其尊君抑臣者存之러니 及通制禮하여 大抵皆襲秦故러라

㊟ 실납(悉內) 모두 받아들임. 납(內)은 납(納)과 같음.

온공은 논평한다.

"예란 큰 것이다. 몸에다 쓰면 동정(動靜)에 법이 있게 되어 100가지 행실이 갖추어지고, 집안에서 쓰면 내외(內外)가 구별되어 구족(九族)이 돈목(敦睦)하게 되며, 향리(鄕里)에서 쓰면 곧 장유(長幼)의 도리가 있어서 풍속이 아름답게 되고, 나라에서 쓰면 곧 군신에 차례가 있어 정치가 이루어지며, 천하에서 쓰면 제후들이 순하게 복종하여 기강이 바로잡히니, 어찌 다만 조정의 연회나 조하(朝賀) 사이에서만 어지럽지 않겠는가? 무릇 고조(高祖)의 명달(明達)함으로써 육가(陸賈)의 말을 듣고는 좋다고 하고, 숙손통의 의례를 보고는 감탄하였다. 그러나 3대(三代)의 제왕(帝王)과 어깨를 나란히 하지 못한 것은 배우지 않았기 때문이다.

그 때를 당하여 큰 유학자(儒學者)를 얻어 보좌하게 하고 예(禮)로써 천하를 보좌하게 했으면, 그 공렬(功烈)이 어찌 거기에서 그쳤겠는가. 아깝게도 숙손통의 그릇이 작아서 한갓 예의 찌꺼기만을 훔쳐 세속에 영합하여 총애를 받았을 뿐이며, 드디어는 선왕(先王)의 예를 몰락하게 하여 떨치지 못하게 한 채 지금에 이르고 있으니, 어찌 가슴아프지 않은가?"

원문 溫公曰 禮之爲物大矣라 用之於身 則動靜有法하여 而百行備焉이요 用之於家 則內外有別하여 而九族睦焉이요 用之於鄕 則長幼有倫하여 而俗化美焉하고 用之於國 則君臣有敍하여 而政治成焉하고 用之於天下 則諸侯順服하여 而紀綱正焉이니 豈直几席之上과 戶庭之間 得之而不亂哉아 夫以高祖之明達로 聞陸賈之言 而稱善하고 睹叔孫通之儀 而歎息이라 然이나 所以不能肩

於三代之王者는 病於不學而已라 當是之時하여 得大儒而佐之하
여 與之以禮爲天下면 其功烈이 豈若是而止哉아 惜夫叔孫生之
爲器小也라 徒竊禮之糠粃하여 以依世諧俗하여 取寵而已하여 遂
使先王之禮로 淪沒而不振하여 以迄于今하니 豈不痛甚哉아

> 囷 **구족(九族)** 고조(高祖)로부터 증조·조부·부·자기·자(子)·손자·증
> 손·현손의 직계를 중심으로 하여 방계친으로는 고조의 4대손 되는
> 형제·종형제·재종형제·삼종형제를 포함하는 동종(同宗) 친족의 일
> 컬음. **궤석(几席)** 조정의 연회. **견(肩)** 어깨를 나란히 하는 것. **강
> 비(糠粃)** 겨와 쭉정이.

상이 몸소 군사를 거느리고 한왕(韓王) 신(信)을 치기 위해
진양(晉陽)에 있었는데, 묵돌이 대곡(代谷)에 있다는 말을 듣
고 공격하고자 하였다. 사람을 보내 흉노를 엿보게 했더니,
묵돌이 그의 장사들 및 살찐 소와 말을 감추고는 노약자와
파리한 가축들만 보이게 하였다. 사신으로 갔던 10여 명이
와서 모두 아뢰기를 "흉노를 칠 수 있습니다." 하여 상이 다
시 유경(劉敬)을 사신으로 보냈는데, 유경이 돌아와 아뢰기를
"두 나라가 서로 공격할 즈음에는 그들이 마땅히 장점을 드
러내어 과시해야 하는데, 이제 신이 가서는 한갓 파리한 것
들과 노약자만 보았습니다. 이는 반드시 단점만 보이고 기병
(奇兵)을 매복하여 이익을 다투고자 하는 것입니다. 저는 흉
노를 쳐서는 안 된다고 생각합니다." 하였다.
상이 노하여 유경을 꾸짖기를 "제(齊)의 포로가 주둥이를
놀려 벼슬을 얻었는데, 이제 망령된 말로 내 군사를 막는구
나." 하고는 유경을 광무(廣武)에서 수갑을 채우고 포승으로
묶었다.
제가 먼저 평성(平城)에 이르렀는데, 군사가 다 이르기 전
에 묵돌이 정병(精兵) 40만 기(騎)를 풀어 제(帝)를 백등산(白
登山)에서 7일 동안 포위하였다. 제가 진평(陳平)의 비계(祕計)
를 써서 연지(關氏)에게 후한 선물을 보내자 포위를 풀었다.
상이 광무에 이르러 유경을 사면하고 전에 사신으로 갔던 10

여 명을 참하였다. 유경을 봉하여 관내후(關內侯)를 삼고 건신후(建信侯)라 불렀다.

원문 上이 自將擊韓王信할새 居晉陽이러니 聞冒頓이 居代谷하고 欲擊之하여 使人覘匈奴한대 冒頓이 匿其壯士肥牛馬하고 但見老弱及羸畜이어늘 使者十輩來하여 皆言 匈奴를 可擊이라 한대 上이 復使劉敬으로 往하니 敬이 還曰 兩國이 相擊에 此宜夸矜見所長이어늘 今臣이 往에 徒見羸瘠老弱하니 此는 必欲見短하고 伏奇兵以爭利니 愚는 以爲匈奴를 不可擊이라 하노이다 上이 怒罵敬曰 齊虜 以口舌로 得官하고 今乃妄言沮吾軍이라 하고 械繫敬廣武하다 帝 先至平城하여 兵未盡到에 冒頓이 縱精兵四十萬騎하여 圍帝於白登七日이어늘 帝 用陳平祕計하여 厚遺閼氏한대 乃解圍어늘 上이 至廣武하여 赦하고 斬前使十輩하고 封敬爲關內侯하여 號爲建信侯라 하다

주 십배(十輩) 10인. 제로(齊虜) 유경(劉敬)이 본래 제나라 사람이기 때문에 이처럼 욕한 것임. 후유(厚遺) 예물을 많이 보내는 것. 연지(閼氏) 흉노와 선우의 비(妃)의 호칭.

○제가 남쪽으로 곡역(曲逆)을 지나면서 이르기를 "웅장한 현(縣)이구나. 내가 천하를 다니며 보았지만 오직 낙양(洛陽)과 이곳뿐이다." 하고는 진평(陳平)을 다시 봉해 곡역후(曲逆侯)를 삼았다.

진평이 항상 정벌에 따라다니며 모두 여섯 번이나 기계(奇計)를 냈으므로 대번에 봉읍(封邑)을 더한 것이다.

원문 帝 南過曲逆曰 壯哉라 縣이여 吾行天下에 獨見洛陽與是耳라 하고 乃更封陳平하여 爲曲逆侯하다 平이 常從征伐하여 凡六出奇計라 輒益封邑焉이러라

○상이 장안(長安)에 이르니 소하가 미앙궁(未央宮)을 수리하고 있었다. 상이 그 장려함을 보고는 매우 노하여 소하에게

이르기를 "천하가 흉흉하여 여러 해 동안 수고를 해도 성패를 알 수 없는데, 어찌 이처럼 궁실을 도가 지나치게 수리하오?" 하니, 소하가 아뢰기를 "천하가 바야흐로 평정되지 않기 때문에 궁실을 수리해야 합니다. 또 무릇 천자는 사해(四海)를 집으로 삼는 법이니, 장려하지 않으면 위엄을 무겁게 할 수가 없고, 또 후세들에게 이보다 더 지나치지 못하게 하고자 해서입니다." 하니, 상이 기뻐하였다.

[원문] 上이 至長安하니 蕭何 治未央宮이어늘 上이 見其壯麗하고 甚怒하여 謂何曰 天下 匈匈하여 勞苦數歲에 成敗를 未可知어늘 是何治宮室過度也오 何曰 天下 方未定故로 可因以就宮室이요 且夫天子는 以四海爲家하니 非壯麗면 亡以重威요 且亡令後世로 有以加也하노이다 하니 上이 說하다

온공은 논평한다.

"왕자(王者)는 인의(仁義)로 아름다움을 삼고 도덕(道德)으로 위엄을 삼는 것이지, 궁실로써 천하를 진정시켜 복종하게 한다는 말은 듣지 못하였다. 천하가 아직 평정되지 않았으면 마땅히 욕심을 이기고 아껴 써서 백성의 급함을 돌보아야 하는데 도리어 궁실을 우선하였으니, 어찌 힘 쓸 바를 알았다고 하겠는가?"

옛날 우(禹)임금은 궁실을 간루(簡陋)하게 하였으나 걸(桀)임금은 경궁(瓊宮)을 지었다. 나라를 세워 수통(垂統)한 임금은 몸소 절검을 행하여 자손들에게 훈범(訓範)을 보였는데도, 그 말엽에는 도리어 음미(淫靡)에 빠졌으니 하물며 사치함을 보이겠는가? 그러고도 '후세들에게 이보다 더 지나치지 못하게 하려는 것이다.'라고 하였으니 어찌 잘못이 아니겠는가? 효무제(孝武帝)에 이르러 마침내 궁실을 화려하게 하느라 천하가 피폐하게 되었으니, 이는 모두 찬후(酇侯 : 소하)로부터 비롯된 것이다."

원문 溫公曰 王者以仁義爲麗요 道德爲威요 未聞以宮室鎭服天下也라 天下未定이면 當克己節用하여 以趨民之急 而顧以宮室爲先하니 豈可謂之知所務哉아 昔에 禹卑宮室 而桀爲瓊宮이라 創業垂統之君이 躬行節儉하여 以訓示子孫이라도 其末流猶入於淫靡니 況示之以侈乎아 乃云無令後世有以加라 하니 豈不謬哉아 至於孝武하여 卒以宮室罷敝天下는 未必不由酇侯啓之也라

> **주** 극기절용(克己節用) 사심을 이기고 절약하는 것. 창업수통(創業垂統) 창업은 나라를 세우는 것. 수통은 그걸 이어받아 지켜나가는 것.

8년(임인) 흉노 묵돌(冒頓)이 자주 북쪽 변경을 괴롭히자 상이 근심하였다. 유경(劉敬)이 아뢰기를 "천하가 처음 평정되어 사졸들이 전쟁에 지쳐서 무(武)로써 복종시킬 수는 없습니다. 묵돌이 그 아비를 시해하고 대신 즉위해 여러 어미를 아내로 삼고 힘으로 위엄을 떨치고 있으니, 인의(仁義)로 설득하기는 어렵습니다. 참으로 적장(適長) 공주(公主)를 아내로 삼아주면 그가 반드시 사모하여 연지를 삼을 것입니다. 그래서 아들을 낳으면 반드시 태자로 삼을 것이니, 그렇게 되면 묵돌이 살아 있을 때에는 사위가 되고, 죽으면 외손(外孫)이 선우(單于)가 될 것이니, 어찌 일찍이 외손이 감히 조부(祖父)에게 대등한 예로 대한다는 말을 들었습니까?" 하였다.

원문 壬寅八年이라 匈奴冒頓이 數苦北邊하니 上이 患之어늘 劉敬이 曰 天下初定에 士卒이 罷於兵하니 未可以武服也요 冒頓이 殺父代立하여 妻群母하고 以力爲威하니 未可以仁義說也라 誠能以適長公主로 妻之면 彼必慕以爲關氏하리니 生子면 必爲太子라 冒頓이 在에 固爲子婿요 死則外孫이 爲單于니 豈嘗聞外孫이 敢與大父로 抗禮哉리이까

9년(계묘) 상이 남의 집 딸을 데려다가 장공주(長公主)라 이름하여 선우의 아내로 삼게 하고, 유경을 시켜서 화친 조약을 맺게 하였다.

원문 癸卯九年이라 上이 取家人子하여 名爲長公主라 하여 以妻
單于하고 使劉敬으로 結和親約하다

온공은 논평한다.

"건신후(建信侯)는 묵돌이 잔인한 적이어서 인의로써 설득
할 수 없다."고 하였는데 더불어 혼인을 하고자 하였으니, 어
찌 앞뒤가 서로 어긋나는가? 무릇 골육(骨肉)의 은혜와 존비
(尊卑)의 차례는 오직 인의(仁義)를 지닌 사람만이 능히 알 수
있는데, 어찌하여 그것으로써 묵돌을 복종시키겠는가? 대개
상세(上世)의 제왕들이 이적(夷狄)을 다스린 것은 복종하면 덕
으로써 품어주고 배반하면 위엄으로 두렵게 했지, 혼인으로
했다는 말은 듣지 못하였다.

또 묵돌은 그 아비를 금수(禽獸)처럼 보아 죽였으니, 어찌
부옹(婦翁)을 알아보겠는가? 건신후의 술책이 참으로 허술하
다. 더군다나 노원공주(魯元公主)가 이미 조왕(趙王)의 후(后)
가 되었는데 또 빼앗을 수 있는가?

원문 溫公曰 建信侯謂冒頓殘賊은 不可以仁義說 而欲與爲婚姻
하니 何前後之相違也오 夫骨肉之恩과 尊卑之紋는 唯仁義之人이
라야 爲能知之하니 奈何欲以此服冒頓哉아 蓋上世帝王之御夷狄
也에 服則懷之以德하고 叛則震之以威요 未聞與爲婚姻也라 且
冒頓視其父如禽獸 而獵之하니 奚有於婦翁이리요 建信侯之術이
固已疏矣라 況魯元已爲趙后하니 又可奪乎아

㈜ 건신후(建信侯) 유경(劉敬)을 말함. 노원(魯元) 노원공주(魯元公主)를
말함.

이해에 다시 승상(丞相) 소하(蕭何)를 상국(相國)으로 삼았다.

원문 是歲에 更以丞相何로 爲相國하다

10년(갑진) 척희(戚姬)가 상의 총애를 받아 조왕(趙王) 여의
(如意)를 낳았다. 상이 태자(太子)는 인애(仁愛)하나 유약하다

하여 폐하고 대신 조왕을 세우려 하니, 대신들이 간쟁하였지만 모두 되지 않았다. 어사대부(御史大夫) 주창(周昌)이 전정(殿廷)에서 강력히 간쟁하니 상이 그 견해를 물었다. 주창의 사람됨이 말을 더듬었는데 또 크게 성을 내어 아뢰기를 "신이 입으로는 말을 잘하지 못하지만, 그러나 틀……, 틀림없이 불가함은 알고 있습니다. 폐하께서 태자를 폐하시려 하지만 신은 절……, 절대로 조서를 받들지 못하겠습니다." 하였다. 그러자 상이 흔연히 웃었다.

원문 甲辰十年이라 戚姬 有寵於上하여 生趙王如意러니 上이 以太子仁弱이라 하여 欲廢之而立趙王하니 大臣이 爭之하되 皆莫能得이러니 御史大夫周昌이 廷爭之彊이어늘 上이 問其說한대 昌의 爲人이 吃이라 又盛怒曰 臣이 口不能言이나 然이나 臣이 期期知其不可하노니 陛下 欲廢太子인댄 臣은 期期不奉詔하리이다 上이 欣然而笑하다

주 吃(흘) 말을 더듬는 것. 기기(期期) 기는 기필코. 틀림없이의 뜻인데, 그가 말을 더듬어서 두 번씩 쓴 것임.

○ 처음에 상이 양하후(陽夏侯) 진희(陳豨)를 상국(相國)으로 삼아 조대(趙代)의 변방 군사를 맡게 하였다. 진희가 지나면서 작별 인사하러 회음후(淮陰侯 : 한신)를 찾아뵈니, 회음후가 그의 손을 끌어잡으며 좌우를 물리치고는 탄식하기를 "공이 있는 곳은 천하의 정병(精兵)이 있는 곳이며, 공은 폐하께서 믿고 총애하는 신하입니다. 사람들이 공께서 배반한다고 말하더라도 폐하께서는 반드시 믿지 않겠지만, 세 번 그런 말이 이르면 반드시 노하여 스스로 군사를 이끌 것입니다. 그때 내가 공을 위하여 안에서 군사를 일으키면 천하를 도모할 수 있을 것입니다." 하였다.

진희가 말하기를 "삼가 가르침을 받들겠습니다." 하였는데, 9월에 드디어 왕황(王黃) 등과 더불어 반란하여 스스로 대왕

(代王)이 되어 조대(趙代 : 조와 대)를 겁략(劫略)하였다. 상이 몸소 공격하여 한단(邯鄲)에 이르러 기뻐하며 이르기를 "진희가 남쪽 한단을 점거하여 장수(漳水)를 막지 않으니, 내가 그의 무능함을 알 수 있겠다." 하였다.

원문 初에 上이 以陽夏侯陳豨로 爲相國하여 監趙代邊兵이러니 豨 過辭淮陰侯한대 淮陰侯 挈其手하고 辟左右嘆曰 公所居는 天下精兵處也요 而公은 陛下之信幸臣也라 人言公畔이면 陛下必不信이라가 三至면 必怒而自將하리니 吾爲公從中起면 天下를 可圖也일까 하노라 陳豨曰 謹奉敎하리라 九月에 遂與王黃等으로 反하여 自立爲代王하고 劫略趙代어늘 上이 自擊之러니 至邯鄲하여 喜曰 豨 不南據邯鄲 而阻漳水하니 吾知其無能爲矣로다

상이 주창(周昌)에게 조(趙)의 장사로 장수가 될 만한 사람을 추천하게 하니, 네 명이라고 아뢰고 알현시켰다. 상이 매우 꾸짖기를 "어린애가 장수가 될 수 있단 말이냐?" 하니, 네 사람이 부끄러워하여 스스로 땅에 엎드리자 각각 1000호를 봉하여 장수를 삼았다. 좌우에서 간하기를 "이제 이 사람들을 봉한 것은 무슨 공이 있어서입니까?" 하니, 상이 이르기를 "그대들이 알 바 아니다. 진희(陳豨)가 반란하여 조대(趙代)의 땅이 모두 진희의 차지가 되었다. 내가 강제로 천하의 군사를 징발하였으나 이르는 자가 없으니, 지금의 계책은 오직 한단의 군사에게 달려 있다. 내가 어찌 4000호를 아껴 조(趙)의 자제들을 위로하지 않으랴?" 하니, 모두 "옳습니다." 하였다.

상이 진희의 장수들이 모두 옛 고인(賈人 : 장사꾼)이라는 말을 듣고는 이르기를 "내가 어떻게 대해야 하는가를 알았다." 하고는 많은 금(金)으로써 진희의 장수를 매수하니, 진희의 장수들이 많이 항복하였다.

원문 上이 令周昌으로 選趙壯士可令將者한대 白見四人이어늘 上

이 嫚罵曰豎子能將乎아 四人이 慙하여 皆伏地어늘 封各千戶하여 以爲將하니 左右諫曰 今에 封此何功이니이까 上이 曰 非汝所知니라 陳狶反趙代에 地皆狶有하니 吾以羽檄으로 徵天下兵하되 未有至者니 今計는 唯獨邯鄲中兵耳라 吾何愛四千戶하여 不以慰趙子弟리요 皆曰 善타 하다 上이 聞狶將이 皆故賈人하고 曰 吾知所以與之矣라 하고 乃多以金으로 購狶將허니 狶將이 多降이러라

11년(을사) 진희의 군사가 드디어 패하였다. 회음후 한신이 병을 핑계로 진희를 치는 데 따르지 않으면서 몰래 사람을 진희 있는 곳에 보내 함께 통모(通謀)하였다. 그 사인(舍人)의 아우가 변고를 올려 한신이 반역하고자 한다고 하였다. 여후(呂后)가 상국 소하(蕭何)와 더불어 모의하여 거짓으로 사람을 시켜 상이 있는 곳에서 온 것처럼 가장하여 "진희가 이미 죽었다."고 하니, 여러 후(侯)들이 모두 경하하였다. 상국이 한신에게 거짓으로 말하기를 "비록 병이 중하다 하나 억지로라도 들어와 하례하시오." 하니 한신이 들어왔는데, 여후가 무사를 시켜 한신을 묶게 하고는 참(斬)하였다. 한신이 참당할 즈음에 말하기를 "내가 후회하는 것은 괴철(蒯徹)의 계책을 듣지 않다가 이처럼 아녀자의 속임을 받게 된 것이다. 어찌 하늘이 시킨 것이 아니랴?" 하였다. 마침내 한신의 삼족(三族)도 죽였다.

원문 乙巳十一年이라 狶軍이 遂敗하다 淮陰侯信이 稱病不從擊狶하고 陰使人으로 至狶所하여 與通謀러니 其舍人弟 上變告信이 欲反이라 하거늘 呂后與蕭相國으로 謀하여 詐令人으로 從上所來하여 言狶已得死라 하니 列侯群臣이 皆賀러니 相國이 紿信曰 雖疾이나 彊入賀하라 信이 入이어늘 呂后使武士로 縛信斬之한대 信이 方斬에 曰 吾悔不用蒯徹之計하여 乃爲兒女子所詐하니 豈非天哉리요 遂夷信三族하다

온공은 논평한다.

　"세상에서는 혹 '한신이 제일 먼저 큰 계책을 세워 고조(高祖 : 유방)와 함께 한중(漢中)에서 일어나, 삼진(三秦)을 평정하고 군사를 나누어 북으로 위왕(魏王)을 사로잡고 대(代) 땅을 빼앗고 조(趙)를 뒤엎고 연(燕)을 위협하였으며, 동으로 제(齊)를 쳐 차지하였고 남쪽으로 초(楚)를 해하(垓下)에서 멸망시켰으니, 한(漢)나라가 천하를 얻게 된 것은 무릇 모두 한신의 공로이다. 그가 괴철(蒯徹)의 말을 물리치고 고조를 진(陳)에서 맞이한 것으로 보아 어찌 모반할 마음을 두었겠는가? 참으로 왕작(王爵)을 잃고 분한 마음으로 말미암아 드디어 패역(悖逆)에 빠진 것이다. 무릇 노관(盧綰)은 옛날 한마을에서 산 구은(舊恩)이 있는 것으로 오히려 남면(南面)하여 연왕(燕王)이 되었는데, 한신은 열후(列侯)로 조청(朝請)을 받들게 했으니 어찌 고조 역시 한신을 저버린 것이 아니겠는가.'라고 한다.

　신(臣 : 司馬光)은 생각건대, 고조가 속임수를 써서 한신을 진(陳)에서 사로잡았으니 약속을 지키지 않은 것은 사실이나, 그러나 이는 한신 역시 자초한 바이다. 처음에 한(漢)나라와 초(楚)나라가 형양(滎陽)에서 대치하고 있을 때 한신은 제(齊)를 멸망시키고도 돌아와 보고하지 않고 스스로 왕이 되었다. 그후에도 한나라가 초나라를 추격하여 고릉(固陵)에 이르러 한신과 더불어 함께 초나라 칠 것을 기약했으나 한신은 이르지 않았었다. 그 때를 당해 고조는 한신의 마음을 알았지만 다만 힘이 모자랐던 것인데, 천하가 이미 평정되기에 이르러 한신이 더는 무엇을 믿을 것인가?

　무릇 기회를 타 이익을 바라는 것은 시정배(市井輩 : 저자 장사꾼)들의 뜻이요, 공을 보답함에 있어 덕(德)으로 갚는 것은 사군자(士君子)의 마음인 것이다. 한신은 시정배의 뜻으로 그 몸을 이롭게 하면서도 사군자의 마음을 남에게 바랐으니 역시 어렵지 않겠는가? 그러므로 태사공(太史公 : 司馬遷)이 논하기를 '가령 한신이 군신의 도리와 겸양(謙讓)을 배워 자신

의 공을 자랑하지 않고 그의 능력을 자랑하지 않았다면, 거
의 한나라에 세운 공훈(功勳)이 주(周)나라 소공(召公)이나 태
공(太公)의 무리에 비교할 수 있어 후세에 혈식(血食)을 받았
을 것이다. 그런데 여기에는 힘을 쓰지 않고 천하가 이미 평
정되었는데, 이에 반역을 도모하였으니 종족(宗族)이 멸망당
한 것은 마땅하지 않은가?' 하였다."

원문 溫公曰 世或 以韓信爲首建大策하여 與高祖로 起漢中하여
定三秦하고 分兵以北하여 禽魏取代仆趙脅燕하고 東擊齊而有之
하고 南滅楚垓下하니 漢之所以得天下者는 大抵皆信之功也요 觀
其距蒯徹之說하고 迎高祖於陳하니 豈有反心哉아 良由失職怏怏
하여 遂陷悖逆이라 夫以盧綰里開舊恩으로 猶南面王燕하니 信乃
以列侯奉朝請은 豈非高祖亦有負於信哉아 臣以爲 高祖用詐謀하
여 禽信於陳은 言負則有之라 雖然이나 信亦有以取之也라 始에
漢與楚相距滎陽에 信滅齊하고 不還報而自王하고 其後에 漢追楚
至固陵에 與信期共攻楚 而信不至라 當是之時에 高祖固有取信
之心矣나 顧力不能耳라 及天下已定 則信復何恃哉아 夫乘時以
徼利者는 市井之志也요 酬功而報德者는 士君子之心也라 信以
市井之志로 利其身 而以士君子之心으로 望於人은 不亦難哉아
是故로 太史公論之曰 假令韓信이 學道謙讓하여 不伐己功하고
不矜其能 則庶幾哉於漢家勳하여 可以比周召太公之徒로 後世血
食矣라 不務出此 而天下已集에 乃謀畔逆하니 夷滅宗族이 不亦
宜乎아 하다

> **주** 실직(失職) 한신이 왕작(王爵)을 잃은 것. 이개구은(里開舊恩) 개(開)
> 는 한(開). 이한(里開)은 마을을 뜻한다. 한 고조와 노관은 한동네 사
> 람으로 서로 친하였음. **조청**(朝請) 제후가 천자를 봄에 알현하는 것
> 을 '조'라 하고 가을에 하는 것을 '청'이라 함. **혈식**(血食) 피 묻은
> 산 짐승을 바쳐 제사를 지낸 데서, 종묘(宗廟)에서 제사를 지냄을 이
> 르는 말.

상이 낙양으로 돌아와 회음후(淮陰侯)가 죽었다는 말을 듣

고는 여후(呂后)에게 묻기를 "한신이 죽으면서 무슨 말을 하였소?" 하니, 후가 아뢰기를 "한신이 말하기를 '괴철(蒯徹)의 말을 듣지 않은 것이 후회된다.'고 하였습니다." 하였다. 상이 제(齊)에 조서를 내려 잡아오게 하여 괴철이 이르렀다. 상이 이르기를 "네가 회음후에게 반역하도록 시켰느냐?" 하니, 대답하기를 "그렇습니다. 진(秦)나라가 그 사슴을 잃자 천하가 함께 뒤쫓아, 재주가 좋고 발이 빠른 자가 먼저 얻게 되었습니다. 도척(盜跖)의 개가 요(堯)임금을 보고 짖은 것은, 요임금이 불인(不仁)해서가 아니라 개란 본디 그 주인이 아니면 짖기 때문입니다. 그 때를 당하여 신은 오직 한신만을 알았고 폐하는 알지 못했었습니다." 하니, 상이 이르기를 "놓아주라." 하였다.

원문 上이 還洛陽하여 聞淮陰侯死하고 問呂后曰 信이 死에 亦何言고 后曰 信이 言恨不用蒯徹之計라 하더이다 上이 詔齊捕之한대 蒯徹이 至어늘 上이 曰 若이 敎淮陰侯反乎아 對曰 然이니다 秦失其鹿에 天下共逐之하여 高材疾足者 先得焉이라 跖之狗이 吠堯하니 堯非不仁이언마는 狗固吠非其主니 當是時하여 臣이 唯知韓信이요 非知陛下이니이다 上이 曰 置之하라

주 진실기록(秦失其鹿) 진나라가 사슴을 잃다. 사슴은 제위(帝位)를 뜻함. 척지구폐요(跖之狗吠堯) 도척(盜跖)의 집 개가 요임금을 보고 짖다. 도척은 춘추시대의 아주 포악한 짓을 한 큰 도적.

○ 처음에 상이 진희(陳豨)를 칠 때에 양(梁)에서 군사를 징집하였는데, 양왕(梁王 : 彭越)이 병을 핑계로 장수를 시켜 군사를 거느리고 한단으로 보냈다. 상이 노하여 사람을 시켜 꾸짖으니, 양왕이 두려워하여 몸소 가서 사과하고자 하였는데, 그의 장수 호첩(扈輒)이 왕에게 모반하기를 권하였으나 왕이 듣지 않았다. 양의 태복(太僕)이 죄를 짓고는 한(漢)으로 가서 고하기를 "양왕과 호첩이 모반하려 합니다." 하였다. 이에 상이 사신을 보내 왕을 엄습하여 낙양에 가두었다. 유사(有

司)가 다스리니 모반한 형상이 이미 갖추어져 있었으나, 상이 사면하여 서인(庶人)을 만들어 촉(蜀)의 청의(靑衣)로 옮겨 살게 하였다.

원문 初에 上之擊陳豨也에 徵兵於梁한대 梁王이 稱病하고 使將으로 將兵詣邯鄲이어늘 上이 怒하여 使人讓之하니 梁王이 恐하여 欲自往謝한대 其將扈輒이 勸王反이어늘 梁王이 不聽이러니 梁太僕이 得罪走漢하여 告梁王이 與扈輒으로 謀反이라 하거늘 於是에 上이 使使掩王하여 囚之洛陽하여 有司治하니 反形이 已具라 上이 赦以爲庶人하여 傳處蜀靑衣하다

서쪽으로 가다 장안에서 오는 여후(呂后 : 漢高祖의 황후)를 만나자 팽왕(彭王 : 梁王)은 여후에게 눈물을 흘리면서 말하기를 "저는 죄가 없으니 원컨대 옛 창읍(昌邑)에 살도록 해주소서." 하니, 여후가 허락하였다. 함께 동쪽으로 가 낙양에 이르러 상에게 아뢰기를 "팽왕은 장사(壯士)입니다. 이제 촉 땅으로 옮기면 이는 근심을 남기는 것이니, 죽이는 것만 못하기에 첩(妾)이 삼가 함께 데리고 왔습니다."

원문 西逢呂后從長安來하여 彭王이 爲呂后泣하여 自言無罪하고 願處故昌邑하니 呂后許諾하고 與俱東至洛陽하여 白上曰 彭王은 壯士라 今徙之蜀이면 此는 自遺患이니 不如遂誅之라 妾이 謹與俱來하니이다

여후가 이에 팽월(彭越)의 사인(舍人)을 시켜 고하기를 "팽월이 다시 모반하려 합니다." 하니, 팽월의 삼족(三族)을 죽이고 팽월을 낙양에 효수(梟首)하고는, 조서를 내려서 시체를 거두어 가거나 보는 자가 있으면 모조리 잡아들이겠다고 하였다. 양의 대부(大夫) 난포(欒布)가 제(齊)에 사신을 갔다가 돌아오면서 팽월의 머리 밑에서 일을 아뢰고 사당을 만들어 곡하자, 관리가 잡아서 아뢰었다. 상이 팽(烹)하려고 하니, 난포가 아뢰기를 "원하옵건대 한마디하고 죽겠습니다." 하였다.

상이 이르기를 "무슨 말이냐" 하니, 난포가 아뢰기를 "바야
흐로 상께서 팽성(彭城)에서 곤욕을 당하고 형양(滎陽)·성고
(成皐) 사이에서 패하실 때 양왕이 한 번 초나라를 도우면 한
나라가 패하고, 한나라와 함께 하면 초나라가 패하게 되어
있었습니다. 천하가 이미 평정되자 팽왕이 부절(符節)을 쪼개
어 받아 만세토록 전해주고자 하였습니다. 이제 폐하께서 한
번의 징병에 팽왕이 병으로 말미암아 가지 못했다 하여 폐하
께서 죽여 없앴으니, 신은 공신(功臣)들마다 스스로 위태롭다
고 생각할까 염려됩니다. 이제 팽왕이 이미 죽었으니, 신은
사는 것이 죽는 것만 못합니다. 팽하여 주소서." 하니, 상이
이에 난포의 죄를 용서하고 도위(都尉)로 삼았다.

원문 呂后 乃令其舍人으로 告彭越이 復謀反이라 하여 夷越三族
하고 梟越首洛陽하고 下詔有收視者면 輒捕之하리라 梁大夫欒布
使於齊라가 還奏事越頭下하고 祠而哭之하니 吏捕以聞한대 上이
欲烹之어늘 布曰 願一言而死하노이다 上이 曰 何言고 布曰 方上
之困於彭城하시고 敗滎陽成皐間에 王이 一顧與楚則漢破하고 與
漢則楚破라 天下已定에 彭王이 剖符受封하여 亦欲傳之萬世러니
今陛下 一徵兵에 彭王이 病不行이어늘 而陛下 誅滅之하시니 臣
은 恐功臣人人이 自危也일까 하노이다 今彭王이 已死하니 臣도
生不如死라 請就烹하노이다 上이 乃釋布罪하고 拜爲都尉하다

㊟ 사인(舍人) 관에 두고 개인적인 일을 시키는 사람. 가인(家人). 효
(梟) 목을 베어 나무에 매달아 두는 것.

○ 육가(陸賈)가 때때로 상 앞에서 시서(詩書)를 일컬으니, 제
(帝)가 꾸짖어 이르기를 "내가 마상(馬上)에서 천하를 얻었으
니 어찌 시서 공부를 일삼겠는가?" 하였다. 육가가 아뢰기를
"마상에서 얻으셨지만 어찌 마상에서 다스리겠습니까? 또 탕
무(湯武)는 무력으로 천하를 얻었지만 예악(禮樂)으로 지켰으
니, 문무(文武)를 병용하는 것이 나라를 오래 보전하는 술책

입니다." 하였다.

　제가 말하기를 "시험삼아 나를 위해 진(秦)나라가 천하를 잃은 까닭과 내가 천하를 얻은 것 및 고금의 성패(成敗)한 나라에 대해 저술해 보라." 하였다. 육가가 이에 국가 존망(存亡)의 징험에 대해 대략 기술하여 모두 12편(篇)을 지었는데, 매양 1편씩을 아뢸 때마다 제가 좋다고 하며 그 책을 신어(新語)라 불렀다.

原文 陸賈 時時前說稱詩書어늘 帝 罵之曰 乃公이 居馬上得之하니 安事詩書리요 賈曰 馬上得之시나 寧可以馬上治之乎이가 且湯武는 逆取而順守之하시니 文武並用이 長久之術也니이다 帝曰 試爲我하여 著秦所以失天下와 吾所以得之者와 及古成敗之國하라 陸生이 乃粗述存亡之徵하여 凡著十二篇하니 每奏一篇에 帝未嘗不稱善하고 號其書曰 新語라 하다

　　注 시시전설(時時前說) 때때로 면전에서 말하는 것. 내공(乃公) 임금이 '너의 임금'이라는 뜻으로 신하에게 대하여 교만하게 자신을 칭하는 말. 마상득지(馬上得之) 제위(帝位)를 전쟁으로 얻었다는 뜻. 조술(粗述) 대략 기록하는 것.

《한서(漢書)》 본기(本紀)에는 이렇게 되어 있다.

　"조서에 이르기를 '들으니 왕자(王者)로는 주 문왕(周文王)보다 더 높은 이가 없고 패자(霸者)로는 제 환공(齊桓公)보다 더 높은 이가 없다고 하는데, 이들은 모두 현인(賢人)을 기다리어 명성을 얻은 것이다. 어진 사대부가 즐겨 나를 따라 노니는 자가 있으면 내가 높이어 현달하게 할 것이다. 어사(御史)와 중승(中丞)은 군수(郡守)에게 내려 그 뜻을 명덕(明德)에 두는 자가 있거든 반드시 몸소 권하여 올려보내게 하라.' 하였다."

原文 漢書本紀에 曰 詔曰聞王者는 莫高於周文이요 霸者는 莫高於齊桓이라 하니 皆待賢人而成名이라 賢士大夫 有肯從我游者면

吾能尊顯之하리니 御史中執法이 下郡守하여 其有意稱明德者어
든 必身勸爲之駕하라

> ㊟ 왕자(王者) 왕도(王道)로 나라를 다스린 임금. 주문(周文) 주 문왕(周
> 文王). 패자(霸者) 패도(霸道)로 나라를 다스린 임금. 제환(齊桓) 제
> 환공(齊桓公).

제가 병이 나 금중(禁中)에 누워서 호자(戶者)에게 조(詔)하
여 사람을 들어오지 못하게 하였다. 강관(絳灌 : 周勃) 등 여러
신하들이 감히 들어가지 못한 것이 10여 일이었는데, 번쾌(樊
噲)가 궁중 문을 열고 곧바로 들어가니 대신들이 따라갔다.
상이 혼자 한 환관(宦官)을 베고 누워 있는데, 번쾌 등이 상
을 뵙고는 눈물을 흘리며 아뢰기를 "처음에 폐하와 신들이
함께 풍패(豐沛)에서 일어나 천하를 평정할 때는 얼마나 장하
셨습니까? 이제 천하가 이미 평정되었는데 어찌 이처럼 피곤
해하십니까? 또 폐하께서는 그 조고(趙高)의 일을 보지 못하
셨습니까?" 하니, 제가 웃으며 일어났다.

> **원문** 帝 有疾臥禁中하여 詔戶者無得入하니 群臣絳灌等이 莫敢
> 入十餘日이러니 樊噲 排闥直入한대 大臣이 隨之하니 上이 獨枕
> 一宦者臥어늘 噲等이 見上流涕曰 始陛下 與臣等으로 起豐沛定
> 天下에 何其壯也러니 今天下已定에 又何憊也이까 且陛下는 獨
> 不見趙高之事乎이까 帝笑而起하다

> > ㊟ 환자(宦者) 환관, 내시(內侍). 조고지사(趙高之事) 조고가 진 이세(秦
> > 二世)를 궁궐 깊숙이 있게 하고 정권을 마음대로 한 일을 가리킴.

○처음 회음후(淮陰侯)가 죽었을 때 회남왕(淮南王) 경포(黥
布)는 이미 두려운 마음이 있었다. 팽월(彭越)이 죽임을 당하
자 살[肉]로 젓갈을 담가 제후들에게 하사하니, 경포가 크게
두려운 나머지 군사를 일으켜 모반하였다. 상이 여러 장수를
불러 계책을 물으니, 모두 아뢰기를 "어린 놈이 어찌 그렇게
하겠습니까?" 하였다. 여음후(汝陰侯) 등공(滕公)이 옛 초(楚)

의 영윤(令尹) 설공(薛公)을 불러 물으니, 영윤이 말하기를 "참으로 모반할 것입니다. 왕년에 팽월을 죽였고 그 전해에는 한신(韓信)을 죽였으니, 이 세 사람은 공이 같은 일체(一體)의 사람입니다. 스스로 화가 자신에게 미칠까 의심하기 때문에 모반할 것입니다." 하였다.

등공이 상에게 고하니, 상이 설공을 불러 물었다. 설공이 대답하기를 "경포가 상계(上計)로 나오면 산동(山東)은 한(漢)나라 소유가 되지 않게 될 것이요, 중계(中計)로 나오면 승패의 운수를 알 수 없으며, 하계(下計)로 나오면 폐하께서는 베개를 편히 베고 누워 계셔도 됩니다." 하였다.

원문 初에 淮陰侯 死에 淮南王黥布 已心恐이러니 及彭越이 誅에 醢其肉하여 以賜諸侯하니 布 大恐하여 發兵反이어늘 上이 召諸將問計한대 皆曰 豎子 何能爲乎리요 汝陰侯滕公이 召故楚令尹薛公하여 問之한대 令尹이 曰是固當反이로다 往年에 殺彭越하고 前年에 殺韓信하니 此三人者는 同功一體之人也라 自疑禍及身故로 反耳이니라 滕公이 言之上하니 上이 乃召薛公問之한대 對曰 使布로 出於上計면 山東은 非漢之有也요 出於中計면 勝敗之數를 未可知也요 出於下計면 陛下安枕而臥矣리이다

상이 이르기를 "상계(上計)란 무엇을 말하는가?" 하니, 대답하기를 "동쪽으로 오(吳)를 취하고 서쪽으로 초(楚)를 취하고 제(齊)와 노(魯)를 아울러 취하고 격문을 연(燕)·조(趙)에 전하여 그곳을 고수하면 산동이 한의 소유가 되지 않게 될 것입니다." 하였다. "무엇을 중계(中計)라 하는가?" 하니, "동쪽으로 오를 취하고 서쪽으로 초를 취하고 한(韓)과 위(魏)를 아울러 취해 오창(敖倉)의 곡식을 차지하고, 성고(成皐)의 입구를 막으면 승패의 운수를 알 수가 없습니다." 하였다. "무엇을 하계(下計)라 하는가?" 하니, "동쪽으로 오를 취하고 서쪽으로 하채(下蔡)를 취하고 치중(輜重 : 군수품)을 월(越)로 들여보내고 자신은 장사(長沙)로 돌아가는 것이니, 그렇게 되면

폐하께서는 편안히 베개를 베고 누워 계셔도 한나라는 무사할 것입니다." 하였다.

상이 이르기를 "이 계책이 장차 어느 것으로 나올 것인가?" 하니, 대답하기를 "하계로 나올 것입니다. 경포는 옛 여산(驪山)의 죄수로 만승(萬乘)의 임금이 되었으나 다 자신을 위함이요, 뒤로 백성의 만세를 생각하여 돌볼 자가 아닙니다. 그렇기 때문에 하계로 나온다고 하는 것입니다." 하였다.

제가 이르기를 "좋다." 하고는 설공을 천호(千戶)에 봉하고 스스로 군사를 거느리고 동으로 갔다.

경포가 처음 반역을 꾀할 때 그 장수들에게 말하기를 "상이 늙어서 반드시 오지 못할 것이며, 회음후 한신과 팽월이 모두 죽었으니 그밖에는 두려울 것이 없다." 하고는 드디어 반역하였는데, 과연 설공의 말처럼 하여 형(荊)·초(楚)를 공격하고는 군사를 이끌고 서쪽으로 향했다.

원문 上이 曰 何謂上計오 對曰 東取吳하고 西取楚하고 幷齊取魯하고 傳檄燕趙하여 固守其所면 山東은 非漢有也리다 何謂中計오 東取吳하고 西取楚하고 幷韓取魏하여 據敖倉之粟하고 塞成皐之口면 勝敗之數를 未可知也리이다 何謂下計오 東取吳하고 西取下蔡하고 歸重於越하고 身歸長沙면 陛下安枕而臥하여도 漢無事矣리이다 上이 曰 是計將安出고 對曰 出下計하리이다 布는 故驪山之徒也라 致萬乘之主나 皆爲身이요 不顧後爲百姓萬世慮者也라 故로 曰 出下計라 하노이다 帝曰 善타 하고 封薛公千戶하고 自將兵而東하다 布之初反에 謂其將曰 上이 老矣라 必不能來요 淮陰彭越이 皆死하니 餘不足畏라 하고 遂反하여 果如薛公之言하여 擊荊擊楚하고 引兵而西하다

주 전격(傳檄) 격문을 전하여 토벌하게 하는 것. 한유(漢有) 한나라의 소유. 여산지도(驪山之徒) 경포(黥布)는 본래 노역형인 도형(徒刑)을 받은 죄인으로 여산에서 복역했음.

12년(병오) 겨울 10월, 상이 경포의 군사를 기서(蘄西)에서

만나 크게 싸웠다. 경포의 군사가 패주하여 회수(淮水)를 건너 싸움을 자주 벌였으나 불리하자 100여 명과 함께 강남(江南)으로 도망하였다. 상이 별장(別將)을 시켜 추격하게 하니, 반양(番陽) 사람이 경포를 자향(玆鄕) 백성의 농가에서 죽였다.

원문 丙午十二年이라 冬十月에 上이 與布兵으로 遇於蘄西하여 大戰하니 布軍이 敗走渡淮하여 數戰不利하여 與百餘人으로 走江南이어늘 上이 令別將으로 追之러니 番陽人이 殺布玆鄕民田舍하다

○ 11월에 노(魯)를 지나면서 태뢰(太牢 : 산 제물인 소·양·돼지)로써 공자(孔子)에게 제사를 지냈다.

원문 十一月에 過魯라가 以太牢로 祠孔子하다

상이 돌아오다 패궁(沛宮)을 지나면서 술자리를 베풀고 친구와 부로(父老)를 다 불러 접대했는데, 술이 거나해지자 상이 몸소 노래를 부르고 일어나 춤을 추었다. 그리고 울면서 패의 부형(父兄)에게 이르기를 "나그네가 고향 생각을 하며 슬퍼했습니다. 짐이 패공(沛公)으로 포역(暴逆 : 난폭한 사람)을 죽이고 드디어 천하를 차지하였으니, 패를 짐의 탕목읍(湯沐邑)으로 삼겠습니다." 하였다.

형의 아들 비(濞)를 오왕(吳王)으로 삼아 3군(郡) 53성(城)의 왕이 되게 하였다.

원문 上이 還過沛宮할새 直酒悉召故人父老하고 酒酣에 上이 自爲歌起舞하고 泣謂沛父兄曰 游子 悲故鄕이라 朕이 自沛公으로 以誅暴逆하고 遂有天下하니 其以沛로 爲朕湯沐邑하라 立兄子濞하여 爲吳王하고 王三郡五十三城하다

㊟ 가기무(歌起舞) 이때 한 고조(漢高祖)가 부른 노래를 대풍가(大風歌)라 하는데 내용은 다음과 같다. "대풍이 일어나니 구름이 흩날리도다. 위엄을 온 나라에 떨치고 고향에 돌아왔도다. 어떻게 해야 맹사

(猛士)를 얻어 사방을 지킬까〔大風起兮 雲飛揚 威加海內兮 歸故鄕 安得
猛士兮 守四方〕."

○상(上)이 경포를 치고 돌아와서부터 병이 더 심해져 더욱
태자를 바꾸고자 하니, 장량이 간하였으나 듣지 않았다. 숙손
통(叔孫通)이 간하기를 "진 헌공(晉獻公)이 여희(驪姬) 때문에
태자를 폐하고 해제(奚齊)를 세워 진(晉)나라가 어지러운 것
이 수십 년이요, 진(秦)나라는 일찍 부소(扶蘇)를 태자로 정하
지 않아 조고(趙高)로 하여금 거짓으로 호해(胡亥)를 세우게
하여 스스로 제사를 끊게 하였으니, 이는 폐하께서 친히 보
신 바입니다. 지금 태자께서 어질고 효성이 지극하심을 천하
가 다 들어 알고 있는데, 폐하께서 반드시 적자(適子)를 폐하
고 어린 분을 세우려 하신다면, 원컨대 신이 먼저 죽어 목의
피로써 땅을 더럽히겠습니다." 하였다.

제(帝)가 이르기를 "내가 한번 농담을 한 것뿐이다." 하니,
숙손통이 아뢰기를 "태자는 천하의 근본인데, 근본이 한번
흔들리면 천하가 진동하는 법입니다. 어찌하여 천하를 가지
고 농담을 하였다 하십니까?" 하였다. 이때 대신 가운데도
굳게 간쟁하는 자가 많으니, 상이 여러 신하들의 마음이 모
두 조왕(趙王)을 따르지 않음을 알고는 이에 중지하고 세우지
않았다.

원문 上이 從破布歸하여 疾益甚하여 愈欲易太子어늘 張良이 諫
하되 不聽이러니 叔孫通이 諫曰 晉獻公이 以驪姬之故로 廢太子
立奚齊하여 晉國亂者數十年이요 秦이 以不蚤定扶蘇하고 令趙高
로 得以詐立胡亥하여 自使滅祀하니 此는 陛下所親見이라 今太子
仁孝를 天下 皆聞之하니 陛下 必欲廢適而立少인댄 臣은 願先伏
誅하여 以頸血로 汚地하리이다 帝曰 吾直戲耳로라 叔孫通이 曰
太子는 天下本이라 本이 一搖하면 天下震動하리니 奈何以天下로
戲乎이리까 時에 大臣이 固爭者多라 上이 知群臣心이 皆不附趙
王하고 乃止不立하다

228

㉾ **진 헌공(晉獻公)** 진 헌공은 본처가 죽자 여희(驪姬)에게 빠졌는데, 여희는 태자 신생(申生)을 폐하고 자기가 사랑하는 해제(奚齊)를 세우려고 갖은 모함을 다하였다. 하루는 신생이 그의 어머니 제사를 지내는데, 여희는 그 음식에다 미리 독을 넣어놓고는 먹으려는 헌공에게 위험하니 시험해 보라고 한 결과 사실이 드러나, 이를 들은 신생은 자살하고 여러 공자가 죽었음. **부소(扶蘇)** 진시황의 맏아들이었으나 조고(趙高)의 모략에 의하여 차자 호해(胡亥)가 2세로 즉위하였음.

장량전(張良傳)에는 이렇게 되어 있다.

여후(呂后)가 건성후(建成侯) 여택(呂澤)을 시켜 장량을 위협하여 "나를 위해 계획을 세우라" 하니, 장량이 말하기를 "이는 말로써 다투기가 어렵습니다. 상께서 마음대로 불러 오지 못하는 자가 네 사람인데 굳이 청하면 마땅히 올 터이니, 상께서 그들을 보게 하면 일조(一助)가 될 것입니다." 하였다. 여택이 사람을 시켜 태자의 글을 받들고 겸손한 말과 후한 예물로 이 네 사람을 맞이하니, 네 사람이 와서 건성후의 처소에 머물렀다. 술자리를 베풀기에 이르러 태자가 상을 모시었는데 네 사람이 태자를 따라갔다. 이들은 나이가 모두 80이 넘었고 수염과 눈썹이 희며 의관(衣冠)이 매우 위엄을 갖추고 있었다. 상이 괴이하게 여겨 묻기를 "무엇 하는 사람들인가?" 하니, 네 사람이 앞으로 나와 대면하여 각기 성명을 말하였다. 상이 이에 놀라며 말하기를 "내가 공들을 보고자 했으나 나를 피해 도망했는데, 이제 공들이 어째서 내 아이를 따라 노니는가?" 하였다.

네 사람이 아뢰기를 "폐하께서 선비를 가볍게 보시고 잘 꾸짖으시므로 신들이 의(義)를 욕되게 하게 될까 두려워 도망해 숨었습니다. 지금 들으니 태자께서 인효(仁孝)하시고 공경하며 선비를 사랑하시기 때문에 천하에 목을 빼어 태자를 위해 죽고자 하지 않는 자가 없다고 하므로 신들이 온 것입니다." 하니, 상이 이르기를 "공들에게 번거롭게 부탁하노니 끝까지 태자를 잘 돌봐주면 다행이겠다." 하였다. 네 사람이 축수(祝壽)를 마치자 급히 떠났는데 상이 눈인사로 보냈다. 상이 척부인(戚夫人)을 불러 가리켜 보이면서 이르기를 "내가 바꾸고자 했으나 저 네 사람이 보좌하여 우익(羽翼)이 끝내 이루어져 움직일 수가 없다." 하고는 상이 술자리를 끝냈다. 끝내 태자를 바꾸지 못한 것은 장량이 이 네 사람을 부린 힘이었다.

원문 張良傳에 云 呂后 使建成侯呂澤으로 劫良하되 爲我畫計하라 良이 曰 此는 難以口舌로 爭也라 顧上所不能致者 四人이니 固請이면 宜來리니 令上見之 則一助也라 하거늘 呂澤이 使人奉太子書하여 卑辭厚禮하여 迎此四人한대 四人이 至하여 客建成侯所러니 及宴置酒에 太子侍할새 四人者 從太子하니 年皆八十有餘요 須眉皓白하고 衣冠이 甚偉어늘 上이 怪問曰 何爲者오 四人이 前對하여 各言其姓名하니 上이 迺驚曰 吾求公하되 避逃我러니 今公이 何自從吾兒游乎아 四人이 曰 陛下輕士善罵하시니 臣等이 義不辱故로 恐而亡匿이러니 今聞太子 仁孝恭敬愛士하시니 天下 莫不延頸하여 願爲太子死者故로 臣等이 來로소이다 上이 曰 煩公하노니 幸卒調護太子하라 四人이 爲壽已畢에 趨去어늘 上이 目送之하고 召戚夫人하여 指視曰 我欲易으로니 彼四人이 爲之輔하여 羽翼이 已成하니 難動矣라 하고 上이 罷酒하니 竟不易太子者는 良이 本招此四人之力也러라

> 주 사인(四人) 이른바 상산사호(商山四皓)를 가리킨다. 이들은 진나라가 어지러워지자 상산으로 피하였다. 동원공(東園公)·기리계(綺里季)·하황공(夏黃公)·녹리선생(甪里先生).

상국(相國) 소하(蕭何)가 장안은 땅이 좁고 상림(上林) 가운데는 버려진 공지(空地)가 많다고 하여, 백성들에게 들어가 밭을 갈게 하되 볏짚을 거두어 짐승의 먹이로 삼지 말기를 원했다. 상이 크게 노하여 이르기를 "상국이 장사꾼들의 재물을 많이 받고 내 원유(苑囿)를 청한 것이다." 하고는 정위(廷尉)에게 내려 며칠 동안 형틀에 채우고 끈으로 묶어 가두

어 두었다. 왕성(王姓)을 가진 위위(衛尉)가 모시고 있다가 면전에서 묻기를 "상국이 무슨 큰 죄를 지었기에 난폭하게 묶어 가두셨습니까?" 하니, 상이 이르기를 "장사꾼의 금(金)을 받고 내 원유를 청하여 자신을 백성들에게 잘 보이려 했기 때문에 가두고 다스리는 것이다." 하였다.

왕씨 위위가 아뢰기를 "백성들에게 편리하도록 청한 것은 참으로 재상이 할 일입니다. 또 폐하께서 초나라와 여러 해 동안 대치할 때나 진희(陳豨)·경포(黥布)의 반란 때 폐하께서 스스로 군사를 거느리고 가셨는데, 그때 상국이 관중(關中)을 지켰으니 망정이지, 관중이 흔들렸다면 관 서쪽 지방은 모두 폐하의 소유가 되지 못했을 것입니다. 상국이 그때 이익을 챙기지 않고 이제서야 비로소 장사꾼들의 금을 이롭게 여겼겠습니까?" 하였다.

원문 相國何 以長安地陜하고 上林中에 多空地棄라 하여 願令民으로 得入田하고 毋收稾하여 爲禽獸食하노이다 上이 大怒曰 相國이 多受賈人財物하여 爲請吾苑이라 하고 下廷尉하여 械繫之數日이러니 王衞尉 侍하여 前問曰 相國이 胡大罪한대 陛下 繫之暴也시니이까 上이 曰 受賈竪金하고 請吾苑하여 以自媚於民故로 繫治之로라 王衞尉曰 有便於民而請之하니 眞宰相事요 且陛下 距楚數歲요 陳豨黥布 反이어늘 陛下 自將而往하시니 當是時하여 相國이 守關中이라 關中이 搖足則關以西는 非陛下有也어늘 相國이 不以此時爲利하고 今乃利賈人之金乎이까

제(帝)가 기뻐하지 않으며 이 날 사신에게 절(節)을 갖고 가서 소하를 사면해 나오게 하니, 소하가 들어와 사례하였다. 제가 이르기를 "상국이 백성들을 위하여 원유를 청했는데 내가 허락하지 않았다. 나는 걸주(桀紂) 같은 임금에 불과하고 상국은 어진 재상이 되었다. 내가 짐짓 상국을 가두어 백성들에게서 내 허물을 듣게 하고자 한 것이다." 하였다.

원문 帝 不豫하여 是日에 使使持節하여 赦出何한대 何 入謝어늘 帝曰 相國이 爲民請苑이어늘 吾不許하니 我는 不過爲桀紂主 而 相國은 爲賢相이라 吾故繫相國하여 欲令百姓으로 聞吾過하다

> ㈜ 불예(不豫) 기뻐하지 않는 것. 시사(使使) 사신을 보내는 것. 절(節) 부절(符節). 걸주(桀紂) 걸은 하(夏)나라의 폭군이며, 주는 은(殷)나라의 폭군.

○ 상이 경포를 칠 때 빗나간 활살에 맞고 길을 가는데 병이 심해졌다. 여후(呂后)가 훌륭한 의원을 맞아 뵈게 하니 꾸짖기를 "내가 포의(布衣) 신분으로 칼을 들고 천하를 차지하였으니, 이는 어찌 천명(天命)이 아니겠느냐? 명이란 하늘에 달린 것이니, 비록 편작(扁鵲)이라 한들 무슨 도움이 되겠는가?"하고는 끝내 치료하지 않았다.

원문 上이 擊布時에 爲流矢所中하여 行道疾甚이어늘 呂后 迎良醫하여 入見한대 上이 嫚罵之曰 吾以布衣로 持三尺取天下하니 此非天命乎아 命乃在天이어늘 雖扁鵲인들 何益이리요 遂不使治疾하다

> ㈜ 만매(嫚罵) 욕하여 꾸짖는 것. 삼척(三尺) 칼을 말함. 편작(扁鵲) 춘추시대의 명의(名醫).

○ 여후(呂后)가 묻기를 "폐하께서 돌아가신 후에 소상국(蕭相國)께서 죽으면 누구에게 대신하게 해야 합니까?"하니, 상이 이르기를 "조참(曹參)이 좋소."하였다. 그 다음 사람을 물으니, 이르기를 "왕릉(王陵)이 좋습니다. 그러나 다소 고지식하니 진평(陳平)이 그를 도울 수 있을 것이요, 진평은 지모는 충분하지만 혼자서 감당하기는 어려우며, 주발(周勃)은 중후하고 꾸밈이 없어서 유씨(劉氏)를 안정시킬 자는 반드시 주발일 것이니, 태위(太尉)를 삼을 만하오."하였다. 여후가 다시 그 다음 사람을 물으니, 상이 이르기를 "그 다음은 내가 알 바 아니오."하였다.

232

여름 4월에 제(帝)가 죽었다.

[원문] 呂后 問曰 陛下百歲後에 蕭相國이 旣死어든 誰令代之이까
上이 曰 曹參이 可니라 問其次한대 曰 王陵이 可나 然이나 少戇
하니 陳平이 可以助之요 陳平이 知有餘나 然이나 難獨任이요 周
勃이 重厚少文이나 然이나 安劉氏者는 必勃也니 可令爲太尉니라
呂后 復問其次한대 上이 曰 此後는 亦非乃所知也니라 夏四月에
帝崩하다

㊟ 백세후(百歲後) 죽은 후. 소당(少戇) 다소 고지식한 것. 소문(少文)
꾸밈이 적은 것.

○ 처음에 고조(高祖)가 문학(文學)을 닦지 않았으나 성품이
명달(明達)하고 모(謀)를 좋아하며 받아들이기를 잘하여, 감문
(監門)의 수자리 사는 병졸을 볼 때도 친면이 있는 사람처럼
하였다.
　처음에는 민심에 순응하여 삼장(三章)의 법을 만들었으나,
천하가 이미 평정된 후로는 소하에게 명하여 법률을 차례로
만들고, 한신으로 군법(軍法)을 신명(申明)하게 하고, 장창(張
倉)으로 장정(章程)을 정하게 하고, 숙손통으로 예의를 제정하
게 하였다. 또 공신들과 더불어 부절을 쪼개어 맹세하여, 단
서(丹書) 철권(鐵券)을 금궤(金匱)·석실(石室)에 넣어 종묘(宗
廟)에 보관하였으니, 비록 날짜는 많지 않았으나 규모는 넓고
도 컸다.

[원문] 初에 高祖 不修文學而性이 明達하고 好謀能聽하여 自監門
戍卒로 見之如舊러라 初順民心하여 作三章之約이러니 天下 旣定
에 命蕭何하여 次律令하고 韓信으로 申軍法하고 張倉으로 定章程
하고 叔孫通으로 制禮儀하고 又與功臣으로 剖符作誓하여 丹書鐵
券과 金匱石室로 藏之宗廟하니 雖日不暇給이나 規摹 弘遠矣러라

㊟ 삼장지약(三章之約) 약법삼장(約法三章). 유방이 처음 입관(入關)하여
부로(父老)들에게 "진의 가혹한 법을 없애고 살인자는 죽이고 사람을

상하게 하거나 도둑질한 자는 죄준다.”고 하였음. **장정**(章程) 규정
(規程). **부부작서**(剖符作誓) 부절을 쪼개어 공신을 봉(封)하면서 백마
(白馬)를 잡아 그 피를 마시며 맹세한 것. **단서철권**(丹書鐵券) 한 고
조가 공신을 봉할 때 준 철로 된 부신(符信). 거죽에는 붉은 글씨로
공훈을 새기고 절반으로 갈라 오른쪽 것은 내부에다 보관하고 왼쪽
것은 공신에게 주었음. **금궤석실**(金匱石室) 쇠로 만든 상자와 돌로
만든 방. **종묘**(宗廟) 제왕을 제사하는 사당.

제 6 권 한기 (漢紀)

효혜황제(孝惠皇帝)*

　원년(정미) 태후(太后)가 짐독(酖毒)으로 조왕(趙王)을 죽이고는 마침내 척부인(戚夫人)의 수족을 자르고, 눈알을 빼고 약을 귀에 쏘여 듣지 못하게 하고, 벙어리를 만들어 뒷간에 살게 하면서 '인체(人彘)'라 하였는데, 며칠 있다가 황제를 불러서 인체를 보도록 했다. 황제가 보고는 물어서 그것이 척부인임을 알고는 크게 울었는데, 그 때문에 병이 나 1년 남짓 일어나지 못하였다. 황제가 사람을 시켜 태후에게 청하기를 "이는 사람이 할 바가 아닙니다. 제가 태후의 아들이 되어서 끝내는 천하를 다스릴 수가 없습니다." 하였다. 황제가 이로써 날마다 술을 마시고 음란한 악(樂)을 들으면서 정사(政事)를 보지 않았다.

원문 丁未元年이라 太后 酖殺趙王하고 遂斷戚夫人手足하고 去眼煇耳하고 飮瘖藥하고 使居厠中하고 號曰 人彘라 하고 居數日에 乃召帝觀人彘한대 帝見하고 問知其爲戚夫人하고 乃大哭하여 因病歲餘에 不能起라 使人請太后曰 此는 非人所爲니 臣이 爲太后子하여 終不能治天下라 하고 帝 以此로 日飮爲淫樂하여 不聽政이러라

　　㈜ *효혜황제(孝惠皇帝) 이름은 영(盈). 고조(高祖)의 장자(長子)로 재위(在位)는 7년, 수(壽)는 24세. 조왕(趙王) 척부인(戚夫人)의 아들로 이름 여의(如意)인데, 조왕에 봉해졌음. 척부인(戚夫人) 한 고조(漢高祖)의 총희(寵姬). 인체(人彘) 사람 돼지라는 뜻.

2년(무신) 찬문종후(酇文終侯) 소하(蕭何)가 병이 들자 상
(上)이 몸소 가서 보고는 소하에게 묻기를 "그대가 죽은 후에
누가 그대를 대신할 만한가?" 하니, 대답하기를 "신하를 아
는 것은 임금만한 이가 없습니다." 하였다. 황제가 말하기를
"조참이 어떻겠는가?" 하니, 말하기를 "황제께서 제대로 아
셨습니다." 하였는데, 7월에 죽었다. 소하는 집과 전답을 장
만하면서 반드시 외딴 곳에다 하였고, 집을 지으면서도 담장
과 방옥(房屋)을 만들지 않고 말하기를 "후손이 현명하면 나
의 검소함을 배울 것이요, 현명하지 못하더라도 세가(勢家)에
게 빼앗기는 일은 없을 것이다."라고 하였다.

원문 戊申二年이라 酇文終侯蕭何 病이어늘 上이 親自臨視하고
因問何曰 君卽百歲後에 誰可代君者오 對曰 知臣은 莫如主니이
다 帝曰 曹參이 何如오 曰 帝得之矣로소이다 七月에 薨하다 何
置田宅에 必居窮僻處하고 爲家에 不治垣屋曰 後世賢이면 師吾
儉이요 不賢이라도 毋爲勢家所奪이라 하더라

○ 조참(曹參)이 소하가 죽었다는 말을 듣고는 사인(舍人)에게
말하기를 "빨리 행장(行裝)을 꾸리거라. 내가 곧 정승(政丞)으
로 들어가게 될 것이다." 하였는데, 얼마 후에 사자(使者)가
과연 조참을 불렀다. 처음 조참이 한미할 때에 소하와 사이
가 좋았었는데, 장상(將相)이 되어서는 틈이 있었으나 소하가
죽기에 이르러 어질다고 천거한 사람은 오직 조참뿐이었다.
조참이 소하를 대신하여 정승이 되어서는 모든 일을 변경한
바가 없이 한결같이 소하의 약속을 따랐다. 군국(郡國)의 관
리 가운데서 문사(文辭)가 굼뜨고 중후(重厚)한 장자(長者)를
즉시 불러 승상사(丞相史)를 삼았으며, 관리 가운데 언문(言
文)이 각박한 자와 명성(名聲)을 얻고자 힘쓴 사람은 물리쳤
다. 남의 하찮은 허물을 보면 오로지 감추어 주고 덮어주니,
부중(府中)이 무사하였다.
  황제(皇帝)가 상국(相國)이 일을 보지 않는가 하고 괴이쩍게

236

여기니, 조참이 아뢰기를 "폐하께서 스스로 보시기에 성무(聖武)하심이 고제(高帝)에 비해 누가 낫다고 여기십니까?" 하였다. 상이 이르기를 "짐이 어찌 감히 선제(先帝)를 바라겠는가." 하니, 또 아뢰기를 "폐하께서 보시기에 신의 능력이 소하와 비교해 누가 더 현명하다고 여기십니까?" 하니, 상이 이르기를 "그대가 미치지 못할 듯싶다." 하였다. 조참이 아뢰기를 "폐하의 말씀이 옳습니다. 고제(高帝)께서 소하와 함께 천하를 평정하여 법령(法令)이 이미 밝습니다. 폐하께서는 수공(垂拱)하시고, 신들은 직분을 지키면서 그걸 따르고 잃지 않으면 되지 않겠습니까." 하니, 황제가 이르기를 "좋다." 하였다. 조참이 상국이 된 지 3년 만에 백성들이 노래하기를 "소하가 법을 만든 것이 분명하고 정연하더니, 조참이 대신함에 이르러 잘 지켜 잃지 않고 청정(清淨)하여 백성들이 편안하다." 하였다.

원문 曹參이 聞何薨하고 告舍人하되 趣治行하라 吾將入相하리라 하더니 居無何에 使者 果召參이러라 始參이 微時에 與蕭何로 善하더니 及爲將相에 有隙이러니 至何且死에 所推賢이 唯參이라 參代何爲相하여 擧事를 無所變更하여 壹遵何約束하고 擇郡國吏 訥於文辭 重厚長者하여 卽召 除爲丞相史하고 吏之言文刻深하여 欲務聲名者를 輒斥去之하고 見人有細過에 專掩匿覆蓋之하니 府中이 無事하더라 帝 怪相國이 不治事한대 參이 曰 陛下 自察聖武 孰與高帝이니까 上이 曰 朕이 安敢望先帝리요 又曰 陛下 觀臣能이 孰與蕭何賢이니까 上이 曰 君이 似不及也니라 參이 曰 陛下 言之是也로소이다 高帝與蕭何로 定天下에 法令이 旣明하니 陛下 垂拱하시고 參等이 守職하여 遵而勿失이 不亦可乎이까 帝 曰 善하다 參이 爲相國三年에 百姓이 歌之曰 蕭何 爲法에 較若 畫一하더니 曹參이 代之에 守而勿失하고 載其淸淨하니 民以寧壹이라 하더라

㈜ 승상사(丞相史) 승상부에 소속된 하급관리.

　3년(기유) 종실(宗室)의 딸을 공주로 삼아서 흉노(匈奴) 묵돌 선우(冒頓單于)에게 시집 보냈다. 이때 묵돌이 이제 한창 강대하여 글을 고후(高后)에게 보냈는데, 말이 설만(褻嫚)하였다. 고후가 크게 노하여 사자를 베고 군사를 내어 치기를 의논하니, 번쾌(樊噲)가 아뢰기를 "신이 원하옵건대 10만의 군사로 흉노 속을 휘젓고 다니겠습니다." 하였다. 계포(季布)가 아뢰기를 "번쾌는 베어야 합니다. 전에 흉노가 평성(平城)에서 고제(高帝)를 포위하였을 때, 한(漢)나라가 군사 30만 명이요 번쾌를 상장군으로 삼았지만 포위를 풀지 못하였습니다. 지금도 그때 다친 사람의 신음소리가 끊어지지 않고 이제야 겨우 일어났는데, 번쾌가 10만의 군사로 휘젓겠다고 망언을 하니, 이는 얼굴을 마주대고 속이는 것입니다. 또 이적(夷狄)은 금수에 비유할 수 있어 좋은 말을 듣더라도 기뻐할 것이 못 되고 나쁜 말을 듣더라도 화를 낼 것이 못 됩니다." 하니, 고후가 "좋다."고 하고는 답을 보내되, 깊이 스스로 겸손하게 사례하였다. 묵돌이 다시 사신을 보내 사례하고는 말[馬]을 바쳐 마침내 화친이 이루어졌다.

　원문 己酉三年이라 以宗室女로 爲公主하여 嫁匈奴冒頓單于하다 是時에 冒頓이 方彊하여 爲書遺高后하되 辭極褻嫚이어늘 高后大怒하여 議斬其使者하고 發兵擊之하니 樊噲曰 臣이 願得十萬衆하여 橫行匈奴中하리이다 季布曰 噲를 可斬也니이다 前에 匈奴圍高帝於平城에 漢兵이 三十萬이요 噲爲上將軍이되 不能解圍하여 今에 歌吟之聲이 未絶하고 傷夷者 甫起어늘 而噲 妄言以十萬衆으로 橫行이라 하니 是는 面諛也로소이다 且夷狄은 譬如禽獸라 得其善言이라도 不足喜요 惡言이라도 不足怒也니이다 高后曰 善하다 하고 報書하되 深自謙遜以謝之하니 冒頓이 復使使來謝하고 因獻馬遂和親하다

　주 종실(宗室) 임금의 가까운 집안. 설만(褻嫚) 외설스럽고 무례한 것. 이때 묵돌이 보낸 글에 "폐하(고후를 말한다)도 혼자 살고 나 역시

혼자 사니, 두 임금이 즐거움이 없다. 원컨대 서로 가지고 있는 것을 없는 것과 바꾸자."라고 하였는데, 이는 결혼하자는 뜻임.

4년(경술) 협서율(挾書律)을 폐지했다.

원문 庚戌四年이라 除挾書律하다

> 협서율(挾書律) 책을 보관하면 일족(一族)을 죽이는 법. 이 법은 진(秦)나라 때부터 있어온 것인데, 이때 폐지한 것임.

5년(신해) 가을에 조참이 죽었다.

원문 辛亥五年이라 秋에 曹參이 薨하다

○ 왕릉(王陵)을 우승상(右丞相)으로, 진평(陳平)을 좌승상(左丞相)으로, 주발(周勃)을 태위(太尉)로 삼았다.

원문 以王陵으로 爲右丞相하고 陳平으로 爲左丞相하고 周勃로 爲太尉하다

7년(계축) 가을 8월에 제(帝)가 죽고, 태후(太后)가 조정에 나와 정사를 보았다.

원문 癸丑七年이라 秋八月에 帝崩하고 太后 臨朝稱制하다

> 칭제(稱制) 천자를 대신하여 정사를 보는 것.

고황후 원년(갑인) 겨울, 태후가 여러 여씨(呂氏)를 왕으로 삼고자 하여 우승상 왕릉에게 묻자, 왕릉이 말하기를 "고제께서 백마(白馬)를 잡아놓고 맹세하기를 '유씨(劉氏)가 아니면서 왕이 된 자가 있으면 천하가 함께 친다.'라고 하셨으니, 이제 여씨를 왕으로 삼는 것은 약속이 아닙니다." 하니, 태후가 기뻐하지 않으면서 좌승상 진평과 태위 주발에게 물었다. 대답하기를 "고제께서 천하를 평정하고는 자제를 왕으로 삼으셨으니, 이제 태후께서 정사를 보시면서 여러 여씨를 왕으로 삼는다고 해서 안 될 것은 없습니다." 하니, 태후가 기뻐

하였다. 조회(朝會)가 끝나자 왕릉이 진평과 강후(絳侯)를 꾸짖어 말하기를 "처음 고제와 더불어 삽혈(喋血)하고 맹약할 때 그대들도 참여하지 않았는가? 이제 고제께서 돌아가시고 태후가 여씨를 왕으로 삼으려 하는데 그대들이 아첨이나 하고자 하니, 무슨 면목으로 지하에서 고제를 뵈려는가?"하였다. 진평과 강후가 말하기를 "지금 마주보고 조정에서 다투는 것은 내가 자네만 못하지만, 사직(社稷)을 보전하고 유씨(劉氏)의 후예를 정하는 것은 그대가 나만 못하네."하니, 왕릉이 응답을 하지 못하였다.

원문 甲寅(高皇后呂氏元年) 冬에 太后 議欲立諸呂爲王하여 問右丞相陵한대 陵이 曰 高帝 刑白馬盟曰 非劉氏而王이어든 天下共擊之라 하시니 今王呂氏는 非約也로소이다 太后 不說하여 問左丞相平과 太尉勃한대 對曰 高帝 定天下하시고 王子弟하시니 今에 太后 稱制에 王諸呂 無所不可이니이다 太后 喜하더라 罷朝에 王陵이 讓陳平絳侯曰 始與高帝로 喋血盟에 諸君이 不在邪아 今高帝崩에 太后 欲王呂氏어늘 諸君이 縱欲阿意나 何面目으로 見高帝於地下乎아 陳平絳侯曰 於今에 面折廷爭은 臣不如君이요 全社稷定劉氏後는 君亦不如臣이니라 陵이 無以應하다

주 태후(太后) 한 고조(漢高朝) 유방(劉邦)의 황후인 고황후(高皇后)를 말한다. 성은 여씨(呂氏), 이름은 치(雉)인데 8년 동안 섭정(攝政)하였음. 강후(絳侯) 태위 주발의 봉호. 삽혈(喋血) 짐승의 피를 뽑아 맹세하면서 마시는 것. 면절정쟁(面折廷爭) 면전에서 잘못을 지적하고 조정에서 간쟁(諫諍)하는 것.

7년(경신) 여러 여씨(呂氏)들이 권리를 마음대로 휘두르니, 주허후(朱虛侯) 장(章)은 유씨들이 직책을 얻지 못한 데 분개하였다. 일찍이 입시(入侍)하여 연회를 베풀 때에 장이 자청하기를 "신은 장수(將帥)이니 청컨대 군법(軍法)대로 주법(酒法)을 삼겠습니다."하였다. 얼마 후 여러 여씨 가운데서 한 사람이 술에 취해 술자리에서 도망하니, 장이 칼을 빼어 베

240

었는데, 태후가 이미 군법으로 하기를 허락하였으므로 죄를
줄 수가 없었다. 이후부터 여러 여씨들이 주허후를 꺼려하여
유씨들이 더욱 강대해졌다.

원문 庚申(高后七年) 諸呂 擅權用事하니 朱虛侯章이 忿劉氏不
得職이러니 嘗入侍燕飮할새 章이 自請曰 臣은 將種也라 請得以
軍法으로 行酒하리이다 頃之에 諸呂에 有一人이 醉하여 亡酒어늘
章이 追拔劒斬之한대 太后 業已許其軍法이라 無以罪也하니 自
後로 諸呂 憚朱虛侯하고 劉氏爲益彊이러라

○진평이 여러 여씨들을 힘으로 제압할 수 없는 것을 걱정하
고 화가 자신에게 미칠까 두려워해, 일찍이 한가롭게 있을
때면 깊이 생각하고 있었다.

　육가(陸賈)가 와서는 곧바로 들어와 앉더니 말하기를 "천하
가 편안하면 승상을 주의하고, 천하가 어지러우면 장수를 주
의하게 됩니다. 장상(將相)이 조화를 이루면 선비들이 기꺼이
따르고, 선비들이 기꺼이 따르면 천하에 비록 변란이 있더라
도 권력이 나누어지지 않는데, 그대는 어찌 태위와 서로 사
이 좋게 지내지 않습니까?" 하였다. 진평이 그 계책을 써서
두 사람이 깊이 결속하자 여씨들의 모의(謀議)가 더욱 쇠퇴하
게 되었다.

원문 陳平이 患諸呂를 力不能制하고 恐禍及己하여 嘗燕居深念
이더니 陸賈往하여 直入坐曰 天下安이면 注意相이요 天下危면
注意將하나니 將相이 和調 則士豫附하고 士豫附면 則天下雖有
變이나 權不分이니 君은 何不交驩太尉오 平이 用其計하여 兩人
이 深相結하니 呂氏謀 益衰러라

　주 교환(交驩) 서로 사이 좋게 지냄.

8년(신유) 가을 7월에 태후가 죽었다.

원문 辛酉(高后八年) 秋七月에 太后 崩하다

○ 여록(呂祿)과 여산(呂産)이 난을 일으키려 하였으나 강후(絳侯 : 周勃)와 주허(朱虛 : 劉章) 등을 꺼려서 미루고 결정하지 못했다. 강후가 역기(酈寄)를 시켜 여록을 속여 군사를 태위에게 속하게 하니, 태위가 군문(軍門)에 들어가 명령하기를 "여씨를 위하는 사람은 오른쪽 소매를 벗고, 유씨를 위하는 사람은 왼쪽 소매를 벗어라." 하니, 군사들이 모두 왼쪽 소매를 벗었다. 태위가 드디어 북군(北軍)을 거느려 부(部)를 나누어 여씨 남녀를 모두 붙잡아, 어린이나 어른 할 것 없이 모두 베었다.

원문 呂祿呂産이 欲作亂하되 憚絳侯朱虛等하여 猶豫未決이러니 絳侯 使酈寄로 紿說呂祿하여 以兵으로 屬太尉한대 太尉 入軍門하여 行令曰 爲呂氏어든 右袒하고 爲劉氏어든 左袒하라 軍中이 皆左袒이어늘 太尉 遂將北軍分部하여 悉捕諸呂男女하여 無少長히 皆斬之하다

○ 여러 대신들이 서로 더불어 모의하기를 "소제(少帝) 및 양왕(梁王)·회양왕(淮陽王)·항산왕(恒山王)은 모두 진짜 효혜제(孝惠帝)의 아들이 아니다."라고 하고는 사람을 시켜 대왕(代王)을 맞아오게 하니, 장무(張武) 등이 의논하여 모두 말하기를 "한(漢)나라 대신들이 모두 옛날 고제(高帝) 때 장수여서 군사 일에 익숙하고 모사(謀詐)가 많아, 이제 이미 여러 여씨를 죽이고는 대왕을 영립(迎立)한다는 것으로 명분을 삼는데, 실로 믿을 수가 없습니다. 원하옵건대 병을 평계하고는 가지 말고 그 변천을 보소서." 하였다.

중위(中尉) 송창(宋昌)이 나아가 말하기를 "대저 진(秦)나라가 실정(失政)을 하자 호걸(豪傑)들이 모두 일어나서, 사람들마다 스스로 나라를 차지하려고 한 자가 만 명으로 헤아릴 수 있었습니다. 그러나 천자의 지위에 오른 자는 유씨이니 천하가 절망한 것이 그 하나요, 고제께서 자제를 왕으로 삼아 그 땅이 견아상제(犬牙相制)하니, 이른바 반석 같은 종주

국(宗主國)이어서 천하가 그 강함에 복종하는 것이 그 둘이며, 한나라가 진(秦)나라의 번거롭고 가혹함을 제거하여 법령을 간략하게 하고 덕혜(德惠)를 베풀어서 사람마다 편안하니, 요동하기가 어려움이 그 셋입니다. 대저 여태후(呂太后)의 위엄으로 권력을 쥐고 전제(專制)하였으나, 태위가 절(節) 하나로 북군(北軍)에 들어가 한번 호령하자 군사들이 모두 좌단(左袒)하여 유씨를 위하고 여씨를 배반해 마침내 멸망시켰으니, 이는 하늘이 준 것이지 인력(人力)이 아닙니다. 대왕의 현성인효(賢聖仁孝)하심이 천하에 알려졌기 때문에 대신들이 천하의 뜻에 따라 대왕을 영립하는 것이니, 대왕께서는 의심하지 마소서." 하였다. 대왕이 장안에 이르자 태위 주발이 조용히 뵙고 말하기를 청하니, 송창이 말하기를 "말하고자 하는 바가 공적인 것이면 공공연히 말하고, 하고자 하는 말이 사적인 것이면 왕자(王者)에게는 사적인 것이 없소." 하였다.

태위가 이에 꿇어앉아서 천자의 새부(璽符)를 올리니, 대왕이 서쪽을 향해 세 번 사양하고, 남쪽을 향하여 두 번 사양하고는 마침내 천자에 즉위(卽位)했다. 그리고 밤에 송창을 위장군(衛將軍)으로 임명하여 남군과 북군을 거느리게 하고, 장무(張武)를 낭중령(郞中令)으로 삼아 전중(殿中)을 순행하게 하였다.

원문 諸大臣이 相與謀曰 少帝及梁淮陽恒山王은 皆非眞孝惠子라 하여 乃使人으로 迎代王한대 張武等議 皆曰 漢大臣이 皆故高帝時將이라 習兵事하고 多謀詐하여 今已誅諸呂하고 以迎大王으로 爲名하나 實不可信이니 願稱疾無往하여 以觀其變하소서 中尉宋昌이 進曰 夫秦失其政에 豪傑이 並起하여 人人이 自以爲得之者 以萬數나 然이나 卒踐天子位者는 劉氏也니 天下 絶望이 一矣요 高帝 王子弟하여 地犬牙相制하니 所謂磐石之宗也라 天下服其彊이 二矣요 漢興에 除秦煩苛하고 約法令施德惠하여 人人이 自安하니 難動擾 三矣라 夫以呂太后之嚴으로 擅權專制나 然而

太尉以一節로 入北軍하여 一呼에 士皆左袒하여 爲劉氏畔諸呂하여 卒以滅之하니 此乃天授요 非人力也니이다 大王의 賢聖仁孝聞於天下故로 大臣이 因天下之心 而迎立大王하나니 大王은 勿疑也하소서 代王이 至長安하니 太尉勃이 請間이어늘 宋昌이 曰所言이 公인댄 公言之하고 所言이 私인댄 王者는 無私니라 太尉乃跪上天子璽符어늘 代王이 西鄕讓者 三이요 南鄕讓者再라 遂卽天子位하고 夜拜宋昌하여 爲衛將軍하여 領南北軍하고 以張武로 爲郞中令하여 行殿中하다

㊟ 소제(少帝) 여태후(呂太后)가 다른 사람의 아들을 데려다가 기르다가 그의 어미를 죽이고 태자를 삼았는데, 이때 즉위하였다 함. 견아상제(犬牙相制) 봉해준 땅의 경계들이 개의 이빨처럼 들쭉날쭉하여 서로 견제할 수 있다는 뜻. 절(節) 대장(大將)의 사자(使者)에게 주는 신표(信標). 부절(符節).

제 7 권 한기(漢紀)

태종 효문황제(太宗孝文皇帝)* 상

원년(임진) 유사(有司)가 일찍 태자 세울 것을 청하기를 "미리 태자를 세우는 것은 종묘와 사직을 중히 여기고 천하를 잊지 않아서입니다. 옛날 은(殷)·주(周)나라가 편안히 다스린 것이 모두 1000여 년이 된 것은 이 방법을 썼기 때문입니다. 이제 아들 계(啓)가 가장 나이가 많고 순후(純厚)·인자(仁慈)하니, 청컨대 태자로 세우소서." 하니, 허락하였다.

원문 壬辰元年이라 有司 請蚤建太子曰 豫建太子는 所以重宗廟社稷하고 不忘天下也라 古者에 殷周有國에 治安이 皆千餘歲는 用此道也니이다 今子啓 最長하고 純厚慈仁하니 請建以爲太子하노이다 乃許之하다

주 *태종 효문황제(太宗孝文皇帝) 이름은 항(恒), 고조의 중자(中子)이다. 재위는 23년, 수(壽)는 46세. 유사(有司) 담당관원. 종묘(宗廟)·사직(社稷) 종묘는 역대 제왕(帝王)을 제향하는 곳, 사직은 토지(土地)의 신과 곡식의 신에게 제사하는 곳으로 모두 국가를 뜻함.

《한서(漢書)》〈본기(本記)〉에는 이렇게 되어 있다.

"3월에 조서(詔書)를 내리기를 '바야흐로 화창한 봄이어서 초목과 여러 생물들이 모두 스스로 즐거워하고 있다. 그런데 우리 백성 가운데 환과고독(鰥寡孤獨)과 곤궁한 사람들은 혹 위망(危亡)에 빠져도 근심을 돌보지 못하니, 백성의 부모가 되어 장차 어떻게 해야 하는가? 진대(振貸)할 바를 의논하라.'

하고, 또 이르기를 '늙은이는 비단이 아니면 따뜻하지 않고 고기가 아니면 배부르지 않으니, 이번 세수(歲首)에는 수시로 장로(長老)를 존문(存問)하고, 80세 이상은 쌀과 고기를 하사하고, 90세 이상은 비단 각 두 필과 솜 세 근을 내리고, 수노(收孥)·상좌율(相坐律)을 모두 제거하라.' 하였다."

[원문] 漢書本紀에 曰 三月에 詔曰 方春和時에 草木羣生之物이 皆有以自樂하되 而吾百姓鰥寡孤獨因窮之人은 或阽於危亡 而莫之省憂하니 爲民父母 將何如오 其議所以振貸之하라 又曰 老者는 非帛不煖하며 非肉不飽하나니 今歲首에 不時使人으로 存問長老하라 八十已上은 賜米肉하고 九十已上은 賜帛各二匹絮三斤하고 盡除收孥相坐律하라

　　㊟ 환과고독(鰥寡孤獨) 환(鰥)은 늙은 홀아비, 과(寡)는 늙은 과부, 고(孤)는 어린 고아, 독(獨)은 아들이 없는 늙은이. 진대(振貸) 흉년에 굶주린 사람을 구제하는 정책. 흔히 봄에 곡식을 대여하고 추수 후에 받음. 세수(歲首) 1년의 처음으로, 여기서는 봄을 말함. 존문(存問) 수령이나 관리가 고장의 장로(長老)를 찾아보는 일. 수노(收孥) 한 사람이 죄를 지으면 그의 가족을 모두 연좌시키는 것. 상좌율(相坐律) 한 사람의 죄에 다른 사람을 연좌시키는 것.

○ 이때 천리마(千里馬)를 바치는 자가 있자, 제(帝)가 말하기를 "난기(鸞旗)가 앞에 가고 속거(屬車)가 뒤따르며, 길행(吉行)은 하루에 50리를 가고 사행(師行)은 30리를 가는데, 짐이 천리마를 타고 홀로 어디로 가겠는가?" 하고는 조서를 내려 받지 않았다.

[원문] 時에 有獻千里馬者어늘 帝曰 鸞旗在前하고 屬車在後하여 吉行은 日五十里요 師行은 三十里니 朕乘千里馬로 獨先安之리요 下詔不受하다

　　㊟ 천리마(千里馬) 하루에 1000리를 달린다는 말. 난기(鸞旗) 천자의 수레 위에 세우는 기. 속거(屬車) 뒤따르는 부속 수레. 길행(吉行) 좋은 일로 여행하는 행차. 순수(巡狩)나 봉선(封禪)의 유. 사행(師行)

군대의 행진. 전쟁에 관한 행차

○ 제(帝)가 국가의 일에 더욱 밝아서, 조회(朝會)에서 우승상(右丞相) 주발(周勃)에게 묻기를 “천하의 1년 동안 결옥(決獄)이 얼마인가?” 하니, 주발이 모른다고 사양하였다. 또 묻기를 “1년에 들고 나는 돈과 곡식은 얼마인가?” 하니, 주발이 또 모른다고 사양하면서 땀이 흘러 등을 적셨다. 좌승상(左丞相) 진평(陳平)에게 물으니, 진평이 말하기를 “주관하는 자가 있으니 폐하께서 결옥에 대해 묻고자 하시면 정위(廷尉)에게 물으시고, 돈과 곡식에 대해 묻고자 하시면 치속내사(治粟內史)에게 물으소서.” 하였다.

상(上)이 말하기를 “그러면 그대가 주관하는 일을 무엇인가?” 하니, 진평이 사양하며 아뢰기를 “재상이란 위로는 천자(天子)를 보좌하여 음양(陰陽)을 다스려 사시(四時)를 순조롭게 하고, 아래로는 만물이 제대로 되게 하며, 밖으로는 사이(四夷)와 제후(諸侯)를 진무(鎭撫)하고, 안으로는 백성들을 복종하게 하여 경대부(卿大夫)로 하여금 각기 그 직임을 제대로 하게 하는 것입니다.” 하니, 제가 “좋다.”고 하였다. 이에 강후(絳侯 : 周勃)는 스스로 그의 능력이 진평만 못함을 알고는 병을 핑계하여 상인(相印)을 내놓기를 청하니, 상이 허락하였다. 그래서 진평이 홀로 승상이 되었다.

원문 帝 益明習國家事하여 朝而問右丞相勃曰 天下一歲에 決獄이 幾何오 勃이 謝不知어늘 又問一歲에 錢穀出入이 幾何오 勃이 又謝不知하고 汗出沾背어늘 上이 問左丞相平한대 平이 曰 有主者하니 陛下 卽問決獄인대 責廷尉하시고 問錢穀인대 責治粟內史하소서 上이 曰 君所主者는 何事也오 平이 謝曰 宰相은 上佐天子하여 理陰陽順四時하고 下遂萬物之宜하고 外鎭撫四夷諸侯하고 內親附百姓하여 使卿大夫로 各得任其職焉이니이다 帝 稱善하니 於是에 絳侯 自知其能이 不如平하고 乃謝病請歸相印이어늘 上이 許之하니 平이 專爲丞相하다

○ 상이 하남수(河南守) 오공(吳公)의 치평(治平)이 천하 제일이라는 말을 듣고는 정위로 불렀는데, 오공이 낙양 사람 가의(賈誼)를 천거하자 제(帝)가 불러서 박사(博士)를 삼았다. 이때 가의의 나이 20여 세였는데, 제가 그의 문사(文辭)가 훌륭한 것을 사랑하여 1년 사이에 초천(超遷)하여 태중대부(太中大夫)에까지 이르렀다. 가의가 정삭(正朔)을 개정하고 복색(服色)을 바꾸고 관명(官名)을 정하고 예악을 일으켜, 한(漢)나라의 제도를 세우며 진(秦)나라의 법을 고치기를 청하였는데, 제가 그럴 겨를이 없다고 겸양하였다.

원문 上이 聞河南守吳公의 治平이 爲天下第一하고 召以爲廷尉러니 吳公이 薦洛陽人賈誼어늘 帝 召以爲博士하니 是時에 賈生의 年이 二十餘라 帝 愛其辭博하여 一歲中에 超遷至太中大夫하니 賈生이 請改正朔 易服色 定官名興禮樂하여 以立漢制하고 更秦法하니 帝 謙讓未遑也러라

注 오공(吳公) 이름을 모르므로 그냥 공(公)이라 한 것임. 치평(治平) 정치가 화평한 것. 박사(博士) 본래 진나라에서 설치한 것으로 인원은 수십 명이었다. 한대(漢代)에서는 무제(武帝) 때 처음으로 오경박사(五經博士)를 두었음. 초천(超遷) 차례를 건너뛰어 발탁하는 것. 개정삭(改正朔) 정월 1일을 바꾸는 것. 옛날 천자가 나라를 세우면 정월 1일을 바꾸었음. 역복색(易服色) 조복(朝服)의 색을 바꾸는 것. 진나라에서는 흑색을 숭상하였으니, 한나라는 황색을 숭상하여야 마땅한데, 이때 적색을 숭상하였기 때문에 바꾸기를 청한 것임.

2년(계해) 겨울 11월 그믐 계묘일(癸卯日)에 일식(日食)이 있었다. 조(詔)하기를 "여러 신하들은 모두 짐의 과실을 생각하여 짐에게 알려 이끌어 주고, 현량(賢良)·방정(方正)과 직언으로 극진히 간하는 자를 천거하여 짐이 미치지 못한 바를 바로잡으라." 하였다.

원문 癸亥二年이라 冬十一月癸卯晦에 日有食之어늘 詔 羣臣悉思朕之過失하여 以啓告朕하고 及擧賢良方正能直言極諫者하여

以匡朕之不逮하라 하다

> ㊟ 현량(賢良)·방정(方正) 한대의 과거(科擧) 이름으로, 현량과와 방정과가 있었음.

○ 가산(賈山)이 상서(上書)하여 치란(治亂)의 도리를 말하였는데 진(秦)나라를 빌려 비유하여 이름을 '지언(至言)'이라 하였다. 그 내용은 다음과 같다.

"신은 들으니, 우레와 벼락이 치면 꺾이지 않는 것이 없고 만근(萬斤)의 무게로 누르면 부서지지 않는 것이 없다고 하는데, 이제 임금의 위엄은 비단 우레와 벼락에 비할 바가 아니며, 세력의 무거움이 비단 만근만이 아닙니다.

길을 열어서 간언을 구하고 얼굴빛을 온화하게 하여 받아들이며, 그 말을 쓰고 그 몸을 현달하게 해주더라도 선비들이 두려워하여 감히 스스로 다하지 못할 것인데, 하물며 욕심을 부리고 횡포를 부리면서 과오 듣기를 싫어하는 것이겠습니까. 위엄으로 진노하고 무게로써 누르면, 비단 요순(堯舜)의 지혜와 맹분(孟賁)의 용기가 있더라도 어찌 꺾이지 않을 자가 있겠습니까? 그렇게 되면 임금이 그 과실을 듣지 못해 사직이 위태롭게 될 것입니다.

옛날에 주(周)나라는 대개 1800나라였는데 9주(州)의 백성으로써 1800국의 임금을 봉양하였어도, 임금에게는 남은 재물이 있고 백성들에게는 남은 힘이 있어 칭송하는 소리가 일어났습니다. 진(秦)의 황제는 1800국의 백성으로써 스스로를 봉양하였으나 힘이 피폐하여 그 역(役)을 이기지 못하고, 재물이 다하여 그 구함을 이기지 못하고, 그 스스로를 봉양한 것이 말 달리는 일과 사냥하는 즐거움이었는데 천하가 공급하지 못하였습니다."

원문 賈山이 上書言治亂之道할새 借秦爲喩하니 名曰 至言이라
其辭에 曰 臣은 聞雷霆之所擊에 無不摧折者요 萬斤之所壓에 無

不糜滅者라 하니 今人主之威는 非特雷霆也요 勢重이 非特萬斤
也라 開道而求諫하여 和顏色而受之하고 用其言而顯其身이어든
士 猶恐懼而不敢自盡이어든 又況於縱欲恣暴하여 惡聞其過乎이
까 震之以威하고 壓之以重이면 雖有堯舜之智와 孟賁之勇이나 豈
有不摧折者哉이까 如此면 人主 不得聞其過하여 社稷이 危矣리이
다 昔者에 周蓋千八百國이니 以九州之民으로 養千八百國之君하
되 君有餘財하고 民有餘力而頌聲이 作이러니 秦皇帝는 以千八百
國之民으로 自養하되 力罷不能勝其役하고 財盡不能勝其求하고
其所自養者는 馳騁弋獵之娛니 天下가 弗能供也이니이다

주 **지언**(至言) 아주 간절하고 선한 말. **맹분**(孟賁) 중국 전국시대(戰國
時代)의 용감한 장수. **구주**(九州) 고대의 중국은 모두 9개 주로 나누
어져 있었는데, 전국(全國)을 뜻함.

"이제 폐하께서 천하로 하여금 현량·방정한 선비를 천거
하게 하시니, 천하가 모두 기뻐하면서 말하기를 '장차 요순의
도(道)와 삼왕(三王)의 공업(功業)이 일어나게 되었다.'라고 하
여, 천하의 선비들이 모두 정백(精白)하여 아름다운 덕(德)을
이으려고 하는데, 이제 그 어진 사람을 가리어서 함께 말을
달리고 사냥을 하느라 하루에 두세 번씩 나가시니, 신은 조
정이 해이해질까 염려됩니다.

폐하께서 즉위하시어 친히 스스로를 면려(勉勵)하여 천하를
후히 하시고, 용도를 절약하여 백성들을 사랑하시고, 옥사(獄
事)를 공평히 하시고, 형벌을 느슨하게 하시니, 천하가 모두
기뻐하고 있습니다. 신은 들으니 산동(山東)의 관리가 조령(詔
令)을 포고하자 백성들 가운데 늙고 병든 자와 곱사등이까지
도 지팡이를 짚고 가서 듣고는, 조금만 더 살아 덕화(德化)가
이루어지는 것을 보기를 원했다고 합니다. 이제 호준(豪俊)한
신하와 방정한 선비로 다만 함께 날마다 사냥만 하여 토끼와
여우를 잡아 대업(大業)을 해쳐 천하의 기대를 끊으시니, 신
은 매우 슬프게 생각합니다. 대저 선비들이 집에서 닦은 학

문을 천자의 조정에서 무너뜨리니, 신은 매우 불쌍하게 여깁니다.”

　임금이 그 말을 옳게 여겨 받아들였다. 상(上)이 매일 아침에 낭종관(郎從官)이 서소(書疏)를 올리면 미상불 연(輦)을 멈추게 하여, 그 말이 받아 쓰지 못할 말이면 그대로 두고 쓸 만한 말이면 채납(采納)하였다.

원문 今陛下 使天下로 擧賢良方正之士하시니 天下 皆訴訴然曰 將興堯舜之道와 三王之功矣라 하여 天下之士 莫不精白하여 以承休德이어늘 今에 選其賢者하여 與之馳驅射獵하여 一日에 再三出하시니 臣은 恐朝廷之懈弛也일까 하노이다 陛下 卽位에 親自勉以厚天下하시고 節用愛民하시고 平獄緩刑하시니 天下 莫不說喜니이다 臣은 聞山東吏 布詔令에 民雖老羸癃疾이나 扶杖而往聽之하고 願少須臾毌死하여 思見德化之成也라 하니 今에 豪俊之臣과 方正之士로 直與之日日獵射하여 擊兎伐狐하여 以傷大業하여 絶天下之望하시니 臣切悼之하노이다 夫士 修之於家而壞之於天子之庭하니 臣切愍之하노이다 上이 嘉納其言하다 上이 每朝에 郎從官이 上書疏에 未嘗不止輦受其言하여 言不可用이면 置之하고 言可用이면 采之러라

　　㊅ 삼왕(三王) 중국 고대의 훌륭한 제왕인 하(夏)의 우(禹)임금, 은(殷)의 탕(湯)임금, 주(周)의 문왕(文王) 혹은 무왕(武王). 노리(老羸) 늙고 병든 사람. 융질(癃疾) 허리가 굽어지는 병. 꼽추.

○제(帝)가 패릉(霸陵) 위를 따라 서쪽으로 달려서 험한 비탈길을 내려오려고 하니, 원앙(袁盎)이 아뢰기를 “말이 놀라고 수레가 넘어지면, 폐하는 비록 스스로 경솔하다 치더라도 고조(高祖)와 태후(太后)에게 어떠시겠습니까?” 하니, 상이 이에 중지하였다.

원문 帝從霸陵上하여 欲西馳下峻阪이어늘 袁盎이 曰 馬驚車敗면 陛下 縱自輕이나 奈高廟太后에 何오 上이 乃止하다

㈜ 패릉(霸陵) 지명(地名). 한 문제(漢文帝)가 그곳에다 능을 쌓았기 때문에 패릉이라 함. 준판(峻阪) 험한 산비탈.

○ 상이 사랑하는 신부인(愼夫人)이 궁궐에 있었는데, 일찍이 황후(皇后)와 같은 자리에 앉자 원앙이 신부인을 이끌어내었다. 신부인이 노하고 상 역시 노하니, 원앙이 말하기를 "신은 들으니, 존비(尊卑)에 차례가 있으면 상하가 화합한다고 하였습니다. 이제 이미 후(后)를 세우셨으니, 신부인은 바로 첩(妾)인 셈인데 어찌 같은 자리에 앉을 수 있겠습니까? 폐하는 유독 인체(人彘)를 보지 못하였습니까?" 하니, 상이 기뻐하였다. 신부인을 불러 말해주니, 신부인이 원앙에게 금(金) 50근을 내려주었다.

원문 上의 所幸愼夫人이 在禁中하여 嘗與皇后로 同席坐어늘 袁盎이 引郤愼夫人한대 夫人이 怒하고 上이 亦怒어늘 盎이 曰 臣은 聞尊卑 有序則上下和라 하니 今에 旣已立后하시니 愼夫人은 乃妾耳라 豈可同坐리이까 陛下는 獨不見人彘乎이까 上이 說하여 乃召語愼夫人한대 夫人이 賜盎金五十斤하다

㈜ 인체(人彘) 여태후(呂太后)가 고조(高祖)가 죽은 후 질투심에서 척부인(戚夫人)의 손발을 자르고 불구자를 만들어 측간에 살게 한 일.

○ 가의(賈誼)가 상에게 말하기를 "관자(管子)가 이르기를 '창고의 곡식이 넉넉하면 예절을 알고, 의식이 넉넉하면 영욕(榮辱)을 안다.'고 하였으니, 백성들이 풍족하지 못하고도 다스린 자가 있다는 말은 예부터 지금까지 일찍이 듣지 못하였습니다. 한(漢)나라가 한나라로 된 지 거의 40년인데, 공사(公私)의 쌓음이 없어 오히려 애통할 정도입니다. 세상에 기양(饑穰)이 있는 것은 하늘의 상도(常道)여서 우(禹)임금, 탕(湯)임금도 입은 바이니, 불행하게도 사방 2, 3000리에 가뭄이 든다면 나라에서 어떻게 서로 돌볼 것이며, 갑자기 변경에 급한 일이 있게 되면 수십백만의 군사를 나라에서 어떻게 먹이겠

습니까?

대저 저축이란 천하의 큰 명(命)이니, 참으로 곡식이 많고 재물이 넉넉하면 무슨 일을 한들 이루어지지 않겠습니까? 그것으로써 공격하면 빼앗을 수 있고, 그것으로써 지키면 굳게 되며, 그것으로써 싸우면 승리하게 되고, 적(敵)을 회유(懷柔)하고 먼 곳 사람을 귀부시키면 누구를 부른들 오지 않겠습니까? 지금 백성들을 농사짓는 데로 몰아서 돌려보내어 천하로 하여금 각기 그 힘으로 먹고 살게 하고, 말기(末技)에 종사하고 떠돌며 먹고 사는 백성에게 남쪽 들판을 부치게 하면 축적(蓄積)이 넉넉하여 백성들이 그 있는 곳을 즐거워할 것입니다." 하였다. 상이 가의의 말에 감동하여 춘정월(春正月) 정해일(丁亥日)에 조(詔)하여, 적전(籍田)을 열고 상이 친경(親耕)하여 백성들에게 모범이 되었다.

원문 賈誼 說上曰 管子曰 倉廩이 實而知禮節하고 衣食이 足而知榮辱이라 하니 民不足而可治者는 自古及今으로 未之嘗聞케이다 漢之爲漢이 幾四十年이로되 公私之積이 猶可哀痛하니 世之有饑穰은 天之行也라 禹湯도 被之矣시니 卽不幸하여 有方二三千里之旱이면 國胡以相恤이며 卒然邊境에 有急이면 數十百萬之衆을 國胡以餽之리이까 夫積貯者는 天下之大命也라 苟粟多而財有餘면 何爲而不成이리요 以攻則取하고 以守則固하고 以戰則勝이니 懷敵附遠이면 何招而不至리이까 今에 敺民而歸之農하여 使天下로 各食其力하고 末技游食之民을 轉而緣南畝則蓄積이 足而人樂其所矣리이다 上이 感誼言하여 春正月丁亥에 詔開籍田하고 上이 親耕하여 以率天下之民하다

　　주 관자(管子) 춘추시대 제(齊)나라의 사람인 관중(管仲). 기양(饑穰) 기근과 풍년. 말기(末技) 농업을 제외한 상업(商業), 공업(工業) 등. 적전(籍田) 제왕이 친히 농사를 짓는 전답.

○ 5월에 조(詔)하기를 "옛날 천하를 다스리는 데는 조정에는 진선정(進善旌)과 비방목(誹謗木)이 있어 치도(治道)가 통하고

간하는 말이 오게 하였다. 그런데 지금 법에는 비방죄(誹謗罪)와 요언죄(訞言罪)가 있으니, 이는 여러 신하로 하여금 뜻을 다 말하지 못하게 하여 위에서 과실을 듣지 못하게 되는데, 장차 어떻게 먼 곳의 현량(賢良)이 오겠는가. 그것을 제거하라."하였다.

원문 五月에 詔曰 古之治天下에 朝有進善之旌과 誹謗之木하니 所以通治道而來諫也러니 今法에 有誹謗訞言之罪하니 是는 使衆臣으로 不敢盡情而上無由聞過失也라 將何以來遠方之賢良이리요 其除之하라

> ㈜ **진선정(進善旌)** 옛날 요임금 때 사람이 많이 다니는 5거리에 깃발을 세우고 선한 자를 천진(薦進)할 자는 그 밑에 서 있게 하였다 함. **비방목(誹謗木)** 백성들이 정치의 잘못을 써놓는 나무. 요임금이 다리 옆에다 나무를 세워놓고 그렇게 했음.

9월에 조(詔)하기를 "농자(農者)는 천하의 대본(大本)이어서 백성들이 그걸 믿고 살아가는 것이다. 그런데 백성들이 본업에는 힘을 쓰지 않고 말기(末技)를 일삼기 때문에 삶을 이루지 못한다. 이제 친히 여러 신하들을 거느리고 농사를 권장하고 백성들의 금년 조세의 반을 내리리라."하였다.

원문 九月에 詔曰 農者는 天下之大本也라 民所恃以生也어늘 而民이 或不務本而事末故로 生不遂하니 今玆親率羣臣하여 農以勸之하고 其賜民今年田租之半하라

> ㈜ **무본(務本)** 본업인 농사에 힘쓰는 것. **사말(事末)** 말기인 공상(工商)에 종사하는 것.

3년(갑자) 처음 남양 사람 장석지(張釋之)가 기랑(騎郎)이 되었는데, 10년 동안 높은 직에 오르지 못해 벼슬을 그만두고 돌아가려고 하였다. 원앙이 그가 어진 것을 알고는 천거하여 알자복야(謁者僕射)를 삼았다. 장석지가 임금을 따라가 호권(虎圈)에 올라갔는데, 상이 상림위(上林尉)에게 여러 금수

(禽獸)의 장부에 대해 물으니, 위가 좌우를 살피면서 대답을 못하였다.

호권에 있던 색부(嗇夫)가 옆에 있다가 위를 대신하여 매우 자세히 대답하자, 제가 말하기를 "관리는 마땅히 이래서는 안 되지 않는가?" 하고는 장석지를 불러 그 색부로 상림령(上林令)을 제배(除拜)하게 하였다.

장석지가 말하기를 "주발과 장상여(張相如)는 장자(長子)라고 불렸는데 두 사람은 언사(言事)를 일찍이 분명하게 하지 않았으니, 어찌 이 색부의 말 잘하는 것을 본받겠습니까? 색부를 구변(口辯)으로써 초천하면 천하가 모두 그런 풍조에 휩쓸려 다투어 구변만 하여 그 실체는 없을까 염려됩니다." 하니, 제가 "좋다." 하고는 색부를 제배하지 않았다.

원문 甲子三年이라 初에 南陽張釋之 爲騎郎十年에 不得調하여 欲免歸어늘 袁盎이 知其賢而薦之한대 爲謁者僕射하다 釋之 從行하여 登虎圈이러니 上이 問上林尉諸禽獸簿한대 尉左右視不能對하고 虎圈嗇夫 從旁代尉하여 對甚悉이어늘 帝曰 吏不當若是邪아 하고 詔釋之하여 拜嗇夫로 爲上林令한대 釋之曰 周勃張相如는 稱爲長者하되 兩人이 言事에 曾不出口하니 豈效此嗇夫의 喋喋利口捷給哉리요 以嗇夫口辯而超遷之면 恐天下 隨風而靡하여 爭爲口辯而無其實일까 하노이다 帝曰 善타 하고 乃不拜嗇夫하다

㊟ 호권(虎圈) 상림원(上林苑) 가운데 있는 호랑이를 기르는 곳. 장자(長者) 후덕한 사람. 첩첩이구(喋喋利口) 말을 거침없이 잘하는 것.

○ 장석지가 정위로 있을 때 상(上)이 중위교(中渭橋)에 나갔는데, 어떤 사람이 다리에서 달려 승여(乘輿)를 끌던 말이 놀랐다. 그러자 기마병으로 하여금 붙잡게 해 정위에게 내렸다. 장석지가 그 죄의 처리를 아뢰기를 "이 사람이 필(蹕)을 범했으니 벌금에 해당됩니다." 하였다.

상이 노하여 이르기를 "이 사람이 친히 내 말을 놀라게 했
는데, 말이 유순해서 망정이지 다른 말이었더라면 나를 다치
게 하지 않았겠는가? 그런데 정위는 벌금에 해당된다고 하는
가?" 하였다. 장석지가 아뢰기를 "법이란 천하에 공공(公共)
한 것입니다. 이제 법이 이러한데 다시 무겁게 하면 이는 법
이 백성들에게 신뢰를 잃게 됩니다. 또 그때 상께서 사람을
시켜 죽였으면 그만이겠지만 이제 정위(廷尉)에게 내리셨으
니, 정위는 천하를 공평하게 보아야지 한번 기울면 천하의
용법이 모두 경중으로 할 것이니, 백성들이 어디에서 수족을
움직이겠습니까?" 하였다. 상이 이르기를 "정위의 처리가 맞
다." 하였다.

원문 釋之 爲廷尉에 上이 行出中渭橋할새 有一人이 從橋走하여
乘輿馬驚이어늘 於是에 使騎捕之하여 屬廷尉한대 釋之奏當하되
此人이 犯蹕하니 當罰金이로소이다 上이 怒曰 此人이 親驚吾馬하
니 馬賴和柔라 令他馬인들 固不敗傷我乎아 而廷尉乃當之罰金이
오녀 釋之曰 法者는 天下公共也라 今法이 如是어늘 更重之하면
是는 法不信於民也라 且方其時하여 上이 使使誅之則已어니와 今
已下廷尉하시니 廷尉는 天下之平也라 壹傾이면 天下用法을 皆爲
之輕重하리니 民이 安所錯其手足이리이까 上이 曰 廷尉當是也로다

주 필(蹕) 제왕의 행차 때 행인을 물리치는 일.

그후에 어떤 사람이 고묘(高廟) 좌전(坐前)의 옥환(玉環)을
도둑질하다가 붙잡혀 정위에게 내려 다스리게 하였는데, 장
석지가 기시(棄市)로 처벌할 것을 아뢰었다. 상이 노하여 이
르기를 "무도한 사람이 선제(先帝)의 그릇을 훔쳐 내가 족(族)
하려 하는데 그대는 법으로써 아뢰니, 내가 종묘(宗廟)를 공
손히 받드는 뜻이 아니다." 하였다. 장석지가 관(冠)을 벗고
고개를 숙이고는 사죄하기를 "법으로는 그렇게 하면 충분합
니다. 이제 도적이 종묘의 그릇을 훔쳤다고 해서 족하면, 가

령 어리석은 백성이 장릉(長陵)의 한줌 흙을 가져가면 폐하께
서는 또 어떻게 그 법을 더 가중시키겠습니까?"하니, 제가
태후(太后)에게 아뢰어 허락하였다.

원문 其後에 人이 有盜高廟坐前玉環이어늘 得하여 下廷尉治한대
釋之奏當棄市니이다 上이 大怒曰 人이 無道하여 盜先帝器하니
吾欲致之族 而君이 以法奏之하니 非吾所以共承宗廟意也로다
釋之 免冠頓首謝曰 法如是足也니이다 今에 盜宗廟器而族之인댄
假令愚民이 取長陵一抔土면 陛下 且何以加其法乎이까 帝 乃白
太后하고 許之하다

주 고묘(高廟) 한 고조(漢高祖)의 사당(祠堂). 옥환(玉環) 옥으로 만든 고
리. 기시(棄市) 시장 거리에서 목을 베는 것. 족(族) 온 가족을 죽
이는 법. 장릉(長陵) 한 고조의 능.

4년(을축) 상이 하동태수(河東太守) 계포(季布)를 불러 어사
대부(御史大夫)를 삼으려고 하였는데, "용맹하나 술에 취하면
가까이 하기가 어렵다."라고 말하는 자가 있었다. 그가 이르
자 관저에 한 달 동안 머물게 하고는 그만두게 하였다. 그러
자 계포가 나아가 아뢰기를 "신은 공로도 없이 하동을 다스
리고 있었는데, 폐하께서 까닭없이 신을 부르셨으니, 이는 반
드시 사람들이 제가 어질다고 폐하를 속인 것입니다. 이제
신이 이르렀는데 주는 일이 없이 그만두게 하셨는데, 이는
반드시 신을 헐뜯는 자가 있어서일 것입니다. 폐하께서는 한
사람이 칭찬하자 신을 부르셨고, 한 사람이 헐뜯자 신을 버
리시니, 천하가 폐하의 얕고 깊음을 엿볼까 염려됩니다."하
니, 상이 한참만에 말하기를 "하동은 나의 팔다리와 같은 곳
이기 때문에 특별히 그대를 부른 것이다."하였다.

원문 乙丑四年이라 上이 召河東守季布하여 欲以爲御史大夫러니
有言其勇이 使酒難近者어늘 至하여 留邸一月에 見罷하니 季布
因進曰 臣이 無功하여 待罪河東이러니 陛下 無故召臣하시니 此

는 人必有以臣으로 欺陛下者요 今臣이 至에 無所受事하고 罷去
하니 此는 人必有毁臣者라 陛下 以一人之譽而召臣하시고 以一
人之毁而去臣하시니 臣은 恐天下 有以闚陛下之淺深也하노이다
上이 良久에 曰 河東은 吾股肱郡故로 特召君耳로라

　　㊉ 사주난근(使酒難近) 술에 취하면 가까이 하기가 어려움.　천심(淺深)
　　　마음의 얕고 깊음.　고굉(股肱) 팔과 다리같이 중요하다는 뜻.

○ 상이 가의를 공경(公卿)의 지위에 임명할 것을 의논하니,
대신들이 헐뜯는 자가 많아 아뢰기를 "낙양 사람이 나이 어
린 초학(初學)으로 마음대로 권력을 휘두르고자 하여 모든 일
을 어지럽힙니다." 하였다. 그래서 천자가 후에 소원하게 대
해 그 의논을 쓰지 않고 장사왕(長沙王)의 태부(太傅)를 삼았
었다. 후에 제가 가의를 생각하여 불러서 들어와 뵈니, 상이
바야흐로 수희(受釐)하느라 선실(宣室)에 앉았다가는 귀신의
일을 느껴 귀신의 근본에 대해 물었다. 가의가 그렇게 되는
까닭을 다 말하느라 밤중까지 이르렀는데, 제가 자리에 바싹
다가와 있었다. 이윽고 파하자 이르기를 "내가 오랫동안 가
생(賈生)을 보지 못한지라 스스로 그보다 낫다고 여겼더니,
이제 미치지 못하겠다." 하고는 양(梁)의 태부(太傅)를 제배
(除拜)하였다.

【원문】上이 議以賈誼로 任公卿之位러니 大臣이 多短之曰 洛陽之
人이 年少初學으로 專欲擅權하여 紛亂諸事라 한대 於是에 天子
後亦疏之하여 不用其議하고 以爲長沙王太傅러니 後에 帝 思誼하
여 召至入見할새 上이 方受釐坐宣室이라가 因感鬼神事而問鬼神
之本한대 誼 具道其所以然之故하여 至夜半이어늘 帝 前席이러니
旣罷에 曰 吾久不見賈生하고 自以爲過之러니 今不及也라 하고
乃拜爲梁太傅하다

　　㊉ 수희(受釐) 신(神)에게 복(福)을 받는 일.　선실(宣室) 한나라 궁궐인
　　　미앙궁(未央宮) 전전(前殿)의 정실(正室).　전석(前席) 점점 가까운 자

리로 다가가는 것.

○ 강후(絳侯) 주발이 나라에 나아가 매양 하동수위(河東守尉)가 현(縣)을 순행하다 강(絳)에 이르면, 주발이 스스로 죽임을 당할까 두려워하며 항상 갑옷을 입고 가인(家人)에게 병기(兵器)를 지니게 하고 만나보았다. 어떤 사람이 글을 올려 주발이 반란을 일으키고자 한다고 하므로, 정위(廷尉)에게 내려 주발을 체포하여 다스리게 하였다. 박태후(薄太后)가 이르기를 "강후가 처음 여러 여씨(呂氏)를 죽이고 황제(皇帝)의 옥새를 차고 북군(北軍)의 군사를 거느렸었는데, 그때 반역하지 않고 이제 작은 현(縣)에 있으면서 도리어 반역하고자 하겠는가?" 하니, 제가 사신을 보내 절(節)을 가지고 가 강후를 사면하고 작읍(爵邑)을 회복시켰다.

원문 絳侯周勃이 就國하여 每河東守尉 行縣至絳에 勃이 自畏恐誅하여 常被甲하고 令家人으로 持兵以見之러니 人이 有上書告하여 勃이 欲反이라 하거늘 下廷尉하여 逮捕勃治之한대 薄太后曰 絳侯 始誅諸呂하고 綰皇帝璽하여 將兵於北軍하니 不以此時反하고 今居一小縣하여 顧欲反邪아 帝 乃使使持節하여 赦絳侯復爵邑하다

　　㊒ 강(絳) 지명. 주발이 이곳에 봉해졌으므로 강후(絳侯)라 함. 지병(持兵) 무기를 지니는 것. 관(綰) 관(貫)과 통하며, 끈에 꿰어 찬다는 뜻. 절(節) 사자에게 주는 신표. 부절(符節). 작읍(爵邑) 고을을 봉해 주는 것.

5년(병인) 처음에 진(秦)나라에서 반냥전(半兩錢)을 사용하였는데, 고조(高祖)가 그것이 무거워서 쓰기가 어렵다 하여 협전(莢錢)을 다시 주조(鑄造)하게 하였다. 그래서 물가가 뛰어올라 쌀은 1석(石)에 1만 전(錢)까지 하였다. 여름 4월에, 다시 사수전(四銖錢)을 주조하게 하고는 도주전령(盜鑄錢令)을 없애 백성들에게 스스로 주조하게 하니, 가의가 간하기를

"법에 천하로 하여금 공(公)으로 고조(雇租)하여 동(銅)·석(錫)으로 돈을 주조하되, 감히 연(鉛)과 철(鐵)을 섞어 다른 기교를 부린 자는 그 죄가 경(黥)에 해당됩니다. 그러나 돈을 주조하는 뜻은 혼잡(混雜)시켜 속이지 않으면 이득을 보지 못하는데, 혼잡시키는 것은 매우 작지만 이득은 매우 큽니다. 대저 일은 화를 부르게 함이 있고, 법(法)은 부정함을 일으키게 함이 있습니다. 이제 세민(細民)들에게 사람마다 조폐(造幣)하는 권리를 갖게 하여 각각 숨어서 몰래 주조하게 하고는, 그 큰 이익과 작은 부정을 금하고자 하면 비록 경죄(黥罪)를 날로 주더라도 그런 형세가 그치지 않을 것입니다. 그러므로 거두는 것만 못합니다." 하였다.

가산(賈山) 역시 글을 올려 간하기를 "돈이란 쓸데없는 기(器)이나 부귀를 변역(變易)시킬 수가 있으므로, 부귀는 임금의 조병(操柄)입니다. 백성들에게 주조하게 하는 것은 바로 임금과 그 조병을 함께 갖는 것이니, 계속하게 해서는 안 됩니다." 하였으나, 상이 듣지 않았다.

원문 丙寅五年이라 初에 秦이 用半兩錢이러니 高祖嫌其重難用하여 更鑄莢錢하니 於是에 物價騰踊하여 米至石萬錢이어늘 夏四月에 更造四銖錢하고 除盜鑄錢令하여 使民得自鑄어늘 賈誼 諫曰 法에 使天下로 公得雇租하여 鑄銅錫爲錢하되 敢雜以鉛鐵하여 爲他巧者는 其罪黥이라 然이나 鑄錢之情이 非殽爲巧 則不可得贏이니 而殽之甚微나 爲利甚厚라 夫事有召禍而法有起姦이어늘 今令細民으로 人操造幣之勢하여 各隱屛 而鑄作하고 因欲禁其厚利微姦이면 雖黥罪 日報나 其勢不止라 故로 不如收之니이다 賈山이 亦上書諫하여 以爲錢者는 亡用之器也로되 而可以易富貴니 富貴者는 人主之操柄也라 今民이 爲之면 是는 與人主로 共操柄이니 不可長也니이다 上이 不聽하다

㈜ 반냥전(半兩錢) 진(秦)의 화폐. 무거운 것을 12수(銖), 가벼운 것은 8수인데 24수(銖)를 1냥으로 하였음. 협전(莢錢) 무게는 1수 반, 지름

은 5분(分)으로 '한흥(漢興)'이라 쓰였다. 5분전이라고도 함. 도주전령(盜鑄錢令) 돈을 몰래 주조하는 것을 금지하는 법령. 고조(雇租) 고용하는 값. 임금. 세민(細民) 영세한 백성. 은병(隱屛) 숨어서 몰래 하는 것. 조병(操柄) 주권을 잡는 것.

6년(정묘) 회남여왕(淮南厲王) 장(長)이 모반을 하자 폐하여 촉군(蜀郡)에서 살게 하였는데, 분해서 음식을 먹지 않고 죽었다.

원문 丁卯六年이라 淮南厲王長이 謀反이어늘 廢處蜀郡한대 憤恚不食死하다

○ 양(梁)의 태부(太傅) 가의가 상소(上疏)하였다.

"신(臣)은 그윽이 지금의 사세(事勢)를 보니 통곡할 만한 일이 한 가지요, 눈물을 흘릴 만한 일이 두 가지요, 장탄식할 만한 일이 여섯 가지이며, 기타 이치에 맞지 않고 도를 해치는 것은 하나하나 그 조목을 들기조차 어렵습니다. 진언하는 자들이 모두 말하기를 '천하가 이미 안정되어 다스려지고 있다.'고 하지만 신은 유독 그렇지 않다고 생각합니다.

대저 불을 안아다 쌓아둔 장작 아래 두고 그 위에 누워서 불이 아직 미치지 않은 것을 편안하다고 말하는데, 지금의 형세가 이것과 무엇이 다르겠습니까? 폐하께서는 어찌 한번 신으로 하여금 면전에서 자세히 말씀드리게 하시고, 치안(治安)의 방책을 진술하게 하시어 시험삼아 자세히 택(擇)하지 않으십니까?

대저 오랫동안 편안할 형세를 세우고, 오래 다스릴 계책을 이루어서 천하를 다행하게 하고, 군생을 길러 입경진기(立經陳紀)하여 경중이 함께 얻어진 후에야 만세(萬世)의 법칙이 지극히 밝아지는 것입니다. 폐하 같은 명달로써 조금 치체(治體)를 아는 자로 하여금 하풍(下風)을 보좌하게 하면 이를 이룩하는 것은 어렵지 않습니다."

원문 梁太傅賈誼 上疏曰 臣은 竊惟今之事勢하니 可爲痛哭者 一이요 可爲流涕者 二요 可爲長太息者 六이요 若其他背理而傷 道者는 難徧以疏擧로소이다 進言者 皆曰 天下已安已治矣라 하되 臣은 獨以爲未也라 하노이다 夫抱火厝之積薪之下 而寢其上하여 火未及然에 因謂之安이라 하니 方今之勢 何以異此리이까 陛下 何不壹令臣으로 得熟數之於前하시고 因陳治安之策하여 試詳擇 焉이니까 夫建久安之勢하고 成長治之策하여 以幸天下하고 以育 群生하여 立經陳紀하여 輕重이 同得後 可以爲萬世法程이 至明 也이니이다 以陛下之明達로 因使少知治體者로 得佐下風이며 致 此非難也이리다

㈜ 입경진기(立經陳紀) 세상 사람들이 함께 지켜야 할 상법(常法)을 새로 만드는 것. 법정(法程) 법칙(法則). 치체(治體) 다스리는 도리. 하풍(下風) 신하의 제왕에 대한 겸칭(謙稱).

"대저 수국(樹國)은 본디 반드시 서로 의심하는 행세여서 진실로 천자가 편안하고 제후가 온전한 제도가 아닙니다. 지금 혹 친동생이 모반하여 동제(東帝)가 되기도 하고 친형의 아들이 서쪽으로 향해 공격하고, 지금 오왕(吳王)을 또 고해 왔습니다. 천자께서 춘추가 한창이시어 행의(行義)에 잘못이 없고 덕택이 더해져도 오히려 이러한데, 하물며 제후들의 권력이 막대하여 그들보다 10배나 되는 자이겠습니까?

도우탄(屠牛坦)이 하루아침에 소 12마리를 잡는데도 칼날이 무디어지지 않는 것은, 그 치고 가르는 것이 모두 지절(支節)의 결을 따라 하기 때문이요, 관비(髖髀)가 있는 곳에 이르러서는 자귀가 아니면 도끼로 하기 때문입니다. 대저 인의와 은후(恩厚)는 임금의 칼날이요, 권세와 법제(法制)는 임금의 자귀와 도끼입니다. 이제 제후왕들은 모두 여러 관비인데 자귀와 도끼 쓰기를 버리고 칼날을 휘두르니, 신은 날이 빠지지 않으면 부러질 것으로 생각합니다.

천하를 편안하게 다스리려 한다면 여러 제후를 세워 그들

의 힘을 작게 하는 것만함이 없습니다. 힘이 작아지면 의(義)로써 부리기가 쉽고, 나라가 작으면 사심(邪心)이 없어져서 해내(海內)의 형세를 마치 몸이 팔을 부리고 팔이 손가락을 부리듯 하여 모두 제압해 따르게 되면, 제후왕들이 감히 다른 마음을 두지 못하고 폭주(輻湊)하여 아울러 나와 명(命)을 천자에게 돌릴 것입니다. 그렇게 되어 땅을 떼어주고 제도를 정해서 지제(地制)를 일정하게 하면 종실(宗室) 자손이 왕이 되지 못할까 염려하지 않을 것입니다."

원문 夫樹國은 固必相疑之勢요 甚非所以安上而全下也라 今或親弟 謀爲東帝하고 親兄之子 西鄕而擊하고 今吳 又見告矣라 天子 春秋鼎盛하사 行義未過하시고 德澤이 有加焉이라도 猶尙如此온 況莫大諸侯權力이 且十此者乎이까 屠牛坦이 一朝에 解十二牛 而芒刃이 不鈍者는 其排擊剝割이 皆衆理解也요 至於髖髀之所하여는 非斤則斧니 夫仁義恩厚는 人主之芒刃也요 權勢法制는 人主之斤斧也라 今諸侯王은 皆衆髖髀也어늘 釋斤斧之用 而欲嬰以芒刃하니 臣은 以爲不缺則折이라 하노이다 欲天下之治安인댄 莫若衆建諸侯而少其力이니 力少則易使以義요 國小則亡邪心이니 令海內之勢로 如身之使臂와 臂之使指하여 莫不制從이면 諸侯之君이 莫敢有異心하여 輻湊並進而歸命天子하리니 割地定制하여 地制一定이면 宗室子孫이 莫慮不王이라

주 수국(樹國) 나라를 세움. 건국(建國). 상의지세(相疑之勢) 서로 의심하는 형세. 제후가 강대해지면 천자와 서로 의심한다는 뜻. 동제(東帝) 효문제(孝文帝)의 친동생. 회남여왕(淮南厲王)이 반역해 동제라 하였음. 친형지자(親兄之子) 제(齊) 도혜왕(悼惠王)의 아들 흥거(興居). 그는 제 북왕(齊北王)이 반역한 것 때문에 형양(滎陽)을 취해 빼앗으려고 하였음. 오(吳) 한 고조의 아들로 이름은 비(濞). 이때 오왕이 조회를 하지 않고 한나라 법을 따르지 않는다고 고한 자가 있었음. 도우탄(屠牛坦) 공자(孔子) 때 사람으로 소를 잘 잡았는데, 탄은 그의 이름. 관비(髖髀) 엉덩이뼈. 폭주(輻湊) 몰려드는 것.

"아래에서 배반할 마음이 없고 위에서 주벌할 뜻이 없어

법이 정해져서 범하지 않고, 명령이 행하여져 거역하지 않으면 적자(赤子)를 천하의 위에 뉘어놓아도 편안하게 되고, 유복자(遺腹子)를 세우고 위구(委裘)에 조회하게 해도 천하가 어지러워지지 않을 것인데, 폐하께서는 누구를 꺼리어 오랫동안 이를 하지 않으십니까?

천하의 형세가 막 큰 종기를 앓아 정강이의 크기가 거의 허리만하고 손가락 하나의 크기가 거의 넓적다리만해서 평소에 굽혔다 폈다 할 수가 없는데, 지금 고치지 않으면 반드시 고질(痼疾)이 되어서 후에는 비록 편작(扁鵲)이 있더라도 다스릴 수가 없을 것이니, 통곡할 만한 것이 이것입니다.”

원문 下無背畔之心하고 上無誅伐之志하여 法立而不犯하고 令行而不逆하여 臥赤子天下之上而安하고 植遺腹朝委裘而天下不亂하리니 陛下 誰憚而久不爲此이니까 天下之勢 方病大瘇하여 一脛之大 幾如要하고 一指之大 幾如股하여 平居에 不可屈伸하니 失今不治면 必爲痼疾이라 後雖有扁鵲이라도 不能爲已니 可爲痛哭者 此也로소이다

㊟ 적자(赤子) 어린아이. 유복(遺腹) 유복자. 아버지가 죽은 후에 태어날 아들. 조위구(朝委裘) 선제(先帝)의 옷으로 조정에 걸어두고 조회하는 것.

“천하의 형세가 바야흐로 거꾸로 매달린 듯한데 천자는 천하의 머리입니다. 왜냐하면 위이기 때문입니다. 만이(蠻夷)란 것은 천하의 발입니다. 왜냐하면 아래이기 때문입니다. 지금 흉노가 제멋대로 모욕하고 침략하여 지극히 불경한데도 한(漢)나라가 해마다 금서채증(金絮采繒)을 주어 받드니, 발이 도리어 위에 있고 머리가 도리어 아래에 있어 거꾸로 매달린 것이 이러한데도 풀지 못하니, 이러고도 나라를 위하여 사람이 있다 하겠습니까? 눈물을 흘릴 만한 일이 이것입니다.”

신은 생각하건대 흉노의 무리가 한나라의 한 큰 현(縣)에 불과한데 천하의 큼으로 한의 현만한 무리에게 곤욕을 당하

니, 집사(執事) 된 사람으로서 매우 부끄럽게 생각합니다. 폐하께서는 어찌 신(臣)으로 하여금 속국의 관원을 삼아 흉노를 주관하게 하지 않으십니까? 신의 계책을 행하면 청컨대 반드시 선우(單于)의 목을 묶어서 그 명(命)을 제압하고, 중행열(中行說)을 항복시켜 그 등을 때리고, 흉노의 무리를 들어서 오직 상의 명령대로 하겠습니다.

지금은 사나운 적은 사냥하지 않고 전체(田彘)만을 사냥하고, 반역한 도적은 잡지 않고 기르는 토끼만을 잡으면서 작은 즐거움을 즐기며 큰 환난을 도모하지 않는 까닭에, 덕이 멀리 시행되고 위엄이 멀리 가해져야 하는데도 곧 수백 리 밖에 위령(威令)이 퍼지지 않고 있으니, 눈물을 흘릴 만한 것이 이것입니다."

원문 天下之勢 方倒縣하니 天子者는 天下之首니 何也오 上也라 蠻夷者는 天下之足이니 何也오 下也라 今에 匈奴 嫚侮侵掠하여 至不敬也어늘 而漢이 歲致金絮采繒以奉之하니 足反居上이요 首顧居下라 倒縣이 如此하되 莫之能解하니 猶爲國有人乎이까 可爲流涕者此也로소이다 臣은 竊料匈奴之衆이 不過漢一大縣이어늘 以天下之大로 困於一縣之衆하니 甚爲執事者羞之하노이다 陛下何不試以臣으로 爲屬國之官而主匈奴이니까 行臣之計인대 請必繫單于之頸 而制其命하고 伏中行說 而笞其背하고 擧匈奴之衆하여 唯上所令하리이다 今에 不獵猛敵 而獵田彘하고 不搏反寇而搏畜菟하여 翫細娛而不圖大患하여 德可遠施요 威可遠加로되 而直數百里外에 威令이 不伸하니 可爲流涕者 此也로소이다

주 도현(倒縣) 현(縣)은 현(懸). 거꾸러 매달리는 것. 만모(嫚侮) 가볍게 여겨 모욕하는 것. 금서채증(金絮采繒) 금과 솜과 비단. 집사자(執事者) 일을 주관하는 사람. 중행열(中行說) 한나라의 환관(宦官)으로 한에서 공주(公主)를 흉노 선우에게 시집보낼 때 함께 보냈는데, 흉노에게 붙어 한나라를 해쳤음.

"지금 서인(庶人)들의 집과 벽은 황제의 꾸밈을 하고 창우

(倡優)·하천(下賤)은 후(后)의 장식을 하고, 또 황제 자신은 스스로 조제(皁綈)를 입으나 부자들의 장옥(牆屋)은 수놓은 비단으로 덮이고, 천자의 황후는 옷깃을 둘렀을 뿐인데도 서인의 처첩(妻妾)은 그 신의 가장자리를 둘렀으니, 이는 이른바 신이 어긋났다고 하는 것입니다.

대저 100인이 만들어 한 사람을 입히지 못하면 천하에 추운 사람이 없게 하고자 하더라도 어찌 될 수 있겠으며, 한 사람이 농사를 지어 열 사람이 모여 먹으니 천하에 굶주리는 자가 없게 하고자 하나 어찌 되겠습니까? 굶주림과 추위가 백성들의 피부에 스며드니, 간사한 자가 없게 하고자 하나 그렇게 되지 않으니, 장탄식할 만한 일이 이것입니다.”

원문 今에 庶人屋壁은 得爲帝服하고 倡優下賤은 得爲后飾하고 且帝之身은 自衣皁綈어늘 而富民牆屋은 被紋繡하고 天子之后는 以緣其領이어늘 庶人孼妾은 以緣其履하니 此는 臣所謂舛也이니이다 夫百人이 作之에 不能衣一人하니 欲天下亡寒이나 胡可得也며 一人이 耕之에 十人이 聚而食之하니 欲天下亡飢나 不可得也라 飢寒이 切於民之飢膚하니 欲其亡爲姦邪나 不可得也니 可爲長太息者 此也로소이다

주 옥벽(屋壁) 집과 벽. 제복(帝服) 황제와 같이 꾸밈. 창우하천(倡優下賤) 배우들과 천한 사람. 조제(皁綈) 검고 투박한 비단. 이연기령(以緣其領) 옷깃 가장자리를 두르는 것.

“상군(商君)이 예의와 인은(仁恩)을 버리고 마음을 다하여 진취(進取)하니, 행한 지 2년 만에 진(秦)나라 풍속이 날로 패(敗)하였기 때문에 진나라 사람들은 집이 부유한데도 아들이 장성하면 분가(分家)해 나가고, 가난한 집은 아들이 장성하면 데릴사위로 보내며, 아비가 쟁기와 호미를 빌려도 덕(德)을 베푼다는 기색이 있고, 어미가 키와 빗자루를 가져가도 서서 중얼대며, 아이를 안고 젖을 먹이면서 시아버지와 마주앉고, 시어미와 며느리가 서로 좋아하지 않으며 입을 삐죽이며 따

지니, 그 아들을 사랑하고 이익을 좋아함이 거의 금수와 다름이 없습니다.

　지금도 그 남은 풍속이 오히려 고쳐지지 않아 예의와 염치를 버린 것이 날로 심해져서, 말하자면 달마다 다르고 해마다 같지 않습니다. 지금 도적이 침호(寢戶)의 발(簾)을 떼어가고, 두 묘(廟)의 그릇을 훔쳐갔으며, 대낮 큰 도시 가운데서 아전을 겁탈하여 금(金)을 빼앗으니, 이는 행의(行義)가 없음이 아주 심한 것인데도 대신은 다만 부서(簿書)를 제 기일에 보고하지 않은 것만을 큰 사고로 여기고, 풍속이 유실되고 세도(世道)가 파괴된 것에 이르러서는 편히 여기고 괴이하게 여길 줄을 몰라, 크게 마음을 쓰지 않고 마땅한 일로 여깁니다. 대저 풍속을 바꾸어 천하로 하여금 마음을 돌려 도로 향하게 하는 것은 모두 속리(俗吏)가 능히 할 바가 아닙니다. 속리가 힘써야 할 바는 문서를 다루고 보관하는 것에 있는데 대체(大體)를 모르니, 못내 폐하를 위해 애석하게 여깁니다."

원문 商君이 遺禮義 棄仁恩하고 幷心於進取하니 行之二歲에 秦俗이 日敗라 故로 秦人이 家富子壯則出分하고 家貧子壯則出贅하고 借父耰鉏에 慮有德色하고 母取箕箒에 立而誶語하고 抱哺其子에 與公倂倨하고 婦姑不相說 則反唇而相稽하니 其慈子者利가 不同禽獸者 亡幾矣라 今其遺風餘俗이 猶尙未改하여 棄禮義 捐廉恥日甚하니 可謂月異而歲不同矣라 今之盜者 剗寢戶之簾하고 搴兩廟之器하고 白晝大都之中에 剽吏而奪之金하니 此其無行義之尤至者也어늘 而大臣이 特以簿書不報期會之間으로 以爲大故라 하고 至於俗流失 世壞敗하여는 因恬而不知怪하여 慮不動於耳目하여 以爲是適然耳라 하니 夫移風易俗하여 使天下로 回心而鄕道는 類非俗吏之所能爲也라 俗吏之所務는 在於刀筆筐篋 而不知大體하니 竊爲陛下惜之하노이다

　㈜ 상군(商君) 진 효공(秦孝公)을 도와서 진을 부강하게 한 상앙(商鞅).
　췌(贅) 아들을 부잣집에 종으로 맡기고 돈을 받는 것. 또는 부잣집에

데릴사위로 주고 돈을 받는 것. **덕색**(德色) 은덕을 베푼다는 기색.
공(公) 여기서는 시아버지. **병거**(倂倨) 다리를 뻗고 대등한 자리에
앉는 것. **반순이상계**(反脣而相稽) 꾸중을 잠자코 듣지 않고 스스로
변명하고 대드는 것. **자자기리**(慈子其利) 아들을 사랑하고 그 이익
만을 좋아하는 것. 진나라 사람이 효(孝)의 뜻을 모르고 다만 자식을
사랑하는 것은 그 이익을 탐내서라는 뜻. **침호**(寢戶) 능침(陵寢). 실
(室)에 동서의 상(廂)이 없는 것을 침이라 함. **묘**(廟) 제왕의 종묘(宗
廟). **도필**(刀筆) 문서를 다루는 것. **광협**(筐篋) 문서를 보관하거나
재물을 관리하는 것.

"관자(筦子)가 말하기를 '예의염치(禮義廉恥)를 사유(四維)라
하니, 사유가 펼쳐지지 않으면 나라가 곧 멸망한다.'라고 하
였는데, 관자를 어리석은 사람이라고 한다면 그만이지만 관
자가 조금 치체(治體 : 정치의 큰 근본)를 안다고 하면 이 어찌
한심하지 않겠습니까?

지금 사유가 오히려 갖추어지지 않았는데, 어찌 지금 같은
때 경제(經制)를 정해 임금은 임금답고 신하는 신하답게 하여
상하의 차별이 있고, 부자와 6친(六親)이 각기 마땅함을 얻겠
습니까? 이 일이 한번 정해지면 세세토록 항상 편안하여 후
세에 지순(持循)할 바가 있거니와, 만약 경제가 정해지지 않
으면 이는 강하(江河)를 건너는 데 닻과 노가 없는 것과 같아
중류에서 풍파를 만나면 배가 전복될 것이니, 가위 장탄식할
것이 이것입니다.

하(夏)·은(殷)·주(周)나라는 천자 노릇을 모두 수십세(數十
世) 하고 진(秦)나라는 천자 노릇을 2세 동안 하고는 망하였
습니다. 사람의 성품은 그리 심히 다르지 않은 것인데 어찌
하여 3대(代)의 임금은 도(道)가 있어서 길고, 진나라는 도가
없어서 짧았는가 그 까닭을 알 수가 있습니다."

원문 筦子曰 禮義廉恥는 是謂四維니 四維不張이면 國乃滅亡이
라 하니 使筦子로 愚人也則可커니와 筦子而小知治體 則是豈可
不爲寒心哉이까 今四維猶未備也라 豈如今에 定經制하여 令君君

臣臣하여 上下有差하고 父子六親이 各得其宜리이까 此業 壹定이
면 世世常安 而後有所持循矣어니와 若夫經制不定이면 是는 猶
渡江河亡維楫하여 中流而遇風波면 船必覆矣리니 可謂長太息者
此也로소이다 夏殷周는 爲天子는 皆數十世하고 秦은 爲天子에
二世而亡하니 人性이 不甚相遠也로되 何三代之君은 有道之長이
요 而秦無道之暴也오 其故를 可知也라

> 관자(筦子) 춘추시대 제(齊)나라 사람인 관중(管仲). 관(筦)은 관(管)
과 같은 자. 저서에 《관자(管子)》가 있음. 사유(四維) 나라를 다스리
는 네 가지 기본 강령. 관자는 이 사유, 즉 예·의·염·치 가운데 하나
가 없으면 나라가 기울고, 두 가지가 없으면 위태롭고, 세 가지가 없
으면 넘어지고, 네 가지가 다 없으면 망한다고 하였음. 경제(經制)
일정한 제도. 육친(六親) 부자(父子)·형제(兄弟)·부부(夫婦). 지순(持
循) 지니어 따르는 것.

"옛날의 왕자(王者)는 태자(太子)가 처음 출생하면 진실로
예를 갖추어서 유사(有司)가 재숙(齊肅)·단면(端冕)하여 남교
(南郊)를 뵙고, 대궐을 지나면 내리고, 묘(廟)를 지날 때면 고
개를 숙이고 빨리 지났습니다. 그랬기 때문에 어린아이 때부
터 가르침이 늘 행해졌던 것입니다.

어린아이가 분별력이 생기면 삼공(三公)·삼소(三少)가 늘
효·인·예·의에 밝아 도로써 익히고 간사한 사람을 물리쳐 악
한 행동을 보지 못하게 하였습니다. 그리고는 모두 천하의
단정한 선비와 효제(孝悌)하고 박문(博聞)하고 도술(道術)이
있는 자를 가리어서, 그들로 하여금 보호하고 보익(輔翼)하게
해 태자와 함께 거처하고 출입하게 했습니다. 그렇기 때문에
태자가 처음 출생하여 바른 일만 보고 바른 말만 들으며 바
른 도리만 행하였으니, 좌우와 전후가 모두 바른 사람이었기
때문입니다.

대저 3대(代)가 오래간 것은 태자를 보익하는 데 이런 제도
가 갖추어져 있었기 때문인데, 진나라에 이르러서는 그렇지
않았습니다. 조고(趙高)를 호해(胡亥)의 사부로 삼아서 옥(獄)

만을 가르쳐 익힌 바가 사람을 참비(斬劓)하는 것이 아니면 삼족(三族)을 죽이는 것이었습니다. 그랬기 때문에 호해가 오늘 즉위하자 내일 사람을 쏘았고, 충간(忠諫)하는 자를 비방한다고 하였으며, 깊이 계려(計慮)하는 자를 요사스런 말을 한다고 해 사람 죽이는 것을 마치 풀을 베듯이 하였는데, 이것이 어찌 오직 호해의 성품이 악해서 그렇겠습니까? 저 이끌어 준 것들이 이(理)가 아니었기 때문입니다."

원문 古之王者는 太子 乃生에 固擧以禮하여 有司 齊肅端冕하여 見之南郊하고 過闕則下하고 過廟則趨라 故로 自爲赤子로 而敎固已行矣요 孩提 有識이어든 三公三少 固明孝仁禮義하여 以道習之하고 逐去邪人하여 不使見惡行이라 於是에 皆選天下之端士 孝悌博聞 有道術者하여 以衞翼之하여 使與太子로 居處出入故로 太子乃生에 而見正事하며 聞正言하며 行正道하니 左右前後 皆正人也라 夫三代之所以長久者는 以其輔翼太子하여 有此具也러니 及秦則不然하여 使趙高로 傅胡亥而敎之獄하여 所習者 非斬劓人 則夷人之三族也라 故로 胡亥 今日卽位에 而明日射人하여 忠諫者를 謂之誹謗이라 하고 深計者를 謂之妖言이라 하여 其視殺人을 若艾草菅然하니 豈惟胡亥之性이 惡哉이까 彼其所以道之者 非其理故也이니이다

주 내생(乃生) 처음 출생하는 것. 거이례(擧以禮) 옛날에는 태자가 출생하면 희생(犧牲)을 갖추어 예를 올렸음. 제숙(齊肅) 마음과 몸을 깨끗이하고 엄숙히 하는 것. 단면(端冕) 검은 옷과 검은 관(冠). 남교(南郊) 남쪽 교외(郊外)인데, 이곳에 옛날 천자가 하늘에 제사를 지내던 원구단(圓丘壇)이 있었음. 삼공삼소(三公三少) 태사(太師)·태부(太傅)·태보(太保)를 삼공이라 하고, 소사(少師)·소부(少傅)·소보(少保)를 삼소라 함. 효제(孝悌) 자식의 도리를 다하는 것을 효, 아우의 도리를 다하는 것을 제라 함. 비(劓) 코를 베는 형벌. 호해(胡亥) 진시황의 아들 진 이세(秦二世).

"대저 사람의 지혜는 이미 일어난 일은 볼 수 있으나 장차 일어날 일은 볼 수가 없습니다. 대저 예란 것은 장차 일어나

기 전에 금하는 것이요, 법이란 이미 일어난 후에 금하는 것입니다. 그렇기 때문에 법의 쓰임은 쉽게 볼 수 있으나 예의 쓰임은 알기가 어려운 것입니다.

상(賞)으로써 선(善)을 권하고 형벌로써 악을 징계함은, 선왕(先王)이 이런 정사(政事)를 지키기를 금석(金石)처럼 굳게 하고, 이런 법령 행하기를 사시(四時)처럼 미덥게 하고, 이런 공(公)에 의거하기를 천지에 사(私)가 없는 것처럼 하였으니, 어찌 도리어 쓰지 않겠습니까? 그러나 '예(禮)여, 예여' 하는 것은 악이 싹트기 전에 끊고, 아주 보잘것없을 때 가르쳐 백성들로 하여금 날로 선(善)에 나아가고 허물을 멀리하면서도 스스로 모르게 하는 것을 귀히 여기는 것입니다.

공자(孔子)가 말하기를 '소송을 처리하는 것은 나도 남만은 하지만 반드시 소송이 없게 해야 한다.'라고 하셨습니다. 임금을 위하여 계책을 세우는 자는 먼저 취하고 버리는 것을 살피는 것만함이 없는데, 취하고 버리는 기준이 안에서 정해지면 안위(安危)의 조짐이 밖에서 응하게 되는 것입니다.

진왕(秦王)이 종묘(宗廟)를 높이고 자손을 편안하게 하고자 하는 것이 탕(湯)임금이나 무왕(武王)과 같았지만, 그러나 탕임금과 무왕은 그 덕을 넓혀서 6, 700년을 행하도록 잃지 않았고 진왕은 10여 년 동안 천하를 다스리다 크게 패망하였으니, 이는 다른 까닭이 있는 것이 아닙니다. 탕임금과 무왕은 취하고 버리는 것이 자세했으나, 진왕의 취하고 버리는 것은 자세하지 못했기 때문입니다."

원문 凡人之智는 能見已然이요 不能見將然이라 夫禮者는 禁於將然之前하고 而法者는 禁於已然之後하나니 是故로 法之所爲用은 易見而禮之所爲生은 難知也이니이다 若夫慶賞以勸善하며 刑罰以懲惡은 先王이 執此之政을 堅如金石하고 行此之令을 信如四時하고 據此之公을 無私如天地하니 豈顧不用哉이까 然而曰禮云禮云者는 貴絶惡於未萌 而起敎於微眇하여 使民으로 日遷

善遠辠 而不自知也니이다 孔子曰 聽訟이 吾猶人也나 必也使無
訟乎인저 하시니 爲人主計者 莫如先審取舍니 取舍之極이 定於
內 而安危之萌이 應於外矣니이다 秦王之欲尊宗廟 而安子孫이
與湯武로 同이나 然而湯武는 廣大其德하사 行六七百歲而弗失하
시고 秦王은 治天下十餘歲에 則大敗하니 此는 亡他故矣라 湯武
之定取舍는 審하고 而秦王之定取舍는 不審矣니이다

㊀ 이연(已然) 이미 일어난 일. 장연(將然) 장차 일어나려고 하는 일.
　금석(金石) 굳고 단단한 것. 진왕(秦王) 진시황. 탕무(湯武) 은(殷)나
　라 탕임금과 주(周)나라의 무왕(武王).

　"대저 천하는 큰 그릇입니다. 이제 사람이 그릇을 두는 데
있어 편안한 곳에 두면 편안하게 되고 위태로운 곳에 두면
위태롭게 되니, 천하의 마음이 그릇과 다름이 없어 천자가
두기에 달려 있는 것입니다.

　탕임금과 무왕은 천하를 인의와 예악에 두어 자손이 수십
세(世)를 이었으니, 이는 천하가 다 함께 들은 바요, 진왕은
천하를 법령과 형벌에 두어 화가 거의 그 자신에게 미치고
자손이 주륙되어 끊어졌으니, 이는 천하가 다 함께 본 바입
니다. 그러니 이것이 분명하고 큰 효험이 아니겠습니까?

　사람의 말에 이르기를 '말을 듣는 도리는 반드시 그 일로
써 보면 말하는 자가 감히 망령된 말을 하지 못한다.'고 하였
습니다. 지금 혹 예의가 법령보다 못하며 교화(敎化)가 형벌
만 못하다고 하면 임금께서 어찌 은(殷)나라, 주(周)나라와 진
(秦)나라의 일을 이끌어 보지 않으십니까.

　임금의 존엄은 당(堂)에 비유되고, 여러 신하는 계단에 해
당되고, 여러 서민은 땅에 해당됩니다. 그렇기 때문에 9급(級)
의 계단 위에는 등급이 땅에서 멀어 당(堂)이 높고, 계단에
급이 없어 등급이 땅에 가까워 당이 낮습니다. 높은 것은 오
르기가 어렵고 낮은 것은 넘기가 쉬운 것이니, 이치와 형세
가 그런 것입니다. 그러므로 옛날에 성왕(聖王)이 신분 등급

272

의 차례를 제정하여 안에는 공(公)·경(卿)·대부(大夫)·사(士)
가 있고, 밖에는 공(公)·후(侯)·백(伯)·자(子)·남(男)이 있은
연후에 관사(官師)와 소리(小吏)가 있고, 서인(庶人)에게 미쳐
서 등급이 분명하고 천자는 더하므로, 그 존귀함에 미치지
못했던 것입니다."

원문 夫天下는 大器也라 今人之置器에 置諸安處則安하고 置諸
危處則危하나니 天下之情이 與器로 無以異하여 在天子之所置之
니이다 湯武는 置天下於仁義禮樂하여 累子孫數十世하니 此는 天
下之所共聞也요 秦王은 置天下於法令刑罰하여 禍幾及身하고 子
孫이 誅絶하니 此는 天下之所共見也라 是非其明效大驗邪이까
人之言에 曰 聽言之道는 必以其事로 觀之則 言者莫敢妄言이라
하니 今或言禮義之不如法令하며 敎化之不如刑罰이어든 人主 胡
不引殷周秦事以觀之也이까 人主之尊은 譬如堂하고 羣臣은 如陛
하고 衆庶는 如地라 故로 陛九級上에 廉遠地則堂高하고 陛無級
하여 廉近地則堂卑하니 高者는 難攀하고 卑者는 易陵이니 理勢
然也라 故로 古者에 聖王이 制爲等列하여 內有公卿大夫士하고
外有公侯伯子男 然後에 有官師小吏하고 延及庶人하여 等級이
分明而天子 加焉이라 故로 其尊을 不可及也니이다

주 염(廉) 등급, 또는 모퉁이. 등렬(等列) 신분 등급의 차례. 상하 귀천
의 구별. 관사(官師) 한 관청의 장(長).

"속담에 이르기를 '쥐를 때려잡고자 해도 그릇을 깰까 꺼
린다.'라고 하였는데, 이는 좋은 비유입니다. 쥐가 그릇 가까
이 있어도 오히려 던지지 않는 것은 그 그릇을 깰까 염려해
서인데, 하물며 임금 가까이에 있는 귀한 신하들이겠습니까.
염치와 예절로써 군자를 다스리기 때문에 사사(賜死)는 있어
도 주륙(誅戮)하고 욕보이는 것은 없습니다. 그러므로 경비(黥
劓)의 죄가 대부에게 미치지 않는 것은 주상(主上)과 거리가
멀지 않기 때문입니다.

신은 듣건대 '신발이 비록 새것이라 하더라도 베개 위에 놓지 못하고, 갓이 비록 낡아도 신발에 깔지 않는다.'라고 하였습니다. 대저 일찍이 이미 귀총(貴寵)의 지위에 있으면서 천자께서 얼굴을 고치고 예의를 갖추어 대하였으며, 관리와 백성들이 일찍이 엎드려 경외하던 사람이니, 지금 잘못이 있거든 제께서 그만두게 하면 되고, 물러가게 하면 되고, 사사(賜死)하면 되고, 멸(滅)하면 됩니다. 그러니 그처럼 묶고 긴 포승으로 엮어 끌어다가 사구(司寇)에게 보내고, 도관(徒官)에 편배(編配)하여 사구와 아전들이 욕설을 퍼붓고 매를 때리게 하는 것은 일반인에게 보여서는 안 될 바입니다.

대저 비천한 자가 익히 존귀한 자 알기를 하루아침에 '나도 또한 그에게 그렇게 할 수 있다.'라고 할 것이니, 존귀한 사람을 존귀하게 대하는 교화(教化)가 아닙니다."

원문 里諺에 曰 欲投鼠而忌器라 하니 此는 善諭也라 鼠近於器라도 尙憚不投는 恐傷其器어든 況於貴臣之近主乎이까 廉恥節禮로 以治君子故로 有賜死而亡戮辱하니 是以로 黥劓之辠 不及大夫는 以其離主上不遠也이니이다 臣은 聞之하니 履雖鮮이나 不加於枕하고 冠雖敝나 不以苴履라 하니 夫嘗已在貴寵之位하여 天子改容而體貌之矣요 吏民이 嘗俯伏以敬畏之矣니 今而有過어든 帝令廢之可也며 退之可也며 賜之死可也며 滅之可也어늘 若夫束縛之하며 係緤之하여 輸之司寇하며 編之徒官하여 司寇小吏 罵詈而榜笞之하니 殆非所以令衆庶見也이니이다 夫卑賤者 習知尊貴者之一朝에 吾亦乃可以加此也라 하나니 非所以尊尊貴貴之化也이니이다

주 사사(賜死) 사약을 내려 죽게 하는 것. 대신이 죄가 있으면 형리(刑吏)에게 처형하게 하지 않고 사사하는 것은 대신을 높이는 도리에서임. 체모(體貌) 예의를 갖추고 대함. 체면. 사구(司寇) 6경(六卿)의 하나로 형벌과 경찰을 맡아보던 관직명. 도관(徒官) 고된 노동을 시키는 형벌의 하나로 관부(官府)에서 복역하게 하는 형. 방태(榜笞) 방은 매. 죄인을 매질하여 문초하는 것.

　"옛날에는 대신이 청렴하지 못하여 그만두게 하는 자를 '청렴하지 못하다.'라고 하지 않고 '보궤(簠簋)를 꾸미지 못하였다.'라고 했으며, 오예(汚穢)하고 음란하여 남녀 구별이 없는 자를 '오예하다.' 하지 않고 '유박(帷薄)을 수리하지 않았다.'라고 하였으며, 무능하여 임무를 감당하지 못한 자를 '무능하다.' 하지 않고 '아랫사람들이 직무를 잘하지 못했다.'라고 하였습니다. 그래서 귀한 대신이 참으로 그 허물이 있더라도 오히려 꾸짖어 곧바로 부르지 않았습니다.

　상(上)이 염치와 예의를 베풀어 그 신하를 대우하는데도 신하가 절행(節行)으로써 그 임금에게 보답하지 않는다면 이는 사람이 아닙니다. 그러므로 교화가 이루어지고 풍속이 정해지면 신하된 사람들이 모두 행실을 생각하고 이익을 잊으며 절의(節義)를 지키기 때문에 제어(制御)하지 않아도 될 권한을 줄 수 있으며, 어린 사군(嗣君)을 부탁할 수 있으니, 이는 염치를 차리고 예을 행한 소치입니다. 이렇게 하지 않고 도리어 저처럼 오래 하였기 때문에 가위 장탄식(長嘆息)할 만하다고 한 것이 이것입니다."

원문 古者에 大臣이 有坐不廉而廢者를 不曰不廉이라 하고 曰簠簋不飾이라 하며 坐汚穢淫亂하여 男女無別者를 不曰汚穢라 하고 曰帷薄不修라 하며 坐罷輭不勝任者를 不曰罷軟이라 하고 曰下官不職이라 하니 故로 貴大臣이 定有其辜矣라도 猶未斥然 正以呼之也이니이다 上設廉恥禮義하여 以遇其臣而臣不以節行으로 報其上者는 則非人類也라 故로 化成俗定 則爲人臣者 皆顧行而忘利하고 守節而仗義故로 可以託不御之權하며 可以寄六尺之孤이니 此는 厲廉恥行禮義之所致也어늘 此之不爲 而顧彼之久行하니 故로 曰 可爲長太息者 此也로소이다

　　주 보궤(簠簋) 제사지낼 때 쓰는 그릇. 예기(禮器). 오예(汚穢) 행실이 더러운 것. 유박(帷薄) 유(帷)는 장막, 박(薄)은 죽렴(竹簾)으로 내외(內外)를 막는 것.

가의(賈誼)가, 강후(絳侯 : 周勃)가 전에 감옥에 갇혔으나 끝
내 사실(事實)이 없었기 때문에 이로써 상을 나무란 것이다.
상이 깊이 그 말을 받아들여 신하를 다스리는 데 절도(節度)
가 있어, 이후에는 대신에게 죄가 있으면 모두 자살하고 형
을 받지 않았다.

원문 誼 以絳侯 前逮繫獄에 卒無事實故로 以此譏上이러니 上이
深納其言하여 養臣下有節하니 是後에 大臣이 有罪면 皆自殺하고
不受刑하더라

주 계옥(繫獄) 옥에 갇히는 것. 유절(有節) 절도가 있다. 여기서는 함부
로 형을 가하지 않았다는 뜻.

10년(신미) 장군(將軍) 박소(薄昭)가 한(漢)의 사자(使者)를
죽였는데, 제(帝)가 차마 죽이지 못하고 공경(公卿)으로 하여
금 술을 마시고 스스로 자결하게 하고자 하였다. 그러나 박
소가 즐겨 따르지 않아 여러 신하들로 하여금 상복을 하고
가서 곡(哭)을 하게 하자 자살하였다.

원문 辛未十年이라 將軍薄昭 殺漢使者어늘 帝 不忍加誅하고 使
公卿으로 從之飮酒하여 欲令自引分하니 昭 不肯이어늘 使群臣으
로 喪服往哭之한대 乃自殺하다

주 인분(引分) 칼을 이끈다는 말로, 자결을 뜻함.

온공은 논평한다.
"이덕유(李德裕)가 말하기를 '한 문제(漢文帝)가 박소를 죽
인 결단은 명쾌하나 의(義)에 있어서는 미안하다. 진(秦)나라
강공(康公)은 진(晉)의 문공(文公)을 보내면서 여존지감(如存之
感)이 일어났다고 한다. 더군다나 태후(太后)가 아직 살아 있
었는데 오직 하나뿐인 동생 박소를 의심없이 처단하였으니,
어머니의 마음을 위로하는 것이 아니다.'라고 하였다. 어리석
은 신(臣)의 생각에는 법이란 천하의 공기(公器)인지라, 법을

잘 지키는 자는 친소(親疎)를 한결같이 하여 행해지지 않는 곳이 없어서, 사람들이 감히 믿는 데가 있어 범할 수가 없는 것이다. 대저 박소가 비록 장자(長子)라는 일컬음이 있었으나 문제(文帝)가 현사부(賢師傅)를 삼지 않고 군사 일을 맡는 데 임용하였는데 교만하여 상을 범하였고, 심지어 한(漢) 사자를 죽이기에 이른 것은 믿는 바가 있어서가 아니겠는가? 만약 또 따라서 용서했다면 성제(成帝)·애제(哀帝) 세상과 무엇이 다르겠는가.

위 문제(魏文帝)가 일찍이 한 문제(漢文帝)의 아름다움을 일컬었는데, 박소를 죽인 것은 취하지 않고서 말하기를 '구후(舅后)의 집은 다만 은혜로 양육할 뿐이지 권세를 빌려주는 것은 부당하다. 이것은 이미 죄를 범했으면 부득이 해치지 않을 수 없기 때문이다.'라고 하여, 한 문제가 처음에 박소를 미연에 방지하지 못한 것을 나무랐으니, 이 말이 맞다. 그러니 어머니의 마음을 위로하려 했다면 처음부터 신중했어야 하지 않겠는가."

원문 溫公曰 李德裕 以爲漢文帝가 誅薄昭하니 斷則明矣나 於義則未安也라 秦康送晉文에 興如存之感이라 하니 況太后尙存에 唯一弟薄昭를 斷之不疑는 非所以慰母氏之心也라 臣愚는 以爲法者는 天下之公器라 惟善持法者는 親疎如一하여 無所不行하여 則人莫敢有所恃 而犯之也라 夫昭雖素稱長者나 文帝不爲置賢師傅 而用之典兵하여 驕而犯上하고 至於殺漢使者하니 非有恃而然乎아 若又從而赦之 則與成哀之世로 何異哉아 魏文帝 嘗稱漢文帝之美 而不取其殺昭曰 舅后之家는 但當養有以恩이요 而不當假借以權하니 旣觸罪法이면 又不得不害라 하여 譏文帝之始不防閑昭也하니 斯言得之矣라 然則欲慰母心者인댄 將愼之於始乎인저

　　㉻ 이덕유(李德裕) 당 무종(唐武宗) 때의 재상으로, 자(字)는 문요(文饒).
　　진강(秦康) 진(秦)나라 강공(康公)을 말한다. 《시경(詩經)》 진풍(秦風)

위양(渭陽)에 그의 시가 있는데, 그 서(序)에 보면 이렇다. 진 강공의 어머니는 진 헌공(晉獻公)의 딸인데, 진 헌공이 여희(驪姬)에게 빠져 여러 공자(公子)들이 해를 입었다. 이때 중이(重耳)라는 공자가 여희의 난을 피해 진(秦)나라로 피신하였는데, 난이 끝나자 진 강공은 외삼촌인 중이를 진(晉)으로 들여보내면서 이미 죽고 없는 어머니를 생각하며 이 시를 지었다고 하는데, 중이가 후에 진 문공(晉文公)이 됨. **여존지감(如存之感)** 마치 생존해 있는 것처럼 느끼는 것. **성애(成哀)** 한 성제(漢成帝)와 한 애제(漢哀帝). **구후(舅后)** 구(舅)는 외삼촌. 모후(母后)의 형제를 뜻함. **방한(防閑)** 미연에 방지하는 것.

제 8 권   한기 (漢紀)

태종 효문황제(太宗孝文皇帝) 하

11년(임신) 흉노가 자주 변경의 걱정거리가 되거늘 조조(鼂錯)가 군사에 대한 일을 상언(上言)하였다. "신은 들으니, 군사를 내어 전쟁에 임하여 교전을 함에 있어 급한 것이 셋이라 하였는데, 첫째는 지형(地形)을 얻는 일이요, 둘째는 군졸들이 순종하고 훈련에 익숙한 것이요, 셋째는 무기가 예리하여야 한다고 하였습니다. 그러므로 병법(兵法)에 기계(器械)가 예리하지 못하면 그 군졸을 적에게 주는 것이며, 군졸이 쓸모가 없으면 그 장수를 적에게 주는 것이며, 장수가 병법을 모르면 그 임금을 적에게 주는 것이며, 임금이 장수를 가리지 않으면 그 나라를 적에게 주는 것이라고 하였으니, 이 네 가지는 전쟁에 있어 지극히 중요한 것입니다."

원문 壬申十一年이라 匈奴 數爲邊患이어늘 鼂錯 上言兵事曰 臣은 聞用兵臨戰에 合刃之急이 有三이니 一曰 得地形이요 二曰 卒服習이요 三曰 器用利라 故로 兵法에 器械不利면 以其卒로 予敵也요 卒不可用이면 以其將으로 予敵也요 將不知兵이면 以其主로 予敵也요 君不擇將이면 以其國으로 予敵也라 하니 四者는 兵之至要也라

㊟ **삭위변환**(數爲邊患) 자주 변방의 근심거리가 되다. 삭은 '자주'의 뜻. **합인**(合刃) 교전(交戰). **복습**(服習) 순종해 복종하고 충분히 연습함. **기계**(器械) 무기. **여**(予) 여(予)는 여(與)와 같음. 주다의 뜻. **지요**(至要) 지극한 요점.

"신은 또 들으니, 만이(蠻夷)로써 만이를 공격하는 것은 중국의 형세라고 합니다. 지금 흉노의 지형과 기예(技藝)가 중국과 달라서, 험한 산비탈을 오르내리며 시내가 흐르는 골짜기를 드나드는 것은 중국의 말[馬]이 그와 같지 못하고, 험하고 비탈진 길을 달리며 쏘는 것은 중국의 기마가 그만 못하며, 비바람에 지치고 기갈(飢渴)에도 괴로워하지 않는 것은 중국인이 그만 못하니, 이는 흉노의 장기(長技)입니다.

만약 평원과 평탄한 땅에서 경거(輕車)와 돌기(突騎)로 치면 흉노의 무리를 쉽게 교란시킬 수 있으며, 경노(勁弩)와 장극(長戟)으로 넓고 멀리 쏘면 흉노의 활이 항거하지 못할 것이며, 굳세고 날카로운 무기로 장단을 서로 섞고 유노(遊弩)가 왕래하여 십오(什伍)가 모두 전진하면 흉노의 군사가 당하지 못할 것이며, 재관(材官)이 빨리 쏘아 한 군데를 맞히면 흉노의 혁사(革笥)와 목천(木薦)이 지탱하지 못하며, 말에서 내려 땅에서 싸우게 되어 검극(劍戟)이 서로 맞붙고 밀고 밀리는 것이 급박하면 흉노의 족력(足力)이 미치지 못할 것이니, 이는 중국의 장기입니다."

원문 臣은 又聞以蠻夷로 攻蠻夷는 中國地形也라 하니 今에 匈奴 地形技藝 與中國으로 異하니 上下山阪하며 出入溪澗은 中國之馬 弗與也요 險道傾仄에 且馳且射는 中國之騎 弗與也요 風雨罷勞하고 飢渴不困은 中國之人이 弗與也니 此는 匈奴之長技也라 若夫平原易地에 輕車突騎 則匈奴之衆이 易撓亂也요 勁弩長戟으로 射疏及遠 則匈奴之弓이 弗能格也요 堅甲利刃으로 長短相雜하며 遊弩往來하여 什伍俱前 則匈奴之兵이 弗能當也요 材官騶發에 矢道同的 則匈奴之革笥木薦이 弗能支也요 下馬地鬪에 劍戟이 相接하고 去就相薄 則匈奴之足이 弗能給也니 此는 中國之長技也라

주 평원이지(平原易地) 평탄한 언덕과 평이한 땅. 경거(輕車) 빨리 달릴 수 있는 수레. 돌기(突騎) 날쌔게 돌격하는 기병. 요란(撓亂) 교

란. 경노(勁弩) 굳센 활, 쇠뇌. 장극(長戟) 긴 창. 사소급원(射疏及遠) 널리 쏘고 멀리 찌를 수 있는 것. 격(格) 항거하는 것. 십오(什伍) 5명을 오, 2오를 십이라 한다. ·옛날 군제(軍制)의 최소 단위. 재관(材官) 말을 달리며 활을 쏘는 군관. 추발(騶發) 재빨리 쏘는 것. 시도동적(矢道同的) 활솜씨가 좋아 한 표적을 맞히는 것. 혁사목천(革笥木薦) 혁사는 가죽으로 만든 갑옷인데 그걸로 몸을 감쌌다. 목천은 나무로 만든 방패. 불능급(不能給) 서로 미칠 수 없는 것.

"이로써 보건대 흉노의 장기는 셋이요 중국의 장기는 다섯인데, 제왕(帝王)의 도는 만전(萬全)에서 나와야 합니다. 지금 항호(降胡)가 의거(義渠)에 와 귀의한 자가 수천 명이어서 장기가 흉노와 더불어 같게 되었으니, 굳세고 날카로운 병기를 내려줄 만하고, 변군(邊郡)의 좋은 기마(騎馬)를 더하여 평지의 네거리에서 날쌘 수레와 재관(材官)으로 제압하여 양군(兩軍)이 서로 안팎이 되면 이는 만전의 술책입니다." 이에 황제가 가상히 여겨 후한 대답의 글을 내렸다.

원문 以此觀之컨대 匈奴之長技는 三이요 中國之長技는 五니 帝王之道出於萬全하나이다 今에 降胡義渠에 來歸義者 數千이라 長技 與匈奴同하니 可賜之堅甲利兵하고 益以邊郡之良騎하여 平地通道어든 則以輕車材官으로 制之하여 兩軍이 相爲表裏면 此는 萬全之術이니이다 帝嘉之하여 賜書寵答焉하다

주 항호(降胡) 항복한 호인(胡人). 의거(義渠) 지명. 통도(通道) 네 곳이 통한 길. 총답(寵答) 후한 보답.

조조가 또 상언하여 말하기를 "호맥(胡貉)의 사람은 그 성질이 추위을 잘 견디고, 양월(揚粵)의 사람은 그 성질이 더위를 잘 견디는데, 진(秦)의 수졸(戍卒)은 그 수토(水土)를 견디지 못하여 수자리 사는 자들이 변경에서 죽고 수송하는 자들은 길에서 죽어, 진나라 사람들이 싸움터에 가는 것 보기를 마치 기시(棄市)당하러 가는 것과 같이 여겼습니다.
진승(陳勝)이 먼저 창의(倡義)하여 천하가 거기에 따른 것은

진나라가 위겁(威劫)으로써 행한 폐단 때문이었습니다. 항상 거주하는 자를 뽑아서 집을 짓고 농기구를 장만해 백성을 모집하되, 죄를 면제해 주고 벼슬을 주어 그 집의 부역과 세금을 면제하고 겨울·여름철의 옷과 양식을 주어서, 호인(胡人)이 쳐들어오거든 저지하여 내쫓은 자에게 그 반을 주는 것만 못합니다. 이렇게 하면 고을들이 서로 구조(救助)하여 호를 막는 데 달려가 죽음을 피하지 않을 것이니, 이는 상(上)께 덕(德)을 보이려는 것이 아니라 친척을 보전하고 그 재물을 이롭게 여겨서입니다. 이는 동방의 수자리 사는 병졸이 지세에 익숙하지 못하여 속으로 호를 두려워하는 것과는 공(功)이 서로 만 배나 차이가 납니다." 하니, 상이 그 말에 따라 백성을 모아 새하(塞下)로 옮겼다.

[원문] 錯 又上言曰 胡貉之人은 其性이 耐寒하고 揚粤之人은 其性이 耐暑하되 秦之戍卒은 不耐其水土하여 戍者 死於邊하고 輸者 償於道하여 秦民이 見行을 如往棄市라 陳勝이 先倡에 天下從之者는 秦이 以威劫而行之之敝也라 不如選常居者하여 爲室屋具田器하고 乃募民하되 免罪拜爵하여 復其家하고 予冬夏衣廩하여 胡人이 入驅어든 而能止所驅者는 以其半으로 予之니 如是則 邑里相救助하여 赴胡不避死하리니 非以德上也요 欲全親戚而利其財也니 此는 與東方之戍卒이 不習地勢而心畏胡者로 功相萬也니이다 上이 從其言하여 募民徙塞下하다

㈜ 호맥(胡貉)·양월(揚粤) 모두 변방의 오랑캐족을 지칭함. 수토(水土) 그 지방의 풍토. 기시(棄市) 저자거리에서 목을 베는 것. 선창(先倡) 먼저 창도하다. 먼저 의를 창도하여 포학한 진나라를 공격하였다는 뜻. 전기(田器) 농사짓는 기구. 복기가(復其家) 그 집의 세금과 부역을 면제하는 것. 의름(衣廩) 의복과 늠료(廩料). 비이덕상(非以德上) 임금을 위하는 덕이 아니다의 뜻. 공상만야(功相萬也) 그 효과가 만 배나 되는 것. 새하(塞下) 변방.

12년(계유) 조조가 다시 상에게 말했다. "요(堯)임금 때는 9

년의 홍수가 있었고, 탕(湯)임금 때는 7년의 가뭄이 있었는데
도 나라에 굶주려 길에 버려진 자가 있지 않음은 축적된 것
이 많고 미리 준비해 두었기 때문입니다. 지금 해내(海內)가
하나로 되어 토지와 백성의 많음이 탕임금이나 우임금 때보
다 적지 않고, 거기다가 천재(天災)와 수년의 가뭄이 없는데
도 저축이 미치지 못한 것은 무엇 때문입니까. 땅에는 남은
이익이 있고 백성들에게는 여력(餘力)이 있어서, 곡식을 생산
하는 토지를 다 개간하지 못하고 산택(山澤)의 이익을 다 내
지 못하며, 놀고 먹는 백성을 다 농사짓는 데로 돌리지 못했
기 때문입니다.

　대저 추워서 옷을 입는 데는 가볍고 따뜻한 것을 가리지
않으며, 굶주려 먹을 때에는 달고 맛있는 것을 기다리지 않
으니, 굶주림과 추위가 몸에 닥치면 염치를 돌보지 않게 마
련입니다. 인정은 하루에 두 끼를 먹지 못하면 굶주리게 마
련이고, 한 해가 다 되도록 옷을 마련하지 못하면 춥게 됩니
다. 대저 배가 고픈데도 밥을 먹지 못하고 피부가 추위를 느
끼는데도 옷을 입지 못하면 비록 인자한 아비라도 그 자식을
보전하지 못하는데, 임금이 어찌 그 백성을 갖겠습니까?”

[원문] 癸酉十二年이라 錯 復言於上曰 堯有九年之水하고 湯有七
年之旱 而國亡捐瘠者는 以蓄積이 多而備先具也라 今海內爲一
하여 土地人民之衆이 不減湯禹하고 加以無天災數年之水旱 而
蓄積이 未及者는 何也오 地有遺利하고 民有餘力하여 生穀之土를
未盡墾하고 山澤之利를 未盡出하고 游食之民을 未盡歸農也이니
이다 夫寒之於衣에 不待輕暖하고 飢之於食에 不待甘旨니 飢寒이
至身하면 不顧廉恥라 人情이 一日不再食則飢하고 終歲不製衣則
寒하나니 夫腹飢不得食하며 膚寒不得衣면 雖慈父라도 不能保其
子어든 君이 安能以有其民哉이리까

　㊟ 연척(捐瘠) 길에 버려지고 굶어서 쇠약해지거나 병이 드는 것. 일설
　(一說)에는 굶어 죽는 것. 유식지민(游食之民) 하는 일 없이 놀며 먹

는 사람. **경난**(輕暖) 옷이 가볍고 따뜻한 것. **감지**(甘旨) 달고 맛있
는 것. **종세**(終世) 한 해가 다 되도록.

"그러므로 명철한 임금은 오곡(五穀)을 귀히 여기고 금옥
(金玉)을 천히 여기니, 지금 힘써야 할 일은 백성들로 하여금
농사에 힘쓰게 하는 것뿐입니다. 백성들로 하여금 농사에 힘
쓰게 하고자 하는 것은 곡식을 귀하게 여기는 데 달려 있으
며, 곡식을 귀하게 여기는 도리는 백성들로 하여금 곡식으로
상벌을 삼게 하는 데 달려 있습니다. 지금 천하에 모집하되
곡식을 관부(官府)에 들여 벼슬을 받고 죄를 면제하게 하소
서. 그렇게 하면 부자가 벼슬을 받고, 농민에게는 돈이 있게
되고, 곡식이 사방으로 잘 유통될 것입니다. 벼슬이란 임금이
마음대로 말로 주는 것이어서 무궁한 것이요, 곡식은 백성들
이 심는 것으로 땅에서 생산되어 부족함이 없는 것이니, 대
저 높은 벼슬을 얻고 죄를 면하는 것은 사람들이 매우 바라
는 바입니다. 천하 사람들로 하여금 변방에 곡식을 들이게
하고 벼슬을 받고 죄를 면하게 하면, 3년이 지나지 않아 변
방의 곡식이 반드시 많아질 것입니다."

　제(帝)가 그 말을 따라서 백성들로 하여금 곡식을 변방에
들이게 해 벼슬을 주었는데, 각기 그 다소에 따라 급수를 차
등있게 하였다.

원문 是故로 明君은 貴五穀而賤金玉하나니 方今之務 莫若使民
으로 務農而已라 欲民務農인대 在於貴粟이요 貴粟之道는 在於使
民으로 以粟爲賞罰이니 今에 募天下하되 入粟縣官하여 得以拜爵
하고 得以除罪하소서 如此면 富人이 有爵하고 農民이 有錢하고
粟有所渫이리이다 爵者는 上之所擅이라 出於口而無窮이요 粟者
는 民之所種이라 生於地而不乏하나니 夫得高爵與免罪는 人之所
甚欲也니 使天下之人으로 入粟於邊하여 以受爵免罪면 不過三歲
에 塞下之粟이 必多矣리이다 帝 從之하여 令民으로 入粟邊拜爵
하되 各以多少級數로 爲差하다

284

㈜ 현관(縣官) 현의 관아. 관부(官府). **속유소설(粟有所渫)** 곡식이 사방으로 잘 유통되는 것. **배작(拜爵)** 벼슬을 주는 것.

조조가 다시 아뢰기를 "폐하께서 다행히 천하로 하여금 곡식을 바치게 하고 벼슬을 주어 은혜가 아주 크게 되었으니, 변방 곡식이 족히 5년을 지탱할 수 있게 되면 곡식을 군현(郡縣)에 들이게 하고, 군현이 족히 1년 이상을 지탱할 수 있게 되면 때로 사유(赦宥)하고 농민으로부터 조세를 받지 마십시오. 이렇게 하면 덕택이 온 백성들에게 가해지고 백성들이 더욱 농사짓는 데 부지런해져 크게 부유하고 즐거워할 것입니다." 하니, 상이 다시 그 말을 따라서 조서(詔書)로 농민의 금년 조세 절반을 깎아주었다. 조조의 사람됨이 강직하고 각박하였는데, 변설로써 임금의 총애를 받자 태자(太子)가 '지낭(智囊)'이라고 불렀다.

원문 錯 復奏하되 陛下 幸使天下로 入粟以拜爵하시니 甚大惠也니 邊食이 足以支五歲어든 可令入粟郡縣하고 郡縣이 足支一歲以上이어든 可時赦하고 勿收農民租하소서 如此면 德澤이 加於萬民하고 民愈勤農하여 大富樂矣리이다 上이 復從其言하여 詔賜農民今年租稅之半하다 錯의 爲人이 峭直刻深하여 以其辯으로 得幸하니 太子 號曰智囊이라 하다

㈜ **초직각심(峭直刻深)** 성품이 굳고 곧으나 각박하여 은혜가 적은 것. **지낭(智囊)** 꾀주머니란 뜻.

○ 제(齊)의 태창령(太倉令) 순우의(淳于意)가 죄를 짓고 형(刑)을 받게 되어, 조서로 체포되어 장안(長安)의 옥에 갇히게 되었다. 그의 어린 딸 제영(緹縈)이 상서하기를 "저의 아비가 관리가 되자 제(齊) 땅에서 모두 청렴하고 공평하다고 일컬었는데, 지금 법을 위반하여 형을 받게 되었습니다. 저의 생각으로는 대저 죽은 자는 다시 살아날 수가 없고, 형벌을 받은 자는 다시 붙일 수가 없는 것이니, 비록 후에 허물을 고치어

스스로 새롭게 되고자 해도 그 방법이 없습니다. 제가 원하옵건대 몰입(沒入)되어 관비(官婢)가 되어 아비의 죄를 속죄함으로써 스스로 새롭게 하고자 합니다." 하니, 천자가 그 뜻을 가련하게 여겨 조서로 육형(肉刑)을 면제하였다.

원문 齊太倉令淳于意 有罪當刑하여 詔獄逮繫長安이러니 其少女緹縈이 上書曰 妾父爲吏에 齊中이 皆稱其廉平이러니 今에 坐法當刑하니 妾이 傷夫死者는 不可復生이요 刑者는 不可復屬이라 雖後欲改過自新이나 其道는 無繇也니 妾이 願沒入爲官婢하여 以贖父刑罪하여 使得自新하노이다 天子 憐悲其意하여 詔除肉刑하다

주 태창령(太倉令) 창고의 곡식을 맡은 관리. 염평(廉平) 청렴하고 공평함. 복속(服屬) 떨어져 나간 육체를 다시 붙이는 것. 개과자신(改過自新) 허물을 고쳐 새롭게 되는 것. 무유(無繇) 길이 없다. 유(繇)는 유(由)와 같음. 몰입(沒入) 관에서 몰수하는 것. 육형(肉刑) 신체에 대한 형벌. 즉 팔다리와 몸뚱이를 베고 자르는 형.

○ 임금이 이미 몸소 현묵(玄默)을 닦았고 장상(將相)이 모두 옛 공신(功臣)이어서 꾸밈이 적고 질박함이 많아, 망한 진(秦)나라의 정사를 징악(懲惡)해 논의(論議)를 관후하게 하기만 힘쓰고 남의 잘못을 말하는 것을 부끄럽게 여겼다. 그래서 천하에 교화(敎化)가 행해져 다른 사람의 죄를 고하는 풍속이 바뀌고, 관리들은 그 벼슬을 편안히 여기고 백성들은 그 직업을 즐거워하여 축적(蓄積)이 해마다 늘어나고, 호구(戶口)가 점점 불어나고 풍류(風流)가 돈후해졌으며, 법망(法網)이 소활(疏闊)하여 죄가 의심스러운 자는 백성과 함께 살게 하니, 형벌이 크게 줄어서 사형된 자가 400명에 이르러 형벌을 쓰지 않는 풍조가 있게 되었다.

원문 上이 旣躬修玄默 而將相이 皆舊功臣이라 少文多質하여 懲惡亡秦之政하여 論議 務在寬厚하고 恥言人之過失하니 化行天下하여 告訐之俗이 易하고 吏安其官하고 民樂其業하여 蓄積이 歲

增하고 戶口寢息하고 風流篤厚하고 禁罔이 疏闊하여 罪疑者를 予民하니 是以로 刑罰이 大省하여 至於斷獄四百하니 有刑錯之風 焉이러라

> 㵢 현묵(玄默) 침착하고 말이 없는 것. 소문다질(少文多質) 문(文)은 꾸미는 것, 질(質)은 질박함. 꾸밈이 적고 질박함이 많다의 뜻. 고알 (告訐) 아랫사람이 윗사람을 헐뜯다. 다른 사람의 잘못을 고자질하는 것. 침식(寢息) 점차 늘어나는 것. 죄의자(罪疑者) 죄가 있는지 없는지 의심스러운 자. 여민(予民) 가볍게 처벌하여 백성과 함께 살도록 하는 것. 단옥(斷獄) 사형에 처하는 것. 형조지풍(刑錯之風) 조는 방치한다는 뜻. 형벌을 쓰지 않는 풍조.

○6월에 조서하기를 "농사는 천하의 근본이라 더없이 힘써야 하는데도, 지금 부지런히 애쓰며 일을 하는데 종사하되 조세를 부과하니, 이는 본말(本末)에 다른 것이 없는 것이다. 그래서 농사를 권장하는 방법이 불완전하니, 전토(田土)의 조세를 없애라."고 하였다.

원문 六月에 詔曰 農은 天下之本이라 務莫大焉이어늘 今勤身從 事하되 而有租稅之賦하니 是爲本末者 無以異也라 其於勸農之 道에 未備하니 其除田之租稅하라

> 㵢 무막대언(務莫大焉) 이보다 더 힘써야 할 것이 없는 것. 본말(本末) 본은 농사, 말은 상공(商工)을 뜻함.

14년(을해) 겨울에 흉노의 노상선우(老上單于)가 14만 기(騎)로 조나(朝那)·소관(蕭關)에 들어와 북지도위(北地都尉)를 죽이고 드디어 팽양(彭陽)에 이르렀다. 상이 친히 군사를 위로하고 흉노를 정벌하려고 하였는데, 황태후(皇太后)가 중지하기를 강력히 청해서 그만두었다. 그리고는 장상여(張相如)를 대장군(大將軍)으로 삼아 공격해서 변방으로 내쫓고 즉시 돌아왔다.

원문 乙亥十四年이라 冬에 匈奴老上單于 十四萬騎로 入朝那蕭

關하여 殺北地都尉하고 遂至彭陽이어늘 上이 親勞軍하고 自欲征
匈奴러니 皇太后固要한대 乃止하고 於是에 以張相如로 爲大將軍
하여 擊之하니 逐出塞하고 卽還하다

○ 상이 연(輦)을 타고 낭서(郎署)를 지나다가 풍당(馮唐)에게
묻기를 "그대의 아비의 집이 어디에 있는가?" 하니, 대답하
기를 "신의 할아버지는 조(趙)의 사람입니다." 하였다. 상이
이르기를 "옛날 나에게 조장(趙將) 이제(李齊)의 어짊을 말하
는 자가 있었는데, 거록(鉅鹿) 아래에서 싸웠다고 하였다. 지
금 내가 밥을 먹을 때마다 뜻이 일찍이 거록에 있지 않을 때
가 없다." 하니, 풍당이 아뢰기를 "그래도 염파(廉頗)와 이목
(李牧)의 장수됨만은 못합니다." 하였다. 상이 무릎을 치면서
이르기를 "아, 나는 유독 염파와 이목 같은 장수를 얻지 못
하였다. 그런 장수를 얻는다면 내가 어찌 흉노를 걱정하겠는
가?" 하였다.

원문 上이 輦過郎署라가 問馮唐曰 父家安在오 對曰 臣의 大父
는 趙人이니이다 上이 曰 昔에 有爲我言趙將李齊之賢하되 戰於
鉅鹿下라 하니 今吾每飯에 意未嘗不在鉅鹿也로다 唐이 對曰 尙
不如廉頗李牧之爲將也이니이다 上이 拊髀曰 嗟乎라 吾獨不得廉
頗李牧爲將이로다 吾豈憂匈奴哉리요

　주 연(輦) 임금이 타는 수레. 낭서(郎署) 낭은 낭관(郎官), 서는 부서(府
　署). 이제(李齊)·염파(廉頗)·이목(李牧) 모두 전국시대 조(趙)나라의
　명장(名將)임.

　풍당이 아뢰기를 "폐하께서 비록 염파와 이목을 얻더라도
부리지 못할 것입니다." 하니, 상이 노하여 풍당을 꾸짖었다.
풍당이 아뢰기를 "상고(上古)시대에는 왕자(王者)가 장수를
파견할 때 꿇어앉아 추곡(推轂)하면서 이르기를 '곤내(閫內)는
과인이 제압하고 곤외(閫外)는 장군(將軍)이 제압하라.'고 하
여 군공(軍功)과 작상(爵賞)을 모두 밖에서 결단하게 하였기

때문에, 이목은 북쪽으로 선우를 쫓고 동호(東胡)를 격파하였고 담림(澹林)을 멸하였으며, 서쪽으로는 강국 진(秦)을 억제하였고, 남으로 한위(韓魏)를 지탱하였습니다. 지금 위상(魏尙)은 운중수(雲中守)가 되어 그 군(軍)의 시조(市租)를 모두 사졸(士卒)에게 먹이니, 흉노가 멀리 피하여 감히 변방에 접근하지 못하고, 오랑캐가 일찍이 한번 침입하자 위상이 거기(車騎)를 거느리고 공격해 죽인 바가 매우 많아 공(功)을 막부(幕府)에 올렸는데, 말 한마디가 서로 맞지 않는다 하여 문리(文吏)가 법으로 다스리어 그 상(賞)이 행하여지지 않았으니, 폐하의 상은 너무 가볍고 벌은 너무 무겁습니다.

위상이 공(功)을 보고할 때에 수로(首虜)에 6급(級)의 차이가 있다 하여 폐하께서 정리(廷吏)에게 내리어 그 벼슬을 삭탈하고 벌이 미쳤습니다. 이로써 말하건대 폐하는 비록 염파, 이목을 얻더라도 쓰지 못할 것입니다.”하니, 상이 기뻐하여 이날 풍당으로 하여금 절(節)을 가지고 가 위상을 사면하여 다시 운중수로 삼고 풍당에게 거기도위(車騎都尉)를 제배(除拜)하였다.

원문 唐이 曰 陛下 雖得廉頗李牧이라도 弗能用也시리이다 上이 怒하여 讓唐한대 唐이 曰 上古王者之遣將也에 跪而推轂曰 閫以內는 寡人이 制之하고 閫以外는 將軍이 制之라 하고 軍功爵賞을 皆決於外라 李牧이 是以로 北逐單于하고 破東胡하고 滅澹林하고 西抑强秦하고 南支韓魏어니와 今魏尙은 爲雲中守하여 其軍市租를 盡以饗士卒하니 匈奴遠避하여 不敢近塞하고 虜曾一入에 尙이 率車騎擊之하여 所殺이 甚衆이로되 上功幕府에 一言이 不相應이라 하여 文吏 以法繩之하고 其賞이 不行하니 陛下 賞太輕하고 罰太重이라 魏尙이 坐上功首虜差六級이어늘 陛下 下之吏하사 削其爵하고 罰及之하니 由此言之컨대 陛下 雖得廉頗李牧이나 弗能用也시리이다 上이 說하여 是日에 令唐으로 持節赦魏尙하여 得以爲雲中守하고 而拜唐하여 爲車騎都尉하다

㈜ **추곡**(推轂) 수레를 밀어주는 것. 임금이 장수를 싸움터에 내보내면
서 수레를 밀어주며 당부하는 것. **곤이내**(閫以內) 성곽 안. **곤이외**
(閫以外) 성곽 밖인데, 유사시에는 이곳에서 모든 일을 장수가 알아
서 조치하게 하였음. **막부**(幕府) 장군이 거처하는 장막. **문리**(文吏)
법을 맡은 관리. **이법승지**(以法繩之) 법으로 죄를 주는 것. **수로**(首
虜) 적의 목을 베는 것.

○ 봄에 조서를 내려 제사(諸祠)의 단장(壇場)과 규폐(珪幣)를
늘리고 또 이르기를 "내가 들으니 제사 지내는 관원이 복을
빌 때에 모두 짐에게 돌아오게 하고 백성에게로 하지 않는다
하니, 짐이 매우 부끄럽다. 대저 부덕(不德)한 짐이 전적으로
그 복을 차지하고 백성은 참여하지 못하니, 이는 나의 부덕
함을 더 무겁게 하는 것이다. 제사 지내는 관원에게 경건하
게만 하고 비는 일이 없게 하라." 하였다.

원문 春에 詔하여 廣增諸祀壇場珪幣하고 且曰 吾聞祠官이 祝釐
에 皆歸福於朕躬하고 不爲百姓이라 하니 朕甚愧之하노라 夫以朕
之不德으로 而專饗獨美其福하고 百姓은 不與焉하니 是는 重吾不
德也라 其令祠官으로 致敬하고 無有所祈하라

㈜ **단장**(壇場) 흙을 쌓아 만드는 것을 단, 흙을 깎아 만드는 것을 장이
라 하는데 귀신을 제사 지내는 곳. **규폐**(珪幣) 제사에 쓰는 옥과 비
단. **축희**(祝釐) 귀신에게 복을 비는 것. **전향**(專饗) 전적으로 누리
는 것. **치경**(致敬) 존경하는 뜻을 보이는 것.

16년(정축) 옥배(玉杯)를 얻고는 비로소 17년을 원년(元年)
으로 고쳤다.

원문 丁丑十六年이라 得玉杯하고 於是에 始更以十七年으로 爲
元年하다

후원년(무인) 조(詔)하기를 "지난 몇 년 동안 풍년이 들지
않았고 또 가뭄과 질병의 재난이 있어 짐이 매우 걱정하고
있다. 어리석고 밝지 못하여 그 허물을 깨닫지 못하고 있으
나, 생각건대 짐의 정사에 잘못이 있고 행실에 허물이 있어

290

서인가? 그래서 천도(天道)에 순하지 못함이 있고 지리(地利)가 혹 제대로 되지 않으며, 인사(人事)에 화평함을 잃음이 많고 귀신이 폐(廢)하여 흠향하지 않음이 있는 것인가? 어찌 이렇게 되었는가? 혹 백관들의 봉양이 게을러지고 쓸데없는 일을 많이 한 것인가? 어찌 백성들의 먹을 것이 부족한가?

　대저 전토를 계산해 보면 전보다 더 적어지지 않았고 백성들을 헤아려 보아도 늘어나지 않았으니, 인구로써 땅을 헤아려 보면 옛날에 비해 오히려 넉넉한데도 먹을 것이 심히 부족한 것은 그 허물이 어디에 있는 것인가? 이는 백성들이 말업(末業)에 종사하여 농사를 해치는 것이 많고, 술을 빚어 곡식을 축내는 자가 많으며, 가축들이 먹어서 없애는 것이 많아서가 아닌가? 크고 작은 원인의 그 요점을 내가 알지 못하겠다. 그러니 승상(丞相), 열후(列侯), 이천석(二千石)과 박사(博士)는 함께 의논하여 백성을 도울 수 있는 것이 있거든 뜻에 따라 깊이 생각해 숨김이 없게 하라."하였다.

원문 戊寅後元年이라 詔曰 間者에 數年不登하고 又有水旱疾疫之災하니 朕甚憂之하되 愚而不明하여 未達其咎하노라 意者컨대 朕之政이 有所失而行有過與아 乃天道 有不順하며 地利 或不得하며 人事 多失和하며 鬼神이 廢不享與아 何以致此오 將百官之奉養이 或廢하고 無用之事 或多與아 何其民食之寡乏也오 夫度田에 非益寡요 而計民에 未加益하니 以口量地컨대 其於古에 猶有餘로되 而食之甚不足者는 其咎安在오 無乃百姓之從事於末하여 以害農者蕃하고 爲酒醪하여 以靡穀者多하며 六畜之食焉者衆與아 細大之義를 吾未得其中이로니 其與丞相列侯吏二千石博士로 議之하여 有可以佐百姓者어든 率意遠思하여 無有所隱하라

　㋐ 폐(廢) 《한서(漢書)》에는 비(費)로 되어 있음.　도전(度田) 전지(田地)를 측량하는 것.　주료(酒醪) 술.　이천석(二千石) 한나라 시대의 관직.　솔의원사(率意遠思) 깊이 생각하는 것.

본기(本紀)에는 이렇게 되어 있다.

"12년에 흉노와 화친을 맺었다. 조(詔)하기를 '짐이 밝지 못하여 덕을 멀리 펴지 못하고, 방외(方外)의 나라로 하여금 혹 편안히 쉬지 못하게 하여 백성들이 근심하고 괴로워하니, 그 때문에 슬퍼하고 불안하였다. 사자를 보내어 관개(冠蓋)가 서로 바라보고 길에 수레가 잇따라 짐의 뜻을 선우에게 유시(諭示)하였다. 이제 선우가 새로 짐과 더불어 작은 허물을 다 버리고 대도(大道)를 따라서 천하의 착한 백성을 보전하기로 하였으니, 화친은 이미 결정되었으며, 금년부터가 시작이다.' 하였다."

원문 本紀에 曰 二年에 匈奴和親이어늘 詔曰 朕이 旣不明하여 不能遠德하고 使方外之國으로 或不寧息하여 憂苦萬民하니 爲之 惻怛不安故로 遣使者하여 冠蓋相望에 結轍於道하여 以諭朕志於 單于러니 今單于 新與朕으로 俱棄細過하고 偕之大道하여 以全天 下元元之民하니 和親已定은 始於今年이로다

> ㈜ 방외지국(方外之國) 구역 이외의 나라. 이적(夷狄)의 나라. 관개상망
> (冠蓋相望) 관개는 사신. 사신이 잇따라서 서로 바라볼 수가 있음.
> 결철어도(結轍於道) 수레바퀴 서로 부딪히다. 사신의 수레가 길에
> 가득하다는 뜻. 원원(元元) 착한 사람의 뜻으로, 백성.

2년(기묘) 황제가 황후(皇后)의 동생 두광국(竇廣國)에게 어진 행실이 있다고 하여 승상을 삼으려다가 이르기를 "천하 사람이 내가 두광국에게 사(私)를 둔다고 여길까 염려된다." 하여, 오랫동안 생각해도 옳지 않으므로 신도가(申屠嘉)를 승상으로 삼았다. 신도가의 사람됨이 청렴하고 곧아서 문안에 사사로이 찾아오는 사람을 받아들이지 않았다. 이때 등통(鄧通)이 바야흐로 제의 총애를 받아 상사(賞賜)가 누거만금(累鉅萬金)이요 총행(寵幸)이 비할 바가 없었다. 신도가가 일찍 조정에 들어가는데 등통이 임금 옆에 있으면서 예(禮)가 태만하였다. 신도가가 일을 아뢰기를 마치고 그 때문에 말하기를 "폐하께서 여러 신하를 총애하시면 부귀하게 해주는 것은 되

292

지만, 조정의 예에 이르러서는 엄숙하게 하지 않을 수 없습니다." 하였다.

조회가 파하자 신도가가 부중(府中)에 앉아 격(檄)으로 등통을 부르되 "승상부(丞相府)로 오라. 오지 않으면 참(斬)하겠다." 하였다. 등통이 두려워하여 상께 아뢰니, 상이 이르기를 "너는 우선 가거라." 하였다. 등통이 승상부에 가서 갓을 벗고 맨발로 머리를 조아려 사과하니, 신도가는 여전히 앉아서 예(禮)를 하지 않고 꾸짖기를 "대저 조정은 고제(高帝)의 조정인데 그대 등통은 하찮은 신하로 전상(殿上)에서 희롱하였으니, 크게 불경하다. 참형에 해당하니, 관리는 참형을 행하라." 하였다. 등통이 머리를 조아려 피가 났으나 풀어주지 않으니, 상이 승상이 이미 등통에게 곤욕을 줄 것을 헤아리고는 사람에게 절(節)을 주어 보내 등통을 부르면서 승상에게 사과하기를 "이는 나의 심심풀이 상대 신하이니, 그대는 석방하라." 하였다. 등통이 이르자 상을 보고 울면서 말하기를 "승상이 거의 신을 죽일 뻔하였습니다." 하였다.

원문 己卯二年이라 帝 以皇后弟竇廣國이 賢有行이라 하여 欲相之라가 曰 恐天下以吾로 私廣國이라 하고 久念不可하여 乃以申屠嘉로 爲相하니 嘉의 爲人이 廉直하여 門不受私謁이라 是時에 鄧通이 方愛幸하여 賞賜累鉅萬이요 寵幸이 無比러니 嘉嘗入朝而通이 居上旁하여 有怠慢之禮어늘 嘉奏事畢에 因言曰 陛下愛幸群臣 則富貴之어니와 至於朝廷之禮하여는 不可以不肅이니이다 罷朝에 嘉坐府中하여 爲檄召通하되 詣丞相府하라 不來면 且斬하리라 通이 恐하여 言上한대 上曰 汝第往하라 通이 詣丞相府하여 免冠徒跣하고 頓首謝어늘 嘉坐自如하여 弗爲禮하고 責曰 夫朝廷者는 高帝之朝廷也어늘 通은 小臣으로 戲殿上하니 大不敬이라 當斬이니 吏今行斬之하라 通이 頓首出血하되 不解라 上이 度丞相이 已困通하고 使使持節하여 召通而謝丞相曰 此는 吾弄臣이니 君은 釋之하라 鄧通이 旣至에 爲上泣曰 丞相이 幾殺臣이러이다

㈜ **사알**(私謁) 사사로운 청탁을 하기 위해 찾아오는 것. **누거만**(累鉅
萬) 여러 거만. 거만은 아주 많은 숫자. **격**(檄) 나무를 깎아 글을 쓰
는 패로, 길이는 2척임. **도선**(徒跣) 맨발로 걷는 것. **농신**(弄臣) 임
금의 심심풀이 상대가 되는 신하.

6년(계미) 겨울에 흉노의 3만 기(騎)는 상군(上郡)으로 들어
오고 3만기는 운중(雲中)으로 들어와 봉화(烽火)가 감천(甘泉)
과 장안(長安)에 통하니, 주아부(周亞夫)로 장군을 삼아서 세
류(細柳)에 주둔시키고, 유례(劉禮)로 장군을 삼아서 패상(霸
上)에 주둔시키고, 서려(徐厲)로 장군을 삼아서 극문(棘門)에
주둔시켜 호(胡)를 방비하게 하였다.

상(上)이 군사를 위로하며 패상 및 극문의 군영(軍營)에 이
르러 곧바로 달려들어가자 장수 이하가 기(騎)를 보내 영접하
였다. 이윽고 세류의 군영으로 가니, 군사와 이(吏)들이 갑옷
을 입고 무기를 들이대며 활을 당기려 했기 때문에 천자의
선구(先驅)가 이르렀으나 들어가지 못하였다.

선구가 "천자께서 군문에 이르셨다."라고 말하니, 도위(都
尉)가 말하기를 "장군이 명령하기를 '군중에서는 먼저 장군의
명령을 들어야 하고 천자의 조명(詔命)은 듣지 않는다.'라고
하였습니다." 하였다.

상이 이르러서도 들어가지 못하자 상이 사람을 시켜 절(節)
을 지니고 가서 장군을 부르되 "내가 군영에 들어가 군사를
위로하고자 한다."라고 하였다. 주아부가 전언(傳言)하여 벽
문(壁門)을 열게 하니, 벽문의 군사가 거기(車騎)에게 청하기
를 "장군이 약속하되 군중에서는 말을 달릴 수가 없다고 하
였습니다." 하였다.

그래서 천자가 고삐를 잡고는 천천히 걸어 군영에 이르니,
장군 주아부가 무기를 들고 읍(揖)하면서 "갑옷을 입은 군인
은 절을 하지 않는 것이니, 군례(軍禮)로 뵙고자 합니다." 하
였다.

천자(天子)가 얼굴빛을 가다듬고 식거(式車)하고는 사람을

294

시켜 사례(謝禮)하기를 "황제가 장군을 위로한다."라고 한 다음 예를 갖추고 떠났다. 이미 군문을 나오자 여러 신하들이 모두 놀랍게 생각하니, 상이 이르기를 "아! 이 사람이야말로 참된 장군이로다. 지난번에 패상과 극문의 군영은 아이들 장난과 같아서 그 장수들은 습격하여 사로잡을 수 있지만, 주아부에 이르러서는 범할 수 있겠는가?" 하고는 오랫동안 칭찬하였다. 한 달 남짓에 한나라 군사가 변경에 이르니, 흉노 역시 변방에서 멀리 떨어져갔는데 한나라 군사가 역시 파하였다. 그리고 주아부를 중위(中尉)로 삼았다.

원문 癸未六年이라 冬에 匈奴三萬騎는 入上郡하고 三萬騎는 入雲中하니 烽火通於甘泉長安이어늘 以周亞夫로 爲將軍하여 次細柳하고 劉禮로 爲將軍하여 次霸上하고 徐厲로 爲將軍하여 次棘門하여 以備胡하다 上이 自勞軍할새 至霸上及棘門軍하여 直馳入하니 將以下 騎送迎이러니 已而오 之細柳軍하니 軍士吏 被甲銳兵刃하고 彀弩持滿하여 天子先驅至하여 不得入이라 先驅曰 天子且至軍門이라 한대 都尉曰 將軍이 令曰 軍中에 聞將軍令이오 不聞天子詔라 호이다 上이 至하여 又不得入이라 於是에 上이 使使持節하여 詔將軍하되 吾欲入營勞軍하노라 亞夫 乃傳言開壁門하니 壁門士 請車騎曰 將軍이 約하되 軍中에 不得馳驅라 호이다 於是에 天子乃按轡徐行至營하니 將軍亞夫持兵揖曰 介胄之士는 不拜하니 請以軍禮로 見하노이다 天子 改容式車하고 使人稱謝하되 皇帝 敬勞將軍이라 하고 成禮而去하니 旣出軍門에 群臣이 皆驚이어늘 上曰 嗟乎라 此眞將軍矣로다 曩者에 霸上棘門軍은 若兒戲爾라 其將은 固可襲而虜也어니와 至於亞夫하여는 可得而犯邪아 稱善者 久之러니 月餘에 漢兵이 至邊하니 匈奴亦遠塞어늘 漢兵이 亦罷하니 乃拜周亞夫하여 爲中尉하다

주 차(次) 군사가 주둔하는 것. 하룻밤 자는 것을 숙(宿), 이틀 자는 것을 신(信), 그 이상 묵는 것을 차라고 하였음. 선구(先驅) 인도하기 위해 먼저 달려가는 자. 선발대. 식거(式車) 식은 수레 앞의 가로장.

수레를 탄 사람은 이를 손으로 어루만지며 인사를 함. **차호**(嗟乎) 감탄사. **원새**(遠塞) 변방에서 멀리 떠나가는 것.

7년(갑신) 여름 6월에 제(帝)가 죽었다.

원문 甲申七年이라 夏六月에 帝崩하다

효경황제(孝景皇帝)*

원년(을유) 5월에 다시 민전(民田)의 반조(半租)를 거두되 30분의 1을 세(稅)로 하였다.

원문 乙酉元年이라 五月에 復收民田半租하되 三十而稅一하다

주 *효경황제(孝景皇帝) 이름은 계(啓)로 문제(文帝)의 아들이다. 재위 16년, 수(壽)는 48세. 민전반조(民田半租) 문제 12년에 백성들의 전세(田稅)를 반으로 하였고 13년에는 모든 전세를 없앴는데, 지금 반만 받던 제도를 복구한 것임.

○ 처음에 문제(文帝)가 육형(肉刑)을 없앴는데, 겉으로는 형벌을 가볍게 한다는 명분이었으나 안으로는 실제 살인이었다. 오른쪽 발꿈치를 벨 자가 또 사형에 해당되고, 왼쪽 발꿈치를 벨 자는 태(笞) 500대를, 코를 벨 자는 태 300으로 하여 거의 대부분이 죽고 말았다. 이해에 조서를 내리기를 "매를 때리는 것은 중죄(重罪)와 다름이 없어, 다행히 죽지 않더라도 사람 노릇을 못하게 된다. 법률을 정하되 태 500을 300으로, 300은 200으로 하라." 하였다.

원문 初에 文帝 除肉刑하니 外有輕刑之名이나 內實殺人이라 斬右趾者 又當死하고 斬左趾者는 笞五百하고 當劓者는 笞三百하니 率多死하다 是歲에 下詔曰 加笞는 重罪로 無異라 幸而不死라도 不可爲人이니 其定律하되 笞五百曰 三百이라 하고 笞三百曰 二百이라 하다

㉾ **육형**(肉刑) 육체를 자르거나 고통을 주는 형벌. **태**(笞) 태형. 매를 치는 형벌. **중죄**(重罪) 사형.

○ 가을에 흉노와 더불어 화친(和親)하였다.

원문 秋에 與匈奴로 和親하다

○ 양 효왕(梁孝王)이 두태후(寶太后)의 유자(幼子)인 까닭에 총애를 받아 40여 성(城)의 왕이 되어 천하의 기름진 땅을 차지하였고, 상사(賞賜)는 이루 다 기록할 수가 없었다.

원문 梁孝王이 以寶太后幼子故로 有寵하여 王四十餘城하여 居天下膏腴地하고 賞賜는 不可勝紀러라

3년(정해) 양 효왕이 내조(來朝)하였다. 이때 상이 태자를 두지 않았는데, 왕과 더불어 연음(宴飮)하면서 조용히 말하기를 "내가 죽은 후에는 왕에게 제위(帝位)를 전하겠다."라고 하였다. 왕이 사양하고는 비록 지극한 말이 아님은 알았으나 마음속으로는 기뻐하였고 태후 역시 그렇게 여겼었다. 첨사(詹事) 두영(寶嬰)이 술잔을 올리며 말하기를 "천하는 고조(高祖)의 천하요 부자(父子)가 서로 전하는 것은 한(漢)나라의 약속인데, 상께서 어떻게 양왕에게 전하겠습니까?" 하였다. 태후가 이 때문에 두영을 미워하고 양왕은 더욱 교만해졌다.

원문 丁亥三年이라 梁孝王이 來朝하다 時에 上이 未置太子러니 與王宴飮이라가 從容言曰 千秋萬歲後에 傳於王하리라 王이 辭謝하고 雖知非至言이나 然이나 心內喜하고 太后 亦然之러니 詹事 寶嬰이 引巵酒進曰 天下者는 高祖之天下요 父子相傳은 漢之約也어늘 上이 何以得傳梁王이시리이까 太后由此로 憎嬰하고 王은 以此益驕러라

○ 처음 효문제(孝文帝) 때 오 태자(吳太子)가 들어와 뵈면서 황태자(皇太子)를 모시고 술을 마시며 장기를 두었는데, 오

태자가 장기의 길을 다투며 공손치 못하므로 황태자가 장기판을 끌어다가 던져 죽였다. 오왕(吳王)이 이 때문에 조금 번신(藩臣)의 예를 잃고 병을 핑계하여 경사(京師)에 조회하지 않으며 비로소 반역할 모의를 하였다. 문제가 오왕에게 궤장(几杖)을 내리고 늙어서 조회하지 못한 것이라 하니, 오왕이 그 죄를 벗고 모반 역시 풀리게 되었다. 그러나 그 나라에 거하면서 구리와 소금을 수입으로 삼았기 때문에 백성에게 다른 부세(賦稅)가 없고, 군국(郡國)의 관리가 도망한 자를 잡으러 가면 공공연히 숨기고 내주지 않았는데, 이렇게 하기를 40여 년이나 하였다.

조조(鼂錯)가 자주 글을 올려 오나라의 과실을 말하고 왕권(王權)을 빼앗아야 한다고 하였으나 문제는 관대하여 차마 벌하지 못하니, 이로써 오나라가 날로 더욱 멋대로 하였다.

[원문] 初에 孝文時에 吳太子 入見하여 得侍皇太子하여 飮博할새 吳太子博이라가 爭道不恭이어늘 皇太子 引博局하여 提殺之하니 吳王이 由此로 稍失藩臣之禮하여 稱疾不朝京師하고 始有反謀어늘 文帝 賜吳王几杖하고 老不朝라 하니 吳得繹其罪하고 謀亦益解나 然이나 其居國에 以銅鹽爲資故로 百姓이 無他賦하고 郡國吏 欲來捕亡人者를 公共禁弗予하니 如此者 四十餘年이러라 鼂錯 數上書하여 言吳過可削이라 한대 文帝 寬不忍罰하니 以此로 吳日益橫이러라

> ㈜ 음박(飮博) 술을 마시며 장기를 두는 것. 쟁도(爭道) 장기의 길을 다투는 것. 번신(藩臣) 속국의 왕. 경사(京師) 서울. 궤장(几杖) 궤안과 지팡이. 공이 있는 늙은 신하에게 내리는 의물(儀物).

제(帝)가 즉위함에 이르러 조조가 상에게 말하기를 "옛날에 고제(高帝)께서 처음 천하를 평정하였는데, 형제가 어리고 여러 아들들이 약하다고 하여 크게 동성(同姓)을 봉(封)하셨는데, 제(齊)는 70여 성(城)이요, 초(楚)는 40여 성이요, 오(吳)는 50여 성으로 세 서얼(庶孽)을 봉하시어 천하를 반으로 나누었

습니다.

이제 오왕(吳王)이 전에 태자(太子)에게 죽임을 당한 일이 있다고 하여 거짓으로 병을 핑계하고 조회를 하지 않았으니, 고법(古法)에는 마땅히 죽여야 하는데도 문제께서 차마 하지 못하시고 궤장을 하사하셨으니, 덕이 매우 후하였습니다. 그러니 마땅히 허물을 고치고 스스로 새로워져야 하는데, 도리어 교만이 넘쳐 산(山)에 가서 돈을 주조하며 바닷물을 끓여 소금을 굽고, 천하의 도망한 사람을 꾀어 난을 일으키기를 도모하였습니다. 지금 왕권을 빼앗아도 역시 반역할 것이요 빼앗지 않더라도 역시 반역할 것이지만, 빼앗으면 반역이 빠르게 되나 화(禍)는 적으며, 빼앗지 않으면 반역은 늦추어지나 화가 크게 됩니다." 하였다. 상이 공경(公卿)·열후(列侯)·종실(宗室)로 하여금 함께 의논하게 하니, 감히 힐난하지 못하였다.

원문 及帝卽位에 錯說上曰 昔에 高帝初定天下에 昆弟少하고 諸子弱이라 하사 大封同姓하시니 齊는 七十餘城이요 楚는 四十餘城이요 吳는 五十餘城이라 封三庶孽하사 分天下半이러시니 今吳王이 前有太子之郤이라 하여 詐稱病不朝하니 於古法에 當誅로되 文帝不忍하사 因賜几杖하시니 德이 至厚也라 當改過自新이어늘 反益驕溢하여 卽山鑄錢하며 煮海爲鹽하고 誘天下亡人하여 謀作亂하니 今에 削之라도 亦反이요 不削이라도 亦反이어니와 削之면 反亟禍小하고 不削이면 反遲禍大하리이다 上이 令公卿列侯宗室雜議하니 莫敢難이러라

○ 처음에 초 원왕(楚元王)이 글을 좋아하여 노(魯)의 신공(申公)과 목생(穆生), 그리고 백생(白生)과 더불어 모두 시(詩)를 부구백(浮丘伯)에게서 전수받았는데, 초왕이 되기에 이르러 이 세 사람을 중대부(中大夫)로 삼았다.

목생이 술을 좋아하지 않으니, 원왕(元王)이 매양 술자리를 마련하면서 항상 목생을 위해 단술을 준비하였고, 아들 이왕

(夷王)과 손자 무(戊)가 즉위해서도 항상 준비하였는데, 후에 준비하는 것을 잊어버리자 목생이 물러가 말하기를 "떠나야만 하겠다. 단술을 마련하지 않으니, 왕의 뜻이 게을러졌다. 떠나지 않으면 초나라 사람이 장차 나를 저자에서 쇠사슬로 묶을 것이다." 하고는 드디어 병을 핑계하고 떠나갔다.

원문 初에 楚元王이 好書하여 與魯申公穆生白生으로 俱受詩於浮丘伯이러니 及王楚에 以三人으로 爲中大夫하다 穆生이 不嗜酒어늘 元王이 每置酒에 常爲穆生設醴하고 及子夷王孫王戊卽位하여도 常設이러니 後乃忘設焉이어늘 穆生이 退曰 可以逝矣로다 醴酒를 不設하니 王之意 怠라 不去면 楚人이 將鉗我於市라 하고 遂謝病去하다

주 수시어부구백(受詩於浮丘伯) 부구백은 제(齊)나라 사람. 부구백에게 시(詩)를 배웠다는 뜻. 예(醴) 단술. 겸(鉗) 쇠줄로 묶는 것.

○ 초왕(楚王) 무(戊)가 와서 조회하니, 조조(鼂錯)가 그와 관련하여 말하기를 "무가 왕년에 박태후(薄太后)를 위하여 복(服)을 입으면서 복사(服舍)에서 간통하였다 하여 동해군(東海郡)을 삭탈하였고, 전년에는 조왕(趙王)이 죄가 있다 하여 그의 상산군(常山郡)을 삭탈하였으며, 교서왕(膠西王) 앙(卬)은 벼슬을 파는 일에 농간을 부린 적이 있다 하여 그의 여섯 현(縣)을 삭탈하였다." 하였다. 조정 신하들이 바야흐로 오(吳)를 빼앗을 것을 의논하니, 오왕이 한정없이 땅을 빼앗길까 두려워하여 거사할 의논을 내면서 교서왕을 설득하여 제(齊)의 치천(菑川)과 교동(膠東)과 제남(濟南)의 왕들과 약속하자, 초(楚)·조(趙)가 다 반(反)하고 사신을 내어 제후들에게 글을 보내 조조의 죄상을 들어 군사를 합하여 죽이고자 하였다.

원문 楚王戊來朝어늘 錯因言하되 戊往年에 爲薄太后服할새 私奸服舍라 하여 削東海郡하고 前年에 趙王이 有罪라 하여 削其常山郡하고 膠西王卬은 以賣爵事로 有奸이라 하여 削其六縣하고

廷臣이 方議削吳하니 吳王이 恐削地無已하여 因發謀擧事할새 說膠西王하여 約齊菑川 膠東濟南하니 楚趙皆反이라 發使遺諸侯書하되 罪狀畐錯하여 欲合兵誅之러라

㊟ 사간복사(私奸服舍) 상갓집에서 간통을 하다의 뜻.

○ 처음에 문제(文帝)가 죽을 때 태자에게 경계하기를 "위급한 일이 있게 되면 주아부(周亞夫)에게 군사 거느리는 것을 맡겨야 한다."라고 하였었다. 일곱 나라의 반서(反書)가 보고되자 상이 중위(中尉) 주아부를 태위(太尉)로 삼아 36장군을 거느리고 가서 오·초를 치게 하고, 역기(酈寄)를 보내 조를 치게 하고, 난포(欒布)로 제를 치게 하였다.

원문 初에 文帝且崩에 戒太子曰 卽有緩急이어든 周亞夫를 眞可任將兵이라 하더니 及七國反書聞에 上이 乃拜中尉周亞夫하여 爲太尉하여 將三十六將軍하여 往擊吳楚하고 遣酈寄擊趙하고 欒布로 擊齊하다

○ 조조(畐錯)가 평소에 오상(吳相) 원앙(袁盎)과 더불어 사이가 좋지 않았다. 원앙이 밤에 두영(竇嬰)을 만나서 오가 배반한 까닭을 말하고, 상의 앞에 나아가 구두로 아뢰어 줄 것을 원하였다. 두영이 들어가 말하니, 상이 원앙을 불렀다. 원앙이 들어가 뵈니, 상이 지금 막 조조와 더불어 군량을 계산하고 있었다. 상이 원앙에게 묻기를 "지금 오와 초가 배반하였는데 공의 뜻에는 어떤가?" 하니, 대답하기를 "원컨대 좌우를 물리쳐 주소서." 하였다.

조조가 동상(東廂)으로 재빨리 피하면서 매우 원망하였다. 상이 마침내 원앙에게 물으니, 대답하기를 "오와 초가 서로 글을 보내 말하기를 '고제께서 왕자와 동생에게 각기 땅을 떼어주었는데, 지금 적신(賊臣) 조조가 함부로 제후를 견책해 그 땅을 빼앗았기 때문에 배반하여 함께 조조를 죽이고 옛 땅을 회복하고 그만두려 한다.'라고 하였습니다. 지금의 계책

으로는 오직 조조를 베고 사신을 보내 일곱 나라를 용서하여 그 옛 땅을 회복해 주면, 군사가 칼에 피를 묻히지 않아도 모두 파할 것입니다." 하였다.

상이 아무 말 없이 한참 있다가 이르기를 "실제는 어떻겠는가? 내가 한 사람을 아끼어 천하에 사례(謝禮)하지 않으랴?" 하였는데, 조조는 전혀 이런 사실을 모르고 있었다.

상이 중위(中尉)에게 조조를 불러서 수레를 타고 저자를 순행하라고 속였다. 그래서 조조는 조의(朝衣)를 입은 채 동쪽 저자에서 참형되었다.

원문 錯 素與吳相袁盎으로 不善이러니 盎이 夜見竇嬰하고 爲言吳所以反하고 願至上前하여 口對狀이어늘 嬰이 入言한대 上이 乃召盎하니 盎이 入見이어늘 上이 方與錯로 調兵食이라가 上이 問盎하되 今吳楚 反하니 於公意에 何如오 對曰 願屛左右하소서 錯 趨避東廂하여 甚恨이러니 上이 卒問盎한대 對曰 吳楚 相遺書하여 言高帝 王子弟에 各有分地어늘 今賊臣鼂錯 擅適諸侯하여 削奪其地하니 以故로 反하여 欲共誅錯하고 復故地而罷라 하니 方今計는 獨有斬錯하고 發使赦七國하여 復其故地면 則兵可毋血刃而俱罷이니이다 上이 默然良久에 曰 顧誠何如오 吾不愛一人하여 以謝天下아 錯殊不知러라 上이 使中尉로 召錯하여 紿載行市하니 錯 衣朝衣하고 斬東市하다

주 구대(口對) 글로 아뢰지 않고 구두로 아뢰는 것. 조병식(調兵食) 군량을 계산하는 것. 병좌우(屛左右) 좌우는 근신(近臣). 근신을 물리치는 것. 동상(東廂) 동쪽에 있는 행랑.

알자복야(謁者僕射) 등공(鄧公)이 글을 올려 군사(軍事)에 대해 아뢰기를 "오(吳)가 배반할 계책을 세운 게 수십 년이었는데, 땅을 삭탈한 데 화를 내어 조조를 죽이는 것으로 명분을 삼았으나, 그 뜻은 조조에게 있는 것이 아닙니다. 대저 조조는 제후들이 강대해져 제재하지 못할 것을 걱정하여 땅을 삭탈함으로써 경사(京師)를 높이려고 한 것이니, 만세(萬世)의

이익이었습니다. 계획을 처음 시행하다 갑자기 죽임을 당해서 안으로는 충신의 입을 막고 밖으로는 제후들을 위해 원수를 갚아주었으니, 신은 못내 폐하의 잘못이라고 여깁니다." 하니, 상이 탄식하면서 말하기를 "나 역시 한스럽다."라고 하였다.

원문 謁者僕射鄧公이 上書言軍事曰 吳爲反計 數十歲矣라 發怒削地하여 以誅錯爲名이나 其意는 不在錯也니이다 夫鼂錯 患諸侯彊大하여 不可制故로 請削之하여 以尊京師하니 萬世之利也어늘 計畫이 始行에 卒受大戮하여 內杜忠臣之口하고 外爲諸侯報仇하니 臣은 竊爲陛下不取也하노이다 帝喟然曰 吾亦恨之하노라

　　주 경사(京師) 서울. 여기서는 종주국(宗主國). 대륙(大戮) 사형.

○ 주아부(周亞父)가 상에게 말하기를 "초(楚)의 군사가 사납고 날쌔니 더불어 싸우기가 어렵습니다. 원컨대 양(梁)을 버리어 그들의 군량 길을 끊어야만 제압할 수가 있습니다." 하니, 상이 허락하였다.

　주아부가 역마를 타고 장차 형양(滎陽)에 군사를 모으려고 출발하여 패상(霸上)에 이르니, 조섭(趙涉)이 주아부를 막으며 말하기를 "오왕이 장군의 행차를 알고는 반드시 효면(殽澠) 사이에 사람을 둘 것입니다. 또 병사(兵事)는 은밀히 행함을 숭상하니, 장군은 어찌 서쪽으로 가 남전(藍田)으로 달려 무관(武關)을 나가 낙양(洛陽)에 이르러 곧바로 무고(武庫)로 들어가지 않으십니까? 제후들이 들으면 장군이 하늘에서 떨어진 것으로 생각할 것입니다." 하였다.

　태위가 그 계책대로 하여 낙양에 이르러 기뻐하면서 말하기를 "내가 형양을 의거하여 지키니, 형양 동쪽은 족히 걱정할 것이 없다." 하고는 사람을 보내 효면 사이를 수색하게 하여 과연 오의 복병(伏兵)을 찾아내었다. 오가 양(梁)을 급히 공격하였으나 주아부가 성을 굳게 지키고 나가지 않으며 경

기(輕騎)로 하여금 회사(淮泗) 입구를 벗어나 오와 초의 군사 뒤를 끊게 하고, 그 군량 길을 막았다. 그러자 오는 양식이 끊어져 사졸이 굶주려 자주 도전하였으나 끝내 나가지 않았다.

원문 亞夫 言於上曰 楚兵이 剽輕하니 難與爭鋒이라 願以梁으로 委之하여 絶其食道라야 乃可制也리이다 上이 許之하다 亞夫 乘傳하고 將會兵滎陽할새 發至霸上하니 趙涉이 遮說亞夫曰 吳王이 知將軍且行하고 必置人於殽澠之間하리니 且兵事는 尙神密이니 將軍은 何不右去하여 走藍田出武關抵洛陽하여 直入武庫오 諸侯 聞之면 以爲將軍이 從天而下也라 하리이다 太尉 如其計하여 至洛陽하여 喜曰 今吾 據滎陽하니 滎陽以東은 無足憂者라 하고 使使搜殽澠間하여 果得吳伏兵하다 吳攻梁急이어늘 亞夫 堅壁不出하고 使輕騎로 出淮泗口하여 絶吳楚兵後하고 塞其饟道하니 吳糧絶卒飢하여 數挑戰하되 終不出하다

㈜ 표경(剽輕) 사납고 몸이 날쌘 것. 위지(委之) 포기하는 것. 승전(乘傳) 역마(驛馬)를 타고 가는 것. 효면(殽澠) 효산(殽山)과 면지(澠池)를 말함.

조후(條侯)의 군중(軍中)이 밤에 놀라 안으로 서로 공격하여 그 소란스러움이 장막 아래까지 이르러도 주아부가 굳게 드러누워 일어나지 않았는데, 얼마 후 다시 진정되었다.

오(吳)가 달아난 동남쪽 모퉁이에서 지키니, 주아부가 서북쪽을 지키게 하였는데, 얼마 후 과연 서북으로 도망쳐 왔으나 들어오지 못하였다. 오와 초의 사졸이 굶어죽고 흩어져 배반하는 자가 많았으므로 이끌고 떠났다. 주아부가 정병(精兵)을 내어 추격하여 크게 깨뜨리니, 오왕이 군사를 버리고 회수(淮水)를 건너 도망하여 동월(東越)을 지켰는데, 동월이 오왕을 죽이었다. 초왕은 자살하고 제왕(齊王)은 약을 마시고 죽었으며, 교서왕(膠西王)은 자살하고 교동(膠東)·치천(菑川)·제남(濟南)의 왕은 모두 복주(伏誅)되었다.

[원문] 條侯軍中이 夜驚하여 內相攻擊하여 擾亂至帳下어늘 亞夫 堅臥不起러니 頃之오 復定하다 吳犇壁東南陬어늘 亞夫 使備西 北이러니 已而요 果犇西北이라가 不得入이라 吳楚士卒이 多飢死 叛散하여 乃引去어늘 亞夫 出精兵하여 追擊大破之하니 吳王이 棄軍走席淮하여 保東越이어늘 東越이 殺之하다 楚王은 自殺하고 齊王은 飮藥死하고 膠西王은 自殺하고 膠東菑川濟南王은 皆伏 誅하다

   ㊌ **조후**(條侯) 주아부의 봉호(封號).　**추**(陬) 모퉁이.

7년(신묘) 태자(太子) 영(榮)을 폐하여 임강왕(臨江王)으로 삼았다.

[원문] 辛卯七年이라 廢太子榮하여 爲臨江王하다

○교동왕(膠東王) 철(徹)을 세워 황태자로 삼았다.

[원문] 立膠東王徹하여 爲皇太子하다

중6년(정유) 상이 이미 태법(笞法)을 감하였는데, 태형을 당한 자들이 그래도 온전하지 못하다고 하여서 다시 태 300을 200으로, 200을 100으로 감하였다. 또 추령(箠令)을 정하니, 이로부터 태형을 받은 자들이 온전하게 되었다. 그러나 사형이 너무 무겁운 형벌이고 생형(生刑)이 가벼운 형벌이라 백성들이 쉽게 범하였다.

[원문] 丁酉中六年이라 上이 旣減笞法하되 笞者 猶不全이라 乃更 減하여 笞三百曰 二百이요 笞二百曰 一百이라 하고 又定箠令하 니 自是로 笞者得全이나 然이나 死刑이 旣重而生刑이 又輕하여 民易犯之러라

   ㊌ **중6년**(中六年) 중원(中元) 6년(144)을 말함.　**추령**(箠令) 태형을 규정한 법령을 말함.　**생형**(生刑) 살리는 형벌.

후원년(무술)　직불의(直不疑)로　어사대부(御史大夫)를　삼았
다. 처음에 직불의가 낭관(郎官)이 되었는데, 같은 방에 있던
낭관이 돌아가면서 잘못해 그와 같은 방에 있는 낭관의 금
(金)을 가지고 떠났다. 얼마 후 같은 방 낭관이 잃어버린 것
을 깨닫고는 직불의를 의심하자, 직불의는 자기가 가져갔다
사과하고는 금을 사서 갚았다. 그후 돌아갔던 자가 이르러
금을 돌려주었다. 금을 잃었던 낭관이 크게 부끄러워하여 이
로써 장자(長者)라고 칭하였다.

원문 戊戌後元年이라 直不疑로 爲御史大夫하다 初에 不疑爲郎
에 同舍에 有告歸誤하여 持其同舍郎金去러니 已而오 同舍郎이
覺亡하고 意不疑어늘 不疑 謝有之하고 買金償이러니 後에 告歸
者 至而歸金이어늘 亡金郎이 大慙이라 以此로 稱爲長者러라

3년(경자) 12월에 황제가 죽었다. 태자가 황제(皇帝)에 즉위
하였는데, 나이 16세였다.

원문 庚子三年이라 十二月에 帝崩하고 太子 卽皇帝位하니 年이
十六이러라

《한서(漢書)》에는 이렇게 되어 있다.

"한(漢)나라가 진(秦)나라의 폐단을 이어받아 천자로부터
균사(鈞駟)를 갖추지 못하고, 장상(將相)들이 혹 소수레를 타
기도 하고 평민(平民)들이 저장한 것이 없었다. 천하가 이미
평정되자 고조가 장사꾼에게 비단옷을 입거나 수레를 타지
못하게 하고 조세를 무겁게 하여 곤욕을 주었는데, 효혜제(孝
惠帝)와 고후(高后) 때는 천하가 처음 평정되었다고 하여 다
시 장사꾼의 법을 완화시켜 주었다. 그러나 시정(市井)의 자
손이 벼슬하여 관리가 되지 못하게 하고, 관리의 녹(祿)을 헤
아리고 관(官)의 용도를 헤아려서 백성들에게 부과하되, 산천
(山川)·원지(園池)·시정(市井) 조세의 수입은 천자로부터 봉
군(封君)·탕목읍(湯沐邑)에 이르기까지 모두 각자 사사로이

306

봉양(奉養)하게 하여 천하의 경비로 쓰지 못하게 하고, 산동(山東)의 곡식을 조운(漕運)하여 중도관(中都官)에게 주었으나 1년에 수십만 석에 불과하였다."

원문 漢書에 曰 漢興에 接秦之弊하여 自天子로 不得具匀駟하고 而將相이 或乘牛車하고 齊民이 無蓋藏이러니 天下已平에 高祖乃令賈人으로 不得衣絲乘車하고 重租稅하여 以困辱之러니 孝惠高后時에 爲天下初定이라 하여 復弛商賈之律이나 然이나 市井之子孫이 亦不得仕宦爲吏하고 量吏祿度官用하여 以賦於民하고 而山川園池市井租稅之入을 自天子로 以至于封君湯沐邑히 皆各爲私奉養焉하여 不領於天下之經費하고 漕轉山東粟하여 以給中都官하되 歲不過數十萬石이러라

㊟ 균사(匀駟) 수레를 끄는 네 마리 말의 색깔이 같은 것. 봉군(封君) 군(君)에 봉해진 사람. 탕목읍(湯沐邑) 옛날 제후(諸侯)나 황후(皇后)·공주(公主) 등에게 내렸던 고을. 조전(漕轉) 수로(水路)로 운반하는 것. 조운(漕運).

"계속하여 효문제(孝文帝)와 효경제(孝景帝)는 청정(淸淨)·공검(恭儉)하여 천하를 편안히 다스렸으니, 70여 년 사이에 국가가 무사하고 가뭄의 재변이 없어 백성들은 집이 넉넉하고, 도시와 변두리의 창고가 다 가득 차고, 부고(府庫)에는 재화(財貨)가 넘치고, 경사(京師)의 돈이 누거만(累巨萬)이어서 꿰미가 썩어 헤아릴 수가 없고, 태창(太倉)의 곡식이 오래 묵고 가득 차서 밖에다 노적(露積)하여 썩어 먹지 못하였다. 백성들은 거리에 말이 있게 되어 밭이랑 사이는 떼를 이루고, 새끼말이나 암말을 탄 자는 물리쳐 모임에 참석하지 못하게 하고, 여염(閭閻)을 지키는 자는 양육(粱肉)을 먹고, 관리된 자는 자손을 기르고, 관(官)에 있는 자는 성호(姓號)를 삼았다. 그래서 사람마다 사랑하여 법을 어기기를 어렵게 여기어 먼저 의(義)를 행하고 굴욕을 뒤로 하였다. 이때 법망(法網)이 성기고 백성들이 부유하며, 재물을 소모하는 것이 헤아릴 수

없어 혹 겸병(兼幷)하기에 이르고, 호걸의 무리가 시골에서 무력으로써 일을 처리를 하고, 종실(宗室)은 토지를 갖고, 공경대부(公卿大夫) 이하는 다투어 사치를 일삼아서 집과 수레와 관복이 임금보다 지나침이 한정없었으니, 물자가 풍성하면 쇠미해지는 것은 본디 그 변(變)이다. 이로부터 효무제 때는 안으로 분수에 넘치는 지나친 사치가 극에 달하고 밖으로는 이적(夷狄)을 물리쳐 천하가 쓸쓸하고 재력이 소모되었다."

원문 繼以孝文孝景이 淸淨恭儉하여 安養天下하니 七十餘年之間에 國家無事하고 非遇水旱之災하여 民則人給家足하고 都鄙廩庾皆滿하고 而府庫에 餘貨財하고 京師之錢이 累巨萬이라 貫朽而不可校하고 太倉之粟이 陳陳相因하여 充溢露積於外하여 至腐敗不可食하고 衆庶街巷에 有馬而阡陌之間에 成群하여 乘字牝者를 擯而不得聚會하고 守閭閻者 食粱肉하고 爲吏者 長子孫하고 居官者 以爲姓號라 故로 人人이 自愛而重犯法하여 先行義而後絀辱焉이러라 當此之時하여 罔疏而民富하고 役財驕溢하여 或至兼幷하며 豪黨之徒 以武斷於鄉曲하고 宗室有土와 公卿大夫以下 爭事奢侈하여 室廬輿服이 僭于上하여 無限度하니 物盛而衰는 固其變也라 自是之後로 孝武 內窮侈靡하고 外攘夷狄하니 天下蕭然하여 財力이 耗矣러라

㊟ 도비(都鄙) 도시와 변두리. 자빈(字牝) 자는 새끼말. 빈은 암말. 양육(粱肉) 고량(膏粱)과 고기. 즉 좋은 음식. 성호(姓號) 성씨의 호칭. 무단(武斷) 위엄이나 무력으로 제멋대로 하는 것. 겸병(兼幷) 남의 재물을 빼앗아 차지하는 것. 여복(輿服) 수레와 복식. 소연(蕭然) 요란하고 불안하다, 쓸쓸한 것.

제 9 권　한기 (漢紀)

세종 효무황제(世宗孝武皇帝)* 상

　건원 원년(신축) 겨울 10월에 조서(詔書)를 내려 현량(賢良)·방정(方正)하고 곧은 말을 하며 극진히 간(諫)하는 선비를 천거하게 하였는데, 상(上)이 친히 고금의 치도(治道)를 책문(策問)하니, 광천(廣川)의 동중서(董仲舒)가 대답하였다. "신(臣)은 하늘과 사람이 만나는 즈음을 보면 매우 두렵습니다. 스스로 너무 도가 없는 세상이 아니라면 하늘이 다 부지(扶持)하여 안전하게 하니, 일은 강면(彊勉)하기에 달려 있을 뿐입니다. 학문에 강면하면 견문이 넓어지고 지혜가 더욱 밝아지며, 강면하여 도를 행하면 덕이 날로 일어나 크게 공(功)이 있게 됩니다.

　도란 것은 말미암은 바 치평(治平)에 도달하는 길인데, 인의(仁義)·예악(禮樂)이 모두 그 도구입니다. 그러므로 성왕(聖王)이 이미 죽었는데도 자손이 오래가서 수백 년 동안 안녕하였으니, 이는 모두 예악·교화의 공로입니다."

원문 辛丑建元元年이라 冬十月에 詔擧賢良方正直言極諫之士할새 上이 親策問以古今治道하니 廣川董仲舒 對曰 臣은 觀天人相與之際하니 甚可畏也라 自非太亡道之世면 天이 盡欲扶持全安之하나니 事在彊勉而已니이다 彊勉學問 則聞見博而知益明하고 彊勉行道 則德日起而大有功하리이다 道者는 所繇 適於治之路也니 仁義禮樂이 皆其具也라 故로 聖王이 已沒而子孫이 長久하여 安寧數百歲하니 此는 皆禮樂敎化之功也니이다

㈜ *세종 효무황제(世宗孝武皇帝) 이름은 철(徹)로 경제(景帝)의 아들이 다. 재위는 54년이며 수는 70세. **책문**(策問) 정치에 대한 방책을 묻는 것. 후에 과거의 시험 과목이 되었음. **강면**(彊勉) 억지로 힘쓰는 것.

"주(周)나라의 도가 유려(幽厲)에서 쇠하게 된 것은 도가 없어서가 아니라 유려가 사용하지 않았기 때문입니다. 선왕(宣王)에 이르러서는 옛날 선왕(先王)의 덕을 생각하여 막힌 것을 흥기시키고 폐단을 기워 문왕(文王)과 무왕(武王)의 공업(功業)을 밝힘으로써 주(周)나라의 도가 찬연히 부흥되었으니, 이는 밤낮으로 게으르지 않아서 선(善)을 행한 소치입니다.

임금이 된 자는 마음을 바르게 하여 조정을 바로잡고, 조정을 바로잡아 백관(百官)을 바로잡고, 백관을 바로잡아 만민을 바로잡고, 만민을 바로잡아 사방을 바로잡나니, 사방이 바로잡히면 원근이 감히 하나같이 바로되지 않을 리 없고, 사기(邪氣)가 그 사이에서 범하지 못할 것입니다. 그러므로 음양이 조화되어 풍우가 때에 맞고, 여러 생물들이 조화하고 만민이 번성하여 여러 복(福)의 물(物)을 이르게 할 상서(祥瑞)가 모두 이르지 않을 리 없어, 왕도(王道)가 마치게 될 것입니다."

원문 夫周道 衰於幽厲는 非道亡也라 幽厲 不繇也니 至於宣王하여 思昔先王之德하여 興滯補敝하여 明文武之功業하니 周道粲然復興이라 此는 夙夜不懈하여 行善之所致也니이다 爲人君者 正心하여 以正朝廷하고 正朝廷하여 以正百官하고 正百官하여 以正萬民하고 正萬民하여 以正四方이니 四方이 正이면 遠近이 莫敢不壹於正 而亡有邪氣奸其間者하리니 是以로 陰陽이 調而風雨時하며 群生이 和而萬民이 殖하여 諸福之物可致之祥이 莫不畢至而王道 終矣리이다

㈜ 유려(幽厲) 주나라의 못난 임금인 유왕(幽王)과 여왕(厲王). 선왕(宣王) 주나라를 부흥시킨 왕.

"지금 폐하께서 귀(貴)는 천자가 되셨고 부(富)는 사해(四海)를 차지하셨으며, 무엇이든지 얻을 수 있는 지위에 계시고 무엇이든지 이룰 수 있는 형세를 잡으시고 또 무엇이든지 할 수 있는 자질이 있으며, 행실이 높고 은혜가 두텁고 지혜가 밝고 뜻이 아름다우시며, 백성을 사랑하고 선비를 좋아하시니, 의로운 임금이라 할 수 있습니다. 그런데도 천지가 응하지 않고 아름다운 상서(祥瑞)가 이르지 않는 것은 무엇 때문입니까? 대저 교화(敎化)가 서지 않아서 만민이 바르지 못하기 때문입니다.

대저 만민이 이익을 따르는 것은 마치 물이 아래로 흐르는 것과 같아서 교화로써 막지 않으면 그치게 할 수가 없는 것입니다. 옛날의 왕자(王者)들은 이에 밝았기 때문에 남면(南面)하여 천하를 다스리면서 모두 교화를 큰 임무로 삼아 태학(太學)을 세워 나라에서 가르치고, 상서(庠序)를 세워 고을에서 교화시켜 백성을 인(仁)에 젖어들게 하고, 백성을 의(義)로써 갈고 다듬으며, 백성을 예(禮)로써 절제하였습니다. 그러므로 그 형벌이 가벼워도 금(禁)하면 범하지 않는 것은 교화가 행하여지고 습속(習俗)이 아름다워서입니다."

[원문] 今陛下 貴爲天子하시고 富有四海하시며 居得致之位하사 操可致之勢하고 又有能致之資하시며 行高而恩厚하시고 知明而意美하시며 愛民而好士하시니 可謂誼主矣로되 然而天地 未應而美祥이 莫至者는 何也오 凡以敎化不立而萬民이 不正也니이다 夫萬民之趣利也는 如水之走下하여 不以敎化로 隄防之면 不能止也라 古之王者 明於此故로 南面而治天下에 莫不以敎化로 爲大務하여 立太學하여 以敎於國하고 設庠序하여 以化於邑하여 漸民以仁하며 摩民以誼하며 節民以禮라 故로 其刑罰輕 而禁不犯者는 敎化行而習俗이 美也니이다

图 태학(太學) 국학(國學) 혹은 대학(大學). 상서(庠序) 향학(鄕學), 학교(學校). 점(漸) 젖어들어 차츰 감화되는 것.

"성왕(聖王)께서 어지러운 세상을 이어받아 그 발자취를 씻어내어 다 없앴으니, 그윽이 비유하자면 금슬(琴瑟)의 음절(音節)이 맞지 않음이 심한 것은 반드시 풀어서 다시 줄을 매어야만 탈 수가 있는 것과 같습니다. 그러니 정사를 함에 있어 행하여지지 않음이 심한 것은 경화(更化)시켜야 다스릴 수가 있습니다. 그러므로 한(漢)나라가 천하를 얻은 이래로 항상 다스려지기를 바랐으나 지금까지 잘 다스리지 못한 것은 마땅히 경화시켜야 할 것을 경화시키지 못해서입니다.

옛 사람이 말하기를 '못에 가서 물고기를 부러워하는 것은 물러가서 그물을 짜는 것만 못하다.'라고 하였습니다. 지금 정사에 임하여 다스려지기를 원하는 것은 물러서서 경화시키는 것만 못합니다. 경화되면 잘 다스릴 수가 있고, 잘 다스려지면 재해(災害)가 나날이 떠나고 복록(福祿)이 나날이 오게 됩니다."

원문 聖王之繼亂世也에 掃除其迹而悉去之하나니 竊譬之컨대 琴瑟이 不調甚者는 必解而更張之라야 乃可鼓也요 爲政而不行甚者는 必變而更化之라야 乃可理也니 故로 漢이 得天下以來로 常欲治 而至今不可善治者는 失之於當更化 而不更化也이니다 古人이 有言曰 臨淵羨魚는 不如退而結網이라 하니 今臨政願治는 不如退而更化라 更化則可善治요 善治則災害 日去하고 福祿이 日來하리이다

㊒ **금슬**(琴瑟) 현악기인 거문고와 비파. **경장**(更張) 고치어 팽팽하게 하다. 제도를 개혁하는 것. **경화**(更化) 고치어 교화시키는 것.

"신은 듣건대 성왕(聖王)께서 천하를 다스릴 때에는 작록(爵祿)으로써 그 덕을 기르고, 형벌로써 그 악을 위협하였기 때문에 백성들이 예의에 밝아 윗사람 범하기를 부끄러워하였습니다. 무왕(武王)이 대의(大義)를 행하여 잔적(殘賊)을 평정하였고, 주공(周公)이 예악을 만들어 문식(文飾)하여 성왕(成

王)·강왕(康王) 때에 이르러 융성해져 감옥이 빈 지 40여 년이었으니, 이는 교화에 젖어들고 인의가 흘렀기 때문입니다.

지금 폐하께서 천하를 다 차지하고도 공(功)이 백성들에게 더해지지 않는 것은 거의 왕의 마음이 더해지지 않았기 때문입니다. 증자(曾子)께서 말하기를 '들은 바를 따르면 고명(高明)하게 되고, 그 아는 바를 행하면 광대(光大)하게 된다.'라고 하셨는데, 고명하고 광대한 것은 다른 데 있는 것이 아니라 뜻을 더함에 달려 있을 뿐입니다. 원하옵건대 폐하께서는 성(誠)을 안으로 두시고 행(行)을 이르게 하시면 삼왕(三王)과 무엇이 다르겠습니까?"

[원문] 臣은 聞聖王之治天下也에 爵祿以養其德하고 刑罰以威其惡이라 故로 民이 曉於禮義 而耻犯其上하나니 武王이 行大誼하여 平殘賊하시고 周公이 作禮樂하여 以文之러시니 至於成康之隆하여 囹圄空虛四十餘年하니 此亦敎化之漸 而仁義之流也니이다 今陛下幷有天下 而功不加於百姓者는 殆王心이 未加焉이로소이다 曾子曰 尊其所聞則高明矣요 行其所知則光大矣라 하시니 高明光大不在乎他요 在乎加之意而已니 願陛下는 設誠於內 而致行之 則三王에 何異哉리이까

> ㈜ 대의(大誼) 대의(大義)와 같은 말. 성강(成康) 주대(周代)의 성왕과 강왕. 이때는 주나라가 태평하였음. 영어(囹圄) 감옥.

"대저 평소에 선비를 기르지 않고 현인(賢人)을 구하는 것은 비유컨대 옥(玉)을 갈지 않고 빛이 나기를 바라는 것과 같습니다. 선비를 기르는 것으로 큰 것은 태학(太學)보다 더한 것이 없으니, 태학은 어진 선비와 관련된 것입니다. 자주 고문(考問)하여 그 재능을 다하게 하면 영준(英俊)을 마땅히 얻을 수가 있고, 두루 천하의 현인을 얻으면 삼왕의 성대함을 쉽게 하고 요순(堯舜)의 이름에 미치게 할 수 있습니다.

도(道)란 만세토록 폐단(敝端)이 없으니, 폐단이란 도를 잃

은 것입니다. 하(夏)나라에서는 충(忠)을 숭상하고, 은(殷)나라에서는 경(敬)을 숭상하고, 주(周)나라에서는 문(文)을 숭상했는데, 이것은 이어받은 폐단을 구하기 위해서는 마땅히 이를 써야 했기 때문입니다. 도의 근본이 하늘에서 나와 하늘이 변하지 않으면 도 역시 변하지 않는 것입니다.

그러므로 우(禹)임금은 순(舜)임금을 계승하고 순임금은 요(堯)임금을 계승하여, 삼성(三聖)이 서로 전수(傳授)해 한 도를 지켜서 폐단을 구하는 정사가 없었습니다. 그래서 그 손익(損益)을 말하지 않았으니, 이로써 보면 다스려진 세상을 계승한 자는 그 도가 같고, 어지러운 세상을 이은 자는 그 도가 변하였습니다. 이제 한(漢)나라가 크게 어지러운 뒤를 계승하였으니, 주(周)나라의 문(文)을 약간 덜고 하(夏)나라의 충(忠)을 써야 마땅할 듯합니다."

원문 夫不素養士 而欲求賢이면 譬猶不琢玉 而求文采也라 養士之大者는 莫大乎太學하니 太學者는 賢士之所關也라 數考問하여 以盡其材則 英俊을 宜可得矣니 徧得天下之賢人 則三王之盛을 易爲而堯舜之名 可及也이리이다 道者는 萬世亡敝하니 敝者는 道之失也라 夏上忠하고 殷上敬하고 周上文者는 所繼之捄 當用此也라 道之大原이 出于天하니 天不變이면 道亦不變하나니 是以로 禹繼舜하시고 舜繼堯하사 三聖이 相授而守一道하여 亡救敝之政이라 故로 不言其所損益也니 繇是觀之컨대 繼治世者는 其道同하고 繼亂世者는 其道變하나니 今漢이 繼大亂之後하니 若宜少損周之文하고 致用夏之忠者이니이다

　㈜ 주지문(周之文) 문은 꾸미는 것. 주나라에서는 예악으로 문식하였음.
　하지충(夏之忠) 하나라는 충을 숭상하였음.

"춘추(春秋)의 대일통(大一統)이란 것은 천지(天地)의 상경(常經)이요 고금의 통의(通誼)인데, 지금에는 사도(師道)가 다르고 사람의 논의가 달라서, 백가(百家)의 길이 다르고 가르

치는 뜻이 같지 않습니다. 그러므로 상께서 일통(一統)을 지니지 못한 것입니다. 신의 어리석음으로는 육예(六藝)의 과목에 들지 않고 공자(孔子)의 도술(道術)이 아닌 것은, 모두 그 길을 끊어서 아울러 나오지 못하게 한 후에야 통기(通紀)가 하나로 되고 법도가 밝아져, 백성들이 따를 바를 알게 될 것이라고 생각합니다."

[원문] 春秋大一統者는 天地之常經이요 古今之通誼也어늘 今에 師異道하고 人異論하여 百家殊方하여 指意不同하니 是以로 上無 以持一統이라 臣愚는 以爲諸不在六藝之科와 孔子之術者를 皆 絶其道하여 勿使並進 然後에야 統紀可一 而法度 可明하여 民知 所從矣리이다

> 대일통(大一統) 만물이 하나로 통일되는 것. 이 말은 《춘추공양전(春秋公羊傳)》에 나오는 말로 제후(諸侯)가 모두 천자에게 소속된 것을 뜻함. 상경(常經) 지켜야 할 법. 통의(通誼) 일반적으로 행할 도리. 육예(六藝) 고대 중국 교육의 6가지 과목. 《주역(周易)》·《예기(禮記)》·《악기(樂記)》·《시경(詩經)》·《서경(書經)》·《춘추(春秋)》를 말함.

○ 동중서(董仲舒)가 강도상(江都相)이 되어 역왕(易王)을 섬겼는데, 왕은 황제의 형이어서 평소 교만하고 용맹을 좋아하였다. 동중서가 예(禮)로써 바로잡으니, 왕이 존경하고 중히 여겼다.

  일찍이 묻기를 "월왕(粤王) 구천(句踐)이 대부(大夫) 설용(泄庸)·종려(種蠡)와 더불어 오(吳)를 정벌하여 멸망시켰다고 하니, 과인은 월나라에 삼인(三仁)이 있었다고 여기는데, 어떻게 생각하는가?" 하였다. 동중서가 대답하기를 "대저 어진 사람이란 의(誼)를 바로잡고 이익을 도모하지 않으며, 도를 밝히고 공(功)을 따지지 않는 것입니다. 그러므로 공자의 문하에서는 5척(尺)의 아이도 오패(五伯)를 말하는 것을 부끄럽게 여겼으니, 이는 속임수를 우선하고 인의(仁義)를 뒤로 하였기 때문입니다. 이로써 말한다면 월나라에는 일찍이 한 명의 어

진 이도 없었습니다." 하였다.

원문 及爲江都相하여 事易王하니 王은 帝兄이라 素驕好勇이러니
仲舒 以禮匡正하니 王이 敬重焉이러라 嘗問之曰 粤王句踐이 與
大夫泄庸種蠡로 伐吳滅之라 하니 寡人이 以爲越有三仁이라 하나
니 何如오 仲舒 對曰 夫仁人者는 正其誼하고 不謀其利하며 明
其道하고 不計其功하나니 是以로 仲尼之門에 五尺之童이 羞稱五
伯는 爲其先詐力 而後仁義也니 繇此言之 則越未嘗有一仁也니
이다

　주 광정(匡正) 바로잡는 것. 월왕구천(粤王句踐) 춘추전국시대의 월(越)
　의 왕 구천. 월(粤)은 월(越)과 같다. 그는 오나라에 복수하기 위에
　섶에서 자고 쓸개를 씹으며 힘을 길러 마침내 오를 멸망시킬 수 있
　었음. 설용(泄庸) 월왕 구천의 대부(大夫). 종려(種蠡) 월왕 구천의
　대부인 문종(文種)과 범려(范蠡). 중니(仲尼) 공자(孔子)의 자(字). 오
　패(五伯) 백(伯)의 음은 패(霸). 패는 왕도(王道)와는 달리 권모술수 등
　속임수로 천하를 제패한 제후(諸侯)의 맹주(盟主). 오패는 춘추전국시
　대의 제 환공(齊桓公)·진 문공(晉文公)·진 목공(秦穆公)·송 양왕(宋襄
　王)·초 장왕(楚莊王)을 가리킴.

○ 상이 평소 유술(儒術)에 마음을 쓰니, 승상 두영(竇嬰)과 태
위 전분(田蚡)이 모두 유술을 좋아해 조관(趙綰)을 천거하여
어사대부를 삼고, 왕장(王臧)으로 낭중령(郎中令)을 삼았다.

조관이 명당(明堂)을 세워 제후(諸侯)가 조회(朝會)하게 하
기를 청하고, 또 그의 스승 신공(申公)을 추천하니, 천자가 사
신을 보내 속백(束帛)에다 벽(璧)을 더하고 안거사마(安車駟馬)
로 신공을 맞았다. 신공이 이미 이르자 천자가 치란(治亂)의
일을 물으니, 신공의 나이 80여 세였는데 대답하기를 "다스
리는 것은 말을 많이 하는 데 있는 것이 아니라 힘써 행하는
데 달려 있습니다." 하였다. 이때 천자가 바야흐로 문사(文詞)
를 좋아하였는데, 신공(申公)이 대답하는 것을 보고는 아무
말이 없었다. 그러나 이미 불러온 터라 태중대부(太中大夫)를
삼아 노저(魯邸)에 살게 하고, 명당(明堂)·순수(巡狩)·개력(改

316

歷)·복색(服色)의 일을 의논하게 하였다.

원문 上이 雅向儒術하니 丞相竇嬰과 太尉田蚡이 俱好儒術하여 推轂趙綰爲御史大夫하고 王臧으로 爲郞中令하다 綰이 請立明堂하여 以朝諸侯하고 且薦其師申公하니 天子 使使束帛加璧하고 安車駟馬로 以迎申公하여 既至에 天子問治亂之事하니 申公이 年八十餘라 對曰 爲治者는 不在多言이요 顧力行何如耳니이다 是時에 天子 方好文詞러니 見申公對하고 默然이나 然이나 已招致라 則以爲太中大夫하여 舍魯邸하고 議明堂巡狩改歷服色事하다

주 추곡(推轂) 수레를 밀어준다는 뜻으로 여기서는 천거를 뜻함. 명당(明堂) 왕자(王者)의 당(堂). 속백가벽(束帛加璧) 옛날 가장 귀중한 예물(禮物)로 덕이 높은 사람에게 보내는 것이다. 속백은 비단 5필을 각각 양끝을 말아서 한데 묶은 것. 안거사마(安車駟馬) 말 네 필이 끄는 높은 수레. 문사(文詞) 문장(文章)과 언사(言詞). 노저(魯邸) 한 나라 때는 각국의 저택을 경사(京師)에 지어놓았는데, 노의 저택도 있었음. 개력(改歷) 달력을 고치는 것.

2년(임인) 태황(太皇)의 두태후(竇太后)가 황로(黃老)의 말을 좋아하고 유술을 좋아하지 않아서, 조관(趙綰)과 왕장(王臧)이 문학으로 죄를 얻었다.

두태후가 생각하기를 '유자(儒者)는 꾸밈이 많고 질박함이 적은데, 지금 만석군(萬石君)의 집은 말하지 않고 실천으로 한다.'고 하여 그의 장자(長子) 건(建)을 낭중령으로 삼고, 작은 아들 경(慶)을 내사(內史)로 삼았다.

원문 壬寅二年이라 太皇竇太后 好黃老言하고 不悅儒術하니 趙綰王臧이 以文學으로 獲罪하다 竇太后 以爲儒者는 文多質少어늘 今萬石君家 不言而躬行이라 하여 乃以其長子建으로 爲郞中令하고 少子慶으로 爲內史하다

주 황로(黃老) 황제(黃帝)와 노자(老子)의 학(學)을 말한다. 즉 도교(道敎). 이문학획죄(以文學獲罪) 글로써 죄를 얻다. 조관과 왕장이 태자궁(太子宮)에서 일을 아뢰지 못하게 하기를 청하다가, 태후의 노여움

을 사 옥에 갇히자 모두 자살하고 말았음. 만석군(萬石君) 이천석(二
千石)의 벼슬을 한 집에서 다섯 사람이 하는 것.

3년(계묘) 상이 즉위하면서부터 천하의 문학과 재주와 지혜
있는 선비를 뽑아서 차례를 뛰어 대우하니, 사방에서 글을
올려 정치의 잘잘못을 말하고 스스로를 파는 자가 수천 명이
었다.

상이 그 가운데서 준수하고 특이한 자를 가려서 총애하여
썼는데, 장조(莊助)가 가장 앞서 진출하고, 후에 또 오인(吳人)
주매신(朱買臣)과 조인(趙人) 오구수왕(五丘壽王)과 촉인(蜀人)
사마상여(司馬相如)와 평원(平原)의 동방삭(東方朔)과, 오인 매
고(枚皐)와 제남(濟南)의 종군(終軍) 등을 얻어 모두 좌우에 두
었다. 그리고 매양 대신과 더불어 변론하고, 중외(中外)가 서
로 의리(義理)의 글로 응하게 하니, 대신들이 자주 꿀리게 되
었다. 그러나 사마상여는 다만 사부(辭賦)로 사랑을 받고 동
방삭과 매고는 지론(持論)의 근거가 없이 회해(詼諧)를 좋아하
니, 상이 배우로 길러 자주 상을 내리기는 하였으나 끝내 일
을 맡기지 않았는데, 동방삭 역시 상의 안색을 보아가며 때
때로 직간(直諫)하여 도움된 바가 있었다.

원문 癸卯三年이라 上이 自初卽位로 招選天下文學材智之士하여
待以不次之位하니 四方에 上書言得失하여 自眩鬻者 以千數러라
上이 簡拔其俊異者하여 寵用之하니 莊助 最先進하고 後에 又得
吳人朱買臣과 趙人吾丘壽王과 蜀人司馬相如와 平原東方朔과
吳人枚皐와 濟南終軍等하여 並在左右하여 每令與大臣으로 辨論
하여 中外 相應以義理之文하니 大臣이 數屈焉이러라 然이나 相
如는 特以辭賦로 得幸하고 朔皐는 不根持論하고 好詼諧하니 上
이 以俳優畜之하여 雖數賞賜나 終不任以事也하고 朔이 亦觀上
顔色하여 時時直諫하니 有所補益이러라

㊟ **불차지위**(不次之位) 차례에 구애받지 않는 지위. **자견육**(自眩鬻) 자
신을 파는 것. 견육은 판다는 뜻. **불근지론**(不根持論) 지론에 뿌리가

318

없음. **직간**(直諫) 곧이곧대로 간하는 것.

　6년(병오) 무안후(武安侯) 전분(田蚡)이 승상이 되었다. 전분은 교만하고 사치스러워 집치장이 여러 집 가운데서 제일이고 전원(田園)이 지극히 기름지며, 군현(郡縣)의 물건을 사들이는 것이 길에 서로 잇따르고 사방에서 뇌물을 많이 받아서, 그 집의 금옥(金玉)·부녀(婦女)·구마(狗馬)·성악(聲樂)·완호(玩好)를 이루 헤아릴 수 없었다.

　매양 일을 아룀에 있어 앉아서 말을 하면 날을 넘기었는데, 말한 것은 임금이 모두 들어주어서 천거된 사람이 혹 집안을 일으켜 2000석에 이르기도 하니, 권력이 주상(主上)으로부터 옮겨졌다. 상이 이에 말하기를 "그대가 관리 임명하는 것을 아직 다하지 못하였는가. 나도 관리를 임명해 보고자 한다." 하였다.

　일찍이 고공부(考工府)의 땅에다 집을 늘려 짓기를 청하니, 상이 노하여 이르기를 "그대는 어찌 무고(武庫)의 땅을 차지하지 않는가?" 하니, 이후에 조금 덜하게 되었다.

원문 丙午六年이라 武安侯田蚡이 爲丞相하다 蚡驕侈하여 治宅이 甲諸第하여 田園이 極膏腴하고 市買郡縣物하여 相屬於道하고 多受四方賂遺하니 其家金玉婦女狗馬聲樂玩好 不可勝數러라 每入奏事에 坐語移日하고 所言은 皆聽하여 薦人에 或起家至二千石하니 權移主上이라 上이 乃曰 君이 除吏盡未아 吾亦欲除吏하노라 嘗請考工地益宅이어늘 上은 怒曰 君은 何不遂取武庫오 是後에 乃稍退하다

　　주 **치택**(治宅) 집치장. **고유**(膏腴) 논밭이 기름짐. 부유함. **이일**(移日) 날을 넘기는 것. **권이주상**(權移主上) 권한이 임금으로부터 옮겨지는 것. **고공**(考工) 공작(工作)과 기계를 담당한 부서. **무고**(武庫) 무기를 보관하는 창고.

○ 동해태수(東海太守) 급암(汲黯)이 주작도위(主爵都尉)가 되었

다. 처음에 급암이 알자(謁者)가 되었는데 너무 엄격하여 미
움을 받았다. 하내(河內)에 불이 나서 1000여 채의 집을 연소
시키니, 상이 급암을 시켜 가서 살펴보게 하였다. 돌아와서
보고하기를 "집주인이 실화(失火)하여 즐비한 집을 태운 것은
걱정할 것이 못 되나, 신이 하남(河南)을 지나갈 때 가난한
사람들이 가뭄으로 만여 가구가 고통을 받아 혹 부자(父子)가
서로를 잡아먹기도 하였습니다. 그래서 신이 삼가 편의에 따
라 절(節)을 지니고 가 창고의 곡식을 내어 가난한 사람을 구
제하였으니, 청컨대 절을 돌려주고 교제(矯制)한 죄를 받고자
합니다." 하니, 상이 어질다고 하여 석방하였다.

원문 東海太守汲黯이 爲主爵都尉하다 始黯이 爲謁者하여 以嚴
見憚이러니 河內失火하여 延燒千餘家어늘 上이 使黯往視之한대
還報曰 家人이 失火하여 屋比延燒는 不足憂也어니와 臣이 過河
南할새 貧人이 傷水旱萬餘家하여 或父子相食이라 臣이 謹以便宜
로 持節하고 發倉粟하여 以賑貧民하니 請歸節하고 伏矯制之罪하
노이다 上이 賢而釋之하다

㊀ 가인(家人) 서민을 일컫는 말. 편의(便宜) 법조문에 구애받지 않고
편리할 대로 하는 것. 교제(矯制) 임금의 명령이라고 속이는 것.

그가 동해군에 있을 때 관을 다스리고 백성을 다스림에 있
어 청정하게 하는 것을 좋아하여, 그 다스림이 무위(無爲)함
을 힘쓰는 데 두고 대체(大體)만을 이끌어 문서와 법령에 구
애되지 않았다.

급암의 사람됨은 성품이 거만하고 예의가 적으며, 면전에
서 꾸짖어 남의 허물을 용납하지 못하였다. 이때 천자가 바
야흐로 문학과 유자(儒者)를 초치(招致)하였는데, 상이 이르기
를 "나는 이렇게 하고자 한다."라고 하였다.

급암이 대답하기를 "폐하께서는 안으로는 욕심이 많으시면
서도 겉으로는 인의를 베푸시거늘, 어찌하여 당우(唐虞)의 다

스림을 본받고자 하십니까?" 하니, 상이 묵묵히 있다 성을
내어 안색을 바꾸고는 조회를 끝냈다. 공경(公卿)들이 모두
급암을 위태롭게 생각했는데, 상이 물러가 좌우에게 말하기
를 "심하구나, 급암의 우직함이여!"라고 하였다.

여러 신하들이 혹 급암을 꾸짖으니, 급암이 말하기를 "천
자께서 공경(公卿)과 보필하는 신하를 두셨는데, 어떻게 아첨
하고 뜻을 받들어 임금을 불의(不義)에 빠지게 할 수 있겠는
가. 또 자신이 그 지위에 있으니 비록 몸을 아낀다 하더라도
조정에 욕됨이 어떻겠는가?" 하였다.

원문 其在東海에 治官理民을 好淸靜하여 其治 務在無爲하고 引
大體하여 不拘文法이러라 黯의 爲人이 性倨少禮하고 面折不能容
人之過러라 時에 天子方招文學儒者할새 上曰 吾欲云云하노라 黯
이 對曰 陛下 內多欲而外施仁義하시니 奈何로 欲效唐虞之治乎
이까 上이 默然怒變色 而罷朝하니 公卿이 皆爲黯懼러니 上이 退
謂左右曰 甚矣라 汲黯之戇也여 羣臣이 或數黯한대 黯이 曰 天
子 置公卿輔弼之臣하시니 寧令從諛承意하여 陷主於不義乎아 且
己在其位하니 縱愛身이나 奈辱朝廷에 何오

주 무위(無爲) 일을 만들어 하지 않는 것. 문법(文法) 문서와 법령. 면
절(面折) 면전에서 따지고 꾸짖는 것. 당우지치(唐虞之治) 요순시대
의 태평스런 정치. 수(數) 책망하다의 뜻.

급암이 병이 많아 그를 위해 장조(莊助)가 휴가 줄 것을 청
하니, 상이 이르기를 "급암은 어떤 사람인가?" 하였다. 장조
가 아뢰기를 "급암으로 하여금 관직에 있게 하면 다른 사람
보다 뛰어남이 없습니다. 그러나 어린 임금을 보좌하는 데
이르러서는 뜻을 지킴이 매우 견고하여 불러도 오지 않고 물
리쳐도 가지 않으니, 비록 스스로 분육(賁育)이라 자칭하는
자라도 그 뜻을 빼앗지 못할 것입니다." 하니, 상이 이르기를
"그렇다. 옛날에 사직의 신하가 있다고 하였는데 급암이 거
기에 가깝다."라고 하였다.

원문 黯이 多病이라 莊助 爲請告한대 上曰 汲黯은 何如人哉오
助曰 使黯으로 任職居官이면 無以踰人이어니와 然이나 至其輔少
主하여는 守成深堅하여 招之不來요 麾之不去하여 雖自謂賁育이
라도 亦不能奪之矣리이다 上曰 然하다 古有社稷之臣이러니 至如
黯하여 近之矣로다

㊀ 청고(請告) 휴가를 청하는 것. 수성(守成) 이루어진 것을 잃지 않고
지키는 것. 심견(深堅) 뜻을 지켜 빼앗을 수 없다의 뜻. 분육(賁育)
고대의 역사(力士)인 맹분(孟賁)과 하육(夏育)을 아울러 이른 것임.
사직지신(社稷之臣) 나라와 운명을 같이하는 신하.

원광 원년(정미) 겨울 11월, 처음으로 군국(郡國)으로 하여
금 효렴(孝廉) 각 한 사람씩을 천거하게 하였으니, 동중서의
말을 따른 것이다.

원문 丁未 元光元年이라 冬十一月에 初令郡國으로 擧孝廉各一
人하니 從董仲舒之言也러라

㊀ 효렴(孝廉) 효자와 청렴한 사람. 이들을 각 고을에서 추천하면 벼슬
을 주었음.

2년(무신) 이소군(李少君)이 사조각로(祠竈却老)의 방술로써
상을 뵈니 상이 존경하였는데, 이소군이 말하기를 "사조하면
치물(致物)하고 단사(丹砂)를 황금으로 변화시킬 수 있어서,
목숨을 더 늘릴 수 있고 봉래(蓬萊)의 신선을 볼 수가 있으
니, 보고서 봉선(封禪)하면 죽지 않습니다." 하였다.

그래서 천자가 비로소 친히 사조하고 방사(方士)를 보내 바
다로 들어가 봉래와 안기생(安期生)의 무리를 찾게 하니, 바
닷가의 연(燕)·제(齊)의 오괴(迂恠)한 선비들이 찾아와 신선에
대해 말하는 자가 많았다.

원문 戊申二年이라 李少君이 以祠竈却老方으로 見上이어늘 上이
尊之러니 少君이 言祠竈則致物이요 而丹砂를 可化爲黃金이니 壽
可益이요 蓬萊仙者可見이니 見之以封禪則不死리이다 於是에 天

子 始親祠竈하고 遣方士入海하여 求蓬萊安期生之屬하니 海上燕
齊迂怪之士 多更來言神仙事矣러라

> 㗊 **사조각로(祠竈却老)** 사조는 부엌의 귀신에게 제사를 지내는 것. 각
> 로는 늙음을 쫓고 나이를 늘릴 수 있다는 뜻. **치물(致物)** 물은 약물
> (藥物). 약물을 만들다의 뜻. **단사(丹砂)** 수은(水銀)과 유황(硫黃)의
> 붉은색으로 된 화합물. 선약(仙藥)으로 쓰임. **봉선(封禪)** 봉은 큰 산
> 에다 단을 쌓아 하늘에 제사지내는 것이며, 선은 땅을 깎아 지신(地
> 神)에게 제사지내는 것. **방사(方士)** 방술하는 사람. **안기생(安期生)**
> 낭야(瑯琊) 사람으로 동쪽 바닷가에서 약을 팔았는데, 1000세를 살았
> 다 함.

안문(鴈門) 마읍(馬邑)의 호걸(豪傑) 섭일(聶壹)이 대행(大行)
의 왕회(王恢)를 통하여 말하기를 "흉노가 처음으로 화친하여
변방과 친신(親信)하니, 이익으로 꾀어내어 복병(伏兵)하여 습
격하면 반드시 깨뜨릴 도리가 있습니다." 하였다. 임금이 공
경(公卿)을 불러 물으니, 한안국(韓安國)이 말하기를 "신은 들
으니, 고제(高帝)께서 일찍이 평성(平城)에서 포위되어 7일 동
안 먹지 못하셨는데, 풀려나시어 제위(帝位)에 올라 분노하는
마음을 두지 않으셨다 합니다. 대저 성인은 천하로써 헤아리
는 것이요, 자기의 사사로운 노여움으로 천하의 공(功)을 상
하게 하지 않습니다. 그래서 유경(劉敬)을 보내 화친을 맺어
지금까지 5세(世) 동안 이로우니, 신의 생각에는 습격하지 않
음이 좋을 듯합니다." 하였다.

왕회가 아뢰기를 "그렇지 않습니다. 고제께서 갑옷을 입고
무기를 들고 싸운 지 거의 10년이었는데, 평성의 노여움을
갚지 않음은 힘으로 할 수가 없어서가 아니요 천하를 쉽게
하려는 마음 때문이었습니다. 지금 변경이 자주 시끄럽고 사
졸이 다치거나 죽고 있으니, 이는 어진 사람이 측은하게 여
기는 바입니다. 그러므로 습격하는 것이 좋습니다." 하였다.

㗊 鴈門馬邑 豪聶壹이 因大行王恢하여 言 匈奴 初和親하여
親信邊하니 可誘以利致之하여 伏兵襲擊이면 必破之道니이다 上

이 召問公卿한대 韓安國이 曰 臣은 聞高皇帝嘗圍於平城하여 七
日不食이러시니 及解圍反位하얀 而無忿怒之心하시니 夫聖人은
以天下로 爲度者也라 不以己私怒로 傷天下之功하니 故로 遣劉
敬하여 結和親하여 至今爲五世利하니 臣은 竊以爲勿擊이 便이라
하노이다 恢曰 不然하다 高帝 身被堅執銳하여 行幾十年하시니 所
以不報平城之怒者는 非力不能이라 所以休天下之心也니 今에
邊境이 數驚하고 士卒이 傷死하니 此는 仁人之所隱也라 故로 曰
擊之便이니이다

> 주 대행(大行) 벼슬 이름. 피견집예(被堅執銳) 단단한 갑옷을 입고 날
> 카로운 무기를 지니는 것. 삭경(數驚) 자주 놀라는 것. 은(隱) 불쌍
> 히 여기는 것.

상이 왕회의 의견을 따라 한안국(韓安國)·이광(李廣)·공손
하(公孫賀)·왕회·이식(李息)으로 하여금 거기(車騎)와 재관(材
官) 30여 만을 거느리게 하여 마읍(馬邑) 옆 골짜기에 복병하
게 하고, 몰래 섭일(聶壹)로 하여금 간첩(間諜)을 삼아 흉노로
도망하여 들어가 선우에게 말하게 하기를 "내가 마읍령(馬邑
令)과 승(丞)을 죽이고 성(城)을 가지고 항복할 것이니, 재물
을 모조리 얻을 수 있을 것이오." 하니, 선우가 그렇게 여겨
허락하였다.

섭일이 이에 거짓으로 죽을 죄를 진 죄수를 참하여 그 머
리를 마읍성 아래에다 매달아, 선우의 사자에게 보여 믿게
하였다. 이때 선우가 장성(長城)을 넘어 10만 기병을 거느리
고 무주새(武州塞)에 들어와 안문(鴈門)의 위사(尉史)를 붙잡아
죽이려고 하니, 위사가 이때 선우에게 한병(漢兵)이 주둔하고
있는 곳을 말하자 선우가 크게 놀라 군사를 이끌고 돌아갔다.
한병이 추격하여 새(塞)에 이르렀으나 미치지 못할 것을 헤아
리고는 추격을 멈추니, 상이 노하여 왕회를 정위(廷尉)에게
내리자 자살하고 말았다.

이때부터 흉노가 화친을 끊었으나 오히려 관시(關市)를 욕

심내어 한(漢)의 재물을 좋아하고, 한나라 역시 관시를 끊지 않아 그들 뜻을 맞추었다.

원문 上이 從恢議하여 使韓安國李廣公孫賀王恢李息으로 將車騎材官三十餘萬하여 匿馬邑旁谷中하고 陰使聶壹로 爲間하여 亡入匈奴하여 謂單于曰 吾能斬馬邑令丞하고 以城降하리니 財物을 可盡得하리라 單于 以爲然許之어늘 聶壹이 乃詐斬死罪囚하여 縣其頭馬邑城下하여 示單于使者하여 爲信한대 於時에 單于 穿塞將十萬騎하고 入武州塞하여 得鴈門尉史하여 欲殺之어늘 尉史 乃告單于漢兵所居하니 單于 大驚하여 引兵還이라 漢兵이 追至塞하여 度不及하고 乃皆罷兵하니 上이 怒하여 下恢廷尉한대 自殺하다 自是로 匈奴 絶和親이나 然이나 尙貪樂關市하여 嗜漢財物하고 漢亦關市不絶하여 以中其意러라

주 재관(材官) 무졸(武卒). 영승(令丞) 현령(縣令)과 승(丞). 천새(穿塞) 새는 만리장성을 가리킨다. 장성을 넘어오는 것. 정위(廷尉) 법을 담당하는 관원. 관시(關市) 변방에서 열리는 시장. 이때 흉노와 한나라는 변방에 저자를 열고 서로 교역을 행하였음. 이중기의(以中其意) 그들의 뜻을 맞추어 주다의 뜻.

《식화지(食貨志)》에는 이렇게 되어 있다.

"황제가 문제(文帝)·경제(景帝)의 저축을 이어받고 호월(胡粤)의 해(害)를 분개하여, 즉위한 수년에 엄조(嚴助)와 주매신(朱買臣) 등을 등용하여 동구(東甌)를 부르고 양월(兩越)을 쳐서 강회(江淮) 사이가 소란하고 비용이 많이 들었다. 당몽(唐蒙)과 사마상여(司馬相如)는 서남쪽 오랑캐 땅을 개척하여 산을 뚫어 길을 천여 리나 통하여 파촉(巴蜀)을 넓히니 파촉 사람들이 피로하고, 팽오(彭吳)는 예맥(穢貊)·조선(朝鮮)을 쳐서 창해군(滄海郡)을 두니, 연(燕)·제(齊) 사이가 동요하여 시끄러웠다. 왕회가 마읍을 꾀할 때 흉노가 화친을 끊고는 북쪽 변방을 침략하여 싸움이 그치지 않았다. 그래서 천하가 그 노고를 함께하고 전쟁이 날로 성해서, 길을 가는 사람은 양

식을 준비해 가고 집에 있는 자는 영결(永訣)하여 보내고 중외가 소란해 백성들이 지치고 재력이 소모되었으며, 법령이 엄하고 이익을 탐하는 신하가 이로부터 있게 되었다."

원문 食貨志에 云 帝承文景之蓄하고 憤胡粵之害하여 卽位數年에 用嚴助朱買臣等하여 招東甌하며 事兩越하니 江淮之間이 蕭然煩費하고 唐蒙司馬相如開西南夷하여 鑿山通道千餘里하여 以廣巴蜀하니 巴蜀之民이 罷焉하고 彭吳 穿穢貊朝鮮하여 置滄海郡하니 燕齊之間이 靡然騷動이러니 及王恢 謀馬邑에 匈奴 絶和親하고 侵擾北邊하니 兵連而不解라 天下 共其勞하고 干戈日滋하여 行者齎하고 居者送하고 中外 騷然하여 百姓이 刓敝하고 財力이 衰耗라 法嚴令具하여 興利之臣이 自此而始하니라

㊟ 동구(東甌) 민중(閩中) 지방. 양월(兩越) 민월(閩越) 지방과 남월(南越) 지방. 피(罷) 피로하다. 피(疲)와 같음. 간과(干戈) 싸움, 전쟁. 흥리지신(興利之臣) 이익을 탐하는 신하.

3년(기유) 상이 장탕(張湯)으로 태중대부(太中大夫)를 삼아 조우(趙禹)와 함께 여러 율령(律令)을 정하게 하니, 법조문을 엄하게 하는 데 힘써 직책을 지키는 관리를 구속받게 하고 견지법(見知法)을 만들어 관리들이 서로 돌아가며 감시하게 하니, 더욱 각박한 용법이 이로부터 시작되었다. 이 해에 관리와 백성 가운데 당시에 힘쓸 일을 밝게 알고 선성(先聖)의 술(術)을 익힌 자를 모집하여 현(縣)에서 차례로 먹을 것을 대주어 상계부사(上計簿使)와 함께 서울로 오도록 하였다.

원문 己酉三年이라 上이 以張湯으로 爲太中大夫하여 與趙禹로 共定諸律令하니 務在深文이라 拘守職之吏하고 作見知法하여 吏傳相監司하니 用法益刻이 自此始러라 是歲에 徵吏民에 有明當世之務하며 習先聖之術者하여 縣次續食하여 令與計偕하다

㊟ 무재심문(務在深文) 문은 법령. 법령을 각박하게 하는 데 힘쓰는 것. 구수직지리(拘守職之吏) 직에 있는 자가 마음대로 하지 못하고 법대

로만 하도록 구속하는 것. **견지법**(見知法) 아는 사람이 법을 범하는 것을 보고도 고하지 않은 자는 같은 죄를 주는 법. **감사**(監司) 감독하고 감시하는 것. **영여계해**(令與計偕) 계는 해마다 고을에서 서울로 보내는 사람인 상계부사(上計簿使). 부름을 받은 자가 이 상계부사와 함께 서울로 올라오게 하는 것.

치천(菑川) 사람 공손홍(公孫弘)이 대책(對策)으로 아뢰었다. "신은 들으니, 상고(上古) 요순(堯舜)시대에는 작상(爵賞)을 귀히 여기지 않아도 백성들이 선(善)을 권하고, 형벌을 엄하게 하지 않아도 백성들이 범하지 않은 것은 자신이 바른 것으로 솔선하여 백성들의 믿음을 받았기 때문입니다. 말세에는 작상을 귀하게 하고 후히 해도 백성들이 권면하지 않고, 엄한 형벌을 더 엄하게 해도 간사함이 그치지 않은 것은 윗사람이 바르지 못하여 백성들이 믿지 않기 때문입니다. 대저 상을 후하게 주고 벌을 엄하게 하는 것은 선을 권면하고 잘못을 금하기에 부족하고, 반드시 믿게 해야 할 뿐입니다.

그러므로 능력있는 사람을 관리로 임명하면 그 직분이 다스려지고, 쓸데없는 말을 없애면 실정(實情)을 알아낼 수 있으며, 쓸데없는 기물을 만들지 않으면 부렴(賦斂)이 줄고, 농사철을 빼앗지 않고 민력(民力)을 방해하지 않으면 백성들이 부유해집니다. 덕있는 자가 나오고 덕없는 자가 물러가면 조정이 존중되고, 공이 있는 자가 나오고 공이 없는 자가 나가면 여러 신하들이 차례가 있게 되며, 합당한 죄로 벌을 주면 간사함이 그치고, 현명한 사람에게 합당한 상을 주면 신하들이 권면될 것입니다. 이 여덟 가지는 정치의 근본입니다. 때문에 백성에게 직업이 있으면 다투지 않고, 이치에 맞으면 원망하지 않으며, 예(禮)가 있으면 포악하지 않고, 사랑하면 윗사람을 친애하게 되니, 이것이 천하의 급선무입니다."

[원문] 菑川人公孫弘이 對策曰 臣은 聞上古堯舜之時에 不貴爵賞而民勸善하며 不重刑罰 而民不犯은 躬率以正而遇民信也러니 末世에 貴爵厚賞 而民不勸하며 深刑重罰 而姦不止는 其上이 不

正하여 遇民不信也니 夫厚賞重罰이 未足以勸善而禁非라 必信
而已矣니이다 是故로 因能任官 則分職이 治하고 去無用之言 則
事情이 得하고 不作無用之器 則賦斂이 省하고 不奪民時하며 不
妨民力 則百姓이 富하고 有德者進하며 無德者退 則朝廷이 尊하
고 有功者上하고 無功者下하면 則羣臣이 逡하고 罰當罪하면 則
姦邪止하고 賞當賢하면 則臣下勸하리니 凡此八者는 治之本也라
故로 民者는 業之則不爭하고 理得則不怨하고 有禮則不暴하고 愛
之則親上하나니 此는 有天下之急者也니이다

⦿ **대책**(對策) 책문(策問)과 같은 말. 정치에 대한 의견을 묻는 데 대해
답하는 글. 과거(科擧)의 한 과목이 되었음. **분직**(分職) 직분, 직책.
부렴(賦斂) 세금을 거두는 것. **불탈민시**(不奪民時) 농사철에 백성을
부역시키지 않는 것.

"예의란 백성들이 마음으로 복종하는 것이며, 상벌이 순리
에 맞으면 백성들이 금법(禁法)을 범하지 않습니다. 그러므로
의관(衣冠)을 구분하고 장복(章服)을 달리해도 백성들이 금법
을 범하지 않음은 이 도가 평소 행하여져서입니다. 신은 들
으니, 기(氣)가 같으면 따르고 소리[聲]가 비슷하면 서로 응한
다고 합니다. 이제 임금의 덕(德)이 위에서 화합하면 백성이
아래에서 화합하게 될 것입니다. 그러므로 마음이 화합하면
기(氣)가 화합되고, 기가 화합하면 형(形)이 화합되고, 형이
화합하면 소리가 화합되며, 소리가 화합하면 천지가 화합하
여 함께 느낄 것입니다. 그러므로 음양(陰陽)이 화합하고 비
바람이 때에 맞고 감로(甘露)가 내리고 오곡이 풍년 들고 육
축(六畜)이 번성하고 가화(嘉禾)가 있게 되고 주초(朱草)가 나
고 산이 헐벗지 않고 못이 마르지 않게 되니, 이것은 화(和)
의 지극한 것입니다."

[원문] 禮義者는 民之所服也라 而賞罰이 順之則民不犯禁矣니 故
로 畫衣冠異章服이로되 而民不犯禁者는 此道 素行也니이다 臣은
聞之하니 氣同則從하고 聲比則應이라 하니 今人主和德於上하시면

328

百姓이 和合於下하리니 故로 心和則氣和하고 氣和則形和하고 形
和則聲和하고 聲和則天地之和應矣라 故로 陰陽和하고 風雨時하
고 甘露降하고 五穀登하고 六畜蕃하고 嘉禾興하고 朱草生하고 山
不童하고 澤不涸하나니 此는 和之至也니이다

㈜ 화덕(和德) 덕에 화합됨. 기화(氣和) 마음이 화합됨. 형화(形和) 용
모가 화순(和順)함. 성화(聲和) 소리가 화평함. 감로(甘露) 태평스런
시대에 내린다는 이슬. 주초(朱草) 상서로운 붉은 풀. 동(童) 산에
초목이 없는 민둥산의 뜻.

"신은 들으니 요(堯)임금은 홍수를 만나 우(禹)임금에게 다
스리게 하였는데 우임금 때 홍수가 있었다는 말을 듣지 못하
였으며, 탕(湯)임금 때의 가뭄은 걸(桀)임금이 남긴 폐해였습
니다. 걸과 주(紂)는 악을 행하여 천벌을 받았으며, 우임금과
탕임금은 덕을 쌓아 천하의 제왕이 되었다고 합니다. 이로써
보건대 하늘의 덕은 사사로이 친애함이 없어 따르면 화(和)가
일어나고 거스르면 해가 생기게 되니, 이는 천문(天文)·지리
(地理)·인사(人事)의 법칙입니다."

원문 臣은 聞之하니 堯遭洪水하여 使禹治之요 未聞禹之有水也
며 若湯之旱則桀之餘烈也라 桀紂는 行惡하여 受天之罰하고 禹
湯은 積德하여 以王天下하시니 由此觀之컨대 天德이 無私親하여
順之면 和起하고 逆之면 害生하나니 此는 天文地理人事之紀也니
이다

㈜ 여열(餘烈) 남은 업적. 남은 폐독(弊毒). 사친(私親) 사사로이 친하
는 것.

이때 대책(對策)한 자가 백여 명이었는데, 태상(太常)에서
공손홍(公孫弘)의 급제(及第)를 맨 밑에 두어 아뢰었으나, 책
을 아뢰자 천자가 공손홍의 대책을 첫번째로 발탁하여 박사(博
士)로 임명하고, 금마문(金馬門)에서 조서를 기다리게 하였다.

원문 時에 對者百餘人이라 太常이 奏弘第居下러니 策奏에 天子

擢弘對爲第一하여 拜爲博士하고 待詔金馬門하다

㊟ 태상(太常) 관서명. 제(第) 급제.

○제인(齊人) 원고(轅固)는 나이가 90여 세로 역시 현량(賢良)
으로 부름을 받았는데, 공손홍이 똑바로 바라보지 못하고 원
고를 섬겼다. 원고가 말하기를 "공손홍은 정학(正學)으로 말
하기를 힘쓰고 곡학(曲學)으로 세상에 아부함이 없다."고 하
니, 여러 유신(儒臣) 가운데 원고를 미워하는 자가 많아, 원고
가 마침내 늙었다 하면서 그만두고 돌아갔다.

원문 齊人轅固 年이 九十餘라 亦以賢良으로 徵이러니 公孫弘이
仄目而事固어늘 固曰 公孫子는 務正學以言하고 無曲學以阿世라
하니 諸儒 多疾毀固者어늘 固 遂以老로 罷歸하다

㊟ 징(徵) 징소(徵召). 어명으로 부르는 것. 측목(仄目) 눈을 바로 뜨고
바라보지 못하는 것. 정학(正學) 정도(正道)를 배우는 것. 곡학(曲
學) 사도(邪道)를 배우는 것. 아세(阿世) 세상에 아부하는 것.

○공손홍이 매일 아침 회의에서 그 일의 단서(端緖)만을 개
진하여 임금으로 하여금 스스로 택하게 하고, 면절정쟁(面折
廷諍)을 좋아하지 않았다. 그래서 상이 그의 행실이 조심스럽
고 후하며, 변론이 풍부하고 법률과 관리의 일에 익숙하며,
유술(儒術)로 꾸미고 있음을 보고는 크게 기뻐하여 1년 안에
좌내사(左內史)까지 승진시켰다.

공손홍은 조정에서 쟁변하지 않을 수 없는 일이 있으면 항
상 먼저 급암(及黯)에게 틈을 얻어 먼저 발론하게 하고 그 뒤
에서 밀어주니, 천자가 항상 기뻐하면서 말하는 바를 모두
들어주고, 이로써 더욱 친애하고 귀히 여겼다.

공손홍이 일찍이 공경(公卿)과 더불어 의논을 약속하고 상
앞에 이르렀는데 모두 그 약속을 어기고 상의 뜻에만 따르자,
급암이 조정에서 공손홍을 꾸짖기를 "제인(齊人)은 속임수가
많고 실정(實情)이 없어서, 처음에는 신(臣)들과 더불어 이 의

논을 냈는데 지금은 모두 배반하니, 충성스럽지 못합니다."
하였다.

상이 공손홍에게 묻자, 공손홍이 사양하면서 말하기를 "대
저 신을 아는 자는 신이 충성스럽다 하고, 신을 모르는 자는
신이 충성스럽지 못하다고 합니다." 하니, 상이 공손홍의 말
을 옳게 여겨 더욱 후하게 대우하였다.

원문 弘이 每朝會議에 開陳其端하여 使人主自擇하고 不肯面折
廷爭하니 於是에 上이 察其行이 愼厚하고 辯論이 有餘하고 習文
法吏事하고 緣飾以儒術이라 하여 大說之하고 一歲中에 遷至左內
史하다 弘이 奏事에 有不可不廷辯이면 常與汲黯으로 請間하여
黯이 先發之하고 弘이 推其後하니 天子 常說하여 所言을 皆聽하
고 以此로 益親貴러라 弘이 嘗與公卿으로 約議하고 至上前하여
皆倍其約하고 以順上旨어늘 汲黯이 廷詰弘曰 齊人이 多詐而無
情實하여 始與臣等으로 建此議하고 今皆倍之하니 不忠이니이다
上이 問弘한대 弘이 謝曰 夫知臣者는 以臣爲忠이요 不知臣者는
以臣爲不忠이니이다 上이 然弘言하여 益厚遇之러라

㊜ 면절정쟁(面折廷爭) 면절은 얼굴을 맞대고 꾸짖는 것, 정쟁은 조정
에서 말로 옳고 그름을 따지는 것. 연식이유술(緣飾以儒術) 유술로
몸을 장식하다. 유술에 따라 행동한다는 뜻. 청간(請間) 틈을 주기
를 청하는 것. 배(倍) 배반하다. 배(背)와 같음.

6년(임자) 겨울에 처음으로 장사꾼의 수레에 세금을 매겼다.

원문 壬子六年이라 冬에 初筭商車하다

㊜ 초산(初筭) 처음으로 세금을 매김. 상거(商車) 장사꾼의 수레.

○흉노가 상곡(上谷)에 들어와 관리와 백성들을 죽이고 약탈
하자 장군 위청(衞靑)을 보내 상곡으로 가게 하고, 공손오(公
孫敖)는 대(代) 땅으로 가게 하고, 공손하(公孫賀)는 운중(雲中)
으로 가게 하고, 이광(李廣)은 안문(鴈門)으로 가게 하여, 각

각 1만 기로 호(胡)를 치게 하였다.

위청이 용성(龍城)에 이르러 오랑캐의 포로와 수급(首級) 700인을 얻고, 공손하는 얻은 바가 없었으며, 공손오와 이광은 모두 오랑캐에게 패배하여, 오직 위청에게만 관내후(關內侯)의 벼슬을 내렸다.

위청은 비록 오랑캐 출신이기는 하나 말달리기와 활쏘기를 잘하고 재력(材力)이 남보다 뛰어났으며, 사대부를 만나면 예(禮)를 하고 사졸들에게 은혜를 끼쳐 많은 사람들이 그에게 쓰이는 것을 즐거워했으며, 장수의 재능이 있었기 때문에 매양 싸움터에 나갈 때마다 공을 세워, 천하가 이로 말미암아 임금의 사람 알아보는 것에 탄복하였다.

원문 匈奴가 入上谷하여 殺略吏民이어늘 遣將軍衛靑하여 出上谷하고 公孫敖는 出代하고 公孫賀는 出雲中하고 李廣은 出鴈門하여 各萬騎로 擊胡하다 衛靑은 至龍城하여 得胡首虜七百人하고 公孫賀는 無所得하고 公孫敖李廣은 皆爲胡所敗어늘 唯靑을 賜爵關內侯하다 靑이 雖出於奴虜나 然이나 善騎射하고 材力이 絶人하고 遇士大夫以禮하고 與士卒有恩하니 衆樂爲用하고 有將帥材故로 每出에 輒有功하니 天下 由此로 服上知人이러라

㉾ 수로(首虜) 수는 적의 머리를 베는 것, 노는 포로를 뜻함. 중락위용(衆樂爲用) 많은 사람이 그에게 쓰이는 것을 즐거워하는 것. 지인(知人) 사람을 알아보는 것.

원삭 원년(계축) 겨울에 조서(詔書) 내리기를 "짐이 집사(執事)에게 엄히 명하여 청렴하고 효도하는 자를 천거하게 하니, 거의 이것이 풍속이 되어 옛 성인의 아름다운 사람을 잇게 되었다. 대저 열 집만이 사는 고장에도 반드시 충신 한 사람이 있게 마련인데, 지금 어떤 고을은 한 사람도 천거하지 않으니, 이는 교화(敎化)가 아래에 미치지 못해서 행실이 있는 군자가 위에 보고되는 것이 막힌 것이다. 또 어진 이를 천거하면 높은 상을 받고, 어진 이를 감추면 죽임을 당하는 것이

332

옛 도리이니, 천거하지 않은 이천석(二千石)의 죄를 논하라."
하였다. 유사(有司)가 아뢰기를 "효자를 천거하지 않음은 조
명(詔命)을 받들지 않은 것이니 불경죄(不敬罪)로 논해야 하
고, 청렴한 사람을 살피지 않은 것은 직임을 감당하지 못한
것이니 면직에 해당됩니다." 하니, 아뢴 대로 하라고 하였다.

[원문] 癸丑 元朔元年이라 冬에 詔曰 朕이 深詔執事하여 興廉擧
孝하여 庶幾成風하여 紹休聖緖하노니 夫十室之邑에 必有忠信이
어늘 今或至闔郡而不薦一人하니 是는 化不下究하여 而積行之君
子가 壅於上聞也라 且進賢에 受上賞하고 蔽賢에 蒙顯戮은 古之
道也니 其議二千石이 不擧者를 罪하라 有司 奏하되 不擧孝는 不
奉詔니 當以不敬으로 論하고 不察廉은 不勝任이니 當免이니이다
하니 奏를 可라 하다

　　[주] 집사(執事) 일을 담당하는 사람. 십실지읍(十室之邑) 열 집이 사는
　　작은 고을. 현륙(顯戮) 드러내어 죽이는 것.

○이광을 우북평태수(右北平太守)로 임명하니, 흉노가 '한나
라의 비장군(飛將軍)'이라고 부르면서 여러 해 동안 피하여
우북평에 감히 들어오지 못하였다.

[원문] 李廣으로 召拜爲右北平太守하니 匈奴 號曰 漢之飛將軍이
라 하여 避之數歲에 不敢入右北平이러라

○임치(臨菑) 사람 주부언(主父偃)·엄안(嚴安)과 무종(無終)
사람 서낙(徐樂)이 모두 글을 올려 일을 아뢰었다. 처음에 주
부언이 제(齊)·연(燕)·조(趙)를 유람하였는데 모두 후히 대우
하지 않고 제생(諸生)이 서로 배척하며 용납하지 않았다. 집
안이 가난하여 빌려쓸 길이 없어 서쪽으로 관에 들어가 대궐
아래에서 글을 올렸는데, 아침에 아뢰어 지녁에 불려들어갔
다. 말한 바가 아홉 가지 일이었는데, 그 중 여덟 가지 일은
율령(律令)이고, 한 가지 일은 흉노를 정벌하는 것을 간(諫)한

것이었다.

엄안이 글을 올려 아뢰하기를 "지금 천하 백성들이 재물을 씀이 사치스럽고, 또 지금에는 남쪽 오랑캐를 정복하고 야랑국(夜郞國)을 조회하게 하고, 강(羌)과 극(僰)을 항복시켰으며 예주(薉州)를 빼앗아 성읍(城邑)을 세우고, 흉노에 깊이 들어가 그들의 용성(龍城)을 불태웠으니, 이는 신하에게는 이롭지만 천하의 좋은 계책은 아닙니다." 하였다.

서낙은 글을 올려 아뢰기를 "천하의 근심이 흙더미가 무너지는 것과 같으니, 진(秦)나라의 말세(末世)가 그랬습니다. 지난번 관동(關東)에 흉년이 들어 곤궁한 백성들이 많았고, 게다가 변경의 일까지 있었으니, 운수와 이치로 따져보면 백성들이 불안한 것은 흙더미가 무너지는 듯한 형세입니다. 그러므로 어진 임금이 홀로 만물이 변화하는 근본을 보고 안위(安危)의 기미에 밝아서 묘당(廟堂)에서 올리는 바에 따라 형체가 나타나지 않은 환난을 녹이니, 그 요점은 천하로 하여금 흙더미가 무너지듯 하는 형세가 없게 할 따름입니다." 하였다.

글을 아뢰자 천자가 세 사람을 불러 보고 이르기를 "공들은 어디에 있었는가, 어찌 이처럼 늦게야 만나게 되었는가?" 하고는 모두 낭중(郞中)을 삼았다.

주부언이 더욱 사랑을 받아 1년 동안에 모두 네 번이나 승진하여 중대부(中大夫)가 되니, 대신들이 그의 말을 두려워하여 뇌물을 보낸 것이 수천금이었다.

원문 臨菑人主父偃嚴安과 無終人徐樂이 皆上書言事하다 始에 偃이 遊齊燕趙하니 皆莫能厚遇하고 諸生이 相與排擯不容하고 家貧하여 假貸를 無所得이라 乃西入關하여 上書闕下하여 朝奏暮召入하니 所言九事에 其八事는 爲律令이요 一事는 諫伐匈奴러라 嚴安이 上書言하되 今天下人民이 用財侈靡하고 又今에 徇南夷하고 朝夜郞하고 降羌僰하되 畧薉州하여 建城邑하고 深入匈奴하여

334

燔其龍城하니 此는 人臣之利요 非天下之長策也이니다 徐樂은 上
書言하되 天下之患이 在於土崩하니 秦之末世 是也라 間者에 關
東이 不登하여 民多窮困하고 重之以邊境之事하니 推數循理 而
觀之컨대 民不安者는 土崩之勢也라 故로 賢主 獨觀萬化之原하
고 明於安危之機하여 脩之廟堂之上하여 而銷未形之患也하나니
其要는 期使天下로 無土崩之勢而已矣니이다 書奏에 天子 召見
三人하시고 謂曰 公等은 安在완대 何相見之晩也오 皆拜爲郞中하
다 主父偃이 尤親幸하여 一歲中에 凡四遷하여 爲中大夫하니 大
臣이 畏其口하여 賂遺 累千金이러라

㊄ 가대(假貸) 빌리는 것. 대차(貸借). 장책(長策) 좋은 계책. 토붕(土
崩) 흙더미가 무너지듯 쉽게 망하는 것. 부등(不登) 농사가 잘되지
않다. 흉년.

제10권 한기(漢紀)

세종 효무황제(世宗孝武皇帝) 중

2년(갑인) 주부언(主父偃)이 상에게 말하기를 "옛날의 제후는 땅이 백 리에 지나지 않아 강약(彊弱)의 형세를 제압하기가 쉬웠습니다. 지금의 제후는 혹 수십 개의 성을 연하여 지방이 천 리나 되어 늦추어 주면 교만·사치하여 음란해지기가 쉽고, 급히 조이면 그 경계를 합종(合從)하여 경사(京師)에 반역하고, 법으로써 땅을 나누고 삭탈하면 반역하는 정절(情節)이 싹트게 되니, 전날 조조(鼂錯)의 말이 옳았던 것입니다. 지금 제후의 자제들이 혹 십수 명이나 적자(適子)가 대를 이어서고 그 나머지는 조금의 땅도 봉함이 없어, 인효(仁孝)의 도(道)가 펴지지 않고 있습니다. 원하옵건대 폐하께서는 제후들로 하여금 은혜를 자제들에게 나누어 주게 하여 땅을 주어 제후로 삼게 하소서. 그렇게 하면 그들 한 사람 한 사람이 원하던 바를 얻어 기뻐할 것이니, 상께서는 덕을 베푸는 것이나 실은 그 나라들을 쪼개는 것이어서 삭탈하지 않아도 조금은 약해질 것입니다." 하니, 상이 그대로 따랐다.

원문 甲寅二年이라 主父偃이 說上曰 古者에 諸侯 不過百里라 彊弱之形을 易制러니 今諸侯 或連城數十하여 地方千里라 緩則驕奢하여 易爲淫亂이요 急則阻其彊而合從하여 以逆京師하고 以法割削之 則逆節이 萌起하니 前日鼂錯是也니이다 今諸侯子弟 或十數而適嗣代立하고 餘無尺地之封하니 則仁孝之道 不宣이라 願陛下는 令諸侯로 得推恩分子弟하여 以地侯之면 彼人人이 喜

得所願하리니 上以德施나 實分其國이니 不削而稍弱矣이다 上이
從之하다

> 㵢 경사(京師) 서울. 여기서는 종주국인 한(漢)을 말함. 맹기(萌起) 싹
> 터 일어 나는 것. 적사(適嗣) 적자(適子)가 후사가 되는 것.

봄 정월에 조서 내리기를 "제후왕들이 혹 사사로운 은혜를
미루어 자제에게 고을을 떼어주고자 하거든 각기 조목을 올
리라. 짐이 직접 명호(名號)를 정해주겠다." 하였다. 그래서
번국(藩國)들이 비로소 나누어 자제를 다 제후로 삼았다.

원문 春正月에 詔曰 諸侯王이 或欲推私恩하여 分子弟邑이어든
令各條上하라 朕이 且臨定號名하리라 於是에 藩國이 始分而子弟
畢侯矣러라

○ 지(軹) 땅 사람 곽해(郭解)는 관동의 큰 협객(俠客)이었다.
평생 동안 눈을 부릅뜨며 사람을 죽인 일이 매우 많았는데,
상이 그런 말을 듣고는 관리에게 내려 잡아 다스리도록 해,
마침내 곽해의 일족을 죽였다.

원문 軹人郭解는 關東大俠也라 平生睊眦하여 殺人이 甚衆이어늘
上이 聞之하고 下吏捕治하여 遂族解하다

《한서(漢書)》 유협전(遊俠傳) 서(序)에는 이렇게 되어 있다.
"주(周)나라가 쇠미해지자 환공(桓公)·문공(文公) 이후로는
대부(大夫)들이 대대로 권세를 잡고 배신(陪臣)들이 명령을 집
행하여 쇠퇴했으며, 전국시대에 이르러서는 합종(合從) 연횡
(連衡)하여 이로 말미암아 열국(列國)의 공자(公子) 가운데 위
(魏)나라에는 신릉군(信陵君)이 있었고, 조(趙)나라에는 평원군
(平原君)이 있었으며, 제(齊)나라에는 맹상군(孟嘗君)이 있었
고, 초(楚)나라에는 춘신군(春申君)이 있었다. 이들은 모두 왕
공(王公)의 형세를 빙자하여 다투어 유협(游俠)이 되어 계명구
도(鷄鳴狗盜)를 모두 손님으로 맞아들였는데, 조상(趙相) 우경

(虞卿)은 나라와 임금을 버리고 어려울 때 사귄 위제(魏齊)의 재앙을 구했고, 신릉군 무기(無忌)는 부(符)를 훔치고 임금의 명령을 위조하여 장수를 죽이고 군대를 마음대로 움직여 위급한 평원군에게 달려감으로써 제후에게 중하게 여겨졌고 천하에 이름을 떨쳐, 팔뚝을 걷어붙이고 유협을 담론하는 자들이 이 네 호걸을 으뜸으로 쳤다."

원문) 漢書遊俠傳序에 曰 周室이 旣微에 桓文之後로 大夫世權하고 陪臣이 執命陵夷하고 至於戰國하여 合從連衡하니 繇是로 列國公子에 魏有信陵하고 趙有平原하고 齊有孟嘗하고 楚有春申하니 皆藉王公之勢하여 競爲游俠하여 鷄鳴狗盜를 無不賓禮하니 而趙相虞卿은 棄國損君하여 以周窮交魏齊之厄하고 信陵無忌는 竊符矯命하여 戮將專師하여 以赴平原之急하니 皆以取重諸侯하고 顯名天下하여 搤腕而游談者 以四豪로 爲稱首라

㊟ 유협전(遊俠傳) 협객들에 대한 전기(傳記). 환문(桓文) 제 환공(齊桓公)과 진 문공(晉文公). 합종연횡(合從連衡) 합종은 종으로, 연횡은 횡으로 연합하는 것. 계명구도(鷄鳴狗盜) 닭 울음소리를 잘 내는 도둑과 개처럼 잘 훔치는 사람. 맹상군이 진(秦)에 가서 곤욕을 치를 때 뇌물을 쓰기 위해 호백구(狐白裘)를 훔치러 개처럼 창고에 들어간 자가 있었고, 관에 이르러 새벽임을 알리기 위해 거짓 닭 울음소리를 내는 자가 있었음. 조상우경(趙相虞卿) 조나라 효성왕(孝成王) 때 사람으로 이름은 알려지지 않는다. 위제(魏齊)가 범저(范雎)에게 죽임을 당하게 되자 구해주었음. 절부교명(竊符矯命) 병부(兵符)를 훔치고 왕명을 허위로 꾸미는 것. 평원지급(平原之急) 진(秦)나라가 조를 공격해 위급해지자 위(魏)의 신릉군에게 구해주기를 청하니, 신릉군은 병부를 훔치고 왕명을 속여 구해주었음.

"그래서 공(公)을 등지고 자기 무리를 위해 죽을 의론(議論)이 이루어지고, 직책을 지키고 임금을 받드는 의논이 사라졌는데, 한(漢)나라가 일어나기에 이르러서도 법망(法網)이 허술해 바로 고칠 줄을 몰랐다. 그래서 대상(代相) 진희(陳豨)는 따르는 수레가 1000승(乘)이었고 오왕(吳王) 비(濞)와 회남왕(淮南王) 안(安)은 모두 빈객(賓客) 1000명을 불러모았으며, 외

척대신(外戚大臣) 가운데는 위기후(魏其侯)·무안후(武安侯)의 무리가 서울에서 다투었으며, 포의유협(布衣游俠) 가운데는 극맹(劇孟)과 곽해(郭解)의 무리가 여염에 활보하여 권력이 주성(州城)에서 행해져서 힘이 공후(公侯)를 꺾으니, 여러 사람들이 그들의 명예를 영화롭게 여겨 엿보고 사모하여, 비록 사형을 당하더라도 스스로 더불어 몸을 죽여 이름을 이루는 것을 마치 계로(季路)와 구목(仇牧)이 죽으면서까지 후회하지 않은 것처럼 하였다. 그래서 증자(曾子)가 말하기를 '상이 도(道)를 잃어 백성들이 흩어진 지 오래이다.'라고 하였으니, 현명한 임금이 위에 있으면서 호오(好惡)를 보이고 예법으로 구제하지 않으면 어찌 스스로 금하는 것을 알아서 바로잡겠는가?"

원문 於是에 背公死黨之議成하고 守職奉上之義 廢矣러니 及至漢興에 禁網疏闊하여 未知匡改也라 是故로 代相陳豨는 從車千乘이요 而吳濞淮南이 皆招賓客以千數요 外戚大臣에 魏其武安之屬이 競逐於京師하고 布衣游俠에 劇孟郭解之徒 馳騖於閭閻하여 權行州城하고 力折公侯하니 衆庶榮其名迹하여 覬而慕之하여 雖陷於刑辟이나 自與殺身成名을 若季路仇牧이 死而不悔라 故로 曾子曰 上失其道하여 民散이 久矣라 하시니 非明王이 在上하여 示之以好惡하고 齊之以禮法이면 民이 曷由知禁하여 而反正乎리요

㈜ 광개(匡改) 바로잡아 고치는 것. 위기(魏其) 효문황후(孝文皇后)의 조카 두영(竇嬰)이 위기후에 봉해졌음. 무안(武安) 효경황후(孝景皇后)의 동모제(同母弟) 전분(田蚡)이 무안후에 봉해졌음. 형벽(刑辟) 사형(死刑)에 처하는 형벌. 계로(季路) 공자(孔子)의 제자로 용맹했었는데 위(衛)나라에서 벼슬하다 내란으로 죽었음. 구목(仇牧) 춘추시대 송(宋)나라 대부로 내란에 죽었음.

3년(을묘) 공손홍(公孫弘)을 어사대부(御史大夫)로 삼았다. 이때 바야흐로 서남의 오랑캐와 통하고 동쪽으로 창해군(蒼海郡)을 설치하고 북쪽으로는 삭방군(朔方郡)을 쌓았는데, 공

손홍이 자주 간하여 그만두기를 원하였다. 천자가 주매신(朱買臣)으로 하여금 삭방군을 두는 것이 편리하다는 것으로써 10가지 계책을 내어 힐난하였는데, 공손홍이 그 중 한 가지도 답변하지 못하였다. 이에 공손홍이 사죄하기를 "산동(山東)의 비루한 사람이어서 그 편리함이 그러한 것을 몰랐습니다." 하였다.

공손홍이 베이불을 덮고 두 가지 이상의 고기를 먹지 않았다. 급암(汲黯)이 말하기를 "공손홍이 삼공(三公)의 지위에 있으면서 봉록(奉祿)이 매우 많은데도 베이불을 덮으니, 이는 속임수이다."라고 하였다. 상이 공손홍에게 묻자 공손홍이 사죄하기를 "그런 일이 있습니다. 대저 삼공으로 베이불을 덮으니, 참으로 거짓을 꾸며서 명예를 낚는 것인데, 또 급암 같은 충신이 없으면 폐하께서 어떻게 그런 말을 들을 수 있겠습니까?" 하니, 천자가 겸양(謙讓)이라 하여 더욱 후하게 대우하였다.

원문 乙卯三年이라 公孫弘으로 爲御史大夫하다 是時에 方通西南夷하고 東置蒼海하고 北築朔方之郡한대 弘이 數諫願罷之어늘 天子 使朱買臣으로 難以置朔方之便하여 發十策하되 弘이 不得一이라 弘이 乃謝曰 山東鄙人이 不知其便이 若是라 하더라 弘이 爲布被하고 食不重肉이러니 汲黯이 曰 弘이 位在三公하여 奉祿이 甚多로되 然爲布被하니 此는 詐也니이다 上이 問弘한대 弘이 謝曰 有之하니이다 夫以三公으로 爲布被하니 誠飾詐以釣名이어니와 且無汲黯忠이면 陛下 安得聞此言이시리이까 天子 以爲謙讓이라 하여 愈益厚之러라

○ 이해에 장탕(張湯)이 정위(廷尉)가 되었다. 장탕의 사람됨이 거짓됨이 많아 지혜를 부려 사람을 거느리자, 급암이 자주 장탕을 상 앞에서 꾸짖기를 "공이 정경(正卿)이 되어 위로는 선제(先帝)의 공업(功業)을 드러내지 못하고 아래로는 천하의 사악한 마음을 억제하지 못하면서, 어찌 부질없이 고황제(高

皇帝)의 약속을 어지러이 고치는가?" 하였다. 급암이 이때 장탕과 더불어 논의하면서 장탕의 변설이 항상 법조문만 깊게 따져 작은 일에도 가혹하게 하여, 급암이 고자세를 굳게 지켰으나 굽히지 않아 화가 나 꾸짖기를 "천하 사람들이 도필리(刀筆吏)는 공경(公卿)을 삼을 수가 없다고 하더니, 과연 장탕이 참으로 그렇다. 지금 천하가 두려워서 발을 겹쳐 딛고 한 발짝도 옮기지 못하고, 눈을 흘기며 보고 있다."라고 하였다.

원문 是歲에 張湯이 爲廷尉하다 湯의 爲人이 多詐하여 舞智以御人이러니 汲黯이 數質責湯於上前曰 公이 爲正卿하여 上不能褒先帝之功業하고 下不能抑天下之邪心하고 何空取高皇帝約束하여 紛更之爲오 黯이 時에 與湯으로 論議할새 湯辯이 常在文深小苛라 黯이 伉厲守高하되 不能屈하여 忿發에 罵曰 天下 謂刀筆吏는 不可以爲公卿이라 하더니 果然必湯也로다 今天下 重足而立하여 側目而視矣라 하더라

> 주 무지(舞智) 지혜를 구사하는 것. 문심소가(文深少苛) 법조문을 깊이 따지고 작은 일에도 까다롭게 구는 것. 항려수고(伉厲守高) 의기가 충천하여 고자세를 취하는 것. 도필리(刀筆吏) 문서를 다루는 하급 관리. 중족이립(重足而立) 발을 겹쳐 딛고 섬. 두려워하여 조심하는 것.

4년(병진) 흉노가 대군(代郡)·정양(定襄)·상군(上郡)에 들어와 각각 3만 기(騎)로 수천 명을 죽이고 약탈하였다.

원문 丙辰四年이라 匈奴 入代郡定襄上郡하여 各三萬騎로 殺略數千人하다

5년(정사) 공손홍(公孫弘)을 승상(丞相)으로 삼아 평진후(平津侯)에 봉하니, 승상을 후에 봉하는 것이 공손홍으로부터 시작되었다. 이때 상이 바야흐로 공업(功業)을 일으켰는데, 공손홍이 이에 동합(東閤)을 열어 어진 사람을 맞아들여 모의에

참여하게 하였다. 공손홍은 성품이 의식적으로 남을 꺼리어 겉으로는 너그러운 듯하나 속마음은 각박하여, 모든 사람들이 항상 공손홍과 거리를 두어 멀고 가까움이 없이 비록 거짓으로 그와 잘 지내는 척했으나, 후에는 마침내 그의 허물을 고하였다. 동중서(董仲舒)의 사람됨이 청렴하고 곧아서 공손홍이 아첨해 따른다고 하니, 공손홍이 미워하였다. 교서왕(膠西王) 단(端)이 교만·방자하여 자주 법을 범하고 살상(殺傷)한 이천석(二千石) 매우 많자 공손홍이 동중서를 천거하여 교서상(膠西相)을 삼으니, 동중서가 병을 핑계하여 사면하였다. 급암(汲黯)이 항상 유생(儒生)을 헐뜯어 정면으로 공손홍과 부딪치니, 공손홍이 일로써 죽이고자 하여 상(上)에게 말하기를 "우내사(右內史)의 경내에는 귀인과 종실(宗室)이 많아서 중신(重臣)이 아니면 감당할 수가 없으니, 청컨대 급암을 옮겨 우내사를 삼으소서."하니, 상이 거기에 따랐다.

원문 丁巳五年이라 公孫弘으로 爲丞相하여 封平津侯하니 丞相封侯 自弘으로 始러라 時에 上이 方興功業이라 弘이 於是에 開東閣하여 以延賢人하여 與參謀議하다 弘의 性이 意忌하고 外寬內深하여 諸常與弘으로 有隙에 無近遠히 雖陽與善이나 後에 竟報其過러라 董仲舒의 爲人이 廉直하여 以弘으로 爲從諛라 하니 弘이 嫉之라가 膠西王端이 驕恣하여 數犯法하고 所殺傷二千石이 甚衆이어늘 弘이 乃薦仲舒하여 爲膠西相하니 仲舒 以病으로 免하다 汲黯이 常毀儒하여 面觸弘하되 弘이 欲誅之以事하여 乃言上曰 右內史界部中에 多貴人宗室하니 難治라 非素重臣이면 不能任이니 請徙黯爲右內史하소서 上이 從之하다

○ 흉노의 우현왕(右賢王)이 자주 삭방(朔方)을 참략하니, 천자가 장군 위청(衛靑) 등으로 하여금 우북평(右北平)에 나가 격파하게 하자, 우현(右賢)의 비왕(裨王) 등 10여 명과 남녀 1만 5000명, 가축 수십 백만 마리를 얻어서 이끌고 새(塞)로 돌아왔다. 천자가 사신을 보내 대장군(大將軍)의 인(印)을 지니고

군중에 가서 위청을 대장군으로 삼고 여러 장수를 모두 소속시키니, 존귀함과 사랑함이 여러 신하들 가운데 첫째여서 공경 이하가 모두 자신을 낮추어 받들었으나 유독 급암만이 대등한 예(禮)로 하니, 어떤 사람이 급암에게 말하기를 "대장군은 존귀하고 중한 사람이니, 그대는 절하지 않으면 안 된다." 하였다. 급암이 말하기를 "대장군이 읍(揖)해야 할 객(客)을 두었으니, 오히려 더욱 존중되지 않는가?" 하니, 대장군이 그 말을 듣고 더욱 급암을 어질게 여겨 자주 국가와 조정의 의심나는 일을 묻기를 청하고, 급암 대우하는 것을 평소보다 더하였다.

원문 匈奴右賢王이 數侵擾朔方이어늘 天子 令將軍衞靑等으로 出右北平擊之하여 得右賢裨王十餘人衆과 男女萬五千餘人과 畜數十百萬하여 引還至塞어늘 天子 使使者하여 持大將軍印하고 卽軍中하여 拜衞靑爲大將軍하고 諸將을 皆屬焉하니 尊寵이 於羣臣에 無二라 公卿以下 皆卑奉之하되 獨汲黯이 與亢禮어늘 人或說黯曰 大將軍이 尊重하니 君은 不可以不拜니라 黯이 曰 以大將軍으로 有揖客하니 反不重耶아 大將軍이 聞하고 愈賢黯하여 數請問國家朝廷所疑하고 遇黯을 加於平日이러라

   주 비왕(裨王) 왕을 보좌하는 소왕(小王). 항례(亢禮) 대등한 예절을 하는 것. 읍객(揖客) 서로 읍을 하는 빈객.

○ 대장군 위청이 비록 존귀하나, 때때로 임금을 모시는 중에 상이 침상에 비스듬히 기대어 만나기도 하고 승상 공손홍이 평소 뵐 때 때로는 관(冠)을 쓰지 않았으나, 급암을 만나볼 때는 상이 관을 쓰지 않고는 만나보지 않았다. 상이 일찍이 군막(軍幕) 안에 앉아 있는데 급암이 앞에서 일을 아뢰려고 오자, 임금이 관을 쓰지 않고 있던 터라 멀리서 급암을 바라보고는 장막 안으로 피해 사람을 시켜 그 일을 아뢰게 했으니, 그를 경례(敬禮)하여 보는 것이 이와 같았다.

[원문] 大將軍靑이 雖貴나 有時侍中에 上이 踞厠而視之하고 丞相弘이 燕見에 上이 或時不冠하되 至如汲黯見하여는 上이 不冠不見也러라 上이 嘗坐武帳中이러니 黯이 前奏事어늘 上이 不冠이라가 望見黯하고 避帷中하여 使人可其奏라 하니 其見敬禮如此러라

㊟ 거측(踞厠) 의자에 비스듬히 앉는 것. 무장(武帳) 군대의 장막.

○여름 6월에 조(詔)하기를 "대개 들으니, 예로써 백성을 인도하고 악(樂)으로써 교화한다고 한다. 지금 예악이 붕괴되어 짐이 매우 민망하게 여기니, 예관(禮官)으로 하여금 학문을 권하고 예를 일으켜 천하의 급선무로 삼으라." 하였다. 그래서 승상 공손홍 등이 주청(奏請)하기를 "박사관(博士官)을 설치해 제자 50명을 두어 그 사람은 부역을 면제해 주고, 태상(太常)에서 백성 중 나이가 18세 이상 된 자 가운데 용모와 행동거지가 단정한 자를 가려 박사의 제자를 돕게 하여 태상에·가서 수업하게 하되, 한 가지 이상 예(藝)에 능통한 사람은 문학장고(文學掌故)에 보하고, 수재와 등수가 뛰어난 자가 있거든 즉시 이름을 보고하게 해야 합니다." 하였다. 상이 그대로 따르니, 이로부터 공경(公卿)·대부(大夫)·사리(士吏) 가운데 문학이 훌륭한 자가 많아졌다.

[원문] 夏六月에 詔曰 蓋聞 導民以禮하고 風之以樂이라 하니 今禮壞樂崩하니 朕甚閔焉하노니 其令禮官으로 勤學興禮하여 以爲天下先하라 於是에 丞相弘等이 奏請하되 爲博士官하여 置弟子五十人하여 復其身하고 太常이 擇民年十八已上에 儀狀端正者하여 補博士弟子하고 詣太常受業하되 能通一藝以上이어든 補文學掌故하고 卽有秀才異等이어든 輒以名聞하노이다 上이 從之하니 自此로 公卿大夫士吏 彬彬多文學之士矣러라

㊟ 복(復) 부역을 면제함. 일예(一藝) 육예(六藝) 가운데 하나. 육예는 예(禮)·악(樂)·사(射)·어(御)·서(書)·수(數), 혹은 《주역》·《서경》·《시경》·《춘추》·《예기》·《악기》. 문학장고(文學掌故) 고사에 밝아 예의

344

(禮儀)를 관장하는 것.

6년(무오) 여름에 위청이 다시 여섯 장군을 거느리고 정양
(定襄)에 나가 흉노를 쳐 1만 여 명을 포로로 잡았다.

이때 한(漢)나라가 해마다 10여 만 명을 내어 호(胡)를 쳤
는데, 참하고 포로로 잡고 목을 벤 군사들에게 황금 2000여
만 근을 하사하였고, 한나라 군사와 말이 죽은 것은 10여 만
이었으며, 무기를 수송한 비용은 거기에 들지 않았다. 그래서
대사농(大司農)의 경비가 탕갈되어 전사(戰士)를 먹이기에 부
족하였다. 6월에 조서를 내려 백성들로 하여금 벼슬을 사게
하고 금고(禁錮)된 자를 속(贖)하여 장죄(贓罪)를 면하고 상
(賞)을 주는 관원을 두어 이름하기를 '무공작(武功爵)'이라 하
였다. 그래서 이도(吏道)가 뒤섞이고 단서가 많아 관직이 어
지러워졌다.

원문 戊午六年이라 夏에 衛靑이 復將六將軍하고 出定襄하여 擊
匈奴하여 斬首虜萬餘人하다 是時에 漢이 比歲發十餘萬衆하여 擊
胡하니 斬捕首虜之士 受賜黃金二千餘萬斤하고 而漢軍士馬死者
十餘萬이요 兵甲轉漕之費는 不與焉이라 於是에 大司農의 經用이
竭하여 不足以奉戰士라 六月에 詔令하여 民으로 得買爵及贖禁錮
하고 免臟罪 置賞官하여 名曰 武功爵이라 하니 吏道 雜而多端이
라 官職이 耗廢矣러라

주 불여언(不與焉) 들어 있지 않는 것. 경용(經用) 경비. 모폐(耗廢) 어
지러워지는 것.

원수 원년(기미) 회남왕(淮南王) 안(安)이 모반을 하였는데,
말하기를 "한나라 조정의 대신 가운데 급암만이 직간을 좋아
하고 절개를 지키고 의를 지키니, 의 아닌 것으로써 유혹하
기가 어렵지만 승상 공손홍 등을 설득하는 일은 마치 흔들면
낙엽이 떨어지는 것같이 쉽게 취할 것이다."라고 하였다. 이
때 오피(伍被)가 관리를 찾아와 스스로 고하기를 "회남왕과

더불어 모반하였다.”하니, 상이 공경에게 내려 다스리게 하였다. 11월에 안이 자살하고 형산왕(衡山王) 역시 스스로 목을 찔러 죽고 말았다.

원문 己未元狩元年이라 淮南王安이 謀反할새 且曰 漢廷大臣에 獨汲黯이 好直諫하고 守節死義하니 難惑以非어니와 至如說丞相弘等하여는 如發蒙振落爾라 하더라 會에 伍被 詣吏하여 自告與淮南王으로 謀反이어늘 上이 下公卿治한대 十一月에 安이 自殺하고 衡山王 亦自剄死하다

주 발몽진락(發蒙振落) 덮여 있는 것을 헤치고 집거나, 나무를 흔들면 낙엽이 지듯 쉽다는 뜻. 경사(剄死) 목을 찔러 죽는 것.

○5월에 흉노 1만 여 명이 상곡(上谷)에 들어와 수백 명을 죽였다.

원문 五月에 匈奴萬人이 入上谷하여 殺數百人하다

○장건(張騫)이 월지(月氏)로부터 돌아와 서역(西域) 여러 나라의 풍속에 대해 말하기를 “대원국(大宛國)에는 좋은 말이 많고, 대하국(大夏國)에는 공산(邛山)의 대지팡이가 나고, 대하와 안식(安息) 등은 모두 큰 나라로서 기물(奇物)이 많습니다.”하니, 천자가 기뻐하면서 장건의 말을 그럴듯하게 여겨 다시 서남쪽 오랑캐를 경략(經略)하였다.

원문 張騫이 自月氏歸하여 言 西域諸國風俗하되 大宛에 多善馬하고 大夏에 邛竹杖이요 大夏安息之屬이 皆大國이라 多奇物이라 하니 天子欣然하여 以騫言爲然하여 乃復事西南夷하다

○가을에 흉노의 혼사왕(渾邪王)이 항복하니, 한나라가 수레 3만 대를 내어 맞이하였는데, 현관(縣官)에 돈이 없어 백성들에게 말을 세내자 백성들이 혹 말을 숨기어 말이 갖추어지지 않았다. 상이 노하여 장안령(長安令)을 참하려 하니, 우내사

급암이 아뢰기를 "장안령에게는 죄가 없으니, 신 급암을 참하여야 백성들이 말을 기꺼이 낼 것입니다. 또 흉노가 그 임금을 배반하고 한나라에 항복한 것인데, 어찌 중국을 피폐시켜 가면서까지 이적(夷狄)을 섬기겠습니까?" 하였다. 상이 묵묵히 있다가 이르기를 "내가 오랫동안 급암의 말을 듣지 못하여 이제 또 다시 망발(妄發)한 것이다." 하고는 얼마 후에 다시 명하기를 "항복한 자들을 변방 다섯 군(郡)으로 옮기라." 하여 그들의 옛 풍속을 따르게 해 다섯 속국을 삼았다.

원문 秋에 匈奴渾邪王이 降이어늘 漢이 發車三萬乘하여 以迎之할새 縣官이 無錢하여 從民貰馬하니 民이 或匿馬하여 馬不具어늘 上이 怒하여 欲斬長安令한대 右內史汲黯이 曰 長安令은 無罪하니 獨斬臣黯이라야 民이 乃肯出馬하리이다 且匈奴 畔其主而降漢하니 何至罷敝中國하여 以事夷狄之人乎이까 上이 默然曰 吾久不聞汲黯之言이러니 今又復妄發矣로다 居頃之에 乃命徙降者邊五郡하고 因其故俗하여 爲五屬國하다

주 세마(貰馬) 말을 세내는 것. 반(畔) 배반하다. 반(反)과 같음. 피폐(罷敝) 피로하게 하는 것. 고속(故俗) 옛 풍속.

○ 휴저왕(休屠王)의 태자 일제(日磾)가 관(官)에 적몰(籍沒)되어 황문(黃門)으로 옮겨 말을 기른 지 오래되었다. 일제가 말고삐를 잡고 전하(殿下)를 지나가는데 용모가 매우 위엄이 있자, 상이 기이하게 여겨 그 날에 시중(侍中)을 제수하고 매우 신애(信愛)하여 김씨(金氏) 성을 하사하였다.

원문 休屠王太子日磾가 沒入官하여 輸黃門하여 養馬久之러니 日磾 牽馬過殿下할새 容貌甚嚴이어늘 上이 奇焉하여 即日에 拜爲侍中하고 甚信愛之하여 賜姓金氏하다

주 몰입(沒入) 재산을 적몰(籍沒)하여 관의 소유로 하는 것. 사성(賜姓) 제왕이 성씨(姓氏)를 내리는 것.

3년(신유) 악와수(渥洼水) 가운데서 신마(神馬)를 얻고는 노래를 지었다. 상이 바야흐로 악부(樂府)를 세워 사마상여(司馬相如) 등으로 하여금 시부(詩賦)를 짓게 하고, 환자(宦者) 이연년(李延年)으로 협률도위(協律都尉)를 삼자, 급암이 말하기를 "무릇 왕자(王者)는 악을 지음에 있어 위로는 조종(祖宗)을 잇고 아래로는 백성들을 교화해야 합니다. 이제 폐하께서 말을 얻었다 해서 시로써 노래를 짓고 종묘(宗廟)에서 연주하시니, 선제(先帝)와 백성이 어찌 그 음악의 뜻을 알겠습니까?"하니, 상이 묵묵히 기뻐하지 않았다.

원문 辛酉三年이라 得神馬於渥洼水中하고 次以爲歌하다 上이 方立樂府하여 使司馬相如等으로 造爲詩賦하고 以宦者李延年으로 爲協律都尉한대 汲黯이 曰 凡王者 作樂에 上以承祖宗하고 下以化兆民이어늘 今陸下 得馬하여 詩以爲歌하여 協於宗廟하시니 先帝百姓이 豈能知其音邪이까 上이 默然不說이러라

㊀ 신마(神馬) 신령스러운 말. 조민(兆民) 수많은 백성. 조종(祖宗) 선대의 왕.

○상이 사대부들을 맞이해 들이되 항상 부족한 듯이 하였으나, 성품이 엄준하여 여러 신하들을 비록 평소 사랑하고 믿은 자가 있었다. 그러나 혹 조금만 법을 범하고 속이면 문득 사형으로 다스리니, 급암이 간하기를 "폐하께서 어진 사람을 구하느라 매우 수고하시지만, 그들을 다 쓰기도 전에 문득 죽이시어 한정이 있는 선비를 함부로 죽이지 않음이 없으니, 신은 천하의 어진 인재가 장차 다 없어질까 염려되는데, 폐하께서는 누구와 함께 다스리겠습니까?"하니, 상이 이르기를 "이른바 어진 자는 쓸모있는 그릇과 같아서, 재능이 있는데도 즐겨 다 쓰지 않으면 이는 재능이 없는 것과 같으니, 죽이지 않고 어디에 쓰겠는가?"라고 하였다.

원문 上이 招延士大夫하되 常如不足이나 然이나 性이 嚴峻하여

348

群臣을 雖素所愛信者나 或小有犯法하며 或欺罔이면 輒按誅어늘
汲黯이 諫曰 陛下 求賢甚勞하사 未盡其用에 輒以殺之하여 以有
限之士로 恣無已之誅하시니 臣은 恐天下賢才 將盡일까 하노니
陛下 誰與共爲治乎이까 上이 曰 所謂賢者는 猶有用之器也라 有
才不肯盡用하면 與無才同하니 不殺何施오

㈜ 기망(欺罔) 속이는 것. 자무이지주(恣無已之誅) 함부로 죽이는 것을
그만두지 않는 것. 유용지기(有用之器) 쓸모있는 그릇.

4년(임술) 유사(有司)가 말하기를 "현관(縣官)의 재정이 텅
비었는데, 부유한 장사치들은 돈을 주조하고 소금을 구워서
재물이 혹 누만금(累萬金)인데도 국가의 급함을 돕지 않으니,
청컨대 전(錢)을 폐(幣)로 바꾸어 재용을 넉넉하게 해야 합니
다."하였다. 그래서 동곽함양(東郭咸陽)과 공근(孔僅)으로 대
농승(大農丞)을 삼아 염철(鹽鐵)의 일을 다스리게 하고, 상홍
양(桑弘羊)으로 계산하게 하니, 세 사람이 이익을 말하면서
추호(秋毫)까지도 따졌다. 공경이 또 백성들의 수레와 선박도
계산에 넣기를 청하였는데, 그 법이 모두 장탕(張湯)에게서
나온 것이어서 백성의 생활이 불안하여 모두 장탕을 지목하
여 원망했다.

원문 壬戌四年이라 有司言하되 縣官用度 大空인데 而富商大賈
는 冶鑄煮鹽하여 財或累萬金이로되 不佐國家之急하니 請更錢造
幣하여 以贍用하노이다 於是에 以東郭咸陽과 孔僅으로 爲大農丞
하여 領鹽鐵事하고 桑弘羊으로 以計算하니 三人이 言利事에 析
秋毫矣러라 公卿이 又請算及民車船하니 其法이 大抵出張湯이라
百姓이 不安其生하여 咸指怨湯하더라

㈜ 부상대고(富商大賈) 부유한 장사꾼. 야주자염(冶鑄煮鹽) 돈을 주조하
고 소금을 굽는 것. 경전조폐(更錢造幣) 쇠붙이로 된 돈을 전, 종이
나 그밖의 것을 폐라 함. 석추호(析秋毫) 추호는 털. 즉 그 털을 쪼
갠다는 뜻으로 너무 세밀하게 따지는 것.

○ 처음에 하남(河南) 사람인 복식(卜式)이 자주 현관에 재물을 옮기어 변방 돕기를 청하니, 천자가 사신을 보내어 복식에게 벼슬하기를 원하느냐고 물었다. 그러자 대답하기를 "원하지 않습니다." 하고 "억울한 일을 말하고자 하는가?" 하니, "하고 싶은 말도 없습니다. 천자께서 흉노를 죽이고자 하시는데, 저는 어진 사람은 마땅히 변방에서 절의를 지키다 죽어야 하고, 재산이 있는 자는 헌납을 해야 한다고 생각하니, 그렇게 하면 흉노를 멸망시킬 것입니다." 하였다. 상이 이 때문에 현명하게 여겨 존경하여 백성을 교화시키고자 하였다. 이에 복식을 불러 중랑(中郎)을 삼고, 전답 10경(頃)을 하사하고, 천하에 포고하여 분명히 알도록 하게 하였고, 오래지 않아 또 복식을 제 태부(齊太傅)로 발탁하였다.

원문 初에 河南人卜式이 數請輸財縣官하여 以助邊이어늘 天子使使하여 問式欲官乎아 曰 不願也니이다 有寃欲言乎아 曰 無所欲言也로이다 天子 誅匈奴하시니 愚는 以爲賢者는 宜死節於邊하고 有財者는 宜輸委니 如此면 而匈奴를 可滅也리이다 上이 由是로 賢之하여 欲尊顯以風百姓하여 乃召拜式爲中郎하고 賜田十頃하여 布告天下하여 使明知之러니 未幾에 又擢式爲齊太傅하다

주 수위(輸委) 재물을 바치는 것. 풍(風) 풍(諷)과 같은 뜻으로, 교화하는 것. 경(頃) 토지를 재는 단위. 100묘(畝)를 1경이라 함.

○ 상이 여러 장수들과 의논하기를 "흡후(翕侯) 조신(趙信)이 선우(單于)에 대한 계획을 항상 말하기를 '선우는 한나라 군사가 사막을 넘어 경솔하게 오래 머무를 수 없다고 여기고 있으니, 지금 크게 군사를 내면 그 형세가 반드시 바라는 대로 될 것입니다.'라고 하였다." 하여, 곡식과 말 10만을 준비하여 대장군(大將軍) 위청(衛靑)과 표기장군(票騎將軍) 곽거병(霍去病)으로 하여금 각각 5만 기를 거느리게 하였다. 이에 대장군은 새(塞)에서 1000여 리를 나가 사막을 건너 사로잡아

참한 오랑캐의 수급이 1만 9000이고, 마침내 전안산(寘顔山) 조신성(趙信城)에 이르러 흉노의 저장된 곡식을 얻어 군사를 먹여 하루를 머무른 뒤, 그 성의 남은 곡식을 모조리 불태우고 돌아왔다. 표기장군은 대군(代郡) 우북평(右北平) 2000여 리를 나가 낭거서산(狼居胥山)에 봉(封)하고 고연(姑衍)에 선(禪)하고, 한해(翰海)에 임하여 7만 443급(級)을 노획하였다. 양군(兩軍)이 새를 나아감에 새에서 관마(官馬)·사마(私馬)를 점열(點閱)하니 모두 14만 필이었는데, 후에 새로 들어온 자는 3만 필이 채 되지 않았다. 이에 대사마(大司馬)의 직위를 더 설치하여 대장군과 표기장군이 모두 대사마가 되었다. 이때 한나라에서 죽이거나 사로잡은 흉노가 모두 8만 내지 9만 명이었고, 한나라의 사졸로 죽은 자 역시 수만 명이었다. 이후에는 흉노가 멀리 도망해서 사막 남쪽에는 왕정(王庭)이 없어졌다. 한나라 군사가 하수(河水)를 건너 삭방(朔方) 서쪽으로부터 영거(令居)에 이르기까지 이따금 도랑을 내어 전관(田官)을 두고, 이졸(吏卒) 5만 내지 6만 명이 조금씩 흉노의 이북을 잠식(蠶食)하였으나, 역시 말이 적어서 다시는 크게 나가 흉노를 치지 못하였다.

원문 上이 與諸將議曰 翕侯趙信이 爲單于畫計하여 常以爲漢兵이 不能度幕輕留라 하니 今大發士卒이면 其勢 必得所欲이라 하고 乃粟馬十萬하고 令大將軍靑과 票騎將軍去病으로 各將五萬騎하니 大將軍은 出塞千餘里하여 度幕하여 捕斬首虜萬九千級하고 遂至寘顔山趙信城하여 得匈奴積粟하여 食軍留一日하고 悉燒其城餘粟而歸하고 票騎將軍은 出代右北平二千餘里하여 封狼居胥山하고 禪於姑衍하며 登臨翰海하여 鹵獲七萬四百四十三級이라 兩軍之出塞에 塞閱官及私馬하니 凡十四萬匹이라 而後入塞者는 不滿三萬匹이라 乃益置大司馬位하여 大將軍과 票騎將軍이 皆爲大司馬하다 是時에 漢所殺虜匈奴가 合八九萬이요 而漢士卒의 物故亦數萬이라 是後에 匈奴遠遁 而幕南에 無王庭이라 漢이 度

河하여 自朔方以西로 至令居히 往往通渠하고 置田官하고 吏卒五六萬人이 稍蠶食匈奴以北이나 然이나 亦以馬少로 不復大出擊匈奴矣러라

> 죈 **도막**(度幕) 막은 사막을 말한다. 사막을 건너는 것. **물고**(物故) 죽은 사람. **왕정**(王庭) 흉노족의 둥근 천막집. **잠식**(蠶食) 조금씩 먹어들어가는 것.

○제(齊)나라 사람 소옹(少翁)이 귀신의 방술(方術)로써 상을 뵈니, 상이 문성장군(文成將軍)을 삼았다. 1년 남짓 되어 그 방술이 더욱 쇠퇴하고 귀신이 이르지 않자, 문성장군을 죽이고는 숨겼다.

원문 齊人少翁이 以鬼神方으로 見上이어늘 上이 拜爲文成將軍이러니 歲餘에 其方이 益衰하고 神不至어늘 於是에 誅文成將軍而隱之하다

5년(계해) 상이 급암(汲黯)을 불러 회양태수(淮陽太守)를 삼았다. 급암이 아뢰기를 "신은 항상 충성하는 마음을 두었으나 지금은 병이 들어 군(郡)의 일을 감당할 힘이 없습니다. 신은 원하옵건대 중랑(中郎)이 되어 궁궐에 출입하면서 임금의 허물을 깁고 습유(拾遺)하는 것이 신의 소원입니다." 하니, 상이 이르기를 "그대가 회양을 박하게 여기는가. 내가 곧 그대를 불러들일 것이다. 회양의 이민(吏民)이 서로 화합하지 못하고 있는데, 나는 다만 그대의 중망(重望)을 믿고 누워서 편히 다스리고자 한다." 하였는데, 급암이 회양에 있은 지 10년 만에 죽었다.

원문 癸亥五年이라 上이 召拜汲黯하여 爲淮陽太守하다 黯이 曰 臣이 常有狗馬之心이러니 今에 病하여 力不能任郡事나 臣은 願爲中郎하여 出入禁闥하여 補過拾遺가 臣之願也니이다 上이 曰 君이 薄淮陽邪아 吾今召君矣리라 顧淮陽吏民이 不相得할새 吾徒得君之重하여 臥而治之하노라 居淮陽十歲而卒하다

㈜ 구마지심(狗馬之心) 충성하는 마음. 금달(禁闥) 궁궐. 보과습유(補過拾遺) 임금의 과실을 바로잡고 모르는 과실을 알게 하는 것. 습유는 관직명이기도 함. 와이치지(臥而治之) 누워서 편안하게 다스리는 것.

6년(갑자) 이해에 대농령(大農令) 안이(顔異)를 죽였다. 처음에 안이가 청렴·정직한 것으로 점점 승진하여 구경(九卿)에 이르렀는데, 장탕(張湯)이 안이와 더불어 틈이 있어 어떤 사람이 안이를 다른 일로 고(告)하니, 장탕에게 내려 안이의 죄를 다스리게 하였다. 안이가 객(客)과 말하는 중에 처음 명이 내려지자 못마땅한 일이 있어 안이가 응하지 않고 약간 입을 삐쭉거렸다. 장탕이 아뢰기에 이르러 "안이가 구경(九卿)으로 명령이 못마땅함을 보고는 들어와 말하지 않고 속으로 비난했으니, 사죄(死罪)로 논해야 합니다." 하였다. 이후부터는 마음속으로 비난하는 법례가 있게 되어 공경대부들이 아유구용(阿諛求容)하는 자가 많았다.

[원문] 甲子六年이라 是歲에 大農令顔異誅하다 初에 異以廉直으로 稍遷至九卿이러니 張湯이 與異로 有郤이라 人有告異以他事어늘 下湯治異한대 異與客語할새 初令下에 有不便者어늘 異不應하고 微反唇이러니 湯이 奏當하되 異 九卿으로 見令不便하고 不入言而腹誹하니 論死니이다 自是之後로 有腹誹之法比하여 而公卿大夫 多諂諛取容矣러라

㈜ 극(郤) 틈, 사이. 미반순(微反唇) 살짝 입술을 삐쭉거리는것. 복비지법(腹誹之法) 입으로는 말하지 않고 마음속으로 비난하는 죄. 첨유취용(諂諛取容) 아첨으로 잘 보이기를 구하는 것. 아유구용.

원정(元鼎) 2년(병인) 겨울 10월에 장탕이 죄를 짓고 자살하였다.

[원문] 丙寅元鼎二年이라 冬十月에 張湯이 有罪自殺하다

○ 봄에 백량대(柏梁臺)를 짓고 승로반(承露盤)을 만들었는데,

높이가 20여 길이었고 구리로 만들었다. 선인장(仙人掌)이 있어 이슬을 받고 옥(玉)가루를 타서 먹으면 오래 살 수 있다 하여 궁실(宮室)을 꾸미는 것이 이로부터 날로 성대해졌다.

원문 春에 起柏梁臺하고 作承露盤하니 高 二十丈이라 以銅爲之하고 有仙人掌하여 以承露하여 和玉屑飮之하면 云可以長生이라하니 宮室之修 自此日盛이러라

○ 혼사왕(渾邪王)이 한나라에 항복하면서부터 염택(鹽澤) 동쪽으로부터 공지가 되자 흉노가 없어 서역(西域)으로 가는 길을 통할 수가 있었다. 이에 장건(張騫)이 건의하기를 "후한 폐물(幣物)로 오손(烏孫)을 불러 흉노의 오른쪽 팔을 자르소서. 오손과 연접이 되면 그 서쪽부터 대하(大夏)의 족속은 모두 불러올 수가 있습니다." 하니, 천자가 그럴듯하게 여겨 장건에게 오손에 사신으로 가게 하고는 부사(副使)를 파견해 대원(大宛)·대하(大夏) 등 여러 이웃 나라에 사신을 보냈다. 그래서 서역이 비로소 한나라와 통하게 되었다.

원문 渾邪王이 旣降漢에 自鹽澤以東으로 空無匈奴하니 西域道를 可通이라 於是에 張騫이 建言하되 厚幣招烏孫하여 以斷匈奴右臂하소서 旣連烏孫하면 自其西로 大夏之屬을 皆可招來리이다 天子 以爲然하여 使騫 使烏孫하고 因分遣副使하여 使大宛大夏 諸旁國하니 於是에 西域이 始通於漢矣러라

4년(무진) 정의(丁義)가 방사(方士) 난대(欒大)를 천거하면서 문성장군(文成將軍)과 같은 스승에게서 배웠다고 하니, 상이 바야흐로 문성장군 죽인 것을 후회하고 있던 터라 난대를 얻고는 크게 기뻐하여 오리장군(五利將軍)에 임명하자 존귀함이 천하에 떨쳤다. 그래서 바닷가의 연(燕)·제(齊) 사이가 모두 팔을 걷어붙이고 스스로 금방(禁方)이 있고 신선술(神仙術)에 능하다고 하였는데, 후에 마침내 무망죄(誣罔罪)에 걸려 허리를 베어 죽였다.

원문 戊辰四年이라 丁義 薦方士欒大하여 云與文成將軍으로 同師라 한대 上이 方悔誅文成이러니 得欒大大說하여 拜爲五利將軍하니 貴震天下라 於是에 海上燕齊之間이 莫不搤腕하여 自言有禁方能神仙矣러라 後에 竟坐誣罔要斬하다

주 방사(方士) 방술을 하는 사람. 동사(同師) 같은 스승에게서 배움. 액완(搤腕) 팔을 걷어올림. 또는, 한쪽 손으로 딴 쪽 팔을 꽉 쥠. 무망(誣罔) 거짓으로 속임. 요참(要斬) 허리를 베어 죽임.

○이때 관리들의 다스림이 모두 참혹하고 각박함을 서로 숭상하였는데, 유독 좌내사(左內史) 예관(兒寬)만이 농상(農桑)을 권장하고 형벌을 가볍게 하고 옥사(獄事)를 다스려 인심 얻기에 힘을 쓰고 인후(仁厚)한 선비를 가려 써 아랫사람에게 인정을 베풀고 명성을 구하지 않으니, 관리와 백성들이 크게 믿고 사랑하였다. 조세를 거두는 것을 때에 따라 증감하고 백성들에게 서로 대여해 주었는데, 이 때문에 들어오지 않는 조세가 많았다. 후에 군사를 내는 일이 있어 좌내사가 조세 모자라는 것으로 고과(考課)가 전(殿)이라 면직당할 처지에 놓이자, 백성들이 면직당하게 되었다는 말을 듣고는 모두 그를 잃게 될까 염려하여 큰 집은 소수레로, 작은 집은 짊어지고 조세를 실어나르는 것이 줄을 지어 고과가 다시 최(最)가 되니, 상이 이로써 예관을 기특하게 여겼다.

원문 是時에 吏治 皆以慘刻相尙하되 獨左內史兒寬이 勸農桑하며 緩刑罰하며 理獄訟하여 務在得人心하고 擇用仁厚士하여 推情與下하고 不求名聲하니 吏民이 大信愛之러라 收租稅를 時裁闊狹하여 與民 相假貸하니 以故로 租多不入이라 後有軍發에 左內史以負租로 課殿當免이러니 民이 聞當免하고 皆恐失之하여 大家는 牛車요 小家는 擔負하여 輸租 繼屬不絶하니 課更以最라 上이 由此로 愈奇寬이러라

주 참각(慘刻) 참혹하고 각박한 것. 시재활협(時裁闊狹) 때에 따라 많

고 적음을 맞추는 것. **과전(課殿)** 과는 수령의 치적을 고과(考課)하
는 것, 전은 최하등을 말한다. 해마다 관리의 치적을 고과하여 상등
을 최(最)라 하고 하등을 전이라 하므로 흔히 관리의 고과(考課)를
전최(殿最)라 함. **강속부절(繩屬不絶)** 새끼줄이 이어지듯 끊어지지
않고 연속되는 것. **과갱이최(課更以最)** 고과 성적이 다시 최우등이
되는 것.

《본기(本紀)》에는 이렇게 되어 있다.

"6월에 보정(寶鼎)을 후토사(后土祠) 옆에서 얻고, 가을에는
말[馬]이 악와수(渥洼水)에서 나와 보정가(寶鼎歌)와 천마가(天
馬歌)를 지었다. 원봉(元封) 원년에 조(詔)하기를, 감천궁(甘泉
宮) 안에서 지초(芝草)가 났는데, 아홉 줄기에 잎이 연이어져
있다고 하여 지방가(芝房歌)를 지었고, 태시(太始) 3년 2월에
는 동해(東海)에 행행(幸行)하여 붉은 기러기를 얻어 주안가
(朱鴈歌)를 지었다."

원문 本紀에 曰 六月에 得寶鼎后土祠旁하고 秋에 馬生渥洼水中
이어늘 作寶鼎天馬之歌하다 元封元年에 詔曰 甘泉宮內에 產芝
九莖連葉하여 作芝房之歌하고 太始三年二月에 幸東海하여 獲赤
鴈하고 作朱鴈之歌하다

㈜ **보정(寶鼎)** 보배로운 솥. **후토사(后土祠)** 토지신에게 제사지내는 사
당. **원봉(元封)** 한 무제(漢武帝)의 연호. 원년은 기원전 110년. **태시
(太始)** 한 무제의 연호. 태시 3년은 기원전 94년.

5년(기사) 어사대부 석경(石慶)을 승상으로 삼았다. 이때 국
가에 일이 많아서 상홍양(桑弘羊) 등은 이익을 남기고 왕온서
(王溫舒)의 무리는 법을 준엄하게 하고, 예관(兒寬) 등은 문학
을 힘써 모두 구경(九卿)이 되어 다시 나아가 일을 보니, 일
이 승상에게 결재되지 않았다. 승상 석경은 순후하고 삼갈
따름이었다.

원문 己巳五年이라 以御史大夫石慶으로 爲丞相하다 時에 國家
多事하여 桑弘羊等은 致利하고 王溫舒之屬은 峻法하고 兒寬等은

推文學하여 皆爲九卿하여 更進用事하니 事不關決於丞相이라 丞
相慶은 醇謹而已러라

6년(경오) 남월(南越)이 평정되니, 그 땅으로 남해군(南海
郡), 주애군(珠厓郡) 등 9개 군을 삼고, 드디어 남쪽 오랑캐를
평정하고는 그 땅을 장가군(牂柯郡)으로 삼았다.

원문 庚午六年이라 南越이 平이어늘 以其地로 爲南海珠厓等九
郡하고 遂平南夷하고 以其地로 爲牂柯郡하다

○ 이해에 제상(齊相) 복식(卜式)이 어사대부가 되어서는 말하
기를 "군국(郡國)에 불편한 것이 매우 많습니다. 현관이 염철
(鹽鐵)을 하면서 품질이 나쁘고 값은 비싼데도 혹 강제로 백
성들에게 사게 하고 배에 세금을 매기게 하니, 장사꾼은 적
고 물품은 귀합니다." 하니, 상이 이 때문에 복식을 좋아하지
않게 되었다.
　복식이 문장(文章)을 익히지 않았다 하여 관직을 낮추어 태
자태부(太子太傅)를 삼고, 예관을 대신 어사대부로 삼았다.

원문 是歲에 齊相卜式이 爲御史大夫하여 乃言하되 郡國이 多不
便하여 縣官이 作鹽鐵에 苦惡價貴하여 或强令民으로 買之하고
而船에 有算하니 商者少하고 物貴라 하거늘 上이 由是로 不悅卜
式이러라 以卜式이 不習文章으로 貶秩爲太子太傅하고 以兒寬으
로 代爲御史大夫하다

　　㊟ 염철(鹽鐵) 소금과 철. 국가의 전매품(專賣品)으로 하여 그 수입을
　　국가의 소요 경비에 썼음. **고악가귀**(苦惡價貴) 품질이 좋지 못하고
　　값은 비싼 것.

　처음에 사마상여(司馬相如)가 병들어 죽으면서 유서(遺書)를
남겨, 공덕(功德)을 노래하고 부서(符瑞)에 언급하고 상께 태
산(泰山)에 봉하기를 권하였다. 상이 그 말에 감동하여 여러
유생(儒生)들에게 봉선(封禪)에 대한 의례(儀禮)를 기초하게

하였는데, 몇 년이 되도록 이루어지지 않았다.

상이 좌내사 예관에게 물으니 대답하기를 "태산에 봉하고 양보산(梁父山)에 선(禪)하여 성씨(姓氏)를 빛내고 서신(瑞信)을 알아보는 것은 제왕의 성대한 행사입니다. 신은 생각하건대 봉선을 마치고 천지(天地) 귀신에게 비는 것은 오직 성왕(聖王)이 마땅히 제정할 바요, 여러 신하들이 논열(論列)할 바가 아닙니다. 지금 장차 큰 행사를 거행하려 하면서 몇 해를 우유(優游)하여 여러 신하들로 하여금 사람마다 스스로 극진하게 하시니, 끝내 이루지 못할 것입니다. 오직 천자는 중화(中和)의 표준을 세우시고 겸하여 조관(條貫)을 총괄하여 금성이옥진지(金聲而玉振之)하시어, 하늘의 경사(慶事)를 순히 이루심으로써 만세의 기초를 내리소서." 하니, 상이 스스로 의례를 제정하였는데, 제법 유술(儒術)을 채납하여 꾸미었다.

원문 初에 司馬相如 病且死에 有遺書하여 頌功德하고 言符瑞하여 勸上封泰山이어늘 上이 感其言하여 令諸儒로 草封禪儀하니 數年不成이어늘 上이 以問左內史兒寬한대 對曰 封泰山禪梁父하여 昭姓考瑞는 帝王之盛節也라 臣은 以爲封禪告成하여 合祀於天地神祇는 唯聖王의 所由制定其當이요 非群臣之所能列이라 今將擧大事하되 優游數年하여 使群臣으로 得人人自盡하시니 終莫能成이라 唯天子는 建中和之極하시고 兼總條貫하여 金聲而玉振之하사 以順成天慶하여 垂萬世之基하소서 上이 乃自制儀하되 頗采儒術以文之하다

㊢ 부서(符瑞) 상서로운 징조. 봉선(封禪) 단을 쌓아 하늘에 제사지내는 것을 봉, 땅을 깎아 땅에 제사지내는 것을 선이라 함. 소성고서(昭姓考瑞) 소성은 성씨를 밝게 드러내는 것, 고서는 상서를 고험(考驗)하는 것. 조관(條貫) 일을 해나가는 도리, 방법. 금성이옥진지(金聲而玉振之) 지덕(智德)을 충분히 갖춘다는 뜻. 혹은 집대성(集大成)한다는 뜻. 옛날 음악을 연주함에 있어 처음에는 금으로 만든 종(鐘)으로 시작하여 옥으로 만든 경(磬)으로 끝을 맺은 데서 유래된 말.

제11권   한기 (漢紀)

세종 효무황제 (世宗孝武皇帝) 하

원봉 원년(신미) 조(詔)하기를 "남월(南越)과 동구(東甌)는
모두 그들의 허물에 복(伏)하였으나 서만(西蠻)과 북이(北夷)
는 아주 화목(和睦)하지 않으니, 짐이 장차 변방을 순수하며
군사를 가리고 군대를 정돈하여 돌아와, 몸소 병권(兵權)을
잡아 12부의 장군을 두고 친히 군사를 거느리겠다." 하고는,
운양(雲陽)에서 출발하여 북쪽으로 상군(上郡)·서하(西河)·오
원(五原)을 거쳐 북쪽 선우대(單于臺)에 오르고, 삭방(朔方)에
이르러 북하(北河)에 임해 18만 기병의 대오(隊伍)를 정돈하
니, 정기(旌旗)가 1000여 리까지 뻗치어 위엄이 흉노에게 떨
쳤다. 사신을 보내어 선우에게 말하기를 "남월왕의 머리를
이미 한북궐(漢北闕)에 매달아 놓았다. 선우가 싸우겠으면 천
자께서 스스로 군사를 거느리고 변경에서 기다릴 것이요, 싸
우지 못하겠거든 빨리 와서 신하의 예로 복종할 것이지, 어
찌 부질없이 사막 북쪽 춥고 괴로운 땅에 숨어 있는가?" 하
니, 흉노가 겁을 먹고 끝내 나오지 못하자 상이 돌아왔다. 동
월왕(東越王) 여선(餘善)이 배반하자 한나라 군사가 공격하니,
동월이 여선을 죽여 그 무리를 거느리고 항복해 왔다. 상이
민(閩)은 지세가 험하여 자주 배반하니, 끝내는 후세의 걱정
거리가 될 것이라 하여서, 그 무리들을 강회(江淮) 사이로 옮
기어 마침내 그 땅이 폐허가 되고 말았다.

[원문] 辛未元封元年이라 詔曰 南越東甌는 咸伏其辜하되 西蠻北

夷 頗未輯睦하니 朕이 將巡邊陲하여 擇兵振旅하여 躬秉武節하여
置十二部將軍하고 親帥師焉하리라 하고 乃行自雲陽으로 北歷上
郡西河五原하여 北登單于臺하고 至朔方臨北河하여 勒兵十八萬
騎하니 旌旗 徑千餘里라 威振匈奴러라 遣使告單于曰 南越王頭
를 已懸於漢北闕矣니 單于能戰이어든 天子 自將待邊이요 不能이
어든 亟來臣服하라 何但亡匿幕北하여 寒苦之地爲오 匈奴讋하여
終不敢出이어늘 上이 乃還하다 東越王餘善이 反이어늘 漢兵이 擊
之하니 東越이 殺餘善하여 以其衆降하다 上이 以閩地險阻하여
數反覆하니 終爲後世患이라 하여 乃徙其民於江淮之間하고 遂虛
其地하다

> ㈜ **집목**(輯睦) 화목하다의 뜻. **수사**(帥師) 군사를 거느리는 것. **섭**(讋)
> 두려워하다. 맥이 없는 모습. **반복**(反覆) 자주 배반하다의 뜻.

○정월에 상이 구씨(緱氏)에 행행(行幸)하여 중악(中嶽) 태실
(太室)에서 제사를 지냈는데, 따르던 관원이 산 아래에 있으
면서 만세 소리가 세 번 들리는 것 같다고 하여 조칙으로 태
실사(太室祠)를 더 늘리게 하였다. 상이 드디어 동쪽으로 바
닷가를 순수하면서 팔신(八神)에게 제사를 지냈는데 공손경
(公孫卿)이 매우 큰 사람의 발자국을 보았고, 여러 신하들이
한 늙은이가 개를 끌고 갔는데 갑자기 보이지 않는다고 말하
니, 상이 신선(神仙)이라고 여겨 바닷가에서 유숙하고 돌아와
봉선(封禪)하였다. 그 봉선한 사당에 밤에는 빛이 있는 것 같
고 낮에는 흰 구름이 봉한 가운데서 나왔다. 천자가 돌아오
니, 여러 신하들이 축수(祝壽)하고 공덕(功德)을 송축하였다.
천자가 이미 태산(泰山)에 봉선하여 풍우(風雨)가 없게 되자
방사(方士)가 다시 말하기를 "봉래(蓬萊)의 여러 신선을 장차
만날 것 같다."고 하였다. 그래서 상이 흔연히 거의 만날 것
같아 다시 바닷가에 이르러 바라보았다.

원문 正月에 上이 行幸緱氏하여 禮祭中嶽太室할새 從官이 在山

下하여 聞若有言萬歲者 三이라 하거늘 詔加增太室祠하다 上이 遂東巡海上하여 行禮祠八神할새 公孫卿이 見大人迹甚大하고 羣臣이 言見一老夫牽狗라가 忽不見이어늘 上이 以爲仙人也라 하여 宿留海上하고 還封禪하니 其封禪祠에 夜若有光하고 晝有白雲이 出封中이러라 天子還이어늘 羣臣이 上壽하여 頌功德하다 天子 旣已封泰山하니 無風雨라 而方士更言하되 蓬萊諸神을 若將可得이어늘 於是에 上이 欣然庶幾遇之하여 復至海上하여 望焉이러라

> ㈜ **구씨**(緱氏) 고을 이름. **팔신**(八神) 천주(天主)·지주(地主)·병주(兵主)·음주(陰主)·양주(陽主)·월주(月主)·시주(時主)의 여덟 신. **서기**(庶幾) 거의.

○상이 스스로 바다를 건너 봉래산 신선을 찾고자 하니, 동방삭(東方朔)이 아뢰기를 "폐하께서는 우선 환궁(還宮)하시어 조용히 계시면서 기다리면 신선이 곧 스스로 이를 것입니다." 하여 중지하고 바닷가를 따라 북으로 갈석(碣石)에 이르고, 요서(遼西)로부터 순수하여 북쪽 변경을 거쳐 구원(九原)에 이르렀다. 5월에 감천궁(甘泉宮)에 이르니, 두루 다닌 길이 1만 8000리였다고 한다.

⟨원문⟩ 上이 欲自浮海하여 求蓬萊어늘 東方朔이 曰 陛下 第還宮하사 靜處以須之하시면 仙人이 將自至하리이다 乃止하고 遂去並海上하여 北至碣石하고 巡自遼西하여 歷北邊至九原하고 五月에 至甘泉하니 凡周行이 萬八千里云이러라

> ㈜ **제**(第) '다만'·'단지'의 뜻. **방**(並) '따라'의 뜻.

○이보다 앞서 상홍양(桑弘羊)이 대사농(大司農)을 맡아서 천하의 염철을 다 관장하여 평준법(平準法)을 만들어, 먼 지방으로 하여금 각각 그곳 산물(産物)을 다른 때에 장사꾼들이 전매(轉賣)하는 것같이 하여 부세(賦稅)하고 서로 교역하게 하며, 서울에 평준관을 두어 천하에서 수송해 온 것을 모두 받아들여 천하의 화물(貨物)을 쌓아두고, 값이 오르면 팔고 값

이 싸지면 사들여 부유한 장사꾼으로 하여금 큰 이익을 독차
지하거나 모든 물건의 값이 뛰지 못하게 하였다. 이때 천자
가 군현을 순수하면서 이르는 곳마다 상으로 주는 비단이
100여 만 필이고 금전이 거만금을 헤아렸으나, 모두 대사농
에서 가져다 써 넉넉했다.

원문 先是에 桑弘羊이 領大農하여 盡管天下鹽鐵하여 作平準之
法할새 令遠方으로 各以其物로 如異時商賈所轉販者하여 爲賦
而相灌輸하고 置平準于京師하여 都受天下委輸하고 盡籠天下之
貨物하여 貴卽賣之하고 賤則買之하여 欲使富商大賈로 無所牟大
利 而萬物이 不得騰踊이러니 至是에 天子 巡狩郡縣할새 所過에
賞賜用帛이 百餘萬匹이요 錢金이 以巨萬計로되 皆取足大農이러라

주 대농(大農) 대사농(大司農). 평준지법(平準之法) 물가를 적정선으로
유지하는 법. 물가가 싸면 사들여 비축하고 비싸면 풀어 가격을 조
절하며 세금도 이에 따라 조절하였음. 농(籠) 가두다, 저장하다의
뜻. 모대리(牟大利) 큰 이득을 독차지하다. 모리(牟利).

○ 상홍양이 또 관리로 하여금 곡식을 바쳐 관직에 임명되게
하고 죄인은 속죄하게 하기를 청하니, 산동에서 조운(漕運)해
온 곡식이 해마다 600만 석이 늘어 1년 동안에 태창(太倉)과
감천창(甘泉倉)이 가득 차고 변방에는 곡식이 남아돌았으며,
모든 물자가 고루 수송되어 비단만 500만 필이 되어 백성들
에게 더 부과하지 않아도 천하가 풍요롭게 쓸 수 있었으므로,
상홍양에게 좌서장(左庶長)의 벼슬을 내렸다. 이때 작은 가뭄
이 들자 상이 관원으로 하여금 비가 내리도록 빌게 하니, 복
식(卜式)이 말하기를 "현관은 마땅히 조세에 의하여 먹고 입
어야 할 뿐인데, 지금 상홍양이 관리로 하여금 저자에 앉아
서 물건을 팔게 하여 이익을 얻고 있으니, 상홍양을 삶아 죽
여야만 하늘이 비를 내릴 것입니다." 하였다.

원문 弘羊이 又請令吏로 得入粟補官하고 及罪人은 贖罪하게 하

니 山東漕粟이 益歲六百萬石이라 一歲之中에 太倉甘泉倉이 滿하고 邊餘穀하며 諸物均輸하고 帛五百萬匹이라 民不益賦而天下用饒어늘 於是에 弘羊을 賜爵左庶長하다 是時에 小旱이어늘 上이 令官求雨한대 卜式이 言曰 縣官이 當食租衣稅而已어늘 今弘羊이 令吏로 坐市列肆하여 販物求利하니 烹弘羊이라야 天이 乃雨하리이다

> 주 입속보관(入粟補官) 곡식을 받고 관리에 임명하는 것. 속죄(贖罪) 재물을 바치고 죄를 면제받는 것. 구우(求雨) 비가 내리기를 비는 것. 기우(祈雨). 식조의세(食租衣稅) 조세에 의하여 의식(衣食)을 해결하는 것.

2년(임신) 상이 가뭄을 걱정하니, 공손경이 아뢰기를 "황제(黃帝) 때 봉선을 하니, 하늘이 가물어 봉(封)을 3년이나 말렸다고 하였습니다." 하였다. 상이 이에 조서 내리기를 "가뭄은 봉을 마르게 하려는 뜻이 아니겠는가?" 하였다.

원문 壬申二年이라 上이 以旱爲憂어늘 公孫卿이 曰 黃帝時에 封則天旱하여 乾封三年하니이다 上이 乃下詔曰 天旱은 意乾封乎인저

> 주 황제(黃帝) 고대 중국의 전설상의 임금. 건봉삼년(乾封三年) 봉한 곳의 흙을 마르게 하기 위해 3년 동안 가물었다는 뜻.

3년(계유) 장군 조파노(趙破奴)가 거사(車師)를 격파하고는 군사의 위엄으로 오손(烏孫)과 대원(大宛)의 무리를 곤경에 몰아넣었다. 그래서 주천(酒泉)에 정장(亭障)이 늘어서서 옥문(玉門)까지 이르렀다.

원문 癸酉三年이라 將軍趙破奴 擊車師하고 因擧兵威하여 以困烏孫大宛之屬하니 於是에 酒泉에 列亭障하여 至玉門矣러라

> 주 정장(亭障) 적을 막기 위한 초소.

5년(을해) 상이 이미 호(胡)·월(越)을 물리치고는 땅을 개척

하고 경계를 넓혀 교지(交趾)·삭방(朔方)의 주(州) 및 기주(冀州)·유주(幽州)·병주(幷州)·연주(兗州)·서주(徐州)·청주(青州)·양주(揚州)·형주(荊州)·예주(豫州)·익주(益州)·양주(涼州) 등 13부(部)를 설치하고 모두 자사(刺史)를 두었다.

상이 명신(名臣)과 문무(文武)를 다 써야 한다고 하여 조서 내리기를 "대개 비상한 공업(功業)이 있으려면 반드시 비상한 사람을 기다려야 한다. 그래서 잘 뛰고 발길질을 하는 말이 하루 1000리를 가고, 선비가 풍속을 어긴 잘못이 있어도 공명을 세울 수 있는 것이다. 대저 수레를 뒤엎는 말과 행실을 단속하지 않고 예의를 지키지 않는 선비라도 부리기에 달려 있는 것이니, 주군(州郡)으로 하여금 관리나 백성 가운데 재능이 아주 뛰어나서 장상(將相) 및 먼 나라에 사신을 보낼 만한 자가 있는지 살피게 하라." 하였다.

원문 乙亥五年이라 上이 旣攘卻胡越하고 開地斥境하여 乃置交趾朔方之州와 及冀幽幷兗徐青揚荊豫益涼等州하고 凡十三部에 皆置刺史焉하다 上이 以名臣文武 欲盡이라 하여 乃下詔曰 蓋有非常之功인대 必待非常之人이라 故로 馬或奔踶 而致千里하며 士或有負俗之累 而立功名하니 夫泛駕之馬와 跅弛之士도 亦在御之而已라 其令州郡으로 察吏民有茂才異等하여 可爲將相과 及使絕國者하라

주 **양각**(攘卻) 물리침. 배척. **분제**(奔踶) 잘 달리고 발길로 사람을 걷어 참. 사람이 타면 내달리고 서면 걷어차 다루기 힘듦. 일설에는 '분치(奔馳)'의 뜻이라 함. **부속**(負俗) 속세에 따르지 않는 사람. **봉가지마**(泛駕之馬) 수레를 뒤엎는 사나운 말. 곧 상도(常道)를 좇지 않는 영웅. **절국**(絕國) 멀리 떨어져 국교(國交)가 없는 나라.

태초 원년(정축) 태중대부 공손경과 호수(壺遂)와 태사령(太史令) 사마천(司馬遷) 등이 아뢰기를 "역기(曆紀)가 파괴되었으니, 마땅히 정삭(正朔)을 고쳐야 합니다." 하였다. 이에 상이 예관(兒寬)에게 조칙하여 박사(博士) 사(賜) 등과 함께 의

논하게 하였는데, 마땅히 하정(夏正)을 써야 한다고 하였다. 여름 5월에 공손경과 호수, 사마천 등에게 조서하여 함께 한 나라의 태초력(太初曆)을 만들게 하여, 정월을 세수(歲首)로 삼고 황색(黃色)을 숭상하며, 숫자는 오(五)를 쓰고 관명을 정하며, 음률을 고르게 하였다.

원문 丁丑太初元年이라 太中大夫公孫卿과 壺遂와 太史令司馬遷等이 言曆紀壞廢하니 宜改正朔이니이다 上이 詔兒寬하여 與博士賜等으로 共議하니 以爲宜用夏正이어늘 夏五月에 詔卿遂遷等하여 共造漢太初曆하여 以正月로 爲歲首하고 色上黃하고 數用五하고 定官名하고 協音律하다

> 주 역기(曆紀) 달력 기록하는 법. 정삭(正朔) 어느 달을 한 해의 첫 달로 삼는 것. 하정(夏正) 하(夏)나라의 정삭법으로 인월(寅月)을 세수로 삼았음. 태초력(太初曆) 달력 이름. 수용오(數用五) 숫자 5는 토(土)의 숫자이므로 5를 숭상한 것임.

○ 한나라 사신이 서역(西域)에 들어가 말하기를 "대원(大宛)에 좋은 말이 있는데 이사성(貳師城)에다 감추어 두고 한나라에 주지 않으려 합니다." 하니, 천자가 사랑하는 여인 이씨(李氏)의 친정을 후(侯)로 삼고자 하여 이부인의 오빠 이광리(李廣利)를 이사장군(貳師將軍)으로 삼아 대원을 정벌하게 하였는데, 이는 이사성에 이르러 좋은 말을 가져오기를 기약하였기 때문에 이사장군이라 한 것이다.

원문 漢使 入西域言하되 宛有善馬하여 在貳師城하되 匿不肯與漢이라 하거늘 天子 欲侯寵姬李氏하여 乃拜李夫人兄廣利하여 爲貳師將軍하여 以伐宛하니 期至貳師城하여 取善馬故로 號를 貳師將軍이라 하다

온공은 논평한다.

"무제가 총회의 친정 사람을 후로 삼고자 하여 이광리를 장수로 삼은 것은, 공로가 없으면 후로 삼지 않는다는 고제

(高帝)의 약속을 저버리지 않으려는 뜻으로 생각된다. 그러나 군사의 큰일은 나라의 안위(安危)와 백성의 사생이 달려 있는데, 구차스레 현명함과 어리석음을 가리지 않고 제수하여 조그마한 공을 요행으로 세우게 하고자 하여, 그걸 명분으로 삼아 사랑하는 자에게 사사로이 하였다. 대개 봉국(封國)에는 견해가 있었으나 장수를 삼는 데는 견해가 없었는데도, 선제(先帝)와의 약속을 지켰다고 말하는 것은 지나치다고 할 수 있다."

원문 溫公曰 武帝가 欲侯寵姬 而使廣利는 將意以爲非有功이면 不侯라 하여 不欲負高帝之約也라 然이나 軍旅大事는 國之安危와 民之死生이 繫焉이라 苟爲不擇賢愚 而授之하여 欲徼幸咫尺之功하여 藉以爲名 而私其所愛하니 蓋有見於封國이요 無見於置將이니 謂之能守先帝之約은 過矣라

주 총희(寵姬) 사랑하는 여인. 군려(軍旅) 군대. 지척지공(咫尺之功) 아주 작은 공로. 봉국(封國) 제후에 봉하는 것.

2년(무인) 태복(太僕) 공손하(公孫賀)를 승상으로 삼았다. 이때 조정에 일이 많아서 대신을 독려하니 공손홍(公孫弘) 이후부터 승상이 자주 일에 연좌되어 죽고, 석경(石慶)은 비록 근신하여 제대로 생을 마쳤지만 자주 견책을 당하였다. 공손하를 임명하자 인수(印綬)를 받지 않고 머리를 조아리고 눈물을 흘리며 일어나지 않자 상이 일어나 자리를 뜨니, 공손하는 부득이 절하고 나오면서 말하기를 "내가 이제부터 위태롭게 되었다."라고 하였다.

원문 戊寅二年이라 太僕公孫賀로 爲丞相하다 時에 朝廷이 多事하여 督責大臣하니 自公孫弘後로 丞相이 比坐事死하고 石慶이 雖以謹으로 得終이나 然이나 數被譴이라 賀引拜에 不受印綬하고 頓首涕泣하여 不肯起어늘 上이 乃起去하니 賀不得已하여 拜出曰 我從是殆矣라 하더라

㈜ **독책**(督責) 독려하고 꾸짖는 것. **비좌사사**(比坐事死) 비는 자주의 뜻. 일에 연좌되어 자주 죽었다는 말. **인수**(印綬) 관원의 인을 매다는 끈.

3년(기묘) 수양후(睢陽侯) 장창(張昌)이 태상(太常)이 되어 제사를 지내지 않은 죄에 걸려 나라를 삭탈당하였다. 처음에 고조(高祖)가 공신을 봉하여 열후(列侯)를 삼은 것이 143인이 었는데, 그때는 전쟁의 뒤끝이라 큰 성과 이름있는 도시에도 백성들이 흩어져 도망하여 호구(戶口)가 10에 2내지 3이어서, 큰 후(侯)는 1만 가호에 불과하고 작은 후는 500 내지 600호에 불과하였다. 그 봉작하는 맹세문에 이르기를 "황하(黃河)가 띠처럼 가늘어지고 태산(泰山)이 숫돌처럼 닳도록 나라가 영원하여 후손에까지 미치라." 하였다. 문제(文帝)·경제(景帝) 때 이르러 유랑하던 백성들이 이미 돌아와 호구 역시 늘어나서, 큰 열후는 3,4만 가호에 이르고 작은 나라도 저절로 배가 되어 부유해지자, 자손들이 교만해져 법금(法禁)에 걸려 죽고 나라를 잃음이 많았다. 이때 현재 있는 후는 4인뿐이요, 법망(法網) 역시 엄밀해졌다.

원문 己卯三年이라 睢陽侯張昌이 坐爲太常乏祠하여 國除하다 初에 高祖封功臣하여 爲列侯 百四十有三人이러니 時에 兵革之餘라 大城名都에 民人이 散亡하여 戶口 裁什에 二三이라 大侯는 不過萬家요 小者는 五六百戶러라 其封爵之誓에 曰 使黃河로 如帶하고 泰山이 若礪토록 國以永存하여 爰及苗裔라 하더니 逮文景世하여 流民이 旣歸하고 戶口 亦息하니 列侯大者는 至三四萬戶하고 小國은 自倍하여 富厚如之하니 子孫이 驕逸하여 多抵法禁하여 隕身失國하니 至是에 見侯 纔四人이요 罔亦少密焉이러라

㈜ **핍사**(乏祠) 제사를 지내지 않는 것. **국제**(國除) 나라를 빼앗아 버리는 것. **황하여대**(黃河如帶) 황하의 물이 띠처럼 가늘게 되다. 오랜 세월이 흐른 것을 비유함. **태산약려**(太山若礪) 높은 태산이 숫돌처럼 납작해지는 것. **묘예**(苗裔) 후예, 후손. **망**(罔) 법망(法網).

○이사장군이 서쪽으로 행군하여 대원에 이르러 그 성을 포위하자, 대원의 귀인(貴人)이 왕인 무과(毋寡)의 머리를 베어 가지고 좋은 말을 내 놓으며 한나라로 하여금 스스로 고르도록 하였다. 이에 상이 조서를 내려 이광리를 해서후(海西侯)로 삼았다.

원문 貳師 西行至宛하여 圍其城하니 宛貴人이 持王毋寡頭하고 出善馬하여 令漢自擇이어늘 乃下詔하여 封李廣利爲海西侯하다

○대원을 격파한 후부터 서역(西域)이 두려워하여 한나라 사신으로 서역에 들어간 자는 더욱 관직을 얻게 되었다. 그래서 돈황(燉煌)으로부터 서쪽으로 염택(鹽澤)에 이르기까지 이따금 정(亭)을 세우고 윤대(輪臺)와 거리(渠犁)에 모두 전졸(田卒) 수백 명이 있게 하고, 사자교위(使者校尉)를 두어 거느리고 보호하게 하였다.

원문 自大宛破後로 西域이 震懼하여 漢使 入西域者 益得職이라 於是에 自燉煌으로 西至鹽澤이 往往起亭 而輪臺渠犁에 皆有田卒數百人하고 置使者校尉하여 領護하다

○천자가 대원을 정벌한 위엄에 의거하여 호(胡)를 곤경에 빠뜨리고자 하여 조서 내리기를 "고제(高帝)께서 짐에게 평성(平城)의 근심을 남기셨고, 고후(高后) 때는 선우(單于)의 글이 아주 패역(悖逆)했었다. 옛날에 제 양공(齊襄公)은 9세(世)의 원수를 갚아 《춘추(春秋)》에서 크게 기록하였다." 하였다. 이 때 선우가 처음 즉위하여 한나라가 습격해올까 두려워하며 말하기를 "저는 어린아이니, 어찌 감히 한나라 천자를 바라겠습니까. 한나라 천자는 저의 어른뻘입니다." 하고는 노충국(路充國) 등을 모두 돌려보내고 사신을 보내 조공을 바쳤다.

원문 天子 因伐宛之威하여 欲遂困胡하여 下詔曰 高帝 遺朕平城之憂하시고 高后時에 單于 書絶悖逆이라 昔에 齊襄公이 復九

世之讎하니 春秋에 大之하니라 時에 單于 初立이라 恐漢襲之하여
乃曰 我는 兒子니 安敢望漢天子리요 漢天子는 我丈人行也라 하
고 因盡歸路充國等하고 遣使來獻하다

주 **평성지우**(平城之憂) 한 고조 7년에 고조가 흉노를 치다 평성에서 포
위당해 곤욕을 당한 것을 가리킴. **서절패역**(書絶悖逆) 선우가 여후
(呂后)에게 글을 보내 혼인하자고 모욕한 것을 뜻함. **장인**(丈人) 어
른. **내헌**(來獻) 와서 조공(朝貢)을 바치는 것.

천한 원년(신사) 중랑장(中郎將) 소무(蘇武)와 장승(張勝)·상
혜(常惠)를 흉노에 사신으로 보냈다. 선우가 위율(衛律)로 하
여금 소무를 불러 항복을 권하게 하니, 위율이 소무에게 말
하기를 "나 위율이 전에 한나라를 배반하고 흉노에게 귀화하
였는데, 다행히 큰 은혜를 입어 왕호(王號)를 내려 거느리는
무리가 수만 명이요, 기르는 말이 산에 가득하여 부귀함이
이와 같소. 소군이 오늘 항복하면 내일 다시 그렇게 될 것이
니, 몸이 헛되이 시골의 궁벽한 땅의 거름이 되면 누가 다시
알아주겠소." 하였다.

소무가 응하지 않으니, 위율이 말하기를 "내 계책을 듣지
않으면 후에 비록 나를 만나고자 해도 되겠소?" 하였다. 그
러자 소무가 위율을 꾸짖기를 "너는 남의 신하가 되어 은의
(恩義)를 돌보지 않고 임금과 어버이를 배반하고 오랑캐에게
항복하였으니, 어찌 너를 보려 하겠는가?" 하였다.

위율이 소무를 끝내 위협할 수 없음을 알고는 선우에게 아
뢰니, 선우가 소무를 유폐하여 대교(大窖)에 두고 먹을 것을
주지 못하게 하였다. 하늘에서 비와 눈이 내리면 소무는 누
워서 그 눈을 씹어먹고 털옷을 씹어먹으며 여러 날 동안 죽
지 않으니, 흉노가 신(神)이라 하면서 소무를 북해(北海)가에
옮겨 숫양[羝]을 치게 하며 말하기를 "숫양의 젖이 나와야 돌
아갈 수 있을 것이다." 하고는 그의 관속(官屬) 상혜(常惠) 등
을 각기 다른 곳에 떼어놓았다.

원문 辛巳天漢元年이라 遣中郞將 蘇武張勝常惠하여 使匈奴하다
單于 使衛律로 召武欲降之어늘 律이 謂武曰 律이 前에 負漢歸
匈奴러니 幸蒙大恩하여 賜號稱王하니 擁衆이 數萬이요 馬畜이
彌山하여 富貴 如此라 蘇君이 今日降이면 明日에 復然이니 空以
身으로 膏草野면 誰復知之리요 武不應이어늘 律이 曰 不聽吾計
면 後雖欲復見我나 尙可得乎아 武 罵律曰 汝 爲人臣子하여 不
顧恩義하고 畔主背親하여 爲降虜於蠻夷하니 何以汝로 爲見이리
요 律이 知武終不可脅하고 白單于한대 單于 乃幽武置大窖中하고
絶不飮食이러니 天이 雨雪함에 武臥齧雪與旃毛하여 幷咽之하니
數日不死라 匈奴 以爲神이라 하여 乃徙武北海上하고 使牧羝曰
羝乳라야 乃得歸라 하고 別其官屬 常惠等하여 各置他所하다

㈜ 대교(大窖) 옛날 곡식 등을 쌓아둔 공지. 전모(旃毛) 털옷. 저유(羝
乳) 숫양의 젓.

2년(임오) 처음에 이광(李廣)의 손자 이릉(李陵)이 시중(侍
中)이 되었는데, 말달리기와 활쏘기를 잘하고 아래 군사들을
사랑하였다. 제(帝)가 이광이 풍도가 있다고 여겨 기도위(騎都
尉)에 임명하였는데, 이사(貳師)장군이 흉노를 공격하자 이릉
이 자청하기를 "신이 변방에서 거느리고 있는 군사는 모두
형초(荊楚)지방의 용사와 기이한 재주가 있는 검객(劍客)들이
어서, 힘은 호랑이를 잡고 활을 쏘면 명중(命中)됩니다. 원하
옵건대 스스로 한 부대를 담당하여 적은 군대로써 많은 군사
를 치고자 합니다." 하니, 상이 장하게 여겨 허락하였다. 그
래서 그의 보졸(步卒) 5000명을 거느리고 준계산(浚稽山)에 이
르러 선우와 더불어 서로 싸워 수천 명을 죽이니, 선우가 불
리함에 크게 놀라 도망하려고 하였다. 그때 이릉의 군후(軍
候) 관감(管敢)이 교위(校尉)에게 욕을 먹고는 도망해 흉노에
게 항복하여 자세히 말하기를 "이릉의 군사가 후원병이 없고
또 화살이 다 떨어졌다."고 하였다. 선우가 관감 얻은 것을
크게 기뻐하여 기마병으로 하여금 아울러 한나라 군사를 공

격하게 하면서 재빨리 외치기를 "이릉과 한연년(韓延年)은 빨리 항복하라." 하고는 마침내 길을 막고 급히 이릉을 공격하였다. 이릉은 골짜기 속에 있고 오랑캐는 산 위에 있어 사면에서 화살을 쏘아대니, 마치 비가 퍼붓는 듯하였다. 한연년이 전사하자 이릉이 말하기를 "폐하를 뵐 면목이 없다." 하고는 드디어 항복하니, 변방에서 보고하였다.

원문 壬午二年이라 初에 李廣이 有孫陵하여 爲侍中하니 善騎射하고 愛人下士라 帝 以爲有廣之風이라 하여 拜騎都尉러니 貳師擊匈奴에 陵이 自請曰 臣의 所將屯邊者는 皆荊楚勇士奇材劍客也라 力扼虎射命中하니 願得自當一隊하여 以少擊衆하리이다 上이 壯而許之하니 於是에 將其步卒五千人하고 至浚稽山하여 與單于로 相擊殺數千人한대 單于 大驚不利하여 欲去러니 會에 陵의 軍候管敢이 爲校尉所辱하여 亡降匈奴하여 具言하기를 陵軍이 無後救하고 射矢且盡이라 單于得敢大喜하여 使騎로 並攻漢軍하고 疾呼曰 李陵韓延年은 趣降하라 遂遮道急攻陵하니 陵은 居谷中하고 虜는 在山上이라 四面射矢 如雨下하니 韓延年이 戰死어늘 陵이 曰 無面目報陛下라 하고 遂降하니 邊塞以聞하다

주 이소격중(以少擊衆) 적은 숫자로 많은 무리를 치는 것.

상이 노하여 태사령 사마천에게 물으니, 사마천이 큰소리로 아뢰기를 "이릉이 어버이를 효로 섬기고 군사들과는 믿음이 있었으며, 항상 분발하여 자신을 돌보지 않고 국가의 위급함을 따르는 것이 그가 평소 쌓은 마음으로, 따라서 국사(國士)의 풍도가 있었습니다. 이번 거사에게 불행하게도 자신을 보전하고 처자를 보호하려는 신하가 따라가 그에게 죄를 짓도록 하였으니, 참으로 통분합니다. 또 이릉이 거느린 보졸이 5000명이 못 되었는데도, 오랑캐 땅으로 깊이 들어가 유린해 수만 명의 적을 물리쳐, 오랑캐들이 사상자를 구할 겨를도 없이 활을 쏠 수 있는 모든 백성을 동원하여 함께 공격·

포위하자, 전전하며 천 리 먼 곳에서 싸웠습니다. 그러다 화
살이 다하고 길이 막혀 군사들은 빈 활을 당기어 칼날을 무
릅쓰고 북쪽을 향해 다투어 적과 싸우다 죽었으니, 사람들이
죽을 힘을 다한 것은 비록 옛날 명장이라도 이보다 지나치지
는 않습니다. 몸은 비록 함몰되어 패하였지만 그가 꺾어 패
배시킨 공이 천하에 드러났으니, 그가 죽지 않고 항복한 것
은 기회를 얻어 한나라에 보답하려는 것입니다." 하였다. 상
은 사마천이 속이어 이사장군을 막고 이릉을 위해 유세하는
것이라 하여 사마천을 옥에 내려 부형(腐刑)에 처했다.

원문 上이 怒하여 問太史令司馬遷한대 遷이 盛言 陵이 事親孝하
고 與士信하고 常奮不顧身하여 以徇國家之急이 其素所畜積也라
有國士之風이러니 今擧事一不幸에 全軀保妻子之臣이 隨而媒蘖
其短하니 誠可痛也라 且陵이 提步卒이 不滿五千이로되 深蹂戎馬
之地하여 却數萬之師하니 虜救死扶傷을 不暇하여 悉擧引弓之民
하여 共攻圍之어늘 轉鬪千里에 矢盡道窮하여 士張空弮하고 冒白
刃하여 北首爭死敵하니 得人之死力은 雖古名將이라도 不過也라
身雖陷敗나 然이나 其所摧敗 亦足暴於天下니 彼之不死는 宜欲
得當以報漢也니이다 上이 以遷爲誣罔하여 欲沮貳師하고 爲陵游
說라 하여 下遷腐刑하다

　　주 국사(國士) 나라의 선비. 큰 인물. 매얼기단(媒蘖其短) 그의 잘못을
　　매개하다. 매와 얼은 다같이 누룩임. 불가(不暇) 겨를이 없음. 부형
　　(腐刑) 거세(去勢)의 형. 궁형(宮刑).

○ 상이 법제(法制)로 아랫사람을 거느리어 가혹한 관리를 존
중해 쓰니, 군국(郡國)을 다스리는 이천석(二千石)이 대부분
가혹하고 사나운 관리가 많았다. 그래서 백성들이 더욱 범법
하는 것을 가볍게 여기고 동쪽에는 도적이 많이 일어나, 큰
무리는 성읍(城邑)을 공격하고 작은 무리는 향리를 약탈하였
다. 상이 이에 범곤(范昆)·장덕(張德) 등으로 하여금 수의(繡
衣)를 입고 부절(符節)과 호부(虎符)를 지니게 하고, 군사를

내어 격참(擊斬)하게 해 혹 1만 여 급(級)에 이르렀으나, 흩어져 도망한 자들이 무리를 모아서 어떻게 할 수가 없었다. 그래서 침명법(沈命法)을 만들었는데, 이르기를 "떼도둑이 일어나는데도 발각(發覺)하지 못하거나, 발각하고도 잡은 것이 품계(品階)에 차지 못한 자는 이천석 이하부터 낮은 관리에 이르기까지 주관하는 자를 모두 사형에 처한다." 하였다. 그후 낮은 관리들은 죽임을 당할까 두려워하여 비록 도적이 있으나 감히 발각하지 못하고, 상하가 서로 숨기면서 문사(文辭)로써 법을 피하게 되었다.

원문 上이 以法制御下하여 好尊用酷吏하니 而郡國二千石爲治者 大抵多酷暴吏라 民益輕犯法하고 東方에 盜賊이 滋起하여 大羣은 攻城邑하고 小羣은 掠鄕里어늘 上이 乃使范昆張德等으로 衣繡衣持節虎符하고 發兵以擊斬하여 或至萬餘級하되 散亡이 聚黨하여 無可奈何라 於是에 作沈命法하여 曰 群盜起에 不發覺이거나 發覺而捕弗滿品者는 二千石以下로 至小吏히 主者皆死라 하니 其後에 小吏畏誅하여 雖有盜나 不敢發하고 上下相匿하여 以文辭로 避法焉이러라

> ㊜ **혹폭리**(酷暴吏) 너그럽지 못하고 가혹한 관리. **수의**(繡衣) 비단옷으로, 어사(御史)를 가리킴. **지절호부**(持節虎符) 부절과 호부를 지니다. 부절은 왕이 신하에게 내리는 신표, 호부는 군사를 동원할 수 있는 병부(兵符). **침명법**(沈命法) 도적을 감추어준 자를 죽이는 법.

○ 이때 포승지(暴勝之)가 직지사자(直指使者)가 되어 이천석 이하를 죽인 것이 더욱 많아서 위엄이 주군(州郡)에 떨쳤다. 그가 발해(勃海)에 이르러 그 군 사람 전불의(雋不疑)가 어질다는 말을 듣고는 서로 만나보기를 청하니, 전불의가 말하기를 "삼가 바닷가에 엎드려 살면서 포공자(暴公子)의 명성을 들은 지 오래였는데, 이제 얼굴을 뵙고 말을 할 수 있게 되었습니다. 무릇 관리가 되어 너무 강직하면 꺾어지고 너무 유약하면 폐기됩니다. 위엄을 시행하려면 은혜를 베푼 연후에

공을 세우고 이름을 떨쳐야만 영원히 천록(天祿)을 누릴 수 있습니다." 하였다. 포승지가 그의 경계를 깊이 받아들였는데, 돌아와서 전불의를 천거하니 상이 전불의를 불러서 청주 자사(靑州刺史)를 삼았다.

원문 是時에 暴勝之 爲直指使者하여 所誅殺二千石以下 尤多라 威振州郡이러니 至勃海하여 聞郡人雋不疑賢하고 請與相見한대 不疑曰 竊伏海瀕하여 聞暴公子舊矣러니 今乃承顔接辭로다 凡爲吏에 太剛則折하고 太柔則廢하나니 威行이어든 施之以恩然後에 樹功揚名하여 永終天祿하리라 勝之深納其戒러니 及還에 表薦不疑어늘 上이 召拜不疑하여 爲靑州刺史하다

주 직지사자(直指使者) 임금에게서 생사여탈의 권한을 위임받은 사자. 포공자(暴公子) 공자는 포승지의 자(字). 승안접사(承顔接辭) 얼굴을 마주하고 대화를 나누는 것. 천록(天祿) 하늘이 내린 복록(福祿).

○ 왕하(王賀) 역시 수의어사(繡衣御史)가 되어 위군(魏郡)의 떼도둑을 쫓아 잡았는데, 놓아준 것이 많아 봉사(奉使)를 잘 못한 죄로 면직되니, 탄식하기를 "내가 들으니 1000명의 목 숨을 살리면 자손이 봉함을 받는다고 하였는데, 내가 살려준 자가 1만 여 명이나 되니 후세에 흥할 것인가?" 하였다.

원문 王賀 亦爲繡衣御史하여 逐捕魏郡羣盜하여 多所縱捨라 以奉使不稱으로 免이어늘 歎曰 吾聞 活千人이면 子孫이 有封이라 하니 吾所活者는 萬餘人이라 後世에 其興乎인저

3년(계미) 처음으로 주세(酒稅)를 받았다.

원문 癸未三年이라 初榷酒酤하다

주 각주고(榷酒酤) 술을 파는 데 대해 정부가 세금을 매기는 것.

태시 3년(정해) 황태자 불릉(弗陵)이 출생하였다. 불릉의 어 머니는 하간(河間)의 조첩여(趙倢伃)로, 구익궁(鉤弋宮)에 거처

하여 임신한 지 14개월 만에 출생하였다. 상이 이르기를 "들으니 옛날에 요(堯)임금은 14개월 만에 출생하였다고 하는데 이제 구익 역시 그렇다." 하고는 그가 태어난 문(門)을 '요모문(堯母門)'이라 명하였다.

원문 丁亥太始三年이라 皇太子弗陵이 生하다 弗陵母는 曰河間趙婕仔니 居鉤弋宮하여 任身十四月에 生하니 上이 曰 聞昔에 堯十四月而生이러니 今鉤弋이 亦然이라 하고 乃命其所生門曰 堯母門이라 하다

온공은 논평한다.

"남의 임금이 된 자는 동정(動靜)과 거조(擧措)를 삼가지 않을 수 없는 것이다. 마음속에 있는 것은 반드시 밖으로 나타나게 되어 천하가 알지 못하는 것이 없다. 그 당시에 황후(皇后)와 태자가 다 아무 일이 없었는데, 구익궁의 문을 '요모문'이라 명한 것은 명분이 아니다. 그러므로 간신(姦臣)들이 상의 뜻을 미리 헤아려 어린 아들을 특별히 사랑함을 알아내어, 그로써 사(嗣)를 삼고자 하여 마침내 황후와 태자를 위해(危害)할 마음을 둔 나머지 끝내 무고(誣蠱)의 화를 이루었으니, 슬픈 일이다."

원문 溫公曰 爲人君者는 動靜擧措를 不可不愼也라 有中必形於外하여 天下無不知之라 當是時也에 皇后太子 皆無恙이라 而命鉤弋之門曰 堯母는 非名也라 是以로 姦臣이 逆探上意하여 知其奇愛少子하여 欲以爲嗣하여 遂有危皇后太子之心하여 卒成巫蠱之禍하니 悲夫인저

조인(趙人) 강충(江充)이 처음에 조의 경숙왕(敬肅王)의 객(客)이 되었는데, 태자 단(丹)에게 죄를 얻고는 도망하여 대궐에 나아가 조 태자(趙太子)가 음모(陰謀)한 일을 고함으로써 태자가 죄에 걸려 폐해졌다. 상이 강충을 불러 이야기해보고는 크게 기뻐하여 직지수의사자(直指繡衣使者)에 임명하여, 그

로 하여금 귀척(貴戚)과 근신(近臣)을 감시하도록 하였다.

원문 趙人江充이 初爲趙敬肅王客하여 得罪於太子丹하고 亡逃詣闕하여 告趙太子陰事하니 太子坐廢라 上이 召充入與語하고 大悅하여 拜爲直指繡衣使者하여 使督察貴戚近臣하다

주 음사(陰事) 음모에 관한 일. 좌폐(坐廢) 죄에 걸려 폐해지는 것. 귀척(貴戚) 임금의 친인척 가운데 높은 사람.

정화 2년(경인) 처음에 상이 29세 때 여태자(戾太子)를 낳아 매우 사랑하였는데, 장성하기에 이르러 성품이 어질고 조심성이 있자, 상이 그의 재능이 자신을 조금도 닮지 않은 것을 의심스럽게 생각하여 황후와 태자에 대한 사랑이 점차 시들해졌다. 그래서 항상 스스로 불안해하는 뜻이 있자, 상이 깨닫고는 대장군(大將軍) 위청(衛靑)에게 말하기를 "한나라의 모든 일이 처음으로 시작되고 있는데다 사방 오랑캐가 중국을 침범하고 있으니, 짐이 제도(制度)를 변경하지 않으면 후세에 법이 없을 것이요, 군대를 내어 정벌하지 않으면 천하가 불안해질 것이다. 이렇게 하려면 부득이 백성을 괴롭히지 않을 수 없는데, 만약 후세에 또 짐이 한 것보다 더하게 되면 이는 망한 진(秦)나라의 발자취를 답습하는 것이다. 태자가 중후하고 조용한 것을 좋아하여 반드시 천하를 편안하게 할 것이니, 수문(守文)하는 임금을 구하려면 어찌 태자보다 더 어진 자가 있겠는가! 들으니 황후가 태자와 더불어 불안해하는 뜻이 있다고 하니, 이런 뜻으로 효유(曉諭)하라." 하니, 대장군이 머리를 조아리고 사례하였다.

원문 庚寅征和二年이라 初에 上이 年二十九에 乃生戾太子하여 甚愛之러니 及長에 性이 仁恕溫謹이라 上이 嫌其才能이 少不類己하니 皇后太子 寵 寢衰하여 常有不自安之意어늘 上이 覺之하고 謂大將軍靑曰 漢家庶事 草創하고 加四夷 侵陵中國하니 朕이 不變更制度면 後世無法이요 不出師征伐이면 天下不安이니 爲此

者는 不得不勞民이어니와 若後世에 又如朕所爲면 是는 襲亡秦之
迹也라 太子 敦厚好靜하니 必能安天下하리니 欲求守文之主인댄
安有賢於太子者乎리요 聞皇后 與太子로 有不安之意라 하니 可
以意曉之하라 大將軍이 頓首謝러라

注 인서온근(仁恕溫謹) 성품이 어질고 조심성이 있는 것. 초창(草創)
처음으로 시작되는 것. 수문지주(守文之主) 법을 그대로 잘 지켜나
가는 임금.

태자가 매양 사이(四夷) 정벌하는 것을 그만두라고 간하니,
상이 웃으며 이르기를 "내가 그 수고로움을 담당하여 너에게
편안함을 남겨 주려는 것이니 옳지 않겠는가?"하였다. 상이
법을 쓰는 것이 엄격함이 많아서 각박한 관리를 임명하였는
데, 태자는 관후하여 평번(平反)하는 바가 많아 비록 백성의
마음을 얻었으나, 법을 맡은 대신은 모두 좋아하지 않았다.
이때 방사(方士) 및 여러 신무(神巫)들이 서울에 많이 모여 모
두 옳지 않은 도(道)로 대중을 유혹하여 현혹하고, 여자 무당
이 궁중을 왕래하면서 미인(美人)으로 하여금 액막이를 하게
한다고 하여 집집마다 문득 나무로 만든 인형을 묻어놓고 제
사를 지내게 하였다. 이 때문에 질투하고 욕하고 서로 헐뜯
으며 상(上)의 무도함을 저주한다고 하니, 상이 노하여 죽인
자가 수백 명이어서 상이 마음속으로 의심하게 되었다.

原文 太子 每諫征伐四夷어늘 上이 笑曰 吾當其勞하고 以逸遺汝
하여 不亦可乎아 上이 用法嚴多하여 任深刻吏하되 太子寬厚하여
多所平反하니 雖得百姓心이나 而用法大臣이 皆不悅이라 是時에
方士及諸神巫 多聚京師하여 率皆左道로 惑衆變幻하고 女巫 往
來宮中하여 敎美人度厄하여 每屋에 輒埋木人祭祀之러니 因妬忌
恚罵하여 更相告訐하여 以爲祝詛上無道하니 上이 怒하여 所殺이
數百人이라 上이 心旣以爲疑러라

注 평번(平反) 죄를 가벼운 쪽으로 정해 아뢰는 것. 방사(方士) 방술을

행하는 사람. **좌도**(左道) 옳지 않은 도. 정도(正道)가 아닌 사도(邪道). **미인**(美人) 여자 관직 이름. **도액**(度厄) 액운에서 벗어나는 것. 액막이. **고알**(告訐) 헐뜯고 비난하는 것.

일찍이 상이 낮잠을 자는데 꿈에 나무인형 수천 개가 몽둥이를 들고 상을 치려 하므로, 상이 놀라 깨어 이 때문에 몸이 불편하게 되었다. 강충(江充)이 스스로 태자 및 위씨(衛氏)와 더불어 틈이 있는데다 상이 연로한 것을 보고는, 상이 승하한 후에 태자에게 죽임을 당할까 두려워서 아뢰기를 "상의 병환은 무고(巫蠱)가 빌미가 되었습니다."라고 하였다.

그래서 상이 강충을 사자(使者)로 삼아 무고옥(巫蠱獄)을 다스리게 하니, 강충이 말하기를 "태자궁(太子宮)에서 찾아낸 나무인형이 더욱 많고, 또 비단폭에 씌어진 글이 있는데 말한 바가 부도(不道)하니, 아뢰어야 마땅하다." 하였다. 강충이 태자를 매우 급하게 협박하자 태자는 계책을 낼 바를 모르고 그의 소부(少傅) 석덕(石德)의 계책을 써서 강충 등을 체포하고, 태자 스스로 임하여 강충을 참하면서 꾸짖기를 "이 조로(趙虜)야, 전에 너희 나라의 국왕 부자(父子)를 이간시켜 어지럽힌 것만으로는 부족하더냐? 그래서 다시 우리 부자를 이간시키려는 것이냐?" 하였다. 태자가 무기고의 병기를 꺼내 장락궁(長樂宮)의 위졸(衛卒)을 내니, 장안이 소란하여 태자가 반란을 일으켰다고 말하였다. 제가 감천궁에 있다가 조서로 반란을 일으킨 자를 잡아 베게 하니, 태자의 군사가 패하여 남쪽으로 도망했다.

원문 嘗晝寢할새 夢에 木人數千이 持杖欲擊上이어늘 上이 警寤하여 因是體不平이라 江充이 自以與太子及衛氏로 有隙이라 見上年老하고 恐晏駕後에 爲太子所誅하여 因言上疾祟 在巫蠱라 한대 於是에 上이 以充으로 爲使者하여 治巫蠱獄하니 充이 云하되 於太子宮에 得木人이 尤多하고 又有帛書하여 所言이 不道하니 當奏聞이라 하고 江充이 持太子甚急이어늘 太子計不知所出이러니

從其少傅石德計하여 收捕充等하여 太子 自臨斬充할새 罵曰 趙虜아 前亂乃國王父子 不足邪아 乃復亂吾父子也오녀 太子 出武庫兵하고 發長樂宮衛卒한대 長安이 擾亂하여 言太子反이어늘 帝在甘泉하여 詔捕斬反者하니 太子 兵敗南犇하다

㈜ 안가(晏駕) 승하와 같은 말. 제왕이 죽는 것. 수(崇) 빌미. 매개체.
무고(巫蠱) 남을 혹독하게 저주하는 일. 조로(趙虜) 강충(江充)을 욕해 부르는 말. 그가 일찍이 조나라에서 죄를 짓고 한으로 도망해 조의 태자가 음모를 꾸미고 있다고 고자질하여 폐하게 했었음.

상의 노여움이 심해지자 호관(壺關)의 삼로(三老) 무(茂)가 글을 올려 아뢰기를 "황태자는 만세의 업을 이어받으니, 친(親)으로 보면 황제의 종자(宗子)인데 강충이 여염의 신하로 지존(至尊)의 명을 띠고 태자를 협박하고 간사함을 꾸미니, 태자께서 나아가 상을 뵐 수가 없고 물러가 난신(亂臣)에게 곤욕을 당해 맺힌 억울함을 고할 길이 없었습니다. 그래서 분노하는 마음을 참지 못하고 군사를 일으켜 강충을 죽인 것으로, 아들이 아버지의 군사를 훔쳐 난리를 구하고 스스로 벗어난 것이니, 신은 사심(邪心)이 없다고 여겨집니다." 하였다. 글이 아뢰어지자 천자가 감오(感寤)하였으나 아직 드러내 놓고 용서한다는 말을 하지 않자, 태자가 스스로 죄를 벗을 수 없음을 알고는 즉시 목을 찔러 죽고 말았다. 처음에 상이 태자를 위해 박망원(博望苑)을 세우고 빈객과 교제하게 하여 그가 좋아하는 바를 따르게 했기 때문에, 빈객 가운데 이단(異端)을 진언하는 자가 많았다.

원문 上이 怒甚이러니 壺關三老茂 上書曰 皇太子 承萬世之業하니 親則皇帝之宗子也어늘 江充은 閭閻之隸臣으로 御至尊之命하여 迫蹙太子하고 造飾姦詐하니 太子 進不得見上하고 退困於亂臣하여 冤結無告하여 不忍忿忿之心하여 起而殺充하니 子盜父兵하여 以救難自免耳니 臣은 竊以爲無邪心이라 하나이다 書奏에 天子感寤나 然이나 尙未顯言赦之也라 太子自度不得脫하고 卽自經

하다 初에 上이 爲太子하여 立博望苑하고 使通賓客하여 從其所
好故로 賓客이 多以異端進者러라

   ㊁ 삼로(三老) 한나라 때 고을에서 교화(敎化)를 담당하던 사람. 나이가
     많고 학식이 높은 사람을 임명하였음. 자경(自經) 스스로 목을 찔러
     죽다. 경(經)은 경(頸)과 같음. 이단(異端) 유술(儒術)이 아닌 종교나
     학파.

온공은 논평한다.

"옛날의 명철한 임금은 태자를 교양(敎養)함에 있어 방정
(方正)하고 어진 선비를 가려 보부(保傳)와 사우(師友)를 삼아,
조석으로 함께 노닐게 함으로써 좌우 전후가 모두 올바른 사
람이요, 출입과 기거(起居)가 모두 정도(正道)가 아님이 없었
는데도, 오히려 음란·방탕하고 사벽(邪辟)하여 화란(禍亂)에
빠져 죽은 자가 있었다.

지금은 태자로 하여금 스스로 빈객을 통하여 그가 좋아하
는 바를 따르게 하였다. 대저 정직한 자는 친하기가 어렵고,
아첨하는 자는 쉽게 합해지는 것은 본디 보통 사람의 상정
(常情)이니, 태자가 제 명에 죽지 못한 것은 당연하다."

원문 溫公曰 古之明王은 敎養太子에 爲之擇方正敦良之士하여
以爲保傳師友하여 使朝夕으로 與之遊處하여 左右前後가 無非正
人이요 出入起居가 無非正道라 然이나 猶有淫放邪辟 而陷於禍
敗者焉이라 今乃使太子로 自通賓客하여 從其所好하니 夫正直難
親하고 諂諛易合은 此固中人之常情이니 宜太子之不終也라

관리와 백성들이 무고(巫蠱)로써 서로 고발한 자를 조사하
니 사실 아닌 것이 많으므로, 상이 태자가 두려워하였을 뿐
다른 뜻이 없었음을 약간 알게 되었다. 이때 고침랑(高寢郎)
전천추(田千秋)가 급변(急變)을 올려 태자의 억울함을 호소하
기를 "아들이 아버지의 군사를 함부로 동원한 것은 태죄(笞
罪)에 해당하니, 천자의 아들이 과오로 사람을 죽였다 한들

무슨 죄에 해당되겠습니까?" 하였다. 상이 이에 크게 깨닫고
는 전천추를 불러 이르기를 "부자 사이의 일은 사람들이 말
하기 어려워하는 법인데 공만은 그렇지 않음을 명백히 하였
으니, 이는 고제(高帝)의 신령이 공을 시켜 나를 깨우쳐 준
것이다. 공은 마땅히 나를 보좌하라." 하고는 바로 전천추를
대홍려(大鴻臚)에 임명하고 강충의 가족을 멸하였다. 상이 태
자가 무고하게 죽은 것을 불쌍히 여겨 사자궁(思子宮)을 짓
고, 귀래망사지대(歸來望思之臺)를 호숫가에 세우니, 천하 사
람들이 듣고는 슬퍼하였다.

원문 吏民이 以巫蠱로 相告言者를 案驗하니 多不實이라 上이 頗
知太子惶恐無它意러니 會에 高寢郎田千秋 上急變하여 訟太子
冤曰 子弄父兵이 罪當笞니 天子之子 過誤殺人인들 當何罪哉오
上이 乃大感寤하여 召見千秋하고 謂曰 父子之間은 人所難言也
어늘 公이 獨明其不然하니 此는 高廟神靈이 使公敎我로다 公은
當遂爲吾輔佐하라 하고 立拜千秋爲大鴻臚하고 而族滅江充家하
다 上이 憐太子無辜하여 乃作思子宮하고 爲歸來望思之臺於湖하
니 天下 聞而悲之러라

주 안험(案驗) 죄상(罪狀)을 조사하는 것. 고침랑(高寢郎) 고조릉(高祖
陵)을 지키는 관리. 침랑은 참봉(參奉)과 같음. 무고(無辜) 아무 죄가
없는 것.

4년(임진) 상(上)이 이에 이르기를 "짐이 즉위한 이래로 한
일이 광패(狂悖)하여 천하를 수고롭게 하였으니 후회가 된다.
이제 백성을 해치는 일이나 천하의 경비를 소모하는 일은 모
두 그만두라." 하였다. 전천추(田千秋)가 아뢰기를 "신선에 대
해 말하는 방사(方士)가 매우 많으나 드러난 공적이 없으니,
신은 모두 물리쳐 보내기를 청합니다." 하니, 상이 이르기를
"홍려의 말이 옳다." 하고는 방사와 후신인(候神人)인 자를
다 파하였다.

이후에 상이 매양 여러 신하를 대하면 스스로 탄식하기를

"지난 때에는 어리석고 미혹되어 방사들에게 속임을 당했었다. 천하에 어찌 신선이 있겠는가. 모두 요망한 것이요, 음식을 절제하고 약을 먹으면 조금은 병이 가벼워질 것이다." 하였다.

원문 壬辰四年이라 上이 乃言曰 朕이 卽位以來로 所爲狂悖하여 使天下로 愁苦하니 不可追悔라 今事有傷害百姓하고 靡費天下者는 悉罷之하라 田千秋曰 方士言神仙者 甚衆而無顯功하니 臣은 請皆罷斥遣之하노이다 上이 曰 鴻臚言이 是也라 하고 於是에 悉罷方士候神人者하다 是後에 上이 每對羣臣하여 自歎하되 曩時에 愚惑하여 爲方士所欺라 天下에 豈有仙人이리요 盡妖妄耳라 節食服藥이면 差可少病而已라 하더라

　　주 광패(狂悖) 미치고 패악한 것. 미비(靡費) 비용을 허비하는 것. 후신인(候神人) 신선을 맞아들이는 벼슬.

○6월에 대홍려 전천추를 승상으로 삼아 부민후(富民侯)를 봉했다. 전천추는 다른 재능과 학술이 없는데다 또 벌열(伐閱)과 공로가 없었으나, 다만 한마디 말로 임금이 뜻을 깨닫게 하여 몇 달 만에 재상으로 뽑혀 후(侯)에 봉해지니, 세상에 일찍이 없었던 일이다.

원문 六月에 以大鴻臚田千秋로 爲丞相하여 封富民侯하다 千秋 無它材能術學하고 又無伐閱功勞하되 特以一言으로 寤意하여 數月에 取宰相封侯하니 世未嘗有也러라

　　주 벌열(伐閱) 공로와 경력(經歷)을 말하는데, 흔히 문벌을 일컬음. 벌(伐)은 벌(閱). 오의(寤意) 뜻을 깨우치는 것.

○상이 이에 조서를 내려 깊이 지나간 일을 후회하여 진술하기를 "유사(有司)가 멀리 윤대(輪臺)에 밭을 개간하고 정수(亭隧) 일으키기를 주청하였는데, 이는 천하를 시끄럽게 괴롭힐 뿐 백성을 편안케 하는 일이 아니므로 짐이 차마 들어줄 수

가 없다. 지금 힘쓸 바는 가혹하고 사나운 것을 금지하고 멋
대로 거두는 세금을 금지하며, 본업인 농사에 힘을 쓰고 마
복령(馬復令)을 고쳐서 부족한 것을 보충해 무비(武備)가 부족
하지 않게 하는 데 있을 뿐이다." 하였다. 이 때문에 다시는
군사를 출동하지 않고 전천추를 부민후로 봉하니, 이는 휴식
시켜 백성들을 부유하게 기르기 위함이었다. 또 조과(趙過)로
수속도위(搜粟都尉)를 삼았는데, 조과가 대전(代田)을 잘하고
농사짓는 도구가 모두 편리하고 교묘하여 그걸로 백성들에게
가르치니, 적은 힘을 들이고도 얻는 곡식은 많아 백성들이
모두 편하게 여겼다.

원문 上이 乃下詔하여 深陳旣往之悔曰 有司가 奏請遠田輪臺하
고 欲起亭隧하니 是는 擾勞天下요 非所以安民也라 朕不忍聞하노
라 當今에 務在禁苛暴止擅賦하고 力本農하고 修馬復令하여 以補
缺하여 毋乏武備而已라 하고 由是로 不復出軍 而封田千秋하여
爲富民侯하니 以明休息富養民也라 又以趙過로 爲搜粟都尉하
니 過 能爲代田이라 其耕耘田器 皆有便巧하여 以敎民하니 用力
少 而得穀多라 民皆便之러라

주 정수(亭隧) 정은 매 10리에 하나씩 세워 도적을 방비하던 곳, 수는
땅굴이나 터널, 샛길, 옆길, 비밀 통로. 천부(擅賦) 정상적으로 거두
는 세금이 아닌 것. 마복령(馬復令) 전마(戰馬)를 기르는 백성에게
요역(徭役)을 면제하는 법령. 대전(代田) 해마다 장소를 바꾸어 경작
하는 전지(田地).

온공은 논평한다.
"천하에는 참으로 일찍이 군사가 없었던 적이 없었다. 무
제(武帝)가 사이(四夷)를 치는 공(功)을 좋아하여 용감하고 날
쎄며 죽음을 두려워하지 않는 군사가 조정에 가득하였고, 토
지를 개간하고 넓히는 것을 모두 뜻대로 하지 않음이 없었다.
후에 이르러서는 백성을 쉬게 하고 농사를 중히 여겨서, 조
과(趙過)의 무리가 백성들에게 농사를 가르쳐 백성들 역시 그

이익을 입었다. 이는 한 임금의 취향이 아주 달랐는데도 선비들이 호응했기 때문이니, 참으로 무제로 하여금 삼왕(三王)의 도량을 겸비하여 상(商)나라와 주(周)나라의 훌륭한 정치를 일으키게 했을 것인데, 삼대(三代) 때와 같은 신하가 없었던가?"

원문 溫公曰 天下信未嘗無士也라 武帝好四夷之功하여 而勇銳輕死之士가 充滿朝廷하고 闢土廣地를 無不如意라 及後하여 息民重農 而趙過之儔가 敎民耕耘하여 民亦被其利라 此一君之身 趣好가 殊別而士輒應之하니 誠使武帝로 兼三王之量하여 以興與商周之治러니 其無三代之臣乎아

주 사이(四夷) 중국에서 사방 주변국을 일컫는 말. 남만(南蠻)·북적(北狄)·동이(東夷)·서융(西戎). 삼대(三代) 하(夏)·상(商 : 殷)·주(周).

후원 원년(계사) 이때 구익부인(鉤弋夫人)의 아들 불릉(弗陵)이 몇 살 되었는데, 외모가 장대하고 지혜가 많아 상이 특별히 사랑하여 태자로 세울 마음이 있었으나, 그의 나이가 어리고 어미가 젊어 오랫동안 미루어 왔다. 여러 신하들을 살펴보니 오직 봉거도위(奉車都尉) 곽광(霍光)이 충후(忠厚)하여 큰일을 맡길 만하므로, 상이 황문(黃門)으로 하여금 주공(周公)이 성왕을 업고 제후의 조회를 받는 모습을 그리게 하여 곽광에게 내렸다.

원문 癸巳後元元年이라 時에 鉤弋夫人之子弗陵이 年數歲에 形體壯大하고 多知하니 上이 奇愛之하여 心欲立焉하되 以其年稚母少로 猶與久之러니 察羣臣하니 唯奉車都尉霍光이 忠厚하여 可任大事라 上이 乃使黃門으로 畫周公이 負成王朝諸侯하여 以賜光하다

주 유여(猶與) 미루는 것. 유예(猶豫). 주공(周公) 주(周)나라 무왕(武王)이 죽고 성왕(成王)이 어리자 숙부인 주공이 어린 성왕을 잘 보좌하였음.

　　2년(갑오) 봄 정월에 상의 병이 위독해지자 곽광이 눈물을 흘리며 묻기를 "만일 돌아가시면 누구를 사(嗣)로 삼아야 합니까?" 하니, 상이 이르기를 "그대는 전번에 준 그림의 뜻을 깨닫지 못하였는가? 작은 아들을 세우고 그대가 주공(周公)의 일을 행하라." 하였다. 곽광이 머리를 조아리며 사양하여 아뢰기를 "신은 김일제(金日磾)만 못합니다." 하니, 김일제 역시 아뢰기를 "신은 외국(外國) 사람이어서 곽광만 못하며, 또 흉노가 한나라를 가볍게 볼 것입니다." 하였다. 을축년에 조서로 불릉(弗陵)을 황태자로 세우니, 이때 나이 8세였다. 병인년에 곽광을 대사마대장군(大司馬大將軍)으로 삼고, 김일제로 거기장군(車騎將軍)을 삼고, 태복(太僕) 상관걸(上官桀)로 좌장군을 삼아 유조(遺詔)를 받들어 어린 임금을 보좌하게 하였다.

　　곽광이 궁궐에 출입한 지 20여 년이었는데, 나가면 수레를 받들고 들어와서는 좌우에서 모시며, 조심하고 근신(謹愼)해 일찍이 과오가 있지 않았다. 사람됨이 조용하고 자세하여 매양 출입할 때 전문(殿門)에 내리면서 나아가고 멈추는 것이 일정한 곳이 있었는데, 낭복야(郎僕射)가 그걸 알고는 몰래 지켜보니, 한 자 한 치도 어김이 없었다.

　　김일제는 상의 좌우에 있으면서 눈을 흘겨본 일이 없는 것이 수십 년이었고, 궁녀를 내려주었으나 감히 가까이하지 않았고, 상이 내심 그의 딸을 후궁으로 삼으려 했으나 내키지 않아 했다. 그의 돈독하고 근심함이 이와 같아서 상이 더욱 기이하게 여겼다.

원문 甲午二年이라 春正月에 上이 病篤이어늘 霍光이 涕泣問曰 如有不諱인대 誰當嗣者이까 上이 曰 君은 未諭前畫意邪아 立少子하고 君이 行周公之事하라 光이 頓首讓曰 臣이 不如金日磾니이다 日磾亦曰 臣은 外國人이라 不如光이요 且使匈奴로 輕漢矣리이다 乙丑에 詔立弗陵하여 爲皇太子하니 時年이 八歲라 丙寅에 以光으로 爲大司馬大將軍하고 日磾로 爲車騎將軍하고 太僕上官

桀로 爲左將軍하여 受遺詔輔少主하다 光이 出入禁闥 二十餘年
에 出則奉車하고 入侍左右하여 小心謹愼하여 未嘗有過라 爲人이
沈靜詳審하여 每出入 下殿門에 進止 有常處라 郞僕射 竊識視
之하니 不失尺寸이러라 日碑 在上左右하여 目不忤視者 數十年이
요 賜出宮女하되 不敢近하고 上이 欲內其女後宮하되 不肯하니
其篤愼이 如此라 上이 尤奇異之러라

　　㈜ **불휘**(不諱) 죽는 것. **금달**(禁闥) 제왕이 거처하는 궁궐의 문. **진지**
　　(進止) 나아가고 멈춤.

○ 정묘일(丁卯日)에 제가 오작궁(五柞宮)에서 죽으니 태자가
즉위하고, 곽광이 어린 임금을 보좌하여 정사(政事)가 자신에
게서 나가자 천하가 그 풍채를 앙모(仰慕)하였다.

㉑ 丁卯에 帝崩于五柞宮이어늘 太子 卽位하고 霍光이 輔幼主
하여 政自己出하니 天下 想聞其風采러라

　　㈜ **상문**(想聞) 앙모(仰慕), 또는 희망의 뜻.

　온공은 논평한다.
　"효무제(孝武帝)는 사치가 끝이 없었고 극도로 욕심을 부렸
으며, 형벌이 번거롭고 세금을 무겁게 거두었다. 안으로는 궁
실을 사치하게 하고, 밖으로는 사이(四夷) 정벌을 일삼았으며,
신괴(神怪)를 믿어 혹하였고, 순수(巡狩)에 절도가 없어 백성
을 피폐하게 하여 도적이 일어났으니, 그가 한 바는 진시황
과 거의 다를 바가 없다. 그러나 진나라는 이런 것으로써 망
하였으나 한나라는 이로써 흥한 것은, 효무제가 능히 선왕(先
王)의 도를 따르고 이어서 지킬 바를 알며, 충직한 말을 받아
들이고 사람이 속이고 숨기는 것을 미워하며, 어진 사람 좋
아하기를 게을리하지 않았고, 죽이고 상주는 것이 엄명하였
으며, 만년에는 허물을 고쳐 마땅한 사람을 얻어 어린 임금
을 부탁하였으니, 이것이 망한 진나라와 같은 잘못이 있었는

데도 망한 진나라와 같은 화를 면하게 한 것인가?"

원문 溫公曰 孝武는 窮奢極欲하고 繁刑重斂하고 內侈宮室하고
外事四夷하고 信惑神怪하며 巡遊無度하여 使百姓疲敝하여 起爲
盜賊이라 其所以異於秦始皇者 無幾矣라 然이나 秦以之亡하고
漢以之與者는 孝武能遵先王之道하고 知所統守하고 受忠直之言
하며 惡人欺蔽하고 好賢不倦하고 誅賞嚴明하고 晩而改過하여 顧
托得人하니 此其所以有亡秦之失 而免亡秦之禍乎인저

효소황제(孝昭皇帝)*

원시 5년(기해) 어떤 남자가 황독거(黃犢車)를 타고 북궐(北
闕)에 와서 스스로 위 태자(衛太子)라고 하였다. 조(詔)하여
공경·장군·중이천석(中二千石)으로 하여금 모두 살펴보게 했
더니, 이른 사람이 감히 무어라고 말을 하지 못하고 있는데,
경조윤(京兆尹) 전불의(雋不疑)가 뒤늦게 이르러 따르던 관리
를 꾸짖어 묶게 하고는 말하기를 "옛날 괴외(蒯聵)가 달아나
자 노의 아들 첩(輒)이 받아들이지 않았으므로 《춘추(春秋)》
에서 옳게 여겼다. 위 태자가 선제(先帝)에게 죄를 얻고는 망
명해 즉시 죽지 않고 지금에야 스스로 왔으니, 이는 죄인이
다." 하고는 마침내 조옥(詔獄)으로 보냈다. 천자가 대장군 곽
광과 함께 그 말을 듣고는 가상히 여겨 이르기를 "공경 대신
은 마땅히 경술(經術)이 있고 대의(大義)에 밝은 사람을 써야
한다." 하니, 이 때문에 전불의의 명성이 조정에 알려져, 벼
슬에 있는 자들이 모두 스스로 그만 못하다고 여겼다. 정위
가 그 사람을 조사해 다스리어 마침내 거짓임을 밝혀내어,
속이고 부도(不道)한 죄를 물어 요참(要斬)했다.

원문 己亥元始五年이라 有男子하여 乘黃犢車하고 詣北闕하여
自謂衛太子어늘 詔使公卿將軍中二千石으로 雜識視하니 至者 莫
敢發言이러니 京兆尹雋不疑 後到하여 叱從吏收縛曰 昔에 蒯聵

出奔에 輒이 距而不納하니 春秋에 是之라 衛太子 得罪先帝하여
亡不卽死하고 今來自詣하니 此는 罪人也라 遂送詔獄하니 天子
與大將軍霍光으로 聞而嘉之曰 公卿大臣은 當用有經術하여 明
於大誼者라 하니 繇是로 不疑名聲이 重於朝廷하여 在位者 皆自
以不及也러라 廷尉 驗治하여 竟得奸詐라 坐誣罔不道하여 要斬
하다

㊀ *효소황제(孝召皇帝) 이름은 불릉(弗陵)이며 무제(武帝)의 아들이다.
재위 13년, 수는 21세. 황독거(黃犢車) 누런 송아지가 끄는 수레.
중이천석(中二千石) 지방장관. 괴외출분(蒯聵出奔) 괴외는 위 영공(衛
靈公)의 세자로 위 영공의 부인 남자(男子)의 미움을 받아 송(宋)으로
망명하였는데, 그후 그의 아들인 첩이 즉위하자 돌아왔으나 위나라
사람들이 받아들이지 않았다. 출분은 망명.

○ 간대부(諫大夫) 두연년(杜延年)이 국가가 무제(武帝)의 사치
와 전쟁의 뒤끝을 이어받은 것을 보고는 자주 대장군 곽광에
게 말하기를 "해마다 계속 흉년이 들고 흩어진 백성이 다 돌
아오지 않았으니, 마땅히 효문제(孝文帝) 때의 정사를 닦아
검약과 너그러움을 보여 하늘의 마음을 따르고 백성들의 뜻
을 기쁘게 하면 풍년이 들 것입니다." 하니, 곽광이 그 말을
받아들였다.

원문 諫大夫杜延年이 見國家承武帝奢侈師旅之後하고 數爲大將
軍光하여 言 年歲 比不登하고 流民이 未盡還하니 宜修孝文時政
하여 示以儉約寬和하여 順天心說民意면 年歲宜應이라 한대 光이
納其言하다

㊀ 사려(師旅) 군대, 또는 전쟁. 비(比) 잇따라. 부등(不登) 곡식이 익
지 않다. 흉년.

6년(경자) 봄 2월에 유사(有司)에게 조(詔)하여 군국에서 천
거한 현량(賢良)·문학(文學)에게 백성들의 고통이 무엇인지와
교화(敎化)의 요점을 묻게 하였는데, 모두 대답하기를 "원컨
대 염철(鹽鐵)·주각(酒榷)·균수관(均輸官)을 혁파하여 천하와

더불어 이익을 다투지 말게 해 검소와 절약을 보인 후에야 교화가 일어나게 될 것입니다." 하였다. 상홍양(桑弘羊)은 어렵다고 여기면서 "이는 국가의 대업(大業)입니다. 그것으로 사이(四夷)를 제압하며 변방을 편안케 하고 용도를 충족하게 하는 근본이니, 그만둘 수가 없습니다." 하니, 그때서야 염철에 대한 의논이 일어났다.

원문 庚子六年이라 春二月에 詔有司하여 問郡國所擧賢良文學民所疾苦와 敎化之要한대 皆對願罷鹽鐵酒榷均輸官하여 毋與天下爭利하여 示以儉節然後에 敎化可興이리이다 桑弘羊이 難以爲此는 國家大業이라 所以制四夷하며 安邊足用之本이니 不可廢也라 하니 於是에 鹽鐵之議 起焉하다

> 주 염철(鹽鐵) 소금과 철에 대한 전매법(專賣法). 주각(酒榷) 술에 대한 세금. 균수관(均輸官) 무제 때 설치하여 물품을 교역하게 하던 관원. 많이 생산되는 곳에서 귀한 곳으로 옮겨 팔아 그 이익을 나라에서 차지하였음.

○처음에 소무(蘇武)가 이미 북해(北海)로 옮겨 한나라의 기(旗)를 들고 양(羊)을 치면서 누울 때나 일어나 있을 때나 붙잡아 기의 털이 모두 떨어지고 말았다. 호연제 선우(壺衍鞮單于)가 즉위함에 이르러 국내가 어지러워지자, 위율(衛律)이 한나라와 화친을 도모하였다. 한나라 사신이 이르러 소무 등을 찾으니, 흉노가 속여 소무는 죽었다고 하였다. 상혜(常惠)가 개인적으로 사신으로 하여금 선우에게 "천자께서 상림(上林)에서 사냥을 하다가 기러기를 잡았는데, 그 발목에 백서(帛書)가 매어져 있었소. 거기에 씌어 있기를 '소무 등이 어떤 못가에 있다.'라고 하였소."라고 말하도록 했다. 사신이 상혜의 말대로 선우를 꾸짖자 선우는 놀라면서 사과하고는 소무를 돌려주었다. 소무가 흉노에 머문 지 무릇 19년이었는데, 처음 젊어서 가서 돌아올 때에는 머리와 수염이 모두 하얗게 되었다.

원문 初에 蘇武 旣徙北海上하여 杖漢節牧羊하고 臥起에 操持하니 節旄盡落이라 及壺衍鞮單于 立에 國內 乖離하니 於是에 衛律이 謀與漢和親이어늘 漢使 至하여 求武等한대 匈奴詭言하되 武死어늘 常惠私敎使者하여 謂單于言하되 天子 射上林中이라가 得鴈하니 足有繫帛書하여 言武等이 在某澤中하라 한대 使者 如惠語하여 以讓單于하니 單于驚謝하고 乃歸武하다 武留匈奴 凡十九歲라 始以彊壯으로 出이러니 及還에 鬚髮에 盡白이러라

가을에 각고관(榷酤官)을 혁파하니, 이는 현량과 문학의 의논에 따른 것이다. 무제 말년에 온 나라의 경비가 소모되어 호구(戶口)가 반으로 줄었는데, 곽광이 시무(時務)의 요점을 알아서 요역(徭役)과 부세(賦稅)를 가볍게 함으로써 백성들을 쉬게 하였다. 이때 흉노와 화친하고 백성이 가득 차서 조금은 문제(文帝)·경제(景帝)의 업적을 회복하였다.

원문 秋에 罷榷酤官하니 從賢良文學之議也러라 武帝之末에 海內虛耗하여 戶口減半이어늘 霍光이 知時務之要하여 輕徭薄賦하여 與民休息하니 至是하여 匈奴和親하고 百姓이 充實하여 稍復文景之業焉하다

㊉ 각고관(榷酤官) 주세(酒稅)를 받아들이는 관원. 시무(時務) 당시에 먼저 힘써 해야 할 일.

원봉 원년(신축) 상관걸(上官桀)의 아들 상관안(上官安)에게 딸이 있었는데 바로 곽광의 외손(外孫)이었다. 상관안이 곽광을 통하여 황후로 들이고자 하였으나, 곽광은 나이가 어리다 하여 그 말을 듣지 않았다. 상관안이 드디어 황제의 누나 개장공주(蓋長公主)를 통하여 궁궐로 들여보내 첩여(婕妤)를 삼았다가 한 달 남짓 후에 황후로 삼으니, 이때 나이 겨우 6세였다. 이에 상관걸과 상관안이 깊이 곽광을 원망하고 개장공주를 덕스럽게 여겼는데, 연왕(燕王) 단(旦)이 황제의 형으로서 제위에 오르지 못함을 원망하고 있는 것을 알고는 사람을

시켜 거짓으로 연왕이 올리는 글을 짓게 하여 함께 곽광을
몰아내려고 하였다. 그 글이 아뢰어진 것을 곽광이 알고는
들어가지 않자 상이 묻기를 "대장군은 어디에 있는가?"하였
다. 상관걸이 대답하기를 "연왕이 그의 죄를 고하였으므로
감히 들어오지 못한 것입니다."하니, 조서로 대장군을 불렀
다. 곽광이 들어와 관(冠)을 벗고 머리를 조아리자 상이 이르
기를 "장군은 관을 쓰시오. 짐은 이 글이 거짓임을 아니, 장
군은 죄가 없소. 장군이 교위(校尉)를 조용(調用)한 지 10일이
못 되었는데 연왕이 어떻게 알 수 있겠소?"하였는데, 이때
황제의 나이 14세였다. 이에 상서(尙書)와 좌우가 모두 놀랐
고, 글을 올린 자는 과연 도망하고 말았다. 후에 상관걸의 무
리로 곽광을 참소하는 자가 있으면, 상이 번번이 노하여 이
르기를 "대장군은 충신이어서 선제(先帝)께서 짐을 보좌하도
록 부탁하셨으니, 헐뜯는 자가 있으면 죄를 주겠다."하였다.
이로부터 상관걸 등이 감히 다시 말하지 못하였다.

원문 辛丑元鳳元年이라 上官桀之子安이 有女하니 卽霍光의 外
孫이라 安이 因光欲內之어늘 光이 以其幼로 不聽하니 安이 遂因
帝姉蓋長公主하여 內入宮爲婕妤라가 月餘에 立爲皇后하니 年甫
六歲라 於是에 桀安이 深怨光而德蓋主러라 知燕王旦이 以帝兄으
로 不得立하여 亦怨望하고 乃令人으로 詐爲燕王上書하여 欲共執
退光이러니 書奏에 光이 聞之不入한대 上이 問大將軍은 安在오
桀이 對 以燕王이 告其罪로 不敢入이니이다 有詔召大將軍한대
光이 入하여 免冠頓首어늘 上이 曰 將軍은 冠하라 朕이 知是書
詐也로라 將軍은 無罪하니라 將軍이 調校尉未十日에 燕王이 何
以知之리요 是時에 帝年이 十四라 尙書左右 皆驚하고 而上書者
果亡이러라 後에 桀黨與 有譖光者면 上이 輒怒曰 大將軍은 忠
臣이라 先帝 所屬以輔朕身이니 有毀者면 坐之하리라 自是로 桀
等이 不敢復言이러라

○상관걸 등이 개장공주로 하여금 술자리를 베풀어 곽광을

청한 다음 군사를 매복시켰다가 쳐서 죽이고, 황제를 폐위하고 연왕(燕王)을 맞아다가 천자를 삼으려고 꾀했다. 또한 상관안이 연왕을 유인해 오면 죽여 폐위시키고 상관걸을 즉위시키려 모의하였다. 때마침 개장공주의 사인(舍人)이 그런 모의를 알고는 고하니, 조서를 내려 상관걸·상관안 등의 종족(宗族)을 체포하여 모두 죽이자, 개장공주는 자살하고 연왕은 목을 매어 자살했으며, 황후(皇后)는 나이가 어려 모의에 참여하지 않은데다 곽광의 외손녀여서 폐하지 않았다.

원문 上官桀等이 謀令長公主로 置酒請光하여 伏兵格殺之하고 因廢帝하여 迎立燕王爲天子하고 安이 又謀誘燕王하여 至而誅之하고 因廢帝立桀이러니 會에 蓋主舍人이 知其謀하고 以告한대 詔捕桀安等宗族하여 悉誅之하니 蓋主는 自殺하고 燕王은 自絞死하고 皇后는 以年少로 不與謀하고 亦霍光의 外孫故로 得不廢하다

  4년(갑진) 누란국(樓蘭國)이 아주 동쪽 변두리에 있으면서 한나라와 근접하고 백룡퇴(白龍堆)에 닿아 자주 한나라 사신을 가로막아 죽이었다. 부개자(傅介子)가 대원(大宛)에 사신으로 가 조서로써 누란국과 구자국(龜玆國)을 꾸짖으니, 모두 사과하고 복종하였다. 부개자가 돌아와 대장군 곽광에게 말하기를 "누란국과 구자국은 자주 반복하여 토벌하지 않으면 징계할 바가 없습니다. 원컨대 가서 꾸짖어 위엄을 여러 나라에 보이고자 합니다." 하였다. 대장군이 이에 아뢰어 그를 보내니, 부개자는 사졸들과 함께 모두 금과 패물을 지니고는 외국에 줄 것이라고 이름하였다. 누란국 왕이 한나라 물건을 탐내어 와서 사신을 보자 부개자가 장사를 시켜 찔러 죽이고, 왕이 한나라를 배반한 죄를 유시(諭示)하고는 다시 왕의 동생 위도기(尉屠耆)를 세워 왕으로 삼고 그 나라 이름을 고쳐 선선국(鄯善國)으로 하였으며, 부개자를 봉하여 의양후(義陽侯)로 삼았다.

[원문] 甲辰四年이라 樓蘭國이 最在東垂近漢하고 當白龍堆하여 數遮殺漢使러니 傅介子 使大宛하여 詔因令責樓蘭龜玆하니 其王이 皆謝服이러라 介子 還하여 謂大將軍霍光曰 樓蘭龜玆 數反覆하니 不誅면 無所懲艾라 願往刺之하여 以威로 示諸國하리이다 大將軍이 於是에 白遣之러니 介子 與士卒로 俱齎金幣하여 以賜外國爲名하니 王이 貪漢物하여 來見使者어늘 介子使壯士로 刺死之하고 諭以王이 負漢罪하고 更立王弟尉屠耆者하여 爲王하고 更名其國하여 爲鄯善하고 封傅介子하여 爲義陽侯하다

온공은 논평한다.

"왕자(王者)에게 있어서 융적(戎狄)은 배반하면 토벌하고 복종하면 그대로 두는 것이다. 이제 누란왕이 이미 그의 죄를 자복하였는데 또다시 죽였으니, 후에 배반하는 자를 회유할 수가 없게 되었다. 반드시 죄가 있다고 여겨 토죄(討罪)하려면 마땅히 군사를 거느리고 가 분명하게 벌해야 하는데, 지금은 사신을 보내어 금과 패물로 유혹하여 죽였으니, 후에 여러 나라에 사신을 보내더라도 다시 믿겠는가? 또 크고 강한 한나라가 도적과 같은 꾀를 만이(蠻夷)에게 쓴 것도 부끄럽지 않겠는가? 논하는 자들이 혹 부개자를 훌륭하게 여겨 기이한 공을 세웠다고 하는 것은 지나치다."

[원문] 溫公曰 王者之於戎狄은 叛則討之하고 服則舍之라 今樓蘭王이 旣服其罪로되 又從而誅之하니 後有叛者를 不可得而懷矣라 必以爲有罪而討之이면 則宜陳師鞠旅하여 明致其罰이라 今乃遣使者하여 誘以金幣而殺之하니 后有奉使諸國者를 復可信乎아 且以大漢之彊으로 而爲盜賊之謀於蠻夷는 不亦可羞哉아 論者 或美介子하여 以爲奇功은 過矣라

원평 원년(정미) 4월에 황제가 죽었는데, 사자(嗣子)가 없었다. 대장군 곽광이 여러 신하들과 더불어 의논하여 창읍왕(昌邑王) 하(賀)를 맞이하니, 하는 애왕(哀王)의 아들이다. 그 나

라에 있으면서 평소 방종하여 행동에 절제가 없어 일찍이 지
방을 유람하며 한나절도 못 되는 사이에 200리 길을 달리자,
중위(中尉) 왕길(王吉)이 상소하여 간하기를 "넓은 집 아래와
좋은 담요 위에 훌륭한 스승이 앞에 있고 좋은 일을 권하는
사람이 뒤에 있어, 위로는 당우(唐虞)시대를 논하고 아래로는
은주(殷周)의 성대한 시대에 이르러 인성(仁聖)의 풍도를 살피
고 치국(治國)의 도를 익히면, 양생(養生)에 어찌 좋지 않겠습
니까?" 하였으나 왕이 끝내 행실을 고치지 않았다. 6월에 왕
이 황제의 새수(璽綬)를 받고 존호(尊號)를 이어받았다.

원문 丁未元平元年이라 四月에 帝崩하니 無嗣라 大將軍光이 與
群臣으로 議迎昌邑王賀하니 賀는 哀王之子라 在國에 素狂縱하여
動作無節하여 嘗遊方與할새 不半日에 馳二百里어늘 中尉王吉이
上疏諫曰 夫廣廈之下와 細旃之上에 明師居前하고 勸誦이 在後
하여 上論唐虞之際하고 下及殷周之盛하여 考仁聖之風하며 習治
國之道면 於以養生에 豈不長哉이까 王이 終不改節이러니 六月에
王이 受皇帝璽綬하고 襲尊號하다

주 광종(狂縱) 행동이 미친 듯 방탕한 것. 방여(方與) 지방(地方). 광
하(廣廈) 크고 넓은 집. 권송(勸誦) 좋은 일을 권하는 것. 당우지제
(唐虞之際) 요순(堯舜)시대. 새수(璽綬) 옥새.

○ 창읍왕이 이미 즉위하여서는 음란한 놀이가 절도가 없어
간하는 말을 듣지 않음이 많았다. 곽광이 고민하여 옛날 관
리이던 친구 전연년(田延年)에게 물으니, 전연년이 말하기를
"장군이 나라의 주석(柱石)이 되었으니, 이 사람이 보기에 좋
지 않으면 어찌 태후(太后)에게 건의하여 다시 어진 이를 가
려 세우지 않습니까?" 하였다. 곽광이 말하기를 "옛날에도
이런 일이 있었는가?" 하니, 전연년이 말하기를 "이윤(伊尹)
이 은(殷)나라의 재상이 되어 태갑(太甲)을 폐하여 나라를 안
정시켰는데, 후세에 그의 충성됨을 칭찬하고 있소. 장군이 만
약 이런 일을 행하면 역시 한나라의 이윤이 될 것입니다."

하였다. 곽광이 이에 몰래 장안세(張安世)와 더불어 계책을 도모하였다.

원문 昌邑王이 旣立에 淫戲無度하여 諫多不聽이어늘 光이 憂懣하여 問所親故吏田延年한대 延年이 曰 將軍이 爲國柱石하니 審此人不可인댄 何不建白太后하여 更選賢而立之오 光이 曰 於古에 有此不아 延年이 曰 伊尹이 相殷에 廢太甲하여 以安宗廟하니 後世에 稱其忠이라 將軍이 若能行此면 亦漢之伊尹也니라 光이 乃陰與張安世로 圖計하다

㈜ 주석(柱石) 기둥과 주춧돌. 건백(建白) 건의하여 아뢰는 것. 태갑(太甲)은 은(殷)나라 2대 왕 태종(太宗)의 이름. 그가 황음무도하자 재상 이윤(伊尹)이 폐해 내쫓았다가 개과천선하자 3년 뒤 다시 불렀음.

○ 왕이 놀이를 나가자 광록대부(光祿大夫) 하후승(夏侯勝)이 수레 앞에 와서 간하기를 "하늘이 오랫동안 음침하면서도 비가 오지 않으니, 신하 가운데 상을 해치려고 모의하는 자가 있는 것인데, 폐하께서는 어디를 가고자 하십니까?" 하니, 왕이 노하여 말하기를 "하후승이 요사스런 말을 한다."라고 하고 묶어서 옥리에게 내렸다. 곽광이 이에 하후승을 불러 물으니, 하후승이 대답하기를 "홍범전(鴻範傳)에 이르기를 '황제가 표준을 세우지 못하면 그 벌로 항상 하늘이 음침하고, 그때 아랫사람이 윗사람을 치는 것이다.'라고 하였소." 하니, 곽광과 장안세가 크게 놀라서 더욱 경술(經術)에 밝은 선비를 중히 여겼다.

원문 王이 出遊어늘 光祿大夫夏侯勝이 當乘輿前하여 諫曰 天이 久陰不雨하니 臣下 有謀上者어늘 陛下 出欲何之이까 王이 怒하여 謂勝이 爲妖言이라 하여 縛以屬吏하다 光이 乃召問勝하니 勝이 對言하되 在鴻範傳에 曰 皇之不極이면 厥罰常陰이라 時則下人이 有伐上者라 하니 光安世大驚하여 以此로 益重經術士러라

㈜ 승여(乘輿) 임금의 수레. 홍범전(鴻範傳) 홍(鴻)은 홍(洪)으로 《서경

《書經)》 중의 〈홍범편(洪範篇)〉을 말함. 극(極) 모범, 표준. 경술(經術) 경전에 밝은 것.

○ 곽광과 장안세가 이미 의논을 정하고는 전연년으로 하여금 승상 양창(楊敞)에게 알리니, 양창이 놀라고 두려워하면서 말할 바를 모르고 식은땀이 나서 등을 적시고 오직 '예, 예' 할 뿐이었다. 곽광이 즉시 여러 신하들과 더불어 함께 태후(太后)에게 아뢰고 창읍왕이 종묘를 이을 수 없음을 갖추어 글로 진언하니, 황태후가 창읍왕에게 조서를 내려 앞에 엎드려 조서를 듣게 하였다. 곽광이 왕으로 하여금 일어나 절하고 조서를 받들게 하고는, 곽광이 손을 잡고 그의 새조(璽組)를 벗긴 다음 왕을 부축하여 전(殿)을 내려와 창읍의 집으로 돌려보냈다.

원문 光安世 旣定議하고 乃使田延年으로 報丞相楊敞한대 敞이 驚懼하여 不知所言하여 汗出沾背하고 徒唯唯而已라 光이 卽與群臣으로 俱見白太后하고 具陳昌邑王이 不可以承宗廟로 狀한대 皇太后 詔昌邑王하여 伏前聽詔하니 光이 令王으로 起拜受詔하고 光이 持其手하여 解脫其璽組하고 扶王下殿하여 送至昌邑邸하다

○ 처음에 위 태자(衛太子)의 아들 사황손(史皇孫)이 아들 병이(病已)를 낳았는데, 황증손(皇曾孫)이라 불렀다. 황증손이 태어난 지 몇 개월 만에 무고(巫蠱)의 일을 만나 태자의 남녀(男女)와 처첩(妻妾)이 모두 해를 입었고 황증손 역시 연좌되어 옥에 갇혔는데, 병길(丙吉)이 조서를 받아 무고옥을 다스리게 되었다. 병길이 마음속으로 태자에게 죄가 없고 거기다 황증손이 무고한 것을 불쌍히 여겨, 근후(謹厚)한 여자들을 골라 황증손에게 젖을 먹여 기르도록 하여 조용한 곳에 두었다. 황증손이 재주가 높고 학문을 좋아하였지만 역시 협객(俠客)을 좋아하여서, 여염(閭閻)의 간사한 일과 관리들 치적의 잘잘못을 다 알게 되었다. 창읍왕이 폐해지기에 이르러 곽광

396

이 장안세 등 여러 대신들과 더불어 후사로 세울 만한 사람을 의논하다 정하지 못했는데, 병길이 곽광에게 주기(奏記)하기를 "무제(武帝)의 증손으로 이름은 병이라는 자가 있는데 지금 18,9세입니다. 경술에 능통하고 아름다운 재주가 있으며 행동이 안온하고 절도가 화평하니, 원컨대 장군은 큰 계책을 정하소서." 하였다.

[원문] 初에 衞太子之子史皇孫이 生子病已하니 號를 皇曾孫이라 皇曾孫이 生數月에 遭巫蠱事하여 太子男女妻妾이 皆遇害하되 獨皇曾孫이 在하여 亦坐收繫獄이러니 丙吉이 受詔治巫蠱獄할새 吉이 心知太子無辜하고 重哀皇曾孫無辜하여 擇謹厚女徒하여 令乳養曾孫하여 置閒燥러니 曾孫이 高材好學이나 然이나 亦喜游俠하니 以是로 具知閭里奸邪吏治得失이러라 及昌邑王이 廢에 霍光이 與長安世諸大臣으로 議所立未定이러니 丙吉이 奏記光曰 武帝曾孫名病已者 至今十八九矣라 通經術有美材하고 行安而節和하니 願將軍은 定大策하소서

　　[주] 사황손(史皇孫) 외가(外家)의 성이 사씨(史氏)이므로 사황손이라 하였음. 무고사(巫蠱事) 무제 때 있었던 옥사. 좌수계옥(坐收繫獄) 연좌되어 옥에 갇히는 것. 무고(無辜) 죄가 없음. 근후(謹厚) 조심성이 있고 성품이 후한 것. 득실(得失) 잘잘못.

○곽광이 승상 양창과 더불어 상주(上奏)하기를 "무제의 증손 병이(病已)가 나이 18세로 스승에게 《시경(詩經)》·《논어(論語)》·《효경(孝經)》 등을 배우고 몸소 절검하고 자애롭고 사람을 사랑하니, 효소황제(孝昭皇帝)의 뒤를 잇게 할 만합니다." 하니, 황태후가 조(詔)하기를 "황증손을 맞아다가 황제에 즉위시키라." 하였다.

　시어사(侍御史) 엄연년(嚴延年)이 탄핵하여 아뢰기를 "대장군 곽광이 임금을 마음대로 폐하고 세우니, 신하의 예의가 없어 부도(不道)합니다." 하였는데, 아뢴 것이 비록 시행되지는 않았으나 조정이 숙연하게 존경하고 두려워하였다.

원문 光이 與丞相敞으로 上奏曰 武帝曾孫病已 年十八에 師受
詩論語孝經하고 躬行節儉하고 慈仁愛人하니 可以嗣孝昭皇帝後
니이다 皇太后 詔曰 可迎曾孫하여 卽皇帝位하라 侍御史嚴延年이
劾奏하되 大將軍光이 擅廢立主하니 無人臣禮라 不道니이다 奏雖
寢然이나 朝廷이 肅然敬憚之러라

제 12 권   한기 (漢紀)

중종 효선황제(中宗孝宣皇帝)* 상

본시(本始) **원년**(무신) 대장군 곽광이 머리를 조아리며 황제에게 정사를 돌려주니 상이 겸양하며 받지 않았는데, 모든 일을 다 먼저 곽광에게 아뢴 연후에 황제에게 이뢰었다. 소제(昭帝) 때부터 곽광의 무리와 친척이 조정에 뿌리박혀 있었는데, 창읍왕을 폐하기에 이르자 곽광의 권한이 더욱 커져 매양 조회에서 뵐 때 상이 자신을 낮추고 용모를 갖추어 매우 예우하였다.

원문 戊申本始元年이라 大將軍光이 稽首歸政하니 上이 謙讓不受하고 諸事를 皆先關白光然後에 奏御하다 自昭帝時로 光黨親이 連體根據於朝廷이러니 及昌邑王이 廢에 光權이 益重이라 每朝見에 上이 虛己斂容하여 禮下之已甚이러라

주 *중종 효선황제(中宗孝宣皇帝) 처음 이름은 병이(病已)인데 후에 순(詢)으로 개명하였다. 무제(武帝)의 증손이며 위 태자(衛太子)의 손자, 사황손(史皇孫)의 아들임. 재위 25년이며 수는 42. **관백**(關白) 윗사람에게 아뢰는 것. **조현**(朝見) 조회에서 뵙는 것. **허기염용**(虛己斂容) 자신을 낮추고 모습을 가다듬는 것.

○ 처음에 상관걸이 곽광과 권한을 다투었는데, 곽광이 이미 상관걸을 죽이고는 드디어 무제(武帝)의 법도를 따라 형벌로 아랫사람들을 각박하게 다스렸다. 이로 말미암아 속리(俗吏)들이 모두 엄혹함을 숭상하는 것을 능사로 삼았으나, 하남태수(河南太守)의 승(丞) 황패(黃霸)만은 유독 관대하고 화평함을

쓰는 것으로 명분을 삼았다. 상이 민간에 있을 때 백성들이 관리들의 급박함 때문에 시달리는 것을 알고 있었는데, 황패의 법 시행이 공평하다는 말을 듣고는 불러 정위정(廷尉正)을 삼아 자주 의옥(疑獄)을 다스리게 하니, 정위(廷尉)들이 공평하다고 일컬었다.

원문 初에 上官桀이 與霍光으로 爭權이러니 光이 旣誅에 桀遂遵武帝法度하여 以刑罰로 痛繩群下하니 由是로 俗吏 皆尙嚴酷으로 以爲能이나 而河南太守丞黃霸 獨用寬和로 爲名이라 上이 在民間時에 知百姓이 苦吏急迫이러니 聞霸 持法平하고 乃召爲廷尉正하여 數決疑獄하니 庭中이 稱平이러라

주 통승(通繩) 통렬하게 다스리는 것. 정위정(廷尉正) 정위의 장관(長官). 의옥(疑獄) 죄상이 의심스러운 옥사.

2년(기유) 여름에 조(詔)하기를 "효무황제(孝武皇帝)는 인의(仁義)를 실천하고 무위(武威)를 떨쳐 공덕이 성대한데도 묘악(廟樂)을 짓지 못하여 짐이 매우 슬퍼한다. 그러니 열후(列侯)와 이천석(二千石)·박사(博士)와 함께 의논하라." 하였다. 여러 신하들이 모두 조서와 같다고 하였는데, 유독 하후승(夏侯勝)만이 말하기를 "무제께서 비록 사방 오랑캐를 물리치고 국경을 넓힌 공로는 있지만, 많은 군사를 죽이고 백성들의 재력(財力)을 소모시켜 사치가 너무 심하고 법도가 없이 함부로 행동하여 백성에게 덕택이 없으니, 묘악을 두는 것은 마땅하지 않습니다." 하였다. 이에 승상어사(丞相御史)가 탄핵하여 아뢰기를 "하후승이 조서(詔書)를 비난하여 논하고 선제(先帝)를 헐뜯으니 부도(不道)한데, 승상장사(丞相長史) 황패는 아첨해 하후승을 따르면서 탄핵하지 않았습니다." 하여 모두 옥에 가두었다. 유사(有司)가 드디어 효무제(孝武帝)의 묘(廟)를 세종묘(世宗廟)로 높이기를 청하였다.

원문 己酉二年이라 夏에 詔曰 孝武皇帝 躬仁誼厲威武하사 功德

이 茂盛而廟樂을 未稱하니 朕甚悼焉하노니 其與列侯二千石博士로 議하라 群臣이 皆曰 如詔라 한대 獨夏侯勝이 曰 武帝 雖有攘四夷廣土境之功이나 然이나 多殺士衆하고 竭民財力하여 奢泰無度하여 無德澤於民하니 不宜爲立廟樂이니이다 於是에 丞相御史劾奏하되 勝이 非議詔書하고 毀先帝하니 不道요 及丞相長史黃霸阿縱勝하여 不擧劾이라 하여 俱下獄하고 有司 遂請尊孝武帝廟하여 爲世宗廟하다

> 㰯 묘악(廟樂) 종묘의 제전(祭典) 때 연주하는 음악. 부도(不道) 죄명의 하나. 죄없는 일가 3인(三人)을 죽인 죄명. 무도죄(無道罪). 아종(阿縱) 아첨하여 따르는 것.

○ 하후승과 황패가 이미 옥에 오랫동안 갇히게 되자 황패가 하후승에게 상서(尙書)를 배우고자 하니, 하후승이 죄사(罪死)라 하여 사양하였다. 황패가 말하기를 "아침에 도(道)를 들으면 저녁에 죽더라도 좋다."라고 하니, 하후승이 그 말을 어질게 여겨 마침내 가르쳐 주었는데, 갇혀서 겨울을 두 번 지내도록 강론하기를 게을리하지 않았다.

[원문] 夏侯勝黃霸 旣久繫에 霸欲從勝受尙書어늘 勝이 辭以罪死한대 霸曰 朝聞道면 夕死라도 可矣라 한대 勝이 賢其言하여 遂授之하고 繫再更冬하되 講論不怠러라

> 㰯 상서(尙書) 《서경(書經)》의 이칭(異稱). 조문도석사가의(朝聞道夕死可矣) 아침에 도를 들어 깨달으면 저녁에 죽어도 좋다는 뜻. 이 말은 《논어(論語)》 이인편(里仁篇)에 나오는 공자의 말임.

3년(경술) 곽광의 부인 현(顯)이 그의 작은딸 성군(成君)을 귀하게 하고자 하였는데, 마침 허후(許后)가 임신(妊娠)의 병에 걸렸다. 여의(女醫) 순우연(淳于衍)이란 자는 곽씨부인이 사랑하던 사람으로 일찍이 궁궐에 들어가 병을 돌보게 되었는데, 현이 순우연으로 하여금 독약을 타 황후가 마시게 하니, 얼마 후 드디어 더 고통을 받아 죽었다.

원문 庚戌三年 霍光의 夫人顯이 欲貴其小女成君이러니 會에 許后 當娠病이라 女醫淳于衍者는 霍氏의 所愛라 嘗入宮侍疾이어늘 顯이 使衍으로 因投毒藥하여 以飮皇后러니 有頃에 遂加煩懣崩하다

○ 겨울에 흉노의 선우가 친히 수만의 기병(騎兵)을 거느리고 오손(烏孫)을 쳐서 제법 많은 노약자를 잡아 돌아가고자 하였다. 이때 마침 하늘이 큰 눈을 내려 하루 사이에 한 길 남짓이나 쌓여, 백성과 가축이 얼어죽고 돌아온 자는 10분의 1도 못 되었다. 이에 정령(丁令)은 그들이 약화된 틈을 타 북쪽을 공격하고, 오환(烏桓)은 그 동쪽으로 침입하고, 오손은 그 서쪽을 공격하니, 세 나라의 죽인 바가 수만 급(級)이요, 말의 숫자가 1만 필이요, 소와 양이 매우 많았다. 그래서 흉노가 크게 허약해졌는데, 그후에 한나라가 3000여 기병을 내어 세 길로 나누어 함께 흉노로 침입해 수천 명을 사로잡아 돌아왔다. 흉노가 끝내 감히 당하지 못하고 더욱 화친하고자 하여 변경에 일이 적어졌다.

원문 冬 匈奴單于 自將數萬騎하고 擊烏孫하여 頗得老弱欲還이러니 會에 天이 大雨雪하여 一日에 深丈餘라 人民畜産이 凍死하고 還者 下能什一이라 於是에 丁令은 乘弱攻其北하고 烏桓은 入其東하고 烏孫은 擊其西하니 凡三國所殺이 數萬級이요 馬數萬匹이요 牛羊이 甚衆이라 匈奴 大虛弱이러니 其後에 漢이 出三千餘騎하여 爲三道하여 並入匈奴하여 捕虜得數千人還하니 匈奴 終不敢取當하여 滋欲鄕和親 而邊境少事矣러라

  주 정령(丁令)·오환(烏桓)·오손(烏孫) 모두 한나라 주변에 있던 종족 이름. 위삼도(爲三道) 세 갈래로 길을 나누는 것. 자(滋) 더욱. 향(鄕) 향하는 것. 향(向)과 동일함.

○ 이해에 영천태수(穎川太守) 조광한(趙廣漢)이 경조윤(京兆尹)이 되었다. 영천의 토속 호걸들이 서로 붕당을 형성하자

조광한이 항통(缿筩)을 만들어 관리와 백성들의 투서(投書)를 받아 서로 고하게 하였다. 그러자 서로 원망하여 간사한 무리들이 흩어지고 도적들이 일어나지 못하였으며, 더욱 검거하고 막기를 잘하고 실정을 탐지하여 마을에서 돈을 만드는 간사한 자들을 모두 알아내었다. 장안의 소년 몇 명이 외딴 동네 빈 집에 모여 함께 사람 겁탈하기를 모의하는데, 앉아서 말을 다 마치기도 전에 조광한이 관리를 시켜 잡아 다스리자 모두 자백했으니, 간사한 자를 적발하고 숨은 자를 찾아내는 것이 귀신 같았다. 경조(京兆)의 정사가 공평 정대하니 관리와 백성들이 침이 마르도록 칭찬하고, 장로(長老)들은 전해가면서 한나라가 생긴 이후 경조를 다스린 자 중 그 누구도 미칠 수 없다고 하였다.

원문 是歲에 潁川太守趙廣漢이 爲京兆尹하다 潁川의 俗豪傑이 相朋黨이어늘 廣漢이 爲缿筩하여 受吏民投書하며 使相告訐한대 於是에 更相怨咎하고 姦黨이 散落하고 盜賊이 不得發이라 尤善爲鉤鉅하고 以得事情하여 閭里銖兩之姦을 皆知之러라 長安少年數人이 會窮里空舍하여 謀共刦人이라가 坐語未訖에 廣漢이 使吏로 捕治具服하니 其發姦摘伏이 如神이라 京兆政淸하니 吏民이 稱之不容口하고 長老는 傳以爲自漢興으로 治京兆者 莫能及이라 하더라

주 항통(缿筩) 대나무로 주둥이를 작게 만든 통. 여기에다 투서를 넣어 다른 사람이 꺼내보지 못하도록 했음. 구거(鉤鉅) 구는 낚시, 거는 막는 것. 검거하고 방지하는 것. 수량(銖兩) 전(錢)을 말함. 불용구(不容口) 입을 놀리지 못하다. 칭찬해 마지않음을 비유함.

4년(신해) 봄에 곽광의 딸을 세워 황후로 삼았다.

원문 辛亥四年이라 春에 立霍光女하여 爲皇后하다

지절 원년(임자) 우정국(于定國)을 정위(廷尉)로 삼았다. 우정국이 의옥(疑獄)을 결단하고 법을 공평히 하여 환과(鰥寡)를

불쌍히 여기는 데 힘쓰고, 의심스러운 죄는 가벼운 것을 따랐으며, 게다가 자세히 살피고 조심하는 마음을 더하니 조정이 칭찬하기를 "장석지(張釋之)가 정위가 되자 천하에 억울한 백성이 없더니, 우정국이 정위가 되자 백성들이 스스로 억울해하지 않는다."라고 하였다.

원문 壬子地節元年이라 于定國이 爲廷尉하다 定國이 決疑平法하여 務在哀鰥寡하고 罪疑란 從輕하여 加審愼之心하니 朝廷이 稱之曰 張釋之 爲廷尉에 天下 無冤民이러니 于定國이 爲廷尉에 民이 自以不冤이라 하더라

2년(계축) 봄에 곽광이 죽었다.

원문 癸丑二年이라 春에 霍光이 薨하다

○ 상이 대장군의 덕을 갚고자 생각하여 곽광의 형 곽손산(霍孫山)을 봉하여 낙평후(樂平侯)를 삼아서 그로 하여금 봉거도위(奉車都尉)로 상서(尙書)의 일을 보게 하니, 위상(魏相)이 봉사(封事)로 주청하여 아뢰기를 "《춘추(春秋)》에서는 세경(世卿)을 비난하였고, 송(宋)나라에서는 3세(世)가 대부(大夫)가 된 것을 미워하였습니다. 지금 곽광이 죽자 아들이 다시 우장군(右將軍)이 되고, 형의 아들은 추기(樞機)를 잡고 형제들과 여러 사위들이 권세를 차지하여 병관(兵官)에 있으면서 교만·사치하고 방종하니, 마땅히 그 권세를 빼앗아 음모를 깨뜨려서 공신의 집안을 보전하게 하소서." 하였다. 또 고사(故事)에 상서(上書)하는 자는 모두 다 두 개를 봉하여 그 하나에는 부(副)라고 썼는데, 영상서(領尙書)인 자가 먼저 그 부봉(副封)을 뜯어보아 말한 바가 좋지 않으면 물리치고 아뢰지 않았다. 위상이 다시 허백(許伯)으로 말미암아 아뢰어 부봉을 없애어 가리고 막는 폐단을 방지하니, 제가 좋게 여겨 조서로 위상을 급사중(給事中)으로 삼고 모든 것을 그의 의논에 따랐다.

404

원문 上이 思報大將軍德하여 乃封光兄孫山하여 爲樂平侯하여 使以奉車都尉로 領尙書事하니 魏相이 奏封事言하되 春秋에 譏 世卿하고 惡宋三世爲大夫하니 今光이 死에 子 復爲右將軍하고 兄子 秉樞機하고 昆弟諸壻 據權勢하여 在兵官하여 驕奢 放縱하니 宜有以損奪其權하고 破散陰謀하여 以全功臣之世하소서 又故事 에 諸上書者 皆爲二封하여 署其一曰 副어든 領尙書者 先發副封 하여 所言이 不善이면 屛去不奏러니 相이 復因許伯하여 白去副 封하여 以防壅蔽한대 帝 善之하여 詔相給事中하고 皆從其議하다

> **봉사**(封事) 밀봉(密封)해서 은밀히 아뢰는 것. **세경**(世卿) 아비가 죽
> 으면 아들이 경의 지위를 이어받는 것. 이 말은 《춘추공양전(春秋公
> 羊傳)》 은공(隱公) 3년 조에 보임. **삼세위대부**(三世爲大夫) 3대가 계
> 속 대부가 된 것. 이 말은 《춘추공양전》 희공(僖公) 25년 조에 보임.
> **추기**(樞機) 요직(要職). **부봉**(副封) 정본(正本) 이외의 봉서. **허백**(許
> 伯) 허광한(許廣漢)을 말함.

○ 황제가 여염에서 살아 백성들의 일이 어려운 것을 알고 있
었는데, 곽광이 이미 죽자 처음 친히 정사를 보면서 마음을
써 다스리며 5일에 한 번씩 정치에 대해 들으니, 승상 이하
가 각기 직무를 보며 그에 관한 일을 아뢰어 상주하면 공과
능력을 고시(考試)하고, 시중(侍中)·상서(尙書)의 공로와 마땅
히 승진시킬 사람 및 특별한 선(善)이 있으면 후히 상을 내려
주어, 자손에 이르기까지 끝내 고치지 못하게 하니, 추기(樞
機)가 주밀하고 품식(品式)이 구비되어 상하가 서로 편안하여
구차스런 뜻이 없었다.

원문 帝 興于閭閻하여 知民事之艱難이러니 霍光이 旣薨에 始親 政事하여 厲精爲治할새 五日에 一聽事하니 自丞相以下로 名奉識 奏事하여 敷奏其言이어든 考試功能하고 侍中尙書 功勞當遷과 及 有異善이어든 厚加賞賜하여 至于子孫히 終不改易하니 樞機周密 하고 品式이 備具하여 上下相安하여 莫有苟且意러라

> **청사**(聽事) 정치에 대한 일을 듣는 것. **부주**(敷奏) 아뢰는 것. **품**

식(品式) 품격과 격식. 절차와 의식.

　자사(刺史)와 수상(守相)을 임명하기에 이르러서는 문득 친히 만나보아 물어 그의 경력을 보고, 물러나서는 그의 소행을 고찰하여 그 말을 질정하고 명실(名實)이 서로 맞지 않는 바가 있으면 반드시 그 까닭을 알아보았다. 일찍이 말하기를 "서민들이 전리(田里)에서 편안하게 살면서 탄식과 근심이 없는 것은 정사가 공평하고 송사(訟事)가 다스려져서이니, 나와 함께 그걸 하는 자는 오직 순량(循良)한 이천석이다." 하였다. 태수는 관리와 백성의 근본이므로 자주 바꾸면 아랫사람들이 불안하게 되고, 백성들이 그가 장차 오래 있을 것을 알면 속이지 못하여 그의 교화(敎化)에 복종한다고 여겼기 때문에, 이천석이 다스린 공적이 있으면 문득 새서(璽書)로 격려하여 계급을 올려주고 금(金)을 내리며, 혹 관내후(關內侯) 벼슬을 주었다가 공경의 자리가 비면 표(表)한 바에서 골라 차례에 따라 썼다. 그래서 한나라 때의 양리(良吏)가 이 때문에 성하여 중흥의 시대라 일컬었다.

[원문] 及拜刺史守相에 輒親見問하여 觀其所由하고 退而考察所行하여 以質其言하여 有名實이 不相應이어든 必知其所以然이러라 嘗稱曰 庶民所以安其田里 而亡嘆息愁恨之心者는 政平訟理也니 與我共此者는 其惟良二千石乎인저 以爲太守는 吏民之本이라 數變易 則下不安하고 民知其將久면 不可欺罔하여 乃服從其敎化故로 二千石이 有治理效면 輒以璽書로 勉勵하여 增秩賜金하고 或爵至關內侯라가 公卿이 缺則選諸所表하여 以次用之하니 是故로 漢世良吏 於是爲盛하여 稱中興焉이러라

　[주] 명실(名實) 이름과 실제. 소이연(所以然) 그렇게 된 까닭. 새서(璽書) 옥새를 찍은 글. 표(表) 기록해 둔 것.

　3년(갑인) 봄에 조하기를 "공이 있는데도 상을 주지 않고, 죄가 있는데도 죽이지 않으면 비록 요순시대라 하더라도 천

406

하를 교화시킬 수가 없다. 지금 교동상(膠東相) 왕성(王成)은 백성들을 위로해 맞아들이는데 게으르지 않아 유민(流民)이 스스로 와서 생업에 종사한 것이 8만여 가호요, 다스린 공효가 남달리 뛰어나니 왕성에게 관내후를 내리고 중이천석(中二千石)의 직질(職秩)을 주라."하였는데, 불러 쓰기 전에 병이 나서 관에서 죽었다. 후에 조서를 내려 승상어사(丞相御史)로 하여금 군국(郡國)의 상계(上計)·장사(長史)·수승(守丞)에게 정령(政令)의 잘잘못을 묻게 하니, 혹 대답하기를 "전의 교동상 왕성이 거짓으로 증가시켜 현저한 상을 받았습니다."하였는데, 그후에 속리(俗吏)들이 허명(虛名)이 많았다 한다.

원문 甲寅三年이라 春에 詔曰 有功不賞하고 有罪不誅면 雖唐虞라도 不能以化天下라 今膠東相王成이 勞來不怠하여 流民自占이 八萬餘口요 治有異等之效하니 其賜成爵關內侯하고 秩中二千石하라 未及徵用하여 會病卒官이러니 後에 詔使丞相御史로 問郡國 上計長史守丞 以政令得失한대 或對言 前膠東相成이 僞自增加하여 以蒙顯賞이라 하니 其後에 俗吏 多爲虛名云이러라

주 당우(唐虞) 요순(堯舜), 혹은 그 시대. 노래(勞來) 위로하여 맞아들이는 것. 자점(自占) 빠져 있던 호구(戶口)가 와서 생업에 종사하는 것. 이등(異等) 남달리 재능이 뛰어난 사람. 상계(上計) 군국의 호구(戶口) 및 전곡(錢穀) 등의 통계를 내거나, 상경(上京)하여 상부에 보고하는 관리. 장사(長史) 국사(國使). 수승(守丞) 군사(郡使).

○승상(丞相) 위현(韋賢)이 늙고 병이 들어 벼슬에서 물러가기를 요청하자, 황금 100근과 말 네 필이 끄는 높은 수레를 주어 그만두고 집으로 가게 하니, 승상의 치사(致仕)가 위현으로부터 시작되었다. 위상(魏相)을 승상으로 삼았다.

원문 丞相韋賢이 以老病으로 乞骸骨이어늘 賜黃金百斤과 安車駟馬하여 罷就第하니 丞相致仕 自賢始라 以魏相으로 爲丞相하다

주 걸해골(乞骸骨) 늙은 재생이 벼슬에서 물러나기를 청하는 것. 안거

사마(安車駟馬) 네 필의 말이 끄는 좋은 수레. 치사(致仕) 관리가 나
이 많아 벼슬에서 물러나는 것.

○ 곽씨(霍氏)가 교만·사치하고 방종하였는데, 상이 곽씨가
허황후(許皇后)를 독살했다는 것을 대략 들었지만 살피지 못
하였다. 이에 곽광의 여러 사위들을 옮기고 그들의 인수(印
綬)를 회수하고, 여러 영(領)의 우림위(羽林衛) 및 양궁(兩宮)
의 위장(衛將)·둔병(屯兵)을 다 바꾸어 친한 허씨(許氏)·사씨
(史氏)의 자제로 대신하였다.

[원문] 霍氏驕侈縱橫이어늘 上이 頗聞霍氏 毒殺許后 而未察이러
니 乃徙光諸壻하여 收其印綬하고 諸領羽林及兩宮衛將屯兵을 悉
易하여 以所親許史子弟로 代之하다

○ 처음 효무제 때에 징발이 번거로워 백성들이 가난해짐으로
써 궁한 백성들이 법을 범하여 간사함이 말할 수 없었다. 그
래서 장탕(張湯)·조우(趙禹)의 무리로 하여금 법령의 조목을
정하게 하여, 견지고종감림부주지법(見知故縱監臨部主之法)을
만들어 심고(深故)의 죄를 완화하고 종출(縱出)의 주(誅)를 급
히 하였다. 그후에 간사하고 교활한 자들이 법을 교묘히 이
용하여, 돌아가며 서로 비황(比況)하여 법망이 빽빽해지고 율
령(律令)이 번거롭고 가혹해져, 문서가 창고에 가득하여 법을
맡은 자가 두루 살펴볼 수가 없었다. 그래서 군국에서 적용
하는 자들이 혼동하여 혹 죄가 같은데도 다른 죄로 논하기도
하고, 간사한 관리들이 그것을 이용하여 뇌물을 받아 살리고
싶으면 살릴 의논에 부치고, 죽음에 빠뜨리고 싶으면 죽을
죄에 해당시켜, 의논하는 자들이 모두 억울하고 마음 아프게
여겼다.

[원문] 初 孝武之世에 徵發이 煩數하니 百姓이 貧耗하고 窮民이
犯法하여 姦軌不勝이라 於是의 使張湯趙禹之屬으로 條定法令할
새 作見知故縱監臨部主之法하여 緩深故之罪하고 急縱出之誅하

니 其後에 姦猾이 巧法하여 轉相比況하여 禁網이 寢密하고 律令
이 煩苛하여 文書 盈於几閣하니 典者 不能徧睹라 是以로 郡國
承用者駁하여 或罪同而論異하고 姦吏因緣爲市하여 所欲活則傅
生議하고 所欲陷則予死比하니 議者 咸寃傷之러라

> ㊟ 견지고종감림부주지법(見知故縱監臨部主之法) 범법자를 보거나 알고
> 도 고하지 않고 고의로 놓아준 사람은 물론 감독하는 부(部)의 상관
> 까지도 연좌(連坐)시키는 법. 심고지죄(深故之罪) 고의로 무겁게 준
> 죄. 종출지주(縱出之誅) 죽여야 할 자를 놓아준 죄. 비황(比況) 법례
> (法例)로 삼는 것. 시(市) 저자에서 매매하듯 재물을 주고받는 것.
> 생의(生議) 살릴 의논. 사비(死比) 죽을 죄에 해당시키는 것.

정위 사로(史路)와 온서(溫舒)가 상서하여 말하기를 "폐하
께서 처음으로 지존의 자리에 오르셨으니, 마땅히 전세의 잘
못을 고치시고 처음 명을 받은 통서(統緖)를 바로잡으시어,
번거로운 문서를 없애고 백성들의 고통을 제거하여 하늘의
뜻에 따르소서. 신은 들으니 진(秦)나라는 열 가지 잘못이 있
었는데, 그 중 하나가 아직 남아 있다 하니 옥을 다스리는 관
리가 그것입니다. 대저 옥이란 천하의 중대한 사명(使命)이어
서 한번 죽은 자는 다시 살아날 수가 없고 끊어진 육체는 다
시 붙일 수가 없습니다. 《서경(書經)》에 말하기를 '무고한 사
람을 죽이는 것보다는 차라리 법을 어기는 것이 낫다.'라고
하였습니다. 지금 옥을 다스리는 관리는 그렇지 않아서 상하
가 서로 죄로 몰아넣고 각박하게 하는 것을 명찰(明察)이라
하니, 혹독하게 하는 자는 공적(公的)이라 하고 공평하게 하
는 자는 후환(後患)이 많습니다. 그래서 옥을 다스리는 관리
들 모두가 사람을 죽이고자 하는 것은 그 사람을 미워해서가
아니라 스스로 편안한 방법이 그 사람이 죽는 데 있어서이니,
태평(太平)이 흡족하지 못한 것은 모두 이 때문입니다. 속담
에 이르기를 '땅에 금을 그어놓고 옥(獄)이라 해도 들어가지
않기를 의논하고, 나무인형을 만들어 놓고 옥리(獄吏)라 해도
대면하지 않기를 바란다.'라고 하니, 이는 모두 옥리를 미워

하는 풍조요 비통한 말입니다. 오직 폐하께서는 법제(法制)를 줄이고 형벌을 너그럽게 하시면 태평스런 풍조가 세상에 일어나게 될 것입니다." 하니, 상이 그 말을 좋게 여겼다.

원문 廷尉史路溫舒 上書曰 陛下 初登至尊하시니 宜改前世之失하시고 正始受命之統하사 滌煩文除民疾하여 以應天意하소서 臣은 聞秦有十失에 其一이 尙存하니 治獄之吏是也라 夫獄者는 天下之大命也라 死者는 不可復生이요 絶者는 不可復屬이니 書에 曰 與其殺不辜로 寧失不經이라 하니 今治獄吏則不然하여 上下相敺하여 以刻爲明하니 深者는 獲公名하고 平者는 多後患이라 故로 治獄之吏 皆欲人死는 非憎人也라 自安之道 在人之死하니 太平之未治 凡以此也니이다 俗語에 曰 畫地爲獄이라도 議不入하고 刻木爲吏라도 期不對라 하니 此는 皆疾吏之風이요 悲痛之辭也라 唯陛下는 省法制寬刑罰이면 則太平之風을 可興於世하리이다 上이 善其言하다

주 번문(煩文) 번거로운 문서나 법조문. 불경(不經) 올바르지 못한 것.

○ 12월에 조하기를 "지난번에 정리(廷吏)의 법을 씀이 교묘하고 법조문이 각박하여 무고한 자로 하여금 죽임을 당하게 했으니, 짐이 매우 가슴 아프게 여긴다. 이제 정사(廷史)를 파견하여 군(郡)의 옥을 조사해보니 직임(職任)이 가볍고 녹봉(祿俸)이 박한지라, 정위평(廷尉平)을 두어 직질(職秩)을 600석으로 하고 관원은 네 명으로 해 공평하게 하기를 힘써 짐의 뜻에 맞도록 하라." 하였다. 그래서 매 계추(季秋) 후에 의언(議讞)을 청하였다. 이때 상이 항상 선실(宣室)에 가서 재계(齋戒)하고 옥사를 결단하니, 형옥(刑獄)이 공평하다고 하였다.

원문 十二月에 詔曰 間者에 吏 用法巧하고 文寖深하여 使不辜로 蒙戮하니 朕甚傷之하노라 今遣廷史하여 與郡鞫獄하되 任輕祿薄하니 其爲置廷尉平하여 秩六百石하고 員四人하여 其務平之하여 以稱朕意하라 於是에 每季秋後에 請讞하다 時에 上이 常幸宣

室하여 齋居而決事하니 獄刑을 號爲平矣러라

> 㵢 계추(季秋) 늦가을, 즉 9월. 언(讞) 결정된 송사를 재심리하여 그 죄악의 경중을 평의하는 것.

탁군태수(涿郡太守) 정창(鄭昌)이 상소하기를 "지금 명철한 임금께서 몸소 밝게 옥사를 처리하시니, 비록 정평을 두지 않더라도 옥이 장차 스스로 바로잡힐 것인데, 만약 후사(後嗣)를 위한다면 율령을 산정(刪定)하는 것만 못합니다. 율령이 한번 정해지면 어리석은 백성들이 피할 바를 알고, 간사한 관리가 농간을 부릴 수가 없습니다. 이제 그 근본은 바로잡지 않고 정평을 두어 그 말단을 다스리게 하니, 정청(政聽)이 쇠퇴하고 게으르게 되면 정평이 장차 권한을 쥐고 어지럽히는 우두머리가 될 것입니다." 하였다

[원문] 涿郡太守鄭昌이 上疏言하되 今明主 躬垂明聽하시니 雖不置廷平이나 獄將自正이어니와 若開後嗣인댄 不若刪定律令이니 律令이 一定이면 愚民이 知所避하고 姦吏 無所弄矣리이다 今不正其本 而置廷平하여 以理其末하니 政衰聽怠則廷平이 將招權而爲亂首矣리이다

> 㵢 명청(明聽) 옥사를 분명하게 결단하는 것. 산정(刪定) 정비하여 정하는 것. 초권(招權) 권한을 부리는 것.

4년(을묘) 곽현(霍顯) 및 곽우(霍禹)·곽산(霍山)·곽운(霍雲)이 자신들이 날마다 벼슬이 깎이는 것을 보고는 자주 서로 마주하여 울면서 스스로를 원망하여 천자 폐하기를 도모하다가 그 일이 발각되었다. 그래서 곽운·곽산은 자살하고 곽우는 요참(要斬)하고, 곽현 및 여러 딸과 형제는 모두 기시(棄市)하고 황후 곽씨는 폐위하였다.

[원문] 乙卯四年이라 霍顯及禹山雲이 自見日侵削하고 數相對啼泣自怨하여 謀廢天子라가 事 發覺하여 雲山은 自殺하고 禹는 要

斬하고 顯及諸女昆弟는 皆棄市하고 皇后霍氏는 廢하다

○ 처음에 곽씨가 사치를 하니, 무릉(茂陵) 사람 서생(徐生)이 글을 올려 말하기를 "마땅히 제때에 억제하소서." 하였다. 그 후에 곽씨들이 죽임을 당하자 그들을 고한 자는 모두 봉함을 받았다. 어떤 사람이 서생을 위하여 상서하여 말하기를 "신은 듣자니 어떤 사람이 주인집 과객(過客)이 되었는데, 그 집 굴뚝이 곧바로 뚫리고 옆에 섶나무가 쌓여 있는 것을 보았습니다. 객이 주인에게 말하기를 '굴뚝을 굽혀서 세우고 그 섶나무를 멀리 옮기시오. 그렇지 않으면 불이 날 것이오.' 하였으나 주인은 따르지 않았습니다. 얼마 후 과연 집에 불이 나자 이웃 마을 사람들이 함께 구하여 다행히 꺼졌습니다. 그래서 소를 잡고 술을 준비하여 이웃 사람들에게 사례하였는데, 불에 데인 사람은 상석에 앉히고, 그 나머지는 각기 공로의 차례대로 앉았으나 굴뚝을 굽혀 세우라고 말한 사람은 기록되지 않았습니다. 어떤 사람이 주인에게 말하기를 '지난번 손님의 말을 들었더라면 소와 술을 허비하지 않았을 것이고 끝내 불도 나지 않았을 것이오. 지금 공을 논하여 손님을 청하였는데, 굴뚝을 굽혀 세우고 섶나무를 옮기라고 말한 사람에게는 혜택이 없고, 머리와 이마를 데인 사람을 상객(上客)으로 삼습니까?' 하니, 주인이 그제서야 깨닫고는 초청하였습니다. 지금 무릉 사람 서복(徐福)이 자주 상서하여 말하기를 '곽씨들의 변이 있을 것이니 마땅히 막아 끊어야 합니다.'라고 하였으니, 지난번 서복의 말대로 행하였으면 나라의 땅을 쪼개어 벼슬에 봉하는 비용도 들지 않았을 것이요, 신하가 반역하다 죽임을 당하고 패망함이 없었을 것입니다. 지난 일은 그렇거니와 서복 혼자만이 그 공을 입지 못하고 있으니, 오직 폐하께서는 살피시어 섶나무를 옮기라 하고 굴뚝을 굽혀 내라는 계책을 귀히 여기시어, 머리털이 그슬리고 살이 데인 사람 위에 두소서." 하니, 상이 서복에게 비단 10필을

하사하고, 후에 낭(郞)으로 승진시켰다.

원문 初에 霍氏奢侈하니 茂陵徐生이 上疏言하되 宜以時抑制러니 其後에 霍氏誅滅 而告者 皆封이어늘 人爲徐生上書曰 臣은 聞客 有過主人者 見其竈直突하고 傍有積薪하고 客謂主人하되 更爲曲 突하고 遠徙其薪하라 不者면 且有火患하리라 主人이 不應이러니 俄而오 家果失火어늘 鄰里 共救之하여 幸而得息이라 於是에 殺 牛置酒하고 謝其鄰人할새 灼爛者 在於上行하고 餘各以功次坐 而不錄言曲突者어늘 人謂主人曰 鄉使聽客之言이런들 不費牛酒 하고 終亡火患이어늘 今論功而請賓에 曲突徙薪은 無恩澤 燋頭 爛額이 爲上客邪아 主人이 乃寤而請之라 하니 今茂陵徐福이 數 上書言하되 霍氏且有變하니 宜防絶之라 하니 鄉使福說로 得行 則國無裂土出爵之費하고 臣無逆亂誅滅之敗라 往事는 旣已어니 와 而福이 獨不蒙其功하니 唯陛下는 察之하사 貴徙薪曲突之策 하여 使居焦髮灼爛之右하소서 上이 乃賜福帛十匹하고 後遷爲郞 하다

주 서생(徐生) 서복(徐福)을 말함. 작란자(灼爛者) 불에 데인 사람. 무 (亡)과 동자(同字)로서 무(無)의 뜻. 곡돌(曲突) 굴뚝을 굽혀 내는 것. 열토출작(裂土出爵) 나라의 땅을 쪼개어 봉작(封爵)하는 것.

○ 황제가 처음 즉위하여 고묘(高廟)를 알현하는데 대장군 곽 광이 참승(驂乘)했었다. 상이 두렵고 꺼리는 마음이 있어 까 끄라기가 등에 있는 듯하였는데, 후에 거기장군(車騎將軍) 장 안세(張安世)가 곽광을 대신해 참승하자 천자는 마음이 조용 하고 몸이 자유로워 매우 편안했었다. 곽광이 죽고 종족이 마침내 주륙을 당했기 때문에 세상에 전하기를 "곽씨의 화는 참승할 때부터 싹트기 시작했다."라고 하였다.

원문 帝 初立에 謁見高廟할새 大將軍光이 驂乘하니 上이 內嚴 憚之하여 若有芒刺在背하고 後에 車騎將軍張安世 代光驂乘하니 天子 從容肆體하여 甚安近焉이라 及光이 身死而宗族이 竟誅故

로 俗傳에 霍氏之禍는 萌於驂乘이라 하더라

㊒ 고묘(高廟) 한 고조(漢高祖)의 사당. 참승(驂乘) 임금의 수레에 함께
타는 것. 망자(芒刺) 까끄라기.

온공은 논평한다.
"곽광이 한나라를 보좌한 것은 참으로 충성스러웠는데 끝
내는 그의 종족을 보호하지 못한 것은 무엇 때문인가? 대저
위복(威福)이란 임금의 명기(名器)인데 신하가 그걸 잡고 오랫
동안 돌려주지 않으면 화가 미치지 않는 경우가 드물다. 효
소제(孝昭帝)는 명석하여 14세에 상관걸(上官桀)의 거짓을 알
았으니, 참으로 친히 정사를 할 수 있었다. 더군다나 효선제
(孝宣帝)는 19세에 즉위하여 총명·강의(剛毅)하고 백성들의
질고(疾苦)를 알았는데도, 곽광이 오랫동안 큰 권한을 차지하
면서 피할 줄을 모르고 친당(親黨)을 많이 두어 조정에 가득
차게 되었다. 그래서 임금으로 하여금 위에서 분노를 쌓게
하고 관리와 백성들은 아래에서 원망을 쌓으며 이를 갈고 눈
을 흘겨 때를 기다려 일어났으니, 그 자신의 몸을 보존한 것
만도 다행이거늘 하물며 자손이 교만·사치하여 재촉하였음
에랴. 비록 그러나 지난번 효선제로 하여금 다만 녹질(祿
秩)과 상사(賞賜)로써 그의 자손을 부귀하게 하여 큰 식읍(食
邑)을 먹게 하고 조청(朝請)을 받들게 했더라면, 역시 성대한
덕을 갚을 수 있었을 것이다. 그런데 이에 다시 정권을 맡기
고 병권을 주어 일이 얽히고 흔단(釁端)이 쌓였으며, 다시 억
제하고 빼앗아 마침내 원망하고 두려워하기에 이르러 사특한
모의가 생겼으니, 어찌 다만 곽씨들이 자초한 화라고만 하겠
는가? 역시 효선제가 빚어내어 이룬 것이라 할 수 있다.
옛날 투초(鬪椒)가 초(楚)나라에서 난을 일으키자 장왕(莊
王)은 그들을 멸족했으나, 잠윤(箴尹)과 극황(克黃)을 사면하
여 자문(子文)에게 후손이 없는 것을 위하였으니, 어떻게 선
(善)을 권면할 수 있겠는가? 대저 곽현(霍顯)·곽우(霍禹)·곽운

(霍雲)·곽산(霍山)의 죄는 비록 죽여 마땅하지만, 곽광의 충훈(忠勳)을 제사지내지 못하게 해서는 안 되는데 가문에 살아남은 자가 없게 하였으니, 효선제 역시 은혜가 적었던 것이다."

원문 溫公曰 霍光之輔漢室이 可謂忠矣라 然이나 卒不能庇其宗은 何也오 夫威福者는 人君之器也라 人臣執之하여 久而不歸하니 鮮不及矣라 以孝昭之明으로 十四而知上官桀之詐하니 固可以親政矣요 況孝宣十九卽位하여 聰明剛毅하여 知民之疾苦로되 而光久專大柄하고 不知避去하고 多置親黨하여 充塞朝廷하여 使人主로 蓄憤於上하고 吏民積怨於下하여 切齒側目하여 待時而發하니 其得免於身幸矣온 況子孫以驕侈趣之哉아 雖然이나 曏使孝宣으로 專以祿秩賞賜하여 富其子孫하여 使之食大縣하고 奉朝請이런들 亦足以報盛德矣라 乃復任之以政하고 授之以兵하여 事叢爵積하고 更加裁奪하여 遂至怨懼하여 以生邪謀하니 豈徒霍氏之自禍哉아 亦孝宣醞釀以成之也라 昔에 鬪椒作亂於楚어늘 莊王이 滅其族而赦箴尹克黃하여 以爲子文無後하니 何以勸善이리요 夫以顯禹雲山之罪 雖應夷滅이나 而光之忠勳은 不可不祀인대 使家無噍類하니 孝宣亦少恩哉인저

주 촉(趣) 재촉하다. 촉(促)과 같음. 식대현(食大縣) 큰 고을을 식읍으로 주는 것. 초류(噍類) 밥을 먹고 사는 사람.

북해태수(北海太守) 주읍(朱邑)이 치행(治行)이 제일이어서 들어와 대사농(大司農)이 되었다.

원문 北海太守朱邑이 以治行第一로 入爲大司農하다

발해태수(渤海太守) 공수(龔遂)가 들어와 수형도위(水衡都尉)가 되었다. 이보다 앞서 발해의 좌우군(左右郡)에 흉년이 들어 도적이 일제히 일어나 이천석이 잡아 제어하지 못하였다. 상이 다스릴 수 있는 사람을 고르는데 승상어사(丞相御史)가 공수를 천거하니, 상이 발해태수에 임명하고 불러 묻기를

"어떻게 발해를 다스려 그 도적을 없앨 것인가?" 하였다. 대답하기를 "바닷가에 멀리 떨어져 있어 성상의 교화(敎化)에 젖지 못하여 그 백성들이 추위와 굶주림에 지쳐 있는데도 관리들이 돌보지 않기 때문에, 폐하의 백성들이 폐하의 병기(兵器)를 황지(潢池)에서 도둑질해 장난을 치고 있는 것인데, 지금 신으로 하여금 그들을 이기게 하고자 하십니까, 아니면 편안하게 하고자 하십니까?" 하였다.

원문 渤海太守龔遂 入爲水衡都尉하다 先是에 渤海左右郡이 歲飢하여 盜賊이 並起하니 二千石이 不能擒制어늘 上이 選能治者할새 丞相御史 擧遂어늘 上이 拜爲渤海太守하고 召見問 何以治渤海하여 息其盜賊고 對曰 海瀕이 遐遠하여 不霑聖化하니 其民이 困於飢寒 而吏不恤故로 使陛下赤子로 盜弄陛下之兵於潢池中耳니 今欲使臣으로 勝之耶이까 將安之也이까

㈜ 해빈(海瀕) 바닷가. 적자(赤子) 백성. 황지(潢池) 발자국에 괸 흙탕물. 좁은 곳을 뜻함.

상이 이르기를 "현명하고 어진 사람을 뽑는 것은 본디 편안하게 하고자 해서이다." 하니, 공수가 아뢰기를 "난민(亂民)을 다스리는 것은 얽힌 실을 푸는 것과 같아 급히 해서는 안 되고 오직 천천히 한 후에야 다스릴 수가 있는 것입니다. 신은 원하옵건대 승상어사가 신을 법조문으로 구속하지 말고 일체를 편의에 따라 처리하게 했으면 합니다." 하므로, 상이 허락하고 황금(黃金)을 더 내렸다. 역마(驛馬)를 타고 발해의 경계에 이르니, 군에서 새 태수가 이르렀다는 말을 듣고는 군사를 내어 맞이하자, 공수는 모두 돌려보내고 글을 소속된 고을에 보내어 단속하며 도둑을 잡는 관리를 모두 혁파하고, 호미나 낫을 든 자는 모두 양민(良民)이니 관리가 검문하지 말게 하고, 병기를 든 자는 모두 도적이라고 하였다. 공수가 수레 한 대로 홀로 가서 부(府)에 이르니, 도적이 공수의 교령(敎令)을 듣고는 즉시 해산하여 무기를 버리고 낫이나 호미

를 들게 되어 모두 평정되었다.

원문 上이 曰 選用賢良은 固欲安之也니라 遂曰 治亂民은 猶治
亂繩不可急也라 唯緩之然後에 可治니 臣은 願丞相御史 且無拘
臣以文法하고 得一切便宜從事하노이다 上이 許焉하고 加賜黃金
하여 乘傳至渤海界한대 郡이 聞新太守至하고 發兵以迎이어늘 遂
皆遣還하고 移書勅屬縣하여 悉罷逐捕盜賊史하고 諸持鉬鉤田器
者는 皆爲良民이니 吏毋得問이요 持兵者는 乃爲賊이라 하고 遂
單車로 獨行至府하니 盜賊이 聞遂敎令하고 卽時解散하여 棄其兵
弩而持鉤鉏하니 於是에 悉平하다

㈜ 난승(亂繩) 헝클어진 노끈. 문법(文法) 법조문(法條文). 승전(乘傳)
전은 역마. 역마를 타는 것. 서구(鉬鉤) 호미와 낫.

공수가 이에 창고의 곡식을 내어 가난한 백성들에게 빌려
주고 양리(良吏)를 가려 쓰고 위안하여 목양(牧養)하였다. 공
수가 제(齊)의 풍속이 사치해서 말기(末技)를 좋아하고 농사
를 짓지 않는 것을 보고는, 몸소 검약을 보이고 백성들에게
농상(農桑)을 권장하며, 백성들이 도검(刀劍)을 갖거나 차는
자가 있으면 검을 팔아 소를 사고 도를 팔아 송아지를 사게
하면서 말하기를 "어찌 소와 송아지를 차고 다니느냐?"라고
하면서 위로하며 순행하니, 군이 모두 축적(畜積)이 있게 되
고 옥송(獄訟)이 그치게 되었다.

원문 遂 乃開倉廩하여 假貧民하고 選用良吏하여 慰安牧養焉이라
遂 見齊俗이 奢侈하여 好末技不田作하고 乃躬率 以儉約하여 勸
民農桑하고 民有帶持刀劍者어든 使賣劍買牛하고 賣刀買犢曰 何
爲帶牛佩犢고 勞來循行하니 郡中이 皆有畜積하고 獄訟이 止息이
러라

㈜ 창름(倉廩) 창고에 저장된 곡식. 목양(牧養) 백성을 다스리는 것.
말기(末技) 농업이 아닌 상업이나 공업. 도검(刀劍) 도는 짧은 칼,
검은 긴 칼. 독(犢) 송아지.

　원강 원년(병진) 조광한(趙廣漢)이 세리(世吏)의 자손 가운데
새로 등용된 연소한 자를 즐겨 쓰니, 오로지 강장(彊壯)하고
기운이 날카로워서 일마다 재빨리 처리하고 조금도 회피하지
않아, 모든 것을 과감한 계책으로 하여 조금도 어려워하는
일이 없었다. 끝내는 이로써 패(敗)하게 되었다.
　조광한이 사사로운 원한으로 논하여 남자(男子) 영축(榮畜)
을 죽이니, 어떤 사람이 상서하여 말하자, 그 일을 승상어사
에게 내려 조사하게 하였다. 조광한이 승상의 부인이 그의
시비(侍婢)를 죽였다고 의심하여 이 일로써 승상을 위협하자,
황제가 미워하여 조광한을 정위에게 내렸다. 그러자 관리와
백성들이 궁궐을 둘러싸고 우는 자가 수만 명이었고, 어떤
사람은 "신(臣)은 살아도 현관(縣官)에 도움이 되지 않으니,
원컨재 조경조(趙京兆)를 대신해 죽어 그로 하여금 백성들을
기르게 하소서." 하였으나 조광한이 끝내 요참당했다. 조광한
이 경조윤(京兆尹)이 되어 청렴하고 명백하여 호강(豪彊)을 위
엄으로 제압하니, 백성들이 직업을 얻었으므로 백성이 추모
하여 노래를 불렀다.

원문 丙辰元康元年이라 趙廣漢이 好用世吏子孫新進年少者하니
專厲彊壯讞氣하여 見事風生하여 無所回避하여 率多果敢之計하
여 莫爲持難이라 終以此敗하니라 廣漢이 以私怨으로 論殺男子榮
畜이어늘 人이 上書言之한대 事下丞相御史하여 按驗이러니 廣漢
이 疑丞相夫人이 殺侍婢하여 欲以此로 脅丞相하니 帝惡之하여
下廣漢廷尉하니 吏民이 守闕號泣者 數萬人이라 或言 臣生無益
縣官하니 願代趙京兆死하여 使牧養小民하노이다 廣漢이 竟坐要
斬하다 廣漢이 爲京兆尹하여 廉明하여 威制豪彊하니 小民이 得
職이라 百姓이 追思歌之러라

　㊟ **봉기**(讞氣) 기세가 날카로운 것. **풍생**(風生) 일처리가 빨라 바람이
　　일어나는 듯함. **조경조**(趙京兆) 조광한이 경조윤(京兆尹)이었으므로
　　이렇게 부른 것임.

418

○상이 박사(博士) 간대부(諫大夫)와 정사(政事)에 통달한 자를 뽑아서 군국(郡國)의 수상(守相)에 임명하였는데, 소망지(蕭望之)로 하여금 평원태수(平原太守)를 삼으니, 소망지가 상소하여 말하기를 “폐하께서 백성을 불쌍하게 여겨 덕화(德化)가 미치지 못할까 염려한 나머지 모든 간관(諫官)을 다 내보내 군리(郡吏)에 임명하시니, 조정에 간쟁(諫爭)하는 신하가 없어 허물을 알 수가 없습니다. 이는 이른바 그 말엽(末葉)적인 것을 근심하고 그 근본을 잊은 것입니다.”하였다. 상이 이에 소망지를 불러들여 소부(少府)를 맡게 하였다.

원문 上이 選博士諫大夫通政事者하여 補郡國守相할새 以蕭望之로 爲平原太守하니 望之上疏曰 陛下 哀愍百姓하사 恐德化之不究하여 悉出諫官하여 以補郡吏하시니 朝無爭臣 則不知過하나니 所謂憂其末 而忘其本者也로소이다 上이 乃徵望之하여 入守少府하다

○동해태수 윤옹귀(尹翁歸)가 군을 다스리는 것이 고제(高第)때부터로 들어와 우부풍(右扶風)이 되었다. 윤옹귀는 사람됨이 공정·청렴하고 명찰하여 군의 관리와 백성들의 어질고 어질지 않음과 간사한 죄명을 다 알아서 각기 장부에 기록해 두고, 장부를 조사하여 사람을 가려내어 한 사람으로써 백 사람을 경계하니, 관리와 백성이 모두 두려워하여 행실을 고쳐 스스로 새롭게 되었다. 그가 우부풍이 되어서는 청렴하고 공평한 사람을 뽑아 쓰고 간사한 자를 미워하여 높은 직책으로 생각하고는 예(禮)로써 접대하여 호오(好惡)를 함께 하고, 윤옹귀를 등진 자는 반드시 벌을 주었다. 그러나 온량(溫良)·겸퇴(謙退)하여 행실과 능력으로 사람에게 교만하지 않았기 때문에 조정에서 명예를 얻었다.

원문 東海太守尹翁歸 以治郡高第로 入爲右扶風하다 翁歸의 爲人이 公廉明察하여 郡中吏民賢不肖 及奸邪罪名을 盡知之하여

名有記籍하고 披籍取人하여 以一警百하니 吏民이 皆服恐懼하고
改行自新리러라 其爲扶風에 選用廉平 疾奸吏하여 以爲右職하여
接待以禮하여 好惡與同之하고 其負翁歸에 罰亦必行이나 然이나
溫良謙退하여 不以行能驕人故로 得名譽於朝廷이러라

○ 풍봉세(馮奉世)가 서역(西域)에 사신으로 갔는데, 그때 사거
왕(莎車王)의 동생 호도징(呼屠徵)이 스스로 왕위에 올라 한나
라를 배반하였다. 풍봉세가 마침내 절(節)로써 여러 나라의
군사를 동원하여 공격해 참(斬)하니, 상이 매우 기뻐하여 풍
봉세를 봉(封)하기를 의논하였다. 소망지(蕭望之)가 말하기를
"풍봉세가 황제의 명을 위조하여 만 리 밖에서 공을 세우기
를 바라 국가로 하여금 이적(夷狄)과 싸우게 만들었으니, 그
런 조짐은 키울 수가 없는 것입니다. 풍봉세는 봉작을 받아
서는 안 됩니다." 하니, 상이 소망지의 의논을 좋게 여겨 풍
봉세로 광록대부(光祿大夫)를 삼았다.

원문 馮奉世 使西城이러니 會에 莎車王弟呼屠徵이 自立爲王하
여 畔漢이어늘 奉世 遂以節로 發諸國兵하여 擊斬之한대 上이 甚
悅하여 議封奉世어늘 蕭望之曰 奉世 矯制發兵하여 要功萬里之
外하여 爲國家生事於夷狄하니 漸不可長이라 奉世 不宜受封이니
이다 上이 善望之議하여 以奉世로 爲光祿大夫하다

   주 반(畔) 배반하는 것. 교제(矯制) 임금의 명이라고 속이는 것.

2년(정사) 상이 조충국(趙充國) 등과 더불어 흉노(匈奴)의 쇠
약함을 이유로 군사를 내어 그의 오른쪽 땅을 쳐서 감히 서
역을 소란하게 하지 못하도록 하기를 의논하자, 위상(魏相)이
상서하여 간하기를 "난리를 구하고 포학한 자를 죽이는 것을
의병(義兵)이라 하는데 의병은 왕(王)을 하고, 적이 자기에게
가해 와서 부득이 일으킨 것을 응병(應兵)이라 하는데 응변하
는 자는 승리하고, 작은 일을 따져 분노를 참지 못하는 자를
분병(忿兵)이라 하는데 분병하는 자는 패배하고, 남의 토지와

420

보화(寶貨)를 이롭게 여기는 것을 탐병(貪兵)이라 하는데 탐병하는 자는 깨뜨려지고, 국가가 큰 것을 믿고 백성들이 많은 것을 뽐내어 적에게 위엄을 보이고자 하는 것을 교병(驕兵)이라 하는데 교병을 하는 자는 멸망합니다. 요사이 흉노가 변경을 범한 일이 없었는데도 불구하고 이제 들으니 군사를 일으켜 그 땅에 들어가고자 한다는데, 어리석은 신은 이 군사가 무슨 명분인지 알 수 없습니다. 금년에 자제(子弟)가 부형(父兄)을 죽이고 아내가 남편을 죽인 자를 헤아려 보니 모두 222명인데, 어리석은 신은 이는 작은 변이 아니라고 생각합니다. 이제 좌우가 이런 것은 걱정하지 않고서 군사를 내어 먼 오랑캐에 대한 하찮은 분노를 갚고자 하시니, 거의 공자(孔子)의 이른바 '나는 계손(季孫)의 근심은 전유(顓臾)에 있지 않고 집안에 있다고 생각한다.'라는 말에 가깝습니다." 하니, 상이 위상의 말을 따랐다.

원문 丁巳二年이라 上이 與趙充國等으로 議欲因匈奴衰弱하여 出兵擊其右地하여 使不敢復擾西域이어늘 魏相이 上書諫曰 救亂誅暴를 謂之義兵이니 兵義者는 王하고 敵加於己하여 不得已而起者를 謂之應兵이니 兵應者는 勝하고 爭恨小故하여 不忍憤怒者를 謂之忿兵이니 兵忿者는 敗하고 利人土地貨寶者를 謂之貪兵이니 兵貪者는 破하고 恃國家之大하고 矜民人之衆하여 欲見威於敵者를 謂之驕兵이니 兵驕者는 滅이라 間者에 匈奴 未有犯於邊境이어늘 今聞欲興兵하여 入其地하니 臣愚는 不知此兵이 何名者也니이라 今年에 計子弟殺父兄妻殺夫者하니 凡二百二十二人이라 臣愚는 以爲此非小變也라 하노이다 今左右 不憂此하고 乃欲發兵하여 報纖介之忿於遠夷하니 殆孔子所謂 吾恐季孫之憂는 不在顓臾而在蕭牆之內也니이다 上이 從相言하다

㊅ 소고(小故) 하찮은 이유. 섬개(纖介) 실낱이나 지푸라기처럼 하찮은 것. 계손(季孫) 춘추시대 노(魯)나라의 권신(權臣). 전유(顓臾) 노나라의 속국. 공자의 이 말은 《논어(論語)》 계씨편(季氏篇)에 나온다. 계

씨의 근심은 전유를 치는 데 있는 것이 아니라 나라 안에 있다는 뜻
인데, 계씨는 과연 후에 가신(家臣)인 양호(陽虎)에 의해 갇혔음.

○ 위상(魏相)이 한(漢)나라 고사(故事)와 훌륭한 장주(章奏) 보
기를 좋아하여, 자주 한나라가 일어난 이래 국가의 편리한
행사(行事) 및 현신(賢臣) 가의(賈誼)·조조(鼂錯)·동중서(董仲
舒) 등이 말한 것을 조목으로 들어 시행하기를 청하였다. 위
상이 연리(掾吏)를 단속하여 군국(郡國)의 일을 살피고, 휴가
를 얻어 집에 갔다가 관청에 돌아온 자에게 문득 사방의 특
이한 소문을 말하게 하니, 혹 역적(逆賊)과 풍우(風雨)의 재변
이 있으나 군(郡)에서 보고하지 않으면 위상이 문득 아뢰어
말하고, 어사대부 병길(丙吉)과 더불어 한마음으로 정치를 보
필하자, 상이 모두 중시하였다.

원문 魏相이 好觀漢故事及便宜章奏하여 數條漢興已來로 國家
便宜行事와 及賢臣賈誼鼂錯董仲舒等所言하여 奏請施行之하고
相이 敕掾史하여 按事郡國及休告하고 從家還至府하여 輒白四方
異聞하니 或有逆賊風雨災變이로되 郡이 未上이면 相이 輒奏言之
하고 與御史大夫丙吉로 同心輔政하니 上이 皆重之러라

　注 장주(章奏) 상소문(上疏文). 휴고(休告) 휴가(休假). 이문(異聞) 특별
　　한 소문.

○ 병길의 사람됨이 매우 후하고 잘한 일을 자랑하지 않아서,
증손(曾孫)을 만나면서부터 병길이 입을 다물고 전의 은혜를
말하지 않았다. 그때 마침 궁궐의 여종이 스스로 일찍이 기
른 공로가 있다고 진술하고, 사자(使者)를 시켜 말하기를 "병
길이 그 상황을 안다."고 하였다. 상이 친히 만나 물은 후에
야 병길이 옛 은혜가 있는데도 끝내 말하지 않은 것을 알고
는 상이 크게 어질다고 여겼다.

원문 丙吉의 爲人 深厚不伐善하여 自曾孫遭遇로 吉이 絶口不道
前恩이러니 會에 掖庭宮婢 自陳嘗有阿保之功하고 辭引使者丙吉

422

知狀한대 上이 親見問然後에 知吉이 有舊恩而終不言하고 上이
大賢之러라

> ㈜ 증손(曾孫) 효선제(孝宣帝)가 무제(武帝)의 증손임. 아보(阿保) 길러
> 주는 것.

○ 황제는 소망지가 경술(經術)에 밝고 중후하며 논의(論議)가
넉넉하여 재상에 임명할 재목이라 여겨, 그의 정사를 자세히
시험해 보고자 하여 다시 좌풍익(左馮翊)을 삼았다. 소망지는
소부(少府)에서 나와 좌천이 되자 상의 뜻에 맞지 않음이 있
는가 두려워 바로 병을 핑계하였다. 그 말을 듣고는 시중(侍
中) 김안세(金安世)로 하여금 뜻을 유시하기를 "직책을 다 바
꾸어 백성을 다스리게 해 공적을 고과하는 것이다. 그대는
전에 평원태수(平原太守)를 지낸 날짜가 오래지 않기 때문에
다시 삼보(三輔)에 임명해 시험하는 것이지 들은 바가 있는
것은 아니다." 하니, 소망지가 즉시 일어나 일을 보았다.

[원문] 帝 以蕭望之 經明持重하고 論議有餘로 材任宰相이라 하여
欲詳試其政事하여 復以爲左馮翊하니 望之從少府出하여 爲左遷
이라 恐有不合意하여 卽稱病이어늘 上이 聞之하고 使侍中金安世
로 諭意曰 所用이 皆更에 治民以考功이니 君이 前爲平原太守日
淺故로 復試之於三輔요 非有所聞也니라 望之 卽起視事하다

> ㈜ 좌풍익(左馮翊) 좌풍익군의 태수를 말함. 좌천(左遷) 낮은 벼슬로
> 옮기는 것. 한나라 때는 오른쪽을 높은 것으로 왼쪽을 낮은 것으로
> 하였음. 삼보(三輔) 좌풍익(左馮翊), 경조윤(京兆尹)을 말함.

3년(무오) 장안세가 '부자(父子)가 후(侯)에 봉해져 지위가
너무 성대하다.'라고 생각하여서 녹(祿)을 사양하니, 도시 안
에 별도로 저장하라고 조(詔)하여 장씨의 명분없는 돈이 백만
금을 헤아리게 되었다. 장안세는 성품이 근신(謹愼)·주밀(周
密)하며 매양 대정(大政)을 정할 때면 이미 결정하고는, 문득
병을 핑계하여 나와 있다가 조령(詔令)을 듣고는 놀란 척하며

관리로 하여금 승상부(丞相府)로 가서 묻게 하니, 조정 대신들이 모두 그가 의논에 참여한 줄을 몰랐다. 일찍이 그가 천거한 사람이 있었는데 그 사람이 와서 사례하니, 장안세는 크게 한탄하며 말하기를 "어질고 능역있는 사람을 천거하였는데 어찌 사사로이 사례할 수 있는가?" 하고는 절교하여 다시는 왕래하지 못하게 하였다.

어떤 낭관(郎官)이 있었는데 공이 높은데도 승진하지 못하여 스스로 장안세에게 그런 말을 하자 장안세가 응답하기를 "그대의 공이 높은 것은 임금께서 알고 계시는 바인데, 신하의 일을 어찌 잘했다 못했다 스스로 말하는가?" 하고는 끊고 허락하지 않았는데, 얼마 후 그 낭관이 과연 승진하였다.

[원문] 戊午三年이라 張安世 以爲父子 封侯하니 在位大盛이라 하여 乃辭祿이어늘 詔都內別藏하니 張氏無名錢이 以百萬數라 安世 謹愼周密하고 每定大政하여 已決에 輒移病出이라가 聞有詔令하고 乃驚하여 使吏之丞相府問焉하니 自朝廷大臣으로 莫知其與議也러라 嘗有所薦이러니 其人이 來謝어늘 安世大恨하여 以爲擧賢達能에 豈有私謝邪아 하고 絶弗復與通이러라 有郎이 功高不調하여 自言安世어늘 安世應曰 君之功高는 明主所知라 人臣執事를 何長短 而自言乎이리요 絶不許러니 已而오 郎이 果遷하다

㊟ 별장(別藏) 별도로 보관하여 특별회계에 쓰는 돈. 대정(大政) 대대적인 인사행정(人事行政). 관리의 성적에 따라 승진·좌천 등을 결정하는 도목정사(都目政事). 부조(不調) 승진하지 못하는 것.

○ 황태자의 나이 12세였는데 《논어(論語)》와 《효경(孝經)》에 능통하자, 태부(太傅) 소광(疏廣)이 소부(少傅) 소수(疏受)에게 말하기를 "내가 듣건대 만족할 줄을 알면 욕을 당하지 않고 그칠 줄을 알면 위태롭지 않다고 하는데, 이제 벼슬하여 이천석에 이르러 벼슬이 이루어지고 이름을 얻었으니, 이러할 때 떠나지 않으면 후회되는 일이 있을까 두렵다." 하고는 그 날로 부자(父子)가 모두 병을 핑계로 상소하여 물러가기를 청

424

하니, 상이 모두 허락하고는 더하여 황금 20근을 하사하고 황태자는 50근을 내렸다. 공경(公卿)과 친구들이 전별연을 베풀고 장막을 동도문(東都門) 밖에 설치하여 전송하는 수레가 수백 대였으며, 도로에서 구경하는 자들이 모두 말하기를 "어질도다, 두 대부(大夫)여!" 하고, 혹 탄식하여 눈물을 흘리기도 하였다.

원문 皇太子 年十二에 通論語孝經이어늘 太傅疏廣이 謂少傅受曰 吾聞知足不辱하고 知止不殆라 하니 今仕宦이 至二千石하여 宦成名立하니 如此不去면 懼有後悔라 하고 卽日에 父子 俱移病하고 上疏乞骸骨한대 上이 皆許之하고 加賜黃金二十斤하고 皇太子 贈五十斤하다 公卿故人이 設祖道供張東都門外하니 送者 車數百兩이라 道路 觀者 皆曰 賢哉라 二大夫여 하고 或歡息爲之下泣이러라

주 태부(太傅)·소부(少傅) 모두 태자를 가르치는 스승. 부자(父子) 소수(疏受)는 소광(疏廣)의 조카이므로 이렇게 말했음. 조도(祖道) 길에서 제사를 지내는 것. 환송잔치를 베푸는 것.

○ 소광과 소수가 향리에 돌아가 황금을 팔아서 족인(族人)과 친구와 빈객을 초청하여 서로 즐기며 노니, 어떤 사람이 소광에게 권고하기를 "그 금으로 자손을 위해 약간의 산업(産業)을 장만하라." 하였다. 소광이 말하기를 "내가 늙었는데 어찌 자손을 생각하지 않겠는가? 돌아보면 본래 전답과 집이 있으니, 자손으로 하여금 거기에 힘을 쓰게 하면 의식(衣食)이 넉넉하여 다른 사람과 같게 될 것인데, 이제 다시 더 보태어 여유가 있게 한다면 다만 자손들에게 게으름을 가르치는 것이오. 어진데 재물이 많으면 그 뜻이 손상되고, 어리석으면서 재물이 많으면 그 허물만 더할 것이며, 또 부자는 대중이 원망하게 되오. 내가 이미 자손을 잘 가르치지 못하였으니, 그 허물을 더하고 원망을 일으키게 하고자 하지는 않소. 또 이 황금은 성주(聖主)께서 신을 양로(養老)하는 혜택을

베푼 것이기 때문에 향당(鄕黨) 종족과 더불어 즐기며 그 하
사한 것을 함께 누려, 나의 남은 평생을 다하는 것도 가하지
않겠는가?"하니, 이에 일가 사람들이 기뻐 따랐다.

원문 廣受 歸鄕里하여 賣金請族人故舊賓客하여 與相娛樂이러니
或이 勸廣하여 以其金으로 爲子孫하여 頗立産業者어늘 廣이 曰
吾豈老誖하여 不念子孫哉아 顧自有舊田廬하니 令子孫으로 勤力
其中이면 足以共衣食하여 與凡人齊니 今復增益之하여 以爲贏餘
면 但敎子孫怠惰耳라 賢而多財 則損其志하고 愚而多財 則益其
過하고 且富者는 衆之怨也라 吾旣無以敎化子孫하니 不欲益其過
而生怨이로라 又此金者는 聖主所以惠養老臣故로 樂與鄕黨宗族
하여 共饗其賜하여 以盡吾餘日이 不亦可乎아 於是에 族人이 悅
服이러라

주 노패(老誖) 늙고 정신이 없는 것. 노망함. 영여(贏餘) 여유가 있음.
나머지. 향당(鄕黨) 고향의 마을. 시골 마을. 열복(悅服) 기쁜 마음
으로 기꺼이 복종하는 것.

○영천태수(穎川太守) 황패(黃霸)가 힘써 교화를 행한 후에
주벌(誅罰)하고 성취시키고 안전하기를 힘썼다. 장리(長吏) 허
승(許丞)이 늙고 병들어 귀가 어두워지자 독우(督郵)가 아뢰어
내쫓고자 하였다. 그러자 황패가 말하기를 "허승은 청렴한
관리이다. 비록 늙었지만 그런대로 절하고 기동하며 영송(迎
送)할 수가 있는데, 잘 듣지 못하는 것이 무슨 상관인가?"하
니, 어떤 사람이 그 까닭을 물었다. 황패가 말하기를 "자주
장리를 바꾸면 보내고 맞이하는 비용과, 또한 간리(姦吏)가
그걸 인연하여 부서(簿書)와 재물을 훔치면 공사의 비용이 매
우 많이 들 것인데, 그것은 모두 백성에게서 나와야 하고, 바
꾼 새 장리가 또 반드시 어질지 못하여 만일 옛 사람만 못하
다면 한갓 어지러움만 더할 뿐이오. 무릇 다스리는 도리는
아주 크고 심한 것만 제거하면 되오."하였다. 황패가 겉으로
는 너그럽고 안으로는 명찰하여 민심을 얻어, 호구(戶口)가

426

해마다 증가하여 그 공이 천하 제일이었다. 그래서 불러 경조윤(京兆尹)으로 삼았다.

원문 穎川太守黃霸 力行敎化而後에 誅罰하여 務在成就全安之러니 長吏許丞이 老病聾이어늘 督郵 白欲逐之한대 霸曰 許丞은 廉吏라 雖老나 尙能拜起送迎하니 重聽이 何傷고 或이 問其故한대 霸曰 數易長吏면 送故迎新之費와 及姦吏因緣絶簿書盜財物하여 公私費耗甚多하니 皆出於民하고 所易新吏又未必賢이라 或不如其故면 徒相益爲亂이니 凡治道는 去其泰甚者耳이라 霸以外寬內明으로 得吏民心하니 戶口歲增하여 治爲天下第一이라 徵守京兆尹하다

㊟ 중청(重聽) 잘 듣지 못하는 것. 태심(泰甚) 매우 심하다의 뜻.

신작 원년(경신) 봄 정월에 상이 처음으로 감천(甘泉)에 행행(行幸)하여 태치(泰畤)에서 교제(郊祭)를 지내고, 하동(河東)에 행행하여 후토(后土)에 제사지내어 제법 무제(武帝)의 고사(故事)를 닦아 제사의 예를 삼가 재계하고, 방사(方士)의 말로써 신사(神祠)를 더 설치하였다. 익주(益州)에 금마(金馬)와 벽계(碧鷄)의 신이 있다는 말을 듣고는 초제(醮祭)를 지내 이르게 할 수 있다고 하여서, 간대부(諫大夫) 촉군(蜀郡)의 왕포(王褒)를 보내 절(節)을 지니고 가 찾게 하였다.

원문 庚申神爵元年이라 春正月에 上이 始行幸甘泉하여 郊泰畤하고 幸河東하여 祠后土하여 頗脩武帝故事하여 謹齋祀之禮하고 以方士言으로 增置神祠하다 聞益州에 有金馬碧鷄之神하여 可醮祭而致라 하고 於是에 遣諫大夫蜀郡王褒하여 使持節求之하다

㊟ 태치(泰畤) 제사지내는 장소. 후토(后土) 토지(土地)의 신. 초제(醮祭) 일월(日月)·성신(星辰)에 지내는 제사.

○처음에 상이 왕포가 준재(俊材)라는 말을 듣고는 그를 불렀다. 그리고는 그로 하여금 '성주득현신송(聖主得賢臣頌)'을

짓게 하였는데 그 내용은 다음과 같다.

"현자(賢者)는 국가의 그릇이기 때문에 임금은 현자를 찾기에 수고로우나 얻은 다음에는 편안한 것입니다. 옛날 현자가 임금을 만나지 못하였을 때는 일을 도모하고 계책을 헤아리려도 임금이 그 모책을 쓰지 않고, 정성을 진현(陣見)하여도 임금이 그렇지 않게 여겨 믿지 않았습니다. 그래서 이윤(伊尹)은 정조(鼎俎)에서 수고로웠고, 태공(太公)은 고도(鼓刀)에 피곤하였으며, 백리해(百里奚)는 스스로를 팔았고, 영자(甯子)는 소를 먹이며 이런 근심이 떠나지를 않았습니다. 그러다가 명철한 임금과 성주(聖主)를 만나기에 이르러서는 계책을 세우면 임금의 뜻에 맞고 간쟁(諫諍)을 하면 받아들여졌으며, 진퇴(進退)가 충(忠)에 관계되고 직을 맡으면 그 술책이 행하여졌기 때문에 세상에서는 반드시 성지(聖知)의 임금이 있은 후에야 현명한 신하가 있게 된다고 합니다. 그러므로 호랑이가 으르렁거리면 찬바람이 불고, 용(龍)이 일어나면 구름이 일어나며, 귀뚜라미는 가을을 기다려서 울고, 하루살이는 음침한 곳에서 나오는 것입니다."

원문 初에 上이 聞褒有俊才하고 召見使爲聖主得賢臣頌하니 其辭에 曰 夫賢者는 國家之器用也라 故로 君人者는 勤於求賢而逸於得人하나니 昔에 賢者之未遭遇也에 圖事揆策 則君不用其謀하고 陳見悃誠 則上不然其信이라 是故로 伊尹은 勤於鼎俎하고 太公은 困於鼓刀하고 百里는 自鬻하고 甯子는 飯牛하여 離此患也러니 及其遇明君 遭聖主也하여는 運籌合上意하고 諫諍卽見聽하고 進退에 得關其忠하며 任職得行其術故로 世必有聖知之君而後에 有賢明之臣故로 虎嘯而風冽하고 龍興而致雲하고 蟋蟀은 俟秋唫하고 蜉蝣는 出以陰하노이다

㊅ 성주득현신송(聖主得賢臣頌) 어진 임금이 어진 신하를 만나야 한다는 찬가. 이윤(伊尹)은 은(殷)나라의 어진 재상. 정조(鼎俎) 부엌. 이윤이 처음 불우하여 주방일을 했다고 함. 태공(太公) 주(周)나라 때의

현신인 강태공(姜太公)을 말함. **고도**(鼓刀) 짐승을 잡는 백정의 일. 강태공이 불우하여 이런 일을 하였다 함. **백리**(百里) 진(秦)의 현신인 백리해(百里奚)를 말함. **자육**(自鬻) 자신을 스스로 파는 것. **영자**(甯子) 춘추시대 제 환공(齊桓公)의 현신인 영무(甯武)를 말하는데, 흔히 영척(甯戚)이라 한다. 그가 제 환공을 만나기 전에 소를 먹였다 함. **운주**(運籌) 계획을 세우는 것.

　"《주역(周易)》에 이르기를 '용(龍)이 하늘에 있으니, 대인(大人)을 만남이 이롭다.'라고 하였고, 《시경(詩經)》에 이르기를 '훌륭한 신하들이 이 나라에서 태어났네.'라고 하였습니다. 그러므로 세상이 평화롭고 임금이 성스러우면 훌륭한 신하가 스스로 이르러 조정에 밝게 있고, 아름답게 널려 정신을 모아서 서로 더욱 드러나게 하면 비록 백아(伯牙)가 악기를 잡고 봉문자(逢門子)가 활을 쏘는 것으로도 오히려 그 뜻을 비유하기에 부족합니다. 그러므로 성주(聖主)는 반드시 어진 신하를 기다려야 공업(功業)을 넓힐 수 있고, 훌륭한 선비도 역시 명석한 임금을 기다려야 그 덕(德)을 드러내는 것이니, 상하가 한가지로 흔연하게 교환하면 날개치는 것이 홍모(鴻毛)가 바람을 만나는 것과 같고, 거침없는 것이 마치 커다란 물고기가 큰 바다에서 노니는 것과 같아 아름다운 징조가 스스로 이르고 수명이 끝이 없을 것인데, 어찌 높고 일어나고 굽혔다 폈다 하는 것을 팽조(彭祖)처럼 하고, 숨을 내쉬고 들이마시는 것을 교송(喬松)처럼 해야 하겠습니까?"하였는데, 이때 상이 제법 신선(神仙)을 좋아하였기 때문에 왕포가 언급한 것이다.

원문 易에 曰 飛龍在天에 利見大人이라 하고 詩에 曰 思皇多士 生此王國이라 하니 故로 世平主聖이면 俊艾 將自至하여 明明在朝하고 穆穆布列하여 聚精會神하여 相得益章이면 雖伯牙 操遞鐘하고 逢門子 彎烏號라도 猶未足以喻其意也라 故로 聖主는 必待賢臣하여 而弘功業하고 俊士도 亦俟明主하여 以顯其德하나니 上下俱欲하여 驩然交欣이면 翼乎如鴻毛 遇順風하고 沛乎如巨魚

縱大壑하여 休徵이 自至하고 壽考無疆하리니 何必偃仰屈伸을 若彭祖하고 呴噓呼吸을 如喬松哉이까 是時에 上이 頗好神僊故로 褒對及之러라

> 囷 역(易) 《주역(周易)》을 가리키는데, 이것은 《주역》 건괘(乾卦)에 있는 말임. 시(詩) 《시경(詩經)》을 말하는데, 이 구절은 대아(大雅) 문왕(文王)편에 있음. 백아(伯牙) 옛날 음악에 조예가 깊었던 사람. 체종(遞鐘) 악기 이름. 거문고. 봉문자(逢門子) 고대의 활의 명수인 봉몽(逢蒙)을 말함. 홍모(鴻毛) 기러기 털. 아주 가벼움을 비유함. 대학(大壑) 큰 바다. 팽조(彭祖) 옛날 800세를 살았다는 사람. 교송(喬松) 왕교(王喬)라는 사람과 적송자(赤松子). 이들은 모두 신선으로 1000년의 수명을 누렸다 함.

○ 경조윤(京兆尹) 장창(張敞) 역시 상소하여 간하기를 "원하옵건대 명주(明主)께서는 때로 거마(車馬) 좋아하시는 것을 잊으시고, 방사(方士)의 헛된 말을 멀리하시며, 제왕의 술(術)에 마음을 쓰시면 태평함을 거의 일으킬 수가 있을 것입니다." 하니, 상이 이로 말미암아 상방대조(尙方待詔)를 혁파하였다.

원문 京兆尹張敞이 亦上疏諫曰 願明主는 時忘車馬之好하시고 斥遠方士之虛語하시며 游心帝王之術이면 太平을 庶幾可興也리이다 上이 由是로 悉罷尙方待詔하다

○ 처음에 조광한(趙廣漢)이 죽은 후에 경조윤이 된 자가 모두 직책에 맞지 않았는데, 오직 장창만이 그의 자취를 계승하였다. 그 방략(方略)과 이목(耳目)은 조광한에 미치지 못하였으나 경술(經術)과 유아(儒雅)로 잘해내었다.

원문 初에 趙廣漢이 死後에 爲京兆尹者 皆不稱職이로되 惟敞이 能繼其迹하니 其方略耳目은 不及廣漢이나 然이나 頗以經術儒雅로 文之러라

○ 상이 제법 궁실(宮室)과 거복(車服)을 꾸미는 것이 소제(昭帝) 때보다 더 성대하고 외척인 허씨(許氏) · 사씨(史氏) · 왕씨

(王氏)를 귀하게 하고 총애하자 왕길(王吉)이 상서하여 말하기를 "폐하께서 몸소 성스러운 자질로 만방을 총괄하시고 오직 세무(世務)만 생각하셔야 장차 태평함이 일어날 것입니다. 조서가 매번 내릴 때마다 백성들이 기뻐하는 것이 다시 살아나는 것 같아서, 신은 엎드려 생각하니 지극한 은혜라 할 수 있지만 본무(本務)라고 할 수는 없습니다. 잘 다스리고자 하는 임금은 세대마다 나는 것이 아닌데, 공경들이 다행히 그런 때를 만나서 말을 들어주고 간함을 따라주십니다. 그러나 만세토록 전할 장구책(長久策)을 세워서 명주가 3대(三代)의 융성함을 이룰 수 있게 함이 없고, 그 힘쓴 바는 문서 정리를 제때에 하고 옥사를 결단하고 송사를 듣는 것일 뿐이니, 이는 태평의 기초가 아닙니다. 신은 원하옵건대 천심(天心)을 이어받아 대업을 발하시어, 공경·대신들과 더불어 유생(儒生)을 맞아들여 구례(舊禮)를 기술하고 왕제를 밝히게 하여, 한 시대의 백성을 몰아 인수(仁壽)의 지역을 오르게 하시면 풍속이 어찌 주나라 성왕(成王)·강왕(康王) 때만 못하겠으며, 수명이 어찌 은나라 고종(高宗)만 못하겠습니까?" 하였는데, 상이 그 말을 사정에 어둡고 실정에 적합하지 않다 하여 특별히 총애하지 않으니, 왕길이 병을 핑계하고는 돌아갔다.

원문 上이 頗脩飾宮室車服하여 盛於昭帝時하고 外戚許史王氏貴寵이어늘 王吉이 上疏曰 陛下 躬聖質總萬方하사 惟思世務하여 將興太平하시니 詔書每下에 民이 欣然若更生하나니 臣은 伏而思之하니 可謂至恩이요 未可謂本務也라 欲治之主는 不世出하나니 公卿이 幸得遭遇其時하여 言聽諫從이나 然이나 未有建萬世之長策하여 擧明主於三代之隆也요 其務 在於期會簿書와 斷獄聽訟而已니 此非太平之基也니이다 臣은 願陛下 承天心發大業하여 與公卿大臣으로 延及儒生하여 述舊禮明王制하여 歐一世之民하여 躋之仁壽之域이면 則俗何以不若成康이며 壽何以不若高宗이리이까 上이 以其言으로 爲迂闊이라 하여 不甚寵異也하니 吉이 謝

病歸하다

> ㉾ 불세출(不世出) 세대마다 나오는 것이 아님. 아주 드물게 난다는 뜻. 성강(成康) 주나라의 성왕(成王)과 강왕(康王)을 말하는데, 이때 사군 자들의 행실이 좋아 40여 년 동안 형벌을 쓰지 않았다 함. 고종(高宗) 은 고종(殷高宗)으로 아주 오래 살아 59년 동안 왕위에 있었음.

○ 선령족(先零族)이 여러 강족(羌族)과 더불어 소종(小種)을 겁략하여 모두 배반하게 되었다. 이때 조충국(趙充國)이 나이 70여 세였는데, 상이 늙었다고 하여 병길(丙吉)을 시켜 누가 장수에 적임자인가를 묻게 하니, 조충국이 대답하기를 "이 노신(老臣)보다 나은 자가 없습니다." 하였다. 다시 묻기를 "장군은 강로(羌虜)는 어떻다고 생각하며 마땅히 몇 명의 군사를 써야 하겠는가?" 하니, 조충국이 말하기를 "전쟁은 멀리서 헤아리기가 어려우니, 원컨대 금성(金城)에 이르러서 방략을 그려 올리겠습니다." 하고는 크게 군사를 내어 금성으로 갔다. 조충국이 항상 멀리 척후(斥堠)하는 데 힘쓰고, 행군하면 반드시 전쟁에 대비하며, 정지하면 반드시 영벽(營壁)을 굳게 하였고, 더욱 중후하고 사졸을 사랑하여 먼저 계책을 세운 후에 싸웠다. 드디어 서쪽으로 서부도위부(西部都尉府)에 이르러 날마다 군사들을 먹이니, 군사들이 모두 쓰이기를 바라게 되었다. 오랑캐가 자주 도전해 오자 조충국이 위신(威信)으로 한견(罕幵)과 겁략한 자를 항복시켜 부르고 오랑캐의 모략을 해산시키고, 그들이 아주 지치기를 기다려서 치고자 하였다. 주천태수(酒泉太守) 신무현(辛武賢)이 7월에 군사를 내어 한견을 치겠다고 아뢰자, 조충국이 말하기를 "선령(先零)이 제일 먼저 반역하였으니, 먼저 선령족을 죽이면 한견의 무리는 군사를 번거롭게 하지 않아도 복종할 것입니다." 하니, 새서(璽書)로써 조충국의 계책을 따르라고 답하였다. 후에 한견은 끝내 군사를 번거롭게 하지 않고 항복하였다.

원문 先零이 與諸羌으로 劫略小種하여 皆畔이어늘 時에 趙充國

이 年이 七十餘라 上이 老之하여 使丙吉로 問誰可將者오 充國이
對曰 無踰於老臣者矣니이다 復問將軍이 度羌虜何如며 當用幾
人고 充國이 曰 兵難遙度하니 願至金城하여 圖上方略하리이다
乃大發兵하여 詣金城하다 充國이 常以遠斥堠로 爲務하고 行必爲
戰備하며 止必堅營壁하고 尤能持重愛士卒하여 先計而後戰이러라
遂西至西部都尉府하여 日饗軍士하니 士皆欲爲用하고 虜數挑戰
하되 充國이 欲以威信으로 招降罕开 及劫略者하여 解散虜謀하고
徹其疲劇하여 乃擊之러니 酒泉太守辛武賢이 奏以七月에 出兵擊
罕开이어늘 充國이 以爲先零이 首爲畔逆하니 先誅先零已則罕开
之屬은 不煩兵而服矣리이다 璽書報從充國計焉이러니 後에 罕开
은 竟不煩兵而下하다

㈜ 선령(先零) 강족(羌族)의 한 부족명. 한견(罕开) 한족과 견족으로 모
두 서강족(西羌族)의 한 갈래.

○상이 조서로 나아가 선령을 치게 하였다. 그때 항복한 강
족이 1만 여명이었는데, 조충국은 그들이 무너질 것을 짐작
하고는 기병(騎兵)을 둔전(屯田)하여 쉬게 하면서 그들이 피폐
해지기를 기다리겠다 하여, 주문(奏文)을 지어놓고 올리지 못
하고 있었다. 이때 군사를 진군시키라는 새서를 받자 조충국
의 아들이 객(客)으로 하여금 출병하기를 간하니, 조충국이
탄식하기를 "본래 내 말을 들었으면 강로가 이 지경에 이르
렀겠는가. 지난번 금성의 황중(湟中)에 곡식 1섬에 8전(錢)이
어서 내가 경중승(耿中丞)에게 말하기를 '300만 섬의 쌀을 사
들이면 강인이 감히 동요하지 못할 것이다.'라고 하였는데,
경중승이 100만 섬만 사들이기를 청하여 40만 섬을 얻었다는
데, 의거(義渠)에 두 번 사신(使臣)으로 다니면서 또 그 절반
을 허비하였다. 이 두 가지 계책을 잃었기 때문에 강인이 반
역한 것이다." 하였다.

원문 上이 詔進擊先零하니 時에 羌降者 萬餘人矣라 充國이 度

其必壞하고 欲罷騎兵屯田하여 以待其敝러니 作奏未上에 會得進
兵璽書하니 充國子使客으로 諫令出兵이어늘 充國이 歎曰 本用吾
言이런들 羌虜得至是邪아 往者金城湟中에 穀斛八錢이라 吾謂耿
中丞하되 糴三百萬斛穀이면 羌人이 不敢動矣라 한대 耿中丞이
請糴百萬斛하여 乃得四十萬斛耳러니 義渠再使에 且費其半하니
失此二冊하여 羌人이 故敢爲逆이로다

㊟ 황중(湟中) 금성에 있는 강변지방. 경중승(耿中丞) 사농중승(司農中
丞) 경수창(耿壽昌)을 말함.

○드디어 둔전에 대해 상주(上奏)하기를 "신이 거느린 관리·
군사·우마(牛馬)가 먹고 써야 할 양곡·꼴·장작의 소요량이
매우 많습니다. 요역(徭役)이 그치지 않으면 다른 변란이 있
을까 염려되고, 또 강로는 계책으로 깨뜨리기는 쉬우나 군사
를 써서 깨뜨리기는 어렵습니다. 그러므로 어리석은 신은 공
격하는 것이 좋지 않다고 여깁니다. 임강(臨羌)에서 동쪽으로
고문(浩亹)에 이르기까지 강로의 옛 전토 및 공전(公田) 가운
데 백성들이 개간하지 못한 것을 헤아려 보니 2000경(頃) 이
상이 됩니다. 신은 원하옵건대 기병을 쉬게 하고 보병(步兵)
1만 281명을 남겨서, 요해처(要害處)에 나누어 주둔시켜 도랑
을 파고 한 사람이 20묘(畝)씩을 지으면 큰 비용을 줄일 수
있을 것입니다." 하였다. 황제가 답하기를 "장군의 계책대로
한다면 어느 때 복주(伏誅)하겠는가. 자세히 헤아려 다시 아뢰
라." 하였다.

원문 遂上屯田奏曰 臣의 所將吏士馬牛食 所用糧穀茭藁 調度
甚廣하니 徭役不息이면 恐生它變이요 且羌은 易以計破요 難用兵
碎也라 故로 臣愚는 以爲擊之不便이라 하노이다 計度臨羌으로 東
至浩亹히 羌虜故田及公田을 民所未墾이 可二千頃以上이니 臣은
願罷騎兵하고 留步兵萬二百八十一人하여 分屯要害處하여 浚溝
渠하고 人二十畝면 省大費하리이다 帝報曰 卽如將軍計면 虜當何

434

時伏誅오 熟計復奏하라

○조충국이 장계(狀啓)를 올려 아뢰기를 "신은 들으니, 제왕의 군대는 완전한 승리를 취하여야 하므로 모책(謀策)을 귀하게 여기고 전쟁을 천시한다고 하니, 백 번 싸워 백 번 이기더라도 좋은 계책이 아닙니다. 그래서 먼저 이기지 못할 것처럼 하여 적을 이기기를 기다린다고 하였습니다. 삼가 출병하지 않고 둔전을 하는 것이 좋다는 열두 가지 일을 조목으로 아룁니다." 하였는데, 장계가 매양 아뢰어지면 번번이 공경에게 내렸다. 의론하는 신하들이 처음에 조충국의 계책이 옳다고 여기는 자가 열 명에 세 명이요, 중간에 가서는 열 명 중에 다섯 명이요, 최후에는 열 명 중에 여덟 명이 되었다. 조서를 내려 전에 좋지 않다고 말한 자를 힐책하니, 모두 머리를 조아리며 복종하였다. 위상(魏相)이 말하기를 "어리석은 신은 군사에 대한 이해는 잘 알지 못하지만 후장군(後將軍)이 자주 군대의 모책을 계획하였는데 그 말이 항상 옳으니, 신은 그 계책에 맡기면 반드시 쓰게 될 것으로 여깁니다." 하니, 상이 이에 조충국에게 기꺼이 받아들인다고 답하여 머물러 둔전하게 하였다.

원문 充國이 上狀曰 臣은 聞帝王之兵은 以全取勝이라 是以로 貴謀而賤戰하나니 百戰而百勝이라도 非計之善者也라 故로 先爲不可勝하여 以待敵之可勝이라 하고 謹條不出兵留田便宜十二事하노이다 奏每上에 輒下公卿하니 議臣이 初에 是充國計者 什에 三이요 中은 什에 五요 最後는 什에 八이라 有詔詰前言不便者하니 皆頓首服이러라 魏相이 曰 臣愚는 不習兵事利害어니와 後將軍이 數畫軍冊에 其言이 常是하니 臣은 任其計면 可必用也라 하노이다 上이 於是에 報充國嘉納之하고 留屯田하다

제13권 한기 (漢紀)

중종 효선황제(中宗孝宣皇帝) 하

2년(신유) 여름에 조충국(趙充國)이 아뢰기를 "강(羌)이 처음에는 5만명이 되었는데, 이미 항복하고 수급(首級)을 참하고 하(河)·황(湟)에 빠져죽고 굶어죽은 자가 4만 남짓이니, 둔병을 파하기를 청합니다." 하니, 아뢴 것을 가하다고 하여 조충국이 군사의 위엄을 떨치고 돌아왔다. 가을에 강인(羌人)이 항복하거늘, 한나라가 처음에는 금성속국(金城屬國)을 두어 항복한 강을 처리하였다.

원문 辛酉二年이라 夏에 充國이 奏言하되 羌이 本可五萬人이러니 已降幷斬首級溺河湟飢餓死者 四萬有餘니 請罷屯兵하노이다 奏를 可라 하니 充國이 振旅而還하다 秋에 羌人이 降이어늘 漢이 初置金城屬國하여 以處降羌하다

○ 사례교위(司隷校尉) 개관요(蓋寬饒)가 강직하고 공명·청렴하여 자주 상의 뜻을 범하였다. 이때 상이 바야흐로 형법(刑法)을 썼는데 중서관(中書官)에 임명하였다. 개관요가 봉사(封事)를 아뢰기를 "지금 성도(聖道)가 쇠퇴하고 유술(儒術)이 행하여지지 않아 형벌을 받은 자로써 주공(周公), 소공(召公)을 삼고 법률로써 시서(詩書)를 삼습니다."라 하고, 또 역전(易傳)을 인용하여 말하기를 "오제(五帝)는 천하를 관(官)으로 삼고 삼왕(三王)은 천하를 가(家)로 삼아서 가는 자손에게 전해지고, 관은 현성(賢聖)에게 전해졌습니다." 하였다.

글이 아뢰어지자 상이 개관요가 원망하여 비방한다고 여겨서 9월에 개관요를 정리(廷吏)에게 내리자, 개관요가 차고 있던 칼을 뽑아 스스로 북궐(北闕) 아래에서 목을 찔러 죽으니, 대중들이 모두 불쌍하게 여겼다.

원문 司隷校尉蓋寬饒 剛直公淸하여 數干犯上意러니 時에 上이 方用刑法하여 任中書官이어늘 寬饒 奏封事曰 方今에 聖道 浸微하고 儒術이 不行하여 以刑餘로 爲周召하고 以法律로 爲詩書라 하고 又引易傳言하되 五帝는 官天下하고 三王은 家天下하니 家以傳子孫이요 官以傳賢聖이니이다 書奏에 上이 以爲寬饒 怨謗이라 하여 九月에 下寬饒吏한대 寬饒引佩刀하고 自到北闕下하니 衆이 莫不憐之러라

㊟ 간범(干犯) 침범하는 것. 봉사(封事) 비밀히 봉하여 올리는 글. 형여(刑餘) 형벌을 받은 사람. 주소(周召) 주(周)나라의 현신(賢臣)인 주공(周公)과 소공(召公). 시서(詩書) 《시경(詩經)》과 《서경(書經)》.

○ 일축왕(日逐王)이 평소 악연구제 선우(握衍朐鞮單于)와 더불어 틈이 있어서 그 무리를 거느리고 한나라에 항복하였다. 기도위(騎都尉) 정길(鄭吉)이 거리(渠犂)와 구자(龜玆) 제국 군사 5만 명을 내어 일축왕을 맞아서 거느리고 경사(京師)로 오자, 한나라가 일축왕을 봉하여 귀덕후(歸德侯)를 삼았다.
　　정길이 이미 거사(車師)를 공파하고 일축이 항복하자 위엄이 서역(西域)에 떨쳤다. 그래서 거사를 아울러 서북도(西北道)를 병호(幷護)하였기 때문에 도호(都護)라 호칭하니, 도호를 두는 것이 정길로부터 시작되었다.

원문 日逐王이 素與握衍朐鞮 單于로 有隙이라 率其衆降漢이어늘 騎都尉鄭吉이 發渠犂龜玆諸國五萬人하여 迎日逐王하여 將詣京師한대 漢이 封日逐王하여 爲歸德侯하다 吉이 旣破車師하고 降日逐하니 威震西域이라 遂幷護車師以西北道故로 號를 都護라 하니 都護之置 自吉로 始焉이러라

㈜ 거리(渠犁)·구자(龜玆)·거사(車師) 모두 서역에 있던 나라.

3년(임술) 봄에 위상이 죽으니, 병길이 승상이 되었다. 병길이 관대함을 숭상하고 예양(禮讓)을 좋아하며 사소한 일은 친히 하지 않으니, 그 당시 사람이 대체(大體)를 안다고 하였다.

원문 壬戌三年이라 春에 魏相이 薨하고 丙吉이 爲丞相하다 吉이 上寬大好禮讓하고 不親小事하니 時人이 以爲知大體라 하더라

○ 8월에 조(詔)하기를 "관리가 청렴·공평하지 못하면 치도(治道)가 쇠퇴하는데, 이제 낮은 관리는 모두 일에 부지런한데도 봉급이 박하여 백성을 침해하지 않고자 하기가 어렵다. 백석(百石) 이하의 관리들에게 봉급 10분의 5를 더하라." 하였다.

원문 八月에 詔曰 吏不廉平 則治道衰하나니 今小吏 皆勤事而俸祿이 薄하니 欲無侵漁百姓이나 難矣라 其益吏百石已下를 俸十五하라

㈜ 침어(侵漁) 백성의 재산을 침해하여 빼앗는 것. 십오(十五) 10분의 5를 뜻한다. 열 말인 곡(斛)에 대해 다섯 말을 더 주는 것.

○ 이해에 동군태수(東郡太守) 한연수(韓延壽)가 좌풍익(左馮翊)이 되었다. 처음에 한연수는 영천태수(潁川太守)가 되었는데, 영천이 조광한(趙廣漢)이 관리와 백성들을 구회(構會)한 뒤를 이어받아 원수를 삼는 풍속이 많아, 한연수가 이를 고쳐 예양(禮讓)으로 가르쳤다. 황패(黃霸)가 한연수를 대신하여 영천을 다스리면서 황패는 그 자취를 이어받아 크게 다스렸다.

한연수가 관리가 되자 예의를 숭상하고 옛것을 좋아하고 교화하며, 아래 관리를 접대함에 있어 은혜를 베푼 것이 매우 후하고 약서(約誓)가 밝았는데, 혹 속이거나 배신한 자가 있으면 한연수가 마음 아파하며 스스로를 심하게 책망하면서 말하기를 "어찌 그가 등지는가. 어찌하여 이 지경에 이르렀

는가?” 하니, 듣는 관리들이 스스로 후회하여 스스로를 찔러 자살하였다. 그가 동쪽 군(郡)에 3년 동안 있자 명령이 행하여지고 법으로 금하는 것이 그치고 옥사를 결단한 것이 크게 감해졌기 때문에 들어와 풍익(馮翊)이 되었다.

원문 是歲에 東郡太守韓延壽 爲左馮翊하다 始에 延壽 爲穎川太守하니 穎川이 承趙廣漢構會吏民之後하여 俗多怨讐어늘 延壽 改更하여 敎以禮讓이러니 黃霸 代延壽居穎川에 霸 因其迹而大治하니라 延壽 爲吏에 上禮義하고 好古敎化하며 接待下吏에 恩施甚厚而約誓明이라 或欺負之者면 延壽痛自刻責曰 豈其負之아 何以至此오 하니 吏聞者 自傷悔하여 至自刺自剄이러라 其在東郡三歲에 令行禁止하고 斷獄이 大減이라 由是로 入爲馮翊하다

㊟ 구회(構會) 얽어매는 것. 각책(刻責) 심하게 자책(自責)하는 것. 몹시 꾸짖음. 상회(傷悔) 마음 아프게 여기며 후회하는 것.

○ 한연수가 출행하여 고릉(高陵)에 이르니, 어떤 백성의 형제가 서로 전답 문제로 송사하여 자기들의 일을 말하니, 한연수가 크게 마음 아파하며 말하기를 “다행히 벼슬을 하여 군의 표솔(表率)이 되었는데, 교화를 선명(宣明)하지 못하여 백성으로 하여금 형제간에 송사를 벌이기에 이르러 이미 풍화(風化)를 상하게 했으니, 허물이 풍익에게 있다.”하고는 문을 닫고 허물을 생각하였다. 그러자 소송하는 자들이 스스로 후회하여 서로 전답을 양보하기를 원하여, 죽도록 감히 다시는 다투지 않았다. 그래서 군중이 흡족하게 여겨 서로 격려하면서 감히 범하지 못하였다.

한연수의 은혜와 믿음이 두루 24현(縣)에 미쳐서 다시는 사송(辭訟)을 말하지 못하였고, 지성(至誠)으로 대하니 관리들과 백성이 차마 속이지를 못하였다.

원문 延壽 出行縣至高陵이러니 民有昆弟 相與訟田自言이어늘 延壽大傷之曰 幸得備位하여 爲郡表率에 不能宣明敎化하여 至

令民으로 有骨肉爭訟하니 旣傷風化라 咎在馮翊이라 하고 因閉閤
思過하니 於是에 訟者自悔하여 願以田相移하고 終死不敢復爭하
니 郡中이 翕然相勅厲하여 不敢犯이러라 延壽恩信이 周徧二十四
縣하여 莫復以辭訟으로 自言者라 推其至誠하여 吏民이 不忍欺紿
러라

㊟ 표솔(表率) 남의 모범이 되는 것. 상이(相移) 서로 양보하는 것. 흡
연(翕然) 흡족하게 여기는 것. 사송(辭訟) 옥송(獄訟). 기태(欺紿) 속
이는 것.

4년(계해) 영천태수 황패가 군에 있은 지 8년에 정사가 더
욱 다스려졌다. 이때 봉황(鳳凰)과 신작(神爵)이 자주 군국(郡
國)에 모였는데, 영천이 더욱 많으니 조서로 관내후의 벼슬을
내리고, 몇 달 후에는 황패를 불러 태자태부(太子太傅)로 삼
았다.

[원문] 癸亥四年이라 穎川太守黃霸 在郡前後八年에 政事愈治라
是時에 鳳凰神爵이 數集郡國하되 穎川이 尤多어늘 詔賜爵關內
侯러니 後數月에 徵霸爲太子太傅하다

㊟ 봉황(鳳凰)·신작(神爵) 모두 상서로운 새.

○이때 하남태수 엄연년(嚴延年)이 다스리면서 음험하고 가
혹하여 평소 황패의 사람됨을 가볍게 여겼는데, 이웃 고을의
군수를 지내며 포상(褒賞)이 도리어 자기보다 앞서자 마음속
으로 불복하였다. 하남의 경계 중에 또 황충(蝗蟲)이 있게 되
자 부승(府丞)인 의(義)가 순행하여 황충을 내쫓고 돌아와 엄
연년을 뵈니, 엄연년이 말하기를 "이 황충이 어찌 봉황의 먹
이인가." 하였다. 의는 나이가 많고 평소에 엄연년을 두려워
하여, 중상(中傷)을 입을까 두려워 상서로써 엄연년의 죄를
말하여 원망하고 비방한 몇 가지 일을 조사해 내니, 엄연년
이 부도죄(不道罪)에 걸려 기시(棄市)되었다.

440

원문 時에 河南太守嚴延年이 爲治에 陰鷙酷烈하여 素輕黃霸爲人이러니 及比郡爲守에 褒賞이 反在己前하니 心內不服이러라 河南界中에 又有蝗蟲이어늘 府丞義 出行蝗하고 還見延年한대 延年이 曰 此蝗이 豈鳳凰食耶아 義年老라 素畏延年이러니 恐見中傷하여 上書言 延年罪하여 驗得怨望誹謗數事하니 延年이 坐不道棄市하다

> 음지(陰鷙) 음험하고 사나움. 황충(蝗蟲) 누리. 메뚜깃과의 해충.

○ 처음에 엄연년의 어머니가 동해(東海)에서 와 엄연년을 따르고자 하여 섣달에 낙양(洛陽)에 이르렀는데, 마침 옥에 갇혀 있는 것을 보고는 어머니가 크게 놀라 엄연년에게 말하기를 "하늘의 도리는 신명(神明)하여 사람의 힘만으로 죽이지는 못한다. 내가 뜻밖에 늙어서 다 큰 아들이 형을 받아 죽는 것을 보게 되었으니, 가련다. 나는 너를 떠나 동쪽으로 돌아가 묘지(墓地) 청소나 해두겠다." 하고는 드디어 떠나서 군으로 갔다. 그후 1년 남짓에 과연 죽으니, 동해에서 모두 그 어머니의 지혜를 어질게 여겼다.

원문 初에 延年母 從東海來하여 欲從延年이러니 臘到洛陽하여 適見報囚하고 母大驚하여 謂延年曰 天道神明하니 人不可獨殺이라 我不意當老하여 見壯子 被刑戮也라 行矣어다 去汝東歸하여 掃除墓地耳라 하고 遂去歸郡이러니 後歲餘에 果敗하니 東海莫不賢智其母러라

> 납(臘) 섣달. 소제묘지(掃除墓地) 엄연년이 죽으면 묻을 묘지를 쓸어두겠다는 뜻.

오봉(五鳳) **원년**(갑자) 한연수(韓延壽)가 소망지(蕭望之)를 대신하여 좌풍익(左馮翊)이 되었다. 소망지는 한연수가 동군(東郡)에 있을 때 관청의 돈 1000여 만금을 축냈다는 말을 듣고 어사로 하여금 조사하게 하니, 한연수가 그 말을 들어 알고

는 부리(部吏)에게 가서 소망지가 풍익으로 있으면서 늠희(廩犧)와 관청의 돈 100여 만금을 축낸 것을 조사하게 하였다. 소망지가 스스로 아뢰기를 "직이 천하를 총괄해 맡고 있어서 일을 들으면 감히 묻지 않을 수가 없는데, 한연수에게 구애를 받게 되었습니다." 하였다. 상이 이로 말미암아 한연수를 정직하지 않게 여겨 각각 철저히 조사하게 하였다. 소망지는 끝내 그런 사실이 없고, 한연수는 동군에 있을 때 사치하고 분수에 넘쳐 방자함이 도를 넘었으며, 칼을 주조하고 상방(尙方) 등의 일을 본받은 것으로 마침내 죄에 걸려 기시되니, 백성들이 모두 눈물을 흘렸다.

원문 甲子五鳳元年이라 韓延壽 代蕭望之하여 爲左馮翊하다 望之 聞延壽在東郡時에 放散官錢千餘萬하고 使御史案之한대 延壽 聞知하고 卽部吏하여 案校望之 在馮翊時에 廩犧官錢放散百餘萬이어늘 望之自奏하되 職在總領天下라 聞事에 不敢不問이러니 而爲延壽의 所拘持로소이다 上이 由是로 不直延壽하여 各令窮考하니 望之는 卒無事實하고 而延壽는 以在東郡에 奢僭逾制하고 鑄刀效尙方等事로 竟坐棄市하니 百姓이 莫不流涕러라

주 안교(案校) 비교·조사하는 것. 늠희(廩犧) 창고에 저장된 곡식. 희는 제사용 곡식. 구지(拘持) 구속을 받음. 상방(尙方) 임금의 칼이나 좋은 기물을 맡는 관아의 하나.

3년(병인) 봄에 병길(丙吉)이 죽었다.

원문 丙寅三年이라 春에 丙吉이 薨하다

○황패가 승상이 되었다. 황패의 재능이 백성을 다스리는 데는 뛰어났으나, 승상이 되어서는 공명(功名)이 군을 다스릴 때보다 못하였다. 경조윤(京兆尹) 장창(張敞)의 집 분작(鶡雀)이 날아와 승상부에 모이니, 황패가 신작(神爵)이라 여겨 의논하여 주문(奏聞)하고자 하였는데, 후에 장창의 집에서 온 것을 알고는 그만두었다. 그러나 한나라가 일어난 이래로 백

성을 잘 다스린 것을 말할 때면 황패를 으뜸으로 쳤다.

원문 黃霸 爲丞相하다 霸材 長於治民이러니 及爲丞相하여 功名이 損於治郡時러라 京兆尹張敞舍鶡雀이 飛集丞相府어늘 霸 以爲神雀이라 하여 議欲以聞이러니 後에 知從敞舍來하고 乃止나 然이나 自漢興으로 言治民吏면 以霸爲首러라

　　㈜ 분작(鶡雀) 파랑새 혹은 황새.

　　4년(정묘) 대사농승(大司農丞) 경수창(耿壽昌)이 아뢰기를 "여러 해 동안 풍년이 들어 곡식값이 헐해져 농민들의 이익이 적습니다. 고사(故事)에 관동(關東)의 곡식 400만 섬을 조운(漕運)하여 서울로 공급하면서 군사 6만 명을 썼으니, 마땅히 삼보(三輔)·홍농(弘農)·하동(下東)·상당(上黨)·태원군(太原郡)의 곡식을 사들이면 경사에 공급하기에 족하며 관동의 조운하는 군사 절반 이상을 줄일 수가 있습니다." 하니, 상이 그 계책을 따랐다. 경수창이 또 아뢰기를 "변방 군(郡)으로 하여금 모두 창고를 지어 헐한 곡식의 값을 올리어 사들여 농민을 이익되게 하고, 곡식이 귀하면 값을 내려 팔아 이름을 상평창(常平倉)이라 하면 백성들이 편리할 것입니다." 하니, 상이 조서로 경수창에게 관내후의 벼슬을 내렸다.

원문 丁卯四年이라 大司農丞耿壽昌이 奏言하되 歲數豐穰하여 穀賤하니 農人이 少利라 故事에 歲漕關東穀四百萬斛하여 以給京師요 用卒六萬人하니 宜糴三輔弘農河東上黨太原郡穀이면 足供京師요 可以省關東漕卒過半이리이다 上이 從其計하니 壽昌이 又白令邊郡으로 皆築倉하여 以穀賤으로 增其賈 而糴以利農하고 穀貴時減賈而糶하여 名曰 常平倉이라 하면 民이 便之리라 하니 上이 乃詔賜壽昌爵關內侯하다

　　㈜ 풍양(豐穰) 풍년. 적(糴) 곡식값이 헐할 때 사들이는 것. 조(糶) 곡식이 귀할 때 정부에서 보관하던 곡식을 방출하는 것.

○ 광록훈(光祿勳) 양운(揚惲)이 청렴하고 사심이 없었으나 그의 능력을 자랑하고 또 성품이 각박하고 남의 비밀을 폭로하기를 좋아하여, 이로 말미암아 조정에 원망하는 사람이 많았다. 그래서 태복(太僕) 대장락(戴長樂)과 사이가 좋지 않았는데, 대장락이 상서하여 양운의 죄를 고하되 원망하여 요악(妖惡)한 말을 한다고 하였다. 상이 차마 죽이지 못하고 면죄시켜 서인(庶人)을 삼았다. 양운이 이미 작위를 잃고는 집에 있으면서 산업(產業)에 종사하며 재물 늘리는 것으로 스스로 즐기었다. 그의 벗 안정태수(安定太守) 손회종(孫會宗)이 양운에게 글을 보내 간하여 경계하기를 “대신이 폐해지면 마땅히 문을 닫고 두려워해야지, 산업에 종사하며 빈객을 만나 명예를 얻어서는 안 되오.” 하였다. 양운이 재상의 자제로서 재능이 있어 조정에 조금 현달하였다가, 하루아침에 암매(晻昧)한 말로써 폐함을 당하고는 마음속으로 불복하였다.

원문 光祿勳楊惲이 廉潔無私나 然이나 伐其行能하고 又性이 刻害하여 好發人陰伏하니 由是로 多怨於朝廷이러라 與太僕戴長樂으로 相失이러니 長樂이 上書告惲罪하되 怨望爲妖惡言이라 한대 上이 不忍加誅하여 免爲庶人하다 惲이 旣失爵位하고 家居治產業하여 以財自娛어늘 其友安定太守孫會宗이 與惲書諫戒之하여 爲言大臣이 廢에 當闔門惶懼요 不當治產業通賓客하여 有稱譽니라 惲이 宰相子로 有材能하여 少顯朝廷이라가 一朝에 以晻昧語言으로 見廢하고 內懷不服이라

○ 손회종에게 답서(答書)하여 말하기를 “허물이 크고 행실이 어그러졌으니, 마땅히 세상을 등지고 농부가 되었네. 농가에서 힘들여 농사지어 세시(歲時)와 복랍(伏臘)이 되면 양과 염소를 삶거나 구워 말술로 즐기면서 술이 거나해지면 하늘을 우러러 질장구를 치며 노래를 부르는데, 그 시(詩)에 이르기를 ‘저 남산(南山)에 밭농사를 지으니, 묵어서 잡초투성이네. 1경(頃)에 콩을 심었더니 떨어져 쭉정이가 되었네. 인생은 즐

444

겨야 하니, 언제 부귀해질까. 참으로 황음무도(荒淫無度)하여 스스로 불가함을 모르겠네.'"하였다.

원문 報會宗書曰 過大行麝하니 當爲農夫以沒世라 田家作苦하여 歲時伏臘에 烹羊炰羔하여 斗酒自勞라가 酒後耳熱이어든 仰天拊缶而呼烏烏하니 其詩에 曰 田彼南山하니 蕪穢不治로다 種一頃豆러니 落而爲箕로다 人生行樂耳니 須富貴何時오 誠荒淫無度하여 不知其不可也로다

주 세시(歲時) 1년 중의 때때나 설날. 복랍(伏臘) 복날과 납일. 납일은 한나라 때는 대한(大寒) 후 첫 술일(戌日), 보통은 동지 후 셋째 술일 또는 셋째 미일(未日)로 하였음. 오오(烏烏) 가곡 이름으로, 본래 진 (秦)나라 노래라 함. 기(箕) 키로 까부르면 날아가는 쭉정이.

○ 이때 일식(日食)의 재변이 있었는데, 추마(騶馬) 외좌성(猥佐成)이 상서하여 고하기를 "양운(楊惲)이 교만·사치하고 허물을 고치지 않아서 일식의 재변은 이 사람 때문에 이르게 된 것입니다." 하니, 상서를 정위(廷尉)에게 내려 조사하게 하여 그가 손회종에게 준 글을 찾아냈다. 황제가 그걸 보고는 미워하여 양운을 대역무도죄(大逆無道罪)로 요참하였다.

원문 會에 有日食之變이어늘 騶馬猥佐成이 上書告 惲이 驕奢不悔過하니 日食之咎는 此人所致니이다 章下廷尉按驗하여 得所予會宗書라 帝見而惡之하여 惲을 以大逆無道로 腰斬하다

주 추마(騶馬) 임금의 말(馬)을 맡은 관원. 대역무도(大逆無道) 대역죄 와 무도죄.

온공은 논평한다.

"효선제(孝宣帝)의 명찰과 위상·병길이 승상이 되고 우정국(于定國)이 정위가 되었는데도 조광한·개관요·한연수(韓延壽)·양운(楊惲)의 죽음은 모두 백성들 마음에 유감이 있었으니, 애석하게도 선정(善政)에 누가 크다. 주관(周官) 사구(司寇)의 법에는 의현(議賢)과 의능(議能)이 있었다. 조광한·한연

수의 백성 다스리는 것은 재능이 있다고 할 수 있으며, 개관
요·양운의 강직함은 어질다고 하지 않을 수 있는가. 비록 죽
을 죄를 지었더라도 오히려 용서해야 하는데, 하물며 죽일
죄가 되기에 부족함이겠는가. 양자운(揚子雲)은 '한풍익(韓馮
翊)이 소망지(蕭望之)를 참소한 것은 신하로서 스스로 잘못한
것이다.'라고 하였다. 대저 한연수에게 상을 범하게 한 것은
소망지가 격동시킨 것인데, 상이 살피지 않고 한연수만이 홀
로 그 허물을 입었으니 심하지 않은가."

원문 溫公曰 以孝宣之明과 魏相丙吉은 爲丞相하고 于定國이 爲
廷尉 而趙蓋韓楊之死는 皆不厭衆心하니 惜哉요 其爲善政之累
大矣라 周官司寇之法에 有議賢議能하니 若廣漢延壽之治民은
可不謂能乎며 寬饒惲之剛直은 可不謂賢乎아 然則雖有死罪라도
猶將宥之온 況罪不足以死乎아 揚子雲 以韓馮翊之愬蕭는 爲臣
之自失이라 夫所以使延壽로 犯上者는 望之激之也어늘 上不之察
而延壽獨蒙其辜하니 不亦甚哉아

㉜ 주관(周官) 《주례(周禮)》를 말함. 사구(司寇) 법을 맡은 관원. 의현
(議賢) 어진 사람은 죄를 면제해주는 것. 의능(議能) 능력있는 사람
은 죄를 면제해주는 것. 양자운(揚子雲) 한나라 때의 양웅(揚雄).

감로(甘露) **원년**(무진) 양운을 죽이고서 공경이 아뢰기를
"경조윤 장창(張敞)은 양운의 친구이니 벼슬에 있어서는 마땅
치 않습니다." 하니, 상이 장창의 재능을 아끼어 그 아룀을
잠재우고 내리지 않았다. 장창이 연리(掾吏) 서순(絮舜)으로
하여금 조사하게 한 일이 있었는데, 서순이 사사로이 그의
집으로 돌아가 말하기를 "닷새 동안 할 경조윤(京兆尹)인데
어찌 다시 일을 조사하겠는가." 하였다. 장창이 서순의 말을
듣고는 부리(部吏)에 가 서순을 잡아 옥에 가두고 밤낮으로
조사하여 마침내 죽을 죄에 이르게 했다. 서순이 죽으려고
나갈 때 장창이 주부(主簿)로 하여금 교서(敎書)를 가지고 가
서순에게 고하게 하기를 "오일경조(五日京兆)의 맛이 끝내 어

446

떠한가. 겨울이 이미 다 가는데 살아날 수 있을 것 같은가?"
하고는 서순을 기시하였다.

원문 戊辰甘露元年이라 楊惲之誅也에 公卿이 奏하되 京兆尹張
敞은 惲之黨友니 不宜處位라 하여늘 上이 惜敞材하여 獨寢其奏
하고 不下하다 敞이 使掾絮舜으로 有所案驗이러니 舜이 私歸其家
曰 五日京兆耳니 安能復按事리요 敞이 聞舜語하고 卽部吏하여
收舜繫獄하여 晝夜驗治하여 竟致其死하다 舜이 當出死에 敞이
使主簿로 持敎告舜曰 五日京兆 竟何如오 冬月이 已盡하나 延命
乎아 乃舜棄市하다

　주 침(寢) 잠재우다, 정지하다의 뜻. 오일경조(五日京兆) 5일 후에는 면
　직될 경조윤이라는 뜻.

마침 입춘이 되어 억울한 옥사를 조사하는 사자가 나가자
서순의 집 사람이 시체를 싣고 아울러 장창의 교서(敎書)를
늘어놓고 스스로 말하였다. 사자가 아뢰기를 "장창이 죄없는
사람을 적살(賊殺)하였습니다." 하여 면직시켜 서인(庶人)으로
삼았다. 장창이 대궐에 나가 인수(印綬)를 바치고 곧 궐하(闕
下)로 망명하였는데, 몇 개월이 되자 경사(京師)의 관리와 백
성들이 해이해져 도둑이 자주 일어나고 기주(冀州)의 부중(部
中)에 큰 도적이 있게 되었다.
천자가 장창의 공효(功效)를 생각하여 사자를 그의 집에 보
내 장창을 불렀다. 장창은 자신이 무거운 탄핵을 입었으므로
사자가 당도하자 처자(妻子)가 모두 울음을 터뜨렸으나, 장창
만은 홀로 웃으며 말하기를 "내가 망명하여 평민이 되었으
니, 군(郡)의 관리가 와서 잡아가야 마땅한데 이제 임금의 사
자가 왔으니, 이는 천자께서 나를 쓰고자 하심이다."

원문 會立春에 行寃獄使者出이어늘 舜家載尸하고 幷編敞敎하여
自言한대 使者 奏 敞이 賊殺不辜라 하여 免爲庶人하니 敞이 詣
闕上印綬하고 便從闕下亡命이러니 數月에 京師吏民이 解弛하여

枹鼓數起하고 而冀州部中에 有大賊이어늘 天子 思敞功效하여 使
者로 卽家召敞하니 敞이 身被重劾이라 及使者至에 妻子皆泣하되
而敞 獨笑曰 吾身이 亡命爲民하니 郡吏 當就捕어늘 今使者來하
니 此는 天子 欲用我也로다

> ㊀ 포고(枹鼓) 도적이 일어나면 북을 쳐서 백성들에게 경계심을 주는
> 것. 중핵(重劾) 무거운 탄핵을 입는 것.

행장을 꾸리어 사자를 따라 공거(公車)에 가서 상서하기를
"신은 전에 다행히 열경(列卿)의 지위를 얻어 경조윤으로 있
다가 연리 서순을 죽였다는 죄에 걸렸는데, 서순은 본래 신
창(敞)이 평소 후하게 대한 관리인데도 신이 상소로 탄핵을
받아 면직될 것이라고 하여, 신에게 말하기를 '오일경조이다.'
하여 배은망의(背恩忘義)하였습니다. 그래서 신이 법을 굽혀
죽였으니, 비록 법을 밝혀 복죄되어 죽더라도 한이 없겠습니
다." 하였다. 천자가 장창을 인견하고 기주자사(冀州刺史)를
삼았는데, 장창이 부(部)에 이르자 도적이 모두 자취를 감추
었다.

원문 裝隨使者하여 詣公車上書曰 臣이 前에 幸得備位列卿하여
待罪京兆라가 坐殺掾絮舜하니 舜은 本臣敞의 素所厚吏라 以臣으
로 有章劾當免이라 하여 謂臣五日京兆라 하고 背恩忘義어늘 臣이
枉法誅之하니 雖伏明法이라도 死無所恨이니이다 天子 引見敞하
고 拜爲冀州刺史하니 敞이 到部에 盜賊이 屛迹이러라

> ㊀ 장수(裝隨) 행장을 꾸려 따라가는 것. 공거(公車) 남쪽 대궐문을 관
> 장하는 곳인데, 상소문이나 사방의 공물(貢物)을 이곳에 바침. 왕법
> (枉法) 법을 잘못되게 적용하는 것.

○ 황태자가 유인(柔仁)하고 유술(儒術)을 좋아하였는데, 상이
쓰는 사람이 문법(文法)의 관리가 많아서 형명(刑名)으로 다스
리는 것을 보고는 일찍이 시연(侍燕)함에 조용히 말하기를
"폐하께서 형벌을 쓰심이 너무 심하시니, 마땅히 유생을 등

448

용해야 합니다." 하였다. 황제가 얼굴색을 변하면서 말하기를 "한나라에 고유의 제도가 있어 본래 패(霸)와 왕도(王道)를 섞어서 쓰고 있는데, 어떻게 순전히 덕교(德敎)에 맡겨 주(周) 나라의 정치를 하겠는가? 또 속유(俗儒)들이 시의(時宜)에 통달하지 못하고 옛것을 옳게 여기고 지금 것을 비난하여, 사람들로 하여금 명실(名實)을 현혹되게 하여 지킬 바를 모르는데 어찌 위임하기에 족하랴?" 하고는, 탄식하기를 "우리 한나라를 어지럽힐 자는 태자(太子)일 것이다." 하였다.

원문 皇太子 柔仁好儒라 見上所用이 多文法吏하여 以刑名繩下하고 嘗侍燕에 從容言하되 陛下 持刑大深하시니 宜用儒生이니이다 帝作色曰 漢家自有制度하여 本以霸王道로 雜之하니 奈何純任德敎하여 用周政乎아 且俗儒 不達時宜하고 好是古非今하여 使人眩於名實하여 不知所守하니 何足委任이리요 乃歎曰 亂我家者는 太子也로다

주 문법리(文法吏) 법조문이나 문서를 심각하게 다루는 관리. 또는 법에 밝은 관리. 패(霸) 무력으로 천하를 제패하는 것. 왕도(王道) 제왕의 정도(正道)로써 천하를 다스리는 것.

온공은 논평한다.

"왕도나 패도는 다른 도가 아니라 모두 인(仁)에 근본하고 의(義)를 높이며, 현(賢)을 임명하고 능력있는 자를 부리며, 선한 자를 상주고 악한 자를 벌하며, 포학한 자를 막고 어지럽힌 자를 벌하는 것이다. 또 명위(名位)에는 높고 낮음이 있고 덕택(德澤)에는 깊고 얕음이 있으며, 공업(功業)에는 크고 작음이 있는 것이지, 흑백(黑白)과 감고(甘苦)가 서로 다른 것 같지는 않다. 한나라가 삼대(三代)의 다스림을 회복하지 못한 것은 임금이 하지 않은 것이지, 선왕(先王)의 도를 후세에 다시 행할 수 없는 것이 아니다. 대저 유자(儒者)에는 군자(君子)와 소인(小人)이 있으니, 속유(俗儒)인 자는 참으로 함께 다스릴 수가 없겠지만 유독 진유(眞儒)를 찾아 쓰지 못하겠는

가? 후직(后稷)·설(契)·고요(皐陶)·백익(伯益)·이윤(伊尹)·주공(周公)·공자(孔子)는 모두 대유(大儒)였으니, 한나라로 하여금 쓰게 했더라면 어찌 거기에서 그쳤겠는가? 효선제(孝宣帝)가 '태자가 나약하여 서지 못하고 정치의 도리에 어두워 반드시 우리 나라를 어지럽히게 될 것이다.' 한 것은 옳다 하더라도 곧 말하기를 '왕도는 행할 수가 없고 유자는 쓸 수가 없다.'고 하였으니, 어찌 과실이 심하지 않은가? 거의 자손을 훈시(訓示)하고 장래에 모범을 보이는 것이 아니다."

원문 溫公曰 王霸無異道하니 皆本仁祖義하며 任賢使能하고 賞善罰惡하고 禁暴誅亂이라 顧名位에 有尊卑하고 德澤有深淺하고 功業有鉅細耳요 非若黑白甘苦之相反也라 漢之所以不能復三代之治者는 由人主之不爲요 非先王之道를 不可復行於後世也라 夫儒有君子하고 有小人하니 彼俗儒者는 誠不足與爲治也나 獨不可求眞儒而用之乎아 稷契皐陶伯益伊尹周公孔子는 皆大儒也니 使漢得而用之면 功烈豈若是而止邪아 孝宣謂太子懦 而不立하고 闇於治體하여 必亂我家 則可矣라 하고 乃曰 王道는 不可行하고 儒者不可用이라 하니 豈不過甚矣哉아 殆非所以訓示子孫하고 垂法將來者也라

2년(기사) 흉노(匈奴)의 호한야 선우(呼韓邪單于)가 오원새(五原塞)에 항복해 와 나라의 보물을 받들어 조공(朝貢)하기를 원하자, 조서로 그 의식(儀式)을 의논하게 하였다. 승상어사(丞相御史)가 아뢰기를 "마땅히 제후왕(諸侯王)처럼 하되 위차(位次)는 그 아래에 두어야 합니다." 하였다. 태부(太傅) 소망지는 말하기를 "마땅히 신하의 예로써 하지 말고 지위는 제후왕의 위에 있어야 합니다." 하니, 천자가 받아들여 선우로 하여금 제후왕의 위에 있게 하고, 알현할 때에는 신하라 일컫고 이름은 들지 않게 하였다.

원문 己巳二年이라 匈奴呼韓邪單于款五原塞하여 願奉國珍朝어

늘 詔議其儀하니 丞相御史曰 宜如諸侯王하되 位次는 在下니이다
太傅蕭望之 以爲宜待以不臣之禮하여 位諸侯王上이니이다 天子
采之하여 令單于로 位在諸侯王上하고 贊謁에 稱臣而不名하다

> 㖡 관(款) 관문을 두드려 복종하기를 청하는 것. 국진(國珍) 나라의 보
> 배. 불신지례(不臣之禮) 신하의 예를 행하지 않는 것. 찬알(贊謁) 황
> 제 앞에 나아가 뵙는 것.

3년(경오) 흉노의 호한야 선우가 와서 조회하였다.

원문 庚午三年이라 匈奴呼韓邪單于來朝하다

○이보다 앞서 오손(烏孫) 이서(以西)에서부터 안식(安息) 여
러 나라로 흉노에 가까운 자들이 흉노를 두려워하고 한나라
를 가볍게 여겼으나, 호한야 선우가 한나라에 조회한 후부터
는 모두 한나라를 높이게 되었다.

원문 先是에 自烏孫以西로 至安息諸國近匈奴者 皆畏匈奴而輕
漢이러니 及呼韓邪單于 朝漢後로 咸尊漢矣러라

○상은 융적(戎狄)이 빈복(賓服)한 것으로써 보좌한 신하들의
아름다움을 생각하여서, 그 사람들을 기린각(麒麟閣)에다 그
림으로 그리게 하여 그 형상을 본뜨게 하고 그들의 관작(官
爵)과 성명을 쓰게 하였는데, 오직 곽광(霍光)만은 이름을 쓰
지 않고 대사마 대장군 박륙후성곽씨(大司馬大將軍博陸侯姓霍
氏)라고만 쓰게 하였다. 그 다음은 장안세(張安世)·한증(韓
增)·조충국(趙充國)·위상(魏相)·병길(丙吉)·두연년(杜延年)·
유덕(劉德)·양구하(梁丘賀)·소망지(蕭望之)·소무(蘇武) 등 모
두 11인이었는데, 모두 공덕으로 당세에 이름이 알려졌기 때
문에 드러내어 중흥(中興)의 보좌(補佐)를 분명하게 나타내고,
방숙(方叔)·소호(召虎)·중산보(仲山甫)의 열에 끼이게 하였다.

원문 上이 以戎狄이 賓服으로 思股肱之美하여 乃圖畫其人於麒
麟閣하여 法其形貌하고 署其官爵姓名하되 唯霍光은 不名曰 大

司馬大將軍博陸侯姓霍氏라 하고 其次는 張安世 韓增 趙充國
魏相 丙吉 杜延年 劉德 梁丘賀 蕭望之 蘇武凡十一人이니 皆以
功德으로 知名當世라 是以로 表而揚之하여 明著中興輔佐하여 列
於方叔召虎仲山甫焉하니라

> 㗴 빈복(賓服) 외국에 와서 조회하는 것. 고굉(股肱) 보좌하는 신하.
> 기린각(麒麟閣) 한나라 때의 공신각(功臣閣). 방숙(方叔)·소호(召虎)·
> 중산보(仲山甫) 모두 주(周)나라 선왕(宣王) 때의 현신(賢臣).

○여러 유생들에게 조서를 내려 오경(五經)의 이동(異同)을
강론(講論)하게 하자, 소망지 등이 그 의논을 평주(平奏)하니,
상이 칭제(稱制)해 임하여 결정하였다. 이에 양구하를 역경박
사(易經博士)로, 하후승(夏侯勝)·하후건(夏侯建)을 상서박사(尙
書博士)로, 곡량숙(穀梁叔)을 춘추박사(春秋博士)로 삼았다.

원문 詔諸儒하여 講五經同異한대 蕭望之等이 平奏其議어늘 上이
親稱制臨決焉하고 乃立梁丘易 大小夏侯尙書 穀梁春秋博士하다

> 㗴 오경(五經) 《시경(詩經)》·《서경(書經)》·《주역(周易)》·《예기(禮記)》·
> 《춘추(春秋)》. 평주(平奏) 가부를 말하지 않고 아뢰는 것.

황룡(黃龍) 원년(임신) 황제가 죽고 태자가 황제에 즉위하
였다.

원문 壬申黃龍元年이라 帝崩하고 太子卽皇帝位하다

제14권   한기 (漢紀)

효원황제(孝元皇帝)*

　　초원(初元) **원년**(계유) 상이 평소 왕길(王吉)·공우(貢禹)가 모두 경술(經術)에 밝고 행실이 깨끗하다는 말을 듣고 사자를 보내 부르니, 왕길은 오는 길에 죽고 공우만 이르자 간대부(諫大夫)에 임명하였다. 상이 자주 자신을 낮추어 정사에 대해 묻자, 공우가 아뢰기를 "옛날에는 임금이 절검하여 10분의 1을 세금으로서 받고 다른 부역(賦役)이 없었기 때문에 집집마다 넉넉하고 사람마다 풍족해졌습니다. 어리석은 신은 생각하기를, 태고(太古) 적처럼 하기는 어려우니 마땅히 조금은 옛날을 모방하여 스스로 절제해야 한다고 여깁니다." 하니, 천자가 그 말을 좋게 받아들여 조서로 명령하여 여러 궁관(宮館)으로 어행(御幸)이 드문 곳은 선치(繕治)하지 말게 하고, 태복(太僕)에서는 곡식을 줄여 말을 먹이고, 수형(水衡)에서는 육식동물을 줄였다.

원문 癸酉初元元年이라 上이 素聞王吉貢禹 皆明經潔行하고 遣使者徵之한대 吉은 道病卒하고 禹는 至어늘 拜爲諫大夫하고 上이 數虛己하여 問以政事한대 禹奏言하되 古者에 人君이 節儉하여 什一而稅하고 亡他賦役이라 故로 家給人足하니 臣愚는 以爲如太古는 難이로되 宜少放古하여 以自節焉이라 하노이다 天子 納善其言하여 詔令諸宮館希御幸者를 勿繕治하고 太僕은 減穀食馬하고 水衡은 省肉食獸하다

㊅ *효원황제(孝元皇帝) 이름은 석(奭)으로 선제(宣帝)의 장자(長子)이다.
재위 16년, 수는 43세. 십일이세(什一而稅) 10분의 1을 세금으로 받
는 것. 어행(御幸) 의복·음식·비첩(妃妾) 및 총애하는 사람.

온공은 논평한다.

"충신이 임금을 섬기는 데 있어, 하기 어려운 바를 책임지
우면 쉬운 것은 힘쓰지 않고도 바르게 되고, 그 단점을 보충
하게 하면 거기에 능한 것은 권하지 않고도 이룰 수가 있다.
효원제(孝元帝)가 즉위한 처음에 마음을 비우고 공우에게 물
었으니, 공우는 마땅히 그 급한 바를 먼저 하고 급하지 않은
것을 뒤로 했어야 했다. 그리고 우유부단(優游不斷)하여 간사
한 자들이 권력을 부리는 것이 당시의 큰 걱정거리였는데도
공우는 이를 말하지 않고, 공근절검(恭謹節儉)은 효원제의 평
소 뜻이었는데 공우가 힘써 이 말을 한 것은 무엇 때문인가?
공우의 지혜가 그것을 알지 못했다고 하면 어찌 현명하다고
하겠으며, 알고도 말하지 않았다면 죄가 더욱 크다고 하겠다."

원문 溫公曰 忠臣之事君也에 責其所難 則其易者는 不勞而正하
고 補其所短 則其長者는 不勸而遂라 孝元踐位之初에 虛心以問
禹하니 禹 宜先其所急하고 後其所緩이라 然則 優游不斷하여 讒
佞用權이 當時之大患也라 而禹不以爲言하고 恭謹節儉은 孝元
之素志也 而禹孜孜言之는 何哉오 使禹之智不足以知면 烏得爲
賢이며 知而不言爲면 罪愈大矣라

㊅ 천위(踐位) 즉위. 천조(踐阼)와 같은 말. 참녕(讒佞) 참소를 좋아하
고 간사한 자.

2년(갑술) 사고(史高)가 외가(外家)붙이로 영상서사(領尙書
事)가 되고, 소망지와 주감(周堪)이 모두 사부(師傅)로 옛 은
혜가 있어 천자가 임용하여 자주 연회를 베풀고 만나보면서
치란을 말하고 왕사(王事)를 진술하였다. 소망지가 종실(宗室)
가운데 경술에 밝고 행실이 있는 유갱생(劉更生)을 가려 아뢰

어 김창(金敞)과 더불어 좌우에서 보좌하게 하였는데, 사고는 그저 자리만 채우고 있을 뿐이었다. 이로 말미암아 소망지와 더불어 틈이 생기게 되었다.

홍공(弘恭)과 석현(石顯)이 선제(宣帝) 때로부터 오랫동안 추기(樞機)를 맡아 문법에 밝고 익숙했는데, 황제가 즉위하여 질병이 많아 정사를 위임하였다. 소망지 등이 허씨(許氏)와 사씨(史氏)가 방종한 것이 괴롭고 또 홍공·석현이 권력을 휘두르는 것을 미워하여 건의하기를 "중서(中書)는 정사의 근본이요 국가의 추기이니, 마땅히 통명(通明)·공정한 사람이 있어야 합니다. 무제께서 후정(後庭)에서 유연(游宴)했기 때문에 환관을 임용하였으나 옛 제도는 아닙니다. 그러니 마땅히 중서의 환관을 파하여 옛날 형벌받은 사람을 가까이 두지 않는 뜻에 응해야 합니다." 하였는데, 이로써 크게 사고와 홍공 및 석현과 더불어 거스르게 되었다.

원문 甲戌二年이라 史高 以外屬으로 領尙書事하고 蕭望之와 周堪이 皆以師傅舊恩으로 天子任之하여 數宴見에 言治亂陳王事러니 望之 選白宗室의 明經有行劉更生하여 與金敞으로 並拾遺左右하니 史高는 充位而已라 由是로 與望之有隙이러라 弘恭石顯이 自宣帝時로 久典樞機하여 明習文法이러니 帝卽位에 多疾이라 委以政事하니 望之等이 患苦許史放縱하고 又疾恭顯擅權하여 建白以爲中書는 政本이요 國家樞機니 宜以通明公正으로 處之니이다 武帝 游宴後庭이라 故로 用宦者하시니 非古制也라 宜罷中書宦官하여 應古不近刑人之義니이다 由是로 大與高恭顯으로 忤러라

㊟ **건백(建白)** 건의하여 아뢰는 것. **형인(刑人)** 형벌을 받은 사람, 즉 거세(去勢)를 받은 내시.

홍공과 석현이 아뢰기를 "소망지와 주감, 유갱생이 무리를 이루어 친척을 헐뜯고 권세를 마음대로 휘두르고자 하니, 청컨대 정위(廷尉)에게 내려야 합니다." 하니, 상이 이르기를 소

태부(蕭太傅)는 평소에 강직한데 어찌 옥리에게 즐겨 가겠는가?" 하였다. 석현 등이 말하기를 "인명(人命)은 매우 중하니, 소망지의 지은 죄를 가볍게 말하면 반드시 걱정할 바가 없을 것입니다." 하였다. 그래서 상이 그 아룀을 재가하니, 사자가 소망지를 불렀다. 소망지가 하늘을 우러르며 탄식하기를 "내가 일찍이 지위가 장상(將相)에 이르렀고 나이 60이 넘었는데, 늘그막에 감옥에 갇히게 되었으니 참으로 살아남고자 한다면 비루하지 않겠는가?" 하고는 짐독(鴆毒)을 마시고 자살하였다. 천자가 그 말을 듣고 놀라 손을 만지며 말하기를 "지난번에 본디 감옥에 나가지 않을 것이라고 의심하였더니, 과연 나의 어진 스승을 죽였다." 하였다.

원문 恭顯이 因奏望之堪更生이 朋黨하여 毀離親戚하고 欲以專擅權勢하니 請召致廷尉하노이다 上이 曰 蕭太傅 素剛하니 安肯就吏리요 顯等이 曰 人命이 至重하니 望之所坐를 語言薄罪면 必無所憂리이다 上이 乃可其奏하니 使者 召望之한대 望之仰天歎曰 吾嘗備位將相하여 年踰六十矣라 老入牢獄하여 苟求生活이 不亦鄙乎아 하고 飮鴆自殺하니 天子聞之하고 驚拊手曰 曩에 固疑其不就牢獄이러니 果然殺吾賢傅왜라

㈜ 전천(專擅) 전적으로 잡아 휘두르는 것.   짐(鴆) 광동성에 사는 독조(毒鳥)로, 그 깃을 담근 술을 마시면 죽는다고 함.

온공은 논평한다.

"효원제의 임금 됨은 쉽게 속일 수 있고 깨닫게 하기는 어려운 것이 매우 심하였다. 홍공·석현이 소망지를 참소한 거짓 계책은 참으로 구별할 수 없었으나, 처음에는 소망지가 즐겨 옥에 나아가지 않을 것으로 의심하자 홍공·석현은 반드시 걱정할 것이 없다고 하였었다. 얼마 후에 과연 자살하였으니, 홍공과 석현이 속인 것이 분명하여, 지혜가 중간쯤인 임금이라면 누군들 감동하고 분발하여 간사한 자를 철저하게

456

벌하지 않았겠는가? 효원제는 그렇게 하지 못했으며, 비록
눈물을 흘리며 밥을 먹지 않고 소망지의 죽음을 슬퍼하면서
도 홍공·석현 등을 죽이지 못하고, 겨우 관(冠)을 벗고 사례
할 뿐이었다. 이렇게 하였으니, 간신을 어떻게 징계할 수 있
겠는가? 이는 홍공·석현으로 하여금 사특한 마음을 제멋대
로 하면서 다시는 기탄함이 없도록 한 것이다."

원문 溫公曰 甚矣라 孝元之爲君易欺 而難寤也여 夫恭顯之譖愬
望之는 其邪說詭計를 誠有所不能辨也라 至於始疑 望之不肯就
獄이러니 恭顯 以爲必無憂라 已而오 果自殺하니 則恭顯之欺亦
明矣라 在中智之君이면 孰不感動奮發하여 已底邪臣之罰이리요
孝元 則不然하여 雖涕泣不食하여 以傷望之 而終不能誅恭顯하고
纔得其免冠謝而已라 如此 則姦臣安所懲乎아 是는 使恭顯得肆
其邪心 而無復忌憚者也라

처음에 무제(武帝)가 남월(南越)을 멸하고 주애군(珠厓郡)과
섬이군(儋耳郡)을 설치하였는데, 해중(海中) 물가에 있어 대부
분 수년 내에 한결같이 배반했었다. 상이 즉위한 다음해에
주애군의 산남현(山南縣)이 반란을 일으키자, 상이 널리 여러
신하들에게 의논하여 크게 군사를 내어 공격하고자 하였다.
대조(待詔) 가연지(賈捐之)가 아뢰기를 "신은 듣건대 요(堯)임
금, 순(舜)임금, 우(禹)임금 같은 성덕(聖德)은 땅이 수천리에
불과하였으나 동쪽으로는 바다에 닿고 서쪽으로는 유사(流沙)
에 닿고 삭남(朔南)까지 성교(聲敎)가 미쳤다 하니, 성교를 기
다리는 자는 다스리고, 기다리지 않는 자는 억지로 다스리지
말아야 함을 말합니다. 신은 원컨대 주애군을 버리고 전적으
로 관동(關東)을 돌볼 것이 걱정이 됩니다." 하니, 상이 그 말
에 따랐다.

원문 初에 武帝 滅南越하고 置珠厓儋耳郡하니 在海中洲上하여
率數年에 一反이러니 上이 卽位之明年에 珠厓山南縣이 反이어늘

上이 博謀於群臣하여 欲大發軍擊之러니 待詔賈捐之曰 臣은 聞
堯舜禹之聖德에 地方이 不過數千里로되 東漸于海하고 西被流沙
하고 朔南에 曁聲敎하니 言欲預聲敎則治之하고 不欲預者는 不强
治也니 臣은 願遂棄珠厓하고 專用恤關東으로 爲憂하노이다 上이
從之하다

3년(을해) 봄에 조서로 주애군을 혁파하였다.

원문 乙亥三年이라 春에 詔罷珠厓하다

영광(永光) 원년(무인) 가을에 상이 종묘(宗廟)에 술을 올리
고 제사를 지낸 후 편문(便門)으로 나가 누선(樓船)을 타고자
했다. 설광덕(薛廣德)이 수레 앞에 나아가 관(冠)을 벗고 머리
를 조아리며 말하기를 "마땅히 다리로 가셔야 합니다." 하니,
조서하기를 "대부(大夫)는 관을 쓰시오." 하였다. 설광덕이
말하기를 "폐하께서 신의 말을 듣지 않으시면 신은 스스로
목을 찔러 그 피를 수레에 뿌릴 것이니, 폐하께서 묘(廟)에
들어가지 못할 것입니다." 하니, 상이 기뻐하지 않았다. 광록
대부(光祿大夫) 장맹(張猛)이 앞으로 나아가 아뢰기를 "신은
듣건대 임금이 성스러우면 신하가 곧다고 합니다. 배를 타는
것은 위험하고 다리로 가면 편안합니다. 성스러운 임금은 위
태로운 것을 타지 않는 법이니, 어사대부의 말을 들으셔야
합니다." 하니, 상이 말하기를 "남을 깨우치려면 마땅히 이렇
게 해야 하지 않는가?" 하고는 다리로 갔다.

원문 戊寅永光元年이라 秋에 上이 酎祭宗廟할새 出便門하여 欲
御樓船이어늘 薛廣德이 當乘輿車하여 免冠頓首曰 宜從橋니이다
詔曰 大夫는 冠하라 廣德이 曰 陛下 不聽臣하시면 臣은 自刎하
여 以血로 汙車輪하리니 陛下 不得入廟矣시리이다 上이 不說이어
늘 光祿大夫張猛이 進曰 臣은 聞主聖臣直이라 하니 乘船은 危하
고 就橋는 安이라 聖主는 不乘危하나니 御史大夫言을 可聽이니이
다 上이 曰 曉人이 不當如是邪아 하고 乃從橋하다

○ 석현이 주감·장맹 등을 꺼려하여 자주 참소해 헐뜯으니, 유갱생이 그들이 위태롭게 될까 두려워하여 글을 올려 아뢰었다. "신은 듣건대 순임금이 9관(官)을 임명함에 있어, 아름답게 서로 양보한 것은 화평의 극치입니다. 여러 신하들이 조정에서 화평하면 만물이 밖에서 화합합니다. 그러므로 소소구성(簫韶九成)에 봉황(鳳凰)이 와서 춤을 추었던 것입니다.

주(周)나라에 이르러 유왕(幽王)·여왕(厲王) 때 조정이 화평하지 못하여 서로 비방하고 원망하자, 일식(日蝕)과 월식(月蝕)이 있고 물과 샘이 끓어오르고 산골짜기가 뒤바뀌고 서리가 절기를 잃어 내렸습니다. 이로써 보건대 화기(和氣)는 상서(祥瑞)를 부르고 괴기(乖氣)는 재이(災異)를 부르는데, 상서가 많으면 그 나라가 편안하고 재이가 많으면 그 나라가 위태로운 것이니, 이는 천지의 상경(常經)이요, 고금에 통하는 뜻입니다."

원문 石顯이 憚周堪張猛等하여 數譖毀之어늘 劉更生이 懼其傾危하여 上書曰 臣은 聞舜命九官에 濟濟相讓은 和之至也라 衆臣이 和於朝則萬物이 和於野라 故로 簫韶九成而鳳凰이 來儀러니 至周幽厲之際하여 朝廷이 不和하여 轉相非怨이라 則日月이 薄蝕하고 水泉이 沸騰하고 山谷이 易處하고 霜降이 失節하니 由此觀之컨대 和氣는 致祥하고 乖氣는 致異라 祥多者는 其國이 安하고 異衆者는 其國이 危하나니 天地之常經이요 古今之通義也니이다

> 주 경위(傾危) 위태롭게 만듦. 소소구성(簫韶九成) 소소는 요순(堯舜)의 무악(舞樂), 구성은 음악 연주법으로 아홉 번 변화하여 연주하는 것. 유려(幽厲) 주나라의 못난 임금인 유왕(幽王)과 여왕(厲王).

○ "올바른 신하가 나오면 다스려질 징표가 되고 올바른 신하가 함몰되면 어지러워지는 기미가 됩니다. 대저 여우같이 의심이 많은 자는 참소하고 해치는 말이 오게 되고, 우유부단한 뜻을 지닌 자는 여러 그릇된 자들을 열어주는 문(門)이 됩니다. 그래서 참소하고 사악한 자가 나오면 여러 어진 이가

물러가고, 여러 그릇된 자들이 많아지면 올바른 선비가 소멸
됩니다. 그래서 《주역(周易)》에는 비괘(否卦)와 태괘(泰卦)가
있는데, 소인(小人)의 도가 커지고 군자(君子)의 도가 소멸되
면 정치가 날로 어지러워지고, 군자의 도가 커지고 소인의
도가 소멸되면 정치가 날로 다스려지게 됩니다. 이제 폐하의
명철한 지혜로써 참으로 깊이 천하의 마음을 생각하시어, 여
러 그릇된 자들이 나오는 문을 닫고 여러 바른 사람들이 나
올 길을 넓게 열으시어 시비를 환하게 아신다면, 100가지 재
이(災異)가 소멸하고 여러 상서(祥瑞)가 아울러 이르게 될 것
이니, 이는 태평의 기초이며 만세의 이로움입니다." 석현이
그 글을 보고는 더욱 허(許)·사(史)와 더불어 유갱생 등을 원
망하게 되었다.

원문 正臣이 進者는 治之表요 正臣이 陷者는 亂之機也라 夫執
狐疑之心者는 來讒賊之口하고 持不斷之意者는 開群枉之門하나
니 讒邪進則衆賢이 退하고 群枉이 成則正士消라 故로 易有否泰
하니 小人道長하고 君子道消 則政日亂하고 君子道長하고 小人道
消 則政日治하나니 今以陛下明知로 誠深思天下之心하사 杜閉群
枉之門하시고 廣開衆正之路하사 使是非로 炳然可知면 則百異消
滅 而衆祥이 並至하리니 太平之基며 萬世之利也니이다 顯이 見
其書하고 愈與許史로 比而怨更生等이러라

주 호의(狐疑) 여우처럼 의심이 많은 것. 참적(讒賊) 남을 해치는 것.
비태(否泰) 《주역》 64괘 가운데 있는 비괘(否卦)와 태괘(泰卦).

2년(기묘) 광형(匡衡)이 상소하기를 "천하를 다스리는 자는
숭상할 바를 살필 뿐이니, 교화(敎化)의 유(流)는 집집마다 가
서 말해줄 것이 아닙니다. 어진 자가 벼슬에 있고 능력이 있
는 자가 직책에 널려 있어 조정이 예로 높이고, 백료(百僚)가
존경하고 사양하여 도덕의 행실이 안으로부터 밖으로 미쳐
가까운 자에게서 비롯된 후에야 백성들이 본받을 바를 알아

서, 날로 개과천선(改過遷善)으로 나아가면서도 스스로는 모르게 될 것입니다." 하였다.

원문 己卯二年이라 匡衡이 上疏曰 治天下者는 審所上而已니 敎化之流는 非家至人說之也라 賢者在位하고 能者布職하여 朝廷이 崇禮하고 百僚 敬讓하여 道德之行이 由內及外하여 自近者로 始然後에 民知所法하여 遷善日進 而不自知也니이다

　　주 소상(所上) 숭상할 바. 포직(布職) 직책에 널려 있음. 천선(遷善)
　　허물을 고치어 선(善)으로 나아가는 것.

○상이 유술(儒術)과 문사(文辭)를 좋아하여 선제(宣帝)의 정사를 많이 고치니, 일을 말하는 자들의 진현(進見)함이 많아서, 사람마다 스스로 상의 뜻을 얻었다고 여겼다.

원문 上이 好儒術文辭하여 頗改宣帝之政하니 言事者가 多進見이라 人人이 自以爲得上意라 하더라

　　건소(建昭) 2년(갑신) 이때 석현이 권력을 마음대로 휘두르자, 경방(京房)이 일찍이 연견(宴見)에서 상께 묻기를 "유왕(幽王)·여왕(厲王) 같은 임금은 왜 위태로웠으며, 임용한 자는 어떤 사람이었습니까?" 하니, 상이 이르기를 "임금이 밝지 못하고 임용한 자가 교녕(巧佞)해서이다." 하였다. 경방이 아뢰기를 "폐하께서 지금을 보시면 치세라고 할 수 있습니까, 난세라고 할 수 있습니까?" 하니, 상이 이르기를 "아주 난세라고 할 수 있는데, 지금 어지럽게 하는 자가 누구인가?" 하자, 경방이 아뢰기를 "명주(明主)께서 마땅히 스스로 아실 것입니다." 하였다. 상이 "모른다. 만일 알고 있다면 무슨 까닭에 쓰겠는가?" 하니, 경방이 아뢰기를 "상께서 가장 신임하시어 그와 함께 유악(帷幄) 안에서 일을 도모하시어, 천하의 선비를 나오게 하고 물러가게 하는 자가 그 사람입니다." 하였다. 경방이 석현을 가리키는지라 상 역시 알고는 경방에게

말하기를 "이미 알았다." 하였는데, 경방이 파하고 나온 후에
상이 역시 석현을 내쫓지 못하였다.

원문 甲申建昭二年이라 是時에 石顯이 顓權이라 京房이 嘗宴見
할새 問上曰 幽厲之君은 何以危며 所任者는 何人也이니까 上이
曰 君不明而所任者巧佞이니라 房이 曰 陛下 視今컨대 爲治邪이
까 亂邪이까 上이 曰 亦極亂耳니 今爲亂者誰哉오 房이 曰 明主
宜自知之시리이다 上이 曰 不知也로라 如知인댄 何故用之리요 房
이 曰 上이 最所信任하여 與圖事帷幄之中하여 進退天下之士者
是矣니이다 房이 指謂石顯이라 上이 亦知之하고 謂房曰 已諭로라
房이 罷出後에 上이 亦不能退顯也러라

> 주 전권(顓權) 권력을 마음대로 하다. 전권(專權). 연견(宴見) 평소에
> 만나뵈는 것. 교녕(巧佞) 교묘하게 아첨하는 것. 유악(帷幄) 본래는
> 전쟁 때 작전을 지휘하는 곳. 여기서는 궁궐을 말함.

○ 처음에 경방이 상을 대하여 아뢰기를 "옛날의 제왕은 공로
로써 어진 이를 써서 모든 교화가 이루어지고 상서로운 징조
가 나타났는데, 말세에는 훼예(毁譽)로써 사람을 썼기 때문에
공업(功業)이 폐해지고 재이(災異)를 불렀으니, 마땅히 백관으
로 하여금 각기 그 공로를 시험하게 하면 재이를 그치게 할
수 있을 것입니다." 하였다.

조서(詔書)로써 경방에게 그 일을 하게 하자, 경방이 고공
과리법(考功課吏法)을 아뢰니, 상이 공경과 조정의 신하로 하
여금 경방과 함께 온실(溫室)에서 회의하게 하였는데, 모두
"경방의 말이 번거롭고 좀스러워 상하로 하여금 서로 살피게
하니 받아들일 수 없습니다." 하였다. 그래서 황제가 경방을
위군태수(魏郡太守)로 삼아 그로 하여금 고공법으로써 군을
다스리게 하였다.

원문 初에 京房이 對上曰 古之帝王이 以功擧賢 則萬化成하고
瑞應이 著라니 末世에 以毁譽로 取人故로 功業이 廢而致災異하

니 宜令百官으로 各試其功하면 災異可息하리이다 詔使房으로 作其事한대 房이 奏考功課吏法이어늘 上이 令公卿朝臣으로 與房會議溫室하니 皆以房言이 煩碎하여 令上下相司하니 不可許라 하거늘 帝於是에 以房으로 爲魏郡太守하여 得以考功法으로 治郡하다

㊟ **고공과리법**(考功課吏法) 관리의 공로를 따져 고과(考課)하는 법. **온실**(溫室) 장락궁(長樂宮)에 있는 궁실.

3년(을유) 겨울에 서역도호(西域都護) 감연수(甘延壽)와 부교위(副校尉) 진탕(陳湯)이 함께 강거(康居) 땅에서 질지 선우(郅支單于)를 주참(誅斬)하였다.

원문 乙酉三年이라 冬에 西域都護甘延壽와 副校尉陳湯이 共誅斬郅支單于於康居하다

경령(竟寧) **원년**(무자) 하남태수(河南太守) 소신신(召信臣)이 소부(少府)가 되었다. 소신신이 먼저 남양태수(南陽太守)가 되었다가 후에 하남으로 옮겼는데, 치적이 항상 제일이었다. 백성 보기를 아들처럼 하고 백성을 위하여 이익되는 일을 일으키며, 몸소 농사를 권하고 도랑을 파니, 호구가 배나 늘고 관리와 백성들이 친애하여 소부(召父)라고 불렀다.

원문 戊子竟寧元年이라 河南太守召信臣이 爲少府하다 信臣이 先爲南陽太守하고 後遷河南하니 治行이 常第一이라 視民如子하고 好爲民興利하여 躬勸耕稼하고 開通溝瀆하니 戶口增倍하고 吏民親愛하여 號曰 召父라 하더라

㊟ **경가**(耕稼) 농사를 짓는 것. **구독**(溝瀆) 도랑, 수로(水路).

○감연수와 진탕이 이미 논공(論功)하기에 이르자 석현과 광형(匡衡)이 말하기를 "감연수와 진탕이 함부로 군사를 일으키고 교제(矯制)하고도 다행히 죽음을 면하였는데, 만일 다시 작토(爵土)를 더해주면 후에 봉사(奉使)하는 자들이 다투어 위

태로운 일을 저질러 요행을 바라며 만이(蠻夷)에서 일을 벌여 나라의 난리를 초래할 것입니다." 하였다. 황제가 마음속으로는 감연수와 진탕의 공로를 가상히 여겼으나, 광형과 석현의 의논을 어기기가 어려워 오랫동안 결정하지 못하였다.

원문 甘延壽陳湯이 旣至論功이러니 石顯匡衡이 以爲延壽湯이 擅興師矯制하니 幸得不誅어니와 如復加爵士 則後奉使者 爭欲乘危하여 徼幸生事於蠻夷하여 爲國招難하리이다 帝 內嘉延壽湯功이나 而重違衡顯之議하여 久之不決이러라

　주 흥사(興師) 군사를 일으킴.

○고(故) 종정(宗正) 유향(劉向)이 상소하기를 "이사장군(貳師將軍) 이광리(李廣利)는 5만 명의 군사를 죽이고 억만금의 비용을 소비하고 4년 동안 수고하여 겨우 준마(駿馬) 30필을 얻고, 비록 원왕(宛王) 무과(毋寡)의 머리를 베었다지만 그래도 그 비용을 보상하기에 부족하고, 그의 사사로운 죄악이 매우 많았습니다. 그런데도 효무제(孝武帝)가 만 리 밖을 정벌했다고 하시어 그의 잘못을 따지지 않고 마침내 양후(兩侯)에 봉하였습니다. 지금 강거국(康居國)이 대원에서 강성하고 질지선우(郅支單于)의 호가 대원왕보다 무거우며, 사자를 죽인 죄가 말을 주지 않은 것보다 더하였는데, 감연수와 진탕이 한나라 군사를 번거롭게 하지 않고 말곡식조차 축내지 않았으니, 이사장군에 비해 공덕이 100배나 됩니다." 하였다.

　그래서 천자가 조서를 내려 감연수와 진탕의 죄를 사(赦)하여 다스리지 말게 하고, 공경으로 하여금 봉작할 것을 의논하게 해 감연수는 의성후(義成侯)로 봉하고, 진탕에게는 관내후(關內侯)의 벼슬을 내렸다.

원문 故宗正 劉向이 上疏曰 貳師將軍李廣利 捐五萬之師하고 靡億萬之費하고 經四年之勞하여 而僅獲駿馬三十匹하고 雖斬宛王毋寡之首나 猶不足以復費요 其私罪惡이 甚多로되 孝武 以爲

萬里往伐이라 하사 不錄其過하시고 遂封拜兩侯하시니 今康居之
國이 彊於大宛하고 郅支之號 重於宛王하고 殺使有罪 甚於留馬
어늘 而延壽湯이 不煩漢士하고 不費斗糧하니 比於貳師컨대 功德
이 百之니이다 於是에 天子 下詔하여 赦延壽湯罪하여 勿治하고
令公卿으로 議封焉하여 封延壽爲義成侯하고 賜湯爵關內侯하다

> ㊟ 복비(復費) 비용을 충당하는 것. 유마(留馬) 무제 때 대원국이 이사
> (貳師) 땅에 있는 준마를 달라는 한나라의 요청을 거절하였음. 두량
> (斗糧) 한 말의 곡식. 적은 곡식.

○여름 5월에 황제가 죽었다.

태자가 황제에 즉위하여 원구(元舅)인 평양후(平陽侯) 왕봉
(王鳳)으로 하여금 대사마대장군(大司馬大將軍)을 삼아 상서
(尙書)의 일을 맡게 하였다.

> 원문 夏五月에 帝崩하다 太子 卽皇帝位하여 以元舅平陽侯王鳳
> 으로 爲大司馬大將軍하여 領尙書事하다

> ㊟ 원구(元舅) 어머니의 남자 형제, 즉 외숙(外叔).

효성황제(孝成皇帝)

건시(建始) 원년(기축) 12월 초하루에 일식(日食)이 있었고,
그날 밤에 미앙궁(未央宮) 전중(殿中)에 지진(地震)이 있어 조
서로 현량(賢良)·방정(方正)하고 직언하여 극진히 간하는 선
비를 천거하게 하니, 두흠(杜欽)과 곡영(谷永)이 대책을 올려
모두 말하기를 "후궁(後宮)의 여총(女寵)이 너무 심하여 질투
하며 상의 총애를 독차지하려 해 장차 계사(繼嗣)를 해칠 허
물이 있게 될 것입니다." 하였다.

광형(匡衡)이 봉읍(封邑) 400경(頃)을 취하고 감림(監臨)하면
서 관리하던 관전(官錢) 10금(金) 이상을 훔친 것 때문에 죄를
입어 면직되어 서인(庶人)이 되고, 왕상(王商)을 승상으로 삼
았다.

[원문] 己丑建始元年이라 十二月朔에 日食하고 其夜에 地震未央宮殿中이어늘 詔擧賢良方正 能直言極諫之士한대 杜欽及谷永이 上對하여 乃皆以爲後宮女寵이 太盛하여 嫉妬專上하여 將害繼嗣之咎라 하더라 匡衡이 坐取封邑四百頃하고 監臨에 盜所主守 直十金以上하여 免爲庶人하고 以王商으로 爲丞相하다

㈜ 상대(上對) 대책문(對策文)을 올리다. 대책은 정치의 잘잘못이나 정책에 대해 논하는 글. 여총(女寵) 여인을 총애함. 계사(繼嗣) 후사(後嗣). 주수(主守) 창고의 곡식이나 돈을 관장함.

4년(임진) 여름에 전에 천거했던 직언하는 선비들을 불러 백호전(白虎殿)에 와서 대책(對策)하게 하였다. 이때 상이 정사를 왕봉(王鳳)에게 위임하였는데, 의논하는 자들이 허물을 많이 그에게 돌리었다.

곡영(谷永)은 왕봉이 바야흐로 권병(權柄)을 잡는 것을 보고는 몰래 스스로 그에게 의탁하고자 하여 말하기를 "지금 사이(四夷)가 복종하여 모두 신첩(臣妾)이 되었으니, 북쪽에는 훈육(薰粥) 묵돌(冒頓)의 근심이 없고, 남쪽에는 조타(趙佗)와 여가(呂嘉) 같은 오랑캐의 난리가 없어, 세 변방이 편안하여 전쟁의 경고가 없어 제후(諸侯) 가운데 큰 자는 몇 개 현(縣)을 차지하고 있습니다.

한나라 관리가 그 권병을 제압하여 오(吳)·초(楚)·연(燕)·양(梁)의 세력이 없고, 골육(骨肉)의 대신에는 신백(申伯)의 충성이 있어, 공경하고 정성스럽고 조심하고 두려워하여 중합후(重合侯)·안양후(安陽侯)·박륙후(博陸侯) 같은 난리가 없습니다. 세 가지에 머리털끝만한 허물이 없는데, 간절히 생각하건대 폐하께서는 분명히 밝게 드러난 허물을 내버려 두고 천지의 분명한 경계를 가볍게 여기시고, 암매(晻昧)한 고설(瞽說)을 들으시어 허물을 무고한 사람에게 돌리시며, 재이(災異)를 정사의 잘못으로 돌리시어 거듭 하늘의 마음을 잃는 것이 불가한 것의 큰 것입니다." 하였다. 상이 그 글을 후궁들에게

보이고는 곡영을 발탁하여 광록대부를 삼았다.

[원문] 壬辰四年이라 夏에 召前所擧直言之士하여 詣白虎殿對策하다 是時에 上이 委政王鳳하니 議者 多歸咎焉하되 谷永이 知鳳의 方見柄用하고 陰欲自託하여 乃曰 方今四夷賓服하여 皆爲臣妾하니 北無薰粥冒頓之患하고 南無趙佗呂嘉之難하여 三垂晏然하여 靡有兵革之警하여 諸侯大者는 乃食數縣이라 漢吏 制其權柄하여 無吳楚燕梁之勢하고 骨肉大臣이 有申伯之忠하여 洞洞屬屬하고 小心畏忌하여 無重合安陽博陸之亂이라 三者에 無毛髮之辜로되 切恐陛下 舍昭昭之白過하시고 忽天地之明戒하시며 聽晻昧之瞽說하사 歸咎乎無辜하시며 倚異乎政事하사 重失天心이 不可之大者也니이다 上이 以其書로 示後宮하고 擢永爲光祿大夫하다

　[주] 훈육(薰粥) 흉노족의 다른 이름. 신백(申伯) 주 선왕(周宣王)의 외삼촌으로 왕실에 충성을 다하였음. 중합(重合) 무제(武帝) 때 사람인 마통(馬通)의 봉호. 안양(安陽) 무제 때 사람인 상관걸(上官桀)의 봉호. 박륙(博陸) 곽광(霍光)의 봉호인데, 여기서는 그 아들 곽우(霍禹)를 가리킴. 고설(瞽說) 이치에 맞지 않는 장님의 말.

　하평(河平) **3년**(을미) 상이 궁궐에 보관된 책이 많이 없어졌다고 하여, 알자(謁者) 진농(陳農)으로 하여금 남아 있는 책을 천하에서 찾도록 하였다.

[원문] 乙未河平三年이라 上이 以中祕書 頗散亡이라 하여 使謁者 陳農으로 求遺書於天下하다

　[주] 중비서(中祕書) 궁궐의 서고(書庫)에 보관된 책.

○ 유향(劉向)이 왕씨들의 권한과 벼슬이 너무 성대하고, 상이 바야흐로 시서(詩書)와 고문(古文)에 마음을 쓰고 있다고 여겨, 유향이 이에 《상서(尙書)》〈홍범(洪範)〉에서 상고시대 이래부터 춘추시대 여섯 나라를 거쳐 진(秦)·한(漢)에 이르기까지의 부서(符瑞)와 재이(災異)의 기록을 모으되, 행한 일을 추적(推迹)하고 연이어 화복(禍福)을 붙여 그 징험을 드러내어

같은 유(類)를 서로 모아서 각기 조목을 두니, 모두 11편(篇)
으로 '홍범오행전(洪範五行傳)'이라고 불렀다. 이를 논하여 아
뢰니, 천자가 마음속으로는 유향의 충정(忠精)을 알았기 때문
에 왕봉(王鳳) 형제를 위해 이 논의를 일으키게 했으나, 끝내
왕씨의 권력을 빼앗지는 못하였다.

원문 劉向이 以王氏權位大盛하고 而上이 方嚮詩書古文이라 하여
向이 乃因尙書洪範하여 集合上古以來로 歷春秋六國하여 至秦漢
이 符瑞災異之記하되 推迹行事하여 連傳禍福하여 著其占驗하여
比類相從하여 各有條目하니 凡十一篇이라 號曰 洪範五行傳이라
하여 論奏之한대 天子 心知向의 忠精이라 故로 爲鳳兄弟하여 起
此論也나 然이나 終不能奪王氏權이러라

주 상서홍범(尙書洪範) 《상서》는 《서경(書經)》의 다른 이름, 홍범은 《서
경》의 편명.   춘추육국(春秋六國) 춘추전국시대의 제(齊)·초(楚)·연
(燕)·한(韓)·위(魏)·조(趙)의 여섯 나라.   부서(符瑞) 상서로운 징조.

양삭(陽朔) 원년(정유) 경조윤(京兆尹) 왕장(王章)이 평소 강
직하고 바른말을 잘하여, 비록 왕봉(王鳳)에 의하여 천거되었
으나 왕봉이 권력을 천단하는 것을 그르게 여겨 왕봉에게 붙
지 않았다. 그래서 봉사(封事)로써 아뢰어 말하기를 "일식의
재변은 모두 왕봉이 전권(專權)하여 임금을 가리는 허물입니
다."하였다. 이에 왕장이 풍야왕(馮野王)이 충신(忠信)하고 질
박·정직하다고 천거하였다. 상이 태자로 있을 때부터 자주
풍야왕의 이름을 들어왔기 때문에 바야흐로 의지하여 왕봉
대신으로 하고자 하였다. 왕봉이 그 말을 듣고는 상서(尙書)
로 하여금 장주(章奏)로 탄핵하여, 대역(大逆)으로 다스려 마
침내 옥중에서 죽게 하였다. 이로부터 공경이 왕봉을 보면
눈을 흘겼다.

원문 丁酉陽朔元年이라 京兆尹王章이 素剛直敢言하여 雖爲鳳
所擧나 非鳳專權하여 不親附鳳이러니 乃奏封事言하되 日食之咎

는 皆鳳專權蔽主之過니이다 於是에 章이 薦馮野王의 忠信質直이
라 한대 上이 自爲太子時로 數聞野王名이라 方倚欲以代鳳이러니
鳳이 聞之하고 使尙書로 劾奏章하여 致其大逆하여 竟死獄中하니
自是로 公卿이 見鳳에 側目而視하더라

> ㈜ 감언(敢言) 과감하게 말하는 것. 주장(奏章) 글로 아뢰는 것. 장주
> (章奏). 측목(側目) 눈을 흘겨보는 것. 곁눈질하여 봄.

2년(무술) 왕음(王音)으로 어사대부(御史大天)를 삼았다. 그
래서 왕씨들이 더욱 성해져 군국(郡國)의 수상(守相)·자사(刺
史)가 모두 그의 문하(門下)에서 나오고, 오후(五侯)의 여러
동생들이 다투어 사치하여 뇌물과 보물이 사방에 이르렀다.

왕음이 인사(人事)에 재식(才識)이 민첩하고 선비를 좋아하
며 어진 이를 기르고 재물을 기울여 남에게 베풀어 서로 숭
상하니, 빈객이 문에 가득하여 다투어 기리게 되었다.

유향이 봉사(封事)를 올려 극진히 간하였는데, 글을 아뢰자
천자가 유향을 불러 그 뜻을 탄식하고 슬프게 여겨 말하기를
"그대는 우선은 가만 있거라. 내가 장차 생각하겠다." 하였
다. 그러나 끝내 그 말을 쓰지는 못했다.

원문 戊戌二年이라 以王音으로 爲御史大夫하니 於是에 王氏愈
盛하여 郡國守相刺史 皆出其門下하고 五侯群弟 爭爲奢侈하니
賂遺珍寶 四面而至러라 音이 通敏人事하여 好士養賢하고 傾財
施予하여 以相高尙하니 賓客이 滿門하여 競爲之聲譽러라 劉向이
上封事極諫하니 書奏에 天子召見向하고 歎息悲傷其意하여 謂曰
君且休矣하라 吾將思之하리라 然이나 終不能用其言이러라

> ㈜ 경재시여(傾財施予) 재물을 다 흘어 남에게 베푸는 것. 성예(聲譽)
> 명성을 기리는 것.

3년(기해) 가을에 왕봉(王鳳)이 죽으니, 왕음을 대사마(大司
馬)로 삼았다.

원문 己亥三年이라 秋에 王鳳이 薨커늘 以王音으로 爲大司馬하다

영시(永始) **원년**(을사) 오후(五侯)의 아들이 때를 틈타 사치를 하여 여마(輿馬)·성색(聲色)·일유(佚游)를 숭상하였다. 왕만(王曼)의 아들 왕망(王莽)이 몸을 굽혀 공검(恭儉)하고 부지런하며 박학(博學)하여, 밖으로는 영걸(英傑)과 준재(俊才)를 사귀고 안으로는 제부(諸父)를 섬기고 곡진히 예절을 보였다. 왕봉이 죽으면서 왕망을 태후(太后) 및 황제에게 부탁하였는데, 오래 후에 왕망을 신도후(新都侯)에 봉하니, 작위가 더욱 높아졌다. 그러나 왕망은 절조(節操)가 더욱 겸손하고 빈객에게 베풀어 집에 남아 있는 것이 없으니, 헛된 명성이 아주 높아져 그의 제부(諸父)들보다 더하였다.

원문 乙巳永始元年이라 五侯子 乘時侈靡하여 以輿馬聲色佚游로 相高하되 王曼子莽이 因折節爲恭儉하여 勤身博學하여 外交英俊하고 內事諸父하여 曲有禮意러니 鳳이 死에 以莽으로 託太后及帝러니 久之요 封莽爲新都侯하니 爵位益尊하되 節操愈謙하고 振施賓客하여 家無所餘하니 虛譽隆洽하여 傾其諸父矣러라

㊟ 오후(五侯) 당시의 다섯 후인 왕담(王譚)·왕상(王商)·왕립(王立)·왕근(王根)·왕봉(王逢)인데 모두 성제(成帝)의 외삼촌들임. 여마(輿馬) 수레와 말. 성색(聲色) 노래와 여색(女色). 일유(佚游) 절제하지 않고 노는 것. 절절(折節) 몸을 굽혀 경의를 표함. 제부(諸父) 삼촌들.

2년(병오) 왕음(王音)이 죽으니, 왕상(王商)으로 대사마(大司馬)를 삼았다.

원문 丙午二年이라 王音이 薨커늘 以王商으로 爲大司馬하다

○고(故) 남창위(南昌尉) 매복(梅福)이 상서하였다. "옛날 고조(高祖)께서 선한 말 받아들이기를 마치 미치지 못한 것처럼 하였고, 간언 따르기를 둥근 고리를 굴리듯 잘 받아들였습니

다. 그래서 진평(陳平)이 망명한 가운데서 일어나 모주(謀主)가 되었고, 한신(韓信)은 행진(行陣)하는 가운데서 발탁되어 상장(上將)으로 세워졌습니다. 그러므로 작록(爵祿)과 속백(束帛)은 천하의 숫돌이어서, 고조가 그것으로써 세상을 격려하고 둔한 것을 갈았던 것입니다."

원문 故南昌尉梅福이 上書曰 昔에 高祖納善을 若不及하시며 從諫을 若轉圜하시더니 陳平이 起於亡命 而爲謀主하고 韓信이 拔於行陳 而建上將하니 故로 爵祿束帛者는 天下之砥石이라 高祖所以厲世摩鈍也니이다

註 납선(納善) 선한 말을 받아들임. 종간(從諫) 간하는 말을 따름. 약전환(若轉圜) 둥근 고리를 굴리는 것과 같이 원만한 것. 간언을 잘 받아들임을 비유함. 속백(束帛) 예물이나 상으로 주는 비단.

○ "진(秦)나라에 이르러서는 그렇지 않아서, 비방하는 사람을 적발하는 그물을 펴서 한(漢)나라를 위하여 나라를 몰아주었고, 태아검(泰阿劍)을 거꾸로 잡아 그 칼자루를 초(楚)나라에 주었으니, 참으로 그 자루를 잃지 않는다면 천하가 비록 불순(不順)함이 있더라도 감히 그 예봉(銳鋒)을 저촉하지 못할 것입니다.

이제 폐하께서는 천하의 말을 받아들이지 않으시고 또 죽이기까지 하시어 천하가 말을 경계하니, 나라의 가장 큰 걱정거리입니다. 바로 지금 임금의 명령을 범하고 임금의 위엄을 빼앗아 외척(外戚)의 권한이 날로 더욱 높아지고 있으니, 폐하께서는 그 형체를 보지 못하시거든 원컨대 그 그림자를 보소서. 세력이 임금을 능멸하고, 권력이 임금보다 높아진 후에 막으려 한다면 역시 미치지 못할 것입니다." 그러나 상이 받아들이지 않았다.

원문 至秦則不然하여 張誹謗之罔하여 以爲漢敺除하고 倒持泰阿하여 授楚其柄하니 故로 誠能勿失其柄이면 天下 雖有不順이나

莫敢觸其鋒하리이다 今陛下 旣不納天下之言하시고 又加戮焉하시
니 天下 以言으로 爲戒하니 最國家之大患也니이다 方今에 君命
犯 而主威奪하여 外戚之權이 日以益隆하니 陛下不見其形이어든
願察其景하소서 勢陵於君하고 權隆於主然後에 防之면 亦無及已
니이다 上이 不納하다

> ㊀ 비방지망(誹防之罔) 비방하는 자를 단속하는 법망. 위한구제(爲漢敺
> 除) 한나라에게 나라를 가져다주는 것. 도지(倒持) 거꾸로 잡음. 태
> 아(泰阿) 명검(名劒) 이름. 수초기병(授楚其柄) 그 칼자루를 초(楚)에
> 줌. 영(景) 영(影)과 같은 뜻으로 그림자.

4년(무신) 사례교위(司隷尉校) 하무(何武)를 경조윤(京兆尹)
으로 삼았다. 하무는 관리가 되어 법을 지키고 공무(公務)에
마음을 다하였으며, 선한 사람을 나오게 하고 악인을 물리쳤
는데, 그가 재임할 때에는 혁혁한 이름은 없었으나 떠난 후
에 항상 사모하게 하였다.

원문 戊申四年이라 司隷校尉何武로 爲京兆尹하다 武爲吏에 守
法盡公하고 進善退惡하니 其所居에 無赫赫名이로되 去後에 常見
思러라

원연(元延) **원년**(기유) 왕상(王商)이 죽으니, 그 동생 왕근
(王根)으로 대사마(大司馬)를 삼았다.

원문 己酉元延元年이라 王商이 薨커늘 以弟根으로 爲大司馬하다

○안창후(安昌侯) 장우(張禹)가 비록 집에 있었으나 특진(特
進)으로 천자의 스승이 되니, 국가에 매양 대정(大政)이 있으
면 반드시 더불어 의논하여 정하게 하였다.
이때 이민(吏民)이 많이 상서하여 재이(灾異)의 응험을 말하
며 왕씨들이 정사를 멋대로 휘두르는 소치라고 나무라니, 상
이 속으로 제법 타당하게 여겨서 친히 장우에게 하늘의 변고
에 대해 물었다. 장우가 아뢰기를 "《춘추(春秋)》에 일식과 지

진이 있으면 혹 제후들이 서로 죽이기도 하고, 이적(夷狄)이
중국(中國)을 침략하였으니, 재변의 뜻은 심원하여 알기가 어
려운데 새로 배우는 소생이 도를 어지럽혀 사람을 그르치니,
마땅히 믿어서는 안 됩니다.” 하니, 상이 평소 장우를 믿고
사랑하던 터라 이로 말미암아 왕씨들을 의심하지 않았다.

원문 安昌侯張禹 雖家居나 以特進으로 爲天子師하니 國家 每有
大政이면 必與定議러라 時에 吏民이 多上書言 灾異之應하여 譏
切王氏 專政所致라 하니 上이 意頗然之하여 親問禹以天變한대
禹曰 春秋에 日食地震이 或爲諸侯相殺하며 夷狄이 侵中國이니
灾變之意 深遠難見이어늘 新學小生이 亂道誤人하니 宜無信用이
니이다 上이 雅信愛禹라 由此로 不疑王氏러라

> 특진(特進) 제후 가운데 공로가 있는 사람에게 주는 명예 칭호. 기
> 절(譏切) 비난하는 것.

○ 고(故) 괴리령(槐里令) 주운(朱雲)이 상서하여 알현하기를
청하니, 공경들이 앞에 있었다. 주운이 아뢰기를 “지금 조정
대신들이 모두 시위소찬(尸位素餐)하고 있으니, 신은 원컨대
상방(尙方)의 참마검(斬馬劍)을 내려주시면 간사한 신하 한 명
의 머리를 베어서 그 나머지 사람을 경계하겠습니다.” 하였
다. 상이 묻기를 “누구인가?” 하니, 대답하기를 “안창후 장우
가 그 사람입니다.” 하였다.

상이 크게 노해서 이르기를 “낮은 신하가 윗사람을 비난하
고 조정에서 사부(師傅)를 욕하니, 이는 죽을 죄라 용서할 수
가 없다. 어사(御史)는 주운을 끌어내려라.” 하였다. 주운이
전(殿)의 난간을 붙잡자 난간이 부러졌는데, 주운이 부르짖기
를 “신은 아래로 용봉(龍逢)과 비간(比干)을 지하에서 만나 노
닐면 만족하겠습니다.” 하였다. 어사가 드디어 주운을 잡아갔
는데, 이때 좌장군 신경기(辛慶忌)가 관을 벗고 전(殿) 아래에
머리를 조아리며 아뢰기를 “이 신하는 평소 광직(狂直)함이

드러났으니, 그 말이 옳다면 죽여서는 안 되고, 그 말이 틀리더라도 참으로 용서해야 합니다." 하니, 상의 마음이 풀렸다. 그후 난간을 고치게 됨에 이르러 상이 이르기를 "바꾸지 말고 그대로 고치기만 하여 곧은 신하를 정표(旌表)하라." 하였다.

원문 故槐里令朱雲이 上書求見하니 公卿이 在前이라 雲이 曰 今朝廷大臣이 皆尸位素餐하니 臣은 願賜尙方斬馬劒이면 斷佞臣 一人頭하여 以厲其餘하노이다 上이 問誰也오 對曰 安昌侯張禹니이다 上이 大怒曰 小臣이 居下訕上하고 廷辱師傅하니 罪死不赦라 御史는 將雲下하라 雲이 攀殿檻하니 檻折이라 雲이 呼曰 臣이 得下從龍逢比干하여 遊於地下足矣니이다 御史 遂將雲去어늘 於是에 左將軍辛慶忌 免冠叩頭殿下曰 此臣이 素著狂直하니 使其言이 是인댄 不可誅요 其言이 非라도 固當容之니이다 上이 意解러니 及後當治檻하여 上이 曰 勿易하고 因而輯之하여 以旌直臣하라 하다

㈜ 시위소찬(尸位素餐) 시는 제사 때의 시동(尸童)을 뜻하는 말로, 하는 일 없이 녹(祿)만 축내는 것을 말함. 상방참마검(尙方斬馬劒) 상방은 임금의 물건을 보관하는 관아. 거기에 있는 날카로운 칼. 함절(檻折) 난간이 부러졌다는 뜻인데, 후에 간쟁(諫諍)을 잘한다는 뜻으로 쓰였음. 용봉(龍逢) 하(夏)나라 폭군 걸왕(桀王)의 신하인 관용봉(關龍逢)을 말하는데, 죽음으로써 간하였음. 비간(比干) 은(殷)나라 주왕(紂王)의 신하인데, 왕의 잘못을 간하다 피살되었음.

4년(임자) 왕근(王根)이 곡영(谷永)을 천거하자 불러들여 대사농(大司農)을 삼았다. 곡영이 전후하여 40여 가지의 일을 올렸는데, 대략 서로 반복하여 오로지 상과 후궁(後宮)만을 공격하여 왕씨들의 당(黨)이 되니, 상 역시 그걸 알고는 심히 친신(親信)하지 않았다.

원문 壬子四年이라 王根이 薦谷永이어늘 徵入爲大司農하다 永이 前後所上四十餘事 略相反覆하여 專攻上身與後宮 而黨於王氏하

니 上亦知之하고 不甚親信也러라

수화(綏和) **원년**(계축) 2월에 정도왕(定陶王) 유흔(劉欣)을 세워 황태자로 삼았다.

[원문] 癸丑綏和元年이라 二月에 立定陶王欣하여 爲皇太子하다

○ 12월에 왕근이 왕망(王莽)을 자기 대신으로 천거하니, 병인일(丙寅日)에 왕망을 대사마로 삼았는데, 이때 38세였다. 왕망이 이미 동렬(同列)에서 발탁되어 네 삼촌에 이어 정사를 보필하게 되자, 명예를 전 사람들보다 뛰어나게 하고자 하여 여러 현량(賢良)들을 초빙하여 연리(掾吏)로 삼고, 상사(賞賜)와 읍전(邑錢)을 모두 선비들 대접에 쓰면서 더욱 검약하였다.

[원문] 十二月에 王根이 薦莽自代어늘 丙寅에 以莽으로 爲大司馬하니 時年이 三十八이러라 莽이 旣拔出同列하여 繼四父而輔政할새 欲令名譽로 過前人하여 聘諸賢良하여 以爲掾吏하고 賞賜邑錢을 悉以享士하고 愈爲儉約하더라

㈜ 동렬(同列) 같은 지위에 있는 사람. 연리(掾吏) 아전 등 하급 관리.
읍전(邑錢) 봉읍(封邑)에서 들어온 돈.

○ 건위군(犍爲郡)이 물가에서 고경(古磬) 16개를 얻었는데, 의논하는 자들이 상서(祥瑞)라고 하였다. 유향(劉向)이 이를 상에게 말하기를 "마땅히 벽옹(辟雍)을 일으키고 상서(庠序)를 설치하며 예악(禮樂)을 베풀어서 천하를 교화시켜야 하니, 이렇게 하고도 다스려지지 않은 나라는 없었습니다. 어떤 사람은 예를 갖출 수가 없다고 하지만, 예는 사람을 기르는 것을 근본으로 하는 것이어서, 만일 과실이 있더라도 이는 사람을 기르는 데서 나온 과실이지만, 형벌의 과실은 혹 사상(死傷)에 이르기도 합니다. 지금의 형벌은 고요(皐陶)의 법이 아닌데도 유사(有司)가 법 정하기를 청하여 삭제하고자 하면 삭제하고, 붓을 대고자 하면 붓을 대 고치지만, 예악에 이르서는

감히 할 수 없다고 말합니다. 이는 사람을 죽이는 데는 과감
하고 사람을 기르는 데는 과감하지 못한 것입니다. 대저 교
화와 형법을 비교하여 보면 형법이 가벼운 것이니, 이는 소
중한 바를 버리고 가벼운 것을 급하게 여기는 것입니다. 교
화는 믿는 바가 있어야 다스려지고 형법은 그걸 도와 다스리
는 것입니다. 지금은 믿는 바를 폐하고 그 도와야 할 바를 독
립시키는 것이니, 태평을 이루는 바가 아닙니다." 하였다. 황
제가 유향의 말을 공경에게 내려 의논하게 하니, 승상 적방
진(翟方進)과 대사공(大司空) 하무(何武)가 아뢰어 벽옹 세우기
를 청하였으나 세우지 못하고 그만두었다.

원문 犍爲郡이 於水濱에 得古磬一十六枚하니 議者 以爲善祥이
어늘 劉向이 因是說上하되 宜興辟雍하며 說庠序하여 陳禮樂하여
以風化天하니 如此而不治 未之有也니이다 或曰 不能具禮라 하나
禮는 以養人爲本하니 如有過差라도 是는 過而養人也어니와 刑罰
之過는 或至死傷하니 今之刑이 非皐陶之法也어늘 而有司가 請
定法하여 削則削하며 筆則筆하되 至於禮樂則曰 不敢이라 하나니
是는 敢於殺人이요 不敢於養人也로소이다 夫敎化之比於刑法컨대
刑法이 輕하니 是는 舍所重 而急所輕也라 敎化는 所恃以爲治요
刑法은 所以助治也어늘 今에 廢所恃 而獨立其所助하니 非所以
致太平也니이다 帝 以向言으로 下公卿議한대 丞相翟方進과 大司
空何武 奏請立辟雍이러니 未作而罷하다

주 고경(古磬) 오래된 경(磬). 경은 악기의 하나. 벽옹(辟雍) 주(周)나라
때 천자(天子)가 세운 대학(大學). 상서(庠序) 고대 주나라 때의 학교.
태학보다 낮은 보통 교육기관. 고요(皐陶) 순(舜)임금의 신하로 법을
공정하게 취급했다 함.

○ 유향이 스스로 상에게 신뢰를 받았기 때문에 항상 종실(宗
室)을 드러내고 왕씨(王氏)들 및 벼슬에 있는 대신(大臣)을 꾸
짖었는데, 그 말이 통절(痛切)함이 많고 지성(至誠)에서 나왔
다. 상이 자주 유향을 구경(九卿)으로 삼고자 하였으나, 왕씨

476

들로 벼슬에 있는 자들과 승상(丞相) 및 어사(御史)와 사이가 좋지 않았기 때문에 끝내 승진시키지 못하고 대부관(大夫官)의 반열에 있게 한 것이 전후 30여 년 만에 졸(卒)하였는데, 그후 13년에 왕씨들이 한(漢)나라를 대신하였다.

원문 劉向이 自見得信於上故로 常顯訟宗室하며 譏刺王氏及在位大臣하여 其言이 多痛切하고 發於至誠이라 上이 數欲用向爲九卿하되 爲王氏居位者와 及丞相御史所持故로 終不遷하고 居列大夫官하여 前後三十餘年而卒하니 後十三歲 而王氏代漢하니라

㈜ 기자(譏刺) 헐뜯고 비방함. 소지(所持) 서로 버티어 사이가 좋지 않음.

2년(갑인) 3월에 황제가 죽었다.

원문 甲寅二年이라 三月에 帝崩하다

○여름 4월 병오일에 태자가 황제에 즉위하였다. 애제(哀帝)가 처음 즉위하여 몸소 검약을 행하여 여러 비용을 줄이고 정사가 자신에게서 나오니, 조정이 흡연(翕然)하여 지극한 정치가 이루어질 것을 바라게 되었다.

원문 夏四月丙午에 太子 卽皇帝位하다 哀帝初立에 躬行儉約하여 省減諸用하고 政事 由己出하니 朝廷이 翕然하여 望至治焉이러라

○처음에 동중서(董仲舒)가 무제(武帝)를 설득하기를 "진(秦)나라가 상앙(商鞅)의 법을 써서 정전(井田)을 없애니, 백성들이 매매하여 부자(富者)는 전답의 두렁이 연하여 늘어나고 가난한 자는 송곳을 꽂을 땅조차 없어서, 읍(邑)에 임금같은 존귀함이 있고 이(里)에는 공후(公侯)의 부자가 있으니, 어찌 백성들이 곤궁하지 않겠습니까? 옛날의 정전법(井田法)을 갑자기 행하기는 어렵지만, 마땅히 다소라도 옛날에 가깝게 하여

백성들의 명전(名田)을 한정하여 부족한 것을 넉넉하게 하고 병겸(幷兼)하는 길을 막으며, 부렴(賦斂)을 박하게 하고 요역을 줄여서 백성들의 힘을 늦추어 준 후에야 잘 다스릴 수가 있습니다." 하였다.

원문 初에 董仲舒 說武帝하되 以秦用商鞅之法하여 除井田하니 民得賣買하여 富者는 田連阡陌하고 貧者는 亡立錐之地라 邑有人君之尊하고 里有公侯之富하니 小民이 安得不困이리요 古井田法은 雖難卒行이나 宜少近古하여 限民名田하여 以贍不足하여 塞幷兼之路하고 薄賦斂하며 省繇役하여 以寬民力然後에 可善治也리이다

> 정전(井田) 주대(周代)의 토지제도, 1리(里)를 정(井)자 모양으로 9등분하여 중앙의 한 구역을 공전(公田)으로, 나머지 8구역은 사전(私田)으로 하여, 8구역을 가진 자가 공전을 공동으로 경작하여 세금으로 바치게 하였음. 입추지지(立錐之地) 송곳을 꽂을 만한 땅. 아주 좁은 땅. 명전(名田) 독립 경작하는 전지(田地).

○ 상이 즉위하기에 이르러 사단(師丹)이 다시 건의하기를 "지금 여러 세대 동안 평화로워 호부(豪富)한 이민(吏民)이 수거만금의 재산을 차지하고, 빈약한 사람은 더욱 빈곤해지고 있으니, 마땅히 대략 한정을 두어야 합니다." 하였다.

천자가 그 의논을 내리니, 승상인 광(光)과 대사공(大司空)인 무(武)가 주청하기를 "제후왕(諸侯王)·열후(列侯)·공주(公主)부터 명전(名田)을 각기 한정해 두고, 관내후(關內侯)와 이민의 명전은 모두 30경(頃)을 넘지 못하게 하며, 노비는 30인을 넘지 못하게 하고 기한을 3년으로 정해서 범한 자는 관에 적몰(籍沒)해야 합니다." 하였다. 이때 전택(田宅)과 노비의 값이 내리고 천해져서 귀척(貴戚)과 근습(近習)이 불편하게 여겼다. 조서 역시 후로 미루라고 하여 마침내 중지되고 행하여지지 않았다.

원문 及上이 卽位하여 師丹이 復建言하되 今累世承平이라 豪富

吏民이 貲數鉅萬하고 而貧弱은 愈困하니 宜略爲限이니이다 天子
下其議한대 丞相光과 大司空武奏請하되 自諸侯王列侯公主로 名
田을 各有限하고 關內侯吏民名田을 皆毋過三十頃하고 奴婢를
毋過三十人하고 期盡三年하되 犯者는 沒入官하노이다 時에 田宅
奴婢 賈爲減賤하여 貴戚近習이 不便也라 詔書且須後러니 遂寢
不行하다

㊜ 건언(建言) 건의(建議). 몰입(沒入) 몰수하여 관의 소유로 함.

효애황제(孝哀皇帝)*

건평(建平) 3년(정사) 4월에 왕가(王嘉)가 승상이 되었다. 왕
가는 시정(時政)이 가혹하여 군국(郡國)의 수상(守相)이 자주
변동된다고 하여 상소하기를 "효문제(孝文帝) 때에는 관에 있
는 관리가 혹 자손을 기르기도 하여 관직명으로 성씨(姓氏)를
삼기도 하였으니, 창씨(倉氏)·고씨(庫氏)는 창고 관리의 후손
입니다. 그 이천석(二千石) 장리(長吏) 역시 관직에 편안한 후
에야 상하가 서로 바람이 있어 구차한 뜻이 없는데, 그후에
차츰 변역(變易)되어 공경 이하가 혹 몇 개월 있다가 물러가
게 되니, 중간의 재능은 아유구용(阿諛苟容)하여 온전하기만
을 바라고, 하등의 인재는 위태로운 마음을 품고 마음속으로
머뭇거리고 있으니, 오직 폐하께서는 어진 이를 가리는 데
정신을 쓰시고 선(善)은 기억하고 과실은 잊으소서. 이것이
지금의 급선무(急先務)입니다." 하였다.

원문 丁巳建平三年이라 四月에 王嘉 爲丞相하다 嘉以時政이 苛
急하여 郡國守相이 數有變動이라 하여 乃上疏曰 孝文時에·吏居
官者 或長者孫하여 以官爲氏하니 倉氏庫氏 則倉庫吏之後也라
其二千石長吏 亦安官樂職然後에 上下相望하여 莫有苟且之意러
니 其後에 稍稍變易하여 公卿以下 或居官數月 而退하니 中材는
苟容求全하고 下材는 懷危內顧하니 唯陛下는 留神於擇賢하사 記

善忘過하소서 此方今에 急務也니이다

> 㬎 *효애황제(孝哀皇帝) 이름은 흔(欣). 원제(元帝)의 손자 정도공왕(定陶
> 共王)의 아들이다. 성제에게 아들이 없어 불러 태자를 삼았다. 재위
> 는 6년, 수는 35세. 구용구전(苟容求全) 아유구용하여 자신의 안위만
> 을 바라는 것. 회위내고(懷危內顧) 위태롭게 생각하여 머뭇거림. 기
> 선망과(記善忘過) 남의 선한 일은 기억하고 허물은 잊음.

4년(무오) 2월에 부마도위(駙馬都尉) 시중(侍中) 동현(董賢)
이 상에게 총애를 받아, 나갈 때는 참승(參乘)하고 들어와서
는 좌우에서 모시니, 상사(賞賜)가 누거만금이어서 귀함이 조
정에 떨쳤다.

원문 戊午四年이라 二月에 駙馬都尉侍中董賢이 得幸於上하여
出則參乘하고 入御左右하니 賞賜累鉅萬이라 貴震朝廷이러라

○흉노의 선우(單于)가 상서하여 5년 동안 조회(朝會)하기를
원하자, 공경들이 말하기를 "부탕(府帑)만을 허비하므로, 허
락하지 말아야 합니다." 하니, 양웅(揚雄)이 상서하여 간하였
다. "신은 들으니 육경(六經)의 다스림은 어지러워지지 않는
것을 귀하게 여기고, 병가(兵家)의 승리는 싸우지 않는 것이
라 하였습니다. 이제 선우가 글을 올려 조회하기를 청하였는
데 국가에서 허락하지 않고 거절하니, 어리석은 신은 한나라
가 흉노와 더불어 이로 말미암아 틈이 생길까 싶습니다.

흉노는 본래 오제(五帝)도 신하로 삼지 못하였고 삼왕(三王)
도 제압하지 못하였으니, 틈이 있게 해서는 안 되는 것이 분
명합니다. 진시황(秦始皇)의 강함과 몽염(蒙恬)의 위엄으로도
감히 서하(西河)를 넘보지 못하고서 장성(長城)을 쌓아 경계로
삼았습니다. 그때 한나라가 처음 일어나서 고조(高祖)의 위령
(威靈)과 30만의 무리로도 평성(平城)에서 곤란을 받았으며,
고황후(高皇后) 때에는 흉노가 도리를 거스르고 방자하자 대
신들이 임시방편의 글을 보낸 후에야 해산하였습니다. 효문
제 때에 이르러 흉노가 북쪽 변방을 침략하여 척후 기병(騎

480

兵)이 감천(甘泉)에 이르러 포위하자, 서울이 크게 놀라서 세 장군을 내어 세류(細柳)·극문(棘門)·패상(霸上)에 주둔하여 수개월 동안 대비하다 파하였습니다. 효무제께서 즉위해서는 마읍(馬邑)의 권도(權道)를 실시해 흉노를 유인하려다 재물만을 허비하고 군사를 수고롭게 하면서 오랑캐 한 명도 얻지 못하였으니, 하물며 선우의 얼굴이겠습니까?"

원문 匈奴單于 上書하여 願朝五年이어늘 公卿이 以爲虛費府帑이니 可且勿許라 하여늘 揚雄이 上書諫曰 臣은 聞六經之治는 貴於未亂이요 兵家之勝은 貴於未戰이라 하니 今單于 上書求朝어늘 國家 不許而辭之하니 臣愚는 以爲漢이 與匈奴로 從此隙矣라 하노이다 匈奴는 本五帝도 所不能臣이요 三王도 所不能制니 其不可使隙이 明甚하니이다 以秦始皇之彊과 蒙恬之威로도 然不敢窺西河하여 乃築長城以界之하고 會漢初興에 以高祖之威靈과 三十萬衆으로도 困於平城하고 高皇后時에 匈奴悖慢이어늘 大臣이 權書로 遺之然後에 得解하고 及孝文時에 匈奴 侵暴北邊하여 候騎至雍甘泉이어늘 京師大駭하여 發三將軍하여 屯細柳棘門霸上하여 以備之數月에 乃罷하고 孝武卽位에 設馬邑之權하여 欲誘匈奴라가 徒費財勞師하고 一虜도 不可得見이어든 況單于之面乎이까

주 부탕(府帑) 재물을 보관하는 창고. 육경(六經) 주대(周代)의 관제(官制)로 천관(天官)·지관(地官)·춘관(春官)·하관(夏官)·추관(秋官)·동관(冬官)을 말함. 오제(五帝) 고대 중국의 다섯 성군(聖君). 곧 소호(少昊)·전욱(顓頊)·제곡(帝嚳)·요(堯)·순(舜). 《사기(史記)》에는 소호 대신에 황제(黃帝)로 되어 있음. 삼왕(三王) 하(夏)의 우왕(禹王), 은(殷)의 탕왕(湯王), 주(周)의 무왕(武王) 또는 문왕(文王). 몽염(蒙恬) 진시황 때의 장수로 흉노를 대비해 만리장성을 쌓았음. 권서(權書) 임기응변(臨機應變)으로 쓴 편지. 마읍지권(馬邑之權) 마읍은 무제 때 사람 섭옹(聶翁)을 가리키는 말. 마읍 사람인데, 무제가 그를 보내 흉노의 선우를 유인하게 하였으나 선우가 의심하여 그냥 돌아왔음.

○"그후에 깊이 사직을 위한 계책을 생각하고, 만년의 계책을 널리 계획하여 군사 수십 만 명을 일으켜, 위청(衛靑)·곽거병(霍去病)으로 하여금 10여 년 동안 군사를 조련하게 하였습

니다. 이에 서하를 건너고 큰 사막을 지나 전안산(寘顔山)을 깨뜨리고 왕정(王庭)을 습격하여, 그 땅을 끝까지 가서 북으로 내쫓아 낭거서산(狼居胥山)에 봉(封)하고, 고연산(姑衍山)에 선(禪)하고는 한해(瀚海)에 임하였습니다. 이후부터 흉노가 두려워하여 더욱 화친하기를 구했으나 즐겨 신하라 일컫지는 않았습니다.

대저 전세(前世)에 어찌 한정없는 비용을 쓰고 죄없는 사람을 부리어 낭망(狼望)의 북쪽에서 분풀이를 즐겨서 했겠습니까만, 한번 수고롭지 않는 자는 오래 편안치 못하고, 잠시 비용을 들이지 않는 자는 영원히 편안치 못하다고 합니다. 그렇기 때문에 100만의 군사를 내어 굶주린 호랑이의 주둥이를 꺾고 부고(府庫)의 재물을 운반하여 여산(廬山)의 골짜기를 메우고도 후회하지 않았습니다.”

원문 其後에 深惟社稷之計하고 規恢萬載之策하여 乃大興師數十萬하여 使衞靑霍去病으로 操兵前後十餘年이라 於是에 浮西河하며 絶大幕하며 破寘顏하고 襲王庭하여 窮極其地하여 追犇逐北하여 封狼居胥山하고 禪於姑衍하고 以臨瀚海하니 自是之後로 匈奴震怖하여 益求和親이나 然而未肯稱臣也하니이다 且夫前世에 豈樂傾無量之費하고 役無罪之人하여 快心於狼望之北哉리요마는 以爲不一勞者는 不久佚이요 不暫費者는 不永寧이라 하여 是以로 忍百萬之師하여 以摧餓虎之喙하고 運府庫之財하여 塡廬山之壑而不悔也니이다

㈜ 대막(大幕) 큰 사막. 왕정(王庭) 흉노들의 거처. 진포(震怖) 두려움.

○ “본시(本始) 처음에 이르러서 흉노가 걸(桀)의 마음이 있어 오손(烏孫)을 약탈하고 공주(公主)를 침략하고자 하거늘, 이에 다섯 장수의 15만 기(騎)를 내어 공격하였습니다. 이때 소득이 없고 한갓 위무(威武)만 떨쳐, 한나라 군사가 우레와 바람처럼 날쌔다는 것만 밝히고 비록 성과없이 왔으나, 오히려

두 장군을 죽였기 때문에 북적(北狄)이 복종하지 않고 중국이 베개를 높이 베고 편안히 잘 수가 없었습니다.

　원강(元康)·신작(神爵) 연간에 이르러서는 교화가 신명(神明)하고 큰 은혜가 흡족하였는데, 흉노에 내란이 있어 다섯 선우가 다투어 서서 일축호한야 선우(日逐呼韓邪單于)가 나라를 가지고 항복해 와 엎드려 신하라고 일컬었습니다. 그러나 오히려 기미(羈縻)하여 전적으로 제압하지 않을 계책을 하였으니, 이때 이후부터 조회하고자 하는 자를 거절하지 않고, 조회하지 않고자 하는 자를 강제하지 않았습니다. 지금 선우가 조회하려는데 어찌하여 의심하고 틈을 만들어, 그들로 하여금 원망하는 마음을 두어 스스로 끊도록 함으로써 끝내 귀의하여 섬기지 못하도록 하겠습니까?" 상서가 아뢰어지자 천자가 깨닫고는 다시 선우에게 답서를 써서 보내었다.

원문 至本始之初하여 匈奴 有桀心하여 欲掠烏孫하고 侵公主어늘 乃發五將之師十五萬騎하여 以擊之하니 時에 鮮有所獲이요 徒奮揚威武하여 明漢兵이 若雷風耳라 雖空行空反이나 尙誅兩將軍故로 北狄이 不服하고 中國이 未得高枕安寢也러니 逮至元康神爵之間하여 大化神明하고 鴻恩이 溥洽하니 而匈奴 內亂하여 五單于 爭立이라 日逐呼韓邪 携國歸死하여 扶伏稱臣이 然이나 尙羈縻之하여 計不顓制하니 自此之後로 欲朝者를 不距하고 不欲者를 不彊이라 今單于歸義어늘 奈何로 疑而隙之하여 使有恨心하여 因以自絶하여 終無北面之心이니이까 書奏에 天子寤焉하고 更報單于書 而遣之하다

　　㊀ 본시(本始) 한 선제(漢宣帝)의 연호. 기원전 73~70. 공주(公主) 부족의 이름. 공행공반(空行空反) 빈손으로 갔다 빈손으로 돌아오다. 헛수고. 또는 행하는 것이 없으면 제게 돌아오는 소득도 없음을 이르는 말. 원강(元康)·신작(神爵) 모두 한 선제의 연호로 기원전 65~58까지의 기간. 포복(扶伏) 엎드려서 기는 것. 포복(匍匐). 포복(扶服). 기미(羈縻) 제어하여 조종함. 귀의(歸義) 귀순함. 북면(北面) 신하로서 임금을 섬기는 것. 남면(南面)과 반대.

원수(元壽) **원년**(기미) 공광(孔光)을 승상으로 삼았다. 공광은 상이 동현(董賢)을 높이고 총애하려는 것을 알고는 수레에서 내려 배알하면서 감히 빈객(賓客) 사이의 대등한 예로 하지 않으니, 동현이 이로 말미암아 권력이 임금과 같게 되었다.

[원문] 己未元壽元年이라 以孔光으로 爲丞相하다 光이 知上이 欲尊寵董賢하고 下車拜謁하여 不敢以賓客鈞敵之禮하니 賢이 由是로 權與人主侔矣러라

2년(경신) 6월에 황제가 죽었다. 황제가 효성제(孝成帝) 때 정권이 왕실(王室)을 떠난 것을 보았는데, 즉위하기에 이르러 여러 차례 대신을 죽임으로써 임금의 권위를 강하게 해 무제(武帝)와 선제(宣帝)를 본받으려고 했다. 그러나 참소하고 모함하는 이를 총애하여 믿고 충직한 사람을 미워하니, 한나라의 왕업이 이로 말미암아 드디어 쇠미해졌다.

[원문] 庚申二年이라 六月에 帝崩하다 帝睹孝成之世에 祿去王室이러니 及卽位에 屢誅大臣하여 欲彊主威하여 以則武宣이나 然而寵信讒諂하고 憎疾忠直하니 漢業이 由是遂衰러라

효평황제(孝平皇帝)*

원시(元始) **원년**(신유) 봄 정월에 왕망(王莽)이 익주(益州)에 넌지시 일러 새외(塞外)의 만이족으로 하여금 월상씨(越裳氏)라 자칭하고 중역(重譯)하여 흰 꿩 한 마리와 검은 꿩 두 마리를 바치게 하였다. 그러자 여러 신하들이 성대하게 왕망의 공덕을 진달하기를 "주 성왕(周成王) 때 있었던 흰 꿩의 상서를 이루었으니, 왕망에게 마땅히 안한공(安漢公)이란 호를 내려야 합니다." 하였다.

[원문] 辛酉元始元年이라 春正月에 王莽이 風益州하여 令塞外蠻夷로 自稱越裳氏하고 重譯獻白雉一黑雉二하니 於是에 群臣이

盛陳莽功德하되 致周成白雉之瑞하니 莽을 宜賜號安漢公하여지
이다

> ㈜ *효평황제(孝平皇帝) 이름은 간(衎)으로 원제(元帝)의 손자이며 중산
> 기왕(中山箕王)의 아들이다. 애제(哀帝)가 죽고 아들이 없자 태황태후
> (太皇太后)가 영립하기를 의논하여 태자로 삼고 9월에 황제에 즉위하
> 니, 나이 9세였다. 태황태후가 임조(臨朝)하고 대사마(大司馬) 왕망이
> 정권을 잡았는데 왕망이 시해(弑害)하니, 수는 14세였음. 풍(風) 풍
> (諷)과 같은 뜻으로 넌지시 가르쳐주는 것. 월상씨(越裳氏) 교지(交
> 趾)의 남쪽에 있던 나라. 중역(重譯) 통역을 두 번 거치는 것.

2년(임술) 봄에 월수군(越巂郡)이 상서하여 황룡(黃龍)이 강
속에 노닐고 있다고 하니, 태사 공광(孔光)과 대사도(大司徒)
마궁(馬宮) 등이 모두 왕망의 공덕을 칭찬하여 주공(周公)에
비유하였다.

원문 壬戌二年이라 春에 越巂郡이 上하되 黃龍이 游江中이라 하
거늘 太師孔光과 大司徒馬宮等이 咸稱莽功德하여 比周公하다

○ 매복(梅福)은 왕망이 반드시 한나라를 찬탈할 것을 알고는
하루아침에 처자를 버리고 떠나서 간 곳을 몰랐었다. 그후에
어떤 사람이 매복을 회계(會稽)에서 보았는데, 성명을 바꾸고
오시문(吳市門)의 군졸이 되었다고 한다.

원문 梅福이 知王莽이 必篡漢祚하고 一朝에 棄妻子去하여 不知
所之러니 其後에 人이 有見福於會稽者하니 變名姓하고 爲吳市門
卒云이러라

3년(계해) 북해(北海)의 봉맹(逢萌)이 친구에게 말하기를
"삼강(三綱)이 끊어졌으니, 떠나지 않으면 화가 장차 사람에
게 미칠 것이다." 하고는 즉시 관을 벗어 동도성문(東都城門)
에 걸어두고 돌아와 식구를 거느리고 바다를 건너 요동(遼東)
의 나그네가 되었다.

원문 癸亥三年이라 北海逢萌이 謂友人曰 三綱이 絶矣라 不去면 禍將及人이라 하고 卽解冠하여 掛東都城門하고 歸將家屬하여 浮海하여 客於遼東하다

4년(갑자) 여름에 이윤(伊尹)과 주공(周公)의 칭호를 가려서 안한공(安漢公)에게 더해 재형(宰衡)을 삼았다.

원문 甲子四年이라 夏에 采伊尹周公稱號하여 加安漢公하여 爲宰衡하다

5년(을축) 여름 5월에 안한공 왕망에게 구석(九錫)을 책명(策命)하였다.

원문 乙丑五年이라 夏五月에 策命安漢公莽以九錫하다

> 주 **책명**(策命) 임금이 신하에게 내려 명하는 글. **구석**(九錫) 임금이 공로가 있는 신하에게 내리는 아홉 가지의 은전(恩典), 곧 거마(車馬)·의복(衣服)·악기(樂器)·주호(朱戶)·납폐(納陛 : 중간계단으로 올라가는 계단)·호분(虎賁 : 종자(從者) 100명)·궁시(弓矢)·부월(鈇鉞 : 도끼)·거창(秬鬯 : 검은 수수로 빚은 술) 등임.

○ 겨울 12월에 왕망이 납일(臘日)을 맞아 초주(椒酒)를 올리면서 술에다 독을 타 황제가 병이 났다. 왕망이 책문(策文)을 지어 태치(泰畤)에서 명(命)을 빌어 자신이 대신 죽기를 원하고, 그 책문을 금등(金縢)에 넣어 전전(前殿)에 두고는 제공(諸公)을 단속하여 감히 말을 하지 못하게 하였다. 병오일에 황제가 죽었다.

원문 冬十二月에 莽이 因臘日上椒酒할새 置毒酒中이러니 帝有疾이어늘 莽이 作策하여 請命於泰畤하여 願以身代하고 藏策金縢하여 置于前殿하고 敕諸公하여 莫敢言하니라 丙午에 帝崩하다

> 주 **납일**(臘日) 동지(冬至) 또는 대한(大寒) 뒤의 셋째 술일(戌日). 혹은 동지 뒤 세번째의 미일(未日)로 하기도 하였음. **태치**(泰畤) 제사 지내는 장소. **금등**(金縢) 금으로 묶은 궤(櫃). 주나라 때 무왕(武王)이

위독해지자 주공(周公)이 스스로 죽음을 대신하기를 청하고 그 글을 금등에 넣어 보관했다는 고사(故事)가 있음.

○ 이달에 전휘광(前煇光) 사효(謝囂)가 아뢰기를 "무공장(武功長) 맹통(孟通)이 우물을 파다가 흰 돌을 얻었으니, 위는 둥글고 아래는 네모졌으며 붉은 글씨가 돌에 새겨져 있었는데 '안한공(安漢公) 왕망이 황제가 될 것을 고하노라.' 하였습니다." 하니, 부명(符命)의 일어남이 이로부터 시작되었다. 그래서 여러 신하들이 태후에게 아뢰어 "안한공을 천조(踐阼)하게 하여 섭황제(攝皇帝)라 해야 합니다." 하니, 조서로 좋다고 하였다.

원문 是月에 前煇光謝囂奏하되 武功長孟通이 浚井이라가 得白石하니 上圓下方하고 有丹書著石文하니 曰 告安漢功莽이 爲皇帝라 하니 符命之起 自此始矣라 於是에 群臣이 奏太后하여 請安漢公踐阼하고 謂之攝皇帝라 한대 詔曰 可라 하다

주 전휘광(前煇光) 왕망이 서울을 나누어 전휘광군(前煇光郡)과 후승렬군(後承烈郡)을 두었음. 부명(符命) 하늘에서 임금이 될 사람에게 내려주는 상서(祥瑞).

제15권   한기 (漢紀)

유자영(孺子嬰)*

거섭(居攝) 원년(병인) 3월에 왕망이 선제(宣帝)의 현손(玄孫) 영(嬰)을 세워 황태자로 삼고 유자(孺子)라고 불렀다. 5월에 조서로 왕망을 가황제(假皇帝)라 칭하였다.

원문 丙寅居攝元年이라 三月에 莽이 立宣帝玄孫嬰하여 爲皇太子하고 號曰 孺子라 하다 五月에 詔 莽稱하여 假皇帝라 하다

> 주 *유자영(孺子嬰) 광위후(廣威侯)의 손자 현(顯)의 아들이다. 나이 2세로 왕망이 세웠으며, 재위 3년. 왕망(王莽) 자(字)는 거군(巨君)으로 왕만(王曼)의 아들인데, 나라를 찬탈하여 국호를 신(新)으로 고쳤음.

2년(정묘) 동군태수(東郡太守) 적의(翟義)가 군사를 일으켜 서쪽으로 가 부당하게 섭정(攝政)한 자를 죽이겠다고 하고는 군국(郡國)에 격문(檄文)을 보내니, 무리가 10여 만 명이었다. 왕망이 그 말을 듣고는 두려워하여 밥을 먹지 못하고는 왕읍(王邑) 등으로 하여금 적의를 치게 하고, 왕망이 주서(周書)에 의거하여 대고(大誥)를 지어 천하에 마땅히 유자(孺子)에게 지위를 돌려주겠다는 뜻을 말하였다. 그래서 관리와 군사들이 적의를 공격하여 깨뜨렸다.

원문 丁卯二年이라 東郡太守翟義 擧兵西하여 誅不當攝者라 하고 移檄郡國하니 衆이 十餘萬이라 莽이 聞之하고 惶懼不能食하여 乃使王邑等으로 擊義하고 莽이 依周書하여 作大誥하여 諭告天下以當返位孺子之意하니 於是에 吏士攻義破之하다

㊉ 격(檄) 급히 동지(同志) 또는 군사를 모집한다는 취지의 글. 주서
(周書) 《서경(書經)》의 편명. 대고(大誥) 《서경》의 편명으로 무왕이
죽자 주공(周公)이 성왕(成王)을 보좌하여 반적(叛賊)을 치는 내용임.

초시(初始) 원년(무진) 왕망이 스스로 위덕(威德)이 날로 성
하여 크게 천인(天人)의 도움을 받았다고 여겨 드디어 진위
(眞位)에 즉위하는 일을 꾀하였다. 11월에 거섭(居攝) 3년을
초시(初始) 원년으로 삼고 진천자(眞天子)에 즉위하고는 천하
를 차지하여 신(新)이라고 불렀다.

[원문] 戊辰初始元年이라 莽이 自謂威德이 日盛하여 大獲天人之
助라 하여 遂謀卽眞之事矣러니 十一月에 以居攝三年으로 爲初始
元年하고 卽眞天子位하여 定有天下之號曰 新이라 하다

기사년 봄 정월에 왕망이 유자(孺子)를 폐하여 안정공(安定
公)을 삼고 효평황후(孝平皇后)를 안정태후(安定太后)로 삼았다.

[원문] 己巳(新莽始建國元年) 春正月에 莽이 廢孺子하여 爲安定公
하고 孝平皇后로 爲安定太后하다

○ 왕망이 한나라의 승평한 왕업(王業)과 창고와 백관의 부유
함에 의하여 여러 만이(蠻夷)가 복종하고, 천하가 편안하였다.
왕망이 하루아침에 소유하게 되었는데도 그의 마음이 차지
않고 한나라의 제도를 좁게 여겨, 고쳐 소활(疎闊)하게 하고
자 하여 말하기를 "옛날에는 한 농부가 100묘(畝)의 전답을
경작하여 10분의 1을 세금으로 바침으로써 나라가 넉넉하고
백성들이 부유해 칭송의 노래가 일어났었는데, 진(秦)나라가
성인의 제도를 무너뜨려 정전(井田)을 폐하니, 이 때문에 한
사람이 독차지하는 것이 생기게 되고 탐비(貪鄙)가 생겨 강한
자는 수천 묘의 전답을 차지하고, 약한 자는 송곳을 꽂을 땅
조차 없게 되었다. 한나라에서는 전조(田租)를 경감시켜 30분
의 1을 과세하여 항상 추경(追更)의 세금을 부과해 폐단이 많
이 나오게 되었다. 그래서 호족(豪族)들이 침해하여 전토를

나누고 세금을 겁탈하고는 빌려주니, 그 이름은 30분의 1세
라고 하지만 사실은 10분의 5세이다. 그러므로 부자는 개나
돼지까지 콩과 조를 먹고도 남아돌아 교만하고 사특하며, 가
난한 자는 술지게미와 겨를 싫어하지 않아 가난해 간사한 일
을 함으로써 모두 죄에 빠지게 되어 형벌을 그만두지 못했다.
이제 천하의 전답 이름을 왕전(王田)이라 고치며, 노비는 사
속(私屬)이라 하여 모두 매매할 수가 없고, 그 중 남자로 8세
가 되지 못하는데 전답이 1정(井)을 초과하는 자는 남은 전지
를 나누어 구족(九族) · 인리(鄰里) · 향당(鄕黨)에게 주고, 감히
정전을 성인의 제도가 아니라며 무법(無法)하게 대중을 미혹
시키는 자가 있으면 먼 변방에 투입하여 도깨비를 막게 하
라.” 하였다.

원문 莽이 因漢承平之業과 府庫百官之富하여 百蠻이 賓服하고
天下晏然이라 莽이 一朝有之하니 其心意未滿하여 陋小漢家制度
하고 欲更爲疎闊하여 乃曰 古者에 一夫田百畝에 什一而稅하되
則國給民富而頌聲이 作이러니 秦이 壞聖制하여 廢井田하니 是以
로 兼幷이 起하고 貪鄙生하여 彊者는 規田以千數하며 弱者는 曾
無立錐之居라 漢氏 減輕田租하여 三十而稅一하되 常有更賦하여
罷癃이 咸出하다 而豪民이 侵陵하여 分田劫假하니 厥名은 三十
稅一이로되 實什稅伍也라 故로 富者는 犬馬로 餘菽粟하여 驕而
爲邪하고 貧者는 不厭糟糠하여 窮而爲姦하여 俱陷于辜하여 刑用
이 不錯하니 今更名天下田曰 王田이라 하고 奴婢曰 私屬이라 하
여 皆不得賣買하고 其男口 不盈八而田過一井者는 分餘田하여
予九族鄕里鄕黨하고 敢有非井田聖制오 無法惑衆者어든 投諸四
裔하여 以禦魑魅하라

주 송성(頌聲) 칭송하는 소리. 경부(更賦) 본세(本稅) 이외에 더 받는
    세금. 부가세. 겁가(劫假) 부자는 세금을 탈세하고 가난한 자는 부
    자의 전답을 빌린다는 뜻. 사예(四裔) 왕성(王城)에서 아주 멀리 떨
    어진 곳. 이매(魑魅) 산림 속에서 생긴다는 도깨비나 귀신.

신미년 왕망이 창고의 부유함을 믿고 흉노를 멸하고자 하여 손건(孫建) 등을 보내 열두 장수를 거느리고 길을 나누어 아울러 나가게 하니, 엄우(嚴尤)가 간하였다. "흉노의 피해는 그 유래가 오래인데 상대를 반드시 정벌했다는 자가 있음은 듣지 못하였습니다. 후세에 삼가(三家)·주(周)·진(秦)·한(漢)이 정벌하였지만 상책(上策)을 얻은 자는 없어, 주나라는 중책(中策)을 얻었고 한나라는 하책(下策)을 얻었고 진나라는 계책이 없었습니다.

주 선왕(周宣王) 때에 험윤(玁狁)이 내침(內侵)하여 경양(涇陽)에 이르자 장수에게 명해서 정벌하게 하여 국경까지 내쫓고 돌아왔는데, 그것은 험윤의 침입을 모기나 등에처럼 하찮게 보아 내쫓을 뿐이었습니다. 그래서 천하가 밝았다고 일컬었으니, 이것이 중책입니다."

원문 辛未(新莽三年) 莽이 恃府庫之富하고 欲立威匈奴하여 乃遣孫建等하여 率十二將하고 分道並出이어늘 嚴尤諫曰 匈奴爲害所從來久矣로되 未聞上世에 有必征之者也로라 後世三家周秦漢이 征之나 然而未有得上策者也요 周得中策하고 漢得下策하고 秦無策焉이라 周宣王時에 玁狁이 內侵하여 至于涇陽이어늘 命將征之하여 盡境而還하니 其視玁狁之侵을 譬猶蚊虻하여 敺之而已라 故로 天下稱明하니 是爲中策이라

㉻ 소종래(所從來) 지나온 내력. 삼가(三家) 삼황(三皇)을 가리킨다. 즉 천황(天皇)·인황(人皇)·지황(地皇). 문맹(蚊虻) 모기와 등에.

"한 무제(漢武帝)는 장수를 가려 군사를 훈련시키고 가벼운 군량을 싸고 깊이 먼 요새에 들어가 비록 이기고 소획한 공이 있으나, 호(胡)가 곧 보복해서 병화(兵禍)가 연달아 일어난 것이 30여 년에 중국이 피폐하고 흉노 역시 징계(懲戒)되었으나 천하가 무력(武力)의 시대라 하니, 이것이 하책입니다.

진황(秦皇)은 작은 부끄러움을 못 참고 민력(民力)을 가볍게

여겨 장성을 쌓으니 만 리나 되었다. 수송하는 행차가 부해 (負海)에서 일어나 국경은 온전하였으나 중국의 안이 탕갈되어 사직(社稷)을 상하게 하니, 이는 계책이 없는 것입니다. 이제 천하가 해마다 기근이 들어 북쪽 변방이 더욱 심한데, 민력을 크게 쓰더라도 효과가 꼭 있다고 할 수 없으니, 신은 삼가 걱정이 됩니다." 그러나 왕망이 듣지 않았다.

원문 漢武帝는 選將鍊兵하고 約齎輕糧하여 深入遠戍하여 雖有克獲之功이나 胡 輒報之라 兵連禍結하여 三十餘年에 中國이 疲弊하고 匈奴亦創艾而天下稱武하니 是爲下策이요 秦皇은 不忍小恥而輕民力하여 築長城하니 延袤萬里라 轉輸之行이 起於負海하여 疆境이 旣全하되 中國이 內竭하여 以喪社稷하니 是爲無策이라 今天下 比年飢饉하되 北邊이 尤甚하니 大用民力이라도 功不可必이니 臣伏憂之하노이다 莽이 不聽하다

　　㈜ 경량(輕糧) 가벼운 양식. 창예(創艾) 징계함.

○ 북쪽 변경이 선제(宣帝) 이래로 여러 세대 동안 전쟁의 경보가 없어 백성들이 번성하고 우마(牛馬)가 들에 널려 있었는데, 왕망이 흉노를 요란시켜 난리를 일으키기에 이르러서는 변방 백성들이 사망하고 붙잡혀 가, 수년 사이에 북쪽 변방이 텅 비고 들에는 해골이 널려 있었다.

원문 北邊이 自宣帝以來로 數世를 不見煙火之警하니 人民이 熾盛하고 牛馬布野러니 及莽이 撓亂匈奴하여 與之搆難하얀 邊民이 死亡係獲하니 數年之間에 北邊이 空虛하고 野有暴骨矣러라

　　㈜ 연화(煙火) 봉화(烽火)를 말함. 폭골(暴骨) 전쟁에서 죽은 자의 해골이 땅에 묻히지 못하고 그대로 드러나 있음.

○ 왕망이 사신을 보내어 새서(璽書)와 인수(印綬)를 받들고 공승(龔勝)을 맞게 하였는데, 공승은 병이 위중하다고 평계하였다. 사자가 인수를 공승의 몸에 걸어주니, 공승이 물리치고

받지 않으며 문인(門人) 고휘(高暉) 등에게 말하기를 "내가 한 나라의 후한 은혜를 입고 보답함이 없는데 이제 늙었다. 의리상 어떻게 한 몸으로 두 성씨를 섬기겠는가?" 하고는 드디어 다시는 음식을 먹지 않고 14일 만에 죽었다.

[원문] 莽이 遣使者하여 奉璽書印綬하고 迎龔勝하니 勝이 稱病篤이어늘 使者以印綬로 就加勝身한대 勝이 輒推不受하고 謂門人 高暉等曰 吾受漢家厚恩하여 無以報요 今年老矣라 誼豈以一身으로 事二姓이리요 語畢에 遂不復開口飲食하고 積十四日에 死하다

○이때 청명한 선비 중에 또 기준(紀逡)·설방(薛方)·순월(郇越)·순상(郇相)·당림(唐林)·당준(唐遵)이 있었는데, 모두 경술(經術)에 밝고 칙행(飭行)으로 세상에 이름이 알려져 있었다. 기준과 당림·당준은 모두 왕망에게 벼슬하고 순상은 왕망의 태자의 글벗이 되었다. 왕망이 안거(安車)로 설방을 맞으니, 설방이 사양하여 말하기를 "요순(堯舜)이 임금으로 있자 아래에는 소유(巢由)가 있었는데, 이제 명주(明主)께서 바야흐로 요순의 덕화를 일으키시니, 소신은 기산(箕山)의 절개를 지키고자 합니다." 하니, 왕망은 그 말을 기뻐하여 억지로 불러오지 않았다.

[원문] 是時에 淸名之士에 又有紀逡 薛方 郇越 郇相 唐林 唐遵하니 皆以明經飭行으로 顯名於世라 紀逡兩唐은 皆仕莽하고 郇相은 爲莽太子四友하다 莽이 以安車로 迎薛方한대 方이 謝曰 堯舜이 在上에 下有巢由라 今明主方隆唐虞之德하시니 小臣이 欲守箕山之節하노이다 莽이 說其言하여 不彊致하니라

㈜ 태자사우(太子四友) 태자의 글벗. 사우는 문방사우(文房四友)인 종이·붓·벼루·먹을 말함. 소유(巢由) 요임금 때의 고사(高士)인 허유(許由)와 소부(巢父)를 말함. 요임금이 천하를 허유에게 물려주려 하자 거절하고 기산(箕山) 아래로 숨었다. 후에 요임금이 그를 불러 벼슬을 주려 하자 더러운 말을 들었다며 영수(潁水)에 귀를 씻었는데, 소부가 마침 소를 끌고 가다가 그걸 보고서 소에게 그 물을 먹지 못

하게 하였다 함.

정축년 왕망의 성품이 가볍고 시끄러워 무위(無爲)는 하지 못하였으나, 매양 무슨 일을 할 때는 걸핏하면 옛것을 사모해 시의(時宜)를 헤아리지 않았고 또 제도(制度)를 정하지 않아, 관리들이 그걸 빌미로 간사를 부리어 천하가 비방하여 형벌에 빠진 자가 많았다.

원문 丁丑(天鳳四年) 莽의 性이 躁擾하여 不能無爲로되 每有所興造에 動欲慕古하여 不度時宜하고 制度를 又不定하니 吏緣爲姦이라 天下訾訾하여 陷刑者 衆이러라

○ 왕망의 법령(法令)이 번거롭고 가혹해 백성들이 손만 흔들어도 법에 걸려서 농사를 짓지 못하고, 요역(繇役)이 매우 번거롭고 가뭄과 황충(蝗蟲)이 서로 잇따르고 옥송(獄訟)이 판결되지 않으며, 관리들이 가혹하고 위엄을 세워 곁으로 왕망의 법금(法禁)을 핑계하여 백성들을 각박하게 침해하니, 부자는 스스로 보전할 수가 없고 가난한 자는 스스로 살아갈 수가 없었다. 그래서 일제히 도적이 일어났는데, 형주(荊州) 신시(新市)사람 왕광(王匡)·왕봉(王鳳)과 남양(南陽)의 마무(馬武)·영천(穎川)의 왕상(王常)·성단(成丹)이 함께 녹림(綠林) 산속에 모여 7,8000명이 되었다.

원문 莽의 法令이 煩苛하니 民이 搖手觸禁하여 不得耕桑하고 繇役이 煩劇而枯旱蝗蟲이 相因하고 獄訟不決하고 吏用苛暴立威하여 旁緣莽禁하여 侵刻小民하니 富者는 不能自保하고 貧者는 無以自存이라 於是에 並起爲盜賊하니 荊州新市人王匡王鳳과 南陽馬武와 穎川王常成丹이 共聚藏於綠林山中하여 至七八千人이러라

주 번가(煩苛) 번거롭고 가혹함. 번극(煩劇) 아주 번거로움. 녹림(綠林) 중국 호북성에 있는 산 이름인데, 왕망이 신(新)나라를 세워 즉위하자, 왕광(王匡)·왕봉(王鳳) 등이 반민(叛民)들을 모아 이곳을 근거로 도적이 되어 웅거한 데서, 도둑을 일컫는 뜻으로 쓰였음.

무인년 낭야(琅琊) 사람 번숭(樊崇)이 거(莒)에서 군사를 일으키니, 1년 사이에 1만 여 명에 이르렀다.

원문 戊寅(五年) 琅琊樊崇이 起兵於莒하니 一歲間에 至萬餘人이러라

임오년 번숭 등이, 왕망이 장차 토벌한다는 말을 듣고는 그의 군사가 왕망의 군대와 뒤섞일 것을 염려하여, 모두 눈썹을 붉게 칠하여 서로 식별하게 하니, 이로 말미암아 적미(赤眉)라고 불렀다.

원문 壬午(地皇三年) 樊崇等이 聞莽將討之하고 恐其衆이 與莽兵으로 亂하여 乃皆朱其眉하여 以相識別하니 由是로 號曰 赤眉라 하다

○ 처음에 장사정왕(長沙定王) 유발(劉發)의 4세손(世孫) 남돈령(南頓令) 유흠(劉欽)이 세 아들을 낳았는데, 유연(劉縯)·유중(劉仲)·유수(劉秀)이다. 유연은 성품이 강의(剛毅)·강개(慷慨)하여 큰 절개가 있고, 유수는 콧날이 오뚝하고 이마가 튀어나오고 성품이 농사에 힘을 쓰니, 형 유연이 항상 비웃으며 고조(高祖)의 형인 유중(劉仲)에게 비유했다.

원(宛) 땅 사람 이수(李守)는 성력(星曆)과 참기(讖記)를 좋아하였는데, 일찍이 그의 아들 이통(李通)에게 말하기를 "유씨들이 흥하게 되니 이씨(李氏)가 보필해야 한다."라고 했었다. 그러다 신시(新市)와 평림(平林)의 군사가 일어나기에 이르러 남양(南陽)이 소동하자, 이통의 종제 이일(李軼)이 이통에게 말하기를 "이제 사방이 소란하니 한나라가 마땅히 부흥할 것입니다. 남양의 종실(宗室) 가운데 유백승(劉伯升)의 형제만이 대중을 사랑하니, 함께 대사를 모의할 수 있습니다." 하였다. 이통이 웃으며 말하기를 "내 뜻도 그렇다." 하고는 이일을 보내 유수를 맞아 더불어 서로 약속하여 모의를 결정하고 용릉(舂陵)으로 돌아가 군사를 일으켰다.

원문 初에 長沙定王發의 四世孫南頓令欽이 生三男하니 縯仲秀라 縯은 性이 剛毅慷慨하여 有大節하고 秀는 隆準日角이요 性勤稼穡하니 縯이 常非笑之하여 比於高祖兄仲이러라 宛人李守 好星曆讖記러니 嘗謂其子通曰 劉氏當興이니 李氏爲輔라 하더라 及新市平林兵이 起에 南陽이 騷動이어늘 通의 從弟軼이 謂通曰 今四方이 擾亂하니 漢當復興이라 南陽宗室에 獨劉伯升兄弟 汎愛容衆하니 可與謀大事라 한대 通이 笑曰 吾意也라 하고 遣軼往迎秀하여 與相約하여 結定謀議하고 歸春陵擧兵하다

주 융준일각(隆準日角) 융준은 코가 오똑한 것이며, 일각은 이마의 뼈가 해처럼 튀어나온 것. 성력(星曆) 성도(星度)를 기준으로 하여 만든 달력. 천문(天文). 참기(讖記) 미래에 대한 예언 기록.

○이에 유연이 스스로 용릉의 자제들을 모집하니, 여러 집의 자제들이 두려워하면서 모두 도망해 숨었는데, 유수가 붉은 옷에 대관(大冠)을 쓴 것을 보고는 모두 놀라며 말하기를 "근후(謹厚)한 자도 역시 참여한다."라고 하여, 조금 안정되어 모두 자제 7, 8000명을 얻어 하강장(下江將) 왕상(王常) 및 신시(新市)·평림(平林)의 군사와 함께하였다. 그래서 여러 부(部)가 합심하니, 날카로운 기세가 더욱 높아졌다.

원문 於是에 縯이 自發春陵子弟하니 諸家子弟恐懼하여 皆亡匿이러니 及見秀의 絳衣大冠하고 皆驚曰 謹厚者도 亦復爲之라 하고 乃稍自安하여 凡得子弟七八千人하여 與下江將王常 及新市平林兵으로 合하니 於是에 諸部齊心하여 銳氣益壯이러라

주 강의대관(絳衣大冠) 장수의 복장인 붉은 옷과 무인의 큰 관. 제심(齊心) 마음을 한가지로 함.

회양왕(淮陽王)*

계미년 정월에 한나라 군사가 원(宛)을 포위하였다. 용릉(春陵) 대후(戴侯)의 증손자 유현(劉玄)이 평림의 군대 가운데

있으면서 경시장군(更始將軍)이라고 불렸는데, 이때 한나라 군사가 이미 10여 만 명이었다. 유씨를 세워 사람들의 기대에 부응하려고 하자 남양의 호걸들과 왕상(王常) 등은 모두 유연(劉縯)을 세우려 하였는데, 신시와 평림의 장수들은 방종하기를 좋아하여 유연이 위엄이 있고 분명한 것을 두려워하고 유현이 나약한 것을 탐내어, 먼저 함께 그를 정책(定策)하여 세운 것이다. 유현이 황제에 즉위하여 여러 신하들의 조회를 받으면서 부끄러워 식은땀이 흘러 손을 들고는 말을 하지 못하니, 이 때문에 호걸들이 실망하여 복종하지 않는 자가 많았다.

원문 癸未(更始元年) 正月에 漢兵이 圍宛하다 春陵戴侯曾孫玄이 在平林兵中하여 號를 更始將軍이라 하니 時에 漢兵이 已十餘萬이라 欲立劉氏하여 以從人望할새 南陽豪傑과 及王常等은 皆欲立劉縯이라 而新市平林將帥는 樂放縱하여 憚縯威明하고 貪玄懦弱하여 先共定策立之한대 玄이 卽皇帝位하여 朝群臣할새 羞愧流汗하여 擧手不能言하니 由是로 豪傑이 失望하여 多不服이러라

주 *회양왕(淮陽王) 이름은 현(玄)으로 광무제(光武帝)의 족형이다. 왕망 말기에 군사들이 일어나 통일이 되지 않자 여러 장수들이 함께 세웠다. 재위 2년.

3월에 편장군 유수(劉秀) 등이 곤양(昆陽)·정릉(定陵)·언(郾)을 쳐서 모두 항복시키니, 왕망이 왕읍(王邑)·왕심(王尋)을 보내어 군사를 내어 산동을 평정하고, 또 여러 사나운 짐승과 호표(虎豹)·서상(犀象)의 무리를 몰아 위세를 도우면서 100만 군사라고 부르며 군사를 풀어 곤양을 포위하였다.

원문 三月에 偏將軍劉秀等이 徇昆陽定陵郾하여 皆下之하다 莽이 遣王邑王尋하여 發兵平定山東하고 又驅諸猛獸虎豹犀象之屬하여 以助威武하고 號를 百萬이라 하여 縱兵圍昆陽하다

주 호표(虎豹) 호랑이와 표범. 서상(犀象) 물소와 코끼리.

○ 잠팽(岑彭)이 원을 지키고 있었는데 한나라 군사가 공격해 오자 몇 개월 만에 성을 들어 항복하였다. 그래서 경시(更始)가 들어가 도읍을 삼았다.

원문 岑彭이 守宛이러니 漢兵이 攻之한대 數月에 乃擧城降이어늘 更始入都之하다

○ 유수가 언과 정릉에 이르러 여러 영(營)의 군사를 모두 내어 함께 진격할 때 스스로 보기(步騎) 1000여 명을 거느리고 전봉(前鋒)이 되니, 왕심과 왕읍도 역시 군사 수천을 보내 교전하였다. 유수가 쳐서 수천 급(級)을 베니, 여러 장수들이 기뻐하며 말하기를 "유장군이 평생 작은 적을 보면 겁을 내더니, 지금 큰 적을 보고는 용감하니 매우 괴이하다."라고 하였다.

유수가 다시 진격하자 왕심과 왕읍의 군사가 물러갔는데, 여러 부의 군사들이 그 틈을 타 수백천 명의 목을 베고 연승하여 전진해 이긴 기세를 타고 붕괴시키니, 여러 장수의 담력이 더욱 커져서 모두 한 사람이 100명을 당하게 되었다. 드디어 왕심(王尋)을 죽였고, 또 성안에서 북을 울리며 외치고 나와 중외가 합세하니, 기세가 천지를 진동하여 왕망의 군사가 크게 궤멸하였다.

원문 劉秀 至郾定陵하여 悉發諸營兵俱進할새 自將步騎千餘하여 爲前鋒하니 尋邑이 亦遣兵數千하여 合戰이어늘 秀犇之하여 斬首數千級한대 諸將이 喜曰 劉將軍이 平生에 見小敵怯이러니 今見大敵勇하니 甚可怪也라 하더라 秀復進한대 尋邑兵이 却이어늘 諸部共이 乘之하여 斬首數百千級하고 連勝逐前하여 乘銳崩之하니 諸將이 膽氣益壯하여 無不一當百이라 遂殺王尋하고 城中이 亦鼓譟而出하여 中外合勢하니 震呼動天地라 莽兵이 大潰하다

○ 때마침 크게 천둥이 치고 바람이 불어 기왓장이 모두 날아가고 비가 동이로 들어붓듯이 쏟아져 치천(滍川)이 넘치자,

호랑이와 표범이 모두 다리를 떨고 물에 빠져 죽은 사졸이
만 명이 되어, 물이 흐르지 않을 정도였다.

왕읍(王邑)과 엄우(嚴尤)가 경기병(輕騎兵)으로 죽은 사람을
타고 물을 건너 도망하니, 그들 군사의 무기와 짐바리를 다
얻게 되었다. 이에 해내(海內)의 호걸들이 기꺼이 호응하여,
모두 그 수령들을 죽이고 스스로 장군이라 부르면서 한나라
의 연호(年號)를 사용하며 조명(詔命)을 기다렸다.

원문 會에 大雷風하여 屋瓦皆飛하고 雨下如注하여 滍川이 盛溢
하니 虎豹皆股戰하고 士卒이 赴水溺死者 以萬數라 水爲不流러라
王邑嚴尤 輕騎로 乘死人하고 渡水逃去어늘 盡獲其軍實輜重하니
於是에 海內豪傑이 翕然響應하여 皆殺其牧守하고 自稱將軍하여
用漢年號하고 以待詔命이러라

　　주 옥와(屋瓦) 지붕의 기왓장. 고전(股戰) 무서워서 다리를 떠는 것.
　　군실(軍實) 무기. 치중(輜重) 짐바리. 목수(牧守) 고을의 수령.

○왕망은 한나라 군사들이 "왕망이 평제(平帝)를 짐독(鴆毒)
으로 죽였다."고 한다는 말을 듣고는, 공경을 모아 그가 평제
를 위해 목숨을 대신하기를 청한 금등(金縢)의 책문(策文)을
열어 울면서 여러 신하들에게 보였다.

원문 莽이 聞漢兵이 言 莽이 鴆殺平帝하고 乃會公卿하여 開所
爲平帝請命金縢之策하여 泣以示群臣하더라

　　주 청명(請命) 평제 대신 자신이 죽겠다고 청하는 것. 금등지책(金縢之
　　策) 금궤에 넣어둔 책문.

○신시(新市)와 평림(平林)의 여러 장수들이 유연 형제의 위
명(威名)이 더욱 성대하다고 하여, 몰래 경시(更始)에게 권하
여 제거하기를 권하였으나 경시가 감히 실행하지 못하였다.
부장(部長) 유직(劉稷)이 경시가 즉위했다는 말을 듣고는 노하
여 말하기를 "본디 대사(大事)를 도모하여 일어난 것은 유백

승 형제인데, 이제 경시는 어떤 자인가?"라고 하자 경시가
유직을 잡아 죽이려고 하니, 유연이 굳게 죽이지 말라고 다
투었다. 이일(李軼)과 주유(朱鮪)가 경시에게 유연도 아울러
잡아 죽이라고 권하여 그날로 죽여버렸다.

원문 新市平林諸將이 以劉縯兄弟 威名益盛이라 하여 陰勸更始
除之하되 更始不敢發이러니 部將劉稷이 聞更始立하고 怒曰 本起
圖大事者는 伯升兄弟也어늘 今更始는 何爲者耶오 更始 收稷將
誅之어늘 縯이 固爭한대 李軼朱鮪勸更始幷執縯하여 卽日에 殺之
하다

○ 관속(官屬)들이 유수를 맞아 조문(弔問)하자, 유수는 그들과
더불어 사사로이 말을 나누지 않고 오직 깊이 자신의 허물을
책임지고, 일찍이 스스로 곤양(昆陽)의 공을 자랑하지 않았다.
또 감히 유연의 상복(喪服)을 입지 못하고, 먹고 마시는 것과
말하고 웃는 것을 평소와 같이 하였다. 경시가 이 때문에 부
끄럽게 여겨 유수를 파로대장군(破虜大將軍)에 임명하고 무신
후(武信侯)에 봉하였다.

원문 官屬이 迎吊秀어늘 秀不與交私語하고 惟深引過而已요 未
嘗自伐昆陽之功하며 又不敢爲縯服喪하고 飮食言笑를 如平常하
니 更始 以是慙하여 拜秀爲破虜大將軍하고 封武信侯하다

○ 왕망은 근심이 되어 밥을 먹지 못하고 다만 술과 복어(鰒
魚)만 먹으면서 군서(軍書)를 읽다가, 피곤하면 궤(几)에 기대
어 잠들뿐 더는 누워 자지 못하였다.

원문 莽이 憂懣不能食하고 但飮酒啗鰒魚하고 讀軍書라가 倦하면
因馮几寐하고 不復就枕矣러라

○ 성기(成紀) 사람 외효(隗囂)가 주종(周宗) 등과 더불어 군사
를 일으켜 한나라에 호응하여 군국에 격문을 보내고, 군사
10만 명을 거느리고 농서(隴西) 무도(武都)를 공격해 모두 항

복시켰다.

원문 成紀人隗囂 與周宗等으로 起兵以應漢하여 移檄郡國하고 勒兵十萬하여 攻隴西武都하여 皆下之하다

○ 무릉(茂陵)의 공손술(公孫述)이 성도(成都)에서 군사를 일으켜 스스로 보한장군(輔漢將軍)이라 일컬으며 익주목사(益州牧使)를 겸임하였다.

원문 茂陵公孫述이 起兵成都하여 自稱輔漢將軍이라 하고 兼益州牧하다

○ 경시가 장수를 보내 무관(武關)을 공격하니, 삼보(三輔) 등엽(登曄)과 우광(于匡)이 군사를 일으켜 한나라에 호응하여 무관을 열고 한나라 군사를 맞이하고, 여러 현(縣)의 대성(大姓) 역시 각자 군사를 일으켜 한나라 장수라고 일컬었는데, 장안(長安) 주변의 군사가 사방에서 성 아래로 모여들었다. 9월 무신일에 군사들이 선평문(宣平門)으로 들어가니, 불이 액정(掖庭)의 승명전(承明殿)에까지 붙었다.

　왕망이 불을 피해 선실(宣室)에 자리를 깔고 북두칠성 모양을 따라 앉고는 말하기를 "하늘이 덕을 나에게 주었으니, 한나라 군사가 나를 어떻게 하겠는가?" 하였다.

　경술일(庚戌日) 아침에 여러 신하들이 왕망을 부축하여 점대(漸臺)로 갔는데, 포시(晡時)에 많은 군사들이 점대에 올라가 왕망의 목을 베고 왕망의 몸뚱이를 나누어 마디를 쪼개고 살을 짓이기니, 다투어 서로 죽이는 자가 수십 명이었다. 왕망의 머리를 전하여 원(宛)으로 보내니 저자에 매달았는데, 백성들이 함께 때리기도 하고 혹은 그 혀를 잘라 먹기도 하였다.

원문 更始 遣將攻武關한대 三輔鄧曄于匡이 起兵應漢하여 開武關迎漢兵하고 諸縣大姓이 亦各起兵하여 稱漢將而長安旁兵이 四

會城下하여 九月戊申에 兵從宣平門入하니 火及掖庭承明이라 莽
이 避火宣室하여 旋席隨斗柄而坐曰 天生德於予시니 漢兵이 其
如予에 何리오 庚戌明旦에 群臣이 扶莽之漸臺러니 晡時에 衆兵
이 上臺하여 斬莽首分莽身하여 節解臠分하니 爭相殺者數十人이
러라 傳莽首詣宛이어늘 縣於市하니 百姓이 共提擊之하고 或切食
其舌하더라

㈜ **방병**(旁兵) 주위에 있는 군사. **액정**(掖庭) 궁궐 안. **승명**(承明) 궁
궐의 전각(殿閣) 이름. **두병**(斗柄) 북두칠성 가운데 자루에 해당되는
세 개의 별. **점대**(漸臺) 물 가운데 세워진 누대. **포시**(晡時) 오후 4
시경인 신시(申時).

○ 경시가 장차 낙양(洛陽)에 도읍하고자 하여 유수로 사례교
위(司隷校尉)를 삼아, 그로 하여금 먼저 궁부(宮府)를 정리하
게 하였다. 유수가 이에 요속(僚屬)을 두고 공문을 만들어 종
사관(從事官)의 사찰(司察)을 한결같이 옛 법대로 하였다. 이
때 삼보(三輔)의 관리와 선비들이 동쪽에서 경시를 맞이하게
되어 여러 장수들이 지나가는데, 모두 수건을 쓰고 여자 옷
을 입고 있는 것을 보고 웃지 않는 사람이 없었으나, 사례(司
隷)의 요속들을 보고는 모두 기뻐 어쩔 줄을 모르며, 늙은 관
리들은 혹 눈물까지 흘리며 말하기를 "오늘에 다시 한나라
관원의 위의(威儀)를 보게 될 줄 몰랐다."라고 하여, 이로 말
미암아 식자들이 모두 마음을 붙이게 되었다.

원문 更始 將都洛陽할새 以劉秀로 行司隷校尉하여 使前整脩宮
府어늘 秀乃置僚屬하고 作文移하여 從事司察을 一如舊章하니 時
에 三輔吏士 東迎更始할새 見諸將過에 皆冠幘而服婦人衣하고
莫不笑之러니 及見司隷僚屬하여 皆歡喜不自勝하며 老吏 或垂涕
曰 不圖今日에 復見漢官威儀라 하니 由是로 識者 皆屬心焉이러라

㈜ **행**(行) 관직에 있어 품계(品階)가 높은 사람이 그보다 낮은 직급에
보직되는 것을 말한다. 그 반대의 경우는 수(守)라 함. **문이**(文移)
동등한 관청 사이에 주고받는 공문.

○ 경시가 유수(劉秀)를 임명하여 대사마(大司馬)의 일을 행하게 하여 절(節)을 지니고 북쪽으로 하수(河水)를 건너 주군을 진정시키고 위무하게 하였다. 유수가 하북(河北)에 이르러 지나가는 군현마다 관리들을 고찰(考察)하여 능력 여부에 따라 출척(黜陟)하고 갇힌 죄수들을 공평하게 조사하여 석방하며 왕망의 가혹한 정사를 제거하니, 관리와 백성들이 기뻐하여 다투어 소를 잡고 술을 가지고 마중나와 위로하였으나 유수는 모두 받지 않았다.

[원문] 更始 拜劉秀行大司馬事하여 持節北渡河하여 鎭慰州郡이어늘 秀至河北하여 所過郡縣에 考察官吏하여 黜陟能否하며 平遣囚徒하고 除王莽苛政하고 復漢官名하니 吏民이 悅喜하여 爭持牛酒迎勞어늘 秀 皆不受하다

㊀ 출척(黜陟) 능력없는 사람을 내쫓고 능력있는 사람을 승진시킴. 평견(平遣) 공평하게 조사하여 석방함.

○ 남양의 등우(鄧禹)가 지팡이를 짚고 유수를 뒤따라 업(鄴)에 이르니, 유수가 말하기를 "내가 관직 임명의 전권(專權)을 가지고 있는데, 자네가 멀리서 온 것은 벼슬을 원해서가 아니겠는가?" 하였다. 등우가 말하기를 "원치 않습니다. 다만 원하건대 명공(明公)의 위덕(威德)이 사해(四海)에 미치게 되거든, 저 등우는 거기에 조금의 효과를 세워 공명(功名)을 역사에 남기고자 합니다." 하였다.

유수가 웃고는 좇아 유숙(留宿)하니, 등우가 나아와 설득하기를 "지금 산동이 안정되지 못하여 적미(赤眉)와 청독(靑犢)의 무리가 걸핏하면 만 명의 숫자로 움직이는데, 경시는 이미 평범한 재능이어서 스스로 결단하지 못하며, 여러 장수들이 모두 용렬한 사람 중에서 나와 뜻이 재물에 있어 위력 쓰기를 다투면서 조석(朝夕)을 스스로 상쾌하게 지낼 뿐이요, 충량(忠良)·명지(明智)·심려(深慮)·원도(遠圖)를 가져 임금을 높이고 백성들을 높이고자 하지 않습니다.

　명공께서는 평소 성대한 덕과 공로가 있어 천하가 복종하
는 바이고, 군정(軍政)이 정제되고 엄숙하며 상벌(賞罰)이 분
명하고 미덥습니다. 지금의 계책은 영웅(英雄)을 맞이하고 힘
써 민심을 기쁘게 하여, 고조(高祖)의 공업을 세우고 만백성
의 목숨을 구하는 것이니, 공께서는 천하를 평정하기에 부족
함이 없습니다." 하였다. 유수가 크게 기뻐하여 등우로 하여
금 항상 군막 안에 머물게 하면서 더불어 계책과 의논을 정
하고, 매양 여러 장수를 임명하고 부릴 때 등우에게 묻는 것
이 많아서 모두 그 재능에 맞게 쓸 수 있었다.

원문 南陽鄧禹 杖策追秀하여 及於鄴이어늘 秀曰 我得專封拜하
니 生이 遠來는 寧欲仕乎아 禹曰 不願也오 但願明公이 威德이
加於四海어든 禹得效其尺寸하여 垂功名於竹帛爾로다 秀笑하고
因留宿이러니 禹進說曰 今山東이 未安하여 赤眉靑犢之屬이 動
以萬數요 更始 旣是常才 而不自聽斷하고 諸將이 皆庸人屈起라
志在財幣하여 爭用威力하여 朝夕自快而已오 非有忠良明智深慮
遠圖하여 欲尊主安民也라 明公이 素有盛德大功하여 爲天下所嚮
服이라 軍政이 齊肅하고 賞罰이 明信하니 爲今之計컨대 莫如延
攬英雄하고 務悅民心하여 立高祖之業하고 救萬民之命이니 以公
而慮컨대 天下를 不足定也니이다 秀大悅하여 因令禹로 常宿止於
中하여 與定計議하고 每任使諸將에 多訪於禹하니 皆當其才러라

　주 죽백(竹帛) 역사책. 옛날 역사를 대나무와 비단폭에 썼으므로 이렇
　게 말함. 적미(赤眉)·청독(靑犢) 모두 당시 도적떼의 이름. 굴기(屈
　起) 발기(勃起)와 같은 뜻으로 우뚝하게 나오는 것. 연람(延攬) 맞아
　들이는 것.

○ 유수가 형 유연이 죽은 후부터 매양 혼자 있을 때면 술과
고기를 들지 않고 잠자리에서 눈물을 흘리며 항상 울었다.
주부(主簿) 풍이(馮異)가 홀로 너그러운 말로 비유해 타이르
니, 유수가 중지시키며 말하기를 "경은 망령된 말을 하지 마
시오." 하였다. 풍이가 나아가 설득하기를 "경시의 정치가 어

지러워 백성이 의탁할 바가 없는데, 대저 사람이 오래 굶주
리고 목마르면 배부르게 하기가 쉽습니다. 이제 공께서 지방
(地方)에서 전권을 쥐고 있으니, 마땅히 관속을 나누어 보내
군현을 순행하면서 혜택(惠澤)을 선포하게 하소서." 하니, 유
수가 받아들였다.

원문 秀 自兄縯之死로 每獨居에 輒不御酒肉하고 枕席에 有涕泣
處어늘 主簿馮異 獨寬譬之한대 秀止之曰 卿勿妄言하라 異 因進
說曰 更始政亂에 百姓이 無所依戴하니 夫人이 久飢渴이면 易爲
充飽하나니 今公이 專命方面하니 宜分遣官屬하여 循行郡縣하여
宣布惠澤하소서 秀納之하다

○ 기도위(騎都尉) 경순(耿純)이 유수를 한단(邯鄲)에서 만나보
고 나와 관속과 장병들의 법도가 다른 장수들과 같지 않음을
보고는 드디어 스스로 결탁하였다.

원문 騎都尉耿純이 謁秀於邯鄲하고 退見官屬將兵法度 不與他
將同하고 遂自結納하다

○ 왕망(王莽) 때 장안에 성제(成帝)의 아들 자여(子輿)라고 자
칭하는 자가 있었는데 왕망이 죽였었다. 한단의 점쟁이 왕랑
(王郎)이 이를 꾸며 진짜 자여라고 사칭하자, 백성들이 믿는
자가 많았으므로 왕랑을 세워 천자를 삼으니, 조국(趙國) 이
북과 요동 이서지방이 모두 바람을 타듯 호응하였다.

원문 王莽時에 長安中에 有自稱成帝子子輿者어늘 莽이 殺之러
니 邯鄲卜者 王郎이 緣是詐稱眞子輿라 한대 百姓이 多信之하여
立郎爲天子하니 趙國以北과 遼東以西 皆望風響應이러라

갑신년 경시가 장안에 이르러 장락궁(長樂宮)에 거처하였는
데, 전전(前殿)에 올라 낭리(郎吏)들이 차례대로 뜰에 늘어서
있는 것을 보고는, 부끄러워서 고개를 들지 못하고 자리만
만지작거리며 감히 바라보지 못하였다. 정사를 조맹(趙萌)에

게 위임하고 주야로 후정(後庭)에서 잔치를 베풀고 술을 마시
면서 군소의 요리사에게까지 모두 함부로 관작을 주니, 장안
에서 그것을 두고 말하기를 "부엌에서 요리하는 자는 중랑장
(中郎將)이요, 양(羊)의 창자를 삶는 자는 기도위(騎都尉)요,
양의 머리를 굽는 자는 관내후(關內侯)가 되었다." 하였다. 이
로 말미암아 관중 사람의 마음이 떠나고 사해가 원망하여 배
반했다.

원문 甲申(二年) 更始 至長安하여 居長樂宮할새 升前殿하니 郎
吏以次로 列庭中이어늘 更始羞怍하여 俛首刮席하여 不敢視하고
委政於趙萌하고 日夜飮讌後庭하여 以至群小膳夫히 皆濫授官爵
하니 長安이 爲之語曰 竈下養은 中郎將이요 爛羊胃는 騎都尉요
爛羊頭는 關內侯라 하니 由是로 關中이 離心하고 四海怨叛이라

○ 대사마 유수가 계(薊) 땅에 이르니, 때마침 왕자 접(接)이
계에서 군사를 일으켜 왕랑에게 응하여 성안이 요란하였다.
유수가 수레를 재촉하여 갔으나 감히 성읍으로 들어가지 못
하고 길가에 유숙하며 밥을 먹고 무루정(蕪蔞亭)에 이르렀다.
때마침 날씨가 추웠는데, 풍이가 콩죽을 올리고 곡양전(曲陽
傳)에 이르러 왕랑의 군사가 뒤에 있다는 말을 듣고 따르는
자들이 모두 두려워하였다. 호타하(滹沱河)에 이르러 척후를
갔던 관리가 돌아와 아뢰기를 "하수(河水)가 녹아 얼음이 떠
있어 배가 없으면 건널 수가 없습니다." 하니, 유수가 왕패
(王霸)로 하여금 가서 보고 오게 하였다. 왕패는 여러 사람을
놀라게 할까 두렵고 또 앞의 물이 막혔다 하고자 하여 돌아
와 속여 말하기를 "얼음이 단단하게 얼어붙어 건널 수가 있
습니다." 하였다. 관속들이 모두 기뻐하자 유수가 웃으며 말
하기를 "척후 관리가 과연 망령된 말을 하였다."라고 하였다.
마침내 전진해 하수에 이르니, 하수의 얼음이 얼고 있어서
왕패로 하여금 호위하여 건너게 했는데, 몇 기(騎)가 다 건너
지 못하여 얼음이 깨지고 말았다.

[원문] 大司馬秀 至薊하니 會에 王子接이 起兵薊中하여 以應王郎이라 城內擾亂이어늘 秀 趣駕而出하나 不敢入城邑하고 舍食道傍하여 至無蔞亭하니 時에 天寒列이라 馮異 上豆粥하고 至下曲陽傳하여 聞王郎兵이 在後하고 從者 皆恐이러니 至滹沱河하여 候吏 還白하되 河水流澌하여 無船不可濟라 하거늘 秀 使王霸로 往視之한대 霸恐驚衆하고 欲且前阻水하여 還卽詭曰 冰堅可度라 하니 官屬이 皆喜어늘 秀笑曰 候吏果妄語也로다 遂前比至河하니 河冰이 亦合이라 乃令王霸로 護度하여 未畢數騎而冰解하다

㈜ 요란(擾亂) 이때 왕랑(王郎)이 유수를 잡으라는 격문을 보내 소란한 것임. 촉가(趣駕) 수레를 재촉함. 사식(舍食) 하룻밤 자고 먹는 것.

○ 남궁(南宮)에 이르러 큰 바람을 만나 유수는 수레를 이끌고 길가에 있는 빈집으로 들어갔다. 풍이가 나무를 하고 등우는 불을 지폈다. 유수는 아궁이를 향해 옷을 말리고 있는데, 풍이가 다시 보리밥을 올리고는 신도(信都)로 달려갔다. 이때 군국이 모두 왕랑에게 항복했으나 신도태수 임광(任光)과 화융태수(和戎太守) 비융(邳肜)만은 기꺼이 따르지 않았다. 임광이 유수가 이르렀다는 말을 듣고는 크게 기뻐하고, 비융 역시 화융으로부터 와서 모였는데, 의논하는 자들 대다수가 말하기를 "신도의 군사를 서쪽으로 보내 장안으로 돌아가야 한다." 하였다. 그러자 비융이 말하기를 "관리와 백성들이 노래를 부르며 한나라 생각을 한 지 오래였는데, 지금 점쟁이 왕랑이 거짓된 이름으로 세력을 이루어 오합지졸(烏合之卒)을 모아 몰아서 마침내 연(燕)·조(趙)의 땅을 흔들고 있지만, 굳은 근본이 없습니다. 명공께서 두 군(郡)의 군사를 분발시켜 토벌하면 이기지 못할 걱정이 무엇이겠습니까? 이제 이곳을 버리고 돌아가면 어찌 한갓 하북지방만 잃는 것이겠습니까? 반드시 다시 삼보(三輔)를 놀라게 해 위엄을 손상시킬 것이니, 제대로 된 계책이 아닙니다." 하니, 유수가 중지하였다. 임광이 옆 고을에서 정병(精兵) 4000명을 징발하니 군사가 거

의 1만 명에 이르게 되어, 이에 변방의 군에 격문을 보내 함께 한단을 공격하자 군현이 돌아와 다시 호응하였다.

원문 至南宮遇大風하여 秀 引車入道傍空舍하니 馮異는 抱薪하고 鄧禹는 爇火라 秀 對竈燎衣러니 馮異 復進麥飯하고 馳赴信都하다 是時에 郡國이 皆降王郎하되 獨信都太守任光과 和戎太守邳肜이 不肯從이러니 光이 聞秀至大喜하고 邳肜이 亦自和戎으로 來會하니 議者 多言하되 可因信都兵하여 自送西還長安이라 한대 邳肜이 曰 吏民이 歌吟思漢久矣라 今 卜者王郎이 假名因勢하여 驅集烏合之衆하여 遂振燕趙之地나 無有根本之固하니 明公이 奮二郡之兵하여 以討之면 何患不克이리요 今釋此而歸면 豈徒空失河北이리요 必更驚動三輔하여 墮損威重하리니 非計之得者也니이다 秀 乃止하다 任光이 發傍縣하여 得精兵四千人하니 衆이 稍合至萬人이라 移檄邊郡하여 共擊邯鄲하니 郡縣이 還復響應이러라

  주 오합지중(烏合之衆) 훈련이 되지 않은 무리. 삼보(三輔) 경조윤(京兆尹)·좌풍익(左馮翊)·우부풍(右扶風)의 세 벼슬. 또는 그들이 관할하는 장안 가까운 세 곳.

○유수가 여지도(輿地圖)를 펴놓고 등우를 가리키며 말하기를 "천하의 군국(郡國)이 이렇게 많은데, 이제 처음으로 그 중 하나를 얻었다. 그대가 전에 내가 천하를 평정하는 것은 부족함이 없다고 말한 것은 무엇인가?" 하니, 등우가 말하기를 "지금 해내(海內)가 어지럽게 뒤섞여 사람들이 밝은 임금을 생각하는 것이 마치 어린아이가 자애로운 어머니를 생각하는 것과 같습니다. 옛날 나라를 일으킨 자는 덕이 박한가 후한가에 달려 있지, 그 크고 작음으로 한 것은 아닙니다."라고 하였다.

원문 秀 披輿地圖하여 指示鄧禹曰 天下郡國이 如是어늘 今始乃得其一하니 子前言以吾慮天下不足定은 何也오 禹曰 方今海內

殽亂이라 人思明君을 猶赤子之慕慈母하나니 古之興者는 在德薄厚요 不以大小也니이다

○ 4월에 유수가 한단으로 진격하여 계속 싸워 깨뜨렸다.

원문 四月에 秀 進攻邯鄲하여 連戰破之하다

○ 5월에 왕패가 왕랑을 추격하여 베었다. 유수가 왕랑의 문서를 거두어 이민(吏民)이 왕랑과 교결(交結)하여 내통했다고 헐뜯는 문서를 수천 장 얻었는데, 유수는 보지 않고 여러 장수를 모아 불사르면서 말하기를 "불안해하는 사람들을 스스로 안심하게 한다." 하였다.

원문 五月에 王霸 追斬王郎하다 秀 收郎文書하여 得吏民이 與郎으로 交關謗毁者數千章하여 秀 不省하고 會諸將燒之曰 令反側子로 自安하노라

㊟ 교관(交關) 서로 사귀면서 내통하는 것. 반측(反側) 불안해하는 것.

○ 유수가 부(部)를 나누고 이졸을 제군(諸軍)에 예속시키니, 군사들이 모두 대수장군(大樹將軍)에게 배속하기를 원한다고 말하였는데, 대수장군이란 편장군(偏將軍)인 풍이(馮異)였다. 사람됨이 겸손하여 자랑하지 않고, 관리와 군사를 단속하여 적을 만나 교전(交戰)할 때가 아니면 항상 여러 군영 뒤를 따라갔으며, 매양 유숙하는 곳에서 여러 장수들이 모두 공(功)을 논하면 풍이는 항상 홀로 나무 밑으로 물러갔기 때문에 군중에서 대수장군이라 부른 것이다.

원문 秀 部分吏卒하여 各隷諸軍할새 士皆言願屬大樹將軍하니 大樹將軍者는 偏將軍馮異也라 爲人이 謙退不伐하고 敕吏士하여 非交戰受敵이면 常行諸營之後하고 每所止舍에 諸將이 竝論功이어든 異 常獨屏樹下라 故로 軍中이 號曰 大樹將軍이라 하다

○ 경시가 사자를 보내어 유수를 소왕(蕭王)으로 세우고 모든

군사를 파하게 하였다. 경감(耿弇)이 나아가 말하기를 "백성들이 왕망에게 시달리어 다시 유씨(劉氏)를 그리워하고 있는데, 이제 경시가 천자(天子)가 되어 여러 장수들이 명령을 마음대로 하고, 귀척(貴戚)들이 횡행하여 노략질을 마음대로 하니, 백성들이 가슴을 치고 다시 왕망의 조정을 그리워합니다. 그래서 그들이 반드시 패할 것을 압니다. 공께서는 공명이 이미 드러났으니, 의(義)로써 정벌하면 천하를 격문(檄文)을 전해 평정할 수 있습니다. 천하는 지극히 중하니, 공이 스스로 취하고 타성(他姓)으로 하여금 얻게 하는 일이 없도록 하소서." 하였다. 소왕이 이에 하북지방이 평정되지 않았다 하여 사양하고 부름에 나아가지 않으니, 비로소 경시와 나누어지게 되었다.

원문 更始遣使하여 立秀爲蕭王하고 悉令罷兵이어늘 耿弇이 進曰 百姓이 患苦王莽하여 復思劉氏러니 今更始 爲天子而諸將이 擅命하고 貴戚이 縱橫하여 虜掠自恣하니 元元叩心하여 更思莽朝라 是以로 知其必敗也하노라 公이 功名이 已著하니 以義征伐이면 天下를 可傳檄而定也니 天下는 至重하니 公可自取하고 毋令他姓得之하소서 蕭王이 乃辭以河北未平하고 不就徵하니 始貳於更始러라

註 귀척(貴戚) 귀족(貴族)과 그 친척. 원원(元元) 나라의 근본인 백성. 고심(叩心) 가슴을 두드리는 것. 취징(就徵) 부름에 나아감.

○ 이때 여러 적(賊)인 동마(銅馬)·철경(鐵脛)·우래(尤來)·대창(大槍)·상강(上江)·청독(靑犢)·부평(富平)·획색(獲索) 등이 각기 부곡(部曲)을 거느리게 되니, 그 무리의 합계가 100만 명이었는데, 있는 곳에서 노략질을 하였다. 가을에 소왕(蕭王)이 교(鄡) 땅에서 동마를 공격하자 오한(吳漢)이 돌격하는 기병을 거느리고 와 청양(淸陽)에 모이니, 군사와 말이 매우 성대하였다. 동마가 먹을 것이 떨어져 밤에 도망하자, 소왕이

관도(館陶)에서 추격하여 모두 격파해 항복시키고, 그 우두머리를 열후(列侯)에 봉하였다.

여러 장수들이 믿지 못하고 항복한 적들 역시 안심하지 못하니, 소왕이 그런 뜻을 알고는 명하여 항복한 자들로 하여금 각각 영(營)에 돌아가 군사를 정돈하여 점검하게 하고, 자신은 경기(輕騎)를 타고 부진(部陣)을 순행하였다. 그러자 항복한 자들이 다시 서로 말하기를 "소왕이 진심을 기려 사람의 뱃속에 두니, 어찌 싸우다 죽지 않을 수 있겠는가?"하였다. 이로 말미암아 모두 복종하니, 항복한 사람을 다 여러 장수에게 배속시켜 군사가 드디어 수십만 명이 되었기 때문에 관서지방에서 유수를 동마제(銅馬帝)라고 불렀다.

원문 是時에 諸賊銅馬 鐵脛 尤來 大槍 上江 靑犢 富平 獲索 等이 各領部曲하니 衆이 合數百萬人이라 所在寇掠이러니 秋에 蕭王이 擊銅馬於鄡할새 吳漢이 將突騎하고 來會淸陽하니 士馬甚盛이라 銅馬 食盡夜遁이어늘 蕭王이 追擊於館陶하여 悉破降之하고 封其渠帥하여 爲列侯하다 諸將이 未能信하고 賊降者 亦不自安이어늘 王이 知其意하고 敕令降者로 各歸營勒兵하고 自乘輕騎하여 按行部陳한대 降者 更相語曰 蕭王이 推赤心하여 置人腹中하니 安得不投死乎리요 由是로 皆服이어늘 悉以降人으로 分配諸將하니 衆이 遂數十萬이라 故로 關西 號秀爲銅馬帝라 하더라

㉜ 부곡(部曲) 군대 조직의 하나. 또는 개인이 거느리는 군대. 구략(寇掠) 노략질하는 것. 돌기(突騎) 돌격대의 기병. 적심(赤心) 조금도 거짓이 없는 참된 마음. 진심.

○ 적미(赤眉) 번숭(樊崇) 등이 군사를 이끌고 장안을 공격하니, 소왕이 장차 연(燕)·조(趙)를 순행하려 하다 적미가 반드시 장안을 격파할 것을 헤아리고, 또 그 틈을 타 관중(關中)을 합병하고자 하였으나 맡길 만한 사람을 몰라서, 등우를 전장군(前將軍)에 임명하여 휘하의 정병 3만 명을 나누어 주어 서쪽으로 보내 관중으로 들어가게 하였다.

원문 赤眉樊崇等이 將兵攻長安이어늘 蕭王이 將北徇燕趙라가 度赤眉必破長安하고 又欲乘釁幷關中 而不知所寄하여 乃拜鄧禹 前將軍하여 中分麾下精兵三萬人하여 遣西入關하다

○소왕이 하내(河內) 지방이 험고하고 부유하다고 여겨 여러 장수 가운데서 하내 지방을 지킬 자를 가리려고 하였으나, 사람 고르기가 어려워 등우에게 물으니, 등우가 말하기를 "구순(寇恂)이 문무(文武)를 겸비하여 백성을 다스리고 군사를 거느릴 재주가 있으니, 이 사람이 아니면 시킬 만한 사람이 없습니다." 하여서, 구순을 하내태수로 임명하여 대장군의 일을 행하게 하였다. 소왕이 구순에게 말하기를 "옛날 고조(高祖)께서 소하(蕭何)를 머무르게 하여 관중을 지키게 하셨는데, 내가 이제 공에게 하내를 위임하니, 마땅히 군량(軍粮)을 넉넉하게 공급하고 군사와 말을 잘 거느려 다른 군대를 막아서 북쪽으로 건너는 일이 없게 하라." 하였다.

원문 蕭王이 以河內로 險要富實이라 하여 欲擇諸將守河內者 而難其人하여 問於鄧禹한대 禹曰 寇恂이 文武備足하여 有牧民御衆之才하니 非此子면 莫可使也니이다 乃拜恂河內太守하여 行大將軍事하고 蕭王이 謂恂曰 昔에 高祖 留蕭何守關中이러시니 吾今에 委公以河內하노니 當給足軍粮하고 率屬士馬하여 防遏他兵하여 勿令北度而已로다

○소왕이 친히 등우를 전송하여 야왕(野王)에 이르렀는데, 등우가 이미 서쪽으로 가자 소왕이 다시 군사를 이끌고는 북으로 갔다. 구순이 후량(餱糧 : 밥을 말려서 만든 양식)을 장만하고 병기를 수리하여 군에 공급하니, 군사가 비록 원정(遠征)했으나 일찍이 부족함이 없었다.

원문 蕭王이 親送鄧禹하여 至野王하고 禹旣西에 蕭王이 乃復引兵而北하다 寇恂이 調餱糧하고 治器械하여 以供軍하니 軍雖遠征이나 未嘗乏絶이러라

512

제16권 동한기(東漢紀)

세조 광무황제(世祖光武皇帝)* 상

건무(建武) **원년**(을유) 소왕(蕭王)이 북쪽으로 우래(尤來)·대창(大槍)·오번(五幡)을 원씨(元氏)에서 격파하고 추격해 북평(北平)에 이르러 연달아 격파하였다.

원문 乙酉建武元年이라 蕭王이 北擊尤來 大槍 五幡於元氏하여 追至北平하여 連破之하다

> **주** *세조 광무황제(世祖光武皇帝) 이름은 수(秀), 자는 문숙(文叔)이며 남양(南陽) 사람이다. 한 경제(漢景帝)의 7세손인 장사정왕(長沙定王) 유발(劉發)의 후손인 남돈령(南頓令) 유흠(劉欽)의 아들이다. 재위는 33년, 수는 62세.

○ 풍이(馮異)와 구순(寇恂)은 주유(朱鮪)를 공격하고, 오한(吳漢)은 경감(耿弇)·경단(景丹) 등 13장군을 거느리고 우래 등을 추격해 1만 3000여 급을 참수하니, 적들이 요서·요동지방으로 흩어져 들어가 오환(烏桓)·맥인(貊人)의 초격(鈔擊)을 받아 거의 다 죽게 되었다.

원문 馮異寇恂은 擊走朱鮪하고 吳漢은 率耿弇景丹等十三將軍하여 追尤來等하여 斬首萬三千與級하니 賊이 散入遼西遼東이라가 爲烏桓貊人의 所鈔擊略盡하다

○ 도호장군(都護將軍) 가복(賈復)이 오교(五校)와 진정(眞定)에서 싸우다가 크게 다치자, 왕이 몹시 놀라 말하기를 "내가

가복으로 장수를 삼지 않으려는 것은 그가 적을 가볍게 볼 것 같아서였는데, 과연 나의 명장을 잃게 되었다. 들으니 그의 부인이 임신중이라 하는데, 딸을 낳으면 내 아들의 아내를 삼을 것이요, 아들을 낳으면 내 딸을 시집보내 그의 처자가 걱정하지 않도록 하겠다." 하였다. 가복이 병이 조금 나아서 계(薊)로 뒤따라오자 서로 만나 매우 반가워하였다.

원문 都護將軍賈復이 與五校로 戰於眞定이라가 復이 傷瘡甚이어늘 王이 大驚曰 我所以不令賈復別將者는 爲其輕敵也러니 果然失吾名將이로다 聞其婦 有孕이라 하니 生女耶인댄 我子로 娶之요 生男耶인댄 我女로 嫁之하여 不令其憂妻子也하리라 復이 病尋愈하여 追及於薊하니 相見甚謹이러라

주 상창(傷瘡) 무기에 찔린 상처. 심유(尋愈) 조금 회복됨.

○ 돌아오다 중산(中山)에 이르러 여러 장수들이 존호(尊號)를 올릴 것을 청하니, 왕이 듣지 않고 행군하여 남평극(南平棘)에 이르러 여러 장수들이 굳이 청하였으나, 왕이 허락하지 않았다. 경순(耿純)이 나아와 아뢰기를 "천하의 사대부들이 친척과 토지를 버리고 전쟁터로 대왕을 따른 것은, 그 계획이 본디 용의 비늘에 오르고 봉의 날개를 붙잡아 그 뜻을 이루려는 것이었습니다. 그런데 이제 대왕께서 때를 미루고 대중의 뜻을 거스르며 호위(號位)를 바로잡지 않으시니, 이 경순은 사대부들의 희망이 끊어지고 계획이 궁하면 돌아갈 생각을 해 오랫동안 스스로 괴로운 일을 하지 않을까 두렵습니다. 대중이 한번 흩어지면 다시 모으기가 어렵습니다." 하였다.

　왕이 매우 감동하여 말하기를 "내가 장차 생각해 보겠다." 하였는데, 호(鄗)에 이르러 풍이를 불러 사방의 동정을 물으니, 풍이가 아뢰기를 "경시는 반드시 패할 것이고, 종묘의 근심은 대왕께 있으니, 여러 사람의 뜻을 따라야 합니다." 하였다.

원문 還至中山하여 諸將이 請上尊號어늘 王이 不聽하고 行至南平棘하니 諸將이 固請之하되 王이 不許러니 耿純이 進曰 天下士大夫 捐親戚棄土壤하고 從大王於矢石之間者는 其計 固望攀龍鱗附鳳翼하여 以成其志耳어늘 今大王이 留時逆衆하여 不正號位하시니 純은 恐士大夫 望絶計窮 則有去歸之思하여 無爲久自苦也일까 하노니 大衆이 一散이면 難可復合이니이다 王이 深感曰 吾將思之하리라 行至鄗하여 召馮異하여 問四方動靜한대 異曰 更始 必敗라 宗廟之憂 在於大王하니 宜從衆議니이다

　　주 존호(尊號) 황제의 호를 말함.　시석지간(矢石之間) 화살과 돌이 나는 전쟁터.　반룡린부봉익(攀龍鱗附鳳翼) 용의 비늘과 봉황의 날개는 모두 황제를 비유한다. 즉 황제를 따른다는 뜻.　종묘지우(宗廟之憂) 나라의 근심.

○ 때마침 유생(儒生) 강화(彊華)가 관중에서 적복부(赤伏符)를 받들고 와 왕을 뵈었는데, 거기에 이르기를 "유수(劉秀)가 군대를 동원해 부도한 자를 잡으니, 사이(四夷)가 구름처럼 모여들어 용(龍)이 들판에서 싸운다. 사칠(四七)의 즈음에 화(火)가 주인이 된다."라고 하였다. 여러 신하들이 그것에 의거하여 다시 주청하니, 6월에 왕이 호의 남쪽에서 황제에 즉위하여 개원(改元)하고 크게 사유(赦宥)하였다.

원문 會에 儒生彊華 自關中으로 奉赤伏符來하여 詣王하니 曰 劉秀 發兵捕不道하니 四夷雲集하여 龍鬪野로다 四七之際에 火爲主라 하거늘 羣臣이 因復奏請한대 六月에 王이 卽皇帝位于鄗南하고 改元大赦하다

　　주 적복부(赤伏符) 붉은색으로 감싼 참기(讖記).　사칠(四七) 28을 말한다. 여기에 대해서는 여러 설이 있는데, 한 고조 때부터 유수가 즉위한 초까지 228년을 뜻한다고도 하고, 혹은 유수가 28세에 군사를 일으킨 것, 또는 그때 호응한 장수가 28명인 것을 뜻한다고도 함.　화위주(火爲主) 한나라가 화덕(火德)을 숭상하였기 때문에 한나라 후예가 황제가 된다는 뜻.

○ 적미가 서쪽으로 제성(帝城)을 향하면서 '여러 적이 오래가지 못한다.'라는 명분으로 종실(宗室) 유분자(劉盆子)를 세워 상장군으로 삼았다.

원문 赤眉 西向帝城할새 以名爲羣賊이 不可以久라 하여 乃立宗室劉盆子하여 爲上將軍하다

○ 7월에 황제가 사신에게 절(節)을 들려 보내 등우를 대사도(大司徒)에 임명하고 찬후(酇侯)에 봉하였는데, 등우는 이때 24세였다.

또 대사공(大司空)을 뽑기 위해 의논하면서 적복부에 "왕량주위(王梁主衞)가 현무(玄武)를 맡는다."라고 되어 있다 하여 야왕령(野王令) 왕량을 대사공으로 삼고, 오한(吳漢)으로 대사마(大司馬)를 삼았다.

원문 七月에 帝 使使持節하여 拜鄧禹爲大司徒하고 封酇侯하니 禹 時에 年이 二十四러라 又議選大司空할새 帝 以赤伏符에 曰 王梁主衞 作玄武라 하여 以野王令王梁으로 爲大司空하고 吳漢으로 爲大司馬하다

주 사공(司空) 물과 땅을 다스리는 직책. 현무(玄武) 물귀신 이름. 동방의 청룡(靑龍), 남방의 주작(朱雀), 서방의 백호(白虎)와 함께 사신(四神)의 하나.

○ 처음에 경시가 복담(伏湛)으로 평원태수(平原太守)를 삼았었다. 이때 천하에 군대들이 일어났으나, 복담만은 홀로 편안히 백성을 어루만지자 문하독(門下督)이 복담을 치려고 군사를 일으키기를 꾀하니, 복담이 잡아 죽였다. 그래서 이민들이 믿어서 평원 경내가 복담의 힘을 입어 온전하였다. 황제가 복담을 불러 상서(尙書)를 삼아 그와 함께 옛 제도를 정하게 하고, 또 등우가 서쪽으로 정벌하고 있다 하여 복담을 사직(司直)에 임명하여 대사도(大司徒)의 일을 행하게 하고, 매양 정벌을 나갈 때면 항상 남아서 진(鎭)을 지키게 하였다.

원문 初에 更始 以伏湛으로 爲平原太守하니 時에 天下兵起하되 湛이 獨晏然撫循百姓이러니 門下督이 謀爲湛起兵이어늘 湛이 收斬之하니 於是에 吏民이 信向하여 平原一境이 賴湛以全이라 帝徵湛爲尙書하여 使與定舊制하고 又以鄧禹西征이라 하여 拜湛爲司直하여 行大司徒事하니 車駕 每出征伐에 常留鎭守러라

○9월에 적미가 장안에 들어오자 경시는 도망하고, 장상(將相)이 모두 항복하였는데, 조서로 경시를 회양왕(淮陽王)에 봉하였다.

원문 九月에 赤眉 入長安하니 更始 走하고 將相이 皆降이어늘 詔封更始하여 爲淮陽王하다

○ 처음에 원의 사람 탁무(卓茂)가 관대하고 어질며, 공손하고 사랑하며, 담담하게 도를 좋아하여 진실되고 화려한 모습을 하지 않으며, 행실이 맑아서 어려서부터 백발이 되기까지 남과 경쟁하는 일이 없었다. 그래서 고을의 친구들이 비록 행실과 능력이 탁무와 같지 않더라도 모두 애모(愛慕)하고 기뻐하였다.

　애제(哀帝)·평제(平帝) 연간에 밀령(密令)이 되어 백성을 자식처럼 여기고, 선(善)한 이를 천거해 가르치고 입에 나쁜 말을 담지 않으니, 이민이 친애하여 차마 속이지 못하였다.

　백성 가운데 일찍이 말하기를 "부정장(部亭長)이 내가 보낸 쌀과 고기를 받았다."고 하였는데, 탁무가 말하기를 "정장이 너에게 달라고 하였는가, 아니면 네가 부탁할 일이 있어 주었는가, 평소 은혜로운 뜻이 있어 보냈는가?" 하니, 백성이 말하기를 "가서 주었을 뿐입니다." 하였다. 탁무가 말하기를 "보내준 것을 받았는데 무엇 때문에 말하는가?" 하니, 백성이 말하기를 "듣자오니, 현명한 임금은 백성으로 하여금 관리를 두렵지 않게 하고 관리들은 백성들의 것을 빼앗지 않는다고 합니다. 이제 제가 관리를 두려워하여 보낸 것인데, 마

침내 받았기 때문에 와서 말한 것입니다." 하였다.

탁무가 말하기를 "너는 인륜을 무너뜨리는 백성이다. 모든 사람이 많이 모여 살면서 어지럽지 않아 금수와 다른 것은 인의예애(仁義禮愛)가 있어 서로 존경할 줄을 알기 때문인데, 너만 홀로 그걸 닦지 않고 어찌 높이 날고 멀리 도망하여 인간 세상에 있지 않으려 하는가? 관리는 위력을 부려 억지로 청하지 않아야 하지만 정장은 평소 좋은 관리였고, 세시(歲時)에 보내는 것은 예(禮)이다." 하였다.

백성이 말하기를 "참으로 그렇다면 법률에는 무엇 때문에 그걸 금지하고 있습니까?" 하니, 탁무가 웃으며 말하기를 "법률은 대법(大法)만을 늘어놓은 것이요, 예는 인정(人情)에 따르는 것이다. 이제 내가 예로써 너를 가르치면 네가 반드시 원망하지 않겠지만, 법률로 너를 다스리면 네가 어떻게 손발인들 움직일 수 있겠는가. 한 부문(部門) 안에 작은 것은 죄를 논하고 큰 것은 죽일 수도 있으니, 돌아가 생각해 보거라." 하였다.

원문 初에 宛人卓茂 寬仁恭愛하고 恬淡樂道하여 雅實不爲華貌하고 行己在於淸濁之間하여 自束髮至白首히 與人으로 未嘗有爭競하니 鄕黨故舊 雖行能이 與茂不同이라도 而皆愛慕欣欣焉이라 哀平間에 爲密令하여 視民如子하여 擧善而敎하고 口無惡言하니 吏民이 親愛하여 不忍欺러라 民이 常有言 部亭長이 受其米肉遺者어늘 茂曰 亭長이 爲從汝求乎아 爲汝 有事囑之而受乎아 將平居에 自以恩意로 遺之乎아 民이 曰 往遺之耳니이다 茂曰 遺之而受어늘 何故言耶오 民이 曰 切聞賢明之君은 使民不畏吏하고 吏不取民이라 하니 今我 畏吏라 是以遺之하니 吏旣卒受故로 來言耳니이다 茂曰 汝爲敝民矣로다 凡人이 所以羣居不亂하여 異於禽獸者는 以有仁義禮愛하여 知相敬事也어늘 汝獨不欲修之하니 寧能高飛遠走하여 不在人間耶아 吏顧不當乘威力하여 彊求請耳니 亭長은 素善吏요 歲時遺之는 禮也니라 民이 曰 苟如此인댄

律에 何故禁之오 茂 笑曰 律은 設大法이요 禮는 順人情하니 今
我 以禮教汝면 汝必無怨惡이어니와 以律治汝면 汝何所措其手足
乎리요 一門之內에 小者는 可論이요 大者는 可殺也니 且歸念之
하라

○ 처음에 탁무가 현(縣)에 이르러 폐치(廢置)한 바가 있자, 이
민(吏民)이 비웃고 이웃 성에서 듣고는 모두 그 무능함을 비
웃었다. 하남군(河南郡)에 수령을 두었는데도 탁무는 의심스
럽게 여기지 않고 다스리는 일을 태연하게 하니, 수년 사이
에 교화가 크게 행하여져 길에 떨어진 물건을 줍지 않게 되
었는데, 경부승(京部丞)으로 옮기자 밀(密)의 사람 노소(老少)
가 모두 눈물을 흘리며 따라왔다.
  왕망이 섭정을 하자 병을 핑계하여 돌아갔는데, 상이 즉위
하여 먼저 탁무를 찾아가니, 탁무는 이때 70세였다. 갑신년에
조서를 내리기를 “대저 천하에 명성이 제일이면 마땅히 천하
의 중한 상을 받아야 하니, 탁무를 태부(太傅)로 삼고 포덕후
(褒德侯)에 봉하라.”하였다.

[원문] 初에 茂到縣하여 有所廢置하니 吏民이 笑之하고 隣城聞者
皆嗤其不能이라 河南郡이 爲置守令하되 茂不爲嫌하고 治事自若
하니 數年에 教化大行하여 道不拾遺러니 遷京部丞하니 密人老少
皆涕泣隨從이러라 及王莽이 居攝에 以病免歸러니 上이 卽位에
先訪求茂하니 茂 時에 年이 七十餘라 甲申에 詔曰 夫名冠天下
면 當受天下重賞이니 今以茂로 爲太傅하고 封褒德侯하라

  온공은 논평한다.
  “공자(孔子)는 ‘선한 이를 천거해 가르치고 잘하지 못하면
권하라.’고 하였다. 그러므로 순임금은 고요(皋陶)를 천거했
고, 탕임금은 이윤(伊尹)을 천거하여 불인(不仁)한 자를 멀리
한 것은 덕이 있었기 때문이다. 광무제(光武帝)는 즉위한 처
음에 여러 영웅들이 다투어 일어나 사해(四海)가 솥의 물이

끓듯 하였다. 그래서 저 굳센 적을 항복시킨 사람 및 권략(權略)과 궤변을 한 선비들이 바야흐로 세상에 중함을 받았는데도, 유독 충후한 신하를 취하고 순량(循良)한 관리를 야(野)에서 발탁해 정표(旌表)하여 여러 공(公)의 머리에 두었으므로, 옛 문물(文物)을 회복하여 나라를 누린 것이 오랜 것이 마땅하니, 이는 급선무를 알아 그 근본을 얻은 데서 말미암은 것이다."

원문 溫公曰 孔子稱擧善而敎하여 不能則勸이라 是以로 舜擧皐陶하고 湯擧伊尹 而不仁者遠은 有德故也라 光武卽位之初에 群雄競逐하여 四海鼎沸이라 彼摧堅陷敵之人과 權略詭辯之士가 方見重於世어늘 而獨能取忠厚之臣하고 旌循良之吏를 拔於草萊之中하여 寘諸群公之首하니 宜其光復舊物하여 享祚久長은 蓋由知所先務 而得基本原故也라

> ㊟ 정비(鼎沸) 솥의 물이 끓듯 함. 권략(權略) 권모술수(權謀術數). 순량(循良) 순하고 어짊. 초래(草萊) 들판, 초야. 구물(舊物) 옛 제도와 문물.

황제가 여러 장수를 보내어 낙양을 포위하자 주유(朱鮪)가 나와 항복하니, 10월에 거가(車駕)가 낙양에 들어가 남궁(南宮)에 행행하고 드디어 도읍으로 정하였다.

원문 帝 遣諸將하여 圍洛陽한대 朱鮪 出降이어늘 十月에 車駕入洛陽하여 幸南宮하고 遂定都焉하다

○ 유분자(劉盆子)가 자주 관리와 백성들에게 포학하게 굴어 백성들이 귀의(歸衣)할 바를 몰랐는데, 등우(鄧禹)만이 승승장구하면서 이기고 군대의 행렬에 기율이 있다는 말을 듣고는 모두 우러러 사모하며 서로 손을 잡거나 업고서 그 군사를 맞이하니, 항복한 자들이 하루 수천이어서 무리가 수백만이라 선전하였다.

등우는 주둔지에서 문득 수레를 멈추고 절(節)을 머물고서

위로하며 맞아들이니, 부로(父老)와 아이들의 땋아 늘어뜨린 머리와 하얀 머리가 그 수레 밑에 가득히 모여 모두 기뻐하였다. 그래서 이름이 관서(關西)에 떨치게 되었다.

여러 장수와 호걸이 모두 등우에게 지름길로 장안을 공격할 것을 권하니, 등우는 말하기를 "그렇지 않다. 지금 우리 군사가 비록 많으나 전쟁에 익숙한 자가 적고, 앞에는 의지할 곡식이 없으며 뒤에는 실어다 먹을 밑천이 없는데, 적미(赤眉)는 막 장안을 함락시켜 재물과 곡식이 너넉하여 그 예봉을 당할 수가 없다. 대저 도적이 떼를 이루고 있으면서 하루의 계책도 없으니, 재물과 곡식이 비록 많으나 변고가 만가지여서 어찌 굳게 지킬 수 있겠는가? 상군(上郡)·북지(北地)·안정(安定)의 세 군은 땅이 넓고 사람이 드물며 곡식이 풍부하고 가축이 많다. 나는 북도(北道)에서 군사를 쉬게 하면서 양식을 얻고 군사를 양성하여 그들이 지치는 것을 보면은 도모할 수 있을 것이다." 하고는 군사를 이끌고 순읍(栒邑)에 이르렀는데, 이르는 곳 여러 영보(營堡)와 군읍이 모두 문을 열고 귀부(歸附)하였다.

원문 劉盆子 數暴虐吏民하여 百姓이 不知所歸러니 聞鄧禹 乘勝 獨克而師行有紀하고 皆望風하여 相携負以迎軍하니 降者 日以千 數라 衆號百萬이러라 禹所止에 輒停車駐節하여 以勞來之하니 父 老童稚 垂髮戴白이 滿其車下하여 莫不感悅하니 於是에 名震關 西러라 諸將豪傑이 皆勸禹徑攻長安이어늘 禹曰 不然하다 今에 吾衆이 雖多나 能戰者 少하고 前無可仰之積하며 後無轉饋之資 하고 赤眉 新拔長安하여 財穀이 充實하니 鋒銳를 未可當也라 夫 盜賊이 羣居에 無終日之計하니 財穀이 雖多나 變故萬端이니 寧 能堅守者也리요 上郡北地安定三郡이 土廣人稀하고 饒穀多畜하 니 吾且休兵北道하여 就糧養士하여 以觀其敝면 乃可圖也라 하고 於是에 引軍至栒邑하니 所到에 諸營堡郡邑이 皆開門 歸附러라

㈜ 노래(勞來) 위로하며 맞아들임.

○처음에 성기(成紀) 땅 외효(隗囂)가 군사를 일으켜 한나라에 호응하였는데, 경시(更始)가 외효를 불렀다. 외효가 장안에 이르렀다가 후에 천수(天水)로 도망하여 다시 그의 무리들을 불러모아 그가 하던 옛일을 일으키고는 서주상장군(西州上將軍)이라고 자칭하므로, 삼보(三輔)의 피난한 사대부들이 외효에게 귀의한 자가 많았다. 외효는 몸을 낮춰 대접하면서 포의(布衣)로 사귀어 마원(馬援)·반표(班彪)의 무리를 빈객(賓客)으로 삼았다. 이로 말미암아 이름이 서주에 떨치고 산동에 알려졌다.

원문 初에 成紀隗囂 起兵應漢이어늘 更始 徵囂한대 囂 至長安이라가 後에 逃歸天水하여 復招聚其衆하고 興修故業하여 自稱西州上將軍이라 하니 三輔士大夫 避亂者 多歸囂어늘 囂 傾身引接하여 爲布衣交하여 以馬援班彪之屬으로 爲賓客하니 由此로 名震西州하여 聞於山東이러라

○마원은 어려서 살림이 넉넉지 못하여 그의 형 마황(馬況)에게 이야기하고 변방군에 가서 농사와 목축을 하려고 하였다. 마황이 말하기를 "너는 큰 인물이니 마땅히 늦게 성공할 것이다. 훌륭한 공장(工匠)은 사람에게 조잡한 것을 보이지 않으니, 좋아하는 바를 따라야 한다." 하였다. 드디어 북지(北地)로 가서 농사와 목축을 하였는데, 항상 빈객에게 말하기를 "대장부가 뜻을 세움에 있어 궁할수록 마땅히 더 굳게 하고, 늙을수록 더욱 장대해야 한다."라고 하였다.

후에 가축이 수천 마리이고 곡식이 수만 섬이나 되었는데, 이윽고 탄식하기를 "무릇 재산을 늘리는 것은 그것을 베풀어 구제하는 일을 귀하게 여겨야 하며, 그렇지 않으면 수전로(守錢虜)일 뿐이다." 하고는 친구에게 다 나누어 주고, 외효가 선비를 좋아한다는 말을 듣고는 가서 따르니, 외효가 매우 존경하여 함께 계책을 결정하였다.

원문 馬援이 少時에 以家用不足으로 辭其兄況하고 欲就邊郡田牧이어늘 況이 曰 汝는 大才니 當晚成이라 良工은 不示人以朴이니 且從所好하라 遂之北地하여 田牧이러니 常謂賓客曰 丈夫爲志에 窮當益堅이요 老當益壯이라 하더라 後有畜數千頭穀數萬斛이러니 旣而嘆曰 凡殖財産은 貴其能賑施也니 否則守錢虜耳라 하고 乃盡散於親舊하다 聞隗囂好士하고 往從之한대 囂甚敬重하여 與決籌策하더라

주 전목(田牧) 농사와 목축. 만성(晚成) 늦은 나이에 성공함. 박(朴) 완성되지 않은 거친 상태. 박(璞)과 같은 뜻. 진시(賑施) 남에게 베풀어 구제함. 수전로(守錢虜) 돈을 쓸 줄은 모르고 지킬 줄만 아는 사람.

2년(병술) 여러 공신을 다 봉하여 열후(列侯)로 삼았다. 음향후(陰鄕侯) 음지(陰識)는 귀인(貴人)의 오빠였는데, 군공(軍功)으로 마땅히 증봉(增封)하게 되었다. 음지가 머리를 조아리며 사양하기를 "신은 액정(掖庭)의 일가붙이이니, 작읍(爵邑)을 가하여 천하에 보여서는 안 됩니다." 하니, 황제가 이를 따랐다.

원문 丙戌二年이라 悉封諸功臣하여 爲列侯할새 陰鄕侯陰識는 貴人之兄也라 以軍功으로 當增封이러니 識이 叩頭讓曰 臣이 托屬掖庭하니 仍加爵邑하여 不可以示天下니이다 帝從之하다

○ 고사(故事)에 상서랑(尙書郞)은 영사(令史)에 오래 있는 차례로 보직하였는데, 황제가 처음으로 효렴(孝廉)을 임용하여 상서랑을 삼았다.

원문 故事에 尙書郞을 以令史久次로 補之러니 帝 始用孝廉하여 爲尙書郞하다

○ 고제묘(高帝廟)를 낙양에 세우고 사시에 고조(高祖)·태종(太宗)·세종(世宗)을 합제(合祭)하고 종묘 오른편에다 사직(社

稷)을 세웠으며, 교조(郊兆)를 성의 남쪽에 세웠다.

[원문] 起高廟於洛陽하여 四時에 合祭高祖太宗世宗하고 建社稷于宗廟之右하고 立郊兆於城南하다

주 고묘(高廟) 한 고조(漢高祖)의 사당. 사직(社稷) 사는 토지의 신, 직은 곡식의 신을 제사하는 곳. 교조(郊兆) 하늘과 땅의 신에게 제사 지내는 곳. 교사(郊社).

장안성(長安城) 안에 양식이 바닥나자 적미(赤眉)가 불을 질러 약탈하고 드디어 안정(安定) 북쪽 땅으로 들어갔다.

[원문] 長安城中이 糧盡하니 赤眉 縱火하여 殺掠하고 遂入安定北地하다

○ 등우가 군사를 이끌고 남쪽으로 가 장안에 이르러 곤명지(昆明地)에 주둔하여 고묘(高廟)를 배알하고, 열한 분 황제의 신주(神主)를 거두어 마침내 낙양으로 보내고부터는, 원릉(園陵)을 순행하고 이사(吏士)를 설치하고 받들어 지키게 하였다.

[원문] 鄧禹 引兵南至長安하여 軍昆明池하여 謁高廟하고 收十一帝神主하여 送詣洛陽하고 因巡行園陵하여 爲置吏士하고 奉守焉하다

○ 송홍(宋弘)을 대사공(大司空)으로 삼았다. 호양공주(湖陽公主)가 최근에 과부가 되었는데, 황제가 함께 조정 신하들을 논하면서 넌지시 그 뜻을 살피니, 공주가 말하기를 "송공의 위엄있는 용모와 덕성스런 기국은 여러 신하들이 미치지 못할 것입니다." 하였다. 황제가 이르기를 "바야흐로 꾀해보겠다." 하였는데, 후에 송홍이 인견함을 받자, 황제가 공주로 하여금 병풍 뒤에 앉게 하고는 송홍에게 말하기를 "속담에 '귀하게 되면 친구를 바꾸고, 부자가 되면 아내를 바꾼다.'고 하는데 인정에 맞는 일인가?" 하였다. 송홍이 말하기를 "신은 들으니 '가난하고 천할 때 안 사람은 잊어서는 안 되고,

조강지처는 내보내지 않는다.'고 하였습니다.”하니, 황제가
공주를 돌아보며 말하기를 “일이 잘되지 않았다.”하였다.

원문 以宋弘으로 爲大司空하다 湖陽公主 新寡러니 帝 與共論朝
臣하여 微觀其意한대 主曰 宋公의 威容德器는 羣臣의 莫能及이
러이다 帝曰 方且圖之하리라 後에 弘이 被引見에 帝 令主로 坐
屛風後하고 因謂弘曰 諺에 言貴易交요 富易妻라 하니 人情乎아
弘이 曰 臣은 聞貧賤之知는 不可忘이요 糟糠之妻는 不下堂이라
하니이다 帝 顧謂主曰 事不諧矣로다

○ 황제가 왕랑(王郞)을 토벌함에 있어 팽총(彭寵)이 돌격 기
병을 내어 군사를 돕고 양식을 수송해 앞뒤가 끊어지지 않았
었다. 그래서 그 공을 자부하고 있었는데, 황제가 대접함이
그 뜻에 차지 않자, 이로써 불만을 품고는 드디어 군사를 내
어 반란을 일으켜 주부(朱浮)를 계(薊) 땅에서 공격하였다.

원문 帝之討王郞也에 彭寵이 發突騎하여 以助軍하고 轉糧食하여
前後不絶이라 自負其功이러니 帝 接之不能滿其意하니 以此로 懷
不平하여 遂發兵反하여 攻朱浮於薊하다

○ 경시의 여러 장수들이 이때 남쪽에 있으면서 항복하지 않
은 자가 아직도 많았으므로, 가복(賈復)을 보내어 언(郾)을 격
파하자 윤존(尹尊)이 항복하고, 오한(吳漢)이 원(宛)을 치자 원
왕(宛王) 사(賜)가 항복하였다.

원문 更始諸大將이 時在南方하여 未降者 尙多어늘 遣賈復하여
擊郾破之하니 尹尊이 降하고 吳漢이 擊宛하니 宛王賜 降하다

○ 가을에 가복이 남쪽으로 소릉(召陵)과 신식(新息)을 공격하
여 평정하였다. 가복의 부장(部將)이 영천(潁川)에서 사람을
죽이자, 영천태수 구순(寇恂)이 붙잡아 감옥에 가두었다. 이때
는 아직 초창기였으므로 군영(軍營)에서 범법한 것은 대부분
서로 용서하였는데, 구순이 그를 저자에서 죽였다. 가복이 이

를 부끄럽게 여기고 있었는데, 영천을 지나면서 좌우에게 말하기를 "내가 구순과 더불어 함께 장수의 열에 있었는데 그에게 무시당했으니, 이제 구순을 보면 반드시 손수 칼로 찌르겠다." 하였다.

구순이 그 꾀를 알고서 서로 만나보지 않자 누나의 아들 곡숭(谷崇)이 말하기를 "저 곡숭도 장수이니, 칼을 차고 옆에서 모시다가 갑작스런 변이 있으면 서로 대항할 수 있습니다." 하니, 구순이 말하기를 "그렇지 않다. 옛날 인상여(藺相如)는 진왕(秦王)을 두려워하지 않았으나 염파(廉頗)에게 굽힌 것은 나라를 위해서였다." 하였다. 그리고는 소속된 고을에 명령하여 "음식을 성대히 준비하고 술을 준비하여 집금오(執金吾)의 군사가 경계에 들어오거든 모두 한 사람에게 2인분씩을 대접하라." 하고, 구순이 길에 마중을 나갔다가 병을 핑계하고는 돌아왔다. 가복이 군사를 내어 추격하려 했는데, 관리와 군사들이 모두 술에 취해 마침내 지나치고 말았다.

구순이 곡숭을 보내 장계로 아뢰니, 황제가 구순을 불렀는데, 구순이 이르자 인견하였다. 이때 가복이 먼저 자리에 있다가 일어나 서로 피하려 하자 황제가 말하기를 "천하가 아직 평정되지 않았는데, 두 마리 호랑이가 어찌 사사로이 싸우겠는가? 오늘 짐이 해결하겠다." 하였다. 그래서 함께 앉아 아주 즐겁게 지내고 드디어 같은 수레를 타고 함께 나와 친구가 되어 떠났다.

원문 秋에 賈復이 南擊召陵新息하여 平之하다 復의 部將이 殺人於穎川이어늘 穎川太守寇恂이 捕得繫獄하다 時尙草創하여 軍營犯法을 率多相容하되 恂이 戮之於市어늘 復이 以爲恥하여 過穎川할새 謂左右曰 吾與寇恂으로 並列將帥 而爲其所陷하니 今見恂이면 必手劍之하리라 恂이 知其謀하고 不與相見이어늘 姊子谷崇이 曰 崇은 將也라 得帶劍侍側이라가 卒有變하면 足以相當하리이다 恂이 曰 不然하다 昔에 藺相如 不畏秦王 而屈於廉頗者는

526

爲國也라 하고 乃敕屬縣하여 盛供具儲酒醪라가 執金吾軍이 入界
어든 一人을 皆兼兩人之饌하라 하고 恂이 出迎於道라가 稱疾而
還한대 復이 勒兵欲追之하되 而吏士 皆醉라 遂過去하다 恂이 遣
谷崇하여 以狀聞한대 帝 乃徵恂하니 恂이 至引見할새 時에 賈復
이 先在坐라가 欲起相避어늘 帝曰 天下未定에 兩虎 安得相鬪리
요 今日에 朕이 分之하리라 於是에 並坐極歡하고 遂共車同出하여
結友而去하다

㈜ 초창(草創) 일의 시작. 초창기. 인상여(藺相如) 전국시대 조(趙)의
장수로 염파(廉頗) 장군이 벼슬이 낮은 것을 시기하여 자신을 해치려
는 것을 알고는 일부러 피해다녔음. 그후 염파는 인상여의 뜻을 알
고 문경지교(刎頸之交)를 맺음. 집금오(執金吾) 오(吾)는 어(禦)와 같
은 뜻. 무기를 갖고 비상시에 대비하는 군대.

○등우는 풍암(馮愔)이 반란을 일으킨 후부터 위명(威名)이
다소 손상되고, 또 양식이 부족하여 싸움에 불리해지자 귀부
한 자가 날로 더 흩어졌다.

적미가 삼보(三輔)에서 횡포를 부리니, 군현의 대성(大姓)들
이 각기 군사를 이끌어 등우가 평정할 수가 없었다. 황제가
이에 편장군(偏將軍) 풍이를 보내 등우 대신 토벌하게 하면서
거가(車駕)로 하남에까지 와서 전송하며 풍이에게 당부하기를
"삼보가 왕망과 경시의 난리를 만났고, 거기다 적미와 연잠
(延岑)의 가혹함을 당해 백성들이 도탄(塗炭)에 빠져 의지하여
호소할 곳이 없다. 장군이 이제 사명(辭命)을 받들고 불궤(不
軌)한 영보(營堡)를 토벌하게 되었는데, 항복한 자는 그 장수
를 서울로 보내고 백성들은 해산시켜 농업에 종사하게 하며,
그 영벽(營壁)을 허물어 다시 모이지 못하게 하라. 정벌은 땅
을 빼앗고 성을 도륙하는 것이 아니며, 중요한 것은 평정하
여 편히 모이게 하는 것일 뿐이다. 여러 장수들이 잘 싸우지
못하는 것이 아니지만 노략질을 좋아한다. 경은 본래 관리와
군사를 잘 거느리니, 스스로 단속할 것을 생각하여 군현이
고통받는 일이 없게 하라." 하였다. 풍이가 고개를 숙여 명을

받고는 군사를 이끌고 서쪽으로 갔는데, 이르는 곳마다 위신 (威信)을 펴자 여러 도적들이 많이 항복하였다.

원문 鄧禹 自馮愔叛後로 威名이 稍損하고 又乏糧食하여 戰數不 利하니 歸附者 日益離散이러라 赤眉 暴亂三輔하니 郡縣大姓이 各擁兵衆하여 禹 不能定이어늘 帝 乃遣偏將軍馮異하여 代禹討 之할새 車駕 送至河南하여 敕異曰 三輔 遭王莽更始之亂하고 重 以赤眉延岑之酷하여 元元이 塗炭하여 無所依訴하니 將軍이 今奉 辭하여 討諸不軌營堡하니 降者를 遣其渠帥하여 詣京師하고 散其 小民하여 令就農桑하고 壞其營壁하여 無使復聚하라 征伐은 非必 略地屠城이라 要在平定安集之耳니 諸將이 非不健鬪나 然이나 好 虜掠이라 卿은 本能御吏士하니 念自修敕하여 無爲郡縣所苦하라 異 頓首受命하고 引而西하여 所至에 布威信하니 羣盜多降이라

주 원원(元元) 나라의 근본인 백성. 불궤(不軌) 법을 지키지 않거나 반 역을 꾀하는 것.

온공은 논평한다.

"옛날 주나라 사람들이 무왕(武王)의 덕을 칭송하여 노래하 기를 '이렇게 깊이 생각하여 펴니 우리가 가서 안정을 구하 리.'라고 하였으니, 이는 왕자(王者)의 뜻은 위덕(威德)을 펴 백성을 안정시키는 데 있음을 말한 것이다. 보건대 광무제가 관중(關中)을 취한 것은 이런 도리이니, 어찌 아름답지 않은 가?"

원문 溫公曰 昔에 周人이 頌武王之德曰 鋪時繹思하여 我徂惟 求定이라 하니 言王者之志는 在布陳威德하여 安民而已라 觀光武 所以取關中은 用是道也라 豈不美哉아

주 포시(鋪時) 포는 부(敷)와 같은 뜻으로 펴다, 시(時)는 시(是)와 같다. 이 시는 《좌전(左傳)》 선공(宣公) 12년조와 《시경(詩經)》 주송(周頌) 뇌(賚)편에 보이는데, 주자는 이 시를 가리켜 문왕과 무왕의 공적을 칭송하고 공신을 크게 포상한 것이라고 하였음. 조(徂) 가는 것.

또 조서로 등우(鄧禹)에게 돌아오라고 부르기를 "조심하여 궁지에 빠진 도적과 싸우지 말라. 적미(赤眉)는 곡식이 없으므로 저절로 올 것이니, 우리는 배불리 먹고 굶주리기를 기다리며 편안하게 있다가 피로하기를 기다려 채찍을 꺾어 때리면 되니, 여러 장수가 걱정할 것이 아니다. 다시는 망령되이 군사를 진군시키지 말라." 하였다.

원문 又詔徵鄧禹還曰 愼毋與窮寇로 爭鋒하라 赤眉無穀하니 自當來라 吾以飽待飢하며 以逸待勞하여 折箠笞之하리니 非諸將憂也라 無得復妄進兵하라

3년(정해) 낙양에 사친묘(四親廟)를 세웠다.

원문 丁亥三年이라 立四親廟於雒陽하다

○ 풍이가 적미와 싸우기를 기약하여 장사(壯士)로 하여금 변복(變服)하여 적미의 군사와 같게 하고 길 옆에 매복해 있도록 했다. 아침에 적미가 1만 명으로 하여금 풍이의 전방부대를 공격하게 하니, 풍이는 작은 군대를 내어 구원하게 하였다. 적들이 형세가 약한 것을 보고는 드디어 군사를 다해 풍이를 공격하자, 풍이는 이에 군사를 풀어 크게 싸웠다. 해가 기울 무렵 적의 기세가 쇠약해지자 복병이 갑자기 일어났는데, 의복이 서로 뒤섞였다.

적미가 식별할 수가 없어 군사가 놀라 궤멸하니, 추격하여 효산(殽山) 밑에서 크게 격파해 남녀 8만 명이 항복하였다. 황제가 새서(璽書)를 내려 풍이를 위로하기를 "처음에는 비록 회계(回谿)에서 날개가 처졌으나 마침내 면지(澠池)에서 날개를 떨쳤으니, 동우(東隅)를 잃고 상유(桑楡)를 취했다고 할 수 있다. 바야흐로 논공행상(論功行賞)하여 큰 공훈에 보답하겠다." 하였다.

적미의 남은 무리가 동쪽으로 의양(宜陽)을 향하자 황제가 친히 육군(六軍)을 거느리고 진(陣)을 엄히 하여 기다리고 있

었다. 적미는 갑자기 대군을 만나 놀라고 두려워하여 어쩔 줄을 모르고, 유공(劉恭)을 보내어 항복을 구하기를 "유분자(劉盆子)가 100만 군사를 거느리고 항복할 것인데, 폐하께서는 장차 어떻게 대우하겠습니까?" 하였다. 황제가 말하기를 "너희들을 죽이지 않는 것으로 대우하겠다." 하니, 유분자 및 승상 서선(徐宣) 이하 30여 명이 어깨를 드러내고 항복하며 그들이 얻었던 전국새수(傳國璽綬)를 올렸는데, 무기를 의양성 서쪽에 쌓으니 웅이산(熊耳山)과 나란하였다. 적미의 무리가 아직 10만 명이나 되었는데, 황제가 현의 주방으로 하여금 모두 음식을 내리도록 하였다.

원문 馮異 與赤眉로 約期會戰할새 使壯士로 變服하여 與赤眉同하고 伏於道側이러니 旦日에 赤眉 使萬人으로 攻異前部어늘 異 少出兵以救之한대 賊이 見勢弱하고 遂悉衆攻異어늘 異 乃縱兵大戰이러니 日昃에 賊氣旣衰하고 伏兵이 卒起하여 衣服이 相亂이라 赤眉 不復識別하여 衆遂驚潰어늘 追擊大破之於殽底하여 降男女八萬人한대 帝 降璽書勞異曰 始에 雖垂翅回谿나 終能奮翼澠池하니 可謂失之東隅요 收之桑楡로다 方論功賞하여 以答大勳하리라 赤眉餘衆이 東向宜陽이어늘 帝 親勒六軍하여 嚴陳以待之러니 赤眉忽遇大軍에 驚震不知所謂하여 乃遣劉恭乞降曰 盆子 將百萬衆降하리니 陛下將何以待之이까 帝曰 待汝以不死耳니라 盆子及丞相徐宣以下三十餘人이 肉袒降하고 上所得傳國璽綬하고 積兵甲宜陽城西하니 與熊耳山으로 齊러라 赤眉衆이 尙十餘萬人이어늘 帝 令縣厨하여 皆賜食하다

주 일측(日昃) 해가 기울 무렵. 수시(垂翅) 날개가 처지는 것. 싸움에서 패배한 것을 비유함. 분익(奮翼) 날개를 떨치는 것. 싸움에서 승리한 것을 비유함. 동우(東隅) 동쪽 해뜨는 곳. 상유(桑楡) 해가 지는 곳. 또는 만년(晚年)을 말하기도 함. 육군(六軍) 천자의 군대. 육단(肉袒) 어깨를 드러냄. 전국새수(傳國璽綬) 나라를 전하는 옥새와 끈. 처음 진(秦)나라에서 화씨벽(和氏璧)을 얻어 이사(李斯)가 "수명우천 기수영창(受命于天旣壽永昌)"이라고 써 만든 것이라 함.

○ 처음에 양왕(梁王) 유영(劉永)이 나라에 의지하여 군사를 일으켜 동헌(董憲)과 장보(張步)를 장군으로 삼고, 마음대로 동쪽을 점거하면서 수양제(睢陽帝)라 칭하고 다시 장보를 제왕(齊王)으로 세웠다. 황제가 바야흐로 북쪽으로 어양(漁陽)을 걱정하고 남쪽으로 양(梁)·초(楚)에 전념하였기 때문에 장보가 제 땅에 마음대로 모여 12군을 차지하였다.

[원문] 初에 梁王劉永이 據國起兵하여 以董憲張步로 爲將軍하여 專據東方하여 稱帝睢陽하고 復立步爲齊王이러니 帝 方北憂漁陽하고 南事梁楚라 故로 步 得專集齊地하여 據郡十二焉하다

○ 탁군태수(涿郡太守) 장풍(張豐)이 반란을 일으켜 팽총(彭寵)과 군사를 연합하였다. 이때 관중의 여러 도적들이 아직 성했는데, 풍이(馮異)가 한편으론 싸우면서 한편으론 행군하여 상림원(上林苑) 가운데 군사를 주둔하여 명령에 따르지 않은 호걸을 공격하니, 위엄이 관중에 떨쳤다.

[원문] 涿郡太守張豐이 反하여 與彭寵으로 連兵하다 時에 關中衆寇 猶盛이라 馮異 且戰且行하여 屯兵上林苑中하여 以擊豪傑不從令者하니 威行關中이러라

○ 개연(蓋延)이 수양을 포위하여 유영을 참(斬)하니, 소무(蘇茂)는 수혜(垂惠)로 도망하여 함께 유영의 아들 유우(劉紆)를 양왕(梁王)으로 세웠다.

[원문] 蓋延이 圍睢陽하여 斬劉永한대 蘇茂 奔垂惠하여 共立永子紆하여 爲梁王하다

○ 경감(耿弇)이 조용히 황제에게 말하여 자청하기를 "북으로 상곡(上谷)군사를 거두어 팽총(彭寵)을 어양에서 평정하고, 장풍(張豐)을 탁군에서 잡고, 부평(富平)·획색(獲索)을 환수(還收)하고, 동으로 장보(張步)를 공격하여 제(齊) 땅을 평정하고자 합니다." 하니, 황제가 그 뜻을 장하게 여겨 허락하였다.

원문 耿弇이 從容言於帝하여 自請北收上谷兵하여 定彭寵於漁陽하고 取張豐於涿郡하고 還收富平獲索하고 東攻張步하여 以平齊地라 한대 帝 壯其意하여 許之하다

4년(무자) 오한(吳漢)과 왕량(王梁)이 오교(五校)를 임평(臨平)에서 격파하였다.

원문 戊子四年이라 吳漢王梁이 擊破五校於臨平하다

○ 경감과 제준(祭遵) 등이 장풍을 탁군에서 토벌하여 사로잡았다.

원문 耿弇祭遵等이 討張豐於涿郡하여 禽之하다

○ 왕망(王莽) 말기에 천하가 어지러워지자 임회대윤(臨淮大尹) 후패(侯霸)만이 홀로 그 군을 보전하니, 황제가 후패를 불러 수춘(壽春)에서 만나 상서령(尙書令)에 임명하였다. 이때 조정에 전고(典故)가 없고 또 옛 신하들이 적었는데, 후패가 고사에 밝고 익숙하여 남아 있는 글을 수록해 전세의 선정(善政)과 법도(法度)를 조목으로 아뢰어 시행하였다.

원문 王莽末에 天下亂이어늘 臨淮大尹侯霸 獨能保全其郡이러니 帝 徵霸會壽春하여 拜尙書令하니 時에 朝廷에 無故典하고 又少舊臣이라 霸明習故事하여 收錄遺文하여 條奏前世善政法度하여 施行之하다

○ 경시 말기에 공손술(公孫述)이 성도(成都)에서 황제에 즉위하자 외효(隗囂)가 마원(馬援)으로 하여금 가서 공손술을 보게 하였다. 마원이 평소 공손술과 더불어 한 마을에서 살며 사이좋게 지냈었다.
  이미 이르러서는 마땅히 악수하고 반가워하기를 평소처럼 할 것으로 생각하였는데, 공손술이 계단에 호위병을 많이 배치하고 마원을 맞아들여 서로 절을 하고 예(禮)를 마친 후에

그로 하여금 관사(館舍)에 나가게 하였다. 그리고 마원을 위하여 도포(都布)와 단의(單衣)를 만들고 교양관(交讓冠)을 쓰게 하여 종묘 가운데 백관들을 모이게 한 다음 옛 친구의 위(位)를 세웠다. 공손술이 난기(鸞旗)와 모기(旄騎)로 경필(驚蹕)하여 수레를 타고, 허리를 굽히고 들어와서 예(禮)로써 향응을 베푸니, 관속들이 매우 성대하였다. 그리고 마원을 후(侯)에 봉하고 대장군에 임명하고자 하였다. 빈객이 모두 머무르는 것을 즐거워하니, 마원이 깨닫고 말하기를 "천하의 자웅(雌雄)이 아직 정해지지 않았는데, 공손술이 먹던 밥을 뱉고 달려나와 국사(國士)를 맞아서 성패를 도모하지 않고 도리어 겉치레만 꾸며 마치 인형과 같으니, 이 사람이 어찌 족히 오랫동안 천하의 선비를 머물게 하겠는가?" 하고는 작별하고 돌아와 외효에게 말하기를 "자양(子陽)은 우물 안 개구리여서 망령되이 스스로 존대하니, 오로지 동쪽에 뜻을 두는 것만 못하다." 하였다.

외효가 이에 마원으로 하여금 글을 받들고 낙양으로 가게 하였다. 마원이 처음 도착하자 황제가 선덕전(宣德殿) 남무(南廡) 아래에서 두건만 쓰고 앉아 있다가 맞아 웃으면서 말하기를 "경이 두 황제 사이를 오유(遨遊)하는데, 이제 경을 보니 사람을 크게 부끄럽게 하오." 하였다. 마원이 머리를 숙여 사양하며 사례하고는 말하기를 "지금 세상에서는 비단 임금이 신하를 고를 뿐 아니라 신하 역시 임금을 가리는 것입니다. 신이 공손술과 더불어 한 고을에서 어려서부터 서로 좋게 지냈는데, 신이 전에 촉(蜀)에 이르자 공손술이 계단 앞에 군사를 세운 후에 신을 보았습니다. 신이 이제 멀리서 왔는데 폐하께서 어떻게 자객(刺客)이나 간사한 사람이 아닌 줄 알고 이처럼 간이(簡易)하게 하십니까?" 하였다.

황제가 다시 웃으며 말하기를 "경은 자객이 아니라 세객(說客)이오." 하였다. 마원이 말하기를 "천하에 반복하여 이름을 도적질한 자가 그 숫자를 헤아릴 수조차 없는데, 이제 폐하를 뵈니 도량이 넓고 큰 것이 고조(高祖)와 같아서 제왕(帝王)은 저절로 진짜 인물이 있음을 알게 되었습니다."라고 하였다.

원문 更始之末에 公孫述이 卽皇帝位於成都어늘 隗囂 使馬援으로 往觀述한대 援이 素與述로 同里閈相善이라 以爲旣至에 當握手歡如平生이러니 而述이 盛陳陛衛하고 以延援入하여 交拜禮畢에 使出就館하고 更爲援하여 製都布單衣하여 交讓冠하고 會百僚於宗廟中하여 立舊交之位하고 述이 鸞旗旄騎로 驚蹕就車하여 磬折而入하여 禮饗하니 官屬이 甚盛이러니 欲授援以封侯大將軍位하니 賓客이 皆樂留어늘 援이 曉之曰 天下雌雄이 未定이어늘 公孫이 不吐哺走迎國士하여 與圖成敗하고 反修飾邊幅하여 如偶人形하니 此子 何足久稽天下士乎리요 因辭歸하여 謂囂曰 子陽은 井底蛙耳라 而妄自尊大하니 不如專意東方이니라 囂 乃使援으로 奉書洛陽하니 援이 初到에 帝在宣德殿南廡下하사 但幘坐迎하여 笑謂援曰 卿이 遨遊二帝間하니 今見卿에 使人大慙이로다 援이 頓首辭謝하고 因曰 當今之世에 非但君擇臣이라 臣亦擇君耳니이다 臣이 與公孫述로 同縣少相善이러니 臣이 前至蜀에 述이 陛戟以後에 進臣하더니 臣이 今에 遠來어늘 陛下 何知非刺客姦人 而簡易若是이까 帝 復笑曰 卿非刺客이라 顧說客耳로다 援이 曰 天下에 反復盜名字者를 不可勝數러니 今見陛下하니 恢廓大度 同符高祖라 乃知帝王이 自有眞也로소이다

주 동리한(同里閈) 같은 마을. 도포단의(都布單衣) 거친 베로 만든 홑옷. 교양관(交讓冠) 주인과 손님이 인사를 나눌 때 쓰는 관. 경필(驚蹕) 임금이나 귀인이 행차할 때 사람을 물리치고 조용히 하는 것. 경절(磬折) 경쇠 모양으로 허리를 구부려 절함. 삼가 공경하는 모양. 토포(吐哺) 먹던 밥을 뱉고 손님을 만나다. 주공(周公)이 이렇게 해 천하의 현인을 맞아들였다 함. 변폭(邊幅) 가장자리를 꾸미는 것. 겉치레. 남무(南廡) 본전 아래의 남쪽 별채. 오유(遨遊) 즐기며 노니는 것. 또는 분주하게 왕래하며 주선하는 일.

5년(기축) 황제가 내흡(來歙)으로 하여금 절(節)을 지니고

마원을 전송하게 하여 농우(隴右)로 돌려보냈다. 외효가 마원과 함께 거처하면서 동쪽의 일을 물으니, 말하기를 "전번 조정에 이르렀더니 상이 수십 번 인견하시어 매양 한담을 나누기를 저녁에 시작하여 아침에 이르렀는데, 재명(才明)과 용략(勇略)이 다른 사람이 대적할 바가 아니었으며, 또 마음을 열어 성의를 보이고 숨기는 것이 없으니, 활달하고 대절(大節)이 있는 것은 대략 고제(高帝)와 같았고, 경학(經學)이 박람(博覽)한 것과 정사에 대한 식견은 전세에 비할 자가 없었소." 하였다.

외효가 말하기를 "경의 생각에 고제와 비교해 어떻다고 여기는가?" 하니, 마원이 말하기를 "같지 않소. 고제는 가함도 없고 불가함도 없지만, 금상(今上)은 이사(吏事)를 좋아하여 움직이면 절도에 맞고 또 음주(飮酒)를 좋아하시지 않소." 하였다. 외효는 마음이 내키지 않아 말하기를 "경의 말과 같다면 도리어 낫지 않은가?" 하였다.

원문 己丑五年이라 帝使來歙으로 持節하여 送馬援歸隴右하다 隗囂 與援으로 共臥起하여 問以東方事한대 曰 前到朝廷하니 上이 引見數十하사 每接燕語하시되 自夕至旦하시니 才明勇略이 非人敵也요 且開心見誠하여 無所隱伏하니 闊達多大節은 略與高帝로 同하고 經學博覽政事文辨은 前世無比러라 囂曰 卿謂何如高帝오 援이 曰 不如也니 高帝는 無可無不可어니와 今上은 好吏事하사 動如節度하시고 又不喜飮酒러라 囂 意不懌曰 如卿言인댄 反復勝耶아

* 연어(燕語) 터놓고 화목하게 이야기하는 것. 문변(文辨) 문사(文辭)에 대한 구별. 식견. 불역(不懌) 기뻐하지 않음.

○ 마무(馬武)와 왕패(王霸)가 소무(蘇茂)·주건(周建)을 공격하여 격파하니, 주건은 길에서 죽고 소무는 하비(下邳)로 달아나 동헌(董憲)과 합하고, 유우(劉紆)는 교강(佼彊)으로 도망하

였다.

원문 馬武와 王霸 擊蘇茂周建하여 破之한대 建은 於道死하고 茂
는 犇下邳하여 與董憲으로 合하고 劉紆는 犇佼彊하다

○ 팽총(彭寵)의 노예 자밀(子密) 등 세 사람이 팽총을 죽이고
항복하니, 황제가 자밀을 불의후(不義侯)에 봉하였다.

원문 彭寵의 蒼頭子密等 三人이 殺寵以降이어늘 帝 封子密하여
爲不義侯하다

　　주 창두(蒼頭) 노예. 종.

○ 오한(吳漢)이 경감(耿弇) 등을 거느리고 부평(富平)·획색(獲
索) 등을 평원에서 공격하여 크게 격파하자, 상이 경감에게
조서를 내려 진군하여 장보(張步)를 토벌하게 하였다.

원문 吳漢이 率耿弇等하고 擊富平獲索於平原하여 大破之어늘
上이 因詔弇하여 進討張步하다

○ 황제가 곽급(郭伋)을 어양태수(漁陽太守)로 삼았다. 곽급이
난리 이후를 이어받아 백성을 기르고 군사를 훈련시켜 위신
을 보이니, 도적이 조금 흩어지고 흉노가 멀리 자취를 감추
어 재직 5년 동안에 호구(戶口)가 배로 증가하였다.

원문 帝 以郭伋으로 爲漁陽太守하다 伋이 承離亂之後하여 養民
訓兵하여 開示威信하니 盜賊이 鎭散하고 匈奴 遠迹하여 在職五
年에 戶口 增倍러라

○ 평적장군(平敵將軍) 방맹(龐萌)은 사람됨이 겸손하고 유순
하여, 황제가 믿고 사랑하여 항상 칭찬하기를 "6척 되는 고
아를 맡기고 100리의 땅을 맡길 수 있는 자는 방맹이다."라
고 하였다. 그로 하여금 개연(蓋延)과 함께 동헌을 치게 하였
는데, 이때 조서가 개연에게만 내리고 방맹에게는 미치지 않

았다. 방맹은 개연이 자기를 속인다고 여겨 스스로 의심한 나머지 드디어 반란을 일으켜, 개연의 군사를 습격하여 깨뜨리고 동헌과 동맹을 맺고 스스로 동평왕(東平王)이라고 불렀다. 황제가 그 말을 듣고는 크게 노하여 친히 군사를 거느리고 방맹을 토벌하면서 여러 장수들에게 글을 내리기를 "내가 항상 방맹을 사직의 신하라고 하였는데 장군들은 그 말을 웃지 않았겠는가. 노적(老賊)은 마땅히 멸족시켜야 하니, 각기 병마를 일으켜 수양(睢陽)에 모이도록 하라." 하였다.

원문 平敵將軍龐萌의 爲人이 遜順하니 帝 信愛之하여 常稱曰 可以托六尺之孤하며 寄百里之命者는 龐萌是也라 하고 使與蓋延으로 共擊董憲하니 時에 詔書 獨下延而不及萌이라 萌이 以爲延이 譖己라 하여 自疑遂反하여 襲延軍破之하고 與董憲連和하여 自號東平王이어늘 帝 聞之大怒하여 自將討萌할새 與諸將書曰 吾常以龐萌으로 爲社稷臣이러니 將軍이 得無笑其言乎아 老賊은 當族이니 其各厲兵馬하여 會睢陽하라

㊟ 당족(當族) 마땅히 족멸(族滅)함.

○ 외효가 반표(班彪)에게 묻기를 "옛날 주(周)나라가 망하자 전국(戰國)이 함께 다투다가 몇 세대 후에야 정해졌으니, 생각건대 종횡(從橫)의 일이 다시 일어날 것인가. 장차 운수를 이어받아 일어나는 것은 한 사람에게 있는 것인가?" 하였다.

반표가 말하기를 "주나라의 흥폐(興廢)는 한나라와 아주 다르다. 옛날 주나라는 작(爵)이 5등으로 제후들이 정사를 보았는데, 근본이 쇠미해지자 지엽(枝葉)이 강대해졌다. 그래서 그 말류에 종횡의 일이 있게 된 것은 세수(勢數)가 그랬거니와, 한나라는 진(秦)나라의 제도를 이어받아 군현(郡縣)을 고쳐 세워 임금에게는 자기가 전적으로 하는 위엄이 있고 신하에게는 100년 동안 권병(權柄)이 없었다. 성제(成帝) 때 이르러 권세를 외가(外家)에 빌려주고, 애제(哀帝)·평제(平帝)는 재위

기간이 짧아 국사(國嗣)가 세 번 끊어졌다.

그래서 왕씨(王氏)들이 조정을 마음대로 하여 위호(位號)를 훔치니, 위태로움이 위에서 일어나고 손상이 밑에까지는 미치지 않았다. 그러므로 진짜 황제로 즉위한 후 천하가 목을 빼고 탄식한 지 10년 사이에 중외가 소란하고 멀고 가까운 데서 한꺼번에 일어나, 가호(假號)가 구름처럼 모여 모두 유씨(劉氏)라고 칭하여 모의하지 않고도 같은 말을 하였다. 지금 웅걸(雄傑)로 주역(州域)을 가진 육국(六國)이 모두 세업(世業)을 누리던 밑천이 없고 백성들이 노래를 부르며 우러러 생각하고 있으니, 한나라가 반드시 부흥할 것을 알 수가 있다." 하였다.

외효가 말하였다. "그대가 말한 주(周)·한(漢)의 형세는 가하지만, 다만 어리석은 사람들이 유씨의 성호(姓號)에 익숙한 것을 본 것 때문에 한나라가 부흥할 것이라 함은 소활하다."

원문 隗囂 問於班彪曰 往者周亡에 戰國이 並爭하여 數世然後에 定하니 意者컨대 從橫之事 復起於今乎아 將承運迭興이 在於一人也로다 彪曰 周之廢興이 與漢으로 殊異하니 昔에 周爵五等할새 諸侯 從政하여 本根이 旣微에 枝葉이 彊大라 故로 其末流에 有從橫之事하니 勢數然也어니와 漢承秦制하여 改立郡縣하니 主有專己之威하고 臣無百年之柄이러니 至於成帝하여 假借外家하고 哀平이 短祚하여 國嗣三絶이라 故로 王氏 擅朝하여 能竊號位하니 危自上起요 傷不及下라 是以로 卽眞之後에 天下 引領而歎하니 十餘年間에 中外騷擾하고 遠近이 俱發하여 假號雲合에 咸稱劉氏하여 不謀同辭하니 方今에 雄傑이 帶州域者 皆無六國世業之資하고 百姓이 謳吟思仰하니 漢必復興을 已可知矣니라 囂曰 生이 言周漢之勢는 可也어니와 至於但見愚人이 習識劉氏姓號之故로 而謂漢이 復興은 疏矣로다

주 종횡지사(從橫之事) 전국시대 소진(蘇秦)과 장의(張儀)가 유세했던 합종책(合從策)과 연횡책(連橫策). 인령(引領) 목을 빼어 간절히 기다리

는 것. **불모동사(不謀同辭)** 미리 의논하지 않아도 같은 말을 하는 것. **운합(雲合)** 구름처럼 모이는 것. **육국(六國)** 전국시대의 여섯 나라. 즉 한(韓)·위(魏)·조(趙)·연(燕)·초(楚)·제(齊).

○ "옛날 진(秦)나라가 국권을 잃자 유계(劉季)가 다투다가 붙잡았으니, 그때 백성들이 한나라를 알았겠는가?" 반표가 이에 그걸 위하여 왕명론(王命論)을 지어 깨우쳐 주었는데, 그 내용은 다음과 같다.

"옛날에 요임금이 순임금에게 왕위를 물려주면서 말하기를 '하늘의 역수(曆數)가 네 몸에 있다.'라고 하였고, 순임금 역시 우임금에게 명하시어 직(稷)·설(契)에 이르기까지 모두 당우(唐虞)시대를 보좌하여 탕(湯)임금과 무왕(武王)에 이르러 천하를 차지하였다.

유씨는 요임금의 복조(福祚)를 이어받았는데, 요임금은 화덕(火德)에 의거하였고 한나라가 이어받아 적제부(赤帝符)가 있었다. 그러나 속된 자들이 고제가 포의(布衣)에서 일어난 것만 보고 그런 까닭은 깨닫지 못하여, 심지어 사슴을 쫓아 다행히 얻은 것에 천하를 비유하기까지 하면서 신기(神器)에는 명(命)이 있어 지혜의 힘으로 구할 수 없음을 모르니, 아, 그래서 세상에 난신적자(亂臣賊子)가 많은 것이다.

대저 기근(饑饉)에 떠도는 노예의 무리들이 도로에서 굶주리고 추위에 떨면서 소원한 것은 1금(金)에 불과한데도, 마침내는 골짜기에 떨어져 죽는 것은 무엇 때문인가? 이는 빈궁(貧窮)에는 역시 명이 있어서인데, 하물며 천자의 귀함과 사해의 부와 신명(神明)의 복조를 마음대로 얻어서 처할 수 있겠는가? 그러므로 비록 액운을 만나 그 권병을 훔치어 용기가 한신(韓信)·경포(黥布)와 같고, 강함이 항량(項梁)이나 항우(項羽)와 같고, 성공함이 왕망(王莽)과 같더라도 마침내는 기름이 끓는 가마 솥이나 작두에 엎어져 삶기고 젓이 담아지고 찢겼는데, 하물며 하찮아서 그들에게 미치지 못한 몇 사람들이 천자의 자리를 제 마음대로 훔칠 수 있겠는가?

옛날에 진영(陳嬰)의 어머니는, 진영의 집안이 빈천한데 부귀하게 되는 것은 상서롭지 못하다고 하여 진영을 제지하여 왕이 되지 못하게 하였고, 왕릉(王陵)의 어머니는 한나라가 반드시 천하를 얻을 것을 알고는 칼로 찔러 죽어 굳이 왕릉을 면려하였다. 대저 필부(匹婦)의 명찰함으로도 오히려 사리의 이치를 미루어 알고 화복(禍福)의 기미를 살펴, 종사(宗祀)를 무궁히 보전하고 책서(策書)를 춘추(春秋)에 남겼는데, 하물며 대장부의 일이겠는가?

그러므로 궁하고 현달함에는 명이 있고, 길하고 흉함은 사람에게서 말미암는 것이다. 진영의 어머니는 폐(廢)할 것을 알고 왕릉의 어머니는 흥(興)할 것을 알았으니, 이 둘을 살피면 제왕의 분수는 결정된다.

거기에 더해 고조는 관명(寬明)·인서(仁恕)하시고 사람을 알아 위임하고 부리는 데 능하여, 밥을 먹다 뱉고는 자방(子房)의 계책을 받아 들이고, 씻던 발을 빼고 얼굴의 물을 닦으며 역생(酈生)의 말에 읍을 하였으며, 한신을 행군하는 진영에서 천거하고, 진평(陳平)을 망명하는 가운데서 거두어 썼다. 그래서 영웅들이 힘을 쓰고 여러 계책들이 다 거행되었으니, 이는 고제의 대략(大略)이 제업(帝業)을 이룬 까닭이다.

신령스런 상서와 부험(符驗) 같은 것은 그런 일이 매우 많았기 때문에 회음후(淮陰侯) 한신과 유후(留侯) 장량(張良)이 '하늘이 준 것이요 인력이 아니다.'라고 말하였다. 영웅이 참으로 깨달을 바를 알고 초연히 멀리 살피고 깊숙이 알아서, 왕릉과 진영의 명분(命分)을 거두고 한신·경포의 엿봄을 끊었으면, 복조(福祚)가 자손에게 흘러오고 천록(天祿)이 영원할 것이다."

외효가 듣지 않자 반표는 드디어 하서(河西)로 몸을 피하니, 두융(竇融)이 종사관을 삼아 매우 예중(禮重)하였다. 반표가 드디어 두융을 위해 계책을 세워, 그로 하여금 오로지 한나라를 섬기게 하였다.

[원문] 昔에 秦失其鹿에 劉季 逐而掎之하니 時民이 復知漢乎아 彪 乃爲之著王命論하여 以風切之하니 曰 昔에 堯之禪舜에 曰 天之曆數 在爾躬이라 하시니 舜이 亦以命禹하사 洎于稷契하여 咸佐唐虞하여 至湯武而有天下하시고 劉氏는 承堯之祚하니 堯據 火德而 漢이 紹之하여 有赤帝之符어늘 俗見高祖興於布衣하고 不達其故하여 至比天下於逐鹿하여 幸捷而得之라 하고 不知神器 有命하여 不可以智力求也하니 悲夫라 此世所以多亂臣賊子也로 다 夫饑饉流隷 飢寒道路하여 所願이 不過一金이나 然이나 終轉 死溝壑은 何오 則貧窮이 亦有命也일새니 況乎天子之貴와 四海 之富와 神明之祚를 可得而妄處哉아 故로 雖遭離阨會하여 竊其 權柄하여 勇如信布하고 强如梁籍하고 成如王莽이라도 然이나 卒 潤鑊 伏質하여 烹醢分裂이어든 又況么麿 不及數子요 而欲闇奸 天位者乎아 昔에 陳嬰之母는 以嬰家世貧賤으로 卒富貴 不祥이 라 하여 止嬰勿王하고 王陵之母 知漢이 必得天下하고 伏劍而死 하여 以固勉陵하니 夫以匹婦之明으로도 猶能推事理之致하며 探 禍福之機하여 而全宗祀於無窮하며 垂策書於春秋어든 而況大丈 夫之事乎아 是故로 窮達이 有命하고 吉凶이 由人이라 嬰母는 知 廢하고 陵母는 知興하니 審此二者면 帝王之分이 決矣라 加之高 祖 寬明而仁恕하시고 知人善任使하사 當食吐哺하여 納子房之策 하시고 拔足揮洗하여 揖酈生之說하시고 擧韓信於行陳하시며 收 陳平於亡命하시니 英雄이 陳力하고 羣策이 畢擧라 此 高帝之大 略이 所以成帝業也니라 若乃靈瑞符應은 其事甚衆이라 故로 淮 陰留侯 謂之天授요 非人力也라 하니 英雄이 誠知覺寤하여 超然 遠覽하고 淵然深識하여 收陵嬰之明分하고 絶信布之覬覦하면 則 福祚流於子孫하여 天祿이 其永終矣리라 囂 不聽이어늘 彪 逐避 地河西한대 竇融이 以爲從事하여 甚禮重之어늘 彪 逐爲融畫策하 여 使之專意事漢焉이러라

㈜ 적제지부(赤帝之符) 한 고조 유방이 아직 제위(帝位)에 오르지 않았
을 때 술에 취해 못가를 지나다가 큰 뱀이 길을 막자 죽였다. 그후
어떤 사람이 그곳을 지나니, 노파가 곡을 하면서 '자기 아들인 백제

(白帝)의 아들을 적제(赤帝)가 죽였다.”고 하였음. **축록**(逐鹿) 왕위를 위해 각축전을 벌이는 것. **신포**(信布) 한신(韓信)과 경포(鯨布). **양적**(梁籍) 항량(項梁)과 항우(項羽). **윤확**(潤鑊) 확은 다리가 없는 큰 가마솥. 가마솥에 넣어 죽이는 것. **복질**(伏質) 질은 작두. 작두에 엎어져 죽는 것. **요마**(幺麼) 하찮은 사람. **암간**(闇奸) 몰래 범하는 것. **진영**(陳嬰) 한나라 사람으로 진 이세(秦二世) 때 진승(陳勝)을 장수로 세웠으나, 그의 어머니가 말려 항량(項梁)에게 귀의하였다가 다시 한나라에 와서 당읍후(堂邑侯)에 봉해졌음. **왕릉**(王陵) 한 고조를 섬기자 항우가 그의 어머니를 인질로 잡아 위협하였다. 왕릉의 어머니는 몰래 사람을 시켜 자기 걱정은 하지 말고 부디 한왕을 잘 섬기라며 마침내 자결하였음. **책서**(策書) 왕명을 전하는 문서의 한 가지로, 임관(任官)의 사령서. **연연**(淵然) 깊숙이.

○ 처음에 두융(竇融)이 스스로 하서(河西)를 지켰는데, 황제의 위덕(威德)을 듣고는 마음속으로 동쪽으로 향하고자 하였으나, 하서지방이 멀리 떨어져 스스로 통할 수가 없었다. 그래서 외효(隗囂)와 통하여 건무(建武)의 정삭(正朔)을 받으니, 외효가 모든 장군의 인수(印綬)를 임시로 주었다.

외효는 겉으로는 인망(人望)에 따르고 속으로는 다른 마음을 품어서, 변사(辯士) 장현(張玄)으로 하여금 두융 등을 설득하게 하기를 “경시(更始)의 일이 이미 성사되었다가 곧 다시 멸망하였으니, 이는 한 가지 성씨가 두 번 흥하지 않을 징험이다. 마땅히 각기 맡고 있는 땅을 의거하여 농촉(隴蜀)과 더불어 합종(合從)을 하면 높게는 육국(六國)처럼 될 것이고, 아래로는 위타(尉佗)를 잃게 되지는 않을 것이다.” 하였다. 두융 등이 호걸들을 불러 의논하니, 그 가운데 식자들이 모두 말하기를 “지금 황제의 성명이 도참서(圖讖書)에 보이니, 한나라가 다시 천명을 받을 부험이 있다.” 하였다.

두융이 드디어 동쪽으로 향할 계책을 세우고는 장사(長史) 유균(劉鈞) 등을 보내 글을 받들고 낙양으로 가게 하였다. 황제가 유균을 만나보고는 매우 기뻐하여 예향(禮饗)을 마치고는 보내면서, 두융에게 보내는 새서(璽書)를 내려 이르기를 “지금 익주(益州)에 공손자양(公孫子陽)이 있고 천수(天水)에는 외효장군이 있으니, 바야흐로 촉한(蜀漢)이 서로 공격하고 있어 권한이 장군에게 달려 있다. 발을 왼쪽으로 딛느냐 오른쪽으로 딛느냐에 따라 문득 경중이 있게 되니, 이로써 말하면 서로 후하게 하는 것이 어찌 한량이 있겠는가?

제 환공(齊桓公)·진 문공(晋文公) 같은 이를 세워 미약한 나라를 보필하게 하고자 하면 마땅히 힘써 공업(功業)을 마쳐야 할 것이요, 셋으로 나누어 정족(鼎足)해서 연횡(連橫)·합종(合從)을 하고자 해도 역시 마땅히 때에 맞게 정해야 할 것이다. 천하가 합병되지 않아 나와 그대는 멀리 떨어져 서로 삼킬 나라가 아니니, 지금 의논하는 자들이 반드시 임효(任囂)가 위타를 시켜 7군(郡)을 제압할 계책을 쓰라고 할 자가 있을 것이다. 왕자(王者)는 땅은 나누어 주지만 백성은 나누지 않으니, 자기의 일을 당연히 해야 할 뿐이다." 하고는 두융을 양주목사(涼州牧使)에 임명하였다. 새서가 하서에 이르니, 하서가 모두 놀라며 "천자가 만 리 밖에서 밝게 보았다."라고 하였다.

원문 初에 竇融이 自守河西러니 聞帝威德하고 心欲東向이나 以河西 隔遠으로 未能自通하여 乃從隗囂하여 受建武正朔한대 囂皆假其將軍印綬하다 囂 外順人望하고 內懷異心하여 使辯士張玄으로 說融等曰 更始 事已成이라가 尋復亡滅하니 此는 一姓이 不再興之效라 當各據土宇하여 與隴蜀合從이면 高可爲六國이요 下不失尉佗니라 融等이 召豪傑議之하니 其中識者 皆曰 今皇帝姓名이 見於圖書하니 漢이 有再受命之符라 하거늘 融이 遂決策東向하여 遣長史劉鈞等하여 奉書詣洛陽한대 帝見鈞懽甚하여 禮饗畢에 乃遣還할새 賜融璽書曰 今益州에 有公孫子陽하고 天水에 有隗將軍하니 方蜀漢이 相攻에 權在將軍이라 擧足左右에 便有輕重이니 以此言之인댄 欲相厚 豈有量哉아 欲遂立桓文하여 輔微國인댄 當勉卒功業이요 欲三分鼎足하여 連衡合從인댄 亦宜以時定하라 天下未幷하여 吾 與爾絶域이요 非相吞之國이니 今之議

者 必有任囂 敎尉佗制七郡之計하리니 王者는 有分土하고 無分
民하니 自適己事而已라 하고 因授融爲涼州牧하다 璽書 至河西하
니 河西 皆驚하여 以爲天子 明見萬里之外라 하더라

> ㊟ **농촉(隴蜀)** 농은 외효(隗囂)를, 촉은 공손술(公孫述)을 말한다. 이들이
> 각기 그곳에 있었음. **위타(尉佗)** 진 이세(秦二世) 때 사람인 조타(趙
> 佗)를 말함. 임효(任囂)의 말을 듣고 스스로 남월무왕(南粤武王)에 즉
> 위하였음. **환문(桓文)** 춘추전국시대의 패자(霸者)인 제 환공(齊桓公)
> 과 진 문공(晉文公). 이들은 제후를 거느리고 주(周) 왕실을 보좌하였
> 음. **정족(鼎足)** 세발 달린 솥처럼 삼분하는 것. **임효(任囂)** 진 이세
> 때 사람으로 남해위(南海尉)로 있다가 병이 들어 죽게 되자 조타에게
> 자기 대신 나라를 세울 것을 권하였음.

○ 장보(張步)가 경감(耿弇)이 이르렀다는 말을 듣고는 그의
장수를 시켜 역하(歷下)에 주둔하게 하고, 또 군사를 나누어
축아(祝阿)에 주둔하게 한 다음 특별히 태산(泰山) 종성(鍾城)
에다 병영 수십 곳을 늘어놓고 기다리게 하였다. 경감이 하
수를 건너 먼저 축아를 공격하여 빼앗았다. 이때 장보가 극
(劇) 땅에 도읍하고 있던 터라, 경감이 임치성(臨淄城)에 이르
러 불의(不意)에 나와 한나절 만에 빼앗고 그 성에 들어와 웅
거하여 장보를 격노시키자, 장보의 군사 20만이 임치대성(臨
淄大城) 동쪽에 이르러 장차 경감을 공격하고자 하니, 경감이
크게 격파시켰다. 이때 황제는 노(魯)에 있다가 경감이 장보
의 공격을 받고 있다는 말을 듣고는 스스로 가서 구하려고
하였는데, 미처 이르기 전에 진준(陳俊)이 경감에게 말하기를
"극 땅의 적병이 성대하니, 영문을 닫고 군사를 휴식시켜 상
께서 오기를 기다려야 한다."고 하였다.

경감이 말하기를 "승여(乘輿)가 곧 도착할 것이니 신하로서
마땅히 소를 잡고 술을 빚어놓고 백관(百官)을 기다려야지,
도리어 적을 군부(君父)에게 보낼 수 있는가?" 하였다. 그리
고는 군사를 내어 크게 싸워 아침부터 저물 때까지 다시 크
게 격파하였는데, 살상한 것이 무수하여 골짜기와 참호가 모

두 가득 차게 되었다. 경감이 장보가 곤궁해 곧 물러갈 것
을 알고는 미리 좌익(左翼)·우익을 두어 복병하여 기다리게
했는데, 과연 인정(人定) 때 장보가 군사를 이끌고 지나가자
다시 군사를 내어 치고 추격하여 거매수(鉅眛水)가에 이르니,
8,90리에 쓰러진 시체가 이어지고 짐수레 2000여 바리를 거
두어 얻었다.

원문 張步 聞耿弇이 至하고 使其將으로 軍歷下하고 又分兵屯祝
阿하고 別於泰山鍾城에 列營數十하여 以待之어늘 弇이 渡河하여
先擊祝阿拔之하다 時에 張步 都劇이라 弇이 至臨淄城하여 出不
意하여 半日에 拔之하고 入據其城하여 以激怒步하니 步兵二十萬
이 至臨淄大城東하여 將攻弇이어늘 弇이 大破之하다 是時에 帝
在魯하여 聞弇이 爲步所攻하고 自往救之할새 未至에 陳俊이 謂
弇曰 劇虜 兵盛하니 可且閉營休士하여 以須上來니라 弇이 曰
乘輿 且到하니 臣子 當擊牛釃酒하여 以待百官이어늘 反欲以賊
虜로 遺君父耶아 乃出兵大戰하여 自旦至昏에 復大破之하니 殺
傷이 無數하고 溝塹이 皆滿이라 弇이 知步 困將退하고 豫置左右
翼하여 爲伏以待之러니 人定時에 步果引去어늘 復起兵縱擊하여
追至鉅眛水上하니 八九十里에 僵尸相屬이라 收得輜重二千餘兩
하다

○ 장보(張步)가 극(劇)에 돌아온 수일 후에 거가가 임치(臨淄)
에 이르러 친히 군사를 위로할 때 여러 신하들이 크게 모이
게 되었다. 황제가 경감에게 말하기를 "옛날 한신(韓信)이 역
하(歷下)지방을 공파하여 나라의 바탕을 열었는데, 지금 장군
이 축아(祝阿)를 공격하여 공을 세우니, 이는 모두 제(齊) 땅
의 서쪽 경계이므로 공로가 족히 서로 비슷하다. 그러나 한
신은 이미 항복한 적을 습격하였고 장군은 홀로 대항하는 적
을 쳐 빼앗았으니, 그 공로가 한신보다 더 어려운 것이었다.
　또 전횡(田橫)이 역생(酈生)을 삶아 죽였는데, 전횡이 항복
하기에 이르러 고제(高帝)가 위위(衛尉)에게 조서를 내려 해치

는 것을 허락하지 않았었다. 장보는 전에 복륭(伏隆)을 죽였
으나 만일 장보가 항복해 오면 나는 마땅히 대사도(大司徒)에
게 조서를 내려 그에 대한 원망을 버리도록 할 것이니, 또 일
이 더욱 서로 비슷하게 되었다. 장군이 지난번 남양(南陽)에
있으면서 이런 큰 계책을 내었는데 일찍이 소활하여 합하기
가 어렵다고 하였더니, 뜻이 있으면 일은 마침내 이루어지게
마련이다." 하였다.

황제는 극으로 진군하고 경감이 다시 장보를 추격하였다.
장보가 평수(平壽)로 달아나자 소무(蘇茂)가 1만 여 명을 거느
리고 와서 구원하니, 황제가 사신을 보내 장보와 소무에게
고하기를 "능히 서로 죽이고 항복한 자는 열후에 봉할 것이
다." 하였다. 장보가 마침내 소무를 참하고 경감의 군문에 와
항복하니 경감이 그 성에 들어가 주둔하였는데, 군사가 그래
도 10여 만이요, 짐바리가 7000여 대였다. 모두 파하여 고향
으로 돌아가게 하고 장보를 봉하여 안구후(安丘侯)로 삼았다.

경감이 다시 군사를 이끌고 성양(成陽)에 이르러 오교(五校)
의 남은 무리를 항복시키니, 제 땅이 모두 평정되어 군대의
위엄을 떨치며 경사(京師)로 돌아왔다. 경감이 장수가 되어
평정한 군이 46개이고 성을 도륙한 것이 300이었으나, 일찍
이 꺾인 적이 없었다.

원문 步 還劇後數日에 車駕 至臨淄하여 自勞軍할새 群臣이 大
會라 帝謂弇曰 昔에 韓信이 破歷下以開基러니 今將軍이 攻祝阿
以發迹하니 此는 皆齊之西界라 功足相方이요 而韓信은 襲擊已
降이어늘 將軍은 獨拔勍敵하니 其功이 又難於信也로다 又田橫이
烹酈生이러니 及田橫이 降에 高帝詔衛尉하여 不聽爲仇하니 張步
前殺伏隆이나 若步 來歸命이면 吾 當詔大司徒하여 釋其怨하리니
又事 尤相類也로다 將軍이 前在南陽에 建此大策하여 常以爲落
落難合이라 하더니 有志者 事竟成也로다 帝 進幸劇할새 耿弇이
復追張步하니 步 犇平壽어늘 蘇茂 將萬餘人하여 來救之한대 帝

遣使하여 告步茂하되 能相斬降者면 封爲列侯라 하니 步 遂斬茂하여 詣弇軍門降이어늘 弇이 入據其城하니 衆이 尙十餘萬이요 輜重이 七千餘兩이라 皆罷遣歸鄕里하고 封步爲安丘侯하다 弇이 復引兵至城陽하여 降五校餘黨하니 齊地悉平이어늘 振旅還京師하다 弇이 爲將에 凡所平郡이 四十六이요 屠城이 三百이로되 未嘗挫折焉이러라

○ 처음에 태학(太學)을 세우고 거가(車駕 : 제왕의 수레)가 환궁(還宮)하여 태학(太學)에 행차하여 고전(古典)을 상고하고 예약(禮樂)을 밝게 닦으니, 문물제도가 빛나 장관을 이루었다.

[원문] 初起太學하고 車駕 還宮幸太學하여 稽式古典하고 修明禮樂하니 煥然文物을 可觀矣러라

○ 풍이가 관중(關中)을 다스려 3년 동안 출입하자 상림(上林)이 도회지가 되었다. 어떤 사람이 글을 올려 말하기를 "풍이의 위세와 권한이 매우 중하여 백성들의 마음이 쏠리고 있어, 함양왕(咸陽王)이라고 부릅니다." 하니, 황제가 그 글을 풍이에게 보였다. 풍이가 황공하여 글을 올려 사례하니, 조서로 알리기를 "장군은 국가에 있어 의리로는 군신(君臣) 사이이지만 은혜로 보면 부자(父子)와 같으니, 무엇을 의심하겠기에 두려워하는 뜻을 두는가?" 하였다.

[원문] 馮異 治關中하여 出入三歲에 上林이 成都라 人有上章言하되 異 威權이 至重하니 百姓이 歸心하여 號爲咸陽王이라 하거늘 帝 以章示異한대 異惶懼하여 上書陳謝어늘 詔報曰 將軍之於國家에 義爲君臣이요 恩猶父子하니 何嫌何疑하여 而有懼意리오

○ 외효가 자신을 뽐내고 지혜를 꾸미어 매양 자신을 주 문왕(周文王)에 비유하니, 그의 장수 왕원(王元)이 외효에게 말하기를 "천수(天水)는 고을이 부유하고 군사와 말이 가장 강성하니, 저 왕원이 청컨대 한 덩이 진흙으로 대왕을 위하여 동

쪽으로 함곡관(函谷關)에 봉하도록 하겠습니다. 왕(王)을 도모
하다가 성공하지 못하더라도 그 폐단은 오히려 패(霸)는 족히
할 수 있습니다. 요컨대 고기는 못에서 벗어나서는 안 되며,
신룡(神龍)이 형세를 잃으면 지렁이와 같게 됩니다." 하니, 외
효가 속으로 왕원의 계책을 그럴듯하게 여겨 비록 아들을 보
내 입시(入侍)하도록 했지만, 그러나 그 험고함을 등지고 그
지방을 전제(專制)하고자 하였다.

원문 隗囂 矜己飾智하여 每自比西伯이라 其將王元이 說囂曰 天
水完富하고 士馬 最強하니 元이 請以一丸泥로 爲大王하여 東封
函谷關하리니 圖王不成이라도 其敝 猶足以霸라 要之컨대 魚不可
脫於淵이니 神龍이 失勢면 與蚯蚓으로 同이니이다 囂 心然元計하
여 雖遣子入侍나 然이나 負其險阨하여 欲專制方面이러라

○ 이해에 조서로 처사(處士) 태원(太原)의 주당(周黨)과 회계
(會稽)의 엄광(嚴光) 등을 징소(徵召)하여 서울에 이르렀다. 주
당이 들어와 뵙자 엎드리기만 하고 절을 하지 않으며 스스로
뜻한 바를 지키게 해달라고 원하니, 박사(博士) 범승(范升)이
아뢰기를 "삼가 보건대 태원의 주당과 동해(東海)의 왕량(王
良)과 산양(山陽)의 왕성(王成) 등이 후한 은혜를 입어 사신이
세 번 찾아가자 기꺼이 수레에 올랐는데, 대궐 뜰에서 폐하
를 뵙기에 이르러 주당이 예로 굽히지 않고 엎드리기만 하고
절을 하지 않고는, 거드름을 피우며 교만을 떨다가 동시에
함께 가버렸습니다. 주당 등이 문(文)은 뜻을 펴지 못하고 무
(武)는 임금을 위해 죽지 못하면서도 화려한 이름을 탐내어
거의 삼공(三公)의 지위에 가까우니, 신은 원하옵건대 함께
운대(雲臺) 아래에 앉아서 나라를 도모할 도리를 고시(考試)하
여 신의 말만 못하거든 허망한 죄로 처벌하면, 감히 사사로
이 헛된 이름을 도둑질하여 과장하여 높은 것을 구하겠습니
까? 모두 크게 불경(不敬)한 것입니다." 하였다.
 글을 아뢰자 조서 내리기를 "예로부터 명왕(明王)·성주(聖

主)는 반드시 빈객(賓客)으로 삼지 못할 선비가 있으니, 백이(伯夷)와 숙제(叔齊)는 주나라 곡식을 먹지 않았고, 태원의 주당은 짐의 녹봉(祿俸)을 받지 않으니, 역시 각기 뜻이 있는 것이다. 비단 40필을 내리고 그만두게 하라." 하였다.

황제가 어려서 엄광과 함께 유학(遊學)하였는데, 즉위하기에 이르러 화상(畫像)을 그려 찾게 하여 제(齊)나라에서 찾아내어 여러 차례 징소한 후에야 이르렀다. 간의대부(諫議大夫)에 임명하였으나 기꺼이 받지 않고 부춘(富春) 산속에서 낚시와 농사를 짓다가 집에서 수(壽)를 마쳤다.

왕량은 후에 패군태수(沛郡太守)와 대사도사직(大司徒司直)을 역임하였는데, 재직할 때 공검(恭儉)하여 베이불을 덮고 질그릇을 사용하며 처자는 관사에 들어오지 못하게 하였다. 후에 병으로 벼슬을 버리고 돌아갔는데, 1년 사이에 다시 징소하자 형양(滎陽)에 이르러 병이 위독해져 더 이상 길을 가지 못하게 되자 그의 친구집을 찾았는데, 친구가 즐겨 만나지 않으면서 말하기를 "충언(忠言)과 기모(奇謀)가 없으면서 높은 벼술을 차지하여, 어찌 왕래하는 것을 침착하지 못하게 하고 번거로움을 꺼리지 않는가?" 하고는 끝내 거절하였다. 왕량이 부끄러워 이후부터는 연달아 징소하였으나 응하지 않고 집에서 죽었다.

원문 是歲에 詔徵處士太原周黨과 會稽嚴光等하여 至京師하니 黨이 入見에 伏而不謁하고 自陳願守所志어늘 博士范升이 奏曰 伏見太原周黨과 東海王良과 山陽王成等이 蒙受厚恩하여 使者三聘에 乃肯就車하고 及陛見帝庭에 黨이 不以禮屈하고 伏而不謁하며 偃蹇驕悍하여 同時俱逝하니 黨等이 文不能演義하고 武不能死君하고 釣采華名하여 庶幾三公之位하니 臣은 願與坐雲臺之下하여 考試圖國之道하여 不如臣言이어든 伏虛妄之罪하면 而敢私竊虛名하여 誇上求高리까 皆大不敬이니이다 書奏에 詔曰 自古로 明王聖主 必有不賓之士하니 伯夷叔齊는 不食周粟하고 太原

周黨은 不受朕祿하니 亦各有志焉이라 其賜帛四十匹하여 罷之하
라 帝 少與嚴光으로 同遊學이러니 及卽位에 以物色으로 訪之하여
得於齊國하여 累徵乃至어늘 拜諫議大夫한대 不肯受하고 去하여
耕釣富春山中하여 以壽로 終於家하니라 王良이 後에 歷沛郡太守
와 大司徒司直할새 在位恭儉하여 布被瓦器하고 妻子를 不入官舍
러라 後에 以病歸러니 一歲에 復徵이어늘 至滎陽하여 疾篤不任進
道하고 過其友人한대 友人이 不肯見曰 不有忠言奇謀하고 而取
大位하여 何其往來를 屑屑不憚煩也오 遂拒之한대 良이 慙하여
自後로 連徵不應하고 卒於家하다

> 言 언건(偃蹇) 거드름을 피움. 운대(雲臺) 남궁(南宮)에 있는 전각. 명
> 제(明帝) 때 공신들의 화상을 그려 걸었음. 불빈지사(不賓之士) 학덕
> 이 너무 높아 빈객으로 대하지 못할 선비. 백이(伯夷)·숙제(叔齊)
> 은(殷)나라 고죽국(孤竹國)의 왕자로, 무왕이 은을 치려 하자 이를 간
> 하고, 나라가 망하자 수양산(首陽山)에 들어가 굶어죽었음.

본전(本傳)에는 이렇게 되었다.

"엄광(嚴光)의 자(字)는 자릉(子陵)이다. 어려서부터 광무제
와 함께 유학하였는데, 광무제가 즉위하기에 이르러 엄광이
성명을 바꾸고는 은신하고 나타나지 않았다. 황제가 그의 어
짊을 생각하여서 화상을 그려 찾게 하였는데, 후에 제나라에
서 상언(上言)하기를 '한 남자가 있는데 양가죽 옷을 입고 연
못가에서 낚시질을 하고 있습니다.' 하였다. 황제는 그가 엄
광인가 의심되어서 안거(安車)와 폐백(幣帛)을 갖추어 사신을
보내 초빙하게 하니, 세 번이나 반복한 후에 왔다. 거가(車駕)
가 그날로 그 관사에 행차하니, 엄광이 누워 있다가 일어나
지 않았다. 황제가 그가 누운 곳에 가서 엄광의 배를 어루만
지며 이르기를 '돌돌 자릉아, 서로 도와가며 다스리면 안 되
는가?' 하니, 엄광이 눈을 부릅뜨고 자세히 보면서 말하기를
'옛날 당요(唐堯)의 덕(德)이 드러나자 소부(巢父)는 귀를 씻었
으니, 선비는 본래 뜻이 있는데 어찌 서로 핍박하겠는가?' 하
였다.

황제가 말하기를 '자릉아, 내가 끝내 너를 항복시키지 못할 것인가?'하고는 수레에 올라 탄식하고 떠났다. 다시 엄광을 인도해 들어오게 하여 도를 논하고 옛 우정을 나누며 상대하기를 여러 날 동안 하면서 함께 누웠는데, 엄광이 황제의 배 위에 발을 얹게 되었다. 이튿날 태사(太史)가 아뢰기를 '객성(客星)이 어좌(御座)를 범하여 매우 급합니다.'하니, 황제가 웃으며 말하기를 '짐이 친구 엄자릉과 함께 누워 있었다.'하였다. 간의대부를 제수하니 굽히지 않고는 부춘산(富春山)에서 농사를 지었는데, 후세 사람이 그 낚시하던 곳을 이름하여 엄릉뢰(嚴陵瀨)라 하였다."

원문 本傳에 曰 光의 字는 子陵이니 少與光武로 同遊學이러니 及光武 卽位에 光이 乃變姓名하고 隱身不見이어늘 帝 思其賢하여 乃令以物色으로 訪之러니 後에 齊國이 上言하되 有一男子 被羊裘釣澤中이라 하거늘 帝 疑其光하여 乃備安車玄纁하여 遣使聘之하니 三反而後에 至어늘 車駕卽日에 幸其館하니 光이 臥不起어늘 帝卽其臥所하여 撫光腹曰 咄咄子陵아 不可相助爲理耶아 光이 乃張目熟視曰 昔에 唐堯著德에 巢父洗耳하니 士故有志라 何至相迫乎아 帝曰 子陵아 我竟不能下汝耶아 於是에 升輿歎息而去러니 復引光入하여 論道舊故하여 相對累日하고 因共偃臥할새 光이 以足으로 加帝腹上이러니 明日에 太史奏하되 客星이 犯御座甚急이러이다 帝 笑曰 朕이 故人嚴子陵으로 共臥爾로라 除爲諫議大夫한대 不屈하고 乃耕於富春山하니 後人이 名其釣處하여 爲嚴陵瀨焉이러라

㊟ 돌돌(咄咄) 감탄하여 내는 소리의 형용.

제17권 동한기(東漢紀)

세조 광무황제(世祖光武皇帝) 하

6년(경인) 오한(吳漢) 등이 구(朐)를 함락하여 동헌(董憲)과 방맹(龐萌)을 참하니, 강회지방과 산동지방이 다 평정되었다.

원문 庚寅六年이라 吳漢等이 拔朐하여 斬董憲龐萌하니 江淮山東이 悉平하다

○ 황제는 전쟁의 괴로움이 오래 쌓이므로 외효에게 아들을 보내 내시(內侍)하게 하고, 공손술은 먼 변방에 웅거하고 있다 하여서 모든 장수들에게 이르기를 "이 두 사람은 의당 도외(度外)에 두어야 한다." 하였다. 그리고는 모든 장수들을 낙양에서 쉬게 하고 군사를 하내(河內)에 나누어 둔 다음, 자주 농촉(隴蜀) 지방에 글을 보내어 화복(禍福)을 고시하였다.

원문 帝 積苦兵間이라 以隗囂 遣子內侍하고 公孫述이 遠據邊陲라 하여 乃謂諸將曰 且當置此兩子於度外耳라 하고 因休諸將於雒陽하고 分軍士於河內하고 數騰書隴蜀하여 告示禍福하다

○ 풍이가 장안으로부터 들어와 조회하니, 황제가 공경(公卿)에게 이르기를 "이 사람은 내가 기병(起兵)할 때의 주부(主簿)인데, 나를 위해 형극(荊棘)을 무릅쓰고 관중(關中)을 안정시켰다."고 하였다. 이미 파하고는 진보(珍寶)와 전백(錢帛)을 하사하며 조서하기를 "창졸간에 있었던 무루정(蕪蔞亭)의 콩죽과 호타하(滹沱河)의 보리밥 후의를 오랫동안 갚지 못하였

도다.”고 하였다. 풍이가 머리를 조아리며 사례하기를 “신이 들으니, 관중(管仲)이 제 환공(齊桓公)에게 아뢰기를 ‘원컨대 임금께서는 석구(射鉤)를 잊지 마소서. 신은 함거(檻車)에 있을 때를 잊지 않겠습니다.’라고 하여 제나라가 거기에 힘입었다 하니, 신 역시 원하옵건대 국가(國家)에서는 하북(河北)에서의 고난을 잊지 마소서. 신은 건거(巾車)에서의 은혜를 잊지 않겠습니다.” 하였는데, 10여 일 동안 머물다가 그의 처자를 서쪽으로 돌아가게 하였다.

원문 馮異 自長安으로 入朝어늘 帝謂公卿曰 是는 我起兵時主簿也라 爲吾하여 披荊棘 定關中이라 하고 旣罷에 賜珍寶錢帛하고 詔曰 倉卒에 蕪蔞亭豆粥과 滹沱河麥飯厚意를 久不報라 異稽首謝曰 臣은 聞管仲이 謂齊桓公曰 願君은 無忘射鉤하소서 臣無忘檻車라 하거늘 齊國이 賴之라 하니 臣亦願國家는 無忘河北之難하소서 小臣은 不敢忘巾車之恩하리이다 留十餘日에 令其妻子로 還西하다

> 注 형극(荊棘) 가시밭길. 황폐함. 관중(管仲) 춘추전국시대 제 환공(齊桓公)을 보좌하여 패자를 만든 현신. 석구(射鉤) 구는 대구(帶鉤), 즉 허리띠를 매는 고리. 즉위하기 전 환공은 거(莒)에서 제로 들어오는 도중 적병의 화살이 허리띠 고리에 맞은 위태로운 일이 있었음. 함거(檻車) 죄수를 호송하는 사방이 막힌 수레. 관중은 처음 환공의 형인 규(糾)를 섬긴 죄로 환공이 즉위하자 죄인이 되어 함거에 실려 갔는데, 그의 친구 포숙아(鮑叔牙)의 천거로 살아나 재상이 되었음. 건거(巾車) 지명. 풍이가 건거에 있다 광무군의 포로가 된 바 있음.

○ 외효가 군사를 일으켜 반(反)하였다.

원문 隗囂 發兵反하다

○ 6월에 조서 내리기를 “무릇 관청을 설치하고 관리를 두는 것은 백성을 위함이다. 지금 백성들이 난리를 만나 호구가 감소되었는데도 현관(縣官)·이직(吏職)을 둠이 아직 번다하니, 사례(司隷)·주목(州牧)에게 각각 맡은 부서를 실사하게 하여

관리의 숫자를 줄이고, 현국(縣國)에 장리(長吏)를 두기에 부족한 곳은 합병하라.”하였다. 그래서 400여 현을 합병하여 줄이니, 관리직이 줄어들어 10분의 1만 두게 되었다.

원문 六月에 詔曰 夫張官置吏는 所以爲民也라 今百姓이 遭難하여 戶口耗少하되 而縣官吏職이 所置尙繁하니 其令司隷州牧으로 各實所部하여 省減吏員하고 縣國에 不足置長吏者를 并之하라 於是에 并省四百餘縣하니 吏職이 減損하여 置十其一이러라

○ 집금오(執金吾) 주부(朱浮)가 상소하기를 “옛날 요순처럼 성대한 시대에도 오히려 삼고(三考)의 제도를 두었고, 대한(大漢)처럼 흥할 때도 역시 공효(功效 : 업적)를 여러 번 이루게 하니, 관리가 모두 오랜 세월을 걸쳐서 자손을 기를 수 있기에 이르렀던 것입니다. 요즈음은 수재(守宰 : 수령)를 자주 바꾸어 새로운 사람을 맞고 서로 교대하느라 도로(道路)에서 피로하고, 일을 보는 것이 일천(日淺)하여 그 직무를 밝게 알기에 부족하며, 거기다가 엄절함을 더하니, 사람들이 스스로 보전할 수가 없습니다. 원하옵건대 폐하께서는 뜻을 몇 해 뒤에 두시고 1세가 지난 후에 다스려지기를 바라시면 천하가 매우 다행이겠습니다.”하였다. 황제가 그 말을 채납하여 이로부터 목수(牧守)를 바꾸는 일이 매우 적어지게 되었다.

원문 執金吾朱浮 上疏曰 昔에 堯舜之盛에 猶加三考하고 大漢之興도 亦累功效하니 吏皆積久하여 至長子孫이러니 間者에 守宰數換易하여 迎新相代에 疲勞道路하고 尋其視事 日淺에 未足昭見其職하고 旣加嚴切하니 人不自保라 願陛下는 遊意於經年之外하고 望治於一世之後면 天下幸甚이니이다 帝采其言하여 自是로 牧守易代頗簡하니라

　주 삼고(三考) 벼슬아치의 정적(政績)을 3년에 한 번씩 9년 동안에 세 번 조사하여 그 사람의 현부(賢否)·득실(得失)을 상고(相考)하는 일. 경년(經年) 해를 넘기다. 일정한 기간이 지나는 것.

○ 12월에 조서 내리기를 '지난번에 군사들을 해산시키지 않아 씀씀이가 부족했기 때문에 10분의 1세(稅)를 행하였었는데, 이제 양식이 제법 비축되었으니 군국을 시켜서 전세(田稅)를 걷되 30분의 1세로 옛 제도처럼 하라.'하였다.

원문 十二月에 詔曰 頃者에 師旅未解하여 用度不足故로 行什一之稅러니 今糧儲稍積하니 其令郡國으로 收見田租하되 三什稅一을 如舊制하라

○ 이보다 앞서 마원(馬援)은 외효가 한나라에 두 마음을 두고자 한다는 말을 듣고는 자주 글로써 비유해 꾸짖으니, 외효가 그 글을 받아보고는 더욱 노하였다. 외효가 군사를 일으켜 반하므로 마원이 글을 올려 들어주기를 원하고 행재소(行在所)에 나아가 외효를 토멸할 계책을 극진히 전달하니, 황제가 그를 불러서 함께 계획을 세웠다.

원문 先是에 馬援이 聞隗囂 欲貳於漢하고 數以書로 責譬之한대 囂得書增怒러니 及囂發兵反에 援이 乃上書願聽하고 詣行在所하여 極陳滅囂之術한대 帝 乃召之하여 具言謀畫하다

㊟ 책비(責譬) 비유해 꾸짖음. 행재소(行在所) 임금의 거가(車駕)가 임시 멈추는 곳.

7년(신묘) 3월 그믐에 일식(日蝕)이 있자 백관들에게 조서를 내려 각기 봉사(封事)를 올리게 하였는데, 그 올린 글에는 '성(聖)'이란 말을 쓰지 못하게 하였다.

원문 辛卯七年이라 三月晦에 日有食之어늘 詔百僚하여 各上封事하되 其上書者 不得言聖하다

○ 태중대부(太中大夫) 정흥(鄭興)이 상소하기를 "지난해 일식이 매양 그믐에 있어 시각보다 먼저 합쳐졌는데, 이것은 모두 달의 운행이 빠른 것입니다. 해는 임금을 상징하고, 달은

신하를 상징하는 것인데, 임금이 항급(亢急)한즉 신하들이 촉
박해하기 때문에 달의 운행이 빠릅니다. 이제 폐하께서 고명
하시나 여러 신하들이 황급해하니, 마땅히 유극(柔克)의 정사
에 마음을 쓰시고 홍범의 법에 마음을 두소서."하였다. 황제
가 몸소 정사에 부지런하여 다소 엄급(嚴急)한 병폐가 있었기
때문에 정흥이 아뢰면서 언급한 것이다.

원문 太中大夫鄭興이 上䟽曰 頃年日食이 每多在晦하여 先時而
合은 皆月行이 疾也라 日은 君象이요 月은 臣象이니 君亢急 則
臣促迫故로 月行이 疾하나니 今陛下 高明而群臣이 惶促하니 宜
留思柔克之政하고 垂意洪範之法이니이다 帝 躬勤政事하여 頗傷
嚴急故로 興이 奏及之하다

주 유극지정(柔克之政) 주 무왕(周武王)이 기자(箕子)에게 천도(天道)가
무엇인가 물음에 대한 대답으로 지었다는 세상의 큰 규범 아홉 가지
조목. 즉 '홍범구주(洪範九疇)'의 여섯째 조목에, 삼덕(三德)이란 "一曰
正直이요 … 三曰 柔克이요 變友는 柔克하며 … 高明은 柔克하니이
다."(첫째는 바르고 곧은 것이요 … 셋째는 부드러움으로 이기는 것이니
… 부드럽고 잘 따르는 데에는 부드러움으로 이기게 하며. … 고명한 사람
은 부드러움으로 대하여야 한다.)고 나와 있음. 홍범지법(洪範之法) 홍
범은 《서경(書經)》의 한 편의 이름. '유극지정' 참고.

○ 대사농(大司農) 강풍(江馮)이 상언(上言)하기를 "마땅히 사
례교위(司隷校尉)를 시켜서 삼공(三公)을 독찰하게 하소서."
하니, 사공연(司空掾) 진원(陳元)이 상소하기를 "신이 들으니,
신하를 스승으로 삼는 자는 제왕이 되고, 신하를 빈객으로
삼는 자는 패자가 된다고 합니다. 그래서 무왕(武王)은 태공
(太公)을 스승으로 삼았고, 제 환공(齊桓公)은 관중(管仲)을 중
부(仲父)로 삼았으며, 가까이는 고제께서 상국(相國)을 후히
예우하고, 태종(太宗)께서는 재보(宰輔)의 권한을 빌려주셨습
니다. 폐하께서는 마땅히 문무의 성전(聖典)을 닦으시고 조종
(祖宗)께서 남긴 덕을 이으시어, 아래 선비를 위로하고 몸을
굽혀 어진 사람을 대접해야 할 것이요, 참으로 유사(有司)를

시켜서 공보(公輔)의 죄를 살피게 해서는 안 됩니다." 하니 황제가 따랐다.

원문 大司農江馮이 上言하되 宜令司隸校尉로 督察三公하여지이다 司空掾陳元이 上疏曰 臣은 聞師臣者는 帝하고 賓臣者는 霸라 故로 武王이 以太公爲師하고 齊桓이 以夷吾로 爲仲父하고 近則 高帝 優相國之禮하고 太宗이 假宰輔之權하니 陛下 宜脩文武之 聖典하고 襲祖宗之遺德하여 勞心下士하고 屈節待賢이요 誠不可 使有司로 察公輔之罪니이다 帝從之하다

주 태공(太公) 강태공(姜太公) 여상(呂尙)을 말함. 이오(夷吾) 관중(管仲) 의 이름. 제나라의 환공이 그를 중부(仲父)로 삼았음. 굴절(屈節) 몸 을 굽힘.

○ 황제가 도참설(圖讖說)을 좋아하여 정흥과 더불어 교사(郊 祀)의 일을 의논하였다. 황제가 말하기를 "나는 도참으로 결 단하고자 하는데 어떻겠는가?" 하니, 정흥이 대답하기를 "신 은 도참으로 하지 않겠습니다." 하였다. 황제가 노하여 말하 기를 "경이 도참으로 하지 않는 것은 비방해서인가?" 하니, 정흥이 황공하여 말하기를 "신은 그 글을 배운 바가 없어서 이지 비방하는 것은 아닙니다." 하자, 황제의 마음이 그제서 야 풀렸다.

원문 帝 好圖讖이라 與鄭興으로 議郊祀事할새 帝曰 吾欲以讖으 로 斷之하노니 何如오 對曰 臣은 不爲讖이니이다 帝怒曰 卿이 不 爲讖은 非之耶아 興이 惶恐曰 臣이 於書에 有所未學이요 而無 所非也니이다 帝意乃解하다

○ 남양 태수(南陽太守) 두시(杜詩)의 정치가 청렴하고 공평하 여 백성들이 편안하고, 또 저수지를 수리하여 전토(田土)를 널리 개척하니, 군내에 집이 즐비하고 풍족해 그때 사람들이 소신신(召信臣)에 비유하니, 남양 사람들이 이를 말하기를 "전에는 소부(召父)가 있더니, 후에는 두모(杜母)가 있다." 라

고 하였다.

원문 南陽太守杜詩 政治淸平하니 百姓 便之하고 又脩治陂池하여 廣拓土田하니 郡內 比室殷足하니 時人이 以方召信臣하니 南陽이 爲之語曰 前有召父러니 後有杜母라 하더라

㊟ 소신신(召信臣) 한 원제(漢元帝) 때 사람으로 어진 정사를 펴자 백성들이 소부(召父)라 했음. 두모(杜母) 두시(杜詩)를 어진 어머니에 비유한 것임.

8년(임진) 여름에 황제가 몸소 군사를 거느리고 외효를 정벌하려 하니, 광록훈 곽헌(郭憲)이 간하기를 "동쪽이 처음 평정되었으니, 거가가 원정(遠征)해서는 안 됩니다." 하고는 거가 앞을 막고 패도(佩刀)를 뽑아 수레의 인(靭)을 끊었으나 황제가 따르지 않고 서쪽으로 칠수(漆水)에 이르렀다. 여러 장수들이 대부분 "소중한 왕의 군사가 멀리 험한 곳에 들어가서는 안 됩니다." 하여 머뭇거리며 결정하지 못하였는데, 황제가 마원(馬援)을 불러 물었다. 마원이 설득하기를 "외효의 장수들은 흙더미처럼 쉽게 무너질 형세이니, 군사가 진격하면 반드시 공파될 형상입니다." 하고는, 또 황제 앞에서 쌀로 산골짜기를 만들어 그 형세를 손가락으로 지적해 가면서 여러 군대가 따라갈 경로를 보이고, 왕래할 길을 분석하여 분명하게 깨우쳐 주었다. 황제가 이르기를 "적이 내 눈앞에 있다." 하고는 다음날 아침에 드디어 진군하였다.

길을 살펴보고 농(隴)으로 올라가 왕준(王遵)을 시켜서 글로써 우한(牛邯)을 불러 항복받고 우한을 태중대부에 임명하였다. 그러자 외효의 대장 13명과 16개 속현(屬縣)과 무리 10여 만이 모두 항복하니, 외효는 처자를 거느리고 서성(西城)으로 달아났다. 외효에게 조서를 보내 이르기를 "만일 손을 묶고 스스로 오면 부자(父子)가 서로 볼 수 있을 것이요, 다른 일이 없을 것을 보장하겠다." 하였으나, 외효는 끝내 항복하지 않았다.

원문 壬辰八年이라 夏에 帝 自將征隗囂할새 光祿勳郭憲이 諫曰
東方이 初定에 車駕 未可遠征이니이다 乃當車拔佩刀하여 以斷車
靷하되 帝 不從하고 西至漆하니 諸將이 多以王師之重으로 不宜
遠入險阻라 하여 猶豫未決이러니 帝 召馬援問之한대 援이 因說
하되 隗囂將帥 有土崩之勢하고 兵進에 有必破之狀이라 하고 又
於帝前에 聚米爲山谷하여 指畫形勢하여 開示衆軍의 所從道徑하
여 往來를 分析하여 昭然可曉한대 帝曰 虜 在吾目中矣라 하고
明旦遂進軍하다 數道上隴할새 使王遵으로 以書招牛邯下之하고
拜邯太中大夫한대 於是에 囂의 大將十三人과 屬縣十六과 衆十
餘萬이 皆降하니 囂將妻子하고 犇西城이어늘 詔告隗囂曰 若束手
自詣면 父子相見이요 保無他也니라 囂終不降하다

주 인(靷) 말의 목덜미에 매는 끈으로 수레와 연결시킬 때 씀. 왕사
(王師) 왕이 직접 이끄는 군대. **토붕지세**(土崩之勢) 흙더미처럼 쉽게
무너지는 형세.

영천(穎川)에 도적떼가 봉기하여 속현을 노략질하고, 하동
을 지키는 군사 역시 반란을 일으켜 서울이 소란하였다. 황
제가 그 말을 듣고는 "내가 곽자횡(郭子橫)의 말을 듣지 않은
일이 후회된다." 하였다. 가을 8월에 황제가 상규(上邽)로부터
밤낮없이 동쪽으로 달려갈 때에 잠팽(岑彭) 등에게 글을 내려
이르기를 "두 성이 만약 항복하면 곧 군사를 이끌고 남쪽으
로 촉(蜀)의 적을 공격할 것인데, 인고부지족(人苦不知足 : 인
간은 만족할 줄 모름이 괴롭다)인 모양이다. 이미 농(隴)을 평
정했는데 다시 촉을 바라게 되는구나. 매양 한 번 군사를 일
으킬 때마다 머리가 하얗게 된다." 하였다.

9월에 거가가 환궁(還宮)하여 황제가 집금오 구순(寇恂)에게
말하기를 "영천(穎川)이 서울에서 가까우니, 마땅히 이때 평
정해야 한다. 생각하건대 오직 경만이 평정할 수 있으니, 구
경(九卿)으로 따라 다시 나가 나라 걱정을 해야 된다." 하였
다. 대답하기를 "영천에서 폐하가 농촉을 친다는 말을 들었

기 때문에 교활한 자들이 틈을 타 서로 거짓말을 해 현혹시
키고 있습니다. 만일 승여(乘輿 : 황제의 수레)가 남쪽으로 간
다는 말을 들으면 적이 반드시 두려워 항복할 것이니, 신은
원하옵건대 정예병을 거느리고 선봉이 되겠습니다." 하자 황
제가 그 말을 따랐다.

경신일에 거가가 남쪽으로 정벌하러 가니, 영천의 도적이
다 항복하였다. 구순을 끝내 군(郡)에 임명하지 않으니, 백성
들이 길을 막고서 말하기를 "원컨대 폐하께 다시 구순을 1년
동안 빌리고자 합니다." 하므로, 구순에게 장사(長社)에 머무
르면서 이민(吏民)을 진무(鎭撫)하게 하고 남은 항복자를 받아
들였다.

동군(東郡)의 제음(濟陰)에도 도적이 일어나자 황제가 이통
(李通)과 왕상(王常)을 보내 격파하면서, 경순(耿純)이 일찍이
동군태수로 있으면서 위신(威信)이 위(衛) 땅에 드러났다 하
여, 태중대부에 임명해 사신을 보내 대병(大兵)과 함께 동군
에 모이게 하였다.

동군에서는 경순이 접경에 들어왔다는 말을 듣고 도적
9000여 명이 모두 항복하였다. 그래서 대병이 싸우지 않고도
돌아오자 새서(옥새를 찍은 조서)를 내려 다시 경순을 동군태
수로 삼았다.

원문 穎川盜賊이 羣起하여 寇沒屬縣하고 河東守兵이 亦叛하여
京師 騷動이어늘 帝 聞之하고 曰 吾悔不用郭子橫之言이로다 秋
八月에 帝 自上邽로 晨夜東馳할새 賜岑彭等書曰 兩城이 若下면
便可將兵하여 南擊蜀虜하리니 人苦不知足이로라 旣平隴에 復望
蜀이오녀 每一發兵에 頭須爲白이로라 九月에 車駕 還宮하여 帝
謂執金吾寇恂曰 穎川이 迫近京師하니 當以時定이라 惟念獨卿이
能平之耳니 從九卿復出하여 以憂國이 可也니라 對曰 穎川이 聞
陛下 有事隴蜀故로 狂狡乘間하여 相詿誤耳니 如聞乘輿南向이면
賊이 必惶怖歸死하리니 臣은 願執銳前驅하노이다 帝 從之하다 庚

申에 車駕 南征하니 穎川盜賊이 悉降하다 寇恂으로 竟不拜郡한
대 百姓이 遮道曰 願從陛下하여 復借寇君一年하노이다 乃留恂長
社하여 鎭撫吏民하고 受納餘降하다 東郡濟陰에 盜賊이 亦起어늘
帝遣李通王常하여 擊之할새 以耿純으로 嘗爲東郡太守하여 威信
이 著於衛地라 하여 遣使拜太中大夫하여 使與大兵으로 會東郡하
다 東郡이 聞純이 入界하고 盜賊九千餘人이 皆詣純降하니 大兵
이 不戰而還이어늘 璽書 復以純으로 爲東郡太守하다

9년(계사) 제준(祭遵)이 죽었다. 제준은 사람됨이 청렴하고
검약하며 소심하여 극기봉공(克己奉公)하고, 상사(賞賜)를 모
조리 사졸들에게 주었으며, 약속이 엄정하여 재임하는 곳의
이민(吏民)들이 군대가 있는 줄을 모를 정도였다. 선비를 선
임하는 데에 있어서는 모두 유술(儒術)이 있는 사람을 쓰고,
술자리에는 악(樂)을 베풀고 반드시 아가(雅歌)와 투호(投壺)
를 즐기었다. 임종할 때에 유서로 박장(薄葬 : 장사를 검소하게
지냄)할 것을 훈계하고 집안일에 대해 물어도 끝내 말한 바가
없었다. 그후 조회(朝會)에서 황제가 매양 탄식하기를 "어떻
게 해야 나라를 근심하고 봉공하는 것이 제준과 같은 자를
구할 수 있겠는가?"라고 하였다.

원문 癸巳九年이라 祭遵이 薨하다 遵의 爲人이 廉約小心하여 克
己奉公하고 賞賜를 盡與士卒하고 約束이 嚴整하니 所在에 吏民
이 不知有軍이러라 取士에 皆用儒術하고 對酒設樂에 必雅歌投壺
하고 臨終에 遺戒薄葬하고 問以家事하되 終無所言이러라 其後朝
會에 帝 每歎曰 安得憂國奉公을 如祭征虜者乎아

주 **극기봉공**(克己奉公) 사심을 버리고 공무에 종사함. **투호**(投壺) 옛날
예법(禮法)의 하나. 연회에서 주인과 손님이 화살을 병에 던져 넣어
승부를 겨루던 놀이. **정로**(征虜) 제준이 일찍이 정로장군을 지냈음.

○ 외효가 병이 든데다 굶주리게 되어 분해서 죽고 작은아들
외순(隗純)이 왕위에 올랐다.

가을에 내흡(來歙)이 풍이 등 다섯 장군을 거느리고 외순을
천수(天水)에서 토벌하였다.

원문 隗囂 疾且餓하여 恚憤而卒하고 少子純이 立爲王하다 秋에
來歙이 率馮異等五將軍하고 討隗純於天水하다

10년(갑오) 10월에 외순이 항복하니, 농우(隴右) 지방이 마
침내 안정되었다.

원문 甲午十年이라 十月에 隗純이 降하니 隴右遂安하다

11년(을미) 잠팽(岑彭)이 자주 전융(田戎) 등을 공격했으나
이기지 못하자, 황제가 오한(吳漢)을 보내 형주(荊州)의 군사
를 내게 하여 잠팽과 더불어 형문(荊門)에 모이도록 했다.

잠팽이 전선(戰船) 1000척을 채비하여 곧바로 부교(浮橋)를
향하여 순풍을 타고 함께 나란히 진격하니, 나아가는 곳마다
막힐 것이 없었다. 촉의 군사가 크게 혼란스러워지고 익사한
자가 수천 명이었다. 승승장구하여 강관(江關)에 들어가서는
군중에 영을 내려 노략질을 못하게 하니, 백성들이 크게 기
뻐하여 앞다투어 문을 열고 항복하였다.

원문 乙未十一年이라 岑彭이 數攻田戎等하여 不克이어늘 帝遣吳
漢하여 發荊州兵하여 與彭으로 會荊門하다 彭이 裝戰船千艘하여
直衝浮橋하여 順風並進하니 所向에 無前이라 蜀兵이 大亂하여
溺死者 數千人이라 長驅入江關하여 令軍中하여 無得虜掠하니 百
姓이 大喜하여 爭開門降이러라

○6월에 내흡이 개연(蓋延) 등과 더불어 원안(元安)을 공격하
여 크게 격파하니, 촉나라 사람들이 매우 두려워하여 자객을
시켜 내흡을 찔러 중상을 입혀 절명하게 하였다. 조왕(趙王)
유량(劉良)이 황제를 따라 내흡의 상여(喪輿)를 보내고 하성문
(夏城門)으로 들어오다가, 중랑장 장한(張邯)과 길을 다투며
장한을 꾸짖어 수레를 돌리게 하고 또 문지기를 꾸짖어 앞으

로 수십 보를 달리게 하였다. 사례교위(司隸校尉) 포영(鮑永)
이 탄핵하여 아뢰기를 "유량은 번신(藩臣)의 예가 없어 매우
불경스럽습니다." 하였다. 유량이 귀척(貴戚)으로 존중받는
사람인데도 포영이 탄핵하니, 조정이 숙연해졌다. 포영이 부
풍(扶風)의 포회(鮑恢)를 불러 도관종사(都官從事)를 삼았는데,
포회 역시 강직하여 세력 있는 사람을 피하지 않자 황제가
항상 이르기를 "귀척이 두 포씨를 두려워 삼가며 피하는구
나." 하였다.

원문 六月에 來歙이 與蓋延等으로 進攻元安大破之하니 蜀人이
大懼하여 使刺客으로 刺歙中傷而絶이어늘 趙王良이 從帝送歙喪
할새 還入夏城門하여 與中郎張邯으로 爭道하여 叱邯旋車하고 又
詰責門候하여 使前走數十步어늘 司隸校尉鮑永이 劾奏하되 良이
無藩臣禮하니 大不敬이니이다 良이 貴戚尊重하되 而永이 劾之하
니 朝廷이 肅然이러라 永이 辟扶風鮑恢하여 爲都官從事하니 恢
亦抗直하여 不避彊禦어늘 帝 常曰 貴戚이 且斂手하여 以避二鮑
라 하더라

○ 공손술(公孫述)이 그의 장수 연잠(延岑)에게 광한(廣漢)을
막게 하고 후단(侯丹)으로 황석(黃石)을 막게 하였다. 잠팽이
후단을 습격하여 대파하고 신야(晨夜)를 틈타 이틀 길을 하루
에 걸어 2000여 리를 행군하여 곧바로 무양(武陽)을 빼앗고,
정예 기병에게 광도(廣都)를 공격하게 하였는데, 성도에서 수
십 리 떨어진 곳부터 형세가 풍우와 같아서 이르는 곳마다
모두 도망치고 말았다.
　처음에 공손술이 한나라 군사가 평곡(平曲)에 있다는 말을
들었기 때문에 많은 군사를 보내어 역습하게 했는데, 잠팽이
무양에 이르렀을 때 연잠의 군사 뒤로 돌아 치자 촉 땅이 진
동하게 되었다. 공손술이 크게 놀라 지팡이로 땅을 치면서
말하기를 "어찌 이처럼 귀신 같은가?" 하고는 자객을 시켜서
거짓 도망병을 만들어 잠팽에게 항복하게 한 다음, 밤에 잠

팽을 찔러 죽이게 했다.

원문 公孫述이 使其將延岑으로 拒廣漢하고 侯丹으로 拒黃石이어늘 岑彭이 襲擊侯丹大破之하고 因晨夜하여 倍道兼行二千餘里하여 徑拔武陽하고 使精騎로 馳擊廣都할새 去成都數十里하여 勢若風雨하니 所至에 皆犇散이러라 初에 述이 聞漢兵이 在平曲故로 遣大兵하여 逆之러니 及彭이 至武陽하여 繞出延岑軍後하니 蜀地震駭어늘 述이 大驚하여 以杖擊地曰 是何神也오 乃使刺客으로 詐爲亡奴하여 降岑彭이라가 夜에 刺殺彭하다

㊒ 배도겸행(倍道兼行) 보통 이틀에 가는 길을 빨리 걸어 하루에 가는 것. 신야(晨夜) 이른 아침부터 밤 늦게까지. 새벽과 밤.

○ 마성(馬成) 등이 하지(河池)를 격파하고 드디어 무도(武都)를 평정하였다.

원문 馬成等이 破河池하고 遂平武都하다

○ 곽급(郭伋)이 병주목사(幷州牧使)가 되어 서울을 지나게 되자 황제가 정사의 득실(得失)을 물으니, 곽급이 아뢰기를 "가려 뽑아 여러 직책에 임명하는 데는 마땅히 천하의 현준(賢俊)을 가려야 하지 전적으로 남양(南陽) 사람만 써서는 안 됩니다." 하였다. 이때 벼슬에 있는 자가 고향 친구가 많았기 때문에 곽급이 이를 두고 언급한 것이다.

원문 郭伋이 爲幷州牧하여 過京師할새 帝 問以得失한대 伋이 曰 選補衆職인대 當簡天下之賢俊이요 不宜專用南陽人이니이다 是時에 在位多鄕曲故舊故로 伋言及之러라

12년(병신) 오한이 보병과 기병 2만 명을 거느리고 진군하여 성도를 핍박하여, 공손술과 더불어 광도와 성도 사이에서 싸워 8전 8승을 거두었다.

원문 丙申十二年이라 吳漢이 將步騎二萬하고 進逼成都하여 與

公孫述로 戰於廣都成都之間하여 八戰八克하다

○ 11월에 장궁(臧宮)이 함양문(咸陽門)에 군사를 주둔시키니, 공손술이 몸소 수만 명을 거느리고 오한을 공격하고, 연잠에게 장궁을 막아 대전(大戰)하게 하였다. 연잠이 세 번 싸워 세 번 다 이겼는데, 아침부터 대낮에 이르기까지 군사들이 밥을 먹지 못해 모두 피로하게 되었다. 오한이 이를 틈타 호군(護軍) 고오(高午)와 당한(唐邯)을 시켜서 정예병 수만 명을 거느리고 공격하게 하니, 공손술의 군사가 크게 어지러워졌다. 고오가 진으로 달려들어 공손술을 찔러 가슴이 꿰뚫려 말에서 떨어지자 좌우가 떠메고 성으로 들어갔는데, 공손술은 군사를 연잠에게 부탁하고는 그날 밤 죽었다. 이튿날 연잠이 성(城)으로써 항복했다.

원문 十一月에 臧宮이 軍咸陽門하니 述이 自將數萬人하여 攻吳漢하고 使延岑으로 拒宮大戰할새 岑이 三合三勝하고 自旦及日中에 軍士不得食하여 並疲어늘 漢이 因使護軍高午와 唐邯으로 將銳卒數萬하여 擊之하니 述兵이 大亂이어늘 高午 犇陳하여 刺述洞胸墮馬한대 左右 輿入城이러니 述이 以兵으로 屬延岑하고 其夜에 死하니 明旦에 延岑이 以城으로 降하다

○ 처음 공손술이 광한(廣漢)·이업(李業)을 불러들이어 박사를 삼았는데, 이업은 병을 핑계하여 일어나지 않았다. 공손술이 오게 할 수 없음을 수치스럽게 여겨 독주(毒酒)를 내리자, 업이 탄식하기를 "옛날 사람이 '위태로운 나라에는 들어가지 않고 어지러운 나라에는 살지 않는다.'고 한 것은 이 때문이구나." 하고는 마침내 독주를 마시고 죽었다.

공손술은 또 파군(巴郡)의 초현(譙玄)을 초빙했는데, 초현이 오지 않자 역시 사자를 보내 독약으로 겁을 주었다. 공손술이 촉군(蜀郡)의 왕호(王皓)·왕가(王嘉)를 징소하고는 그들이 오지 않을까 두려워 먼저 그들의 처자를 잡아 가두니, 왕호

와 왕가가 모두 자살하였다. 건위(犍爲)의 비이(費貽)는 벼슬
을 좋아하지 않아 몸에 옻칠을 하여 문둥병처럼 하고 미친
척하며 피하고, 같은 군의 임영(任永)·풍신(馮信)도 모두 청맹
과니 노릇을 하여 징소를 사절하였다.

　황제가 이미 촉을 평정했으나 초현이 이미 죽었는지라, 중
뢰(中牢 : 양과 돼지를 잡아 지내는 제사)로 제사지내고, 소재처
에 명하여 그의 가전(家錢)을 돌려주고, 이업의 마을을 정표
(旌表)하고 비이·임영·풍신을 징소하였는데, 그때 임영과 풍
신은 병으로 죽었고 오직 비이만 벼슬하여 합포태수(合浦太
守)에 이르렀다.

[원문] 初에 述이 徵廣漢李業하여 爲博士한대 業이 固稱疾不起어
늘 述이 羞不能致하여 賜以毒酒하니 業이 乃嘆曰 古人이 危邦不
入하고 亂邦不居는 爲此故也로다 遂飮毒而死하다 述이 又聘巴郡
譙玄한대 玄이 不詣어늘 亦遣使者하여 以毒藥으로 劫之하고 述이
徵蜀郡王皓王嘉하고 恐其不至하여 先擊其妻子하니 皓嘉 皆自殺
하고 犍爲費貽 不肯仕하여 漆身爲癩하여 佯狂而避之하고 同郡任
永馮信이 皆托靑盲하여 以辭徵令하니라 帝 旣平蜀에 譙玄이 已
卒이어늘 祠以中牢하고 敕所在하여 還其家錢하고 而表李業之閭
하고 徵費貽 任永 馮信하니 會에 永信은 病卒하고 獨貽 仕하여
至合浦太守하다

○ 황제가 수양령(睢陽令) 임연(任延)을 무위태수(武威太守)로
삼고 친히 만나보고 훈계하기를 "상관(上官)을 잘 섬기어 명
예를 잃지 말라."고 하니, 임연이 대답하기를 "신이 듣건대
'충신은 사사로이 하지 않고, 사사로이 하는 신하는 불충(不
忠)이다.'라고 합니다. 정도를 밟고 봉공(奉公)하는 것은 신하
의 절이요, 상하가 부화뇌동함은 폐하의 복이 아니니, 상관을
잘 섬기라는 말씀을 신이 감히 받들지 못하겠습니다." 하였
다. 황제가 탄식하기를 "그대의 말이 옳다." 하였다.

566

원문 帝 以睢陽令任延으로 爲武威太守하고 親見戒之曰 善事上官하여 無失名譽하라 延이 對曰 臣은 聞忠臣은 不私요 私臣은 不忠이라 하니 履正奉公은 臣子之節이요 上下雷同은 非陛下之福이니 善事上官은 臣不敢奉詔니이다 帝 歎息曰 卿言이 是也로다

13년(정유) 이때 이국(異國)에서 명마(名馬)를 바친 자가 있었는데 하루에 1000리를 가고, 또 보검(寶劒)을 바쳤는데 값이 100금이었다. 조서를 내려 검은 기사(騎士)에게 하사하고 말은 고거(鼓車)를 끌게 하였다. 상(上)이 평소 음악 듣기를 즐기지 않고 손에 주옥(珠玉)을 지니지 않았다.

일찍이 사냥을 나갔다가 거가가 밤중에 돌아오자 상동문후(上東門候) 질운(郅惲)이 관문을 막고 열지 않았다. 상이 수행원을 시켜 문틈으로 얼굴을 보게 하니, 질운이 말하기를 "불빛이 멀고도 멀다."하고는 끝내 조명(詔命)을 받지 않았다. 상이 이에 돌아서 중동문(中東門)으로 들어왔다. 이튿날 질운이 상서하여 간하기를 "옛날 문왕(文王)은 사냥을 즐기지 않았고 오직 만백성의 정공(正供)으로만 했는데, 폐하께서는 먼 산림에서 낮부터 밤늦게까지 사냥을 하시니, 사직(社稷)과 종묘(宗廟)에 어떻겠습니까?"하였다. 글이 아뢰어지자 질운에게 베 100필을 하사하고 중동문후(中東門候)는 낮추어 참봉위(參封尉)를 삼았다.

원문 丁酉十三年이라 時에 異國이 有獻名馬者하니 日行千里하고 又獻寶劒하니 價直百金이라 詔以劒으로 賜騎士하고 馬는 駕鼓車하다 上이 雅不喜聽音樂하고 手不持珠玉이러라 嘗出獵이라가 車駕夜還이어늘 上東門候郅惲이 拒關不開한대 上이 令從者로 見面於門間하니 惲이 曰 火明遼遠이라 하고 遂不受詔어늘 上이 乃回하여 從中東門入하다 明日에 惲이 上書諫曰 昔에 文王이 不敢盤于游田하고 以萬民惟正之供이러니 而陛下 遠獵山林하여 夜以繼晝하시니 如社稷宗廟에 何이리까 書奏에 賜惲布百匹하고 貶中東門候하여 爲參封尉하다

㈜ 고거(鼓車) 북을 싣고 황제의 행차 뒤에 따르는 수레. 반우(盤于)
  즐기는 것.

장사(將士)와 공신(功臣)을 위해 크게 잔치하고 봉(封)을 정
하면서, 등우(鄧禹)를 고밀후(高密侯)로 삼아 4개 현을 식읍하
고 이통(李通)을 고시후(固始侯)로 삼고, 가복(賈復)을 교동후
(膠東侯)로 삼아 6개 현을 식읍하고, 그 나머지는 모두 차등
을 두었다.

황제가 전쟁을 치른 지 오래여서 군사일에 싫증이 나고,
또 천하가 피폐하여 즐거움을 생각하고 휴식하기를 원함을
알고는, 농촉 지방을 평정한 후에는 아주 급한 일이 아니면
다시는 군사에 대한 이야기를 하지 않았다. 황태자가 일찍이
공격해 싸우는 일에 대해 묻자 황제가 이르기를 "옛날 위 영
공(衛靈公)이 진법(陣法)에 대해 묻자 공자(孔子)가 대답하지
않았다고 하니, 이는 네가 미칠 바가 아니다."고 하였다.

등우와 가복은 황제가 전쟁을 쉬고 문덕(文德)을 닦으며 공
신들이 경사(京師)에 군사를 거느리고 있지 못하게 함을 알고
는, 갑병(甲兵)을 버리고 유학(儒學)을 돈독히 하였다. 황제
역시 이를 생각하고 공신들의 작토(爵土)를 온전히 해서 이직
(吏職)으로써 허물을 짓지 않도록 하고 드디어 좌우장 군관
(左右將軍官)을 파하니, 경감(耿弇) 등 역시 대장군의 인수(印
綬)를 바치고 열후(列侯)로 집으로 돌아가니, 지위를 더해 특
진(特進)으로 조청(朝請)을 받들게 했다.

원문 大饗將士功臣하고 定封할새 鄧禹로 爲高密侯하여 食四縣하
고 李通으로 爲固始侯하고 賈復으로 爲膠東侯하여 食六縣하고 餘
는 皆有差하다 帝 在兵間하여 久厭武事하고 且知天下 疲耗하여
思樂息肩하고 自隴蜀平後로 非警急이면 未嘗復言軍旅러라 皇太
子 嘗問攻戰之事한대 帝曰 昔에 衛靈公이 問陳에 孔子不對하시
니 此는 非爾所及이라 하더라 鄧禹賈復이 知帝偃干戈修文德하며
不欲功臣이 擁衆京師하고 乃去甲兵하고 敦儒學하니 帝亦思念하

고 欲完功臣爵土하여 不令以吏職으로 爲過하고 遂罷左右將軍官
하니 耿弇等이 亦上大將軍印綬하고 皆以列侯로 就第라 加位하여
特進奉朝請이러라

㉾ 식견(息肩) 어깨를 쉬다. 즉 휴식. 문진(問陳) 진법에 대해 묻다. 위
영공의 물음에 공자는 배우지 않았습니다 하며 대답하지 않았다.
《논어(論語)》〈위 영공편〉에 나오는 말. 간과(干戈) 창과 방패라는
뜻으로 무기의 총칭. 전쟁. 인수(印綬) 관인(官印)의 꼭지에 단 끈.
인끈. 조청(朝請) 제후가 봄에 천자를 알현하는 것을 조, 가을에 하
는 것을 청이라 함.

등우는 행실이 순박하고 아들이 13명이나 있었는데, 각기
한 가지 기예(技藝)를 지키게 하여 집안을 단속하고 자제를
교양하니, 모두 후세에 본받을 만하였으며, 국읍(國邑)을 밑천
삼아 쓰고 산업의 이익을 도모하지 않았다.

가복은 사람됨이 강의(剛毅)하고 방직(方直)하며 굳은 절의
가 있었다. 이미 사제(私第)로 돌아와서는 문을 닫고 위중(威
重 : 위엄과 신중한 태도)을 길렀는데, 주우(朱祐) 등이 가복을
천거하여 재상을 삼아야 마땅하다고 하였다. 황제가 바야흐
로 관리의 일은 삼공(三公)에게 책임지웠기 때문에 공신들이
모두 쓰이지 못하였다. 이때 열후 가운데는 오직 고밀후 등
우와 고시후 이통과 교동후 가복 세 사람만이 공경과 더불어
국가의 큰일에 참여해 의논하였는데, 은우(恩遇 : 임금의 은총)
가 매우 두터웠다.

황제가 비록 공신들을 제어하기는 하였으나 매양 관용을
베풀어 그들의 작은 잘못은 용서하였고, 먼 곳에서 진귀한
것을 공상(貢上)해 오면 맛있는 것은 반드시 먼저 제후에게
두루 내리어 태관(太官)에 남은 것이 없었다. 그래서 모두 복
록(福祿)을 누리어 주벌당하거나 견책당하는 자가 없었다.

이때 싸움이 이미 그쳐 천하에 일이 적고, 문서·공물·부
역은 간편하게 하고 적게 줄이기에 힘써 열에 하나만 남게
되었다.

원문 鄧禹 內行淳備하고 有子十三人하되 各使守一藝하여 修整
閨門하고 教養子弟하니 皆可以爲後世法하고 資用國邑하여 不修
産利러라 賈復의 爲人이 剛毅方直하고 多大節이라 既還私第에
闔門養威重이러니 朱祐等이 薦復이 宜爲宰相이어늘 帝 方以吏事
로 責三公故로 功臣이 並不用이라 是時列侯에 唯高密固始膠東
三侯 與公卿으로 參議國家大事하여 恩遇 甚厚러라 帝 雖制御功
臣 而每能回容하여 宥其少失하고 遠方이 貢珍에 甘必先徧賜諸
侯而太官이 無餘故로 皆保其福祿하여 無誅譴者러라 時에 兵革이
既息하고 天下少事하여 文書調役에 務從簡寡하여 至乃十存一焉
이러라

㊟ 삼공(三公) 병사(兵事)를 관장하는 태위(太尉), 백성의 효제(孝悌) · 근
검을 관장하는 사도(司徒), 수토(水土) · 성곽 등을 관장하는 사공(司
空)을 가리킴.

　14년(무술) 양통(梁統)이 상소하기를 "신은 보옵건대 원제
(元帝) 초원(初元) 5년에 참수형을 가볍게 하는 것이 34가지
일이요, 애제(哀帝) 건평(建平) 원년에 참수형을 가볍게 하는
것이 81가지 일이었는데, 그 중 42가지 일이 손으로 살인한
자는 사형에서 한 등급을 낮추는 것이었습니다. 이후부터 철
저히 항상 거기에 준하기 때문에 사람들이 쉽게 법을 범하고
관리가 사람을 죽이게 된 것입니다. 경(經)에 이르기를 '백성
을 다스리는 것은 형벌을 알맞게 해야 한다.'라고 하였는데,
알맞게 한다는 말은 가볍거나 무겁지 않게 한다는 것입니다.
고제(高帝)로부터 효선제(孝宣帝)에 이르기까지는 해내(海內)
가 다스려졌다고 일컫는데, 초원 · 건평에 이르러 도적이 많이
일어났습니다. 이는 모두 형벌이 알맞지 않아 어리석은 사람
이 쉽게 범한 까닭입니다. 이로써 볼 때 형벌을 가볍게 만든
것이 도리어 큰 걱정을 생기게 하여, 은혜가 간사한 자에게
더해지고 피해가 선량한 자에게 미치게 됩니다." 하였으나,
이 일을 잠재우고 답하지 않았다.

[원문] 戊戌十四年이라 梁統이 上疏曰 臣은 竊見元帝初元五年에
輕殊死刑이 三十四事요 哀帝建平元年에 輕殊死刑이 八十一事
라 其四十二事에 手殺人者는 減死一等하니 自是以後로 著爲常
準故로 人輕犯法하고 吏易殺人이라 經에 曰 爰制百姓을 于刑之
衷이라 하니 衷之爲言은 不輕不重之謂也라 自高帝로 至于孝宣히
海內稱治러니 至初元建平而盜賊이 浸多하니 皆刑罰이 不衷하여
愚人이 易犯之所致也라 由此觀之 則刑輕之作이 反生大患하여
惠加奸軌 而害及良善也니이다 事寢不報하다

㊟ 수사형(殊死刑) 육체를 따로 떼어 분리시켜서 죽이는 형벌. 충(衷)
중심. 알맞게 하는 것. 간궤(奸軌) 간사한 사람.

15년(기해) 봄에 대사도(大司徒) 한흠(韓歆)이 면직되었다.
한흠은 바른말 하기를 좋아해 숨기고 꺼리지 않아 황제가 매
양 용납하지 않았는데, 한흠이 상(上) 앞에서 장차 기근과 흉
년이 들 것을 증명하면서 하늘을 가리키고 땅을 그으면서 말
을 몹시 강직하고 절실하게 했기 때문에 면직되어 전리(田里)
로 돌아갔다. 황제는 그래도 노여움이 풀리지 않아 다시 사
자를 보내 조서로 꾸짖으니, 한흠 및 아들 한영(韓嬰)이 모두
자살하고 말았다. 한흠은 평소 매우 두터운 명성이 있었는데
그 죄가 아닌데 죽으니, 합당하지 않다고 여기는 사람들이
많았다. 황제가 이에 소급하여 전곡(錢穀)을 내려 예를 갖추
어 장사하게 하였다.

[원문] 己亥十五年이라 春에 大司徒韓歆이 免하다 歆이 好直言無
隱諱하여 帝 每不能容이러니 歆이 於上前에 證歲將饑凶할새 指
天畫地하고 言甚剛切故로 坐免하여 歸田里러니 帝 猶不釋하고
復遣使宣詔責之하니 歆及子嬰이 皆自殺하다 歆이 素有重名이러
니 死非其罪하여 衆多不厭이어늘 帝 乃追賜錢穀하여 以成禮로
葬之하다

온공은 논평한다.

"옛날 고종(高宗)은 열(說)에게 명하기를 '약(藥)은 현기증이 나지 않으면 그 병은 낫지 않는다.'고 하였다. 무릇 간절하고 곧은 말은 신하의 이로움이 되는 것이 아니라 바로 국가의 복인 것이다. 그러므로 임금은 밤낮으로 이를 구하되 오직 듣지 못할까 두려워해야 하는 것이다. 애석하게도 광무제 시대에 한흠은 직간을 하다 죽었으니, 어찌 어질고 밝은 임금의 허물이 아니겠는가?"

원문 溫公曰 昔에 高宗은 命說曰 若藥弗瞑眩이면 厥疾弗瘳라하니 夫切直之言은 非人臣之利요 乃國家之福也라 是以로 人君이 夙夜求之하여 唯懼弗得聞하니 惜乎라 以光武之世 而韓歆用直諫으로 死하니 豈不爲仁明之累哉아

황제는, 천하의 개간한 전답을 실제로 조사하지 않음이 많고, 또 호구(戶口)의 연기(年紀)가 서로 증감이 있다고 여겨서 주군에 조서를 내려 조사하여 밝히게 하였다. 그러자 자사(刺史)와 태수(太守)는 교묘하게 속여 구차하게도 전답을 계산한다는 명분으로 백성을 논밭에 모아놓고 집과 부락도 함께 측량하니, 백성들이 길을 막고 울부짖고, 혹은 호족(豪族)과 우족(右族 : 세력 있고 훌륭한 가문)은 특별히 너그럽게 해주고, 가난하고 약한 자에게는 각박하게 하여 괴롭혔다.

이때 여러 군(郡)이 각기 사자를 보내 보고하였는데, 황제가 진류군(陳留郡) 관리가 올린 글을 보니, 그 위에 글이 씌어 있어 살피니 "영천(潁川)과 홍농(弘農)군은 물어도 되지만 하남(河南)·남양(南陽)은 물어서는 안 된다."고 하였으므로, 황제가 관리에게 그 까닭을 물어도 관리가 선뜻 대답하지 않고 장수(長壽) 거리에서 주웠다고 둘러대었다.

황제가 노하니, 이때 황자(皇子) 동해공(東海公) 유양(劉陽)이 12세였는데 장막 뒤에 있다가 아뢰기를 "관리가 군의 명을 받아 마땅히 개간된 전답을 서로 비교하고자 했던 것입니다." 하였다. 황제가 이르기를 "그렇다면 무슨 이유로 '하남·

남양은 물어서는 안 된다.'고 말하였는가?" 하니, 대답하기를 "하남은 제성(帝城)이라 근신(近臣)이 많고 남양은 황제의 고향이라 가까운 친족이 많으니, 전택(田宅)이 제도를 넘어 기준을 삼을 수 없었던 것입니다." 하였다. 황제가 호분장(虎賁將)을 시켜 관리에게 물으니, 관리가 그제서야 수긍하여 동해공의 대답과 같이 말하였다.

상이 이로 말미암아 더욱 동해공 양을 사랑하게 되고, 알자(謁者)를 보내 이천석(二千石) 장리(長吏)로 아첨하여 공평하게 하지 못한 자를 조사하게 하였다.

원문 帝 以天下墾田이 多不以實自占하고 又戶口年紀 互有增減으로 乃詔下州郡檢覈하니 於是에 刺史太守 多爲詐巧하여 苟以度田爲名하고 聚民田中하여 幷度廬屋里落하니 民이 遮道啼呼라 或優饒豪右하고 侵刻羸弱이러라 時에 諸郡이 各遣使奏事할새 帝 見陳留吏牘하니 上有書어늘 視之하니 云潁川弘農은 可問이어니와 河南南陽은 不可問이라 하거늘 帝 詰吏由한대 吏不肯服하고 抵言於長壽街上得之어늘 帝怒하니 時에 皇子東海公陽이 年이 十二라 在幄後言曰 吏受郡敕하여 當欲以墾田으로 相方耳니이다 帝曰卽如此면 何故로 言河南南陽은 不可問고 對曰 河南은 帝城이라 多近臣하고 南陽은 帝鄕이라 多近親하니 田宅이 踰制하여 不可爲準이니이다 帝令虎賁將으로 詰問吏하니 吏乃首服하여 如東海公對러라 上이 由是로 益奇愛陽하고 遣謁者하여 考實二千石長吏阿枉不平者하다

○ 장감(張堪)을 어양태수(漁陽太守)로 임명하였다. 장감이 일을 본 지 8년 동안에 흉노가 변방을 감히 범하지 못하였고, 백성들에게 농사를 권하여 부유하게 되니, 백성이 노래하기를 "뽕나무에는 곁가지가 없고 보리에는 이삭이 두 가지라. 장군(張君)이 정치를 하니 즐거워 견딜 수 없네."라고 하였다.

원문 張堪으로 拜漁陽太守하다 堪이 視事八年에 匈奴不敢犯塞

하고 勸民耕稼하여 以致殷富하니 百姓이 歌曰 桑無附枝하고 麥
穗兩歧라 張君이 爲政에 樂不可支라 하더라

16년(경자) 군국(郡國)에 떼도둑이 곳곳에서 한꺼번에 일어
났다. 군현(郡縣)이 추격해 토벌하는데, 가면 해산하고 떠나면
다시 둔결(屯結)하여 청주(靑州)·서주(徐州)·유주(幽州)·기주
(冀州)의 네 주가 더욱 심하였다. 겨울 10월에 사자를 보내
군국에 영을 내려서 떼도둑이 스스로 규찰(糾察)하여 적발하
는 것을 살피게 하고, 다섯 사람이 함께 한 사람을 죽였을 때
에는 그 죄를 면제하도록 하니, 그제야 서로 추격해 잡아 도
적이 모두 해산하고 그 괴수(魁帥)는 다른 군으로 옮기어, 전
토를 주고 늠료(廩料)를 받게 해 그들이 생업에 안주하도록
하였다. 이로부터는 우마(牛馬)를 놓아 먹여도 가져가지 않고
읍문(邑門)을 닫지 않았다.

원문 庚子十六年이라 郡國에 羣盜 處處並起하여 郡縣이 追討할
새 到則解散하고 去復屯結하여 靑徐幽冀四州尤甚이라 冬十月에
遣使者下郡國하여 聽羣盜의 自相糾擿하고 五人이 共斬一人者는
除其罪하니 於是에 更相追捕하여 賊並解散이라 徙其魁帥於他郡
하고 賦田受廩하여 使安生業하니 自是로 牛馬를 放牧不收하고
邑門을 不閉러라

17년(신축) 곽후(郭后)는 총애가 시들자 자주 원망하는 마
음을 품으니, 상(上)이 노하여 황후 곽씨를 폐하고 귀인(貴人)
음씨(陰氏)를 세워 황후로 삼았다.

원문 辛丑十七年이라 郭后 寵衰하여 數懷懟어늘 上이 怒之하여
廢皇后郭氏하고 立貴人陰氏하여 爲皇后하다

○ 황제가 장릉(章陵)에 거동하여 원묘(園廟)를 수리하고 옛
집에 제사를 지냈으며, 전답과 여사(廬舍)를 돌아보고는 술자
리를 마련하고 음악을 베풀고 상사(賞賜)하였다. 그때 종실(宗

室)의 제모(諸母)가 얼근하게 취해 기뻐하면서 서로 말하기를
"문숙[文叔 : 광무제의 자(字)]이 어렸을 때 근신(謹信)하여 사
람들과 더불어 관곡(款曲 : 허물없이 사귐)하지 못하고 오직 곧
고 유순하더니, 지금 바로 이렇게 되었다."고 하였다. 황제가
그 말을 듣고는 크게 웃으며 말하기를 "내가 천하를 다스림
도 역시 유순한 도리로 행하고자 한다."고 하였다.

원문 帝 幸章陵하여 修園廟祠舊宅하고 觀田廬하여 置酒作樂하고
賞賜하다 時에 宗室諸母 因酣悅하여 相與語曰 文叔이 少時에
謹信하여 與人不款曲하고 唯直柔耳러니 今에 乃能如此로다 帝聞
之大笑曰 吾治天下에 亦欲以柔道로 行之로라

○ 교지(交趾)의 여자가 배반하니, 마원을 복파장군(伏波將軍)
에 임명하여 교지를 쳐서 크게 패배시켰다.

원문 交趾女子 反이어늘 拜馬援爲伏波將軍하여 以擊交趾하여
大破之하다

  19년(계묘) 곽후(郭后)가 이미 폐위되자 태자 강(彊) 자신은
마음이 편치 못하게 되었다. 질운(郅惲)이 태자를 설득하기를
"오랫동안 의심받는 자리에 있으면 위로는 효도를 어기게 되
고 아래로는 위태로우니, 태자 자리를 사양하고 어머니를 봉
양하느니만 같지 못합니다." 하니, 태자가 이를 따라 자주 좌
우 및 제왕(諸王)에게 그의 간절한 정성을 말하고 번국(藩國)
갖기를 원하였으나, 상(上)이 차마 결단을 내리지 못한 지 여
러 해였다.
  6월에 조명(詔命)하기를 "《춘추(春秋)》의 뜻에 태자를 세우
는 데는 귀(貴)로써 한다고 하였다. 동해왕 양(陽)은 황후의
아들이니 마땅히 대통을 이어야 하고, 황태자 강은 높은 뜻
을 고집해 끝내 겸퇴(謙退)하면서 번국을 갖기를 원하는데 부
자의 정리상 오래 어기기가 어렵다. 강을 동해왕으로 삼고,
양을 세워 황태자로 삼아 이름을 장(莊)으로 고치라." 하였다.

[원문] 癸卯十九年이라 郭后旣廢에 太子彊이 意不自安이어늘 郅
惲이 說太子曰 久處疑位면 上違孝道요 下近危殆니 不如辭位하
여 以奉養母氏라 하거늘 太子從之하여 數因左右及諸王하여 陳其
懇誠하고 願備藩國하니 上이 不忍遲回者 數歲러라 六月에 詔曰
春秋之義에 立子以貴하니 東海王陽은 皇后之子라 宜承大統이요
皇太子彊은 崇執謙退하여 願備藩國하니 父子之情에 重久違라
其以彊으로 爲東海王하고 立陽하여 爲皇太子하고 改名莊하라

○ 상(上)이 환영(桓榮)으로 의랑(議郎)을 삼고 태자에게 경(經)
을 가르치게 하였는데, 거가(車駕)가 태학(太學)에 거둥하니
이때 여러 박사들이 상(上) 앞에서 논란하는데, 환영이 경의
뜻을 분명하게 변석해 유자(儒子)들이 따르지 못하므로, 특별
히 상사(賞賜)를 더하였다.

[원문] 上이 以桓榮으로 爲議郎하여 使授太子經하고 車駕 幸太學
하니 會에 諸博士 論難於前할새 榮이 辨明經義하여 儒者莫之及
이라 特加賞賜하다

○ 진류(陳留)의 동선(董宣)이 낙양령(雒陽令)이 되었는데, 호
양공주(湖陽公主)의 종이 대낮에 사람을 죽이고는 공주의 집
에 숨어 관리가 잡을 수가 없었다. 마침내 공주가 외출하기
에 이르러 그 종을 함께 태워 가려는데, 동선이 하문정(夏門
亭)에서 이를 엿보고 있다가 수레를 멈추고 말고삐를 잡고는
칼로 땅을 그으며 큰소리로 공주의 잘못을 따지고, 종을 꾸
짖어 수레에서 내리게 하여 그대로 때려죽였다.
　공주가 환궁하여 황제에게 호소하니, 황제가 크게 노하여
동선을 불러 때려죽이려고 하니, 동선이 머리를 조아리며 말
하기를 "원하옵건대 한마디하고 죽겠습니다." 하였다. 황제가
이르기를 "무슨 말을 하고자 하느냐?" 하니, 동선이 말하기
를 "폐하의 성덕(聖德)이 중흥되고 있는데 종을 풀어 사람을
죽이시니, 장차 어떻게 천하를 다스리렵니까? 신은 매를 기

다리지 않고 청컨대 자살하고자 합니다." 하고는 머리로 기둥을 치니, 피가 온 얼굴을 덮었다. 황제가 환관을 시켜 붙잡게 하고, 동선에게 머리를 조아려 공주에게 사과하게 하였다. 동선이 따르지 않자 억지로 머리를 눌렀으나, 동선은 두 손으로 땅을 짚고 버티면서 끝내 굽히지 않았다.

공주가 말하기를 "문숙(文叔)이 백의(白衣)로 있었을 때 도망자를 감추어 주고 죽을 죄인을 숨겨 주어도, 관리가 감히 문앞에 얼씬거리지 못하였는데, 지금은 천자가 되었는데도 위엄이 한 수령에게 미치지 못한단 말이오?" 하니, 황제가 웃으며 말하기를 "천자는 백의 때와는 다르다." 하고는 칙령을 내려 강항(彊項)으로 나가게 하고 돈 30만을 하사하였다. 동선은 그 돈을 모두 여러 관리들에게 나누어 주었는데, 이로 말미암아 호강(豪彊 : 세력이 강함)한 자를 단속할 수가 있었으므로 경사가 모두 두려워 떨지 않은 이가 없었다.

[원문] 陳留董宣이 爲雒陽令이러니 湖陽公主蒼頭 白日에 殺人하고 因匿主家하니 吏不能得이라 及主出行에 以奴驂乘이어늘 宣이 於夏門亭에 候之라가 駐車叩馬하고 以刀畫地하고 大言數主之失하고 叱奴下車하여 因格殺之하다 主 卽還宮訴帝한대 帝 大怒하여 召宣欲箠殺之어늘 宣이 叩頭曰 願乞一言而死하노이다 帝曰 欲何言고 宣曰 陛下聖德이 中興而縱奴殺人하시니 將何而治天下乎이까 臣은 不須箠이라 請得自殺하노이다 卽以頭로 擊楹하여 流血被面이라 帝 令小黃門으로 持之하고 使宣으로 叩頭謝主한대 宣이 不從이어늘 彊使頓之하니 宣이 兩手據地하고 終不肯俯어늘 主曰 文叔이 爲白衣時에 藏亡匿死하되 吏不敢至門이러니 今爲天子하여 威不能行一令乎아 帝 笑曰 天子 不與白衣同이라 하고 因敕彊項令出하고 賜錢三十萬하니 宣이 悉以班諸吏하니 由是로 能搏擊豪彊하여 京師 莫不震慄이러라

㊟ 창두(蒼頭) 하인, 종. 수(數) 잘못을 하나하나 들어 따지는 것. 소황문(小黃門) 환관(宦官). 백의(白衣) 벼슬이 없는 선비. 강항(彊項)

목을 굽히지 않는다는 뜻.

20년(갑진) 광평충후(廣平忠侯) 오한(吳漢)의 병이 위독해지자 황제가 친히 거가를 타고 가서 하고 싶은 말을 물으니, 대답하기를 "어리석은 신은 지식이 없으니, 원컨대 폐하께서는 삼가서 함부로 죄를 사면함이 없었으면 할 뿐입니다." 하였다.

원문 甲辰二十年이라 廣平忠侯吳漢이 病篤이어늘 車駕親臨하여 問所欲言한대 對曰 臣愚는 無所知識하니 唯願陛下는 愼無赦而已라 하더라

○ 곽황(郭況)을 대홍려(大鴻臚)로 삼고, 황제가 자주 그의 집을 찾아가 황금과 비단을 상으로 내리니, 풍성함이 비할 데가 없었다. 그래서 경사(京師)에서 곽황의 집을 황금의 굴〔金穴〕이라고 불렀다.

원문 以郭況으로 爲大鴻臚하고 帝 數幸其第하여 賞賜金帛하니 豐盛이 莫比라 京師 號況家하여 爲金穴이라 하더라

○ 가을 9월에 마원이 교지(交趾)에서 돌아오자 맹기(孟冀)가 영접해 위로하였다. 마원이 말하기를 "지금 흉노와 오환(烏桓)이 아직껏 북쪽 번방(藩邦)을 소란하게 하니, 제가 격파하게 해주시기를 청합니다. 남아는 요컨대 마땅히 국경에서 죽어 말가죽으로 시체를 싸 돌아와 장사지내야지, 어찌 침상에 누워 아녀자의 손길을 받아주고 있겠습니까?" 하였다. 맹기가 말하기를 "참으로 열사(烈士)는 이와 같아야 한다."고 하였다.

원문 秋九月에 馬援이 自交趾還이어늘 孟冀 迎勞之한대 援이 曰 方今匈奴烏桓이 尙擾北邊하니 欲自請擊之하니이다 男兒 要當死於邊野하여 以馬革으로 裹尸還葬耳니 何能臥床上하여 在兒女子手中耶아 冀曰 諒爲烈士 當如是矣라 하더라

　21년(을사) 사거왕(莎車王) 유현(劉賢)이 서역(西域)을 겸병 (兼幷)하고자 하니, 여러 나라가 근심하고 두려워하여 거사(車 師) 등 18개국이 모두 아들을 보내 입시(入侍)하고 도호(都護) 를 보내주기를 원했다. 황제는 중국이 처음으로 안정되었는 데 북쪽 변경이 복종하지 않았다며 모두 시자(侍子)들을 돌려 보내면서 후한 상을 내렸다.

⌊원문⌋ 乙巳二十一年이라 莎車王賢이 欲兼幷西域하니 諸國이 愁 懼하여 車師等十八國이 俱遣子入侍하고 願得都護어늘 帝 以中 國初定에 北邊未服으로 皆還其侍子하고 厚賞賜之하다

　22년(병오) 처음에 유곤(劉昆)이 강릉령(江陵令)이 되었는데 현에 화재가 났었다. 유곤이 불길을 향해 머리를 조아리니 불이 조금 후 꺼졌다. 그후 홍농태수(弘農太守)가 되자 호랑 이가 새끼를 업고 하수를 건너갔다. 황제가 그 말을 듣고는 기이하게 여겨 유곤을 불러 광록훈(光祿勳)을 삼았다. 황제가 유곤에게 묻기를 “전에 강릉에 있을 때에는 바람이 반대 방 향으로 불어 불이 꺼졌고, 후에 홍농태수가 되자 호랑이가 북으로 하수를 건넜으니, 어떤 덕정(德政)을 행하였기에 이런 일이 일어났는가?” 하니, 대답하기를 “우연이었습니다.” 하 자 좌우가 모두 웃었다. 황제가 탄식하기를 “이는 점잖은 사 람의 말이다.” 하고는 사관(史官)을 둘러보며 사책(史冊)에 기 록하도록 하였다.

⌊원문⌋ 丙午二十二年이라 初劉昆이 爲江陵令이러니 縣有火災어늘 昆이 向火叩頭하니 火尋滅이라 後爲弘農太守러니 虎皆負子渡河 어늘 帝 聞而異之하여 徵昆爲光祿勳하고 帝 問昆曰 前在江陵에 反風滅火하고 後守弘農에 虎北渡河하니 行何德政而致是事오 對 曰 偶然耳니이다 左右皆笑하니 帝 嘆曰 此는 長者之言也라 하고 顧命書諸策하다

　㊟ 반풍(反風) 바람이 반대 방향으로 부는 것. 장자(長者) 점잖은 사람.

책(策) 사책(史冊).

○서역 여러 나라의 시자(侍子)들이 오랫동안 돈황(敦煌)에 머물러 있게 되자 모두 근심하며 도망쳐서 돌아갈 생각을 하였다. 사거왕 유현은 도호(都護)가 이르지 않을 것을 알고는 선선(鄯善)을 격파하고 구자왕(龜玆王)을 공격해 죽이니, 선선왕 안(安)은 상서하여 다시 아들을 보내 입시하게 하기를 원하고, 또 도호를 보내줄 것을 청하며 "도호가 나오지 않으면 정말 흉노의 위협을 받게 됩니다." 하였다. 황제가 답하기를 "지금 사자(使者)의 대병(大兵)도 나갈 수가 없는데, 만일 여러 나라가 힘을 믿고 심복(心服)하지 않으면 동서남북이 그대로 있게 될 것이다."고 하였다. 그러자 선선 거사(車師)가 다시 흉노에게 붙고 말았다.

원문 西域諸國侍子 久留敦煌하여 皆愁思亡歸하니 莎車王賢이 知都護不至하고 擊破鄯善하고 攻殺龜玆王하니 鄯善王安이 上書願 復遣子入侍하고 更請都護하되 都護不出이면 誠迫於匈奴라 하거늘 帝 報曰 今使者大兵도 未能得出이어니와 如諸國이 力不從心이면 東西南北이 自在也리라 於是에 鄯善車師 復附匈奴하다

24년(무신) 흉노의 팔부대인(八部大人)은 함께 의논하여 일축왕(日逐王) 비(比)를 세워 호한야 선우(呼韓邪單于)로 삼고, 오원새(五原塞)가 이르러 복종하기를 청하며 영원히 변방의 울타리가 되어 북쪽 오랑캐를 막기를 원하였다.

그 일을 공경(公卿)에게 명하니, 의논하는 자들이 모두 말하기를 "천하가 처음 안정되었으나 중국이 공허하고 이적(夷狄)은 그 진심과 거짓 마음을 알기가 어려우니, 허락해서는 안 됩니다." 하였는데, 오관중랑장(五官中郞將) 경국(耿國)이 홀로 말하기를 "마땅히 효선제(孝宣帝)의 고사(故事)처럼 받아들여, 동쪽으로 선비족(鮮卑族)을 막아 지키고 북쪽으로 흉노를 막으며 접경의 사이(四夷)를 거느리게 하여 변방 군을 완

전하게 다시 회복하게 해야 합니다." 하니, 황제가 그 말에
따랐다.

원문 戊申二十四年이라 匈奴八部大人이 共議立日逐王比하여
爲呼韓邪單于하고 款五原塞하며 願永爲藩蔽하여 扞禦北虜라 하
거늘 事下公卿하니 議者皆以爲天下 初定에 中國이 空虛하고 夷
狄은 情僞難知하니 不可許니이다 五官中郎將耿國이 獨以爲宜如
孝宣故事受之하여 令東扞鮮卑하고 北拒匈奴하고 率屬四夷하여
完復邊郡케 하소서 하니 帝 從之하다

○가을 7월에 무릉(武陵)의 만족(蠻族)이 임원(臨沅)을 노략질
하는데, 마성(馬成)이 토벌에 나섰으나 이기지 못하자, 마원이
가기를 청하였다. 황제는 그가 늙은 것을 민망하게 여겨 허
락하지 않자, 마원이 아뢰기를 "신이 아직 갑옷을 입고 말을
탈 수 있습니다." 하였다. 황제가 시험해 보도록 하니, 마원
이 안장에 의지해 사방을 둘러보면서 할 수 있음을 보였다.
황제가 웃으며 말하기를 "건장하구려, 노옹이여!" 하고는 드
디어 마원을 보내 4만 여 명을 거느리고 오계(五溪)를 정벌하
게 했다. 마원이 친구 두음(杜愔)에게 말하기를 "내가 나라의
두터운 은혜를 입었는데, 나이는 많고 시일이 없어 항상 나
라 일을 위해 죽지 못할까 염려했더니, 이제 소원을 이루어
즐거운 마음으로 눈을 감게 되었다." 하였다.

원문 秋七月에 武陵蠻이 寇臨沅이어늘 馬成이 討之不克하니 馬
援이 請行하니 帝 愍其老하여 未許하니 援이 曰 臣이 尙能被甲
上馬니이다 帝 令試之하니 援이 據鞍顧眄하여 以示可用이어늘 帝
笑曰 矍鑠哉라 是翁이여 遂遣援할새 將四萬餘人하여 征五溪하다
援이 謂友人杜愔曰 吾受國厚恩하여 年迫日索에 常恐不得死國
事러니 今獲所願하니 甘心瞑目이로다

　図 고혜(顧眄) 좌우를 둘러봄. 확삭(矍鑠) (노인이) 건장함. 명목(瞑目)
　죽어서 눈을 감는 것.

○겨울 10월에 흉노의 일축왕 비(比)가 스스로 남선우(南單于)가 되어 사신을 궁궐에 보내 번방(藩邦)을 받들고 신하라 일컬었다. 상(上)이 낭릉후(朗陵侯) 장궁(臧宮)에게 물으니, 장궁이 말하기를 "흉노가 굶주림과 역병으로 분쟁을 일삼으니, 신은 원컨대 5000기병을 얻어 공을 세우고자 합니다." 하였다. 황제가 웃으며 이르기를 "항상 이기는 사람과는 적에 대한 일을 함께 의논할 수 없으니, 바야흐로 내 스스로 생각해 보겠다." 하였다.

원문 冬十月에 匈奴日逐王比 自立爲南單于하고 遣使詣闕하여 奉藩稱臣이어늘 上이 以問朗陵侯臧宮한대 宮이 曰 匈奴 飢疫分爭하니 臣은 願得五千騎하여 以立功하노이다 帝 笑曰 常勝之家는 難與慮敵이니 吾 方自思之하리라

　25년(기유) 마원의 군사가 임향(臨鄕)에 이르러 만병(蠻兵)을 격파해 2000여 명을 참하였다. 마원의 형의 아들인 마엄(馬嚴)과 마돈(馬敦)이 모두 남을 헐뜯고 비난하기를 좋아하며 경협(輕俠)들과 사귀자, 마원이 전에 교지에 있으면서 글을 보내 경계하기를 "나는 너희들이 남의 과실을 들으면 마치 부모의 이름을 들은 것처럼 하여, 귀로는 들을지언정 입으로는 말하지 않았으면 한다.

　남의 장단점에 대해 토론하기를 좋아하며 망령되게 정치와 법을 시비하는데, 이는 내가 아주 싫어하는 바이므로 차라리 죽을지언정 자손에게 이런 행실이 있다는 말을 듣고 싶지 않다. 용백고(龍伯高)는 돈후하고 두루 삼가서 말을 가려서 신중히 하고 겸약(謙約)·절검(節儉)하고 청렴·공평해 위엄이 있어서 내가 애지중지하니, 너희들은 본받으라.

　두계량(杜季良)은 성격이 호협하여 남의 걱정을 근심하고 남의 즐거움을 같이 즐거워하여 부친상에 문상객이 여러 군에서 다 이르니, 내가 애지중지하지만 너희는 본받지 말기를 원한다.

용백고를 본받다가 되지 못하면 그래도 조심하는 선비는 될 터이니, 이른바 '고니를 조각하다 실패하면 그래도 집오리 정도는 된다.' 그렇지만 두계량을 본받다가 되지 못하면 천하의 경박한 사람이 될 것이니, 이른바 '호랑이를 그리다 되지 못하면 도리어 개 모양이 된다.'는 것이다."

처음에 마원이 교지에 있을 때 항상 율무열매를 먹어 몸을 가볍게 해 장기(瘴氣)를 이겼는데, 군사가 돌아올 때에 한 수레를 싣고 왔었다. 그가 죽은 후에 상서하여 참소하는 자가 있어 말하기를 "전번 수레에 싣고 돌아온 것이 모두 명주(明珠)와 문서(文犀)입니다." 하니, 황제가 노하였다. 마원의 처자가 두려워하여 감히 장례를 치르지 못하고 선영(先塋)으로 옮겨 성 서쪽에 고장(稿葬)하였다.

원문 己酉二十五年이라 馬援軍이 至臨鄕하여 擊破蠻兵하여 斬獲二千餘人하다 援의 兄子嚴敦이 並喜譏議하고 通輕俠이어늘 援이 前在交趾에 遺書戒之曰 吾欲汝曹 聞人過失을 如聞父母之名하여 耳可得聞이언정 口不可得言也하노라 好議人長短하며 妄是非政法은 此는 吾所大惡也라 寧死언정 不願聞子孫이 有此行也로라 龍伯高는 敦厚周愼하여 口無擇言하고 謙約節儉하여 廉公有威하니 吾愛之重之하여 願汝曹로 效之하노라 杜季良은 豪俠好義하여 憂人之憂하고 樂人之樂하여 父喪致客에 數郡이 畢至하니 吾愛之重之나 不願汝曹로 效也하노라 效伯高不得이라도 猶爲謹敕之士니 所謂刻鵠不成이면 尙類鶩者也어니와 效季良不得이면 陷爲天下輕薄子하리니 所謂畵虎不成이면 反類狗者也니라 初에 援이 在交趾에 常餌薏苡實하여 能輕身勝瘴氣하고 軍還에 載之一車러니 及卒後에 有上書譖之者하여 以爲前所載還이 皆明珠文犀라 하거늘 帝 怒하니 援의 妻孥惶懼하여 不敢以喪하고 還舊塋하여 稿葬城西하다

㊟ 경협(輕俠) 경박한 협기(俠氣). 용백고(龍伯高) 백고는 용술(龍述)의 자. 두계량(杜季良) 계량은 두보(杜保)의 자. 각곡불성 상류목자(刻

鵠不成尚類鶩者) 고니를 조각하다 잘못되어도 집오리 정도는 된다는 뜻으로, 훌륭한 사람을 본받으면 그만큼은 못 되어도 착한 사람은 됨을 비유한 말. **화호불성 반류구자**(畫虎不成反類狗者) 호랑이를 그리다가 잘못되어 개 모양이 되었다는 뜻으로, 소양없는 사람이 호걸인 체하다가 도리어 망신당함의 비유. **의이**(薏苡) 율무. **문서**(文犀) 무소뿔. **고장**(槀葬) 시체를 짚이나 거적에 싸서 지내는 장사.

26년(경술) 처음에 수릉(壽陵)을 만드는데 황제가 이르기를 "옛날 제왕을 장사지낼 때 모두 도인(陶人)·와기(瓦器)·목거(木車)·모마(茅馬)를 하여 후세 사람들이 그곳을 알지 못하게 하였다. 이번 장지를 만들면서는 2, 3경(頃)에다 산릉(山陵)과 언덕을 만들지 말고 그저 물이나 흐르게 하여 나라가 바뀐 후에 구릉(丘陵)처럼 되게 하라." 하였다.

원문 庚戌二十六年이라 初作壽陵할새 帝曰 古者帝王之葬에 皆陶人瓦器木車茅馬하여 使後世之人으로 不知其處하니 今所制地는 不過二三頃하고 無爲山陵波池하여 裁令流水而已하여 使迭興之後에 與丘隴同體케 하라

㈜ **수릉**(壽陵) 광무제 자신의 능. **파지**(波池) 언덕. **질흥**(迭興) 나라가 바뀌는 것.

27년(신해) 북흉노(北匈奴)가 사신을 보내 무위(武威)에 와서 화친을 청하였다. 황제가 공경을 불러 조정에서 의논하게 하였으나 결정하지 못하였다. 황태자가 아뢰기를 "남선우(南單于)가 새로 복종하였다가 배반하여 북쪽 오랑캐와 통하니, 신은 남선우가 두 마음을 품을까 염려됩니다." 하니, 황제가 그렇게 여겨 무위태수(武威太守)에게 조서를 내려 그 사신을 받아들이지 못하게 하였다. 장궁(臧宮)과 마무(馬武)가 상소하기를 "흉노는 이익을 탐하고 예의와 신의가 없어서 궁하면 머리를 숙이고, 편안하면 침략하여 도적질을 합니다. 지금 사람과 가축이 병에 걸려 죽고 가뭄과 누리 때문에 거둘 곡식이 없어, 몹시 고달프고 힘이 다하여 중국의 한 군(郡)을 당

할 수가 없습니다. 지금 장수에게 영을 내려 변방 요새에 임하게 하여 후한 상(賞)을 내걸면 북쪽 오랑캐를 멸망시키는 일은 불과 몇 년이면 됩니다.” 하니, 조서로 답하여 “《황석공기(黃石公記)》에 이르기를 ‘유능제강(柔能制剛 : 부드러운 것이 능히 굳센 것을 이김)하고, 약능제강(弱能制彊 : 약한 것이 강한 것을 이김)한다. 가까운 것을 버리고 먼 것을 도모하는 자는 수고로우나 공이 없고, 먼 것을 버리고 가까운 것을 도모하는 자는 편안하고 결과가 있게 된다. 그러므로 땅을 넓히는 데 힘쓰는 자는 황폐하게 되고 덕을 넓히는 데 힘쓰는 자는 강성하게 된다.’고 하였다. 지금 나라에는 선정(善政)이 없어 재변(災變)이 그치지 않는데도 다시 멀리 변방 밖의 일을 도모하고자 하겠는가. 실로 천하의 반을 들어 큰 도적을 멸망시키는 것이 어찌 지극한 소원이 아니겠는가. 그러나 참으로 그 때가 아니라면 백성을 쉬게 하는 것만 같지 못하다.”고 하니, 이로부터 모든 장수들이 감히 다시는 싸움에 대하여 말하지 못하였다.

[원문] 辛亥二十七年이라 北匈奴 遣使詣武威하여 求和親이어늘 帝 召公卿하여 廷議하되 不決이러니 皇太子 言曰 南單于 新附而反하여 交通北虜하니 臣은 恐南單于 將有二心일까 하노이다 帝 然之하여 詔武威太守하여 勿受其使하다 臧宮馬武 上書曰 匈奴 貪利하고 無有禮信하여 窮則稽首하고 安則侵盜하니 今에 人畜이 疫死하고 旱蝗赤地하여 疲困乏力하여 不當中國一郡이니 今命將臨塞하여 厚縣購賞이면 北虜之滅이 不過數年이리다 詔報曰 黃石公記에 曰 柔能制剛하며 弱能制彊하며 舍近謀遠者는 勞而無功하고 舍遠謀近者는 逸而有終이라 故曰 務廣地者는 荒하고 務廣德者는 彊이라 하니 今國無善政하여 災變不息이어늘 而復欲遠事邊外乎아 誠能舉天下之半하여 以滅大寇 豈非至願이리요마는 苟非其時면 不如息民이라 하니 自是로 諸將이 莫敢復言兵事者러라

㊟ 한황(旱蝗) 가뭄과 누리. 적지(赤地) 가뭄이나 병충해 등으로 초목

이 모두 죽은 땅. **황석공기(黃石公記)** 황석공은 옛날 병술(兵術)에 밝은 사람인데, 장량(張良)이 그에게서 받았다는 병서(兵書)인 《황석공소서(黃石公素書)》.

28년(임자) 박사(博士) 환영(桓榮)을 태자소부(太子少傅)로 삼아 짐수레와 승마(乘馬)를 내리니, 환영이 큰 모임을 열어 여러 제자들을 모아놓고 그 거마(車馬)와 인수(印綬)를 늘어놓고는 말하기를 "오늘 받은 것이 학문을 연구한 힘이다."고 하였다.

원문 壬子二十八年이라 以博士桓榮으로 爲太子少傅하여 賜以輜車乘馬하니 榮이 大會諸生하고 陳其車馬印綬曰 今日所蒙이 稽古之力也라 하더라

30년(갑인) 거가(車駕)가 동쪽으로 순수(巡狩)하자, 여러 신하들이 상언(上言)하기를 "즉위 30년이니 마땅히 태산(泰山)에 봉선(封禪)을 해야 합니다." 하니, 조명(詔命)하기를 "즉위 30년에 백성들의 원망하는 기운이 배[腹]에 가득한데 내가 누구를 속이랴. 하늘을 속이겠는가? 일찍이 '태산이 임방(林放)만 못하겠는가?' 하였으니, 어찌 72대(代)의 기록을 애써 일삼겠는가?" 하였다. 이에 여러 신하들은 다시는 감히 말하지 못하였다.

원문 甲寅三十年이라 車駕東巡하니 群臣이 上言하되 卽位三十年에 宜封禪泰山이라 하거늘 詔曰 卽位三十年에 百姓이 怨氣滿腹하니 吾誰欺리요 欺天乎아 曾謂泰山이 不如林放乎아 하니 何事汗七十二代之編錄이리요 於是에 群臣이 不敢復言이러라

㈜ **봉선(封禪)** 대(臺)를 쌓아 하늘에 제사를 지내는 것을 봉, 땅을 깎아 땅에 제사지내는 것을 선이라 함. **태산불여임방(泰山不如林放)** 《논어(論語)》 팔일편(八佾篇)에 있는 말. 제후만이 명산에 제사를 지낼 수 있는데, 노(魯)나라의 권신 계씨(季氏)가 제 분수에 맞지 않게 태산(泰山)에 제사지내려 하자, 공자가 계씨 밑에서 일보던 염유(冉有)에게 이를 말리라고 하였으나 자기 힘으로는 말리지 못한다고 하자,

586

공자는 "아! 일찍이 태산의 예(禮)에 대해 물은 임방만큼도 중하게 여기지 않는구나!"하며 태산은 예에 맞지 않는 제사를 받지 않을 것이라고 비유하였음.

31년(을묘) 경조연(京兆掾) 제오륜(第五倫)이 장안시[長安市: 장안현 사시(司市)]를 맡았는데, 공평·청렴하여 시정에 간사함 이나 정도를 어기는 법이 없었다. 매양 조서(詔書)를 읽을 때 는 항상 탄식하여 말하기를 "이 분은 성주(聖主)이시라 한 번 보시고 결정하신다."고 하였다.

원문 乙卯三十一年이라 京兆掾第五倫이 領長安市하여 公平廉 介하니 市無奸枉이라 每讀詔書에 常嘆息曰 此는 聖主也라 一見 決矣라 하더라

중원(中元) **원년**(병진) 상(上)이 하도(河圖)를 읽었는데, 이때 마침 창부(昌符)에 이르기를 "적류(赤劉)의 9대(代)에 대종산 (岱宗山)에서 천명을 받는다."고 하였다. 상이 이 글에 감동하 여서 양송(梁松) 등에게 조서하여 하도낙서(河圖雒書)의 참문 (讖文)을 찾아보게 하니, 말하기를 "9세(世)에 마땅히 봉선(封 禪)할 것이 36가지이다." 하였다. 이에 장순(張純) 등이 다시 봉선하기를 주청(奏請)하였다. 상이 허락하고는 태산에 올라 가 새서로 친히 옥첩(玉牒)과 옥검(玉檢)을 봉하였다.

원문 丙辰中元元年이라 上이 讀河圖러니 會에 昌符에 曰 赤劉 之九 會命岱宗이라 하거늘 上이 感此文하여 乃詔梁松等하여 按 索河雒讖文하니 言九世에 當封禪者 三十六事라 하거늘 於是에 張純等이 復奏請封禪하니 上이 乃許焉하고 登山하여 以璽로 親 封玉牒檢하다

주 하도(河圖) 복희씨(伏羲氏) 때 하수(河水 : 황하)에서 용마(龍馬)가 지 고 나왔다는 55점의 그림. 하(夏)의 우왕이 홍수를 다스릴 때 낙수 (洛水)에서 나온 신구(神龜)의 등에 씌어 있었다는 45점의 글씨인 낙 서[洛(雒)書]와 함께 주역의 근본이 되었음. 창부(昌符) 미래를 예언 한 책. 적류(赤劉) 한(漢)나라를 세운 유씨(劉氏). 대종(岱宗) 태산(泰

山). 5악(五岳) 중에 제일 높으므로 종(宗)이라 하며, 예부터 천자가 제후를 이곳에 모아놓고 봉선을 하였음. **옥첩**(玉牒) 옛날 하늘에 제사지내는 글. 봉선에 사용하였음. **옥검**(玉檢) 글을 넣는 함의 뚜껑인데, 옥으로 만들었다. 봉선에 사용함.

○ 경사(京師)에 예천(醴泉)이 솟아나고 또 적초(赤草)가 물가에서 나고 군국에서 자주 감로(甘露)를 올리자, 여러 신하들이 아뢰기를 "영물(靈物)이 내리니, 마땅히 태사(太史)를 시켜서 찬집(撰集)하게 하여 후세에 전해야 합니다." 하였으나, 황제가 받아들이지 않고 항상 스스로 덕이 없다고 겸손해하면서 군국에서 올리는 것을 갑자기 억제하며 부당하다고 하였기 때문에 사관(史官)이 기록하는 일이 드물었다.

원문 京師에 醴泉이 湧出하고 又有赤草 生於水涯하고 郡國이 頻上甘露어늘 群臣이 奏言하되 靈物이 仍降하니 宜令太史로 撰集하여 以傳來世라 하거늘 帝 不納하고 常自謙無德하고 郡國所上을 輒抑而不當故로 史官이 罕得記焉이러라

주 예천(醴泉) 단맛이 나는 샘물. 적초(赤草) 붉은 풀. 하루에 한 잎씩 15일 동안 났다가 그후 하루에 한 잎씩 떨어지기를 반복한다고 함.

○ 이해에 영대(靈臺)·명당(明堂)·벽옹(辟雍)을 짓고 천하에다 도참(圖讖)을 선포하였다.

황제가 적복부(赤伏符)가 있어 즉위하니, 이로 말미암아 참문(讖文)을 믿고 의심되는 일을 그로써 결정하는 일이 많았다. 환담(桓譚)이 상소하여 참문은 경(經)이 아니라고 극언(極言)하니, 황제가 크게 노하여 말하기를 "환담이 성스러운 것을 비난하여 무법(無法)하니, 장차 감옥에 내려 참하겠다." 하자 환담이 머리를 조아리고 피를 흘렸는데, 얼마 후에야 풀려나 육안승(六安丞)으로 나가게 했다.

원문 是歲에 起靈臺明堂辟雍하여 宣布圖讖於天下하다 帝 以赤伏符로 卽位하여 由是로 信用讖文하고 多以決定嫌疑어늘 桓譚이

上疏極言 讖之非經이라 하니 帝 大怒曰 桓譚이 非聖無法하니 將下斬之하리라 譚이 叩頭流血이어늘 良久에 乃得解하여 出爲六安丞하다

> ㊀ 영대(靈臺) 천문(天文)·기상(氣象)을 살피는 대. 주 문왕(周文王)이 세 웠다는 사방을 바라볼 수 있는 누대. **명당(明堂)** 임금이 정치에 대 해 자문을 받는 집, 혹은 제사를 지내는 집. **벽옹(辟雍)** 본래 주나라 때 세운 교육기관. 사방이 물에 둘러싸여 있었음.

2년(정사) 2월에 황제가 죽었는데, 62세였다. 황제는 매양 아침에 조회(朝會)를 보고 해가 기울어서야 파했으며, 자주 공경과 낭장(郎將)을 인견하고 경리(經理)를 강론한 후 밤 늦게야 잠자리에 들었다. 황태자가 부지런하며 게으르지 않은 황제를 보고 틈을 보아 간하기를 "폐하께서 우임금, 탕임금의 명찰하심이 있으시나 황로(黃老)의 양성(養性)하는 복(福)을 잃고 계십니다. 원하옵건대 정신을 편안하게 하고 유유자적하여 자양(自養)하소서." 하였다. 황제가 말하기를 "내가 스스로 즐거워서 하는 일이니, 피로하지 않다."고 하였다. 황제가 비록 정벌(征伐)로 대업을 이루었으나, 천하가 이미 안정되기에 이르러서는 공신(功臣)을 물리치고 문리(文吏)를 등용하여 정체(政體)를 명확하게 관찰하고 삼가며, 권강(權綱)을 총람하고 시세를 헤아리고 힘을 헤아려서 하는 일에 사고가 없이 보냈기 때문에, 전렬(前烈 : 전대에 세운 공훈)을 회복하여 자신이 태평을 이루었다.

[원문] 丁巳二年이라 二月에 帝 崩하니 年이 六十二라 帝 每旦에 視朝하고 日仄에 乃罷하여 數引公卿郎將하여 講論經理하고 夜分에 乃寢하니 皇太子 見帝勤勞不怠하고 乘間諫曰 陛下 有禹湯之明 而失黃老養性之福하시니 願頤愛精神하여 優游自寧하소서 帝曰 我自樂하니 此不爲疲也로라 雖以征伐로 濟大業이나 及天下旣定에 乃退功臣 而進文吏하여 明愼政體하며 總攬權綱하고 量時度力하여 擧無過事故로 能恢復前烈하여 身致太平이라 하더라

㈜ 황로(黃老) 중국 전설상의 제왕인 황제(黃帝)와 노자(老子). 또는 그
들이 주창한 의 학설. 도가(道家)의 학문.

○ 태자가 황제에 즉위하였다.

[원문] 太子 卽皇帝位하다

《한서(漢書)》 순리전(循吏傳)에는 이렇게 되어 있다.

"광무제(光武帝)는 민간에서 자라 자못 참된 일과 거짓된
일을 잘 알고 농사의 어려움과 백성의 병해(病害)를 보았었
다. 천하가 이미 평정되어서는 안정시키기에 힘쓰고 왕망(王
莽)의 자질구레하고 번잡한 법을 풀고 한나라 시대의 가벼운
법으로 돌렸으며, 몸에는 거친 옷을 입고 두 가지 채색을 하
지 않았으며, 귀로는 음란하고 망국적인 음악을 듣지 않았고
손에는 주옥(珠玉)의 패물을 지니지 않았으며, 궁방(宮房)에는
편애하는 사람이 없고 좌우에는 편벽된 은혜를 베풀지 않았
다. 수적(手迹)을 지방이나 나라에 내릴 때는 모두 한 장에
10행으로 가는 글씨로 써서 검약의 풍속을 아래에까지 행하
였다. 그래서 나라 안팎이 해이하지 않고 백성들이 편안히
쉬게 되었다. 그러나 건무(建武)와 영평(永平) 연간에는 관리
들이 가혹한 짓을 예사로 하여 자주 유언비어와 단사(單辭)로
써 수장(守長)을 바꾸어 버렸다. 그래서 주부(朱浮)가 여러 차
례 글을 올려 간하였고 종이의(鍾離意) 역시 은근히 장자(長
者)로 비유해 규간(規諫)했으나 되지 않았다. 이리하여 중흥의
아름다움을 아직 다 이루지 못하였다."

[원문] 漢書循吏傳叙에 曰 光武 長於民間하여 頗達情僞하고 見稼
穡艱難과 百姓病害라 至天下已定하여 務用安靜하여 解王莽之繁
密하고 還漢世之輕法하며 身衣大練하고 色無重綵하며 耳不聽鄭
衞之音하고 手不持珠玉之玩하며 宮房에 無私愛하고 左右에 無偏
恩하고 其以手迹으로 賜方國者 皆一札十行에 細書成文하니 勤
約之風이 行於上下故로 能內外匪懈하며 百姓이 寬息이나 然이나

建武永平之間에 吏事刻深하여 亟而謠言單辭로 轉易守長하니 故
朱浮數上書諫 而鍾離意 亦規諷하여 殷勤以長者로 爲言而不能
得也라 所以中興之美 蓋未盡焉이러라

㊟ 가색(稼穡) 농사. 대련(大練) 거친 비단옷. 중채(重綵) 두 가지로
　물들이는 것. 정위지음(鄭衞之音) 정나라와 위나라의 노래인데, 대표
　적인 음란하고 망국적인 음악. 수적(手迹) 손수 쓴 글씨. 요언(謠
　言) 유언비어. 단사(單辭) 한쪽만의 말로 증거가 되지 않는 말. 또는
　한쪽으로 치우쳐 중정(中正)을 잃은 말. 규풍(規諷) 넌지시 규간(規
　諫)하는 것.

□ 역해자 · 조수익
· 한학자
· 민족문화추진회 국역 연구부장, 민족문고간행회 주간 역임
· 현 : 민족문화추진회 국역위원, 한국문인협회 회원
· 1974년 한국일보 신춘문예 수필부문 당선(《얼굴》)
· 저역서 :《한국문학 수필선》《한국명문선》《매천야록》《고려사》
　　　　　《중종실록》《명종신록》《선조실록》《숙종실록》 외 다수

● 新譯 通 鑑

1989년 8월 30일 초판 1쇄 발행
2005년 7월 25일 초판 5쇄 발행

(단기 4338년)

역해자 조　수　익
발행자 지　윤　환
발행처 홍 신 문 화 사
서울 동대문구 용두2동 730-4(4층)
대표 전화 : 02)953-0476
FAX : 02)953-0605
등록 1972. 12. 5 제6-0620호

ISBN 89-7055-036-4　03920